大学赤本シリーズ

427

早稲田大学

法学部

は　し　が　き

おかげさまで，大学入試の「赤本」は，今年で創刊70周年を迎えました。

これまで，入試問題や資料をご提供いただいた大学関係者各位，掲載許可をいただいた著作権者の皆様，各科目の解答や対策の執筆にあたられた先生方，そして，赤本を使用してくださったすべての読者の皆様に，厚く御礼を申し上げます。

以下に，創刊初期の「赤本」のはしがきを引用します。これからも引き続き，受験生の目標の達成や，夢の実現を応援してまいります。

本書を活用して，入試本番では持てる力を存分に発揮されることを心より願っています。

編者しるす

＊　＊　＊

学問の塔にあこがれのまなざしをもって，それぞれの志望する大学の門をたたかんとしている受験生諸君！　人間として生まれてきた私たちは，自己の欲するままに，美しく，強く，そして何よりも人間らしく生きることをねがっている。しかし，一朝一夕にして，この純粋なのぞみが達せられることはない。私たちの行く手には，絶えずさまざまな試練がまちかまえている。この試練を克服していくところに，私たちのねがう真に人間的な世界がはじめて開かれてくるのである。

人生最初の最大の試練として，諸君の眼前に大学入試がある。この大学入試は，精神的にも身体的にも，大きな苦痛を感ぜしめるであろう。あるスポーツに熟達するには，たゆみなき，はげしい練習を積み重ねることが必要であるように，私たちは，計画的・持続的な努力を払うことによって，この試練を克服し，次の一歩を踏みだすことができる。厳しい試練を経たのちに，はじめて満足すべき成果を獲得できるのである。

本書は最近の入学試験の問題に，それぞれ解答を付し，さらに問題をふかく分析することによって，その大学独特の傾向や対策をさぐろうとした。本書を一般の参考書とあわせて使用し，まとはずれのない，効果的な受験勉強をされるよう期待したい。

（昭和35年版「赤本」はしがきより）

挑む人の、いちばんの味方

70th
赤本創刊70周年

1954年に大学入試の過去問題集を刊行してから70年。赤本は大学に入りたいと思う受験生を応援しつづけてきました。これからも，苦しいとき落ち込むときにそばで支える存在でいたいと思います。

そして，勉強をすること，自分で道を決めること，努力が実ること，これらの喜びを読者の皆さんが感じることができるよう，伴走をつづけます。

そもそも赤本とは…

受験生のための大学入試の過去問題集！

70年の歴史を誇る赤本は，500点を超える刊行点数で全都道府県の370大学以上を網羅しており，過去問の代名詞として受験生の必須アイテムとなっています。

…………… なぜ受験に過去問が必要なのか？ ……………

大学入試は大学によって問題形式や頻出分野が大きく異なるからです。

記述式?
マーク式?
問題のレベルは?
時間配分は?
自分に足りないのは？
頻出分野は?
どんな対策が必要？
どんな問題が出るの?
みんなの疑問に答える赤本！
赤本で志望校を研究しよう！

赤本の掲載内容

傾向と対策

これまでの出題内容から，問題の「**傾向**」を分析し，来年度の入試に向けて具体的な「**対策**」の方法を紹介しています。

問題編・解答編

- 年度ごとに問題とその解答を掲載しています。
- 「**問題編**」ではその年度の試験概要を確認したうえで，実際に出題された過去問に取り組むことができます。
- 「**解答編**」には高校・予備校の先生方による解答が載っています。

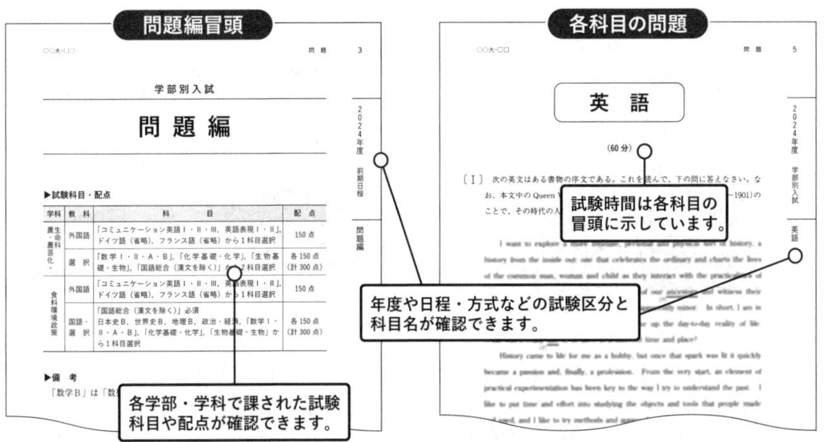

他にも，大学の基本情報や，先輩受験生の合格体験記，在学生からのメッセージなどが載っていることがあります。

掲載内容について

著作権上の理由やその他編集上の都合により問題や解答の一部を割愛している場合があります。
なお，指定校推薦入試，社会人入試，編入学試験，帰国生入試などの特別入試，英語以外の外国語科目，商業・工業科目は，原則として掲載しておりません。また試験科目は変更される場合がありますので，あらかじめご了承ください。

受験勉強は

過去問に始まり，

STEP 1

なにはともあれ

まずは解いてみる

しずかに…
今，自分の心と
向き合ってるんだから

ムーン

それは
問題を解いて
からだホン！

過去問は，**できるだけ早いうちに解く**のがオススメ！
実際に解くことで，**出題の傾向，問題のレベル，今の自分の実力**がつかめます。

STEP 2

じっくり具体的に

弱点を分析する

分析の結果だけど
英・数・国が苦手みたい
スリー
必須科目だホン
頑張るホン

間違いは自分の弱点を教えてくれる**貴重な情報源。**
弱点から自己分析することで，**今の自分に足りない力や苦手な分野**が見えてくるはず！

合格者があかす
赤本の使い方

傾向と対策を熟読
（Fさん／国立大合格）

大学の出題傾向を調べるために，赤本に載っている「傾向と対策」を熟読しました。

繰り返し解く
（Tさん／国立大合格）

１周目は問題のレベル確認，２周目は苦手や頻出分野の確認に，３周目は合格点を目指して，と過去問は繰り返し解くことが大切です。

過去問に終わる。

STEP 3

志望校にあわせて

苦手分野の重点対策

明日からはみんなで頑張るよ！
参考書も！ 問題集も！
よろしくね！
呼んだ？
なにを!?
どこから!?
グッ
グッ

参考書や問題集を活用して，苦手分野の**重点対策**をしていきます。**過去問を指針**に，合格へ向けた具体的な学習計画を立てましょう！

STEP 1▶2▶3

サイクルが大事！

実践を繰り返す

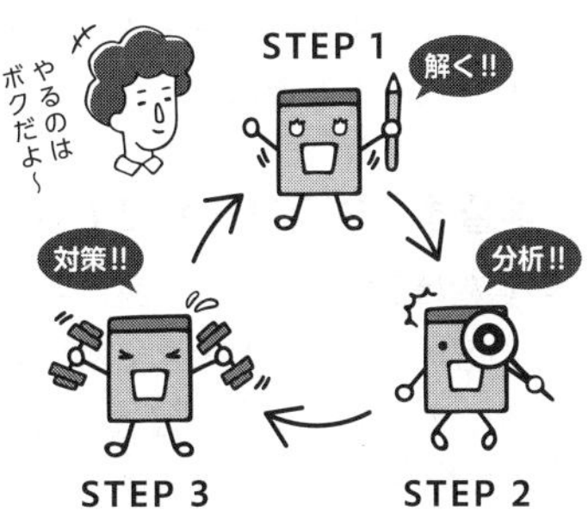

STEP 1～3を繰り返し，実力アップにつなげましょう！
出題形式に慣れることや，**時間配分を考えること**も大切です。

目標点を決める
(Yさん／私立大合格)
赤本によっては合格者最低点が載っているので，それを見て目標点を決めるのもよいです。

時間配分を確認
(Kさん／私立大学合格)
赤本は時間配分や解く順番を決めるために使いました。

添削してもらう
(Sさん／私立大学合格)
記述式の問題は先生に添削してもらうことで自分の弱点に気づけると思います。

新課程入試 Q&A

2022年度から新しい学習指導要領（新課程）での授業が始まり，2025年度の入試は，新課程に基づいて行われる最初の入試となります。ここでは，赤本での新課程入試の対策について，よくある疑問にお答えします。

Q1. 赤本は新課程入試の対策に使えますか？

A. もちろん使えます！

旧課程入試の過去問が新課程入試の対策に役に立つのか疑問に思う人もいるかもしれませんが，心配することはありません。旧課程入試の過去問が役立つのには次のような理由があります。

● 学習する内容はそれほど変わらない

新課程は旧課程と比べて科目名を中心とした変更はありますが，学習する内容そのものはそれほど大きく変わっていません。また，多くの大学で，既卒生が不利にならないよう「経過措置」がとられます（Q３参照）。したがって，出題内容が大きく変更されることは少ないとみられます。

● 大学ごとに出題の特徴がある

これまでに課程が変わったときも，各大学の出題の特徴は大きく変わらないことがほとんどでした。入試問題は各大学のアドミッション・ポリシーに沿って出題されており，過去問にはその特徴がよく表れています。過去問を研究してその大学に特有の傾向をつかめば，最適な対策をとることができます。

出題の特徴の例	・英作文問題の出題の有無 ・論述問題の出題（字数制限の有無や長さ） ・計算過程の記述の有無

新課程入試の対策も，赤本で過去問に取り組むところから始めましょう。

Q2. 赤本を使う上での注意点はありますか？

A. 志望大学の入試科目を確認しましょう。

注意

過去問を解く前に，過去の出題科目（問題編冒頭の表）と 2025 年度の募集要項とを比べて，課される内容に変更がないかを確認しましょう。ポイントは以下のとおりです。科目名が変わっていても，実際は旧課程の内容とほとんど同様のものもあります。

英語・国語	科目名は変更されているが，実質的には変更なし。 ▶▶ **ただし，リスニングや古文・漢文の有無は要確認。**
地歴	科目名が変更され，「歴史総合」「地理総合」が新設。 ▶▶ **新設科目の有無に注意。ただし，「経過措置」**(Q3参照) **により内容は大きく変わらないことも多い。**
公民	「現代社会」が廃止され，「公共」が新設。 ▶▶ **「公共」は実質的には「現代社会」と大きく変わらない。**
数学	科目が再編され，「数学 C」が新設。 ▶▶ **「数学」全体としての内容は大きく変わらないが，出題科目と単元の変更に注意。**
理科	科目名も学習内容も大きな変更なし。

数学については，科目名だけでなく，どの単元が含まれているかも確認が必要です。例えば，出題科目が次のように変わったとします。

旧課程	「数学 I・数学 II・数学 A・数学 B（数列・ベクトル）」
新課程	「数学 I・数学 II・数学 A・**数学 B（数列）・数学 C（ベクトル）**」

この場合，新課程では「数学C」が増えていますが，単元は「ベクトル」のみのため，実質的には旧課程とほぼ同じであり，過去問をそのまま役立てることができます。

Q3.「経過措置」とは何ですか?

A. 既卒の旧課程履修者への対応です。

多くの大学では，既卒の旧課程履修者が不利にならないように，出題において「経過措置」が実施されます。措置の有無や内容は大学によって異なるので，募集要項や大学のウェブサイトなどで確認しておきましょう。

○旧課程履修者への経過措置の例

- 旧課程履修者にも配慮した出題を行う。
- 新・旧課程の共通の範囲から出題する。
- 新課程と旧課程の共通の内容を出題し，共通範囲のみでの出題が困難な場合は，旧課程の範囲からの問題を用意し，選択解答とする。

例えば，地歴の出題科目が次のように変わったとします。

旧課程	「日本史B」「世界史B」から1科目選択
新課程	「**歴史総合**，日本史探究」「**歴史総合**，世界史探究」から1科目選択※ ※旧課程履修者に不利益が生じることのないように配慮する。

「歴史総合」は新課程で新設された科目で，旧課程履修者には見慣れないものですが，上記のような経過措置がとられた場合，新課程入試でも旧課程と同様の学習内容で受験することができます。

新課程の情報はWEBもチェック！
より詳しい解説が赤本ウェブサイトで見られます。
https://akahon.net/shinkatei/

科目名が変更される教科・科目

	旧課程	新課程
国語	国語総合 国語表現 現代文A 現代文B 古典A 古典B	現代の国語 言語文化 論理国語 文学国語 国語表現 古典探究
地歴	日本史A 日本史B 世界史A 世界史B 地理A 地理B	歴史総合 日本史探究 世界史探究 地理総合 地理探究
公民	現代社会 倫理 政治・経済	公共 倫理 政治・経済
数学	数学Ⅰ 数学Ⅱ 数学Ⅲ 数学A 数学B 数学活用	数学Ⅰ 数学Ⅱ 数学Ⅲ 数学A 数学B 数学C
外国語	コミュニケーション英語基礎 コミュニケーション英語Ⅰ コミュニケーション英語Ⅱ コミュニケーション英語Ⅲ 英語表現Ⅰ 英語表現Ⅱ 英語会話	英語コミュニケーションⅠ 英語コミュニケーションⅡ 英語コミュニケーションⅢ 論理・表現Ⅰ 論理・表現Ⅱ 論理・表現Ⅲ
情報	社会と情報 情報の科学	情報Ⅰ 情報Ⅱ

目　次

解答編

※問題編は別冊

2021 年度

2020 年度

掲載内容についてのお断り

- 著作権の都合上，下記の内容を省略しています。
  2024 年度「英語」大問Ⅶのイラスト
  2023 年度「英語」大問Ⅷのイラスト
  2022 年度「英語」大問Ⅶのイラスト

基本情報

沿革

1882（明治 15）　大隈重信が東京専門学校を開校
1902（明治 35）　早稲田大学と改称
1904（明治 37）　専門学校令による大学となる
1920（大正 9）　大学令による大学となり，政治経済学部・法学部・文学部・商学部・理工学部を設置

✐1922（大正 11）早慶ラグビー定期戦開始。アインシュタイン来校
✐1927（昭和 2）大隈講堂落成

1949（昭和 24）　新制早稲田大学 11 学部（政治経済学部・法学部・文学部・教育学部・商学部・理工学部〔各第一・第二／教育学部除く〕）発足

✐1962（昭和 37）米国司法長官ロバート・ケネディ来校

1966（昭和 41）　社会科学部を設置

✐1974（昭和 49）エジプト調査隊，マルカタ遺跡の発掘

1987（昭和 62）　人間科学部を設置

✐1993（平成 5）ビル・クリントン米国大統領来校

2003（平成 15）	スポーツ科学部を設置
2004（平成 16）	国際教養学部を設置
2007（平成 19）	創立 125 周年。第一・第二文学部を文化構想学部・文学部に，理工学部を基幹理工学部・創造理工学部・先進理工学部に改組再編
2009（平成 21）	社会科学部が昼間部に移行

シンボル

1906（明治 39）年に「弧形の稲葉の上に大学の二字を置く」という校章の原型が作られ，創立 125 周年を機に伝統のシンボルである校章・角帽・早稲田レッドをモチーフとし，現在の早稲田シンボルがデザインされました。

早稲田大学について

早稲田大学の教育の基本理念を示す文書としての教旨は，高田早苗，坪内逍遥，天野為之，市島謙吉，浮田和民，松平康国などにより草案が作成されました。その後，教旨は初代総長・大隈重信の校閲を経て 1913（大正 2）年の創立 30 周年記念祝典において宣言され，今日の早稲田の校風を醸成するに至っています。

早稲田大学教旨

早稲田大学は学問の独立を全うし学問の活用を効し
模範国民を造就するを以て建学の本旨と為す

早稲田大学は**学問の独立**を本旨と為すを以て
之が自由討究を主とし
常に独創の研鑽に力め以て
世界の学問に裨補せん事を期す

早稲田大学は**学問の活用**を本旨と為すを以て
学理を学理として研究すると共に
之を実際に応用するの道を講し以て
時世の進運に資せん事を期す

早稲田大学は**模範国民の造就**を本旨と為すを以て
個性を尊重し　身家を発達し　国家社会を利済し
併せて広く世界に活動す可き人格を養成せん事を期す

教旨の概要

◎学問の独立

学問の独立は**在野精神**や**反骨の精神**などの校風と結び合います。早稲田大学は，自主独立の精神をもつ近代的国民の養成を理想とし，権力や時勢に左右されない科学的な教育・研究を行うことを掲げています。

◎学問の活用

歴史上，日本が近代国家をめざすため，学問は現実に活かしうるもの，すなわち近代化に貢献するものであることが求められました。これが学問の活用です。ただし，早稲田大学はこの学問の活用を安易な実用主義ではなく，**進取の精神**として教育の大きな柱の一つとしました。

◎模範国民の造就

早稲田大学は庶民の教育を主眼として創設されました。このことが反映された理念が模範国民の造就です。模範国民の造就は，グローバリゼーションが進展する現代にも通ずる理念であり，豊かな人間性をもった**地球市民の育成**と解釈されます。

早稲田大学校歌

作詞　相馬御風
作曲　東儀鉄笛

一、
都の西北　早稲田の森に
聳ゆる甍は　われらが母校
われらが日ごろの　抱負を知るや
進取の精神　学の独立
現世を忘れぬ　久遠の理想
かがやくわれらが　行手を見よや
わせだ　わせだ　わせだ　わせだ
わせだ　わせだ　わせだ

二、
東西古今の　文化のうしほ
一つに渦巻く　大島国の
大なる使命を　担ひて立てる
われらが行手は　窮り知らず
やがても久遠の　理想の影は
あまねく天下に　輝き布かん
わせだ　わせだ　わせだ　わせだ
わせだ　わせだ　わせだ

三、
あれ見よかしこの　常磐の森は
心のふるさと　われらが母校
集り散じて　人は変れど
仰ぐは同じき　理想の光
いざ声そろへて　空もとどろに
われらが母校の　名をばたたへん
わせだ　わせだ　わせだ　わせだ
わせだ　わせだ　わせだ

学部・学科の構成

（注）下記内容は 2024 年 4 月時点のもので，改組・新設等により変更される場合があります。

大　学

●政治経済学部　早稲田キャンパス

政治学科

経済学科

国際政治経済学科

●法学部　早稲田キャンパス

法律主専攻（司法・法律専門職，企業・渉外法務，国際・公共政策）

●教育学部　早稲田キャンパス

教育学科（教育学専攻〈教育学専修，生涯教育学専修，教育心理学専修〉，初等教育学専攻）

国語国文学科

英語英文学科

社会科（地理歴史専修，公共市民学専修）

理学科（生物学専修，地球科学専修）

数学科

複合文化学科

●商学部　早稲田キャンパス

経営トラック，会計トラック，マーケティングトラック，ファイナンストラック，保険・リスクマネジメントトラック，ビジネスエコノミクストラック

●社会科学部　早稲田キャンパス

社会科学科（『平和・国際協力』コース，『多文化社会・共生』コース，『サスティナビリティ』コース，『コミュニティ・社会デザイン』コース，『組織・社会イノベーション』コース）

●国際教養学部　早稲田キャンパス

国際教養学科

●文化構想学部 戸山キャンパス

文化構想学科（多元文化論系，複合文化論系，表象・メディア論系，文芸・ジャーナリズム論系，現代人間論系，社会構築論系）

●文学部 戸山キャンパス

文学科（哲学コース，東洋哲学コース，心理学コース，社会学コース，教育学コース，日本語日本文学コース，中国語中国文学コース，英文学コース，フランス語フランス文学コース，ドイツ語ドイツ文学コース，ロシア語ロシア文学コース，演劇映像コース，美術史コース，日本史コース，アジア史コース，西洋史コース，考古学コース，中東・イスラーム研究コース）

●基幹理工学部 西早稲田キャンパス

数学科

応用数理学科

機械科学・航空宇宙学科

電子物理システム学科

情報理工学科

情報通信学科

表現工学科

●創造理工学部 西早稲田キャンパス

建築学科

総合機械工学科

経営システム工学科

社会環境工学科

環境資源工学科

※学科を横断する組織として「社会文化領域」を設置。

●先進理工学部 西早稲田キャンパス

物理学科

応用物理学科

化学・生命化学科

応用化学科

生命医科学科

電気・情報生命工学科

●人間科学部　所沢キャンパス

人間環境科学科

健康福祉科学科

人間情報科学科

●スポーツ科学部　所沢キャンパス／一部の授業は東伏見キャンパス

スポーツ科学科（スポーツ医科学コース，健康スポーツコース，トレーナーコース，スポーツコーチングコース，スポーツビジネスコース，スポーツ文化コース）

（備考）学科・専攻・コース等に分属する年次はそれぞれ異なる。

大学院

政治学研究科 / 経済学研究科 / 法学研究科（法科大学院）/ 文学研究科 / 商学研究科 / 基幹理工学研究科 / 創造理工学研究科 / 先進理工学研究科 / 教育学研究科 / 人間科学研究科 / 社会科学研究科 / スポーツ科学研究科 / 国際コミュニケーション研究科 / アジア太平洋研究科 / 日本語教育研究科 / 情報生産システム研究科 / 会計研究科 / 環境・エネルギー研究科 / 経営管理研究科（WBS）

教育の特徴

早稲田大学には，各学部の講義やカリキュラムのほか，グローバルエデュケーションセンター（GEC）により設置された科目や教育プログラムもあります。GEC の設置科目はすべて学部・学年を問わず自由に履修でき，国内外の幅広く多様な分野で活躍するための「第二の強み」を作ることができます。GEC の教育プログラムは 4 つに大別されます。

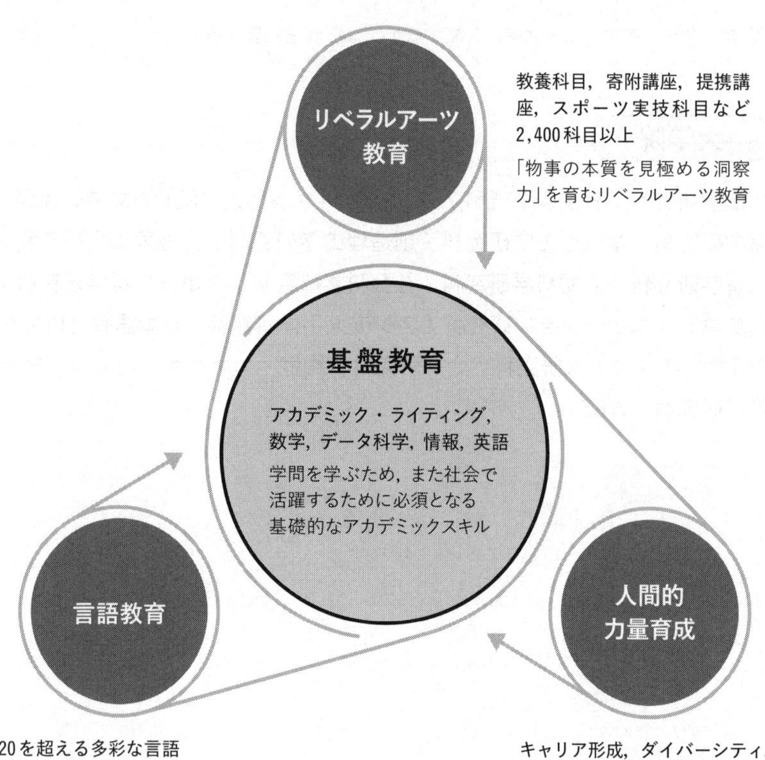
リベラルアーツ教育
教養科目，寄附講座，提携講座，スポーツ実技科目など2,400科目以上
「物事の本質を見極める洞察力」を育むリベラルアーツ教育
基盤教育
アカデミック・ライティング，数学，データ科学，情報，英語
学問を学ぶため，また社会で活躍するために必須となる基礎的なアカデミックスキル
言語教育
人間的力量育成
20を超える多彩な言語
言葉だけでなく，その言語圏の歴史や文化についても知ることで，グローバルな視野を養う
キャリア形成，ダイバーシティ，ボランティア，地域連携，リーダーシップ，ビジネス創出
理論だけでなく実践を通した学びで，人類社会に貢献するグローバル人材を育成する

イベント情報

早稲田大学は，高校生・受験生に向けた情報発信の機会として，全国各地においてイベントを実施しています。

◎キャンパスツアー

キャンパスの雰囲気を体感できるイベントです。在学生ならではの声や説明を聞くことができ，モチベーション UP につながります。

対面型ツアー／オンライン型ツアー

◎オープンキャンパス

例年 7 ～ 8 月頃に東京をはじめ，仙台・大阪・広島・福岡にて実施されています。学生団体によるパフォーマンスも必見です。

◎進学相談会・説明会

全国 100 カ所近くで開催されています。

受験生応援サイト「DISCOVER WASEDA」

講義体験や詳細な学部・学科紹介，キャンパスライフ，施設紹介，合格体験記といった様々な動画コンテンツが掲載されています。

DISCOVER WASEDA
https://discover.w.waseda.jp ▶

奨学金情報

奨学金には，大学が独自に設置しているものから，公的団体・民間団体が設置しているものまで多くの種類が存在します。そのうち，早稲田大学が独自に設置している学内奨学金は約 150 種類に上り，すべて卒業後に返還する必要のない給付型の奨学金です。申請の時期や条件はそれぞれ異なりますが，ここでは，入学前に特に知っておきたい早稲田大学の学内奨学金を取り上げます。（本書編集時点の情報です。）

◎めざせ！ 都の西北奨学金 入学前

首都圏の一都三県（東京都・埼玉県・千葉県・神奈川県）以外の国内高校・中等教育学校出身者を対象とした奨学金です。採用候補者数は 1200 人と学内の奨学金の中でも最大で選考結果は入学前に通知されます。

給付額⇨年額 45〜70 万円　収入・所得条件⇨1,000 万円未満※
※給与・年金収入のみの場合。

◎大隈記念奨学金 入学前 入学後

入学試験の成績，または入学後の学業成績を考慮して学部ごとに選考・給付されます。公募を経て選考される一部の学部を除き，基本的には事前申請が不要な奨学金です。

給付額⇨年額 40 万円（原則）　収入・所得条件⇨なし

◎早稲田の栄光奨学金 入学後

入学後に海外留学を目指す学生を支援する制度で，留学出願前に選考から発表まで行われます。留学センターが募集する，大学間協定によるプログラムで半期以上留学する学生が対象です。

給付額⇨半期：50 万円，1 年以上：110 万円　収入・所得条件⇨800 万円未満※
※給与・年金収入のみの場合。

その他の奨学金も含む詳細な情報は，
大学 Web サイト及びその中の奨学金情報誌を
ご確認ください。

大学ウェブサイト
（奨学金情報）
▼

入試データ

入学試験の名称・定義

〔凡例〕

●：必須　　—：不要　　▲：以下の注意事項を参照

※１ 英語以外の外国語を選択する場合に必要
※２ 数学を選択する場合に必要
※３ 提出しなくても出願可能（提出しない場合は，加点なしの扱い）
※４ 出願時に「スポーツ競技歴調査書」「スポーツ競技成績証明書」の提出が必要

一般選抜

早稲田大学の試験場において試験を受ける必要が**ある**入試。

学部	入試制度	共通テスト	英語４技能テスト	大学での試験
政治経済学部	一般	●	—	●
法学部	一般	▲※1 ※2	—	●
教育学部*	一般（Ａ方式）	▲※1	—	●
	一般（Ｂ方式）	▲※1	—	●
	一般（Ｃ方式）	●	—	●
	一般（Ｄ方式）	●	—	●
商学部	一般（地歴・公民型）	▲※1	—	●
	一般（数学型）	▲※1	—	●
	一般（英語４技能テスト利用型）	▲※1	●	●
社会科学部	一般	—	—	●
国際教養学部	一般	●	▲※3	●
文化構想学部	一般	▲※1	—	●
	一般（英語４技能テスト利用方式）	—	●	●
	一般（共通テスト利用方式）	●	—	●

（表つづく）

学 部	入試制度	共通テスト	英語4技能テスト	大学での試験
文学部	一般	▲※1	—	●
	一般（英語4技能テスト利用方式）	—	●	●
	一般（共通テスト利用方式）	●	—	●
基幹理工学部	一般	—	—	●
創造理工学部	一般	—	—	●
先進理工学部	一般	—	—	●
人間科学部	一般	—	—	●
	一般（共通テスト＋数学選抜方式）	●	—	●
スポーツ科学部	一般（共通テスト＋小論文方式）	●	—	●

＊教育学部の2022・2021年度については，下記の通りの実施であった。

学 部	入試制度	共通テスト	英語4技能スコア	大学での試験
教育学部	一般	—	—	●

大学入学共通テスト利用入試

早稲田大学の試験場において試験を受ける必要が**ない**入試。

学 部	入試制度	共通テスト	英語4技能テスト	大学での試験
政治経済学部	共テ利用（共通テストのみ方式）	●	—	—
法学部	共テ利用（共通テストのみ方式）	●	—	—
社会科学部	共テ利用（共通テストのみ方式）	●	—	—
人間科学部	共テ利用（共通テストのみ方式）	●	—	—
スポーツ科学部	共テ利用（共通テストのみ方式）	●	—	—
	共テ利用（共通テスト＋競技歴方式）	●※4	—	—

入試状況（競争率・合格最低点など）

○基幹理工学部は学系単位の募集。各学系から進級できる学科は次の通り。

学系Ⅰ：数学科，応用数理学科

学系Ⅱ：応用数理学科，機械科学・航空宇宙学科，電子物理システム学科，情報理工学科，情報通信学科

学系Ⅲ：情報理工学科，情報通信学科，表現工学科

○先進理工学部は第一志望学科の志願者数・合格者数を表記。合格最低点は，「第二志望学科」合格者の最低点を除く。

○合格者数に補欠合格者は含まない。

○競争率は受験者数÷合格者数で算出。ただし，共通テスト利用入試（共通テストのみ方式）の競争率は志願者数÷合格者数で算出。

○合格最低点は正規・補欠合格者の最低総合点であり，基幹理工・創造理工・先進理工学部を除き，成績標準化後の点数となっている。成績標準化とは，受験する科目間で難易度による差が生じないように，個々の科目において得点を調整する仕組みのこと。

○ 2022 年度以前の教育学部理学科地球科学専修志願者で，理科の地学選択者については，理学科 50 名のうち若干名を「地学選択者募集枠」として理科の他の科目選択者とは別枠で判定を行っている。合格最低点欄の〈　〉内は地学選択者募集枠の合格最低点を示す。

○基幹理工学部・創造理工学部の「得意科目選考」の合格最低点は除く。

〈基準点について〉

○教育学部：すべての科目に合格基準点が設けられており，基準点に満たない場合は不合格となる。また，以下の学科は，それぞれ次のような条件を特定科目の合格基準点としている。

国語国文学科⇨「国語」：国語国文学科の全受験者の平均点

英語英文学科⇨「英語」：英語英文学科の全受験者の平均点

数学科⇨「数学」：数学科の全受験者の平均点

○商学部：英語 4 技能テスト利用型では，国語，地歴・公民または数学それぞれにおいて合格基準点が設けられており，基準点に満たない場合は不合格となる。

○スポーツ科学部：小論文が基準点に満たない場合は不合格となる。

2024 年度一般選抜・共通テスト利用入試

大学ホームページ（2024 年 3 月 12 日付）より。

2024 年度合格最低点については本書編集段階では未公表のため，大学公表の資料でご確認ください。

学部・学科・専攻等				募集人員	志願者数	受験者数	合格者数	競争率
政治経済	一般	政治		100	1,005	846	294	2.9
		経済		140	1,269	995	318	3.1
		国際政治経済		60	402	327	148	2.2
	共通テスト	政治		15	401	—	133	3.0
		経済		25	1,672	—	606	2.8
		国際政治経済		10	293	—	103	2.8
法	一般			350	4,346	3,809	703	5.4
	共通テスト			100	2,044	—	567	3.6
教育	一般（A方式・B方式）	教育	教育学 教育学	95	1,008	934	100	9.3
			教育学 生涯教育学		1,123	1,046	76	13.8
			教育学 教育心理学		632	578	57	10.1
			初等教育学	20	355	333	30	11.1
		国語国文		80	1,308	1,226	179	6.8
		英語英文		80	1,379	1,269	318	4.0
		社会	地理歴史	140	1,712	1,609	207	7.8
			公共市民学		1,464	1,413	255	5.5
		理	地球科学	20	704	625	86	7.3
		数		45	841	757	132	5.7
		複合文化		40	924	865	110	7.9
	一般（C方式）	教育	教育学 教育学	20	22	19	5	3.8
			教育学 生涯教育学		41	35	15	2.3
			教育学 教育心理学		22	19	9	2.1
			初等教育学	5	9	7	3	2.3
		国語国文		15	61	54	15	3.6
		英語英文		15	106	92	42	2.2
		社会	地理歴史	25	52	47	22	2.1
			公共市民学		38	35	16	2.2

（表つづく）

学部・学科・専攻等			募集人員	志願者数	受験者数	合格者数	競争率
教育	一般（C方式）	理 生物学	15	235	116	51	2.3
教育	一般（C方式）	理 地球科学	5	41	34	13	2.6
教育	一般（C方式）	数	10	127	71	38	1.9
教育	一般（C方式）	複合文化	10	87	72	12	6.0
教育	一般（D方式）	理 生物学	10	160	145	31	4.7
商	一般	地歴・公民型	355	7,730	7,039	695	10.1
商	一般	数学型	150	2,752	2,329	400	5.8
商	一般	英語4技能テスト利用型	30	412	359	76	4.7
社会科学	一般		450	8,864	7,833	869	9.0
社会科学	共通テスト		50	1,384	—	361	3.8
国際教養	一般		175	1,352	1,229	380	3.2
文化構想	一般	一般	370	6,898	6,618	783	8.5
文化構想	一般	英語4技能テスト利用方式	70	2,410	2,355	339	6.9
文化構想	一般	共通テスト利用方式	35	1,123	993	206	4.8
文	一般	一般	340	7,755	7,330	860	8.5
文	一般	英語4技能テスト利用方式	50	2,375	2,307	326	7.1
文	一般	共通テスト利用方式	25	1,057	873	191	4.6
基幹理工	一般	学系Ⅰ	45	581	524	189	2.8
基幹理工	一般	学系Ⅱ	210	2,822	2,534	703	3.6
基幹理工	一般	学系Ⅲ	65	1,128	1,032	205	5.0
創造理工	一般	建築	80	763	675	176	3.8
創造理工	一般	総合機械工	80	1,029	931	217	4.3
創造理工	一般	経営システム工	70	660	594	148	4.0
創造理工	一般	社会環境工	50	452	412	113	3.6
創造理工	一般	環境資源工	35	370	338	94	3.6
先進理工	一般	物理	30	798	735	195	3.8
先進理工	一般	応用物理	55	457	422	134	3.1
先進理工	一般	化学・生命化	35	391	355	103	3.4
先進理工	一般	応用化	75	1,196	1,097	303	3.6
先進理工	一般	生命医科	30	827	724	148	4.9
先進理工	一般	電気・情報生命工	75	517	465	133	3.5

（表つづく）

学部・学科・専攻等				募集人員	志願者数	受験者数	合格者数	競争率
人間科学	一般	一般	人間環境科	115	2,180	1,973	320	6.2
			健康福祉科	125	2,124	1,977	296	6.7
			人間情報科	100	1,528	1,358	200	6.8
		数学選抜方式	人間環境科	15	236	223	59	3.8
			健康福祉科	15	162	153	44	3.5
			人間情報科	15	258	242	70	3.5
	共通テスト		人間環境科	5	452	—	102	4.4
			健康福祉科	5	233	—	77	3.0
			人間情報科	5	352	—	99	3.6
スポーツ科学	一般			150	1,090	914	303	3.0
	共通テスト	共通テストのみ方式		50	460	—	93	4.9
		競技歴方式		50	359	—	141	2.5

2023 年度一般選抜・共通テスト利用入試

学部・学科・専攻等				募集人員	志願者数	受験者数	合格者数	競争率	合格最低点／満点
政治経済	一般	政治		100	824	708	260	2.7	151.5/200
		経済		140	1,481	1,192	322	3.7	159.0/200
		国際政治経済		60	561	462	131	3.5	158.5/200
	共通テスト	政治		15	358	—	103	3.5	—
		経済		25	1,632	—	467	3.5	
		国際政治経済		10	353	—	111	3.2	
法	一般			350	4,780	4,269	811	5.3	90.25/150
	共通テスト			100	1,836	—	510	3.6	—
教育	一般（A方式・B方式）	教育	教育学 教育学	95	942	867	112	7.7	93.682/150
			教育学 生涯教育学		687	655	114	5.7	90.002/150
			教育学 教育心理学		722	677	64	10.6	94.023/150
			初等教育学	20	632	590	40	14.8	92.795/150
		国語国文		80	1,194	1,120	199	5.6	106.451/150
		英語英文		80	1,642	1,520	328	4.6	107.858/150
		社会	地理歴史	140	1,929	1,827	217	8.4	97.546/150
			公共市民学		1,771	1,686	248	6.8	94.899/150
		理	地球科学	20	670	597	94	6.4	89.272/150
		数		45	903	806	149	5.4	122.042/150
		複合文化		40	1,216	1,130	129	8.8	117.045/150
	一般（C方式）	教育	教育学 教育学	20	35	27	9	3.0	173.200/240
			教育学 生涯教育学		21	21	10	2.1	155.700/240
			教育学 教育心理学		15	15	6	2.5	167.000/240
			初等教育学	5	13	13	2	6.5	170.200/240
		国語国文		15	66	60	17	3.5	185.500/240
		英語英文		15	78	66	32	2.1	168.200/240
		社会	地理歴史	25	61	58	26	2.2	175.400/240
			公共市民学		57	51	20	2.6	182.000/240

（表つづく）

学部・学科・専攻等				募集人員	志願者数	受験者数	合格者数	競争率	合格最低点／満点
教育	一般（C方式）	理	生物学	15	199	129	76	1.7	148.000/240
			地球科学	5	36	35	10	3.5	176.700/240
		数		10	91	74	27	2.7	121.500/240
		複合文化		10	45	41	22	1.9	163.700/240
	一般（D方式）	理	生物学	10	204	191	51	3.7	150.300/240
商	一般	地歴・公民型		355	7,949	7,286	656	11.1	131.6/200
		数学型		150	2,490	2,129	370	5.8	109.05/180
		英語4技能テスト利用型		30	279	246	63	3.9	127/205
社会科学	一般			450	8,862	7,855	826	9.5	78.92/130
	共通テスト			50	1,329	—	355	3.7	—
国際教養	一般			175	1,357	1,222	304	4.0	142.8/200
文化構想	一般	一般		370	7,353	7,049	736	9.6	131.7/200
		英語4技能テスト利用方式		70	2,694	2,622	355	7.4	85/125
		共通テスト利用方式		35	1,164	992	217	4.6	146/200
文	一般	一般		340	7,592	7,110	840	8.5	129.8/200
		英語4技能テスト利用方式		50	2,429	2,339	332	7.0	85/125
		共通テスト利用方式		25	1,115	875	203	4.3	146/200
基幹理工	一般	学系Ⅰ		45	509	463	177	2.6	190/360
		学系Ⅱ		210	3,048	2,796	640	4.4	206/360
		学系Ⅲ		65	1,079	993	194	5.1	199/360
創造理工	一般	建築		80	768	697	169	4.1	196/400
		総合機械工		80	988	909	267	3.4	179/360
		経営システム工		70	629	584	154	3.8	191/360
		社会環境工		50	507	452	129	3.5	184/360
		環境資源工		35	280	259	90	2.9	180/360
先進理工	一般	物理		30	738	668	145	4.6	205/360
		応用物理		55	565	517	119	4.3	188/360
		化学・生命化		35	379	345	119	2.9	194/360
		応用化		75	1,060	962	325	3.0	195/360
		生命医科		30	736	637	170	3.7	196/360
		電気・情報生命工		75	557	509	147	3.5	188/360

（表つづく）

<table>
<tr><th colspan="4">学部・学科・専攻等</th><th>募集人員</th><th>志願者数</th><th>受験者数</th><th>合格者数</th><th>競争率</th><th>合格最低点／満点</th></tr>
<tr><td rowspan="9">人間科学</td><td rowspan="6">一般</td><td rowspan="3">一　般</td><td>人間環境科</td><td>115</td><td>1,977</td><td>1,794</td><td>283</td><td>6.3</td><td>87.40/150</td></tr>
<tr><td>健康福祉科</td><td>125</td><td>2,038</td><td>1,865</td><td>273</td><td>6.8</td><td>85.72/150</td></tr>
<tr><td>人間情報科</td><td>100</td><td>1,951</td><td>1,761</td><td>221</td><td>8.0</td><td>86.92/150</td></tr>
<tr><td rowspan="3">数学選抜方式</td><td>人間環境科</td><td>15</td><td>166</td><td>161</td><td>66</td><td>2.4</td><td>276.7/500</td></tr>
<tr><td>健康福祉科</td><td>15</td><td>204</td><td>194</td><td>46</td><td>4.2</td><td>282.2/500</td></tr>
<tr><td>人間情報科</td><td>15</td><td>240</td><td>232</td><td>74</td><td>3.1</td><td>296.0/500</td></tr>
<tr><td colspan="2" rowspan="3">共通テスト</td><td>人間環境科</td><td>5</td><td>343</td><td>—</td><td>90</td><td>3.8</td><td rowspan="3">—</td></tr>
<tr><td>健康福祉科</td><td>5</td><td>366</td><td>—</td><td>92</td><td>4.0</td></tr>
<tr><td>人間情報科</td><td>5</td><td>387</td><td>—</td><td>92</td><td>4.2</td></tr>
<tr><td rowspan="3">スポーツ科学</td><td colspan="3">一　般</td><td>150</td><td>972</td><td>804</td><td>257</td><td>3.1</td><td>159.9/250</td></tr>
<tr><td rowspan="2">共通テスト</td><td colspan="2">共通テストのみ方式</td><td>50</td><td>455</td><td>—</td><td>92</td><td>4.9</td><td>—</td></tr>
<tr><td colspan="2">競技歴方式</td><td>50</td><td>270</td><td>—</td><td>143</td><td>1.9</td><td>—</td></tr>
</table>

（備考）合格最低点欄の「—」は非公表を示す。

2022 年度一般選抜・共通テスト利用入試

学部・学科・専攻等				募集人員	志願者数	受験者数	合格者数	競争率	合格最低点／満点
政治経済	一般	政治		100	908	781	252	3.1	152/200
		経済		140	1,470	1,170	312	3.8	155/200
		国際政治経済		60	523	424	133	3.2	155.5/200
	共通テスト	政治		15	297	—	85	3.5	—
		経済		25	1,365	—	466	2.9	
		国際政治経済		10	309	—	89	3.5	
法	一般			350	4,709	4,136	754	5.5	89.895/150
	共通テスト			100	1,942	—	550	3.5	—
教育	一般	教育	教育学 教育学	100	950	889	106	8.4	95.160/150
			教育学 生涯教育学		1,286	1,221	94	13.0	96.741/150
			教育学 教育心理学		691	623	65	9.6	95.679/150
			初等教育学	20	444	408	39	10.5	93.047/150
		国語国文		80	1,389	1,312	190	6.9	106.903/150
		英語英文		80	2,020	1,871	340	5.5	110.163/150
		社会	地理歴史	145	2,057	1,929	228	8.5	97.443/150
			公共市民学		2,100	2,002	275	7.3	96.009/150
		理	生物学	50	554	503	122	4.1	85.250/150
			地球科学		687	610	98	6.2	86.571/150〈83.250〉
		数		45	903	818	178	4.6	120/150
		複合文化		40	1,427	1,326	150	8.8	114.255/150
商	一般	地歴・公民型		355	8,230	7,601	694	11.0	130.6/200
		数学型		150	2,648	2,276	366	6.2	109.4/180
		英語4技能テスト利用型		30	899	774	80	9.7	133.7/205
社会科学	一般			450	9,166	8,082	823	9.8	89.451/130
	共通テスト			50	1,132	—	305	3.7	—
国際教養	一般			175	1,521	1,387	342	4.1	151.1/200
文化構想	一般	一般		370	7,755	7,443	832	8.9	134/200
		英語4技能テスト利用方式		70	3,004	2,929	375	7.8	85.5/125
		共通テスト利用方式		35	1,183	957	203	4.7	142.5/200

（表つづく）

学部・学科・専攻等			募集人員	志願者数	受験者数	合格者数	競争率	合格最低点／満点
文	一般	一般	340	8,070	7,532	741	10.2	131.9/200
		英語4技能テスト利用方式	50	2,646	2,545	332	7.7	86.5/125
		共通テスト利用方式	25	1,130	862	170	5.1	148/200
基幹理工	一般	学系Ⅰ	45	615	559	142	3.9	178/360
		学系Ⅱ	210	2,962	2,675	673	4.0	181/360
		学系Ⅲ	65	967	886	165	5.4	176/360
創造理工	一般	建築	80	759	684	151	4.5	185/400
		総合機械工	80	968	875	240	3.6	161/360
		経営システム工	70	682	623	158	3.9	178/360
		社会環境工	50	464	416	133	3.1	163/360
		環境資源工	35	239	222	62	3.6	163/360
先進理工	一般	物理	30	697	643	162	4.0	196/360
		応用物理	55	471	432	143	3.0	176/360
		化学・生命化	35	437	388	120	3.2	175/360
		応用化	75	1,173	1,059	259	4.1	180/360
		生命医科	30	695	589	146	4.0	186/360
		電気・情報生命工	75	594	543	138	3.9	172/360
人間科学	一般 一般	人間環境科	115	1,845	1,671	242	6.9	88.5/150
		健康福祉科	125	1,923	1,757	266	6.6	85.5/150
		人間情報科	100	1,921	1,715	252	6.8	87/150
	一般 数学選抜方式	人間環境科	15	135	126	48	2.6	306.1/500
		健康福祉科	15	111	106	41	2.6	293.5/500
		人間情報科	15	239	227	75	3.0	321.9/500
	共通テスト	人間環境科	5	266	—	85	3.1	—
		健康福祉科	5	198	—	77	2.6	
		人間情報科	5	273	—	98	2.8	
スポーツ科学	一般	一般	150	988	847	223	3.8	163/250
	共通テスト	共通テストのみ方式	50	475	—	109	4.4	—
		競技歴方式	50	331	—	119	2.8	—

（備考）合格最低点欄の「—」は非公表を示す。

2021 年度一般選抜・共通テスト利用入試

学部	方式	学科・専攻等		募集人員	志願者数	受験者数	合格者数	競争率	合格最低点／満点
政治経済	一般	政治		100	870	738	261	2.8	148/200
		経済		140	2,137	1,725	331	5.2	156/200
		国際政治経済		60	488	387	138	2.8	151/200
	共通テスト	政治		15	382	—	104	3.7	—
		経済		25	1,478	—	418	3.5	
		国際政治経済		10	314	—	113	2.8	
法	一般			350	4,797	4,262	738	5.8	90.295/150
	共通テスト			100	2,187	—	487	4.5	—
教育	一般	教育	教育学 教育学	100	1,440	1,345	77	17.5	97.688/150
			教育学 生涯教育学		876	835	76	11.0	93.818/150
			教育学 教育心理学		521	484	59	8.2	95.653/150
			初等教育学	20	378	344	30	11.5	92.096/150
		国語国文		80	1,260	1,195	166	7.2	107.224/150
		英語英文		80	1,959	1,834	290	6.3	110.955/150
		社会	地理歴史	145	2,089	1,974	214	9.2	97.496/150
			公共市民学		1,630	1,558	244	6.4	95.140/150
		理	生物学	50	454	395	89	4.4	86.245/150
			地球科学		676	612	112	5.5	87.495/150〈84.495〉
		数		45	823	739	173	4.3	118.962/150
		複合文化		40	933	880	142	6.2	112.554/150
商	一般	地歴・公民型		355	8,537	7,980	681	11.7	131.35/200
		数学型		150	2,518	2,205	419	5.3	107.60/180
		英語4技能テスト利用型		30	250	214	66	3.2	120.05/205
社会科学	一般			450	8,773	7,883	739	10.7	78.62/130
	共通テスト			50	1,485	—	214	6.9	—
国際教養	一般			175	1,622	1,498	330	4.5	155.94/200
文化構想	一般	一般		430	7,551	7,273	702	10.4	130.6/200
		英語4技能テスト利用方式		70	2,585	2,532	340	7.4	85/125
		共通テスト利用方式		35	1,348	1,146	172	6.7	149.5/200

（表つづく）

学部・学科・専攻等				募集人員	志願者数	受験者数	合格者数	競争率	合格最低点／満点
文	一般	一般		390	7,814	7,374	715	10.3	130.8/200
		英語4技能テスト利用方式		50	2,321	2,239	243	9.2	87.5/125
		共通テスト利用方式		25	1,281	1,037	162	6.4	150/200
基幹理工	一般	学系Ⅰ		45	444	403	150	2.7	198/360
		学系Ⅱ		210	2,937	2,689	576	4.7	219/360
		学系Ⅲ		65	908	823	169	4.9	213/360
創造理工	一般	建築		80	686	634	141	4.5	218/400
		総合機械工		80	874	806	215	3.7	192/360
		経営システム工		70	721	662	146	4.5	206/360
		社会環境工		50	394	374	106	3.5	202/360
		環境資源工		35	273	260	67	3.9	202/360
先進理工	一般	物理		30	713	661	139	4.8	229/360
		応用物理		55	402	370	125	3.0	210/360
		化学・生命化		35	392	359	116	3.1	206/360
		応用化		75	1,123	1,029	308	3.3	209/360
		生命医科		30	829	716	132	5.4	219/360
		電気・情報生命工		75	573	524	154	3.4	198/360
人間科学	一般	一般	人間環境科	115	1,916	1,745	190	9.2	87.620/150
			健康福祉科	125	2,043	1,894	244	7.8	85.601/150
			人間情報科	100	1,407	1,270	161	7.9	85.616/150
		数学選抜方式	人間環境科	15	189	182	43	4.2	—
			健康福祉科	15	137	134	36	3.7	—
			人間情報科	15	196	186	51	3.6	—
	共通テスト		人間環境科	5	421	—	77	5.5	—
			健康福祉科	5	296	—	76	3.9	
			人間情報科	5	370	—	72	5.1	
スポーツ科学	一般			150	842	686	195	3.5	159.7/250
	共通テスト	共通テストのみ方式		50	482	—	96	5.0	—
		競技歴方式		50	314	—	122	2.6	—

（備考）合格最低点欄の「—」は非公表を示す。

募集要項の入手方法

一般選抜・大学入学共通テスト利用入試の出願方法は「WEB 出願」です。詳細情報につきましては，入学センター Web サイトにて 11 月上旬公開予定の入学試験要項をご確認ください。

問い合わせ先

早稲田大学 入学センター
〒169-8050 東京都新宿区西早稲田 1－6－1
TEL (03)3203-4331(直)
MAIL nyusi@list.waseda.jp
Web サイト https://www.waseda.jp/inst/admission/

大学所在地

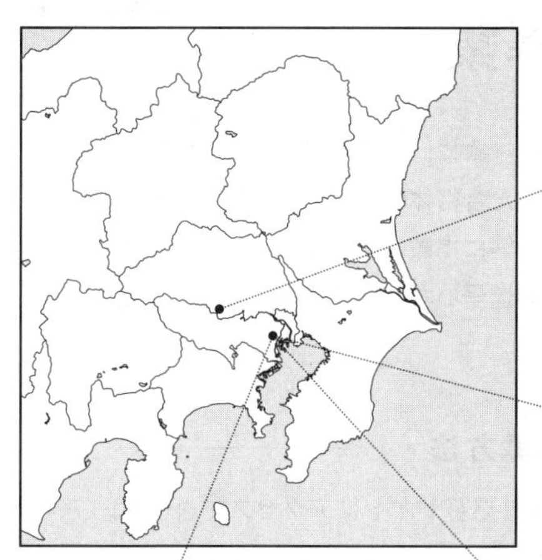

所沢キャンパス

西早稲田キャンパス

早稲田キャンパス

戸山キャンパス

早稲田キャンパス	〒169-8050	東京都新宿区西早稲田 1 - 6 - 1
戸山キャンパス	〒162-8644	東京都新宿区戸山 1 - 24 - 1
西早稲田キャンパス	〒169-8555	東京都新宿区大久保 3 - 4 - 1
所沢キャンパス	〒359-1192	埼玉県所沢市三ヶ島 2 - 579 - 15

早稲田大学を
空から
見てみよう！

各キャンパスの
空撮映像はこちら ▶

気になること、聞いてみました！

在学生メッセージ

大学ってどんなところ？　大学生活ってどんな感じ？
ちょっと気になることを，在学生に聞いてみました。

以下の内容は 2020〜2023 年度入学生のアンケート回答に基づくものです。ここで触れられている内容は今後変更となる場合もありますのでご注意ください。

メッセージを書いてくれた先輩　［政治経済学部］M.K. さん　［法学部］W.S. さん
［文化構想学部］K.M. さん　［教育学部］S.T. さん
［商学部］W.S. さん　［国際教養学部］M.G. さん
［文学部］H.K. さん　N.M. さん　［人間科学部］R.T. さん

大学生になったと実感！

自分のための勉強ができるようになったこと。高校生のときは定期テストや受験のための勉強しかしていなかったのですが，大学に入ってからは自分の好きな勉強を自分のためにできるようになり，とても充実しています。（W.S. さん／法）

自分で自由に履修を組めることです。高校生までと違い，必修の授業以外は興味のある授業を自分で選べます。履修登録はかなり手こずりましたが，自分の興味や関心と照らし合わせながらオリジナルの時間割を考えるのはとても楽しいです。（N.M. さん／文）

高校生の頃は親が管理するようなことも，大学生になるとすべて自分で管理するようになり，社会に出たなと実感した。また，高校生までの狭いコミュニティとまったく異なるところがある。早稲田大学は１つの小さな世界のようなところで，キャンパス内やキャンパス周辺を歩いているだけで日本語以外の言語が必ず耳に飛び込んでくる。そのような環境にずっと触れるため，考え方や世界の見方がいい意味ですべて変わった。今まで生きてきた自分の中で一番好きな自分に出会えるところが大学だと思う。(K.M. さん／文化構想)

大学生活に必要なもの

軽くて使いやすいパソコンです。毎日授業がありパソコンを持ち歩くので，とにかく軽いものが良い！ Windows か Mac かは学部・学科で指定されていないのであれば好きなほうを選んで良いと思います！ iPhone とつなぐことができるので私は Mac がお気に入りです！（S.T. さん／教育）

大学生になって一番必要だと感じたものは自己管理能力です。特に，私の通う国際教養学部は必修授業が少なく，同じ授業を受けている友達が少ないため，どの授業でどのような課題が出ているかなど，しっかりと自分自身で把握しておかなければ単位を落としかねません。私は今までスケジュール帳を使うことはあまりなかったのですが，大学生になり，授業の情報やバイト，友達との約束などをまとめて管理することが必要不可欠となったので，スケジュールアプリを使い始め，とても重宝しています。(M.G. さん／国際教養)

この授業がおもしろい！

英会話の授業です。学生が英語力別に分けられ，ランダムに 3，4 人のグループを組まれます。1 グループにつき 1 人の講師がついて，100 分間英語だけで会話をします。文法を間違えたときや何と言っていいかわからないとき，会話に詰まったときなどに講師が手助けしてくれます。最初は私には難しすぎると思っていましたが，意外と英語が話せるようになり楽しかったです。また，少人数のためグループでも仲良くなれて，一緒に昼

ご飯を食べていました。(M.K. さん／政治経済)

ジェンダー論の授業が興味深かったです。高校までは，科目として習うことがありませんでしたが，「ジェンダーとは何か」という基本的な問いから，社会で起きている問題（ジェンダーレストイレは必要か，など）についてのディスカッションを通して，他の学生の考え方を知ることができました。(H.K. さん／文)

心理学概論です。心理学の歴史と研究方法の特徴を学んだ後に，心は発達的にどのように形成されるのか，人が環境についての情報を入手するための心の働き，欲求や願望の充足を求めるときの心の動き方，経験を蓄積し利用する心の仕組み，困難な場面に直面したときの心の動き方と心の使い方などについて学ぶ授業です。もともと心理学に興味はあったのですが，この授業を通してより一層心理学に対する興味・関心が深まりました。(R.T. さん／人間科学)

大学の学びで困ったこと＆対処法

大学の課題はレポート形式になっていることが多く，疑問提起が抽象的で答え方に困ることがあります。同じ授業を履修している学生に話しかけてコミュニティを作っておくことで，課題の意味を話し合ったり考えを深め合ったりできます。(H.K. さん／文)

レポートの締め切りやテストの日程などのスケジュール管理が大変だったことです。スケジュールが自分で把握できていないとテスト期間に悲惨なことになります。私はテストやレポートについての連絡を教授から受け取ったらすぐにスマホのカレンダーアプリに登録するようにしています。(N.M. さん／文)

部活・サークル活動

国際交流のサークルに入っています。人数が多いため，自分の都合が合う日程でイベントに参加することができます。また，海外からの留学生と英語や他の言語で交流したり，同じような興味をもつ日本人学生とも交流したり，と新たな出会いがたくさんあります。（H.K. さん／文）

受験生に向けて早稲田を紹介する雑誌を出版したり，学園祭で受験生の相談に乗ったりするサークルに入っています。活動は週に 1 回ですが，他の日でもサークルの友達と遊んだりご飯を食べに行ったりすることが多いです。みんなで早慶戦を見に行ったり，合宿でスキーをするなどイベントも充実しています。（N.M. さん／文）

私は現在，特撮評議会というサークルに入っています。主な活動内容は，基本的に週に 2 回，歴代の特撮作品を視聴することです。仮面ライダーやスーパー戦隊をはじめとした様々な特撮作品を視聴しています。また，夏休みには静岡県の別荘を貸し切って特撮作品を見まくる合宿を行います。特撮好きの人にとってはうってつけのサークルだと思うので，特撮に興味のある人はぜひ来てください‼（R.T. さん／人間科学）

交友関係は？

語学の授業ではクラスがあり，いつも近くの席に座るような友達が自然とできました。クラス会をしたり，ご飯に行ったりして，より仲が深まりました。（W.S. さん／法）

入学前の学科のオリエンテーションの後，一緒にご飯を食べに行って仲良くなりました。他にも授業ごとに仲の良い友達を作っておくと，授業が楽しみになり，また重い課題が出た際に協力できるのでおススメです。「隣いいですか？」「何年生ですか？」「学部どちらですか？」等なんでもいいので勇気をもって話しかけてみましょう！ 仲の良い友達が欲しいと

みんな思っているはず！（S.T. さん／教育）

いま「これ」を頑張っています

アフリカにインターンシップに行く予定なので，英語力を伸ばすために外国人ゲストが多く訪れるホテルや飲食店で働いています。また，日本のことをもっとよく知りたいので国内を夜行バスで旅行しています。車中泊の弾丸旅行なので少し大変ですが，安価で旅行できることが最大の魅力です。体力的にも今しかできないことだと思うので楽しみます！（M.K. さん／政治経済）

英語とスペイン語の勉強です。複合文化学科では第二外国語ではなく専門外国語という位置付けで英語以外の外国語を学びます。体育の授業で留学生と仲良くなったことで，自分も留学したいという思いが強まりました。まだ行き先を決められていないので英語とスペイン語の両方に力を入れて取り組んでいます！（S.T. さん／教育）

塾講師のアルバイトを頑張っています。授業準備は大変ですが，自分の受験の経験を活かしながらどのように教えたらわかりやすいかを考えるのは楽しいです。保護者への電話がけなどもするので社会に出る前の良い勉強になっています。（N.M. さん／文）

普段の生活で気をつけていることや心掛けていること

スキマ時間の活用です。大学生は自由な時間が多いため油を売ってしまいがちになります。空きコマや移動時間は話題の本や興味のある分野の専門書を読んだり英語の勉強をしたりして，少し進化した自分になれるようにしています！ もちろん空き時間が合う友達とご飯に行ったり，新宿にショッピングに出かけたりもします！ せっかくのスキマ時間は何かで充実させることを目標に，１人でスマホを触ってばかりで時間が経ってしま

うことがないように気をつけています。(S.T. さん／教育)

無理に周りに合わせる必要など一切ない。自分らしく自分の考えを貫くように心掛けている。また，勉学と遊びは完全に切り離して考えている。遊ぶときは遊ぶ，学ぶときは学ぶ。そう考えることで自分のモチベーションを日々高めている。(K.M. さん／文化構想)

おススメ・お気に入りスポット

早稲田大学周辺のご飯屋さんがとても気に入っています。学生割引があったり，スタンプラリーを行ったりしているので楽しいです。また，授業終わりに友達と気軽に行けるのでとても便利です。(W.S. さん／法)

文キャンの食堂です。授業の後，空きコマに友達と行ってゆっくり課題を進めたり，おしゃべりしたりできます。テラス席は太陽光が入るように天井がガラスになっているため開放感があります。お昼時にはとっても混むため，早い時間帯や，お昼時を過ぎた時間帯に使うのがおススメです。(H.K. さん／文)

大隈庭園という早稲田キャンパスの隣にある庭園が気に入っています。天気が良い日はポカポカしてとても気持ちが良いです。空きコマに少しお昼寝をしたり，そこでご飯を食べることもできます。(N.M. さん／文)

入学してよかった！

いろいろな授業，いろいろな人に恵まれているところが好きです。早稲田大学の卒業生に声をかけていただいて，アフリカでインターンシップをすることにもなりました。授業の選択肢も多く，乗馬の授業や国際協力の授業，法学部や文学部の授業，教員免許取得のための授業など，様々な授業があります。選択肢が多すぎて最初は戸惑うこともあるかと思いますが，どんな人でも自分らしく楽しむことができる環境が整っているところが私にとっては早稲田大学の一番好きなところです。（M.K. さん／政治経済）

全国各地から学生が集まり，海外からの留学生も多いため，多様性に満ちあふれているところです。様々なバックグラウンドをもつ人たちと話していく中で，多角的な視点から物事を捉えることができるようになります。また，自分よりもレベルの高い友人たちと切磋琢磨することで，これまでに味わったことのないような緊張感，そして充実感を得られます。（W.S. さん／商）

高校生のときに「これ」をやっておけばよかった

学校行事に積極的に参加することです。大学では，クラス全員で何かを行う，ということはなくなります。そのため，学校行事を高校生のうちに全力で楽しむことが重要だと思います。大学に入ったときに後悔がないような高校生時代を送ってほしいです。（H.K. さん／文）

英語を話す力を養うことだと思います。高校では大学受験を突破するための英語力を鍛えていましたが，大学生になると，もちろんそれらの力も重要なのですが，少人数制の英語の授業などで英語を使ってコミュニケーションを取ることが多くなるため，英語を話す力のほうが求められます。私は高校時代，スピーキングのトレーニングをあまりしなかったので，英会話の授業で詰まってしまうことがしばしばありました。高校生のときに英語を話す力をつけるための訓練をしていれば，より円滑に英会話を進められていたのではないかと感じました。（R.T. さん／人間科学）

みごと合格を手にした先輩に，入試突破のためのカギを伺いました。
入試までの限られた時間を有効に活用するために，ぜひ役立ててください。

（注）ここでの内容は，先輩方が受験された当時のものです。2025 年度入試では当てはまらないこともありますのでご注意ください。

・アドバイスをお寄せいただいた先輩・

Message

清水航太朗さん　法学部
一般選抜 2023 年度合格，浜松市立高校（静岡）卒

１年生のうちからコツコツ勉強していたことが勝因です。また，赤本の「傾向と対策」を読んで逆算して勉強計画を立てました。勉強を始めるのは早ければ早いほどいいです！

早田若葉さん　法学部
一般選抜 2023 年度合格，川越女子高校（埼玉）卒

根拠のない自信を持って受験勉強に取り組むこと。自分はなんでもできる！ という気持ちになれば，苦手分野も伸びしろだと捉えることができます。また，効率のよい勉強法を受験勉強の最初のほうから確立していくことが大切。

その他の合格大学　早稲田大（文，文化構想，教育），上智大（法〈共通テスト利用〉），明治大（法〈共通テスト利用〉），青山学院大（法〈共通テスト利用〉）

Y.A. さん　法学部
一般選抜 2023 年度合格，東京都出身

過去問を徹底的にやりこみました。私は各科目 10 年分は解きました。最初は全く歯が立たなくても，傾向がつかめてくると次第に安定して得点できるようになりました。

その他の合格大学　中央大（法），明治学院大（法）

Y.I. さん　法学部
一般選抜 2021 年度合格，埼玉県出身

早稲田大学法学部に行くと決心してから，周りの人間が遊んでいるときに，それをチャンスと捉えてひたすら勉強しました。昼休みもです。現役生の皆さんは，学校の授業，部活などでなかなか受験勉強に身が入らないこともあると思いますが，結局，量は裏切りません。毎日毎日少しずつの積み重ねが大事です。

入試なんでもQ&A

受験生のみなさんからよく寄せられる，
入試に関する疑問・質問に答えていただきました。

「赤本」の効果的な使い方を教えてください。

A 赤本は，受験の最初のほうから，第一志望の大学の出題傾向やその大学特有の形式などをつかむために活用していました。また，合格体験記や傾向と対策，過去の合格最低点などが載っていて，進路を選んだり，過去問を解く際の基準になったので，とてもよかったです。赤本は解説がしっかりとしているので，解き終わった後も解きっぱなしにせず解説を見ながら復習することで，とても学力が伸びました。むやみに問題集などを解くのではなく，赤本を見て傾向や特徴をつかんでから学習計画を立てたことが，私にとってはとても効果的でした。 (早田さん)

1年間のスケジュールはどのようなものでしたか？

A 私は，高校2年生の冬休みくらいから，受験勉強について本格的に考え始めました。それまでは学校の授業を真面目に聞くことが少なく，成績があまりよくなかったので，当時は危機感を覚えていました。高校2年生の1月から3月は，英単語や古文単語，古典文法や現代文の基礎的な読解について集中的にやりました。高校3年生の4月から6月は，読解力を上げるために，英語の長文や現代文に取り組みました。7月から夏休みにかけては，共通テストを目標点がとれるくらいまでにして，苦手な古典の克服に努めました。9月からは『早稲田の英語』『早稲田の国語』(いずれも教学社) を利用して第一志望の早稲田大学の基礎的な問題を解けるようにしていき，10月からは赤本を本格的に解き始めました。11月からは世界史を完璧にするために基礎的な問題の復習をしました。直前期は，赤本を解きながら苦手な分野をピックアップし，参考書に戻って復習していました。（早田さん）

時間をうまく使うために，どのような工夫をしていましたか？

A　僕は，通学時間が往復で2時間ほどあったので，その時間を有効活用するしかないと思い，暗記系の勉強を電車で行いました。また，昼休みの残りの時間は勉強にあてたし，放課後の掃除も友達と無駄話をせずになるべく早く終わらせ，机に向かいました。周りが勉強していないときに，どれだけ積み重ね，周りに追い付き，追い越すことができるかはとても大事です。短い時間の勉強を，コツコツ積み重ねていきましょう。

（Y.I. さん）

早稲田大学を攻略するうえで，特に重要な科目は何ですか？

A　法学部は，英語が特に重要です。標準レベルの設問で確実に得点できるかが合否を分けると言えます。長文読解では主に内容把握を問うものが出題されています。文章が長く，設問に対する本文での該当箇所を探すのが大変なので，読みながら必ずメモを取るようにしました。また，自由英作文はここ数年，提示された絵の表す意味を説明する形式になっていますが，東大で類似の問題が出題されているので，『東大の英語25カ年』（教学社）を使って演習しました。できるだけ多くの問題に触れて，この形式に慣れるのがよいでしょう。（Y.A. さん）

苦手な科目はどのように克服しましたか？

私は古典が苦手でした。初めのほうは克服しようと思ってもやり方がよくわからず，とりあえずたくさん古典文法や古文単語，古文

常識を暗記しました。確かにそれらの暗記は必要でしたが，それだけではどうしても問題を解くには対処できず，結局は読解力や選択肢を選ぶ能力，情報処理能力なども必要でした。そこで私は，過去問や問題集の古典の問題を解き，解きづらかったところやわからなかったところ，選択肢の選び方や知識などをノートに記述することを毎日続けていきました。すると手応えのなかった古典の問題がスムーズに解けるようになり，また他の教科にも読解力などを応用させることができました。 （早田さん）

スランプに陥ったとき，どのように抜け出しましたか？

A 受験勉強を始めた頃は，自分では勉強ができるようになってきていると感じていても，それが成績に表れず，苦しい日々を過ごしました。しかし，結局，自分には自分にしか合わない勉強法があるし，自分の信じた方法でやりきるしかありません。僕は，成績がよくならなくても自分を信じて勉強し続けました。その結果，時間はかかりましたがどんどん成績がよくなっていき，第一志望の大学に合格することができました。絶対に諦めず，自分の信じた道を突き進んでください。 （Y.I. さん）

模試の上手な活用法を教えてください。

A 受けた模試一つひとつの偏差値や志望校判定に一喜一憂するよりも，時間経過による自分の分野別の成長度合いを把握するのに使用するのがよいと思います。自分が何が得意で何が苦手なのかを知ることで，それに応じた適切な対策を取ることが可能になります。また，同じような母数，受験者層から得られる数値のほうが成績の変化を知るのに適しているので，１年を通して同じ予備校の模試を受け続けることも大切だと思います。 （Y.A. さん）

試験当日の試験場の雰囲気はどのようなものでしたか？

A　受験生の数が多く，試験場周辺は非常に混雑していました。特に，早稲田駅の出口から正門までは長蛇の列ができ，なかなか前に進めませんでした。時間に十分な余裕をもって試験場に向かうことを心掛けましょう。高田馬場駅発の学バスを使えば，正門前のロータリーまで行くことができるので，大変便利です。また，校舎によって多少差はありますが，トイレは男女ともに混雑しました。待ち時間が 20 分を超えることもざらにあるので，ポケットサイズの参考書を携帯しておくとよいでしょう。

（Y.A. さん）

受験生のときの失敗談や後悔していることを教えてください。

A　出願作業を期日ギリギリまでやらなかったことです。最終的にすべて間に合いましたが，入力する事項が多くてかなり焦りました。出願できなかったらそれまでの努力が水の泡となってしまうので，早めに終わらせましょう。受験料がクレジットカード決済のみの大学もあるので，保護者が家にいる休日などにまとめて出願するのがよいと思います。また，入学金の納入期限を入念にチェックしておくべきでした。第一志望の合格発表よりも納入期限が遅い大学を併願校に選べば受験費用を節約できたので，親子共々後悔しています。　（Y.A. さん）

普段の生活の中で気をつけていたことを教えてください。

A　普段は眠くならないように食べ過ぎないようにし，模試の日は何をどれだけ食べるかを決めていました。受験間近は睡眠を多めに取り体調管理に重点をおきましたが，普段は休みの日でも学校がある日と同じ時間に起きてリズムを崩さないようにしていました。　（清水さん）

受験生へアドバイスをお願いします。

A　大切なのは優先順位を決めることだと思います。常に自分のなかで何をどの順番でするかを整理するといいと思います。あれもこれもと何もかも中途半端になってしまわないよう，毎日予定を立て直していました。また模試は復習が大事です。結果が返却されるのはだいぶ後になり，その頃には忘れていることも多いので，遅くても模試後1週間以内には復習をするぞ！ 復習が終わるまでは他の勉強をしないぞ！ と決めておくのがいいと思います。（清水さん）

科目別攻略アドバイス

みごと入試を突破された先輩に，独自の攻略法やおすすめの参考書・問題集を，科目ごとに紹介していただきました。

英　語

単語や文法の知識ばかりを詰め込んでも英語は読めるようにならないと思うので，読解力や情報処理能力，集中力などを鍛えるために，赤本や問題集を解いては復習をすることが大切です。また，急に長文が読めなくなるなどのスランプに陥った際には，一度簡単な英文に戻って音読をすることが効果的です。（早田さん）

おすすめ参考書　『早稲田の英語』（教学社）

日本史

早稲田大学法学部の日本史は，教科書に書いてあることで十分高得点をとることができると思います。教科書を精読し，それを何周も繰り返しましょう。（Y.I. さん）

世界史

教科書に載っていない難しい用語を含め，用語をどれだけ覚えるかがカギになってくると思います。覚えるときに用語集を見るのではとても労力がかかるし，覚えているのかいないのかよくわからないと思うので，私は参考書や赤本で自分が知らなかった用語をノートに書き出し，電車や空き時間などに読むようにしていました。自分のやり方を確立し，納得のできるように勉強していくことが大切です。（早田さん）

おすすめ参考書　『世界史　標準問題精講』（旺文社）

国　語

国語は，文章読解力や国語力があれば攻略できると考える人も多いと思いますが，意外とテクニックが大切です。基礎的な読解力を身につけた後は，過去問などの演習とその復習を通して，解き方の感覚を身につけていくことが大切だと思います。また，最初から難しい問題を解こうとすると心が折れるので，『早稲田の国語』などで，まずは基本問題を解く能力を鍛えるのがおすすめです。 （早田さん）

おすすめ参考書　『早稲田の国語』（教学社）

漢字はしっかり勉強しましょう。全体の中での配点は小さく軽視されがちですが，現代文読解と比べて勉強の成果が早く出てくるのでコスパは最強です。 （Y.A. さん）

おすすめ参考書　『大学入試に出た　核心漢字2500＋語彙 1000』（尚文出版）

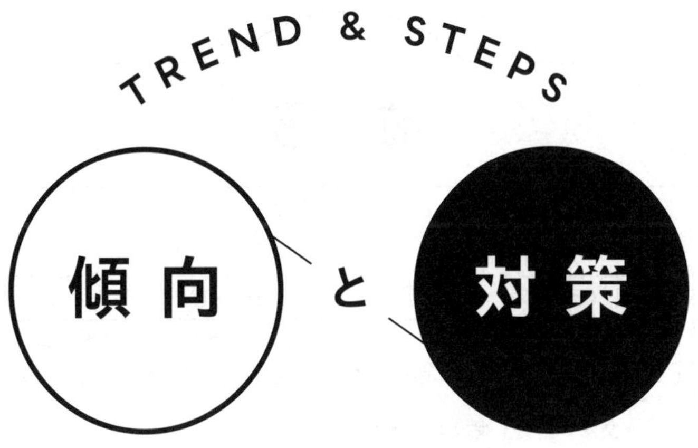

科目ごとに問題の「傾向」を分析し，具体的にどのような「対策」をすればよいか紹介しています。まずは出題内容をまとめた分析表を見て，試験の概要を把握しましょう。

注　意

「傾向と対策」で示している，出題科目・出題範囲・試験時間等については，2024 年度までに実施された入試の内容に基づいています。2025 年度入試の選抜方法については，各大学が発表する学生募集要項を必ずご確認ください。

英　語

年度	番号	項目	内容
2024 ◑	〔1〕	読解	選択：内容真偽，空所補充，内容説明，同意表現
	〔2〕	読解	選択：段落の主題，内容真偽，同意表現，発音・アクセント
	〔3〕	文法・語彙	選択：空所補充
	〔4〕	文法・語彙	選択：誤り指摘
	〔5〕	文法・語彙	選択：空所補充
	〔6〕	英作文	記述：テーマ英作文
	〔7〕	英作文	記述：テーマ英作文　⊘絵
2023 ◑	〔1〕	読解	選択：内容説明，内容真偽，主題，同意表現
	〔2〕	読解	選択：内容真偽，内容説明，空所補充，主題，同意表現
	〔3〕	文法・語彙	選択：空所補充
	〔4〕	文法・語彙	選択：空所補充　⊘表
	〔5〕	文法・語彙	選択：誤り指摘
	〔6〕	文法・語彙	選択：空所補充
	〔7〕	英作文	記述：メールの作成
	〔8〕	英作文	記述：テーマ英作文　⊘絵
2022 ◑	〔1〕	読解	選択：内容説明，主題，同意表現
	〔2〕	読解	選択：内容説明，内容真偽，空所補充，同意表現，発音・アクセント
	〔3〕	文法・語彙	選択：空所補充
	〔4〕	文法・語彙	選択：空所補充
	〔5〕	文法・語彙	選択：誤り指摘
	〔6〕	英作文	記述：語句整序
	〔7〕	英作文	記述：テーマ英作文　⊘絵
2021 ◑	〔1〕	読解	選択：内容説明，内容真偽，主題，同意表現
	〔2〕	読解	選択：段落の主題，内容説明，主題，同意表現，発音・アクセント
	〔3〕	文法・語彙	選択：空所補充
	〔4〕	文法・語彙	選択：誤り指摘
	〔5〕	文法・語彙	選択：空所補充
	〔6〕	英作文	記述：語句整序
	〔7〕	英作文	記述：テーマ英作文　⊘絵

2020 ◑	〔1〕	読　　解	選択：段落の主題，内容真偽，主題，同意表現
	〔2〕	読　　解	選択：内容説明，内容真偽，主題，空所補充，発音・アクセント
	〔3〕	文法・語彙	選択：空所補充　⊘表
	〔4〕	文法・語彙	選択：空所補充
	〔5〕	文法・語彙	選択：空所補充
	〔6〕	文法・語彙	選択：誤り指摘
	〔7〕	英 作 文	記述：語句整序
	〔8〕	英 作 文	記述：テーマ英作文　⊘絵

（注）●印は全問，◑印は一部マークシート法採用であることを表す。

読解英文の主題

年度	番号	類　別	主　題	語　数
2024	〔1〕	歴　史	ピョートル大帝によるひげ税の導入と西欧化政策	約 920 語
	〔2〕	社会論	男女における学業成績の格差とその対応策	約 1050 語
2023	〔1〕	伝　記	エジソンの成功を支えたもの	約 1090 語
	〔2〕	社会論	仕事に対する情熱原理の落とし穴	約 820 語
2022	〔1〕	社会論	美の標準の背後にあるもの	約 910 語
	〔2〕	科　学	鳥の能力	約 1050 語
2021	〔1〕	社会論	ネット上の公開討論プラットフォーム	約 1290 語
	〔2〕	社会論	性別判定の難しさ	約 1010 語
2020	〔1〕	社会論	「偶然性」という現実	約 960 語
	〔2〕	歴　史	鉄道がビクトリア朝英国にもたらしたもの	約 960 語

標準レベルの文法は完璧に 長文の単語はハイレベル

01 基本情報

試験時間：90 分。

大問構成：読解問題 2 題，文法・語彙問題 3 ～ 4 題，英作文問題 2 題の計 7 ～ 8 題である。

解答形式：英作文は記述式，他はすべてマークシート法による選択式。英作文で盛り込むべき情報の指示を除けば，例年，設問や選択肢を含め全文英文による出題である。

02 出題内容

① 読解問題

長文：論説系の文章を主体に，随筆や物語風の文章が取り上げられることもある。2024 年度は，１題が歴史，もう１題は男女の学業成績の格差に関する論説だった。論説のテーマは，歴史・社会・文化・教育・哲学など多岐にわたり，意外な事実や視点から論じた読みごたえのあるものが多い。背景知識があると理解しやすくなるものも多く，「世界史」「政治・経済」などで学んだ知識が役に立つこともある。随筆や物語風の文章は，比較的分量が多く，非日常的な状況やなじみの薄い国などを取り上げたものも見受けられる。随筆や伝記は，筆者が何を伝えようとしてその出来事や人物を取り上げているのかを常に意識しながら読みたい。長文２題を合わせた総量は例年非常に多く，2000 語以上となることもある。

設問：段落の主題，内容説明，内容真偽，主題など，内容把握を問うものが中心。選択肢の分量が多い場合もあり，長文の精細な読みに加え，選択肢も的確に読み取り判断することが求められる。「内容に一致しない」ものを選ぶ設問もしばしば出題されているので，その点にも留意しておこう。同意表現の設問では，受験生の標準的な語彙には含まれていないものもあり，文脈から判断させるねらいがうかがえる。それ以外には，2023 年度は出題されなかった文中の単語の発音・アクセントを問うものが，2024 年度には再び出題された。

② 文法・語彙問題

空所補充２，３題と誤り指摘１題が出題されている。

空所補充：空所に補うと文法的に誤りになるものを選択する問題と，空所に最適なものを選ぶ問題がある。なお，2023 年度は，〔２〕の読解問題の小問として，不適切になるものを選ぶ問題が出題された。基本的な文法・語法の知識で解答できるものが中心だが，一部紛らわしい問題も含まれている。年度により，すべて同じ動詞の熟語を完成させる問題になっていることもあり，2023 年度〔３〕はすべて get との組み合わせを問うものだった。2022 年度〔３〕はすべて drive のあとの空所を埋めるものだったが，driveの成句というより，空所のあとの語句との組み合わせを考えなくてはならなかった。

誤り指摘：他学部（人間科学部・社会科学部など）でも出題されている。誤りを含んでいても文意が通じたり，またすべて正しい場合もあるので，文法・語法の正確な知識が求められる。

③　英作文問題

2020～2022年度は語句整序と自由英作文，2023年度はメールの完成と自由英作文，2024年度は電車の乗り換えの説明と自由英作文となっている。

語句整序：2023・2024年度は出題がなかった。2020年度はやや文構造のとりにくいものも含まれていたため，解答に多少時間がかかったかもしれない。2021年度は形容詞とそれに伴う前置詞や比較表現，2022年度は動詞の語法など，ある程度まとまりを成すものが含まれており，解答しやすかった。基本的な構文や表現に十分習熟し，確実に解答することが大切である。

自由英作文：例年，示された絵の表す意味を考えて説明するものが1題出題されている。設定されたテーマについて論じる問題だが，過去にはグラフから読み取れることや，グラフに関連したテーマについて自由に記述する問題が出題されたこともある。いずれにしても，テーマは時事的・社会的なものが多く，具体的な理由を示して論じることが求められる。語数制限はなく，与えられた解答欄に収まるように書く形式である。

03　難易度と時間配分

例年読解量が多く，選択問題でも読解力が試される。文法・語彙問題は基本的なものなので，素早く解答したい。英作文問題は記述式で，自由英作文には一定の時間がどうしても必要なことから，英語を読み・書くことに相当程度慣れておくことが条件となる。試験時間内に解答を終えるにはかなりの実力が必要であり，やや難といえる。文法・語彙問題といった知識の集積で確実に答えられる問題で即答できるように準備し，時間配分に気をつけたい。

01 文法・語彙の習熟

文法・語彙に関しては，消化度の高さが求められる。文法を直接問う問題は多くないが，英文を読む際に「無意識化」していることが必要である。語彙に関しては，基本的な熟語や構文，語法の知識を確実に蓄えていくこと。また，どんなに単語を蓄えても，文章中に未知の語句は出てくるものなので，文法の知識をしっかり使って，その語句の文中での役割を正確に特定し，意味を高い精度で推測できる備えをしておきたい。『早慶上智の英単語』（教学社）のほか，受験生が間違えやすいポイントを完全網羅した総合英文法書『大学入試 すぐわかる英文法』（教学社）などを手元に置いて，調べながら学習すると効果的だろう。

02 読解力の養成

かなりの長文が出題されるので，1000 語程度の英文をどんどん読み進められることが最低条件である。長文を読むのは苦手という受験生は，初めは精読を心がけよう。目立つ単語の意味でおおまかな推測をつける読み方では，内容真偽や内容説明に答えるときに，細部の違いに気づかなかったり，また読み返さなくてはならなかったりすることになる。文型や修飾関係，形の違いが表す差（不定詞なのか分詞なのか，have been noticed と have noticed の違いなど）をその都度，意味に繰り込んで読めるようにじっくり検討しよう。まずは，『大学入試 ひと目でわかる英文読解』（教学社）など，入試頻出の構文を丁寧に解説している英文解釈の参考書に取り組んでみるのもよいだろう。

1文レベルで正確に読めるようになったら，パラグラフごとの要点，パラグラフ間の関係・展開に注意を払うことを意識して読むようにしたい。段落の主題やそれに準ずる問題が必ず出題されているためである。論説文なら，パラグラフごとに要点をメモしてみよう。物語・随筆では，背景と登場人物のイメージ，登場人物間の関係，出来事の起承転結を意識しよう。

人にあらすじを簡潔に話せるかどうかが理解度の目安になる。

なお，どんな文章でも，文・パラグラフ単位で読んで最後までできたら，もう一度最初から通読することをすすめたい。そうすることで，文章の流れに乗って一気に読み通す感覚がつかめる。試験場では「一気に読む」ことが求められるので，この感覚を知っておくのは大切である。

03 英作文力の養成

自由英作文は和文英訳に比べてケアレスミスが起こりやすくなる。書く内容に一生懸命になりすぎて，「形」に十分気が回らないためである。ミスを防ぐには，「自分で書いたものを客観的に見直せる力」を養うことが欠かせない。学校や塾，予備校の先生に添削をお願いするだけでなく，「必ずどこかに間違いがある」と考え，誤文訂正問題に取り組むような目で自分で見直すこと。前から順に目で追うと「意味」の再確認をするだけに終わりがちなので，主語と動詞の一致，名詞の数，代名詞の数など，項目ごとにチェックするとよい。語法や文法事項のように，辞書や参考書を使って確認できることは，必ず自分で行いたい。

さらに，自由英作文では自分の意見を表明するという，英語そのものとは異なる力も求められる。近年は単なる賛否を問うものではなく，資料や図絵を解釈する問題が出題されており，示されたものから意味をくみ取る力が試されるようになっている。物事の「印象」，つまり，ただ「よい／悪い」「好き／嫌い」ではなく，なぜ「よい」と思うのか，どこが「悪い」のか，きちんと説明できるようになることが重要である。過去に出題されたようなグラフの解釈は広島大学など，2020～2024 年度のような絵に関する問題は東京大学などにみられるので，類似の問題にも取り組んでおくとよいだろう。

早稲田「英語」におすすめの参考書

- ✓『大学入試 すぐわかる英文法』（教学社）
- ✓『大学入試 ひと目でわかる英文読解』（教学社）
- ✓『早稲田の英語』（教学社）
- ✓『早慶上智の英単語』（教学社）

赤本チャンネルで早稲田特別講座を公開中

実力派講師による傾向分析・解説・勉強法をチェック →

日本史

年度	番号	内　容	形　式
2024 ◑	〔1〕	文字からみた弥生時代～室町時代の歴史　⊘**史料**	選択・記述
	〔2〕	キリスト教からみた室町時代～江戸時代の政治・対外関係・文化	選択・記述・配列
	〔3〕	「高橋是清の手記」―明治時代～昭和戦前の政治・経済・対外関係　⊘**史料**	選択・記述
	〔4〕	戦後～1980年代の経済と政治・社会・対外関係	選択・記述
2023 ◑	〔1〕	原始・古代～鎌倉時代における食料問題	選択・記述・配列
	〔2〕	中世の日中・日朝関係	記述・選択
	〔3〕	「寺内正毅日記」「西原亀三日記」―日記からみた明治時代末期～大正時代の政治と対外関係　⊘**史料**	選択・記述・配列
	〔4〕	明治時代～1980年代の政治・外交・経済・社会	記述・選択
2022 ◑	〔1〕	改元からみた古代・中世の政治・経済・文化	選択・記述
	〔2〕	室町時代～明治時代初期の対外関係	選択・配列・記述
	〔3〕	「穂積歌子日記」―日記から読み解く明治時代の政治と外交　⊘**史料**	選択・記述
	〔4〕	1970年代以降の対米・対中関係	記述・選択・配列
2021 ◑	〔1〕	古代～中世の畿内・七道	記述・選択
	〔2〕	中世後期～明治時代初期の一揆	記述・選択・配列
	〔3〕	近代の通信技術と対外関係	選択・記述
	〔4〕	戦後の外国為替相場の推移と日本経済	選択・記述
2020 ◑	〔1〕	武士の成長と鎌倉幕府の成立	記述・選択
	〔2〕	江戸時代中・後期の政治と対外関係・文化	選択・記述
	〔3〕	「石橋湛山の評論」からみた明治時代後期～大正時代の対外関係　⊘**史料**	選択・記述
	〔4〕	終戦と戦後改革	選択・記述

(注)　●印は全問，◑印は一部マークシート法採用であることを表す。

政治・外交分野対策は万全に 戦後史対策として「政治・経済」科目の知識も大切

01 基本情報

試験時間：60 分。

大問構成：大問 4 題。各大問は小問 10 問からなる。

解答形式：マークシート法による選択式と記述式の併用で，選択式が半数強を占める。選択式では，正文・誤文選択問題で正解を 2 つ求めるものもあり，配列問題や出来事の時期・前後関係を問う問題も頻出である。記述式では，「漢字○字で」といった指定があることもあり，正確な用語・漢字表記が求められる。また，史料問題が例年出題されている。

なお，2025 年度は出題科目が「日本史探究」となる予定である（本書編集時点）。

02 出題内容

① 時代別

2024 年度は原始～中世 1 題，中世後期～近世 1 題，近代 1 題，現代 1 題の出題だった。年度を通してみると原始・古代から現代まで幅広く出題されており，特定の時代を軽視することはできない。そのなかで近現代は例年全体の半数を占め，比重が大きい。戦後史については，2020 年度は終戦と戦後改革が，2021 年度は外国為替相場の推移と日本経済が，2022 年度は 1970 年代以降の対米・対中関係が，2023 年度は 1980 年代までの政治・外交・経済・社会が，2024 年度は戦後～1980 年代の経済と政治・社会・対外関係が，時には直近の時事問題も絡めて出題されている。学習が手薄になりがちなところだが，新聞やニュースに目を向けて時事問題を意識しながら，かなり細かい点まで学習をしておく必要がある。合否を決める分水嶺といってよい。

② 分野別

例外的な年度はあるが，基本的に政治・外交分野からの出題数が群を抜いている。社会・経済分野も比較的多い。文化史の比重は小さいが，過去には大問で出題されたこともあるので手は抜けない。また，2021 年度〔2〕の中世後期～明治初期の一揆に関する出題，2023 年度〔4〕の革新首長に関する出題では，かなり細かい点まで突っ込んで問われているため，女性史，教育史，労働史，社会史といった切り口からのアプローチも必要であろう。さらに，早稲田大学を受験する以上，大学出身者や大学の沿革・建学理念に興味のある受験生は多いと思われるが，そうした興味を一歩進めて近現代史に絡めて掘り下げた学習をしておくのもよい。近年では卒業生の浅沼稲次郎や石橋湛山の史料，教授の久米邦武や卒業生の竹下登・河野洋平らの業績などが出題されている。

③　史料問題

史料問題は頻出で，〔3〕でリード文として史料が用いられている。初見史料が積極的に利用されており，近現代の個人の日記や書簡，自伝などからの引用が複数の短文形式で用いられるのが法学部最大の特色となっている。史料そのものの知識を問うものではなく，史料読解力と重層的な歴史理解が試されている。

また，過去の出題内容と類似したものが出題されることがあるので，過去の問題研究は欠かせない。

03　難易度と時間配分

記述式の解答を分析すると，全体の 80～85％は教科書掲載頻度の高い重要語句で，残りが難度の高い用語である。一方，選択式の問題にきわめて微細な内容のものが多い。教科書レベルの用語を解答する場合でも，少しひねった設問で答えにくいようにしてあり，決して平易な問題とはいえない。しかし，難しすぎる問題は多くの受験生もできないと考えるべきで，細かい点ばかりに力を注ぐ学習は避けたほうがよい。

試験時間は 60 分で時間的余裕はない。問題の難易を見極めて，解ける問題から確実に処理していこう。

01　教科書学習で基礎を確実に

問題は確かに高水準であるが，難問対策を気にして，最初から分厚い参考書の細部ばかりに目がいく学習は本末転倒で，得るところは少ない。教科書の文章からの引用が随所にみられるなど，教科書を基準においていることに変わりはない。教科書は最良の参考書のひとつであることを忘れないようにしたい。ただ，教科書の本文だけでなく，欄外の注や図表およびその説明も含めて綿密に読んで理解することが必要である。法学部の特色である正文・誤文選択問題では，正確な知識と理解が要求されている。日本史辞典（『山川 日本史小辞典』（山川出版社）あたりが手ごろ），用語集を用意して教科書の説明の不足を補うことは，知識を増やす意味で欠かせない。歴史用語・人名は正しい漢字で表記することを心がけ，重要年代もしっかり押さえておきたい。2024 年度〔1〕で「獲加多支鹵」の読みが出題されており，難読用語の読みも要注意である。

02　近現代史対策を講じること

近現代史を細かく理解するために，政治・外交・経済・社会の分野別の整理ノートをつくるとよい。戦後史も手を抜かないようにしたい。差がつきやすい時代なので，「政治・経済」など公民分野とあわせて，かなり細かい点まで学習しておくことが必要である。近現代史を実戦的に学習するならば，『攻略日本史 近・現代史 整理と入試実戦』（Z 会）などが解説も充実していてよいだろう。

03　史料学習に親しむ

史料問題は必出で，例年〔3〕で近代の人物の日記や書簡・自伝などから短文を複数引用した問題が出題され，史料読解力を前提とした考察力が問われる。これは，早稲田大学法学部で定番の出題である。特に 2023 年度は，寺内正毅と西原亀三の2人の日記を用いたもので，難度の高いものであった。また，2022年度〔4〕は史料問題ではないが，条約に関して史料集の解説レベルの理解を問う出題がみられた。オーソドックスな史料集を1冊決めて，教科書と合わせて目を通し，史料に親しむとともに解説等で理解を深めておくとよい。『詳説 日本史史料集』（山川出版社）はその点で標準的である。過去問に数多く当たって，初見史料の内容から史料のテーマを推測した上で設問に解答するという練習を重ねておきたい。

04 教養書で知識の幅を広げる

教科書だけでは解けない難問も出題されている。教科書だけの学習に終始せず，ときには一般向けに出版されている歴史関連の本（「日本史リブレット」シリーズ（山川出版社）や，岩波新書などの新書・選書の日本史関係のもの）を選んで読んでおくことをすすめる。実際に，2021年度〔3〕は現代の選書・学術書からの引用文をもとに問題が作成されている。理解を深め，視野を広げるのにも役立つだろう。

05 時事問題に関心を

2020年度〔4〕では第1次安倍晋三内閣による2006年の教育基本法改正の内容が問われた。当時「戦後レジームからの脱却」を唱えた安倍政権が復活し，長期政権となっていたことを意識した出題といえよう。また，2022年度〔4〕の「安保ただ乗り」論はかなりの難問だが，トランプ政権でも対日外交で同じ理論を用いていた。2024年度〔4〕問9のチェルノブイリ（チョルノービリ）原発事故の発生は1986年だが，2022年2月に始まったロシアのプーチン大統領によるウクライナ侵攻で，一時ロシア軍が原発を占拠してその安全管理が国際社会で危惧された。以前に比べれば時事に関連づけた出題は減少しているとはいえ，新聞やニュースに目を向け，現代の諸問題と過去の事象を関連づけて考察するという歴史的関心を養っていくように意識したい。さらに，2021年度〔4〕のブレトン＝ウッズ体制やスミソニアン体制，2022年度〔4〕の日米構造協議を記述する問題のように，「政治・経済」の学習分野に踏み込んで問われていることにも留意する必要がある。

06 過去問で実戦力をつける

早稲田大学で出題される問題は，一般に市販されている問題集に載っているものよりもかなりレベルが高く，さらに入試本番では制限時間内に多くの問題を正確に，かつ迅速に解くことが要求される。傾向を知るために，さらに学習の仕上げをチェックするためにも，法学部はもちろん，テーマの選び方に類似点がみられる他学部の問題に当たっておくことを勧める。また，法学部は年度による難易度の変動もみられるので，複数年度にわたり過去問に当たっておくことが大切である。過去問演習の際には，難関校過去問シリーズ『早稲田の日本史』（教学社）なども活用し，解説から解答の導き出し方のコツを学んでおきたい。

世界史

年度	番号	内　容	形　式
2024 ◑	〔1〕	中国歴代王朝の統治方法	選択・配列
	〔2〕	帝政ローマ～19 世紀におけるローマ法の潮流	選　択
	〔3〕	古代～近代におけるスイスの歴史	選　択
	〔4〕	中世～19 世紀の統一までのドイツの歴史	選　択
	〔5〕	16 世紀から独立に至るまでのフィリピンの歴史（使用語句指定：300 字）	論　述
2023 ◑	〔1〕	宋代～21 世紀における中国の対外政策	選択・配列
	〔2〕	9 ～20 世紀におけるロシア・ウクライナ関係史	選択・配列
	〔3〕	イスラーム世界の成立と拡大	選　択
	〔4〕	古代～現代における南北アメリカ大陸の歴史	選　択
	〔5〕	アパルトヘイトと南アフリカ（使用語句指定：300 字）	論　述
2022 ◑	〔1〕	中国史と諸民族	選　択
	〔2〕	中世のイタリア諸都市	選　択
	〔3〕	ネーデルラントの歴史	選択・配列
	〔4〕	第二次世界大戦後の世界	選択・配列
	〔5〕	トルコ系民族集団の興亡と移動（使用語句指定：300 字）	論　述
2021 ◑	〔1〕	中国史上の宗教・思想	選　択
	〔2〕	世界史上の暦や暦法	選　択
	〔3〕	アイルランド史	選択・配列
	〔4〕	清朝末期の中国	選択・配列
	〔5〕	18 世紀イギリスの対外的立場の変遷（使用語句指定：300 字）	論　述
2020 ◑	〔1〕	中国の権力者のモニュメント	選　択
	〔2〕	キリスト教とローマ皇帝	選　択
	〔3〕	ノルマン人の活動と北欧 3 国の動向	選　択
	〔4〕	社会主義思想と社会主義国家	選択・配列
	〔5〕	20 世紀末までのメキシコとアメリカとの関係の変遷（使用語句指定：300 字）	論　述

（注）●印は全問，◑印は一部マークシート法採用であることを表す。

正文・誤文選択法の攻略を目標に！ 合否を分ける長文論述を得点源にする

01 基本情報

試験時間：60 分。

大問構成：大問 5 題。選択式 4 題（小問数 34 問）と長文論述 1 題からなる。

解答形式：選択式はマークシート法による。正文・誤文選択法を中心に語句選択法，また一部に配列法を含む。長文論述は使用語句指定があり，字数は 250〜300 字となっている。

なお，2025 年度は出題科目が「世界史探究」となる予定である（本書編集時点）。

02 出題内容

① 選択式

地域別：欧米地域・アジア地域が各 2 題，または欧米地域 2 題・アジア地域 1 題・多地域にまたがる大問 1 題となることが多いが，2024 年度は欧米地域から 3 題出題された。

欧米地域では，西ヨーロッパ・北アメリカが中心であり，2021 年度のアイルランド史，2022 年度のネーデルラント史，2023 年度のロシア・ウクライナ関係史，2024 年度のスイス史など，特定の地域に焦点をあてた出題が頻出している。

アジア地域では，中国が中心で，大問として必ず出題されており，中国史中心の問題が 2 題となることもある。中国史は特にしっかりと細部までわたって学習しておこう。アジア地域で 2 題出題される場合，もう 1 題は西アジアやインド，朝鮮，東南アジアなど，中国以外の地域が取り上げられることが多い。大問として出題される場合は設問数も多く，学習の手薄な地域があると失点も大きくなるので，弱点をつくらない幅広い学習が必要である。そのほか，各設問・各選択肢ではさまざまな地域への言及がみられる。中国との関わり・欧米との関わりにも留意しつつ，幅広い地域をカバーする姿勢で学習に臨みたい。

時代別：前近代・近現代ともに幅広く出題されている。2024年度は，2023年度と同じく近現代の出題がやや多くなっている。

欧米地域において，近世・近現代からの出題が多く，特に16～19世紀の欧米の頻度が高い点に特徴がある。しかし一方で，古代・中世からの出題もみられ，2020年度は古代ローマから出題されている。また，2023年度はロシア・ウクライナ関係史が出題されたが，これは受験生に世界情勢に目を向ける必要性を示すものであった。

アジア地域では，前近代中国の頻度が高い。また，中国史では，1つの王朝について詳しく問うよりも，2021年度の宗教・思想史，2022年度の中国史と諸民族，2023年度の対外政策，2024年度の歴代王朝の統治方法のようにテーマ史となることが多い。ただ，テーマ史の場合も実質的にはそれぞれの時代の政治・経済・文化などが問われており，これらの確実な理解が大切になるだろう。なお，中国以外の地域については，中国史や欧米地域の大問の中で問われることも多いので，中国史と関わる部分（遠征や交易・移動による地域交流・冊封関係），欧米史と関わる時期（十字軍の時期，16世紀や19～20世紀）に注意したい。

分野別：政治史や社会経済史のほか，文化史からの出題も多い。西洋文化史が主だが，中国文化史・イスラーム文化史も軽視できない。文化史では，人物と著作・作品の組み合わせだけでなく，人物の思想・立場や著作・作品の基本的な内容・主張，活躍した時期まで理解しておく必要がある。

②　長文論述

地域別：一国（一地域）からの出題が多く，従来は近代以降のヨーロッパ史の出題が続いていたが，2022年度は6～10世紀の北アジア・中央アジア，2023年度は17世紀半ば～20世紀の南アフリカ，2024年度は16世紀から独立に至るまでのフィリピンが出題された。

時代別：近世・近現代からの出題が圧倒的に多いが，2022年度には中世史が出題された。アジア地域からの出題では古代が扱われることも考えられるので，幅広い時代を念頭に置いた学習を心掛けたい。

分野別：政治史，特に政治制度関係史や外交関係史がテーマとなっている。指定語句や論述の条件がある場合にはここから論述のポイントや方向性を正確に読みとりたい。問題が要求している内容を的確に判断し，それをコンパクトに述べていけば高得点も可能であろう。

03 難易度と時間配分

選択肢の中には受験レベルを超えた内容も散見されるが，選択式の大半と長文論述は教科書レベルの知識で対応できる。さらに年代関連問題（「〜以前に起こった出来事はどれか」や，配列法のような年代がわからないと解答できない問題）もそれほど多くはないので，社会科学部など他学部と比べると取り組みやすい。しかし，試験時間は60分で長文論述を含むため，かなりのスピードが必要となる。長文論述のポイントを迅速かつ的確に見極める力がカギとなるだろう。

なお，論述問題では，特定の国（地域）や特定の時代における政治や外交の歴史的推移が素直に扱われ，指定語句や論述の条件がそのまま論述のヒント・手がかりとなっている。そのため，意義や影響など歴史的意味を問う難関国公立大学の論述と比べると，書きやすいといえる。しかし，書きやすく，論述の方向・ポイントも明確であるがゆえに，学習のレベルが論述の出来に反映され，点差も開きやすくなる。したがって，論述は得点源になると同時に合否の分かれ目となる可能性も高い。

対策

01 教科書の精読

選択肢の一部には高度な内容もみられるが，大半は教科書レベルの知識で対応できる。また，教科書の記述を参考に問題の選択肢が作成される場合もみられる。そこでまず，教科書を精読して，基本的事項（名称だけでなく，内容や時期・年代も含めて）や流れ（因果関係や事項の前後関係など）をつかもう。その際には，本文だけでなく脚注や地図にも注意しよう。特に地図では位置の確認だけでなく，位置の目印となる山・川・半島・島の名称や場所を押さえよう。

02 用語集・参考書の活用

教科書を精読していくと，よくわからない箇所（事項の内容や因果関係など）やもう少し詳しく知りたい箇所に出くわす。その際には用語集や参考書で調べ，説明文に注意しよう。特に『世界史用語集』（山川出版社）の頻度①や②といった歴史用語の説明文をベースに作問されることもあるので，十分読み込んでおきたい。教科書をベースにしながら用語集や参考書で補う学習を続ければ，ほとんどの選択式の問題は解答できる。参考書としては『詳説 世界史研究』（山川出版社）をすすめたい。

03 問題演習で選択式対策

教科書・用語集レベルを超えた箇所の出来は実はあまり合否に関係しない。合否を左右するのは，教科書・用語集にありながら，頻度が低い・関心が薄いなどの理由で見落としがちな箇所の出来である。この箇所を発見する絶好の場が過去問演習となる。多くの問題に当たり，ミスした箇所などを調べ，知識を増やそう。

また，問題集のもう１つの利用方法に，リード文（問題文）の熟読がある。問題のリード文は，教科書の複数ページに及ぶ内容をコンパクトにまとめてくれている有効な教材である。特に経済や文化などのテーマを説明したリード文は，丁寧に読んでおくことをすすめたい。良質のリード文の入試問題を集めた問題集としては『体系世界史』（教学社）がある。

正文・誤文選択法では慣れとテクニックも必要である。特に誤文は，設問文に「明白な誤り」とあるように比較的容易に判別できるものが多い。過去問演習を多くこなしながら，語句の誤り以外の誤文作成の特徴（例えば，設定された時期と異なる内容など）を押さえ，学習の際のポイントを身につけることが重要である。

04 論述対策には添削を活用

論述は歴史的推移を主に扱うため，論述のポイント・方向がかなり明確になっている。指定語句に関連する事項を想起し，出題者が求めている方向に沿って正しく述べているかどうかによって論述の出来が左右される。そこで，普段から自分が書いた答案を先生に添削してもらい，論述のポイント・方向が正しく指摘・説明されているかを確認しよう。これによって論述に必要な文章構成力も育成できるはずである。

05 他学部や他大学の問題にも当たる

早稲田大学の出題に慣れるため，他学部の問題も含めて徹底的に対策をしたいという場合は，『早稲田の世界史』（教学社）がおすすめである。過去 10 年分の良問を精選しているため，合格を意識した実戦的な演習ができる。

近年，早稲田大学では 100 字以上の論述が出題されているのは法・商学部だけなので，もっと多くの論述問題に当たりたいと思う人もいるだろう。『みるみる論述力がつく世界史』（山川出版社）など市販の論述問題集を活用したり，論述内容や形式が類似した問題が出題される他大学（京都大学・大阪大学・北海道大学・京都府立大学など）の過去問に当たってもよいだろう。

政治・経済

年度	番号	内　容		形　式
2024 ◑	〔1〕	近代立憲主義と日本の司法		記述・選択
	〔2〕	日本の憲法と行政（200字）	⊘表	記述・選択・論述
	〔3〕	経済の歴史と理論（30字）	⊘表	記述・選択・計算・論述
	〔4〕	地球環境問題		記述・選択
2023 ◑	〔1〕	人権の歴史（100字）		記述・選択・論述
	〔2〕	日本の地方自治		選択・記述
	〔3〕	経済活動における消費	⊘図	選択・計算
	〔4〕	日本の労働経済史（200字）		記述・選択・論述
2022 ◑	〔1〕	日本国憲法における人権		記述・選択
	〔2〕	法の支配，司法権（250字）		記述・選択・論述
	〔3〕	市場機構，市場の失敗	⊘図	選択・計算
	〔4〕	消費者問題		記述・選択
2021 ◑	〔1〕	新しい人権（250字）		記述・選択・論述
	〔2〕	立憲主義と民主主義		記述・選択
	〔3〕	国民所得・金融・財政		記述・計算・選択
	〔4〕	国際経済		記述・選択
2020 ◑	〔1〕	表現の自由と違憲審査権（150字）		記述・選択・論述
	〔2〕	国会議員の特権		記述・選択
	〔3〕	市場機構（100字）	⊘図	記述・選択・論述
	〔4〕	人口減少社会と社会保障制度		記述・選択

（注）●印は全問，◑印は一部マークシート法採用であることを表す。

時事テーマを背景に基礎力・応用力が試される 資料集や新聞での時事問題対策は必須

01 基本情報

試験時間：60 分。

大問構成：大問 4 題。

解答形式：選択式・記述式・論述式など，さまざまな形式で出題されている。選択式はマークシート法となっている。論述問題は必出で，例年 100〜250 字の論述が 1，2 問出題されているが，2024 年度は 30 字と 200 字の 2 問であった。また，2021 年度以降は計算問題が毎年出題されている。

02 出題内容

全分野から満遍なく出題されている。いずれも教科書の基本事項をふまえつつ，そこから一歩踏み込んだものが多く，時事テーマを背景に，基礎知識や理解力，応用力が幅広く問われている。

政治分野と経済分野の比率に目を向けてみると，例年政治 2 題，経済 2 題である。

①　政治分野

政治理論から，日本国憲法，統治機構や政党，実際の法制度とその運用や判例，時事問題にいたるまで詳細に問われている。

2024 年度の政治分野は，日本の司法と行政をテーマに憲法の条文ともからめて広く出題された。

また，2020 年度の表現の自由と違憲審査権，2021 年度の立憲主義，2022 年度の信教の自由，2024 年度の刑法・刑事訴訟法など，学部の性格から法関連の設問が毎年のようになされており，年度によっては大学レベルの内容がみられることもある。さらに，2020 年度の議員定数の不均衡，2022 年度の裁判員制度，2023 年度のヘイトスピーチ対策法，2024 年度のデジタル庁など，時々の論争的な話題となっている時事問題の出題も目立っている。

国際政治に関しては，近年は出題がないが，過去には国際連合や現代の国際社会について問われている。条約や国際的な裁判関連のニュースには注目しておきたい。

②　経済分野

大きく分けて理論問題と時事的問題が出題されている。

経済理論分野：市場機構，金融システム，為替市場の問題が頻出で，2024 年度は市場機構とその理論が出題された。〔3〕の市場機構の問題では，機会費用や価格弾力性について，数学的思考力を問う設問が出題されている。なお，2021 年度には国民所得や金融，財政について問われた。2022 年度では限界便益，2023 年度では限界消費性向という，受験生にはなじみのない内容も出題された。

時事分野：2020 年度の特定技能，2021 年度の USMCA，2022 年度のワクチン，2023 年度の女性活躍推進法の 2022 年改正内容，2024 年度の地球環境問題など時事的な内容を問うものがよく出題されている。最新の統計に関する設問がみられた年度もある。

国際経済分野に関する大問は，2021 年度に GATT と WTO を中心に問われた。

③　論述問題

2020 年度は「一票の格差」「公共財」，2021 年度は「アクセス権」，2022 年度は裁判員制度，2023 年度は男女雇用機会均等法の改正過程と人権保障，2024 年度は内閣総理大臣の権限と相対的貧困率が出題された。近年は時事的な問題についての出題が多くみられる。

03　難易度と時間配分

基礎事項でも時事問題でも，用語を丸暗記するだけといった表面的な理解では対応できない問題が多い。詳細な知識を要求する設問も多く，基礎事項の正確な理解と時事問題への幅広い知識が必要な高度なレベルの問題である。さらに，論述問題も含まれるため，最初に設問全体を確認し，しっかり自分に合った時間配分を考えておこう。

01 まずは基礎固めから

どんなにレベルが高い問題でも，基礎の上に成り立っている。まず，教科書レベルの知識を固めることから始めたい。教科書を丁寧に読み，図版・脚注まできちんと目を通しておこう。見落としがちなのは年表である。年表には，教科書本文には書き込めなかった情報が詰まっている。なお，教科書は毎年データ更新や事実改訂がなされてはいるが，最新の時事問題に関しては十分にカバーしきれない部分もあるので，自ら意識的に最近の動向に注意を払いながら読み進めておくこと。この基礎固めで得られた力を発揮して，基本事項の設問を落とさないことが極めて重要である。また，基礎固めの段階から，単なる暗記にとどまらず，論理的に考える習慣をつけておきたい。

02 応用問題は資料集などの活用が効果的

教科書のレベルを超えた応用問題対策には，まず資料集の活用をすすめる。できるだけ最新の資料集を用意して，これを徹底的に利用しよう。資料集は，歴史的な事項や最近のデータ，時事問題をコンパクトにまとめているので，それらをきちんと読みながら教科書を補充していこう。また，資料集は教科書を超える理論問題なども取り扱っているので，カバーしておきたい。さらに，余力があれば，大学初年級の教養書（例えば芦部信喜，高橋和之補訂『憲法 第八版』〈岩波書店〉など）や新書レベルの教養書（例えば宮崎勇・本庄真・田谷禎三『日本経済図説 第五版』〈岩波新書〉など）に目を通しておくことも応用問題には有効である。

03 時事問題への対応

2021年度のUSMCA，2024年度のデジタル庁のように，ずばり時事的な知識を問うたり，時事問題を切り口にした大問もあるので，時事問題への対応をきちんと行っておきたい。それにはまず，新聞を毎日読み続けることである。最初は見出しとリード文を読むことから始め，余力があれば切り抜きをしたり，メモをとったりする努力をしたい。受験対策だけでなく大学での勉強にも役立つはずである。また，2023 年度では，女性活躍推進法の 2022 年 7 月の法改正に関する内容が出題されたように，時事問題は，前年の 9 月頃（大学の夏休み終了時）までのものが出題されることが多いので，『現代用語の基礎知識』（自由国民社）など最新の時事用語集を活用して，最近の動向を押さえておくこと。また，受験用に時事対策の冊子を作っておくこともすすめたい。

04 論述問題への対応

論述問題が毎年出題されている。最大で 250 字程度の記述が求められることもあり，対策をしっかり立てておく必要がある。重要事項を用語集で確認し（例えば，『用語集 公共＋政治・経済』〈清水書院〉は毎年内容が更新されているので，時事問題にも対応できる），説明できるようにしておくこと。書く力は訓練で上達するので，どんどん書いて確認していこう。

05 過去問を解く

過去問は情報の宝庫である。形式・内容がどうなのか，出題者の意図や傾向もかなり浮かび上がる。また，繰り返し出題される設問があることにも気づくだろう。必ず，本書を利用して問題演習をしておこう。本シリーズで他学部の問題にも目を通しておくとなおよい。

国　語

年度	番号	種　類	内　容
2024 ◑	〔1〕	古　　文	選択：空所補充，文法，口語訳，内容説明
	〔2〕	漢　　文	選択：書き下し文，内容説明，口語訳，空所補充，内容真偽
	〔3〕	現 代 文	選択：空所補充，内容説明，欠文挿入箇所，主旨 記述：書き取り
	〔4〕	現 代 文	選択：内容説明 記述：内容説明（180 字）
2023 ◑	〔1〕	古　　文	選択：語意，空所補充，内容説明，口語訳，内容真偽
	〔2〕	漢　　文	選択：空所補充，書き下し文，内容説明，内容真偽 記述：訓点
	〔3〕	現 代 文	選択：内容説明，空所補充，内容真偽 記述：書き取り
	〔4〕	現 代 文	選択：内容説明 記述：内容説明（180 字）
2022 ◑	〔1〕	古　　文	選択：文法，空所補充，和歌解釈，人物指摘
	〔2〕	漢　　文	選択：指示内容，内容説明，書き下し文，口語訳 記述：箇所指摘
	〔3〕	現 代 文	選択：文法（口語），欠文挿入箇所，空所補充，内容真偽 記述：書き取り
	〔4〕	現 代 文	選択：内容説明 記述：内容説明（180 字）
2021 ◑	〔1〕	古　　文	選択：指示内容，文法，敬語，口語訳，人物指摘，内容真偽
	〔2〕	漢　　文	選択：空所補充，書き下し文，口語訳，内容説明 記述：箇所指摘
	〔3〕	現 代 文	選択：慣用表現，内容説明，空所補充，文章の構成 記述：書き取り
	〔4〕	現 代 文	選択：内容説明 記述：内容説明（180 字）

2020 ◑	〔1〕	古　　文	選択：古典常識，文法（「なる」の識別），口語訳，内容説明，敬語，和歌解釈
	〔2〕	漢　　文	選択：口語訳，空所補充，内容真偽 記述：訓点
	〔3〕	現 代 文	選択：欠文挿入箇所，空所補充，内容説明，語意，主旨 記述：書き取り
	〔4〕	現 代 文	選択：内容説明 記述：主旨（180 字）

（注）●印は全問，◑印は一部マークシート法採用であることを表す。

出典内容一覧

年度	番号	類　別	出　典
2024	〔1〕	仮名草子	「小さかづき」山岡元隣
	〔2〕	随　筆	「雪濤談叢」江盈科，「聴訟彙案」津阪東陽
	〔3〕	評　論	「コペルニクスを読むジョルダーノ・ブルーノ」岡本源太
	〔4〕	評　論	「ドゥルーズ　思考の生態学」堀千晶
2023	〔1〕	説　話	「閑居友」慶政
	〔2〕	文　章	「李氏山房蔵書記」蘇軾
	〔3〕	評　論	「他者と沈黙」﨑川修
	〔4〕	評　論	「可能なるアナキズム」山田広昭
2022	〔1〕	随　筆	「春湊浪話」土肥経平
	〔2〕	詩　話	「唐詩紀事」計有功
	〔3〕	評　論	「つかふ」鷲田清一
	〔4〕	評　論	「グローバル市民社会」田辺明生
2021	〔1〕	歴史物語	「増鏡」
	〔2〕	説　話	「開元天宝遺事」王仁裕
	〔3〕	評　論	「宮沢賢治 デクノボーの叡知」今福龍太
	〔4〕	評　論	「精神史的考察」藤田省三
2020	〔1〕	擬古物語	「山吹物語」黒川真頼
	〔2〕	思　想	「貞観政要」呉兢
	〔3〕	評　論	「リズムの哲学ノート」山崎正和
	〔4〕	評　論	「いかにして思考するべきか？」船木亨

早稲田大学特有の選択肢作成法に習熟を 複数文章の出題あり

01 基本情報

試験時間：90 分。
大問構成：現代文２題，古文１題，漢文１題の計４題の出題となっている。
解答形式：マークシート法による選択式が大部分で，一部記述式が加わる。
現代文では字数制限つきの論述問題が出題される。字数は，120〜180字となっている。

02 出題内容

① 古　典

古文：時代・ジャンルともに幅広く出題されており，特段の傾向を認めにくいので，偏りのない学習が求められる。設問内容としては，文法・口語訳・内容真偽・内容説明などが頻出。内容説明ではいわゆる古典常識が必要になる場合もある。和歌修辞・和歌解釈もみられる。文学史の出題はほとんどみられないが，内容理解や設問に答える際の前提知識としては必要になる。文法では，識別問題や係り結びなどがよく出題されている。

漢文：古文同様，時代・ジャンルともに特段の傾向を認めにくいが，2022 年度は漢詩を含む文章で（漢詩は過去にもよく出題されている），2023 年度はかなりの長文であった。2024 年度は２つの文章が出題された。設問は書き下し文・口語訳のほか，内容真偽・内容説明が多いが，白文に返り点をつける訓点問題もよく出題されている。

② 現代文

長文の評論２題というパターンが定着している。いずれも，高度な抽象語や専門用語を多用した硬質な論理的文章である。分野的には，文化・芸術・哲学・社会思想・法学・政治学・科学など広範囲にわたっている。傾向的には，一つは幅広く人文・社会科学系の文章が取り上げられ，もう一つでは法学部らしい内容の社会科学系の文章を中心に，哲学・倫理学分野のものもよく出題されている。

設問は，書き取り，空所補充，内容説明など，オーソドックスなもので占められている。なかでも空所補充に難しいものが多い。内容説明の選択肢は，かなり長めで迷うものが含まれており，正誤の判断には慣れが必要となるものが多い。早稲田大学特有の選択肢の作り方がみられる（例えば，一見正解に思える選択肢を複数用意する）ので，過去問を利用して演習を重ねて習熟しておこう。最後の論述問題は本文に即して説明するもので，制限字数が多いとはいえ，本文をきちんと理解できていれば対応できるであろう。なお，2021 年度〔3〕で問題文の構成や表現を問う設問が，2022 年度〔4〕で具体例を選ぶ設問が出題され，2023 年度〔4〕は踏み込んだ内容を問う設問が出題された。これは共通テストを意識したものと思われるが，今後も注意したい。

03 難易度と時間配分

現・古・漢それぞれ，文章・設問ともにやや難のレベルである。特に，2021 年度〔4〕，2023 年度〔3〕，2024 年度〔4〕は問題文が難解で，最高難度といってよいだろう。しかも 90 分の試験時間に対して，問題文のレベルの高さ，内容読解中心の設問の質の高さ，字数制限を付した論述問題という質・量の諸点を照らし合わせてみると，時間的余裕はない。時間配分としては，30〜35 分程度で古文・漢文を済ませ，現代文の論述問題に当てる時間を確保しておきたい。

対策

01 古　典

基本的な古文学習の地道な積み重ねが大切である。音読・黙読の繰り返し，重要古語の辞書での確認，特に用言および助詞・助動詞に留意しながらの品詞分解，和歌の修辞法（特に掛詞に注意）を中心にした古文独特の表現法，さらには古典常識・文学史に至るまでかなり細部にこだわりながらの学習を展開しておこう。和歌や古典常識については『大学入試 知らなきゃ解けない古文常識・和歌』（教学社）の利用をすすめる。また，問題集については標準レベルのものを2，3冊は用意して演習しておく必要がある。その際，各出典ごとに集中して解いていくのも一法。例えば『源氏物語』や『蜻蛉日記』なら，そればかりを拾い出して集中的に解くのである。そうすれば各出典ごとの特色がわかり，イメージが身につくだろう。

また，漢文についても，重要句法をはじめとして再読文字，特殊な返読文字などについて十分に練習をし，それらに習熟しておく必要がある。漢詩の学習も怠らないようにしたい。

加えて，平素から古典およびそれを取り巻く書物（古典を扱った随筆や評論）を熟読する習慣をつけておきたい。いわゆる古典評論を読むということは，一研究者の目をもって古典を読むということになり，そのことにより古典の鑑賞力はもちろん，思考力や批判力もおのずとついてくるはずであり，知らず知らずのうちに現代文の読解能力もつくという相乗効果も期待できる。論理的思考力や判断力，さらには適切な表現力なども特に現代文では要求されているので，古典も現代文を読む感覚で読んでいくという習慣をつけておこう。

02 現代文

文章読解：毎年，相当読みごたえのある，論理的な読解力・思考力を要する文章が出題されている。分野も人文科学から社会科学まで広範囲にわたっているので，小池陽慈『基本用語から最新概念まで：現代評論キーワード講義』（三省堂）などで読解に必要な語句を押さえつつ，いろいろな分野の評論を読んでおくことが望まれる。新書・文庫・選書（筑摩選書や角川選書など）のほか，新聞の文化・文芸欄の評論もひとまとまりの好適な材料である。特に哲学・思想系の分野については，カント，マルクス，ウィトゲンシュタイン，フーコーなど代表的な哲学者の思想内容をコンパクトに説明した新書などを推薦したい。内田樹『寝ながら学べる構造主義』（文春新書）などは入門書として手に取りやすいだろう。また，問題集および各大学の過去問のうち，評論の問題文を緻密に読んでいくことを心がけると効果的である。どういった内容の文章が問題として取り上げられやすいか，また今，どういった問題意識が共有されているかを知る格好の手段となる。

緻密な読みを心がけるためには，的確に語意（特に，抽象語彙や専門用語）をとらえること，言い換え部分を押さえること，文と文，段落と段落の関係（対比関係など）を把握することが大切である。また，常に各段落の要点や文章のキーワードを押さえながら読み進めていくことを心がけたい。そういった訓練を積み重ねていくことによって，速読速解の力も養われていくのである。

選択問題：選択肢を見極める力をつけるには，本文の内容をきちんと把握しておくことが先決であるが，さらに，各選択肢の内容を精密に吟味して，選択の根拠（あるいは，消去の根拠）を明確にすることが必要である。特に，選択肢が比較的長いものにおいては，まず，一つの選択肢をいくつかの要素（部分）に分け，一つ一つの要素を本文の内容と照らし合わせて検討していき，さらに，各要素（部分）のつながり方を検討するといった作業が必要である。本文中に出てきた語句ばかりが使われていても，そのつながり方がおかしいといった選択肢にだまされやすいので要注意。また，本文中での言い回しをそのまま使わずに，違った表現に言い換えている選択肢なども，受験生が苦手とするところなので，注意深く読み解いていく必要がある。やはり，文字面だけの表面的な理解ではなく，深い内容理解が要求される。消去法では判断がつかない選択肢は，より論旨に忠実な選択肢を選べばよい。本文に書かれている内容として間違いなくても，問われている内容からズレているものは答えとすることはできない。

論述力：本文の表現の継ぎ足しだけでは適切な解答にならず，しかも短時間でうまくまとめる力が要求される。この論述問題の出来・不出来が明暗を分けるとも考えられる。論述力をつける方法としては，まず文章の要約練習をするのがよいだろう。要約作成には，各段落の要点を的確に押さえ，それをまとまりのある文章としてまとめあげる力（＝論述問題に必要な，ポイントをつかみ，まとまりのある文章を書く力）が要求されるからである。特別に要約用の文章を用意せずとも，自分が解いた問題の問題文を要約すればよい。文章に対する理解度も違ってくるだろう。さらに，単に要約するだけでなく，要約した文章に対する自分の考えなどを文章で表現する練習もしておきたい。また，書いた文章を自分で評価する，あるいは第三者に評価してもらうことで，どんな点が自分の表現力の弱点であるのかを見極めて解消していく努力が必要であろう（できれば，先生などに添削してもらうのが望ましい）。

03 問題演習を積極的に

選択式・記述式いずれも，過去問やレベルの高い問題集を精力的に解いていこう。過去問で演習する場合は，難関校過去問シリーズ『早稲田の国語』（教学社）を利用するなどして，他学部のものも積極的に解いておこう。設問の選択肢の作り方がよく似ているからである。その際，正解を出して終わりとするのではなく，常に「解説」を十分読みこみ，解答までの道筋・正答の根拠を明確に理理解していくこと。それが実力アップにつながっていく。また，問題文の構成や表現を問うような新傾向の設問が今後も出題される可能性もあるので，共通テストの過去問も研究しておくとよいだろう。

早稲田「国語」におすすめの参考書

- ✓『大学入試 知らなきゃ解けない古文常識・和歌』（教学社）
- ✓ 小池陽慈『基本用語から最新概念まで：現代評論キーワード講義』（三省堂）
- ✓ 内田樹『寝ながら学べる構造主義』（文春新書）
- ✓『早稲田の国語』（教学社）

2024年度

解答編

一般選抜

解答編

英　語

(1) 1－A　2－C　3－D　4－A
(2) 1－C　2－B　3－D　4－B
(3) 1－D　2－D　3－A
(4) 1－B　2－A　3－B　4－C

全訳

《ピョートル大帝によるひげ税の導入と西欧化政策》

1　ロシア皇帝のピョートル大帝（1672～1725）は真のファッション警察を統括していた。彼の検閲官たちはサンクト・ペテルブルクの通りを闊歩し，ひげを蓄えた男のひげを剃り，コートをハサミで数インチ切っていた。

2　もしあなたが1714年頃のサンクト・ペテルブルクに暮らすあごひげを生やした男性なら，ここに写真で示したようなコインが尊大な国家権力からあなたを守ってくれる唯一のものとなるだろう。これは所持している者が年間のひげ税――農民は数コペイカ，貴族や軍人は100ルーブルかそれ以上――を支払ったことを証明するものだった。

3　ひげ税はより壮大な計画，すなわちピョートル大帝によるロシア文化の美的改革の一部にすぎない。このロシア皇帝は臣民たちに，ロシアお馴染みの丈の長いオーバーコートの代わりに，フランスやハンガリーの上着を着るよう命じた。モスクワを囲む壁の門の外側に設置されたマネキンは，誰もが見られるよう新しいファッションの実例を示していた。ロシア様式の衣服を売り続けていた仕立屋は法外な罰金を科される危険を冒し，旧式の礼服を着て通りを歩いている者は皆，皇帝の検閲官たちによってそれを短く切られることになった。

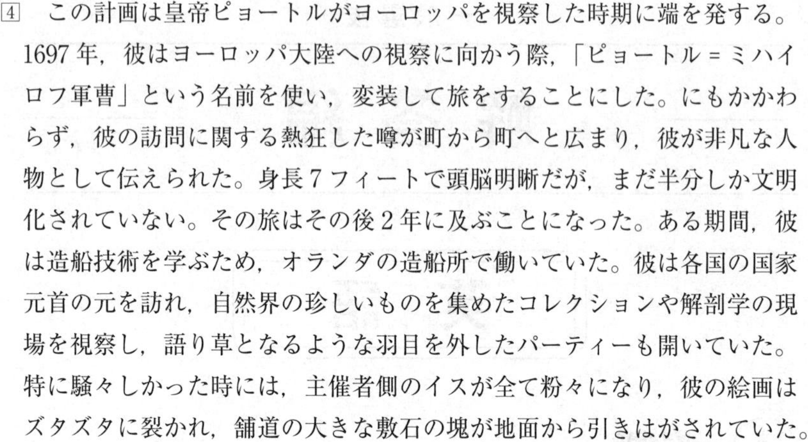

4　この計画は皇帝ピョートルがヨーロッパを視察した時期に端を発する。1697年，彼はヨーロッパ大陸への視察に向かう際，「ピョートル＝ミハイロフ軍曹」という名前を使い，変装して旅をすることにした。にもかかわらず，彼の訪問に関する熱狂した噂が町から町へと広まり，彼が非凡な人物として伝えられた。身長7フィートで頭脳明晰だが，まだ半分しか文明化されていない。その旅はその後2年に及ぶことになった。ある期間，彼は造船技術を学ぶため，オランダの造船所で働いていた。彼は各国の国家元首の元を訪れ，自然界の珍しいものを集めたコレクションや解剖学の現場を視察し，語り草となるような羽目を外したパーティーも開いていた。特に騒々しかった時には，主催者側のイスが全て粉々になり，彼の絵画はズタズタに裂かれ，舗道の大きな敷石の塊が地面から引きはがされていた。

5　ピョートルは旅から戻るとすぐさま自国の「西欧化」に着手した。皇帝の新たな熱狂によって最初に犠牲になったのは宮廷貴族のひげで，帰還を祝うパーティーの席で剃られてしまった。伝記作家のロバート＝K.マッシーが記しているように，「彼は（友人たち）の間を通って，抱擁すると…」自らの手で「彼らのひげを剃り始めた」。新年の祝宴ではさらに進め，カミソリを振りかざした宮廷の道化師が集まった大勢の人たちの中を立ち回り，ひげを剃りたくなさそうな人たちの側頭部をひっぱたいていた。

6　ロシアを訪れた英国人のキャプテン・ジョン＝ペリーによると，ロシア人たちは，「自分のひげが根こそぎ引き抜かれてしまう恐怖，あるいは，あまりにも乱暴に抜かれるため，時として一緒に皮膚の一部も剝がれてしまう恐怖」があったから従っていたにすぎないという。さらに彼は，皇帝の命令でひげを失うことを余儀なくされたロシア人の大工の話についても語っている。

> 私はその時，彼が若くなったと言って，彼のことを少々からかい，ひげはどうしたのかと尋ねた。すると彼は懐に手を入れ，ひげを取り出して私に見せた。さらに彼は帰宅したらすぐ，自分の棺に入れて自分と一緒に埋葬してもらうために，そのひげを大切に取っておくつもりであること，そうすれば来世で聖ニコラウスに事情を説明できること，さらに，あの日ひげを剃られた仲間の職人たちも全員が同じようにしたことを私に説明した。

7　この話の中で，大工はロシア正教会の教えに導かれているのだが，その教えでは，顔のひげを剃らないことが信仰心の表れだと考えられていた。人間は神自身の形に似せて創造されたものだったからである。その姿にはひげがあり，それを剃ることは重大な罪だったのだ。

8 敬虔な人たちにとって，ひげ税はぞっとするようなひどい話だった。ピョートルは本物の皇帝ではなくロシアの敵国によって任命された代わりの人物だという噂が広まった。皇帝の冒涜的行為（神に対する無礼）を非難する匿名の文書が街の通りにばらまかれた。にもかかわらず，ひげを剃ることは続いた。1705 年，ついに，あるロシアの陸軍師団がアストラハンという町で公然と反乱を始めた。反乱軍の兵士たちの書簡には，自分たちはキリスト教の信仰を支持し，ひげを剃り，外国の服装をすることに反対することが宣言されていた。この反乱は鎮圧され，数百人の反乱者たちの命が失われた。

9 ひげ税はピョートルが教会と言い争う一つの方法にすぎなかった。ピョートルには独特の天賦の才があり，自分の飲み仲間たちを「道化たちの酔いどれ宗教集会」として知られる社交クラブに入会させた。そのメンバーたちは枢機卿や司教のまねをして，見せかけの結婚式や宗教的儀式を行っていた。彼らはいつも陽気に騒ぎ，酔っぱらうことを強要され，終わることのない宴や仮面舞踏会に興じていた。酔いどれ集会から脱会することはできなかった。その任命は生涯続くものだった。このように，神聖なものに対する冒涜的行為は皇帝の側近たちの忠誠を試すものとしての役割を果たしていた。その暗黙の選択は明白だった。ピョートルか，それとも教会か。

10 歴史家の V.M. ジヴォフが『ピョートル大帝の変革体制における文化改革』の中で記しているように，教会の権力に異議を唱えることで，ピョートルは通常社会の境界線を越えた半ば神のような人物という枠に自分自身をはめようとしていた。

> この皇帝は自分が神のような力を駆使し，社会はこの人間離れした優越性を受け入れるか，それとも悪魔の企てとして退けるかの選択をしなければならないことを示した。いずれにしても，これは社会にとって宗教的なジレンマを提起することになった…。この皇帝は現実を超越し，生死に対する権力を行使して，彼の望むようにその現実を変容させ，古い慣習を不敬な娯楽に変え，ふざけながらでっち上げてきた

ことを国家の制度へと変えたのである。

11　ひげ税自体がそうであるように，その論争は馬鹿げているように思える。偽りの聖職者を演じる酔っぱらいの少数の貴族たち。しかし，その闘争——王権の本質そのものに対する闘争——は大まじめなものであった。

解説

(1)　本文の内容に一致しない文を完成するのに適するものを選ぶ問題。

1.「ひげ税は…」

A.「特別な政府のコインを使って支払うことができた」

第2段第1文（If you were…）で，写真と共に token「しるし，コイン」について言及されているが，これはひげ税を支払ったことを証明するもので，特別なコインでひげ税を支払うことができたという記述はない。よって，これが正解。

B.「皇帝の影響が日常生活にどの程度まで及んでいるのか例示している」

第1～3段（The Russian Tsar … the Tsar's inspectors.）より，衣服やひげといった，人々の日常の装いを皇帝のピョートルが主導して統制していたことが読み取れる。

C.「政治権力がどのように行使されるのかに関する疑問を提起している」

直接的に疑問を提起しているわけではないものの，ファッション警察やひげ税など，本文全体で問題にされているのは，すべてピョートルが政治権力を行使した例である。

D.「その人の地位によって異なる税率で徴収された」

第2段最終文（It served as…）のダッシュ（—）以下で，身分によってひげ税の額が異なることがわかる。kopeck「コペイカ」，ruble「ルーブル」はそれぞれロシアの通貨。

E.「ロシアの文化的変化を加速させる意図があった」

第5段第1文（Upon returning from…）では，ピョートルはヨーロッパ視察の旅から戻ると，すぐに自国の西欧化に着手したとある。その一環として，ひげ税が導入されているので，本文の内容に一致。

2.「1697年の視察は…」

A.「外交上の訪問と過度な懇親会を含んでいた」

第4段第6文（He visited heads…）で，ヨーロッパへの視察の際，ピョートルは各国の国家元首を訪れ，wild parties「羽目を外したパーティー」を開いていたとある。

B.「珍しい訪問者に関する誇張した表現をヨーロッパ大陸の各地で喚起させた」

第4段第3文（ 1 , excited rumors …）で具体例を挙げながら，ピョートルの訪問に関する熱狂した噂が町から町へと広まったことを説明している。

C.「ロシアの新たな皇帝の戴冠式を祝うつもりだった」

本文中にこのような内容が述べられている部分はないので，これが正解。

D.「ピョートルが外国に関して直接経験した知識を得ることを可能にした」

第4段第5・6文（For a time, … legendarily wild parties.）で，ピョートルが造船技術を学ぶためにオランダの造船所で働き，解剖学の現場なども視察したことが述べられている。

E.「議論を引き起こすロシアの文化政策という結果をもたらした」

第5段第1文（Upon returning from …）に，ピョートルがヨーロッパを視察した後，自国の西欧化を進めたこと，第8段（To the pious, …）以降にそれが教会との対立を生み，反発もあったことが述べられているので，本文の内容に一致。

3.「ピョートル大帝の『西欧化』計画は…」

A.「服装や身なりを整えることなど日常の事柄にも及んだ」

第1～3段（The Russian Tsar … the Tsar's inspectors.）で，ピョートルは人々のひげを剃ったり，丈の長いオーバーコートの代わりにフランスやハンガリーの上着を着るよう命じており，第4・5段（The project had … reluctant to shave.）より，それが自国を西欧化する取り組みの一環であったことがわかる。

B.「既存の美的規範の改革を意味した」

第3段第1文（The beard tax …）のコロン（：）以下で，ピョートルはロシア文化の aesthetic reinvention「美的改革」に着手していたことが読み取れる。

C.「ロシアの支配階級に異議を突きつけた」

第9段第1文（The beard tax …）や，同段第6～最終文（In this way, … was clear: 3 .）から，ピョートルと教会の間に対立構造があったことがわかる。第10段第1文（As the historian …）では，ピョートルは教会の権力に異議を唱えることで，自分自身を神格化しようとしていたという歴史家の見解が引用されており，西欧化計画の一環であったひげ税の導入をきっかけに，教会の権力に異議を唱えようとしていたことが読み取れる。

D.「改革を犠牲にして自分の個人的な好みを奨励した」

改革を犠牲にしたのではなく，改革を進めているので本文の内容と不一致。したがって，これが正解。

E.「一部のロシア人の感情を逆なでした」

第8段（To the pious, …）でピョートルの政策に対して反乱が起こったことが述べられている。rub *A* the wrong way「*A*（人）の感情を逆なでする」

4.「ロシア正教会は…」

A.「ピョートルが不祥事を避ければ，彼の規範を受け入れた」

本文中にこのような内容が読み取れる部分はないので，これが正解。

B.「ピョートル大帝の近代化の取り組みに脅威を感じた」

第8段（To the pious, …）では敬虔なキリスト教徒はひげ税の導入に反対し，キリスト教の信仰を表明した兵士たちの反乱についても言及されている。したがって，教会側はピョートルに対して脅威を感じていたことが読み取れる。

C.「信者たちに宗教的な理由に基づいて，ひげを大切にするよう教えていた」

第6段（According to Captain …）では，ピョートルの命令でひげを失うことになった大工の話が引用され，続く第7段（In this, the …）では，この大工がひげを剃らないことが信仰心の表れであるというロシア正教会の教えに導かれていたことが説明されている。

D.「ひげ税を，ロシアにおける信仰生活を混乱させるものとみなした」

第7段（In this, the …）より，ロシア正教会の教えでは，ひげを剃らないことが信仰心の表れだと考えられているので，本文の内容と一致。

E.「アストラハンの反乱軍の兵士によって擁護されていた」

第8段第5文（Finally, in 1705, …）より，アストラハンの反乱軍の兵士たちがキリスト教を信仰していたことがわかる。

⑵　文中の空所に補うと最も文脈に合う語句を選ぶ問題。

1．空所を含む文は「彼の訪問に関する熱狂した噂が町から町へと広まり，非凡な人物として伝えられた」という意味。直前の第4段第2文（In 1697, when …）では，ピョートルがヨーロッパを視察する際，偽名を使い，変装して旅をしたことが述べられているので，譲歩の意味を表すCの Nonetheless「それにもかかわらず」が正解。A．Contrastingly「対照的に」 B．Likewise「同様に」 D．Previously「以前に」 E．Therefore「それゆえ」

2．空所を含む文は「皇帝の新たな熱狂の最初の…は宮廷貴族のひげで，帰還を祝うパーティーの席で剃られた」という意味。「新たな熱狂」とはひげを剃ることだとわかるので，選択肢の中で合うのはBの casualties「犠牲者，被災物」のみ。A．benefactors「寄贈者」 C．causes「原因」 D．fashions「ファッション」 E．features「特徴」

3．第9段（The beard tax …）では，ピョートルと彼の飲み仲間たちからなる社交クラブについて説明されている。これは同段第1文（The beard tax …）より，教会との対立を示す方法の1つであり，さらに同段第6文（In this way, …）の a test of loyalty for the Tsar's closest companions「皇帝の側近たちの忠誠を試すもの」という表現に着目すれば，ピョートルがこの社交クラブの活動を通して，側近が彼に忠誠心を持っているのかを見極めていたことが読み取れる。したがって，The implicit choice「暗黙の選択」としてはDの Peter or the Church「ピョートルか，それとも教会か」が適切。A．Christian or Orthodox「キリスト教徒か，それとも東方正教会か」 B．exile or death「追放か，それとも死か」 C．nobility or the peasantry「貴族か，それとも小作農か」 E．sinfulness or playfulness「罪深さか，それとも冗談か」

4．空所を含む文は「いずれにしても，これは社会に…を提起することになった」という意味。直前の文では，神のような力を駆使していたピョートルに対し，社会は彼の inhuman superiority「人間離れした優越性」を受け入れるか，それとも a satanic enterprise「悪魔の企て」として退けるかの選択を迫られたという内容が述べられている。したがって，選択肢の中ではBの a religious dilemma「宗教的なジレンマ」が最も適切。A．a political party「ある政党」 C．a welcome break「うれしい休憩」 D．

an impossible outcome「ありえない結果」 E. an unlikely opportunity「思いもよらない機会」

(3) 引用された英文に関する問題。

1.「引用文の作者である可能性が高いのは，以下の人物またはグループのうちどれか」

引用文：「私たちはキリスト教を支持し，ひげを剃ることやドイツの服装やタバコや私たちとその妻および子供たちが昔ながらのロシアの服装で教会に入ることを許されない理由に反対した。すると教会を訪れた人々は男性も女性も衣服を切り刻まれ，神の教会から外に出されて追い払われた」

ひげを剃ることなど，ピョートルの政策に反対していることが読み取れる。第8段（To the pious, …）でアストラハンの陸軍師団がピョートルの政策に反対して反乱を起こしていることが説明されているので，D.「アストラハンで反乱を起こした兵士たち」が正解。A.「キャプテン・ジョン＝ペリー」 B.「聖ニコラウス」 C.「道化たちの酔いどれ宗教集会」 E.「V.M.ジヴォフ」

2.「引用文で説明されていることを例示しているのはどれか」

引用文：「『実物宣伝』は，大衆が政策を知らなかったと弁解して言い訳できないようにするためにピョートルが頻繁に使った方法だった」

第3段第3文（Mannequins set outside …）で，ピョートルが推奨した服装を誰もが見られるよう，モスクワを囲む壁の門の外側にマネキンを設置したことが述べられている。したがって，D.「モスクワを囲む壁の門の外に設置されたマネキン」が正解。A.「ピョートルが秘密裏にヨーロッパを訪れた方法」 B.「皇帝によって開かれた語り草となるような羽目を外したパーティー」 C.「大工に彼のひげを保管させておいたこと」 E.「見せかけの宗教行事や儀式」

3.「（皇帝に仕えていた高官の）妻たちが身に着けていたスカートは…と推察できる」

引用文：「1708年，ある情報提供者は皇帝がモスクワにいる時は，誰もがドイツの衣服を身に着けていたが，彼が不在になると皇帝に仕えていた高官の妻たちは，上からスカートを重ねていたとはいえ，旧式の正装で教会に行き，君主の命令をののしっていると報告した」

高官の妻たちは，旧式の正装を隠すためにスカートを重ねたと推測できる。普段はドイツ，つまり西欧の衣服を身に着けていたことから，スカートはピョートルの命じた西欧スタイルだったことがわかる。したがって，A.「西欧式のスタイル」が正解。B.「抗議を意味した」 C.「エリートの印」 D.「伝統的なロシア式」 E.「誇りをもって着用されていた」

(4) 文中の下線部の語句と同意のものを選ぶ問題。

1. 第1～3段（The Russian Tsar … the Tsar's inspectors.）でピョートルがひげ税を導入し，西欧風の衣服を着用させる政策を取っていたことを押さえておく。下線部を含む文では，旧式の服を着ている者が，the Tsar's inspectors「皇帝の検閲官」によって短く切られたという内容が述べられている。皇帝の指示に従わない者は，そうした処罰を受けたことがわかるので，B.「合法的に責任を負わされた」が最も意味が近い。liable「責任がある，処せられるべき」 A.「恐怖によって動かされる」 C.「罪の意識を感じさせられる」 D.「力によって制圧される」 E.「不当にだまされる」

2. 第5段第1～3文（Upon returning from … his own hands.）では，ピョートルがヨーロッパの視察からロシアに戻ると西欧化に着手し，宮廷貴族のひげをパーティーの席で剃り始めたというエピソードが述べられている。下線部を含む文では，新年の祝宴の様子が説明され，宮廷の道化師がカミソリを振りかざして立ち回り，ひげを剃りたくなさそうな人たちの頭を叩く様子が述べられている。ピョートルの周囲の人たちのひげを剃るという行為がエスカレートしているので，A.「より一層，取り組んだ」が最も意味が近い。double down「倍増する」 B.「賭け金を下げた」 C.「熟考した」 D.「調子を和らげた」 E.「過去を抹消した」

3. 下線部を含む文は「ロシア正教の教えでは，顔のひげを剃らないことが…の表れだと考えられていた」という意味。同段最終文（To shave it …）ではひげを剃ることが重大な罪だったとあるので，ひげを剃らないことがロシア正教会の教えに従っているという内容にすればよい。したがって，Bのdevotion「信仰，献身」が正解。piety「敬虔」 A. aggression「攻撃性」 C. hygiene「衛生（状態）」 D. tastefulness「趣味のよさ」 E. truth「真実」

4. compulsoryは「強制的な」という意味の形容詞なので，Cのmandatory「義務的な」が最も意味が近い。A. celebratory「祝賀用の」 B. complete

「完全な」 D. nightly「毎夜の」 E. voluntary「自発的な」

語句・構文

（第1段） Tsar「ツァーリ（ロシア皇帝）」 preside「統括する」 inspector「検閲官，調査官」 stalk「闊歩する，忍び寄る」 snip「～をハサミで切る」

（第2段） overweening「尊大な」 bearer「所持者」 peasant「小作農」

（第3段） subject「臣民」 mannequin「マネキン」 tailor「仕立屋」 fine「罰金」

（第4段） in disguise「変装して」 herald「～を伝達する」 shipyard「造船所」 anatomical「解剖学の」 raucous「騒がしい」 shred「～を切り刻む」 chunk「大きな塊」

（第5段） Europeanizing「西欧化」 biographer「伝記作家」 banquet「祝宴」 wield「～をふるう，行使する」 jester「道化師」 slap「平手打ちする」 (be) reluctant to *do*「～したがらない」

（第6段） submit「服従する」 decree「命令」 jest「からかう」 coffin「棺」 give an account of～「～について説明する」

（第7段） sin「(宗教・道徳上の) 罪」

（第8段） pious「敬虔な」 anonymous「匿名の」 blasphemy「冒涜的行為」 scatter「～をばらまく」 military division「陸軍師団」 initiate「～を開始する」 revolt「反乱」 rebel「反乱者」

（第9段） spar「言い争う」 flair「天賦の才能」 cardinal「枢機卿」 bishop「司教」 mock「見せかけの」 merriment「陽気な話」 feast「宴」 masquerade「仮面舞踏会」

（第10段） frame「～を枠にはめる」 divine「神の（ような）」 inhuman「人間離れした」 satanic「悪魔の」

（第11段） conflict「論争，対立」 absurd「ばかげた」 pretend「偽物の」

Ⅱ　解答

(1) **1**－C　**2**－K　**3**－A　**4**－I　**5**－J　**6**－G　**7**－D

(2) **1**－E　**2**－A　**3**－D　**4**－D

(3) **1**－D　**2**－C　**3**－A

(4) **1**－B　**2**－C　**3**－E

全訳

《男女における学業成績の格差とその対応策》

1　標準学力テストの成績では概ね同じようなレベルであるのとは対照的に，学校の授業の成績で評価すると，アメリカの男子と女子では全く成績が異なる。授業に関わる成績はそれほど標準化されていないので，学業成績測定の男女差に関する一致した見解は少ない。にもかかわらず，20 世紀を迎えるころから，学業では女子が男子を上回っていることが証拠によって示されている。19 世紀中頃，女子は男子とほぼ同じ割合で男女共学の学校に入学し，そうした学校の女子は，ほとんどの場合，男子生徒と同じ授業を受け，先生も同じだった。当時でさえ，女子は男子よりも成績がよく，あっさりと次の学年のレベルに進むことができた。J.E. アームストロングは，1910 年の文書で，「アメリカ全土における最初の 3 年間の初等教育の水準を見ると，もう一度その学年レベルを繰り返さなければならない生徒は女子よりも男子の方が多い。国勢調査によれば，男女はほぼ同数生まれているが，1 年生の数は男子生徒の方が 4 パーセント多い」と報告している。また早くも 1870 年には，高校を修了する割合は極めて低かったとはいえ（当時，高校を修了した 17 歳の割合はわずか 2 パーセントだった），その数は男子よりも女子の方が多かったこともはっきりしている。

2　小学校では男子よりも成績がよく，高校修了の割合が高かったにもかかわらず，19 世紀の大半の間，若い女性は大学に通うことを禁止されていた。彼女たちは 1837 年に初めて大学への入学を許可されるのだが，それはオーバリン大学が，おそらく牧師たちに知的で，洗練され，徹底的に教育された妻を用意するために，女性の入学を認めた年であった。南北戦争（1861～1865）によって男子の生徒数が減ると，より多くの大学が授業料を払ってくれる女子生徒を入学させることをいとわなくなった。1900 年までに，女子大に入学する 2 倍以上の女性が男女共学の大学に入学するようになった。20 世紀の最初の 10 年で，男女共学の大学に入学する女子の数が急激に増えたことで，女性が大学を独占するのではないかという新たな恐怖も生まれた。

3　現代まで話を進めると，教育のあらゆるレベルで，学業成績における女性の優位性については議論の余地がない。早くも幼稚園の段階で，男子よりも女子の方が読解力があることが示され，男子は小学校でも文章読解に関する問題を抱える。幼稚園から高校を経て大学に入学するまで，数学や理科を含む全ての主要科目で女子の方が男子よりも成績がよい。こうなると学校中心の方針が男子の学業成績を向上させる手助けとなりえるのかという疑問がわく。男子は思春期に男性同一性の二面性から生じる特有の問題に直面する。成績がよいことが，思春期文化の中で尊敬できる立場となる文化をもつ学校では，男子は女子と同じ水準の成績になる可能性が高い。言い換えれば，優秀な学校において男子生徒の成績の落ち込みは比較的小さいことが期待されるのだ。

4　学校方針の介入で期待がもてる3つの活動領域には，生徒の成績を向上させる可能性がある。教師，学生風土，指導および評価技術である。まず第一に，増加傾向にある文献では，教師の資質が学業成績に影響を及ぼすことが示されており，最近の報告には，優れた教師は長期間にわたって生徒に影響を及ぼすことを示すものもある。また，認知スキルに加え，社会的スキルや行動スキルが学業成績やその後の労働市場における成功に影響を及ぼし，さらにそうしたスキルを伸ばす能力は教師によって様々であることを認識している研究者も増えてきている。教師以外にも，指導カウンセラーのような他のサポートスタッフが生徒たちの教育成果に重要な役割を果たしているかもしれない。方針転換，学生風土，同級生の影響に関する2つ目の有望な領域は，1960年代前半から関心が集められてきた領域である。最後に，指導効果に関しては，学校が介入する3つの方針の中で最も調査するのが難しいものなのだが，これは指導カリキュラムが容易に定量化できないことが一因となっている。多くの研究で大人数よりも少人数のクラスの方が有効であり，成績がよくない生徒にとって，大学受験準備のレールに乗せることは，ほとんどの場合は有害で，厳しい学力基準も彼らの成績を上げることにはつながらないことがわかっている。こうした方針の領域は明らかに相互に重なり合っている。例えば，教師は生徒たちの動向に寄与することができ，優れた指導技術をもつことで教師の資質は向上し，学業を重視する学生風土が，教師の有効性と指導技術の効果の両方を向上させる可能性がある。

5　学校に対する愛着も，学業成績に対して同等の強力な動機づけとなる。よくある認識をよそに，人気がある，おしゃれに着飾っている，運動をしている，そうでなければその他の課外活動に参加している，といった別の望ましい行動が伴っていれば，生徒たちは概して学業成績を軽んじているわけではない。ジョン＝ビショップと彼の同僚の報告によると，1998～1999年に調査した中高生の81パーセントが「授業中，頻繁に自ら進んで答えや意見を述べることはかっこよくない」という意見には賛同せず，「試験や小テストのために懸命に勉強するのはかっこよくない」という意見には85パーセント，「学校で学んでいることに熱中するのはかっこよくない」という意見にも73パーセントの生徒が賛同していない。どうやら生徒たちは成績に関して公然と競争心を示す際，「かっこよくない」という境界線を越え始めているようだが（51パーセントはそれがかっこよくないと言っているが，それでも49パーセントはその意見に同意していない），学業成績の水準が高いことが今日の世界において価値があることは概ね認識している。

⑥　同時に，女子が男子より教育的価値を強く支持していることもデータからはっきりしている。8年生の生徒たちが，自分たちにとって成績がどれほど重要か，そして両親にとって自分の成績がどれほど重要だと思うかという質問を受けた。生徒のほぼ99パーセントは，両親にとって成績がよいことは「非常に重要である」と報告し，性別，親の教育，子供に対する親の教育上の期待による割合の変化は基本的に見られなかった。男子の場合と比べ，女子の方が親に起因したものに近い価値判断を述べ，男子は女子よりも自分の価値観と親に起因した価値観の間に大きな差があることが確認できた。

⑦　今や学業成績における女子の優位性は明らかなので，学校が男女の不平等に影響を及ぼしているかどうか，そしてそれがどのように影響を及ぼしているのか問うてみるのは当然のことである。一方の性別の手助けとなる学校の方針がもう一方の性別にとっても手助けとなるのか，つまり，男子と女子の利害が矛盾して，女子を助けるよう意図した方針に対して男子が張り合ってしまうようなことにならないかどうかを考える必要があるのだ。

解説

(1)　各段落の要旨を選ぶ問題。

1. 第1段第3文（Nonetheless, evidence indicates …）では，20世紀を迎えるころから，学業成績において女子が男子を上回っていることが証拠によって示されているとある。また同段第6文（Writing in 1910, …）以下では，初等教育と高校の修了者数についても言及しているので，C.「1世紀以上の間，小学校から高校まで，学業成績において常に女子が男子を上回ってきたことを説明している」が正解。

2． 第2段第1文（Regardless of their …）では，19世紀の大半の間，女性は大学に入学することができなかったとあり，同段第3文（When the Civil …）以下では，南北戦争によって男子の生徒数が減ると多くの大学が女子生徒の入学を認め，大学に入学する女子の数が急激に増えたことが述べられている。したがって，K.「大学に入学する若い女性が直面した困難と南北戦争以降，女性の大学入学者数が増加したことを私たちに示している」が正解。

3． 第3段第5文（Boys face particular …）では，男子は思春期に masculine identity「男性同一性」の二面性から生じる特有の問題に直面するとある。また，同段第6文（In schools with …）以下では，成績がよいことが尊敬できる立場となる文化の学校では，男子の成績の落ち込みが小さくなることが期待できるとあり，そうした学校を high-quality schools「優秀な学校」と言い換えている。したがって，A.「学校で男子が直面する困難は思春期における男らしさの二面性に起因するものであり，男子をより優秀な学校へ送ることを提案している」が最も適切。attribute *A* to *B*「*A* を *B* のせいにする」 dual nature「二面性」 masculinity「男らしさ」

4． 第4段第1文（Three promising arenas …）では，学校方針の介入で，生徒の成績を向上させる可能性がある3つの活動領域として，teachers「教員」，student culture「学生風土」，instructional and evaluation techniques「指導および評価技術」が挙げられている。同段第2・3文（Firstly, a growing … promote these skills.）では，教師の資質が生徒の学業成績に影響を及ぼすことが説明され，同段第5文（The second promising …）で2つ目の領域として policy change「方針転換」について言及されている。また，同段第6文（Finally, instructional effects …）以下では指導効果について言及し，この3つの領域が重なり合いながら生徒の成績に影響を及ぼしているとまとめている。したがって，I.「生徒の学業成績を向上させる方法を提案し，教員の教育，方針転換，指導方法には改善が必要であると結論づけている」が正解。

5． 第5段第2文（Despite common perceptions, …）の主節（students do not …）では，生徒たちは概して学業成績を軽んじているわけではないとあり，同段第3文（John Bishop and …）では，試験や小テストのために懸命に勉強することはかっこよくないという意見に賛同しない生徒が85パーセントに及ぶことが説明されている。したがって，J．「中高生は懸命に勉強し，学校でよい成績を取ることに関して，多くの場合，否定的に感じているわけではないことを示している」が正解。

6． 第6段第2文（Eighth-grade students were …）では，8年生の生徒が，自分にとって成績がどれだけ重要か，そして両親にとって自分の成績がどれだけ重要だと思うかについて質問され，同段第3文（Almost 99 percent …）以降にその結果が述べられている。したがって，G．「自分の教育的価値観と両親の見解をどう考えているか報告するよう求められた8年生の生徒に関する調査結果の要点を述べている」が正解。

7． 学校が男女の不平等に影響を及ぼしていないかどうかをチェックし，男子と女子の利害が矛盾しないような方針を採用する必要があるというのが最終（第7）段の主旨。したがって，D．「学校が直接的に男女不平等の一因となっている可能性があり，男子と女子両方の手助けとなる方針が必要であることを説明している」が正解。

その他の選択肢は以下の通り。

B．「成績の重要性を8年生の生徒およびその両親とで比較し，女子の考えと比べ，男子の考えの方が両親の考えに近いことを明らかにしている」

第6段最終文（Girls expressed a …）と反対の内容。

E．「教員の教育に重点を置いた方針の介入は，指導基準への介入よりも生徒の成績を向上させる潜在的可能性が高いことを主張している」

教員教育への介入と指導基準への介入のどちらが生徒の成績をより向上させるかという比較は，本文でなされていない。

F．「若い高校生は，人気があったり，運動が得意であったり，おしゃれに着飾っていたりしていれば，学業成績を正しく理解している可能性が非常に高いと主張している」

第5段第2文（Despite common perceptions, …）で述べられているのは，学業以外に別の望ましい行動が伴っていれば，生徒が学業成績を軽んじることはないという内容。

H.「高い教育レベルにおいて，女子の方が男子よりも成績がよいことを指摘し，方針によって男子の成績を手助けできるということに疑問を抱いている」

第3段第3文（From kindergarten through…）より，高等教育だけでなく，初等教育の段階から，女子の方が男子よりも成績がよいことがわかる。

L.「学校の方針によって一方の性別がもう一方の性別を助けることにならなければ，男女の成績格差はもっと大きくなる可能性があることを私たちに警告している」

最終段第2文（We need to…）で述べられているのは，男女両方の手助けとなる方針が必要だということ。

(2) 本文の内容に一致しない文を完成するのに適するものを選ぶ問題。

1.「男子と比べ，女子は…」

A.「両親の教育に関する考えと同じである可能性が高い」

第6段最終文（Girls expressed a…）で，教育に関して男子よりも女子の方が親に起因するものに近い価値判断を持っていることが述べられているので，本文に一致。

B.「高い評価を得て，次年度の学年レベルに進める可能性が高い」

第1段第5文（Even then, girls…）と一致。また，第3段第1文（Fast-forward to the…）で，教育のあらゆるレベルで，学業成績における女性の優位性については議論の余地がないとある。

C.「数学や理科を含む全ての主要科目でよい成績を取る」

第3段第3文（From kindergarten through…）の内容に一致。

D.「少なくとも1世紀の間，小学校の早い段階でよい成績を収めてきた」

第1段第6文（Writing in 1910,…）で，アメリカ全土における最初の3年間の初等教育の水準は，男子よりも女子の方が高いことを報告する1910年の文書について言及されている。学業成績における女性の優位性は現代まで続いているので，本文の内容に一致。

E.「幼稚園を終えるまでは，高い読解力を見せる」

第3段第2文（As early as…）で，幼稚園の段階で女子の方が男子よりも読解力があることが示され，男子は小学校でも文章読解に関する問題を抱えるとある。本文の内容と一致しないので，これが正解。

2.「女性の大学への入学（者数）は…」

A.「1900 年までに大学に入学した男性の 2 倍になった」

第 2 段第 4 文（By 1900, more …）で，女子大に入学する 2 倍以上の女性が coeducational institutions「男女共学の教育機関」に入学したとあり，本文の内容と一致しないので，これが正解。

B.「当初は，主に結婚に向けて彼女たちを教育する予定だったかもしれない」

第 2 段第 2 文（They were first …）後半の arguably to provide 以下の部分で，オーバリン大学が 1837 年に初めて女性の大学入学を許可するが，それは牧師たちに教育された妻を用意するためだった可能性があると述べられている。したがって，本文の内容に一致。arguably「おそらく」

C.「1900 年代において，女性が大学を独占すると信じられるほど急速に増加した」

第 2 段最終文（In the first …）の内容と一致。主節の主語は the rapid rise …，述語動詞は precipitated で「～を招く，～をもたらす」の意。

D.「南北戦争の期間中，男子学生の数が減ったために促された」

第 2 段第 3 文（When the Civil …）で，南北戦争によって男子の生徒数が減ると，多くの大学が授業料を払ってくれる女子学生を入学させるようになったとあるので，本文に一致。

E.「1837 年に最初に許可された」

第 2 段第 2 文（They were first …）の内容に一致。

3.「生徒の学校の成績は…によって改善されるかもしれない」

A.「学業を重視する学生風土を作ること」

第 4 段第 1 文（Three promising arenas …）で生徒の成績を向上させる領域として student culture「学生風土」が挙げられ，同段最終文（These policy areas …）のセミコロン（；）以下で academically oriented student cultures「学業を重視する学生風土」について言及されている。

B.「クラスの規模を小さくしておくこと」

第 4 段第 7 文（Considerable research suggests …）で，少人数のクラスの有効性について言及している。

C.「指導カウンセラーのようなサポートスタッフを配置すること」

第4段第4文（Beyond teachers, other …）で，指導カウンセラーのようなサポートスタッフの重要性に言及している。

D.「全体の学業成績を向上させるため学力基準を上げること」

第4段第7文（Considerable research suggests …）の後半 and that tough academic standards 以下の部分で，厳しい学力基準は成績がよくない生徒の成績を上げることにはつながらないとある。本文の内容と一致しないので，これが正解。

E.「社会的スキルや行動スキルを伸ばすことができる優れた教師を養成すること」

第4段第3文（Scholars also increasingly …）で，社会的スキルや行動スキルは学業成績に影響を及ぼすが，そうしたスキルを伸ばす能力は教師によって差があると述べられている。そのようなスキルを伸ばすことができる教師を養成すれば，生徒の成績向上につながる可能性があることが読み取れるので，本文の内容に一致。

4.「中高生に関するジョン＝ビショップと彼の同僚の研究によると…」

A.「約半数は，公然と競争することを受け入れられると考えている」

第5段最終文（Apparently students begin …）で，49パーセントの生徒は，成績を競うことに関してかっこよくないという意見に同意しないことが説明されている。

B.「約4分の3が，勉強していることを楽しむのはよいと考えている」

第5段第3文（John Bishop and …）のジョン＝ビショップたちの報告で，学校で学んでいることに熱中するのはかっこよくないという意見に，73パーセントの生徒が賛同していない，とあるので本文の内容に一致。

C.「ほとんどが学業成績の価値を理解している」

第5段最終文（Apparently students begin …）の後半 but students 以下で，生徒たちは学業成績の水準が高いことが今日の世界において価値があることは概ね認識している，とあるので本文の内容に一致。

D.「5分の4を超える生徒が，授業で自発的に答えを述べるのはかっこよくないと考えている」

第5段第3文（John Bishop and …）で，授業中，自ら進んで答えを述べるのはかっこよくないという意見に，81パーセントの中高生は賛同していないとある。本文の内容に一致しないので，これが正解。

E.「テストのために懸命に勉強することは容認できると大部分の生徒は信じている」

第5段第3文（John Bishop and …）で，試験のために懸命に勉強するのはかっこよくないという意見に，85パーセントの中高生が賛同していないので，本文の内容に一致。

(3) 文中の下線部の語句と同意のものを選ぶ問題。

1. 下線部を含む文は「オーバリン大学はおそらく牧師たちに，知的で，…で，徹底的に教育された妻を用意するために女性の入学を認めた」という意味。cultivatedには「洗練された，教養のある」という意味があるので，Dのrefined「洗練された」が最も意味が近い。A.「高く評価された」 B.「収穫された」 C.「義務のある」 E.「理解力のある」

2. 下線部を含む文は「成績のよくない生徒にとって，大学受験準備のレールに乗せることは，ほとんどの場合…である」という意味。下線部を含む文の後方and that tough academic以下の部分で，厳しい学力基準を設けても，成績がよくない生徒の成績向上につながらないという内容が述べられている。よって，下線部を含む部分も，彼らを大学受験準備のレールに乗せることにメリットはないという意味にすればよいので，Cのharmful「有害な」が正解。detrimental「有害な」 A.「やむを得ない」 B.「望ましい」 D.「侮辱的な」 E.「我慢できない」

3. 下線部を含む文は「生徒たちは概して学業成績を…しているわけではない」という意味。直後の第5段第3文（John Bishop and …）以降から，学校の勉強にしっかり取り組むのはかっこよくないという意見に，多くの生徒たちが賛同していないというデータが列挙されている。したがって，Aのbelittle「～を軽んじる」が正解。B.「～を評価する」 C.「～を誤って解釈する」 D.「～を綿密に調べる」 E.「～を尊重する」

(4) 第一アクセントが置かれる母音の発音が，他のものと異なる単語を選ぶ問題。各単語のアクセントおよび発音は以下の通り。

1. 正解はB。

A.［dékeɪd］ B.［èdʒəkéɪʃən］ C.［aɪdéntəti］

D.［pəréntl］ E.［stémɪŋ］

2. 正解はC。

A.［kəmpǽtəbl］ B.［enθ(j)ù:ziǽstɪk］ C.［léɪbər］

D．[rǽpɪd]　E．[vǽlju:z]

3． 正解はE。

A．[dú:əl]　B．[ìndɪspjú:təbl]　C．[n(j)ú:m(ə)rəs]

D．[skú:ld]　E．[t(j)u(:)íʃən]

語句・構文

(第1段) consensus「一致した意見」 outperform「～を上回る」 enroll in～「～に入学する」 coeducational「男女共学の」 counterpart「対の片方，対応するもの（人）」 census「国勢調査」 completion「修了」

(第2段) bar「～を禁止する」

(第3段) fast-forward to～「～まで話を進めると」 indisputable「議論の余地のない」 stem from～「～に起因する」 masculine「男性的な」 compatible with～「～に適合して，～と両用の」 on a par「同じ水準に」

(第4段) arena「活動の場，競技場」 intervention「介入，干渉」 literature「文献，文学」 along with～「～に加え」 cognitive「認知の」 curricula「カリキュラム（curriculum の複数形）」 quantifiable「定量（数量）化できる」 boost「～を引き上げる」

(第5段) attachment「愛着」 motivator「動機を与えるもの」 extracurricular「課外の」 volunteer「～を自ら述べる」 quizzes「小テスト（quiz の複数形）」 overt「公然の」

(第6段) allegiance「支持，忠誠」 valuation「評価」

(第7段) incompatible「相容れない」 such that～「(その結果) ～になるよう（な具合）に」

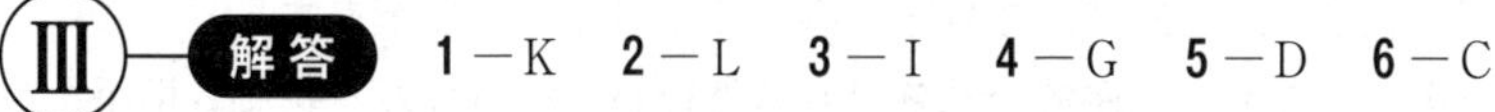

III　解答　**1**－K　**2**－L　**3**－I　**4**－G　**5**－D　**6**－C

解説

一連の文章の空所に適する語（前置詞・副詞）を選ぶ問題である。同じ語は1回しか使えない。

「その警察官は市長に次のように警告した。『あなたは私たちにあなたを逮捕する理由を与えたくないのでしょう。もし捜査の邪魔を続ければ，警察官を妨害したことで告発されます。あなたの息子は職場から盗んだ機密情報を売り渡し，逃げようとしたところを捕まりました。真相が損なわれる可能性があるので，これ以上は詳細を共有できません。さあ，道を空けてください』」

1． 空所直後に arrest「～を逮捕する」という動詞の原形が続いているので，直前の reason を修飾する不定詞の形容詞用法の形にすればよい。

2． 述語動詞の charge には charge *A* with *B*(*doing*)「*B*（罪）で *A*（人）を告発する」という語法があり，それが受動態になった形。

3． 空所直後に a sensitive nature という名詞表現が続いているので，文法的には何らかの前置詞を入れて直前の information を修飾する形容詞句を作ればよい。性質・特徴の意味を持つ of を入れて *A* of *B*「*B* という性質を持つ *A*」の形にすれば「機密情報」となり文意も合う。

4． 空所を含む部分は前方の information of a sensitive nature を修飾する関係詞節の一部。述語動詞の stole と空所直後の his workplace に着目して from を選べば，「職場から盗んだ機密情報」となり文意も合う。

5． 空所直前に run があるので run away「逃げる」とすればよい。

6． be at liberty to *do*「～する自由，権利がある」

Ⅳ 解答 **1**－D **2**－D **3**－C **4**－C

解説

1．「アザラシの赤ちゃんは生きていくために固い氷が必要だが，近年は地球温暖化が進んでしっかりとした氷が不足していることによって，その死亡事例が増加している」

「増加，上昇」という意味の名詞表現は raise ではなく rise となる。

2．「異なる化学的性質を持つため，プラスチックには非常にリサイクルしやすい種類のものもある一方で，何か状況が変わるまで，ごみ処理場が唯一の行き先となるものもある」

下線部Dに含まれる other は形容詞なので，単独で前置詞の後ろに置くことは不可。other types（of plastic）とするか，前述の some types of plastic に合わせて others という複数形の代名詞とする。

3．「その科学者たちは，ボランティアで集まった人々が類人猿の一つ一つのジェスチャーの意味を 50 パーセント以上正確に推測できることに気づいた」

下線部Cでeachの後ろがgesturesと複数形になっているが，eachは単数名詞とともに用いる。

4.「巨大な恒星は死を迎える時，爆発して一時的に夜の空を照らす鮮やかな光を放つ」

下線部Cでtemporaryの直後にilluminatesという動詞が続いているので，形容詞のtemporaryではなく，副詞のtemporarilyとなる。

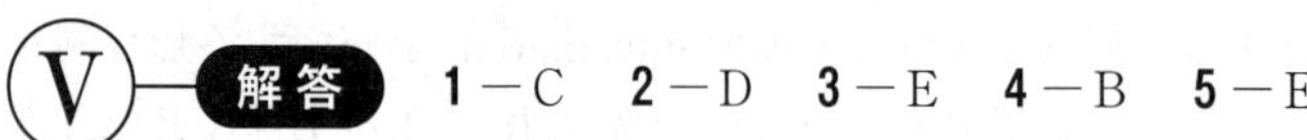
V 解答 **1**−C **2**−D **3**−E **4**−B **5**−E

全訳

《ChatGPTを使って作成された捏造文書》

1 その訴訟は他の多くの訴訟と同じように始まった。ロベルト＝マータという名前の男性が，ニューヨークに向かうフライト中，料理を運ぶ金属のワゴンが彼の膝にぶつかってケガをしたと言って，アビアンカ航空を訴えたのだ。

2 アビアンカ航空がマンハッタンの連邦裁判所の判事にこの訴訟を棄却するよう求めると，マータの弁護士たちは強く反対し，関連する複数の判例を引用した10ページに及ぶ申立書を提出した。そこにはマルティネスvsデルタ航空，ジッカーマンvs大韓航空，バーギーズvs中国南方航空の判例が含まれ，複雑な連邦法に関する詳細な論考が記載されていた。

3 たった一つだけ障害があった。申立書に引用され，まとめられていた判決や引用文を誰一人として見つけることができなかったのだ——航空会社の弁護士や判事さえも。

4 なぜなら，全てChatGPTによって捏造されたものだったからだ。

5 その申立書を作った弁護士のスティーブン＝A.シュワルツは裁判所の恩情にすがり，法令調査にAIプログラムを使用したことを認めた——それは「信頼できないと明らかになった情報源」だった。

解説

1. 空所直後にa flight to New York Cityと続いているので，during a flight「飛行中，機内で」となる。

2. 後方コンマの後に，接続詞を挟まずMr. Mata's lawyers strongly

objected…という文構造が続いているので，空所には副詞節を形成する接続詞が入ることがわかる。主節を修飾する副詞節を導くのは，選択肢の中ではDのWhenのみ。

3． 空所を含む文は，弁護士が裁判所に提出した複数の判例が引用された申立書について説明した部分。空所直後に its detailed discussion of complex federal law「複雑な連邦法に関する詳細な論考」という表現があるので，付帯の意味を表す with を選べば，その申立書に詳細な論考が記されていたことを意味し文意に合う。

4． 空所直後に one のついた名詞表現が続いているので，「たった一つの」という意味になる just が正解。hitch「障害，支障」

5． 前方にある述語動詞の throw を含む慣用表現を問う問題。直後のコンマ以降には罪を認めたことが述べられているので，throw *oneself* on the mercy of～「～の恩情にすがる」という表現が文脈に合う。A. throw a curveball「意外な出来事をもたらす，カーブ（野球の変化球）を投げる」 B. throw a fit「カッとなる」 C. throw a party「パーティーを開く」 D. head over heels「真っ逆さまに」

語句・構文

（第1段） lawsuit「訴訟」 sue「～を告訴する」

（第2段） federal「連邦政府の」 dismiss「～を退ける」 brief「申立書（弁護人が裁判所に提出する弁論要旨）」 court「裁判所」

（第3段） quotation「引用（文）」

（第5段） confess「～を白状する」 reveal *A* to be～「*A* が～であることを明らかにする」 unreliable「信頼できない」

Ⅵ 解答例

First, take the Local 250 departing at 11:45 and get off at Central Station. Then, change to the Express 11. It leaves at 12:40 from the same platform, and arrives at International Airport at 14:15. Please remember you need to buy an express ticket for the Express 11.

解説

解答欄は約17.5cm×5行。与えられた設定をもとに，電車の乗り換え方法を利用客に説明する問題。14：30までに International Airport に到着しなければならないので，まずは 11：45 出発の Local 250 に乗車し，Central Station で降りて，同じホームから出発する Express 11 に乗り換えれば 14：15 に International Airport に到着することを説明する。最後に Express 11 に乗車するには特急券の購入が必要であることを付け加えておく。an express ticket「特急券」

VII 解答例

〈解答例 1〉 In this photograph, a man is spraying white paint over the famous Lascaux cave paintings as he repaints the wall. I think it implies there are no absolute values in the world. The Lascaux cave paintings are very precious heritage, so not a few people might think it is stupid to paint over them. However, to those who know nothing about them, they are just some pictures someone drew on the wall. So, this photograph reminds me that our own values are not always absolutely right.

〈解答例 2〉 This picture shows a worker spraying paint over the Lascaux cave paintings. I think it suggests precious cultural heritage may be spoiled by ignorance. These important cultural assets must be left to future generations, so you might be angry with the man. However, it may be that he is just following someone's order to clean the wall. He may mean no harm, not knowing the value of the Lascaux cave paintings. So, this picture tells me that we should be careful not to spoil something valuable through ignorance or indifference.

解説

与えられた絵が自分にとってどのようなことを意味しているのかを述べる問題。単にどのような絵なのか説明するだけにならないよう注意。解答欄は約 18.5cm×9 行。絵には男性がラスコーの壁画に白いスプレーを吹きかけている様子が描かれている。

〈解答例 1〉では，男性がラスコーの壁画の上にスプレーをかけている様子を説明した上で，価値観は人それぞれだということを示していると述べ，その根拠として，多くの人はラスコーの壁画を貴重な遺産だと思っているが，この壁画について全く知らない人にとっては，単に誰かが壁に描いた絵にすぎず，自分の価値観が必ずしも絶対的に正しいわけではないとまとめている。

〈解答例２〉では，無知によって貴重な文化遺産が台無しになってしまう可能性があることを示唆しているとし，その根拠として，この作業員は壁をきれいにするように依頼されただけで，この壁画の価値について全く知らなかったかもしれないという可能性に言及している。最後はこの絵が無知や無関心によって価値あるものを失わないよう気をつけなければならないことを教えてくれているとまとめた構成。

名詞の単数・複数，定冠詞と不定冠詞の区別，主語と動詞の呼応など基本的な文法ミスがないよう注意すること。

講評

〈構成〉

2024年度の出題構成は，読解問題２題，文法・語彙問題３題，英作文問題２題の計７題で，2023年度と比較すると文法・語彙問題が１題減った。

〈Ⅰ・Ⅱ：読解問題〉

Ⅰ　ロシアのピョートル大帝が導入したひげ税を軸に，彼が進めた西欧化政策について述べた英文。語彙レベルが高く，本文の内容もやや難しかった。中盤からはピョートルと教会との関係性に着目しながら読み進めたい。⑴の内容不一致文を選ぶ問題は，一定の語彙レベルがクリアできていれば，本文と一致しない選択肢は見つけやすかったと思われる。⑶は本文に関連する引用の内容に合致するものを選ぶという新傾向の問題。

Ⅱ　男女における学業成績の格差とその対応策について論じた英文。Ⅰに比べてテーマが身近で本文も比較的読みやすい。設問も全体的に標準レベルだったが，2023年度には出題されなかった各段落の要旨選択と発音・アクセントの問題が復活したことが特徴。

〈Ⅲ・Ⅳ・Ⅴ：文法・語彙〉

Ⅲ　一連の文章の空所に適切な語（前置詞・副詞）を補うもの。６が難しかった。

Ⅳ　誤りを指摘する問題で，すべて正しい場合が正解となる問題はなかった。出題レベルは基礎レベルと言える。

Ⅴ　一連の文章の空所に語句を補う問題で，5がやや難しかったが，それ以外は全て基礎レベルだった。

〈Ⅵ・Ⅶ：記述式の英作文問題〉

Ⅵ　与えられた設定をもとに，電車の乗り換え方法を説明する問題。2023年度と同様，語句整序の形式ではなく，示された情報を全て示して英文を作成する形式で，内容的には書きやすいものだった。

Ⅶ　示された絵が自分にとって何を意味するかを説明するテーマ英作文で，2023年度と同様の問題。貴重な文化遺産にスプレーをかける男性が描かれている絵で，その意味を説明するのはやや難しかったと思われる。

〈総括〉

Ⅰの読解問題は難しかったが，Ⅱの読解問題は本文が読みやすく，設問の選択肢も判断しやすいものが多かった。Ⅲ・Ⅳ・Ⅴの文法・語彙問題は基礎～標準レベルの出題が多かったので，ここは確実に得点につなげたい。Ⅵ・Ⅶは2023年度と同様の出題形式で，特にⅥは取り組みやすい問題なので基本的な文法ミスなどは避けたい。

難易度としては例年通りの出題レベル。時間内に全ての設問を解くためには，一定の語彙レベルと構文把握力をクリアし，多少知らない単語があっても英文を読み進め，各段落の主旨を素早く把握する練習が必要。文法・語彙問題は，標準的な問題で取りこぼしがないように準備しておき，英作文は基本的な文法ミスをとにかく避けること。

日本史

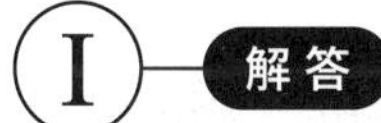

問1．お　**問2．**ワカタケル　**問3．**木簡　**問4．**あ
問5．梁塵秘抄　**問6．**い・う　**問7．**阿氏河
問8．い・お　**問9．**細川頼之　**問10．**い

解説

《文字からみた弥生時代～室町時代の歴史》

問1．おが正解。『漢書』地理志には「夫(そ)れ楽浪海中に倭人有り。分れて百余国と為る。歳時を以て来り献見すと云(い)ふ」と記される。**あ**は『後漢書』東夷伝，**う・え**は『魏志』倭人伝，**い**は『宋書』倭国伝が載せる倭王武の上表文の一節である。

問2．稲荷山古墳は埼玉県の埼玉(さきたま)古墳群に属する前方後円墳で，熊本県の江田船山古墳出土の鉄刀にもワカタケル大王と読める銘文が記される。また，ワカタケル大王は『記紀』が記す雄略天皇，『宋書』倭国伝の倭王武と同一人物とみられる。

問3．遺跡で発見された文字資料なので，木簡をまず考えたい。空所直前の「藤原宮や平城宮の遺跡から出土する」が有力なヒントで，さらに「公式令(くしきりょう)（公文書の様式を定めた令）に規定のない様式の文書も見受けられ」からも，荷札や一時的な記録，習書などに使用された木簡を想起できる。

問4．渡来人の業績や系譜はやや難だが，整理しておきたい。応神朝（4世紀末～5世紀）の頃に百済の博士王仁(わに)が来日し，『論語』と『千字文(せんじもん)』をもたらして，文筆や出納を掌る西文氏(かわちのふみうじ)の祖となったとされる。そのうち，「漢字の学習書」にあたるのは『千字文』であり，『論語』は孔子と弟子たちの言行を記した儒教の最重要経典である。同時期に来日した阿知使主(あちのおみ)も文筆に優れ，東漢氏(やまとのあやうじ)の祖となった。また，弓月君は養蚕や機織を伝え，秦氏の祖となったとされる。

問5．後白河上皇は今様の集成として『梁塵秘抄』を編纂した。今様は平安末期に流行した当世風の歌謡で，庶民から貴族まで広く愛好された。

問6．「10～11世紀」の「漢文体」の書物を2つ選ぶ。正解である『御堂関白記』は藤原道長の日記，『日本三代実録』は六国史の最後で901年に完成した。『栄花物語』は11世紀頃の成立だが和文体であり，『日本霊異記』と『貞観格式』は漢文体だが9世紀の成立である。

問7． 教科書等では阿氏河荘と表記されるが，阿弖（氏の異体字）河荘とも書く。

問8． 鎌倉時代の幕府と地頭に関する正文を2つ選ぶ。

い．正文。1223年制定の新補率法は，11町毎に1町の給田（免田）の支給や段別5升の加徴米の徴収，山野河海からの収益の半分などを地頭の得分と定める。

お．正文。当事者間での和解を和与という。下地中分絵図で有名な伯耆国東郷荘でも，荘園領主と地頭が幕府の法廷で争ったが下地中分を行うことで和与し，絵図の中分線に執権と連署が花押を据えて保証した。

あ．誤文。段銭の徴収権が朝廷から幕府に移るのは室町幕府からで，守護を通じて徴収された。

う．誤文。分割相続が行われた鎌倉時代には，女性の地頭も珍しくなかった。一方で，本人一代限りの一期分の相続もみられ，嫡子単独相続への移行とともに女性の地頭は姿を消した。

え．誤文。地頭が荘園の年貢収納を請け負うことを地頭請という。地頭請や下地中分は，承久の乱後に増加した荘園領主と地頭間の紛争解決方法である。

問9． 細川頼之の教科書掲載頻度は低めで，問題文の情報から記述するのは難しい。頼之は管領として幼少の将軍足利義満を補佐したが，諸大名の反発により失脚した。

問10． 碑文の趣旨として正しい文を選ぶ。「ヲヰメ（負い目）」は負債のことなので**い**が正しい。正長の徳政一揆（1428年）に関係する柳生の徳政碑文だと知っていれば正解が得られる。

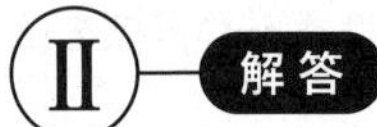

問1． お　**問2．** 閑院（宮家）　**問3．** あ
問4． 芝蘭堂　**問5．** お　**問6．** い　**問7．** あ
問8． 紅毛人　**問9．** 吉田兼倶　**問10．** 明正（天皇）

解説

《キリスト教からみた室町時代～江戸時代の政治・対外関係・文化》

問1． 16世紀の世界の諸都市と，そこを貿易拠点としたヨーロッパ諸国

の組合せとして誤っているものを選ぶ。スペインが西回りでアメリカ大陸を経てアジアへ，ポルトガルが東回りで喜望峰を経てアジアへ進出したことを押さえておきたい。

お．誤り。マラッカはポルトガルが拠点とした。マレー半島の南西部にあってマラッカ海峡に臨む要衝で，現在はマレーシアに属する。アカプルコはメキシコ太平洋岸南部，カリカットとゴアはインド南西部，マカオは中国南部の港湾都市である。

問2． それまでは伏見・有栖川・京極の3宮家しかなく，皇子の多くは出家して門跡寺院に入っていたが，新井白石の建議により，幕府が費用を献上して閑院宮家が創設された。

問3． 空欄Bのルイス＝アルメイダは教科書掲載頻度がかなり低いが，シドッチがイタリア人であることは基本知識であり，「織田信長に謁見」からルイス＝フロイスを想起できれば，空欄A・Cから正答が得られる。フランシスコ＝ザビエルは1549年に初めて来日した宣教師。ガスパル＝ヴィレラは1556年に来日し，13代将軍足利義輝の許可を得て主に畿内で布教した。また，ヴァリニャーニは天正遣欧少年使節（1582～90年）を引率した。

問4． 芝蘭堂は江戸蘭学界の中心で，新元会（オランダ正月）が開かれたことでも知られる。また，大槻玄沢は蘭学入門書の『蘭学階梯』を著した。

問5． 各時代の貿易における主な輸出入品は押さえておくべき事項である。硫黄は2023年度法学部Ⅱの問9でも，日明貿易に関して出題された。火薬の原料となる硫黄は火山の多い日本の特産品で，南蛮貿易では銀や刀剣，漆器などの工芸品とともに主要輸出品であった。

問6． ⑤の大坂築城に着手（1583年）→④の根来・雑賀一揆平定（1585年）→①の任太政大臣・豊臣賜姓（1586年）→③の九州平定（1587年）→②の刀狩令（1588年）の順。④以外は豊臣秀吉の天下統一過程の重要事項であり，これらを正しく配列できれば正解が得られる。

問7． 桃山文化や江戸時代初期の文化（寛永期の文化）に関する誤文を選ぶ。

あ．誤文。山城が誤りで，姫路城は平山城である。山城は峻険な山岳地形を利用した城郭なので地形に制約され，本丸に姫路城のような壮大・華麗な天守群を築くことは難しい。各文ともに細かな情報を含むが，誤りは明らかである。

問8． 16世紀から来航していたカトリック（旧教）国のポルトガル人・スペイン人を南蛮人と呼んだのに対し，17世紀に入ってから対日貿易に参入したプロテスタント（新教）国のオランダ人・イギリス人を紅毛人と呼んだ。

問9． 吉田兼倶は京都の吉田神社の神職で，反本地垂迹説の立場をとる唯一神道（吉田神道）を創始した。「倶」の字に留意すること。

問10． 紫衣とは，天皇が高僧に着用を許した紫色の袈裟。後水尾天皇が勅許した紫衣を，幕府が無効とした事件を紫衣事件といい，抗議した大徳寺の沢庵宗彭らが流罪に処された。明正天皇は後水尾天皇の皇女で，母は2代将軍徳川秀忠の娘和子（まさこ〈または，かずこ〉，中宮・東福門院）である。明正天皇は奈良時代の称徳天皇以来の女帝（女性天皇）で，江戸時代にはもう一人，最後の女帝後桜町天皇が即位している。

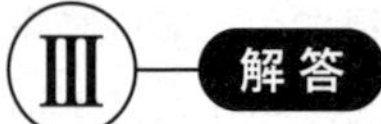

問1． あ・お　**問2．** う　**問3．** 松方正義
問4． う・え　**問5．** 西南戦争　**問6．** 田中義一
問7． 台湾　**問8．** お　**問9．** い・う　**問10．** 高橋是清

解説

《明治時代～昭和戦前の政治・経済・対外関係》

問1． ロシアとの外交関係に関する誤文を2つ選ぶ。

あ．誤文。事件を起こしたのはイギリス軍艦フェートン号である。

お．誤文。日英通商航海条約調印後，ロシアを含む他の欧米諸国との間でも改正条約が調印された。

い．正文。異国船打払令は「南蛮，西洋の儀は，御制禁邪教の国に候間」とした上で，「異国船乗寄候を見受候はゞ，……有無に及ばず，一図に打払」うことを命じている。

う．正文。長崎の開港や日露国境などを約した日露和親条約が結ばれた。

え．正文。大隈重信外相は各国別に改正交渉を進め，アメリカ・ドイツ・ロシアとの間で改正条約に調印した。しかし，条件である大審院への外国人判事任用が問題となり，対外強硬派のテロで大隈が重傷を負い交渉は失敗に終わった。

問2．「元老」から井上馨と判断できる。井上馨に関する正文を選ぶ。

う．正文。井上馨は外務卿・外相として条約改正にあたったが，改正の条件である外国人判事の任用や，鹿鳴館にみられるような極端な欧化政策が内外の批判を浴び，外相を辞任した。

あ．誤文。大日本帝国憲法の起草にあたったのは井上毅や伊東巳代治，金子堅太郎らである。

い．誤文。金解禁は井上馨の死（1915 年）後の 1930 年のことで，実施したのは浜口雄幸内閣（立憲民政党）の井上準之助蔵相である。

え．誤文。国立銀行条例（1872 年）公布に尽力した人物としては渋沢栄一が知られている。

お．誤文。日露講和条約（ポーツマス条約）に調印したのは小村寿太郎外相である。

問 3．空欄Aについて，資料(1)から日露戦争時の元老で，財政に詳しい人物だと判断できる。また，資料(5)からは大蔵大臣や総理大臣を務め，金本位制確立（1897 年）に関わった人物だと読み取れ，薩摩出身の松方正義が導ける。資料(5)の後半は 1896 年の第 2 次松方正義内閣成立に関する文である。

問 4．下線 c（明治初めの金本位制）は 1871 年の新貨条例のことで，この条例に関する誤文を 2 つ選ぶ。

う．誤文。国立銀行は 1872 年の国立銀行条例に基づき，翌年に第一国立銀行が設立されたことに始まる。また，国立銀行が発行したのは国立銀行券（紙幣）であり貨幣ではない。

え．誤文。新貨条例の翌年，政府は太政官札などと引き換えるために政府紙幣を発行したが，これは不換紙幣であった。

あ・い．正文。新貨条例に関する基本知識である。また，新貨条例は金本位制を建前としたが，開港場では銀貨が使用され，実際は金銀複本位制であったことも押さえておきたい。

お．正文。維新直後から太政官札や民部省札などの不換紙幣を発行した。

問 5．新貨条例（1871 年）後に日本が「純然たる不換紙幣国になってしまった」のは，主として 1877 年の西南戦争の戦費負担による。

問 6・問 7．植民地台湾の中央銀行である台湾銀行の鈴木商店への不良貸付け問題で，憲政会の若槻礼次郎内閣は緊急勅令によって台湾銀行を救済しようとしたが，勅令案を枢密院に否決されて総辞職した。代わった立憲政友会の田中義一内閣は3週間の支払猶予令（モラトリアム）を発し，日本銀行非常貸出しなどにより恐慌を収束させた。

問8． 金輸出再禁止（1931年12月）以後の出来事として正しい文を1つ選ぶ。金輸出再禁止は，世界恐慌下で立憲政友会の犬養毅内閣（蔵相は高橋是清）が実施した。

お．正しい。金輸出再禁止によって，円は金本位制から管理通貨制度に移行した。以後，円相場は大幅に下落し，円安を利用して輸出が拡大した。

あ．誤り。緊縮財政や産業合理化は，犬養内閣の前の立憲民政党の浜口雄幸内閣（蔵相は井上準之助）の施策である。

い．誤り。関東大震災が起きたのは1923年9月1日である。

う．誤り。戦後恐慌は第一次世界大戦中の大戦景気の反動で，1920年に起こった。

え．誤り。普通選挙による最初の総選挙は1928年に実施された。

問9．「明治二十七，八年戦役」は日清戦争（1894～95年）のこと。それ以前に生じた出来事として誤っているものを2つ選ぶ。

い．誤り。寺内正毅内閣による1917～18年の西原借款のことである。

う．誤り。三国干渉は1895年の日清講和条約（下関条約）に対し，ロシア・ドイツ・フランスが行った遼東半島返還要求である。

あ・え・お．正しい。甲申事変（1884年）→天津条約（1885年）→甲午農民戦争（1894年）→日清戦争開戦の流れを理解しておきたい。

問10． 資料(3)から「私」が支払猶予令（モラトリアム）実施にあたり当時の内閣で中心となったこと，資料(4)から「私」が「金輸出再禁止」を行ったことが読み取れるので，田中義一内閣や犬養毅内閣（いずれも立憲政友会）などで大蔵大臣を歴任した高橋是清が著者だと判断できる。

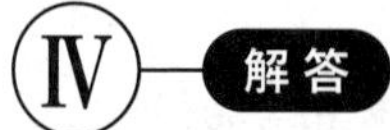

問1． あ　**問2．** う　**問3．** え　**問4．** え
問5． 経済白書　**問6．** 国民総生産
問7． 先進国首脳会議　**問8．** カナダ　**問9．** う　**問10．** あ

解説

《戦後～1980年代の経済と政治・社会・対外関係》

問1． 朝鮮戦争が勃発した年（1950年）の出来事を選ぶ。

あが正しい。文化財保護法は前年の法隆寺金堂壁画焼損を機に1950年に制定された。テレビ放送開始は1953年，教育基本法と学校教育法の制定は1947年，湯川秀樹のノーベル物理学賞受賞は1949年である。

問2． 特需景気に関する誤文を選ぶ。明らかな正文である**あ**を除くと，他の選択肢の正誤判断は，一部の教科書や図説等で掲載されている統計資料を十分に読み込んでおく必要があり，難度はかなり高い。

う．誤文。当初はトラックや自動車部品・綿布・毛布・建築鋼材など繊維や鋼材など物資の需要が多かったので，「糸へん・金へん景気」と呼ばれた。用語集の解説を丹念に読み込んでいれば，ここで誤文と判断できたかもしれない。後半についても，建物の建設や自動車修理などサービスの需要が物資を上回ったので誤りとわかる。

問3． 日本とIMF（国際通貨基金）やGATT（関税及び貿易に関する一般協定）との関係などに関する誤文を選ぶ。

え．誤文。国際収支を理由に輸入制限を行うことができないGATT11条国に日本が移行したのは1963年である。

う．正文。IMF8条国とは，国際収支を理由に為替管理を行えない国のこと。日本は1963年まで14条国としてこの義務を免除されていた。経済復興により，1960年代の日本では為替と資本の自由化など開放経済体制が進んだ。

お．正文。WTOは世界貿易機関の略称である。

問4． 1955～57年の大型景気に関する誤文を選ぶ。

え．誤文。1986～91年のバブル景気の原因を述べた文である。

あ．正文。「日本建国以来の好景気」という理由で，『記紀』神話に登場する初代の神武天皇に因んで神武景気と名付けられた。

い．正文。MSA協定（日米相互防衛援助協定）は1954年に結ばれ，アメリカの経済援助により日本は防衛力を漸増させることになった。

う．正文。神武景気の反動によって起きた不況で，平らななべ底のようなカーブで不況が進んだことからそう呼ばれた。

お．正文。神武景気後も，さらにそれを上回る好景気が続き，『記紀』神話に因んで岩戸景気（1958～61年）やいざなぎ景気（1966～70年）と名付けられた。また，その間には1964年の東京オリンピック開催によるオリンピック景気（1963～64年）も起こった。

問5．『経済白書』は経済企画庁による年次経済報告書である。2001年の省庁再編で経済企画庁は総理府・沖縄開発庁などと統合されて内閣府となり，以後は内閣府による『経済財政白書』が発行される。

問6．「漢字で」とあるのでGNPは不正解。今日では国民総生産に代わる指標として国内総生産（GDP）が用いられる。

問7．「漢字で」とあるのでサミットは不正解。先進国首脳会議は，現在は主要国首脳会議と呼ばれている。

問8． 仏・独・米・英・伊・日6カ国で始まった先進国首脳会議は，翌年からカナダが加わり，その翌年からはEC（現，EU）がオブザーバー参加している。冷戦後の1991年には旧ソ連のゴルバチョフ大統領が招かれ，1997年からはロシアが正式参加して8カ国（G8）となった。

問9． 第2次石油危機は前年のイラン革命の影響で1979年に起こった。それより後の出来事を1つ選ぶ。第2次石油危機の時期がわからなくても，リード文の「1976年には」と「その後の1980年」から，その間の出来事だと判断できる。

う．正しい。チェルノブイリ原発事故は1986年に旧ソ連（現，ウクライナ。チョルノービリはウクライナ語）で起きた史上最悪の原発事故である。原子炉の爆発により大量の放射性物質が拡散し，国内で多数の死傷者や後遺症に苦しむ人々を生み出したのみならず，東欧や北欧にまで汚染が拡大した。この事故が，当時のソ連・ゴルバチョフ大統領によって始められた改革運動（ペレストロイカ）に影響を与えたことも押さえておきたい。

新東京国際空港（成田空港）開港は1978年，沖縄海洋博は1975～76年，高松塚古墳壁画発見は1972年，アポロ11号の月面着陸は1969年である。

問10．「第2次石油危機に対処し」たのは大平正芳内閣（以下，いずれも自由民主党）である。大平首相は「1980年の衆参同日選挙」期間中に急死し，選挙に勝利した自由民主党により鈴木善幸内閣が組織された。鈴木内閣の次の中曽根康弘内閣が「戦後政治の総決算」を唱えて，国鉄の分割民営化などの行財政改革や教育改革を推進したことは基本知識である。

講評

2024年度も大問4題で，うち近現代が2題という例年通りの構成だった。近現代はⅢが明治時代～昭和戦前，Ⅳが戦後～1980年代からの出題で，前近代はⅠが弥生時代～室町時代，Ⅱが室町時代～江戸時代からの出題である。小問数は各大問10問の全40問で，そのうち記述式が19問，選択式が21問と，例年に比べ記述式が若干増加した。また，頻出の「2つ選べ」という選択問題が，2023年度の3問から5問に増加した。年代配列問題が1問，出来事の時期や前後関係を問う問題が4問，複数の空欄に当てはまる語句の組合せを問う選択問題が3問出題されたのも，例年どおり。早稲田大学法学部の最大の特色である，Ⅲの近代の日記や書簡・自伝から複数引用した史料問題は，2023年度と比べて2024年度は取り組みやすくなった。全体として2024年度は2023年度に比べて易化した。

Ⅰ　文字の歴史に関するリード文をもとに，弥生時代から室町時代の政治・対外関係・社会・文化などに関する知識・理解を問う。問4は渡来人の伝承や系譜に関する知識が整理できていないと難しい。問6の文学作品や日記・歴史書などの選択問題は，成立年代と書式（漢文体か和文体か）の両方の知識が要求される。問9の細川頼之は記述式では難問である。その他は基本レベルであり，大問全体の難易度は標準である。

Ⅱ　キリスト教や南蛮貿易に関するリード文をもとに，室町時代から江戸時代の政治・対外関係・文化に関する知識・理解を問う。問1の選択問題には戸惑う地名もあるが，正解は明白である。問3の空欄Bは難しいが，空欄Aと空欄Cから正解が得られる。問6の年代配列問題は年代幅が5年ほどと狭いが，④以外は豊臣秀吉の天下統一過程の重要事項で，選択肢も5択でそれほど難しくない。問9は吉田兼倶の「倶」の字が難しい。その他は基本レベルで，大問全体の難易度はやや易～標準である。

Ⅲ　早稲田大学法学部の定番である，個人の日記や書簡・自伝から複数の文を引用した史料問題で，明治時代初期～昭和戦前の政治・経済・対外関係を問う。記述問題はいずれも基本レベルである。選択問題では，問1が条約改正交渉に関する詳細な内容だが，最重要テーマなので押さえておきたい。その他は基本レベルで，大問全体の難易度はやや易である。

Ⅳ　戦後～1980年代の世界情勢と日本の政治・経済に関するリード文をもとに，当該期の政治・経済・対外関係・文化について知識・理解を問う。記述問題はいずれも基本レベルだが，問６・問７は「漢字で」という指示を見落とさないこと。選択問題では，問２が一部の教科書や図説等に掲載される特需景気の統計について，その総額や内訳に関する詳細な理解が問われ，かなりの難問である。問３の開放経済体制への移行は要注意事項である。その他は基本レベルで，大問全体の難易度は標準レベルである。

世界史

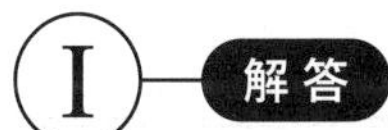

設問1． ②　**設問2．** ②　**設問3．** ④　**設問4．** ③
設問5． ②　**設問6．** ②　**設問7．** ④　**設問8．** ②
設問9． ③

解説

《中国歴代王朝の統治方法》

設問1． ②正文。

①誤文。殷人は，「天」ではなく「帝」を最高神として祭った。

③誤文。殷から周への王朝交替は，禅譲ではなく放伐による。

④誤文。殷墟は，殷王朝後期の遺跡である。

設問2． ②C．周が都を洛邑に移したのは前770年→A．晋の分裂により趙・韓・魏が成立したのは前403年→B．商鞅が秦の孝公に仕えたのは戦国時代の前4世紀→D．韓非を招聘した秦王政（後の始皇帝）の在位は前3世紀。

設問3． ④誤文。兼愛と非攻を唱えたのは，墨家の『墨子』。

設問4． ③秦は全土を直轄地として郡県制を施行し，郡国制を採用した前漢は，首都周辺の直轄地にのみ郡県制を行った。

設問5． ②曹操の子である曹丕は，後漢の献帝による禅譲を受けて帝位に就いた。

設問6． ②誤文。王維・李白・杜甫は玄宗期（8世紀）の詩人だが，『長恨歌』で名高い白居易は9世紀に活躍した。

設問7． ④誤文。朱子学の主知主義的傾向を批判したのは王陽明である。王重陽は金で全真教を創始した。

設問8． ②誤文。東方遠征を行ったのはオゴタイ＝ハンの命を受けたチンギス＝ハンの長子ジュチの子バトゥである。

設問9． ③D．西太后は1861年に即位した同治帝と次の光緒帝（1875年即位）の摂政となった→C．光緒帝が康有為・梁啓超を起用して戊戌の変法に着手したのは1898年→B．戊戌の変法が西太后ら保守派による戊戌の政変で失敗したのは同年の1898年→A．義和団事件が起こったのは

1900年。

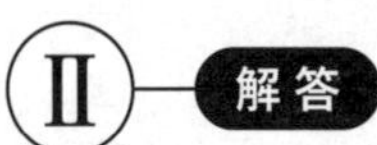

設問1． ア **設問2．** イ **設問3．** ウ **設問4．** エ
設問5． イ **設問6．** ウ **設問7．** エ **設問8．** イ
設問9． ウ

解説

《帝政ローマ～19世紀におけるローマ法の潮流》

設問1． ア．正文。

イ．誤文。「共和政の政治形式が払拭され」が誤り。元首政の下では，元老院の権威など形式的であったが共和政の伝統は維持されていた。

ウ．誤文。元首政は，ディオクレティアヌス帝が皇帝位を神格化し，専制君主政を開始したことで終焉した。

エ．誤文。「元首政期に入ると」が誤り。小作制（コロナトゥス）がラティフンディアに替わって農業生産の中心となるのは元首政期後期。なお，「貧窮して都市から逃げ出した市民」のほか，没落した農民や解放奴隷なども小作人となっている。

設問2． イ．正文。

ア．誤文。カタラウヌムの戦いでアッティラ率いるフン人に勝利したのは，西ローマ帝国と西ゴート人などの連合軍。

ウ．誤文。ヴァンダル人はイベリア半島を経由して北アフリカに建国した後，ローマに侵攻した。

エ．誤文。アラリックは西ゴート王国の建国者。また，ランゴバルド王国を滅ぼしたのはカール1世（カール大帝）である。

設問3． ウ．誤文。シトー修道会が創設されたのはフランス。モンテ＝カシノに創設されたのはベネディクト修道会。

設問4． エ．誤文。ケンブリッジ大学は，オクスフォード大学から分離した。

設問5． イ．誤り。セルバンテスの代表作は『ドン＝キホーテ』。『ガルガンチュアとパンタグリュエルの物語』はフランスのラブレーの作品。

設問6． ウ．誤文。ヴァロワ朝を開いたのはフィリップ6世。

設問7． エ．誤文。モンテスキューが著した『法の精神』（1748年）の三権分立の思想がアメリカ独立宣言（1776年）に影響を与えている。

設問8． イ．正文。

ア．誤文。喜劇作家のモリエールは，17世紀にルイ14世の宮廷で活躍した。

ウ．誤文。ロマン主義音楽は，19世紀前半のウィーン体制期に流行した。

エ．誤文。ミレーは，19世紀の自然主義の画家。

設問9． ウ．正文。

ア．誤文。樺太・千島交換条約でロシアが樺太，日本が千島を領有した。

イ．誤文。日本が同盟したのは，極東でロシアと対立したイギリス（日英同盟）。

エ．誤文。朝鮮総督府が置かれたのは，京城（現ソウル）。

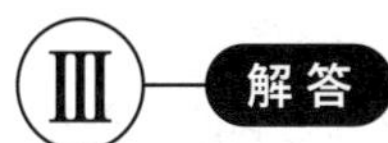

設問1． 3 **設問2．** 3 **設問3．** 2 **設問4．** 4
設問5． 3 **設問6．** 1 **設問7．** 2 **設問8．** 4

解説

《古代～近代におけるスイスの歴史》

設問1． 3．正文。

1．誤文。ポリス連合軍は，プラタイアの戦いでアケメネス朝のペルシア軍に勝利した。

2．誤文。元老院は，古代ローマにおける最高諮問機関。

4．誤文。文章は正しいが，ポエニ戦争は前3世紀～前2世紀の出来事で，「紀元前5世紀」という条件と一致しない。

設問2． 3．正文。

1．誤文。ローマ帝国は，テオドシウス帝の没後，その遺言により2子に分割相続されたことで東西に分裂した。

2．誤文。オドアケルは，退位させた西ローマ皇帝の帝位を東ローマ皇帝に献上し，総督としてイタリアの支配権を認められた。

4．誤文。カールに（西）ローマ皇帝の帝冠を与えたのは教皇レオ3世。

設問3． 2．正文。

1．誤文。マジャール人は，アジア系（ウラル語系）の民族。

3．誤文。建国されたハンガリー王国はローマ＝カトリックを受容した。

4．誤文。スレイマン1世がモハーチの戦いに勝利してハンガリー支配を開始した。

設問4． 4．誤文。不輸不入権（インムニテート）は，荘園領主が主君（国王や皇帝）に対してもっていた権利。

設問5． 3．正しい。ダンテの誕生とシモン＝ド＝モンフォールの乱は1265年，エドワード1世による模範議会の招集は1295年。

1．誤り。第4回十字軍は1202年開始，ワット＝タイラーの乱は1381年，英仏百年戦争の開始は1339年。

2．誤り。ペストの最初の大流行は14世紀中頃，マグナ＝カルタの制定は1215年，ジャックリーの乱は1358年。

4．誤り。インノケンティウス3世の教皇即位は1198年，アナーニ事件は1303年，コンスタンツ公会議は1414〜18年。

設問6． 1．誤文。フランスはサラトガの戦いで植民地側がイギリスに勝利したのを機に参戦した。

設問7． 2．「チューリヒ」での「改革」からツヴィングリと判断できる。万人司祭説を主張したツヴィングリは，カトリック派との戦いで戦死している。

設問8． 4．「1798年」当時のフランスは1795年に成立した総裁政府。1799年にナポレオン＝ボナパルトによるブリュメール18日のクーデタで倒されるまで続いた。

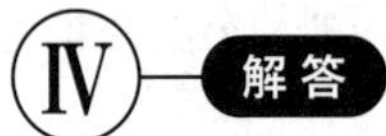

設問1． ハ　**設問2．** ニ　**設問3．** イ　**設問4．** ロ
設問5． イ　**設問6．** イ　**設問7．** ニ　**設問8．** ハ

解説

《中世〜19世紀の統一までのドイツの歴史》

設問1． ハ．誤文。バラ戦争の後に即位してテューダー朝を開き，星室庁裁判所を整備したのはヘンリ7世。リチャード3世は，バラ戦争でランカスター系テューダー家出身のヘンリ7世に敗れたヨーク家最後の国王。

設問2． ニ．誤文。チェコスロヴァキアのオーストリアからの独立はサンジェルマン条約により承認された。

設問3． イ．正文。

ロ．誤文。オーストリアに宣戦したのは，ジロンド派政権である。

ハ．誤文。オーストリアはナポレオン3世と秘密同盟を結んだサルデーニャ王国とのイタリア統一戦争でロンバルディアを失った。その後，プロイセン＝オーストリア戦争（1866年）の際，イタリア王国（1861年成立）にヴェネツィアを奪われた。

ニ．誤文。オーストリアはベルリン条約でボスニア・ヘルツェゴヴィナの行政管理権を獲得した。ボスニア・ヘルツェゴヴィナをオーストリアが併合するのは青年トルコ革命（1908年）の際。

設問4． ロ．ルイ14世は，南ネーデルラント継承（フランドル）戦争を行い，これを妨害したオランダにも侵攻した（オランダ戦争)。フランスはオランダ侵略に失敗したが，フランシュ＝コンテなどの領土を獲得した。

設問5． イ．誤文。ルターを保護したのはザクセン選帝侯フリードリヒ。また，ルターが彼の元でドイツ語に訳したのは『新約聖書』。

設問6． イ．誤文。三十年戦争の発端は，ベーメンの新教徒の反乱。

設問7． ニ．プロイセンのフリードリヒ2世は，オーストリア継承戦争の結果シュレジエンを獲得し，七年戦争にも勝利してその領有を確定した。

設問8． ハ．正文。

イ．誤文。オーストリアは，ドイツ関税同盟には参加していない。

ロ．誤文。フランクフルト国民議会は，プロイセン国王に皇帝即位を求めたが拒否された。したがって，「共和政を内容とする」は誤り。また，ビスマルクがプロイセンの首相に就任するのは1862年で，フランクフルト国民議会（1848～49年）よりも後のこと。

ニ．誤文。ドイツ帝国の宰相は，皇帝に対してのみ責任を負った。

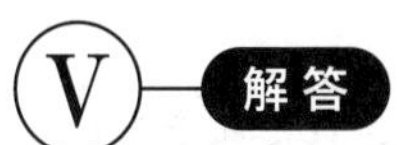

16世紀にフィリピンを植民地としたスペインが建設したマニラは，アカプルコ貿易の拠点としてアメリカ大陸の銀が運ばれ，中国の生糸・陶磁器と交換された。19世紀にマニラは自由貿易港となり，マニラ麻など商品作物が輸出された。商品経済の発達で成長した地主や近代教育を受けた知識人は民族意識を高め，ホセ＝リサールの啓蒙運動はアギナルドが指導するフィリピン革命へと発展した。アギナルドはアメリカ＝スペイン戦争に乗じて共和国の独立を宣言したが，中国市場への進出を図るアメリカはこれを認めず，フィリピンを統治した。世界恐慌下のアメリカから独立の約束を得たフィリピンは，太平洋戦争中の日本軍による占領を経て戦後独立した。(250字以上300字以内)

解説

《16世紀から独立に至るまでのフィリピンの歴史》

■設問の要求

〔主題〕フィリピン独立に至る政治的・経済的経緯

〔条件〕時期：16世紀〜第二次世界大戦終結直後

地域：アメリカ大陸との交易関係

■論述の方向性と指定語句の使い方

「アメリカ大陸との交易関係」という条件から，スペインとアメリカ合衆国の植民地であったフィリピンが，交易においてどのような意味を持っていたかを考察すればよい。

指定語句との関連でいうと，まず16世紀にスペインがアメリカ大陸の銀をフィリピンのマニラに運んだアカプルコ貿易をあげる。そして19世紀に商品経済が発達したフィリピンで民族意識が高まり，アギナルドの独立闘争に結びついたことにふれる。

次に中国市場への参入を図るアメリカ合衆国が，1898年のアメリカ＝スペイン戦争によってフィリピンを植民地として統治したこと，そして世界恐慌下でアメリカが1934年にフィリピンに10年後の独立の約束をしたことにふれたい。最後にフィリピンが太平洋戦争中の日本軍による占領を経て，1946年に独立を達成したことを明記する。

■論述の構成

①アカプルコ貿易とスペインの植民地支配（16世紀〜）

使用指定語句：銀

16世紀に中南米を支配したスペインは，そこで採掘された銀をヨーロッパとアジアに運んだが，アジア向けの銀の輸出港となったのがメキシコ西岸のアカプルコであった。アカプルコに集められたメキシコ・南米産の銀はガレオン船に積載され，1571年にスペインの総督レガスピが建設した港市マニラに運ばれた。この貿易は，アカプルコ（ガレオン）貿易と呼ばれ，その拠点となったマニラでは，当時海禁策が緩んだ中国の商人が持ち込んだ生糸・陶磁器がアメリカ大陸の銀と交換された。

②フィリピンの経済的発展と民族独立の戦い（19世紀）

使用指定語句：アギナルド

スペインによるフィリピンの植民地支配はその後も続き，カトリックの強制布教などが行われた。19 世紀前半マニラが自由貿易港として開かれ，フィリピンが世界貿易システムに組み込まれると，マニラ麻・サトウキビ・タバコなどの商品作物を生産するプランテーションが急激に拡大した。この結果，19 世紀後半，商品経済の発達のなかで台頭した商人・地主や外国で近代教育を受けた知識人らの民族意識が高まり，ホセ＝リサールによる民族的啓蒙運動や，アギナルドらが指導する武力闘争による独立をめざすフィリピン革命が起こった。

③アメリカ合衆国の太平洋進出とフィリピン統治（19 世紀末～）

使用指定語句：アメリカ＝スペイン戦争

アギナルドは，1898 年のアメリカ＝スペイン戦争でアメリカ合衆国に協力してフィリピン（マロロス）共和国の独立を宣言した。しかし，戦後のパリ条約でスペインからグアム・フィリピンを獲得して太平洋に進出し，中国市場への参入を図るアメリカ合衆国は，フィリピン共和国を認めず，アメリカ＝フィリピン戦争となった。戦争に勝利したアメリカ合衆国は，フィリピンを植民地として統治し，形式的自治を与えながらフィリピンを経済的に従属させ，アジア貿易の中継地とした。

④アメリカ経済の動揺とフィリピンの独立（世界恐慌～1946 年）

使用指定語句：独立の約束

世界恐慌下で経済的苦境に陥ったアメリカ合衆国は，植民地経営の経済的負担や，フィリピン産品の流入を拒む産業界の要請から，1934 年に議会がフィリピン独立法を成立させ，10 年間の準備期間の後にフィリピンを独立させることとした。この独立の約束の下で，フィリピンには独立準備政府が開設されたが，1941 年太平洋戦争がはじまると日本軍の軍政下に置かれた。日本は，フィリピン人の反米勢力に親日政権をつくらせたが，フクバラハップの抗日運動も展開された。日本の太平洋戦争敗北により親日政権が崩壊した後，1946 年にフィリピンは正式に独立した。

講評

例年通り，選択問題 4 題と論述問題 1 題の計 5 題で構成されており，マークシート法の選択問題は 34 問，論述問題は字数制限 250 字以上 300 字以内が 1 題となっている。選択問題の中心は正文・誤文選択問題で24問あり，これ以外に語句選択と配列・組み合わせの問題が10問出題されている。大問別では，2024年度は，中国史・東南アジア史が各1題に比してヨーロッパ史から3題出題されており，東南アジア史がフィリピンとアメリカ大陸の関係を問う論述問題であったことから，欧米地域重視となった。難易度は，大半の設問は標準的レベルであるが，正文・誤文選択問題の選択肢の中には一部詳細な知識を含むものもあるので，誤文を的確に判定する力が必要となっている。

Ⅰ　中国歴代王朝の統治方法について，殷から清までを扱った問題。文化史を含む設問もあるが，誤文選択が多く解答しやすい。設問2・設問9の年代配列問題は，選択肢間の因果関係を読み取ることで十分対応できる。

Ⅱ　ローマ法の流れを概観する法学部を意識した問題。ただし，設問の大半は古代～近世のヨーロッパにおける政治・経済・文化を総合的に問うている。正文選択が4問あるが，誤りの部分がわかりやすいように作問されている。

Ⅲ　スイスの通史をテーマとした問題。古代～ウィーン会議までのスイスについて述べたリード文は，読むだけでも有効な学習材料となる。正文・誤文選択問題は，いずれも誤文が判別しやすく，消去法も使えるので，比較的容易に正解できる。設問5の年代関連問題は，ダンテ誕生の時期がやや細かいので，消去法を用いたい。

Ⅳ　11世紀～19世紀までの神聖ローマ帝国についてのリード文を用いた問題で，ドイツに関する設問も多い。設問8の正文選択問題は，正文のハ.「北ドイツ連邦が発足し，南ドイツの諸邦もプロイセンと同盟を結んだ」は判断しにくいと思われるので，3つの誤文を消去する方法が確実だろう。

Ⅴ　16世紀から1946年の独立までのフィリピン史を，アメリカ大陸との交易関係をふまえながら述べる論述問題。フィリピン史は，主要各国史ではないので苦手意識をもつ受験生が多いと思うが，4つの指定語句は基本～標準レベルなので，これら指定語句の関連事項を想起しながら，フィリピンを植民地としたスペイン，アメリカ合衆国との関係を中心に述べていけばよい。

政治・経済

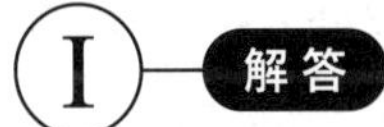

問1．A． 苦役　**B．** 弁護人　**C．** 不再理　**問2．** 4
問3． 2　**問4．** 4　**問5．** 3　**問6．** 5　**問7．** 3
問8． 被害者参加制度

解説

《近代立憲主義と日本の司法》

問1．C． 一度判決が確定した事件について，基本的に再び審理を行わない原則のことを一事不再理の原則という。特に，無罪判決に関しては，再審は認められない。有罪判決に関しては，判決確定後に有力な新しい証拠等が見つかった場合，再審が認められる場合がある。

問2． 4．適切。

1．不適。近代的な意味における主権概念は，フランスのジャン＝ボーダン（1530～96年）がその主著『国家論』で最初に提唱した。

2．不適。「人民の，人民による，人民のための政治」とは，アメリカの第16代大統領エイブラハム＝リンカン（1809～65年）の演説における言葉である。

3．不適。排他的経済水域は，当該国が天然資源の調査・開発等で優先権をもつが，領海ではないため，他国の船舶は自由に航行できる。

5．不適。ヨーロッパ連合（EU）における加盟国は，主権を放棄しておらず，独自に国内法を制定している。

問3． 2が正解。イ．「チャーチスト運動」とは，イギリスにおける労働者の選挙権獲得のための運動であり，1830～50年代ごろ展開された。ウ．「積極国家」とは福祉国家のことをいい，立憲主義とは直接関係がない。

問4． 4．不適。日本国憲法第31条の規定は，法定手続きの保障をうたったものである。したがって，国会が無罪判決を受けた者に対して補償を厚くする趣旨で法改正を行うことは，刑罰が法律に基づいて科されることや，裁判の運営や刑罰の実施に当たって法律に基づいて適正に手続きが展開されることとは直接関係はない。

問5． 3．適切。現行犯とは「現に罪を行い，又は現に罪を行い終つた者」(刑事訴訟法第212条) を指す。

1．不適。逮捕状の発付は，司法官憲（裁判官）が行う（日本国憲法第33条)。

2．不適。逮捕は一般的に警察が行うこととされているが，現行犯に関しては，軽度の犯罪であり，犯人の逃走が見込まれることなど，一定の条件で一般人が容疑者を拘束する「私人逮捕」が認められる。

4．不適。勾留には「勾留状」という令状が必要である。

5．不適。現行犯逮捕の際の所持品の押収には令状は不要である。

問6． 5．不適。この選択肢の記述は「取り調べの可視化」に関するものである。この制度は，冤罪を防止するために設けられた制度であり，冤罪が発生する原因となりうるものではない。

問7． 3．適切。

1．不適。刑法上の規定により，殺人を伴った罪の他に，内乱罪（日本国政府を打倒する目的で暴動を起こす罪）の首謀者や，外患誘致罪（外国と共謀して日本に対し武力を行使させる罪）に関しては，死刑が適用され得る。

2．不適。死刑の適用に当たって，遺族の被害感情の程度や当該犯罪の社会的影響なども考慮されるべきである，とされている。

4．不適。2022年末現在で，死刑存置国55か国に対して，死刑を完全に廃止している国が112か国，通常犯罪についてのみ廃止している国が9か国，事実上廃止している国が23か国である。

5．不適。日本の刑法においては無期刑（無期懲役・無期禁錮）はあるが，終身刑は存在しない。無期刑の場合は仮釈放が認められることがある。

問8．「被害者参加制度」は2008年から導入されたもので，殺人や傷害等の一定の事件に関して，裁判において被害者やその家族が被告人に対し質問などができる制度である。

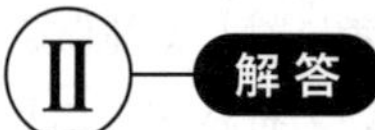

問1． **A．** 輔弼　**B．** 説明　**C．** 行政手続

問2． 記号：イ　語句：伝統　**問3．** 4　**問4．** 2

問5． 5

問6． 大日本帝国憲法下においては，首相は「同輩中の首席」として，他の国務大臣と地位が同じであった。国務大臣が辞意を表した場合，内閣は総辞職をせざるを得ない状況になり，内閣における首相の立場は弱かった。日本国憲法下ではこの反省に立って，首相は「内閣の首長」であり，「内閣を代表する」ものとされ，首相の指導力の強化が図られた。また，他の国務大臣の任免権を持つことにより，内閣の一体性が強化されることになった。(200字以内)

問7． 4

解説

《日本の憲法と行政》

問1．A． 大日本帝国憲法下においては，主権者は天皇であり，国務各大臣は天皇の行政権を「輔弼」（助ける）し（大日本帝国憲法第55条），帝国議会は天皇の立法権に対して協賛（同意）する（大日本帝国憲法第37条）とされた。

B．「説明責任」とはアカウンタビリティともいわれ，広く公職に就いている者が，国民に対して負う責任とされている。

C．「行政手続法」は1993年に制定された，行政運営における公正の確保と透明性の向上を図り，国民の権利や利益の保護に資する目的を有した法律である。

問2． イ．「伝統」。大日本帝国憲法下における天皇制は，日本に古くからある天皇という血縁による権威に支配の正当性の根拠を求めるものである。このことから，ウェーバーのいう「伝統的支配」に該当し，イが当てはまる。ちなみに，アが「カリスマ的支配」，ウが「合法的支配」である。

問3． 4が正解。アに関しては日本国憲法第6条に規定されているが，「内閣の指名」に基づいて天皇が任命する。ウに関しては日本国憲法第7条に規定されている天皇の国事行為であるが，天皇の自由な発意によって実施されるのではなく，内閣の「助言と承認」の下で行うこととされる。

問4． 2．不適。独立行政委員会とは，人事院や公正取引委員会などの一般行政機構から一定の独立性を持ちつつ，権限を行使する合議制の行政機関を指す。日本銀行は中央銀行であり，中央銀行は行政機関ではなく，したがって独立行政委員会ではない。

問5． 5．適切。

1．不適。違憲法令審査権は裁判所が内閣や国会に対して，その法律や命令等が憲法に違反しているか否かを審査する権限である（日本国憲法第

81条)。

2．不適。文民とは「現在，職業軍人でない者」を指すとされる。現職の自衛官は日本国憲法との整合性の観点から単純に軍人であるとはいえないまでも，相当の武力的装備を有する組織の現役の職員であることから，文民に当たらないと解釈されている。

3．不適。政令で罰則を科す場合には，法律の委任が必要であり，国会の同意を得なくてはならない（日本国憲法第73条)。

4．不適。内閣総理大臣が欠けた場合には，その内閣は新しい首相が決まり，天皇によって任命されるまでその職務を継続する（日本国憲法第70条・第71条)。

問6．大日本帝国憲法下における首相の地位が「同輩中の首席」であること（ただし，大日本帝国憲法には明文の規定がない）と，日本国憲法下において「内閣の首長」となった（日本国憲法第66条）ことの歴史的因果関係がつかめていたかどうかがポイントである。また，なぜ「同輩中の首席」では首相の地位が弱く，それがどのように戦後の日本国憲法の改定に反映されたかも重要である。「政治・経済」の教科書レベルの知識を，いかに背景まで深く理解していたかが試された設問である。

問7． 4．不適。デジタル庁は，行政文書の電子化など，デジタル社会の要請に応えるような改革を推進すべく，「内閣」に置かれた官庁である。

III 解答

問1． 経済（希少，稀少も可） **問2．** 2 **問3．** 2
問4． 3

問5． 日本全体の中央値の半分に満たない所得しか得ていない人の割合。(30字以内)

問6． 4 **問7．** 1 **問8．** 3 **問9．** 兌換 **問10．** 1

解説

《経済の歴史と理論》

問1． 経済財とは，その数量が限られているため需要に比して供給が不足し，価値が発生する財のことである。

問2． 2が正解。アは，計画経済では皆が貧しかったが，所得分配は平等になる傾向があったので不適切である。ウは，計画経済では資本は私有ではなく国有のため，その蓄積は国家が行うものであった。その配分が軍事分野などに偏る傾向があったが，資本の蓄積と経済成長自体は計画経済体制の下でも継続されたので，不適切である。

問3． 2．適切。機会費用とは，その選択肢を選んだ場合に，他の選択肢を選ばなかったことによる失ったコストと考えてよい。

それぞれのプロジェクトで得られたはずの利益を比較してみると，プロジェクトＡは530－400＝130，プロジェクトＢは320－260＝60，プロジェクトＣは380－280＝100，プロジェクトＤは620－460＝160となる。

プロジェクトＤはプロジェクトＡよりも得られたはずの利益が高いため，プロジェクトＡを選んだ結果，その利益が失われるため，機会費用は160となり，2が正解となる。

問4． 3．不適。全てのローレンツ曲線は座標（0，0）の点と座標（1，1）の点を通るので，座標（1，0）の点を通ることはない。1人に全ての所得が集中している場合，すなわち所得分配が最も不平等な場合に，ローレンツ曲線は座標（1，0）の点の最も近くを通る。

問5． 相対的貧困率は，全体の中央値を下回る所得しか得ていない人の割合である。この場合の所得は，国民生活基礎調査においては，等価可処分所得（世帯の可処分所得を世帯人員の平方根で割って調整した所得）を指す。

問6． 4．適切。規模の利益とはスケール＝メリットともいわれ，生産量が多くなるほど単位当たりの生産費が少なくなっていくことをいう。生産費の中で固定費用（設備投資，研究開発費）が占める割合が大きいほど，規模の利益が顕著になる。選択肢における産業の中で，該当するのは4のソフトウェア業界である。

問7． 1．適切。供給曲線が上方にＴ円分シフトした結果，均衡価格，すなわち，供給曲線と需要曲線の交点がＴ円上昇するのは，次の2つの場合である。

1つは，需要曲線が垂直の場合である。この場合，需要の価格弾力性はゼロになる。もう1つは供給曲線が水平の場合である。この場合，供給の価格弾力性は無限大になる。

よって，1が正解となる。

問8． 3が正解。それぞれ始まった年は，1が1992年，2が1949年，3が1985年，4が2008年，5が1973年である。

問9． 金本位制における紙幣は，金との交換が保証された兌換（銀行）券であった。これに対して，現在の銀行券は，金との交換ができないので，不換（銀行）券といわれる。

問10． 1．適切。経済学者ミルトン＝フリードマン（1912～2006年）は，マネタリズムを唱え，新自由主義的経済政策を主張した。マーガレット＝サッチャー（1925～2013年）はイギリスの首相（在任1979～90年）として，新自由主義的な政策でイギリスの行政改革を推進した。

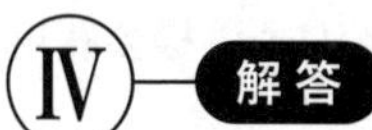

問1． かけがえのない地球 **問2．** 3 **問3．** 3
問4． 4 **問5．** 2 **問6．** 2 **問7．** 4
問8．（共通だが）差異（ある）責任 **問9．** 1
問10． リデュース，リユース，リサイクル

解説

《地球環境問題》

問1．「かけがえのない地球」とは1972年の国連人間環境会議のスローガンである。地球環境汚染の問題が深刻化し，人類共通の課題として環境問題に取り組んでいかなければならない，とする当時の世相を反映した言葉である。

問2． 3．不適。フロンのうち，特定フロンに関しては2020年に全廃された。

問3． 3．適切。UNEPとは国連環境計画の略称であり，1972年の国連総会で設立が決定された。地球規模の環境問題について，中心的な役割を担うことが期待されている。

問4． 4．不適。絶滅のおそれのある野生動植物の種の国際取引に関する条約（ワシントン条約）は，1972年の国連人間環境会議でその骨子が示され，1973年に採択された。

問5． 2．不適。先進国が発展途上国に対して温暖化対策事業の支援を行った場合，その事業による削減量を当事国間で分け合う仕組みとして，クリーン開発メカニズム（CDM）が京都議定書に盛り込まれていた。

問6． 2．不適。パリ協定では，産業革命前からの気温上昇を2°C未満に抑えることとし，さらに1.5°C未満に抑えることが努力目標とされている。

問7． 4．不適。国境炭素調整措置（CBAM）はEUで導入されたものである。

問8．「共通だが差異ある責任」とは，1992年の気候変動枠組み条約に記された文言であり，地球環境問題は人類共通の課題であるが，その責任の程度に関しては途上国と先進国の間で差異が存在するとするものである。

問9． 1．不適。国連貿易開発会議（UNCTAD）の説明。開発援助委員会（DAC）は経済協力開発機構（OECD）が途上国援助のために設置した委員会である。

問10． 循環型社会の実現のために推進されている「3R」とは，リデュース（Reduce，ごみの削減），リユース（Reuse，再使用），リサイクル（Recycle，再生利用）である。

講評

Ⅰ　近代立憲主義と日本の司法に関して，基礎から発展まで幅広く知識が問われた。問4は日本国憲法の条文の趣旨をしっかりと把握し，それが現実の司法においてどのように運営されているかを自分なりに調べる学習をしてきたかどうかが試された。問5や問6などは，刑法や刑事訴訟法など受験生にはあまりなじみのない法律の詳細に関する出題であり，難易度は高かったと言える。全体的に法学部という学部の趣旨を反映し，リーガルマインドや法律に対する関心をみる出題であった。難易度としては，やや難しいレベルである。

Ⅱ　日本の憲法と行政に関して，多角的な出題がなされた。問1や問6などは，大日本帝国憲法と日本国憲法の違いなどを深く理解しているかどうかが試された。問2や問4，問7では，大学の政治学・行政学の内容にかかわる知識が問われたが，高校教科書の内容を深く理解し，インターネットなどを通じて掘り下げた学習を心がけていれば，正解にたどりつける設問であった。難易度としては標準的である。

Ⅲ　経済の歴史と理論に関して，論理的思考力が試された。問7は，需要曲線と供給曲線の性質と関数の性質をつかんでいれば，そこから思考力を働かせて解答可能な出題であった。中学校，高等学校で学習した他科目の事柄を，政治・経済の問題と絡めて思考できるかという総合的な学力を問うた問題といえよう。問２や問４，問６などは，高校の政治・経済の基本事項をいかに多角的に思考できたかが試された出題であった。難易度としては，やや難しいレベルである。

Ⅳ　地球環境問題に関して幅広い知識が問われた。問２や問５などは，近年の地球環境問題への世界的取り組みの動向を，掘り下げたレベルまで学習してきたかどうかが問われた。問８は気候変動枠組み条約の条文に記された考え方を問う問題であり，難易度は高かったと考えられる。日ごろからニュースに親しみ，トピックごとに整理する学習を心がけたい。難易度としては，標準的なレベルである。

以上のことから，2024 年度は過去の出題と比較して同程度の，標準的なレベルであったといえるだろう。

レベル。問十五は後続の傍線部をまたいで手がかりを見つける必要がある。また問二十は選択肢が七つあり、それぞれの適否を吟味するのにある程度時間がかかる。よってこの二問がやや難といえる。

四の現代文は堀千晶の評論文からの出題。ドゥルーズのノマドロジーを論じた文章である。ドゥルーズの名前も「ノマド」という言葉も知らないと、かなり手こずるだろう。レヴィ・ストロース、ベンヤミン、ドゥルーズ、フーコー、レヴィナス、アーレントといった、評論で頻繁に引用される思想家・哲学者の名前が登場してもたじろがない程度の知識はあっても損はない。本文が抽象的で難解であるため総じてやや難レベル。選択肢自体は本文をなぞったものが多く、絞り込みはさほど難しくない。第二段落でのテリトリー論との対比を手掛かりに、ノマディスムについて述べた箇所を丁寧に読み取ること。問二十五の記述問題も基本的に同じであるが、本文全体を視野に入れてまとめる必要がある。

参考 ジル・ドゥルーズ（一九二五～一九九五年）はフランス現代哲学を代表する哲学者の一人で、いわゆるポスト構造主義時代の哲学者として知られ、「リゾーム」や「ノマド」などの概念を呈示した。主著に『差異と反復』、フェリックス・ガタリとの共著『アンチ・オイディプス』『千のプラトー』などがある。

堀千晶（一九八一年～）はフランス文学者。早稲田大学大学院文学研究科人文科学専攻博士課程単位取得退学。パリ高等師範学校に留学。現在、早稲田大学、立教大学などで講師を務める。著書に『ドゥルーズ　思考の生態学』、共著に『ドゥルーズと革命の思想』『ドゥルーズ　千の文学』などがある。

講評

一の古文は『小さかづき』という珍しい作品からの出題である。「知足（足るを知る）」をテーマとした文章で、筆者の考えを述べた前半と、蛙が登場する寓話とから成り、読み物としてもおもしろい。設問は基本～標準レベル。問一はやや迷うかもしれない。問六は迷いやすい選択肢が含まれているので注意したい。問七は本文全体の理解を試す良問である。

二の漢文は『雪濤談叢』と『聴訟彙案』という、いずれも珍しい出典の組み合わせである。冤罪の防止をテーマとしたもので、特に前者は具体的なエピソードが記されていて、興味深く読める。ただ漢字が旧字体であるうえに、注も少ないため、読解には手間取るだろう。問十二の内容真偽を先に読んでおけば、おおよその内容がつかめる。これも受験テクニックの一つである。設問は問九と問十一がやや難レベルで、他は標準レベルである。できるだけ解答ミスを避けるようにしたい。

三の現代文は岡本源太の評論文からの出題。ジョルダーノ・ブルーノという哲学者の宇宙論・存在論を解説したものだが、コペルニクスの地動説は周知の事柄であるから、読解は比較的スムーズにできたであろう。設問は標準～やや難うな特性や形質をノマド的に（暫定的に）発生させるのであり、また生に先行・超越する原理や基準が生を評価・判断するのではなく、無原理的な（アナーキーな）生こそが価値評価を行うのであると言われる。したがって「産出する力能（能力に同じ）である生」に対して、本来的に生が暫定的に発生させる「法や規則」の方が生を規制し限界づけるのは「転倒」しているというのが傍線部である。以上の議論をふまえて選択肢を吟味する。前半（「生きることは本来、……無原理的なものであり」）は大きく二つに分けて類型化されており、いずれも内容的に正しい。そこで後半を吟味すると、「どんな超越的基準によっても正当化される必要がない」「法や規則のほうが生を価値評価する」と説明した二が正解となる。このうち前者は本文の「生は絶対に正当化不可能であり、……」をふまえている。イは「もともと超越していた」が不適。これでは法や規則が本来的に生を超越するということになる。ロは、生の力能が存在論的様式であるという意味不明の説明をしている。ハは「絶対に正当化不可能な法や規則」が不適。ホは「それらに先立つ超越的基準が不可避的に存在する」が不適。法や基準が生より先に存在するという、本文に矛盾した説明となる。

問二十五　本問ではもちろん、「存在の一義性のアナーキー」の説明だけでなく、「存在の類比のヒエラルキー」の説明も求められている。いずれも傍線部前文の「平面上に散らばった……『存在する』」、「垂直状に位階序列化……割り振る」がそれぞれ対応しており、これらを用いて説明できる。「存在の一義性のアナーキー」という表現はいかにも堅くて難解だが、「一義性（＝意味が一種類であるさま）」は同じく前文に「等しく同じ意味で『存在する』」とあるように、存在者は無差別であるという意味であろう。また「アナーキー（＝無政府状態。無秩序）」とは、傍線部4の三行前に「先行する原理や上位の原理を一切持たない無原理的な生」とあるように、存在者をヒエラルキーの秩序に割り振ることを拒否するということであろう。なお、解答をまとめるにあたって、設問の「本文中で解読されたドゥルーズの思考を踏まえつつ」という指示に従い、ドゥルーズのノマド論（ノマディスム）について、第二～五段落の内容をふまえて概略的に説明する必要がある。

一性という形式を保ちつつ」、ホは「さまざまな固有性を獲得しうるように」が不適となる。

問二十三 第四段落では、ドゥルーズのノマド論が、フェリックス・ガタリとの共著『アンチ・オイディプス』や『千のプラトー』以前に書かれた『差異と反復』で、すでに「領土」と「ノマド」の対比として論じられていたことが指摘される。第五段落はこの本の内容に触れる形で「固有性の思考」（同段落）がどのようなものであるかを論じる。すなわちそれは、土地や領域といった生存圏の分割をめぐる思考であり、固有性＝私有地が境界画定をされるように、個人の社会的属性や活動領域もその固有性を全うして死ぬことが要請されるという趣旨のことが述べられる。傍線部の直前に「本質的かつ本質主義的なしかたで」とあるのは、この固有性を自らの本質として受け入れるということである。なお傍線部の直後でライプニッツのモナド論にふれているが、「モナド」とはそれ以上分割できない独立した実体（主語）をいい、それ固有の属性（述語）をもつものとされる。これが私有地のアナロジーとして補足的に取り上げられる。以上をふまえて選択肢を吟味する。前半（「『土地の問い』の第一のタイプ……存しており」）は三種類に類型化されており、いずれも内容的に正しい。そこで後半を吟味すると、傍線部前後の表現をそのままなぞっているだけのイが正解となる。ロは、「自ら選び取った固有性」が不適。本文には「自己に対して本来的に賦与された固有性」とある。ハは「自己の私有地を固有のしかたで裁断し」が不適。「固有性＝私有地」とあるように、固有性とは私有地の性格をいう。ニは、比喩としてあげられたモナドをそのまま用いて説明しており不適。ホは「種の本能一般に従って」が不適。本文に書かれていない。

問二十四 最終段落も『差異と反復』におけるノマド論が説明される。まず「領域画定的な思考法を存在論的に解体する作業であり」「存在論の様式の開拓である」とあるように、このノマド論は単に未開社会や遊牧社会を扱っているのではなく、存在論（＝存在者や存在の意味や構造などを探究する学問）であり、「（生の）生存様式の創出を意味する」と述べられる。非常に抽象的な言い回しが続くが、生を第一義的なものとして考えるような方向性が示される。すなわち、領域や固有性や属性といった形で生を固定的に規定したり限界づけたりするのではなく、生こそがそのよを吟味する。いずれも前半はテリトリー論を説明し、後半はノマド論を説明している。前者は二つに類型化されており、いずれも内容的に正しい。よって後半の内容を吟味すれば、ホが正解とわかる。「所有でも無所有でもない」とあるのは、第一段落の「所有でも無所有でもない」を引用している。また「独占的所有という観念が発生する条件を明らかにし」以下は、第二段落の「独占的所有の条件を批判的に照らし出し」以下に合致する。イの「閉鎖した固有領域を切り分ける」、ロの「境界画定を模索する」はテリトリー論の説明になるので不適。ハは、第一段落後半の「資本主義的……享楽する」に、第二段落の「逆向きの光によって」を無理やり挟み込んだために、何に「疑問符をつきつけ」るのかわからず、意味不明の説明となる。ニは、「非排他的」ではなく「排他的」の誤りである。

問二十二　前述したように、ノマドとは一定の期間ある土地を占有し、さらに別の土地へと移動する遊牧民のことをいい、このような生存のあり方ゆえに土地への定住とその独占所有を批判する視点を獲得できる。ただし移動するとはいっても、単に私有地から私有地へ渡り歩くことではないというのが傍線部の趣旨である。その前後の内容を読み取ろう。「一切の領域の私有＝固有性それじたいの廃棄であり」「固有性という形式そのものを揺さぶり、宙吊りにする」などとあるように、ノマド的思考とは固有性そのものを否定してしまうというラジカルな思考なのである。第三段落終わり近くに「どのような対象であれ、『固有性＝所有』という構図じたいを、すべてまとめて標的にする」とあるように、ノマド的思考においては単に土地の独占所有だけではなく、性の同一性や自己同一性といった、すべての固有性が疑問に付される（第三段落後半）。たとえば、あるキャラクターから別のキャラクターへと変わるのではなく、キャラクターを演じること自体を疑問視するようなことを想定すればよいだろう。では以上をふまえて選択肢を吟味していく。書き出しはいずれも「ドゥルーズにおけるノマディスムとは、……ではなく」で始められ、しかも二つに類型化されている。内容的にはいずれも正しい。そこで後半を吟味すると、「固有性を廃棄し」「同一性を停止し」「アイデンティティを宙吊りにする」と説明したハが正解とわかる。イは「重たい自我と」以下の内容が意味不明であるが、「固有性を確認する」で誤りと判断できる。ロは自我と同一性形式を移動させると説明しており不適。ニは「同る作業であり、「固有性」「領域」「範疇」などには決して還元されることのない存在論の様式を開拓するのである。このような存在論においては、生は先行する原理や上位の原理を一切持たず、どのような存在者であれ、存在することの意味に違いはないとされる。ノマディスムとは存在の類比のヒエラルキーに抗する、存在の一義性のアナーキーなのである。

解説

本文は六段落から成る。そのおおまかな内容は次の通りである。

第一～三段落（個々のテリトリーの形成、……広大なものとなる）
ノマド論とテリトリー論の対比＝ノマド的思考は領域の私有＝固有性を揺さぶり、宙吊りにする
第四・五段落（ところで、ドゥルーズ思想において、……決することであろう）
固有性の思考＝本質的かつ本質主義的なしかたで、ある個体の命運を決する「裁き」のシステムである
第六段落（『差異と反復』のノマド論は、……）
ノマディスム＝存在は一義的でアナーキーである

問二十一　第二段落冒頭に「簡単な確認をしておこう」とあるように、この段落ではテリトリー論とノマド論との基本的な違いが説明される。前者は「テリトリー論は、……集団的な生存様式となろう」という部分で、ある土地や領域などの排他的な所有にかかわる生存様式を論じる。これに対して後者は「別の生存様式を呈示する」として、「その一方でノマド論は……積極的に呈示してみせるのだ」という部分で、独占的所有を批判し、それとは異なる土地や領域などとのかかわり方を呈示する。それが「排他的な領土所有とは別のしかたで大地に棲みつく」生存のあり方である。これはすでに第一段落でも、トルコやモンゴルのノマドが一定期間ある場所をテリトリーとして生きる生存様式として取り上げられている。そもそも「ノマド」とは〝遊牧民〟の意であるが、近年、特定のオフィスなどを持たない働き方をする人を「ノマドワーカー」と呼んでいることなどを連想すれば、なおわかりやすい。以上をふまえて選択肢

へ、コペルニクスは「宇宙が無限であることにすでに気づいていた」と説明しており、第七段落の「コペルニクス自身は宇宙を有限だと想定していた」に矛盾する。
ト、第四～七段落の内容に合致する。

参考 岡本源太（一九八一年～）は哲学者。専攻は美学。國學院大学文学部哲学科准教授。著書に『フィクションの哲学』『現代フランス哲学入門』『事物のしるし』などがある。

四

出典 堀千晶『ドゥルーズ　思考の生態学』〈第七章　ノマドのテリトリー　第二節　存在論的ノマドロジー〉（月曜社）

解答

問二十一　ホ
問二十二　ハ
問二十三　イ
問二十四　ニ
問二十五　ドゥルーズのノマド論においては、領土や自我などの固有性＝所有という構図が否定され、所有とは別の生存様式が呈示される。その議論は存在論的であって、存在者の間に位階序列化されたカテゴリーを作り、カテゴリーそれぞれに異なる意味の《存在＝本質》を割り振るのではなく、平面上に散らばった様々な存在者を、存在するという意味では等しいものと捉えるものである、ということ。（一二〇字以上一八〇字以内）

要旨

ドゥルーズ＝ガタリのノマド論は、テリトリー論が閉鎖した固有領域を切り分け、それを領有することを論じるのに対して、個体が固有の領域を作ることなしに土地や時空間とかかわるしかたを論じる。それは独占的所有の条件を批判的に照らし出し、所有とは異なるあり方を積極的に呈示してみせる。ノマド的思考は領域画定的な思考法を存在論的に解体すやすく、はかないものであること）」、ニ、「輪廻転生（＝生き物が生死を繰り返すこと）」、ホ、「永劫回帰（＝世の中のすべての出来事が永遠に繰り返して起こること）」の中では、文脈的にロが最も適当となる。

問十九　傍線部の直前に「宇宙が無限でなく、世界が複数でないのなら」とある。これはブルーノの「無限宇宙にして複数世界」（第九段落）を否定したものであり、もしそのように仮定したら傍線部のような問題に悩まされ、さらには「神は恣意的なものに、世界は偶然的なものになってしまう」と、筆者はブルーノの宇宙論を肯定している。そこでこの「中世以来の問題」であるが、第九段落ですでに「神は世界を別様にも創造しえたのか、……という中世の神学者たちを長きにわたって悩ませた問題」と説明されている。もちろんこれは宇宙を有限な空間と想定することによって生じる問題であり、ブルーノの宇宙論のもとではそれは生じようもない。宇宙は無限であり、世界は複数であるから、「あらゆる可能世界」（同段落）は存在していることになるからである。これをふまえて選択肢を吟味すると、「われわれの世界だけに限定し」と説明したイが最も適当とわかる。ロは「宇宙を一なる無限の存在として創造し」が不適。これはブルーノの宇宙論になる。ハは傍線部からまったくはずれた内容となる。ニは、同段落の「複数世界はあらゆる可能世界を汲み尽くしてしまう」を逆転した説明になっており不適。ホは同段落の「可能なものは存在し、……不可能なのである」と、次の段落の「神でさえもそれを覆しえない」を強引に結びつけたもので不適となる。

問二十　イ、「衒学者たちへの怒りを隠さなかった」のは「コペルニクス」ではなく、ブルーノであるから（終わりから二段落目参照）、不適。
ロ、第二段落の「彼がそこに読み取ったのは、……道徳の範例であった」に合致する。
ハ、「相対的」であるのは「人間社会」ではなく、宇宙であるから（第七段落）、不適。
ニ、「衒学者たちとの議論を強いられる」とは書かれていない。よって「考えていた」も誤りとなる。
ホ、コペルニクスの地動説に関して、「宇宙が神的領域である」「宇宙が階層を持たない斉一的なものである」と説明しており不適。

を超越した神の意志」も不適。いずれも第十段落の内容に矛盾する。

問十六　空欄前後に「ルネサンスの天文学者たちがついぞ放棄しえなかった」「まったくの錯覚だとして否定し」とあるから、ブルーノが主張する無限宇宙とは対立する語句が入ることになる。そこで第五段落に目を転じると、「ルネサンスにあって、天球概念を完全に放棄して……ブルーノだけであった」とある。すなわち天動説が唱える「天球（＝惑星や恒星がその上に張り付いて運動すると考えられた、地球を中心として取り巻く球体）」が入る。

問十七　脱落文は「人間社会は……不和のなかに埋もれていってしまう」と、否定的な言い回しになっている。また「信においても知においても」とあるのは、本文の内容からすれば、「信」は宗教を、「知」は学問を意味すると考えられる。そこで脱落文が入る箇所を順に見ると、【イ】の直前は「(ブルーノは) 主張したのであった」、【ロ】の直前は「(コペルニクスは) 根拠を与えてくれたのである」とあり、いずれも否定的な言い回しには続かない。【ハ】の直前は「(ブルーノの可能世界は) 存在していないものは不可能なのである」とやや否定的なニュアンスであるが、「信」「知」に続かない。【ニ】の直前は「神が恣意的であっては、……根拠を失う。……学問はその根拠を失う」とあり、これが脱落文にうまく続くことがわかる。よって、ここに入る。【ホ】については、その直前をみると、「そこには虚栄しかない」とあって脱落文に続きそうであるが、宗教に言及していないのでやはり不適となる。なお、原文には「不和」の後に「――まさしくルネサンスの宗教戦争の惨劇そのもの――」が挿入されている。

問十八　傍線部とその前後はやや矛盾した言い回しになる。すなわち宇宙は一つの無限の存在であり、「生成も消滅もしない」と言いながら、無限数の個物が「生成消滅」を繰り返していると言う。ただし、この生成消滅は「個物の観点から見られた相対的な区別にすぎない」と言われ、全体としては「斉一的な無限空間」であると述べられている。設問は傍線部の内容に「対応する」語句が空欄に入るとヒントを与えてくれているので、傍線部と対立的な語句、たとえば「生成消滅」が入ることがわかる。イ、「寂滅為楽（＝迷いから離れた悟りの境地が無上の幸せであるということ）」、ロ、「生々流転（＝すべてのものは絶えず生まれ変わっていくこと）」、ハ、「有為転変（＝世の中は移り変わり見解を表明したということしかわからない。そこでブルーノの宇宙論について具体的に説明した第三段落以下に着眼する。すると第四段落の「中心も周縁もない斉一的な無限空間」「無限数の諸世界」が見つかる。さらに後の段落にも目をやれば、第五段落の「無限宇宙」、さらには第九段落の「無限宇宙にして複数世界」が見つかる。よって、ニが正解とわかり、Aに「無限」、Bに「複数」が入る。Eについて確認すれば、この空欄の前後で、ケプラーなどのルネサンスの天文学者たちがブルーノの無限宇宙の考え方に否定的であったことが述べられている。よって、Eに「有限」を入れるのが適当だとわかる。

問十五　傍線部の前文で、ブルーノがコペルニクスの地動説から新たな宇宙論の素材と、偽りの社会の中で真理を語るという道徳の範例（手本）を読み取ったという趣旨のことが述べられている。傍線部はこれを言い換えたもので、「コスモロジーとモラル」がそれぞれ新たな宇宙論と道徳の範例に該当する。そこでコペルニクスの地動説→ブルーノの宇宙論という展開を論じた第六〜八段落に目を転じると、この三段落で、ブルーノが地動説に示唆を得て、宇宙の無限性、相対性、斉一性という着想を得たことが説明され、これを「コペルニクスの地動説を……きわめて大胆に発展させた」（第八段落）とまとめられる。続いて道徳の範例については第十一段落に「真理を語ることの範例」とあり、直前の段落で、無限宇宙と複数世界という考え方が学問と宗教に確固とした根拠を与えるという趣旨のことが述べられる。また直後の段落以下では、真理を認めることのできない人間や社会に対して、ブルーノが激しい憤りを爆発させたことが述べられる。以上、「コスモロジーとモラル」について具体的に論じた箇所をふまえて選択肢を吟味することになる。正解はイで、「コスモロジー」については「コペルニクスの地動説を……自身の宇宙論を構築し」と説明し、「モラル」については「宗教や学問を……見出した」と説明している。ただしブルーノの憤りについては触れられていない。ロは「コスモロジー」を説明していない。「モラル」についても「学問的争点を学んだ」と、終わりから二段落目の内容とは矛盾した説明をしている。ハも「コスモロジー」を説明していない。ニは「宇宙が有限であることを再確認し」が不適。ホは地動説から「可能世界に関わる思想を読み取り」と説明しており不適。また「自然

要旨

ブルーノはコペルニクスの地動説に重要な示唆を得て、斉一的な無限空間の概念にたどり着いた。彼によれば、宇宙は一なる無限の存在が無限に多くの様態に変容し続けており、無限に果てしなく広がるのみならず、無限の数の諸世界が充ち満ちている。その無限宇宙にして複数世界は、神の全能の完全なる実現であり、そこに実現している以上の可能性の余地はない。このような確固たる根拠をもって、学問も宗教も人間社会に寄与できる。このようなブルーノの考察は科学的な考察というにとどまらず、真理を認めない虚栄に満ちた人間と社会への診断ともつながっている。

解説

本文は十三段落から成る。そのおおまかな内容は次の通りである。

第一～五段落（ニコラウス・コペルニクスの……ブルーノだけであった。）
ブルーノの宇宙論＝中心も周縁もない斉一的な無限空間
第六～十段落（そのようなブルーノの……根拠を失う。【ニ】）
ブルーノの無限宇宙にして複数世界＝コペルニクスの地動説に示唆を得て、相対性を極限にまで押し進めた
第十一～十三段落（真理を語ることの……なっているのである。）
ブルーノの倫理性＝真理を認めることのできない衒学者に怒りと憤りを爆発させた

問十三　**a**、「頑迷・頑冥」は〝頑固で、物事の道理がわからないこと〟の意。前後にカギ括弧があるように、これはローマ・カトリック教会側のブルーノ評である。
b、「翻って」は〝別の方面に目を転じて〟の意。「翻」には〝ひるがえる。ひるがえす〟の意と（「翻意」「翻弄」）、〝うつしかえる〟の意がある（「翻訳」「翻案」）。

問十四　空欄Ａ・Ｂの前後では、ルネサンスの哲学者ブルーノがコペルニクスの地動説に賛同して、宇宙と世界の新たな

と告白している。

ニ、「二人目の嫌疑者が事前に教えたものだった」が不適。書かれていない。

ホ、「助かった」と明記されてはいないが、（Ａ）で真犯人が見つかったことが記されているので合致するといえる。

ヘ、（Ａ）の「斷獄豈……爲貴哉」に合致する。

参考 江盈科（かうえいくわ）（一五五三～一六〇五年）は明代、湖広桃源の人。字は進之。科挙に合格し、官は四川提学副使に至る。著書に『明十六種小伝』『雪濤閣集』などがある。

津阪東陽（一七五八～一八二五年）は江戸後期の儒学者。伊勢の人。名は孝綽。「東陽」は号。郷里の津の藩校である有造館の初代督学となる。著書に『聿脩録』『孝経発揮』『夜航詩話』などがある。

三

出典 岡本源太「コペルニクスを読むジョルダーノ・ブルーノ」（『ユリイカ』二〇二三年一月号　青土社）

解答

問十三　a、頑迷〔頑冥〕　b、翻

問十四　ニ

問十五　イ

問十六　ホ

問十七　ニ

問十八　ロ

問十九　イ

問二十　ロ・ト

何」を説明していない。ロは「何も白状しなかった」という説明自体が誤りである。

問十　傍線部直前の「假令……于市（もし……しむれば）」が条件節（仮定形）となる。その内容は、もし料理人の告白通り盗品が見つかったり、実際の犯人が金の縄を市場で売りに出さなかったらというもの。そこで傍線部を見ると、まず「庖人」は嫌疑者の料理人をいう。「之」は「の・ゆく・これ」などさまざまな読み方があるが、「死」に着眼すれば「の」と読み、連体修飾格の助詞であろうと見当がつくだろう。「百口」は〝百人〟（「口」は人を数える助数詞）。「不能」は「～あたはず」と読み、不可能の意を表す。「解」は「とく」と読む動詞。よって「庖人の死は百口をしても解くこと能はず」などと書き下す。選択肢はまず「庖人」を「料理人」と説明したイ・ハ・ホに絞る。次に「不能」を「避けられない」としたイと「解決できない」としたホに絞る。ホは「殺害事件」「名探偵」が明らかに文脈的に不適とわかるから、イを選択できる。「解く」は〝弁解する〟の意となる。

問十一　「然則（しかればすなはち）」以下、結論部分となる。厳刑を科しても何も解決しないこと、国は裁判に慎重でなければならないことを主張して空欄Xにいたる。空欄直前の「所（ところ）」は下の用言を名詞化する助詞である。「全活」が見慣れない熟語であるが、「活」は「いかす」と読めることからおおよその意味がわかるだろう。すなわち「全活」とは〝生活できない者を生きていけるようにしてやること〟の意である。「多」は直前の事柄が多いということ。以上の点をふまえれば、ハの「寃民」（「寃」は「冤（＝無実の罪）」に同じ。「冤罪」はよく目にする熟語であろう）が入るとわかる。すなわち、無実の罪で刑に服した民衆を数多く救い出すことができるという趣旨になる。イの「枉法」は〝法をまげること〟、ロの「贓證」は〝盗品を隠したことの証拠〟（「證」は「証」に同じ）、ニの「斷獄」は〝刑罰の決定〟、ホの「金瓶」は〝金の器物〟でいずれも不適となる。

問十二　イ、（A）の「成化中、……一金瓶」に合致する。

ロ、（B）の「凡治盜、……要核實」に合致する。

ハ、「捕えられた二人の嫌疑者」とは料理人と真犯人をいう。いずれも盗品のありかについて「在壇前某地」（（A））

必しも速かなるを以て貴しと爲さんや。

（B）凡そ盗を治するは、贓證を主と爲す。務めて核實を要す。金瓶の獄の如きは、既に誣服案を結び、殆んど將に無辜を殺さんとす。幸に別に贓物を獲るに因りて、寃枉を免るることを得たり。是の故に贓物を獲ざる者は、未だ遽かには其の獄を決すべからず。須らく矜疑し死を緩くして以て平反を俟つべきなり。

語句 豈必＝「あにかならずしも」と読む。反語「豈」と部分否定「必」を組み合わせた形。～とは限らない。～する必要はない。

無辜＝「むこ」と読む。罪のないこと。

解説

問八 祭事で金の器物が紛失し、料理人が嫌疑者として逮捕され拷問にかけられた、という直前までの筋をおさえる。「不勝」は「～にたへず」と読み、〝～をこらえられない。～できない〟の意になる。「痛楚」は〝ひどい苦しみ〟の意（「楚」は〝むち。しもと〟）。「輒（すなはち）」は〝すぐに。たやすく〟の意の副詞。「誣服」は〝無実であるのに罪を犯したと白状する〟の意（「誣」は〝無実の人を罪におとす〟）。よって、「楚」から「勝」に一・二点で返り、さらに「勝」から「不」へレ点で返る。選択肢は「不勝」に着眼して、「たへざれ」と読むロと、「たへず」と読むニに絞り、内容を考えてニを選択する。ロの「そは」以下は意味をなさない。

問九 疑問の副詞「何」はふつう「なに・なんぞ・いづく・いづれ」と読むが、「いくばく」という読み方がある（この読みでは「幾何」という熟語がおなじみである）。ここがそれにあたり、「無何」で「いくばくもなく」と読み、〝どれほどもなく〟の意になる。そこで前後の内容を見ると、嫌疑者の料理人の告白に基づいて器物を探したけれども見つからず、料理人を牢獄につないでおいたこと、器物を実際に盗んだ者がその金の縄を市場で売りに出したことがそれぞれ記されている。したがって、「無何」はこの二つの内容が時間的に隔たっていないことを表していることになる。よって「それほど時間が経過していない」と説明したホが正解である。イ・ハ・ニは内容的には正しいが、「無に）尋ねて言うには、器物はどこにあるのかと。（盗人は）やはり言った、祭壇の前のどこそこの場所にあると。その証言に基づいて、地面を掘った。とうとう（器物を）取り戻した。たぶん料理人が指し示して掘った場所と比べて、数寸とは違わなかっただろう。もし料理人を連れて行って（土を）掘ったときに器物を入手していたり、あるいは器物を盗んだ者が金の縄を市場で売りに出していなかったりしたら、料理人が死刑になることは誰がどう弁護しても避けられない。そうだとすれば厳しい刑罰のもとでは、何を得ようとしても得ることはできないだろう。国家が被告人に同情して刑事裁判に慎重を期する道を開けば、無実の罪に陥れられた民衆を生かしてやることが多いだろう。ああ、刑罰の決定は必ずしも迅速であることが重要だというわけではない。

（B）そもそも窃盗を取り締まるときは、盗品を隠したことを証拠立てることが中心となる。核心となるもの（＝盗品）がぜひとも必要なのだ。（Aの文章の）金の器物の裁きのごときは、無実のまま罪を白状したことで結審して、あやうく罪のない者を処刑するところであった。幸いにも別件で隠した盗品を取り戻したために、（料理人は）無実の罪を免れることができた。それゆえに隠した盗品を取り戻せない場合は、まだ急いでその裁きを決定すべきではない。ぜひとも被告人に同情して刑事裁判に慎重を期して処刑を急がず、そして無実の罪が晴れるのを待つ必要がある。

読み（問題文中の旧字体は一部新字体で示している）（A）成化中、南郊の事竣りて器を撤す。一の金瓶を亡ふ。時に庖人の其の處に侍する有り。遂に官司之を執り、備さに考掠を加ふ。痛楚に勝へずして輒ち誣服す。瓶を索むるに及びて、以て應ずる無し。之に迫れば、謾ろに云ふ、壇前の某の地に在りと。其の言の如くにして、地を掘れども獲ず。仍ほ獄に繫るる。何も無く、瓶を竊みし者、瓶上の金縄を持して、市に鬻ぐ。之を疑ふ者有り。官に質す。竟に其の瓶を竊みし状を得たり。問ひて曰く、瓶は安くに在るやと。亦た云ふ、壇前の某の地に在りと。其の言の如くにして、地を掘る。竟に獲たり。蓋し庖人の指し掘る所の地に比ぶれば、數寸ならざるのみ。假し庖人をして往きて掘る時にして瓶を獲、或は瓶を竊みし者をして金縄を市に鬻がざらしむれば、則ち庖人の死は百口をしても解くこと能はず。然れば則ち嚴刑の下、何を求むれども得ざらん。國家矜疑の一路を開かば、寃民を全活する所多からん。嗚呼、斷獄は豈にに合った言動を心がける」、ニの「奔放に振る舞って後悔する」も本文のテーマに合致しない。ホは「文武両道を修めて仙術も身につけている」のは「亀」ではなく、蛙なので不適となる。

参考　『小さかづき』は山岡元隣作の仮名草子。全五巻（うち四巻が現存）。山岡元隣は江戸前期の俳人・仮名草子作者。生涯を町医者として送るかたわら、北村季吟に師事して和学や俳諧を学び、仮名草子や古典注釈などで活躍した。

出典　江盈科『雪濤談叢』〈冤獄〉
津阪東陽『聴訟彙案』〈矜疑雪冤〉

解答

問八　ニ

問九　ホ

問十　イ

問十一　ハ

問十二　ニ

全訳

（A）成化の年代に、南の郊外での祭事が終わって祭器を撤収した。（ところが）一つの金の器物を紛失した。当時料理人でその場に奉仕する者がいた。そこで役人が彼を捕らえ、いろいろと拷問にかけた。（料理人は）激しい痛みに耐えられず、すぐに無実にもかかわらず罪を白状した。（そこで）器物を探す段になったとき、（料理人は）応じようとはしなかった。（そのため）彼を問い詰めると、（料理人は）でたらめを言った、祭壇の前のどこそこの場所にあると。その証言に基づいて、地面を掘ったけれども（器物は）取り戻せなかった。（そのため）やはり（料理人は）牢獄につながれていた。（ところが）どれほどの日数もなく、（実際に）器物を盗んだ者が、器物の上の金の縄を持って、市場で売っていた。これを不審に思う者がいた。役人に問い質した。（こうして）とうとうその器物を盗んだときの状況が判明した。（その盗人ロとニが該当する。前者は推量の助動詞「む（ん）」、後者は打消の助動詞「ず」の已然形である。次の行に「二足をもつてあるき、二つの手をもつて用事をかなへ、……」とあるのをふまえれば、蛙たちが二足で歩くことを望んでいることがわかる。したがって、亀のように四足ではい回ることを「やすから（安から）」ずと思っているのだと判断できる。すなわち四足ではい回るのはおもしろくないと不平を述べているわけである。よって、ニが入ることになる。

問六　「作善（さぜん）」という語はあまり見かけたことがないかもしれないが、善を作ることだとはわかる。そこで直前をみると「ふせにいたすべき」とあり、お布施が必要だと主張している。つまり「作善」は〝仏像や堂塔を建立したり、仏事供養などを営んだりして善根を積むこと〟をいう仏語なのである。そこで蛙たちは「水草のはなを奉らん」「いさごを塔とくみて仏を供養せん」と提案するけれども、一匹の蛙に否定され、その蛙が提案した、「寺中にてこゑたててなかるることをやめらるるを作善とせられ侍るべうもや」という意見が賛同を得る。そして蛙たちは一週間参籠して祈願した結果、二足で歩くことがかなったという話へとつながっていく。以上よりロが正解。イは「作善」とは関係がない。ハは、「久米路の橋」はたとえであるから不適。ニは献花に触れていないから不適。ホは「共に合唱して読経の修行をする」が不適となる。蛙たちは逆に、合唱するのは僧侶たちの読経の妨げになると考えて中止しようとしている。

問七　最後の一文は蛙の寓話「むかし、太秦の……身になりけるとかや」についての筆者の教訓を述べたものである。「この蛙の願だて」とは、蛙たちが二足歩行の祈願をしたことをいう。また「なきにしもあらず」は〝ないとは限らない〟の意である（「しも」は強意の副助詞）。本文全体をふまえれば、蛙が二足歩行を願うのは、四足歩行に満足することを知らない、分不相応の高望みということになり、「われ人」もこのような分不相応の願望を持っているのではないかと問い、戒めている。選択肢は「蛙の願だて」から、「自分たちの願い」とあるイと、「二足歩行したいという分不相応な願い」とあるロ、「大願成就」とあるハに絞り、「われわれも……慎むべきだ」を根拠にロを選択すればよい。イは「当初のものから」以下が不適。「たる事をしる」という本文のテーマと合致しない。ハの「自らの力量価値）」が「なし」、ハは「ゆゑなし（＝理由がない。趣がない。縁がない）」、ニは「あひなし（「あいなし」＝気に入らない。つまらないにおなじ）」、ホは「うらなし（＝隔てがない。遠慮がない）」となる。よって、文脈に合うのはイと判断できる。

問二　「逢坂の」の歌は『古今集』雑歌下にある「読み人知らず」の歌である。直後の「といへる歌など……おもふまじきわざなるべし」から、この歌が身の程をわきまえ、満足することの大切さを説くために引用されたものである点をおさえる。そこでこの歌をみると、逢坂山の強風が寒いこと、どこにも行くあてがないことを詠んだ後に空欄が続いている。以上の点をふまえて選択肢を吟味する。イは〝関所を越えたよ〟、ロは〝安らかであろう〟、ハは〝心細く思いつつ寝る〟（「ぬる」は下二段動詞「寝（ぬ）」の連体形）、ニは〝知りたいことよ〟、ホは〝花が散った〟といった意になる。そこで不満を言わず現状に甘んじるという趣旨のことを述べたものは、ハであると判断できる。

問三　「かなふ」には四段活用の自動詞「かなふ（＝思い通りになる。適合する。叶う）」と、下二段活用の他動詞「かなふ（＝望み通りにさせる。叶える）」の二種類がある。d以外は前者で、aは終止形、b・c・eは連用形である。dは後者の連用形となる。設問に「意味の異なるもの」とあるが、ここは自動詞と他動詞の違いと理解すればよい。

問四　傍線部直前の「もしくは……しらば」が仮定形を作り、傍線部にかかる。この直前の部分は、〈思い通りになったり、自分の力が及んだとしても、とどまることを知っているなら〉という内容になり、これをふまえて傍線部を検討する。「あやふかる」は形容詞「あやふし（＝危険だ。不安だ）」の連体形。「まじき」は打消推量・打消当然・禁止・不可能などの意を表す助動詞「まじ」の連体形。「みち」は〝道。道中。方法。道理〟などの意を表す多義語である。「あやふかるまじき」を直訳すると、〝危険ではあるまい〟などと訳せるので、これを基準に選択肢を吟味すると、「困難に陥ることを避けられる」と解釈したホが適当とわかる。イの「危ないので」、ロの「実現」、ハの「危険を冒してはならない」、ニの「命を落としかねない」はいずれも不適となる。

問五　空欄の直前に「こそやすから」とあるから、係助詞「こそ」の結びとなって已然形が入ることになる。選択肢ではただ私どもが思いますには、寺中の僧侶が読経するときもいつも一緒に声を出して鳴き立てて、お経がわからないようにし、また瞑想の修行を行う床の下にまでも（近寄って）、節を合わせて歌い騒いでその瞑想の邪魔をしますので、この願いが成就した後は、寺中で声を立てて鳴きなさることをお止めになることを作善となされますのもよろしいのでは、と言うと、誰もがこの道理に心が傾いて、一心称名（＝心を集中して仏や菩薩などの名号を唱えること）の大願を起こし、七日間参籠したところ、七日目の満願の日の明け方に、多くの蛙が二足で立ってしまった。どんなにか自由であろうかと喜んだが、案に相違して、両目が後ろの方になったので、進むべき方には目がなく、目がある方へは足が進まない。これではまあ進むも戻るもどうにもならないので、ふたたびさまざまに祈願し直し、かろうじて以前のからだ（＝四つ足）になったとかいうことだ。

　世の中を見てみるに、自分も他人も、この蛙の願立て（のような分不相応な願い）がないとは限らない。

語句　たんぬ＝「足りぬ」の撥音便。

上をたすけ＝「上」は原文では「うへ」となっているが、「うゑ（飢え）」と解すべきであろう。

文武二道をけがし＝「けがし（けがす）」は〝（才能がないのに）ある地位につく〟の意で、謙譲の気持ちを含む。

つれぶし＝他の人と節を合わせて歌うこと。本文では蛙の合唱をいう。

解説

　本文は、足るを知ることの重要性を説いた前半と、その教訓となる寓話を記した後半（「むかし、太秦の」以下）とから成る。

問一　「たらざるをたれりとする事」（空欄直前）に関して、「老子」と「よのつねの人」が対比されていることをおさえる。すなわち、前者が満足しないことを満足していると了解するのに対して、後者はそれができないという文脈になる。空欄直後に「なけれ」とあるが、これは形容詞「なし」の已然形、または形容詞を作る接尾語「なし」の已然形である。そこで選択肢を順に入れると、イは「およびなし（＝（力や考えが）及ばない）」、ロは「あたひ（＝値段。

いるとして他に（物を）求めないのも、これすなわち満足していることを知っていると申すべきであろうか。

多くの人は、その満足することを知らないで、十を得て（さらに）百を望み、百を得るとはかり知れないほど多くを望んで（きりがなく）、かえって（十分でなかった）昔が恋しくなってしまうことは、とてもあさはかだ。さらに古今集の、

逢坂山の激しい風は寒いけれど、行く先もわからないので、心細く思いつつも寝ることだ。

と詠んだ歌などを繰り返し口ずさんで、力の及ばないことを望み、思い通りになるはずもない方面のことなど、よくよく願ってはならないことであろう。それでもなおもしも思い通りになったり、もしも力が及んだとしても、だいたいのところは（身の程に）とどまることを知るならば、困難に陥ることを避けられる生き方である。

むかし、太秦の辺りの池の蛙たちが大勢集まっているなかに、大きな蛙が勢いよく前に出て言うには、われわれは歌といい戦といい、文武両道を身につけ、仙術（＝仙人の術）にも通じている身でありながら、泥亀どもと同じように四つ足ではい回っているのはおもしろくない。しかしながら、天性、四つ足として生まれついてしまった身では、自分の力ではなかなか思い通りにできないだろう。どうにかしてこの所の薬師如来に大願をかけ申し上げ、二足で歩き、二つの手で用事をかなえ、あらゆる生き物の至尊（＝この上なく尊いもの）となって、たとえ蛇などが追いかけてきても、一歩も退かず、手で（蛇を）遮りましょう、と言うと、だれもがそうするのがよいと同意したが、その中から一匹の蛙が進み出て申したことには、仏陀はその恩返しの礼儀を待っているわけではないけれど、もしその願い（＝二足歩行）がかないますなら、何を、お布施にしたらよいだろうか。作善（＝仏縁を結ぶための善事を行うこと）がなくては、いかがなものか、と言うので、これこそ本当に（もっともなことを）おっしゃったと言って、ある者は水草の花をお供えしようと言い、ある者は砂を仏塔のように積み上げ仏を供養しようと言ってはみても、（言うことは）それぞれであった。

また一匹が、勢いよく前に出てきて言ったことには、なるほど、もっともなことではあるけれど、砂を仏塔のように積み上げようと言っても、しっかりと積み上げるのは難しく、久米路の橋のように中断しては、かえって人の笑いものともなるであろうこともひどく恥ずかしく、また、水草の花をお供えするといっても、手で触れて汚れることも恐れ多いので、

国語

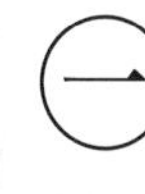

出典 山岡元隣『小さかづき』〈第一巻 第五 足る事を知らざる事 付 蛙の願立ての事〉

解答

問一 イ

問二 ハ

問三 d

問四 ホ

問五 ニ

問六 ロ

問七 ロ

全訳

（ほどほどに）満足することを知るということは、人の一生の宝（である）。値段をつけてこれを言うならば、堪忍の忍の字が百貫とするなら、千貫ともするべきものである。（ただし）満足することを知るということにも優劣がある。老子が満足することを知るときは（人に）辱められることはないと言うのは、注釈書にも、これは満足しないことを満足していると考えるときは常に満足しているということだとありまして、満足しないことを満足したとすることである。

しかしながら世間の普通の人は、満足しないことを満足しているとすることは（理解が）及ばないので、たった一鉢の食事が、飢えを助け、紙でできた衣服が、激しい風をふせぐ手だて（となり）、（不十分ながら物が）あることを満足して

////////////////////// · memo · //////////////////////

//////////////////// · memo · ////////////////////

////////////////////// · memo · //////////////////////

//////////////////// · memo · ////////////////////

//////////////////// · memo · ////////////////////

2023年度

解答編

解答編

英語

I 解答　(1)1－A　2－C　3－E　4－D
(2)－A・C・F・H
(3)－B
(4)1－B　2－D　3－B　4－B　5－E

◆全　訳◆

≪エジソンの成功を支えたもの≫

1876年，トーマス＝A.エジソンは彼の事業をニュージャージーにあるメンロ＝パークと呼ばれる小さな農場地域に移した。そこに彼は研究所を建て，幅広い組織と作業するチームを編成した。チームが取り扱ったのは，それらの組織と同じくらい幅広い企画で，電信産業内部とその他の両方におよんだ。エジソンの設計書どおりに建てられて，その研究所は長さ100フィート，幅30フィートだった。上階はエンジニアたち，彼ら自身の呼び方では「片付け作業員」に充てられ，作業台が中央に端から端まであり，用具，化学薬品，書物の棚が壁に沿って並ぶ一つの部屋になっていた。片付け作業員たちは解決策を探して何日も連続で仕事をし，夜遅くに研究所の一方の端を占める巨大なオルガンの周りに集まって，パイとタバコと下品な歌の休憩で作業を時々中断した。

エジソンのメンロ＝パークの研究所は，技術仲介の過程に対する価値ある洞察を提供してくれる。そこで，エジソンは，連続して革新を生み出すのに理想的な状況を作り出した。歴史家のロバート＝コノットによると，エジソンがメンロ＝パークで過ごした5年間は「歴史上，最も集中して発明があふれ出した時期を表している」。しかし，エジソンが，少なくとも次の100年間の技術界を形作ることになる新製品を開発することを可能にしたのは何なのだろうか。発明の天才としてのエジソンという考えを脇に置くことで，メンロ＝パークが，どのようにして，それが存在した時代と場所がネットワークによってつながった状況によって形成され，次にはそれを形作ったかを見ることができる。エジソンの成功は，子どものときに電車で新聞を売っている間に学んだことからというより，むしろ彼のチームが前月の企画に取り組んでいるときに学んだことから生まれた。白熱電球は，エジソンが1879年にそれを「発明する」という名声を成す前に，すでに20年ほど出回っていた。そして，電信と電話に対する彼の改良は劇的だったが，同様の着想を持った競争相手に勝つための特許局への働きかけ競争もまた劇的だった。エジソンの優位は，無から何かを作り出す能力ではなく，むしろネットワークを活用する能力にその本質があった。彼は，暗黙のうちに，しかし間違いなく積極的に，技術仲介という戦略を実行していたのである。

メンロ＝パークの組織は，電信，電球，鉄道，鉱業界の顧客のための工学的研究を行うことと，組織自身の実験を行うことに時間を使った。幅広い顧客のために，また幅広い産業で仕事をすることによって，エジソンはこれらの産業のそれぞれを作り上げている各界の間を動き回ることができた。彼と彼のチームは，ある産業での着想が他でも見込みがあることを示しているのを見てとると，彼はこうした異なる産業界を橋渡しするのに自分の仕事を異なる顧客のために使ったのだ。アンドレ＝ミラードは『エジソン発明会社の没落』の中で次のように特筆している。「エジソンは，人のために行った実験と自分自身のために行った実験の境界線をそっとぼやかした。契約に基づいた研究の結果が別の企画に使われるかどうか，あるいはある顧客のために作られた実験装置が他の顧客のための作業に使われるかどうかなど，だれにわかっただろうか」

エジソンは，他の産業の着想から借用することがよくあった。そして，研究所には，多くの異なる産業から来る幅広い顧客がおり，どの一つの開発計画も，エジソンが他の企画で活用できる価値ある情報を提供してくれた。

大衆的な歴史は，エジソン個人にメンロ＝パークからあふれ出た発明の功績を与えてきたが，私的な話では，エジソンと仲間の片付け作業員との密接な共同作業が述べられている。エジソンはメンロ＝パークに，革新過程に深くかかわる共同体を作ったのだ。メンロ＝パークの集団は，エジソンを含めておよそ 14 人だった。そのうちの 5 人が，エジソンと密接に仕事をする，きわだった役割を持っていた。チャールズ＝バチェラー，ジョン＝アダムズ，ジョン＝クロイジ，ジョン＝オット，そしてチャールズ＝ワースの 5 人である。エジソンは，チャールズ＝バチェラーと最も緊密に作業をした。彼はイギリス人で，機械工，製図作成者の 2 分野で受けた訓練が，エジソンの比較的突飛な構想を補った（そして地に着けた）。エジソンとバチェラーの関係は，あらゆる発明の利益を五分五分に分け，その結果生まれるすべての会社の株を受け取るという契約によく表されていた。

エジソンは，彼や他の人たちがそこから出てきた機械工場に倣って研究所を作った。その工場では，機械工とそことは無関係の事業家が，機械を共有し，話をして，見込みのある考えや機会を伝えあいながら，並んで作業していた。エジソンの助手の一人であるフランシス＝ジールによると，研究所の文化は，こうした初期の工場と同様に，全員が自分の仕事に熱意を持ち，偉大な成果を期待する若い成人男性で，彼らにとっては仕事と遊びの区別がないという，気の合う者同士の小さな共同体だった。電球，電信，あるいは蓄音機に関する躍進の突破口の多くは，エジソンが顧客の相手をしたり投資家を奪い合ったりしている間に，バチェラーやアダムズ，あるいはその企画に取り組んでいた他の人たちの 1 人が得た洞察に帰すことができる。実験に見込みがあるように思えると，エジソンはためらうことなく新しい株式会社を設立し，それに取り組むチームを作った。

その間ずっと，エジソンと他の人たちは懸命に働き，無から何かを作り出す孤独な天才という神話を不朽のものにした。たとえば，エジソンが，自分の発明の能力は既存の知識を無視することで生まれたと主張しているのはよく知られていることである。「何であれ，実験に取りかかるとき，私はそれに関する本は読みません。すでに行われたことは知りたくないのです」 その一方で，彼は覚書に自分の方法論を次のように記した。「まず，現在の構造を研究する。次に過去の経験をすべて求め，…その課題に関して可能なものを全部研究し，読む」

表向きには，エジソンは未来の追求において過去を捨てた。舞台裏では，彼は，彼が見つけることができ，利用できる，過去の最善のものからその未来を作ろうと懸命に研究していた。技術仲介という戦略を追求しながら，エジソンは古い世界同士を橋渡しし，結果として目にする革新を中心にして新しい世界を築いた。エジソンの業績の多くは，既存のアイデアを新しい方法で結びつけた。起源がそのようなつつましやかなものであったにもかかわらず，そうした革新は諸産業に大変革を起こした。

エジソンの研究所を引き立たせたのは，それを世間から遮断したり，無から何かを生み出したり，型破りな発想をしたりする能力ではなかった。まったくその逆である。その研究所をそれほど革新的なものにしたのは結びつける能力だったのだ。もしエジソンが何かを無視したのであれば，それは，革新とは発明の孤独な追求にまつわるものだという考えだった。エジソンが継続的に革新を起こせたのは，彼の時代のネットワーク化された状況を活用する方法を彼が知っていたからである。

メンロ＝パーク研究所と同様に，現代の技術仲介者たちも，多様な幅広い諸産業を橋渡しすることによって，戦略的優位を求める。彼らは，こうした異なる業界に見出す既存の物，着想，人々から新しい組み合わせを作るためにこの立場を活用する。エジソンが到達したような水準の成功に達するものはほとんどいないが，それでも，絶えず革新的な新製品や新しい手法を生み出す彼らの能力は，価値ある洞察を提供してくれる。

◀解　説▶

◆(1)　本文の内容と一致する文を完成するのに適するものを選ぶ問題である。

▶１.「チャールズ＝バチェラーは…」

A.「メンロ＝パーク研究所で，さまざまな点でエジソンと協力した」

第５段第５文（Edison worked most…）に「エジソンは，チャールズ＝バチェラーと最も緊密に作業をした。彼は，…機械工，製図作成者の２分野で受けた訓練が，エジソンの比較的突飛な構想を補った（そして地に着けた)」とあることと一致する。続く同段最終文で報酬が五分五分であったと述べられていることもエジソンとバチェラーの協力関係を物語る。これが正解。

B.「彼の受けた訓練がエジソンとまったく同じだったため，エジソンの企画に大いに貢献した」

エジソンが訓練を受けた分野については記述がない。また，前述の第５段第５文に「彼は，…機械工，製図作成者の２分野で受けた訓練が，エジソンの比較的突飛な構想を補った（そして地に着けた)」とあることから，

2人の受けた訓練が同じとは考えにくい。

C.「財政的に搾取されていたと感じたのでエジソンを訴えた」

本文にこのような記述はない。また，第5段最終文（The relationship between …）に「エジソンとバチェラーの関係は，あらゆる発明の利益を五分五分に分け，その結果生まれるすべての会社の株を受け取るという契約によく表されていた」とあることとも矛盾する。

D.「新しい着想を探求するために，研究所を世間から遮断するようにエジソンを説得しようとした」

本文にこのような記述はない。また，第9段第1文（What set Edison's …）に「エジソンの研究所を引き立たせたのは，それを世間から遮断したり…する能力ではなかった」とあることとも矛盾する。

E.「ニュージャージーのメンロ＝パークで生まれ育った」

前述の第5段第5文に「イギリス人」とあることと一致しない。

▶2.「片付け作業員たちは…」

A.「この言葉が彼らを指すのに使われると侮辱されたと感じていた」

第1段第4文（The upstairs was …）に「エンジニアたち，彼ら自身の呼び方では『片付け作業員』」とあることと一致しない。

B.「いつもは銀行などの金融機関からやって来て，エジソンの発明が彼らに大きな利益をもたらすことを望んでいた」

本文にこのような記述はない。

C.「メンロ＝パーク研究所のチームに所属しているエンジニアたちだった」

前述の第1段第4文の内容と一致する。これが正解。

D.「オルガンのあるメンロ＝パーク教会のコーラス団に所属する歌手たちだった」

本文にこのような記述はない。

E.「顧客向けの彼らの仕事と，自分たちのものだと彼らが主張できる発明の作業をはっきりと区別したがっていた」

本文にこのような記述はない。

▶3.「メンロ＝パーク研究所は…」

A.「労働者たちが昼食の休憩の間に，パイやタバコを買うことのできる食堂があった」

第 1 段最終文（The muckers would …）に「夜遅くに研究所の一方の端を占める巨大なオルガンの周りに集まって，パイとタバコと下品な歌の休憩で作業を時々中断した」とあるが，食堂があるとは述べられていない。また，昼食の休憩のことでもない。

B.「壁に沿って書物，化学薬品，用具，作業台があった」

第 1 段第 4 文（The upstairs was …）に「上階は…作業台が中央に端から端まであり」とあることと一致しない。作業台は壁沿いにない。

C.「仕事のあとにチームがくつろぐために，上階に寝室があった」

本文にこのような記述はない。

D.「ニュージャージーにある古い農場主の家からロバート＝コノットが建てた」

本文にこのような記述はない。なおロバート＝コノットは歴史家である。第 2 段第 3 文（According to Robert …）参照。

E.「電信や他の産業の幅広い企画に取り組んだ」

第 1 段第 2 文（There he built …）に「そこに彼は研究所を建て，電信産業内部とその他の両方で，…幅広い企画について作業するチームを編成した」とあることと一致する。これが正解。

▶ 4.「エジソンのメンロ＝パーク研究所の労働者たちは…」

A.「もっぱら電信，電球，鉱業界の他の会社のための工学の仕事のみをしていた」

第 3 段第 1 文（The organization at …）に「メンロ＝パークの組織は…顧客のための工学的研究を行うことと，組織自身の実験を行うことに時間を使った」とあることと一致しない。

B.「非常に低賃金だったので，エジソンとバチェラーに搾取されていると感じていた」

本文にこのような記述はない。

C.「怠けていることが多く，昼間にオルガンの周りで歌を歌って過ごすこともあった」

第 1 段最終文（The muckers would …）に「片付け作業員たちは解決策を探して何日も連続で仕事をし，夜遅くに…巨大なオルガンの周りに集まって，…下品な歌の休憩で作業を時々中断した」とあることと一致しない。

D.「自分たちの仕事に情熱的で，成功する結果を望んでいた」

第 6 段第 2 文（According to Francis …）に「全員が自分の仕事に熱意を持ち，偉大な成果を期待する若い成人男性だった」とあることと一致する。これが正解。

E.「無から何かを築くことに焦点を絞ったから成功した」

第 9 段第 1 文（What set Edison's …）に「エジソンの研究所を引き立たせたのは…無から何かを生み出したり…する能力ではなかった」とあることと一致しない。

◆(2)　本文の内容と一致しないものを 4 つ選ぶ問題である。

A.「エジソンは，メンロ＝パークに来る 20 年前に白熱電球を普及させた」

第 2 段第 7 文（The incandescent lightbulb …）に「白熱電球は，エジソンが 1879 年にそれを『発明する』という名声を成す前に，すでに 20 年ほど出回っていた」とあり，エジソンが 20 年前に白熱電球を普及させた訳ではないから，一致しない。これが正解の一つ。

B.「エジソンはしばしば，一つの産業からの着想を利用し，それを他の産業に有用なものに作り変えた」

第 4 段（Edison borrowed often …）の内容と一致する。

C.「エジソンは不必要に事業を拡大したくなかったので，新しいチームを立ち上げるのには気が進まないことが多かった」

第 6 段最終文（When an experiment …）に「実験に見込みがあるように思えると，エジソンはためらうことなく…それに取り組むチームを作った」とあることと一致しない。これが正解の一つ。

D.「エジソンのメンロ＝パーク研究所では，どの作業が特定の顧客のための仕事で，どの作業が研究所の労働者自身の着想に関連する実験であるのか，明確に特定することは簡単ではなかった」

第 3 段第 3 文（As Andre Millard …）の内容と一致する。

E.「エジソンとバチェラーの間で交わされた契約は，エジソンが自分の研究所の作業へのバチェラーの貢献を評価していたことを表している」

第 5 段最終文（The relationship between …）の内容と一致する。

F.「この文章の筆者は，エジソンを発明家というよりエンジニアとして描いている」

第5段第5文（Edison worked most …）「チャールズ＝バチェラー…の機械工と製図作成者の2分野での訓練が，エジソンの比較的突飛な構想を補った（そして地に着けた）」，第6段第3文（Many of the …）「躍進の突破口の多くは，エジソンが顧客の相手をしたり投資家を奪い合ったりしている間に，バチェラーやアダムズ，あるいはその企画に取り組んでいた他の人たちの1人が得た洞察に帰すことができる」などのように，エジソンが直接実験や製作作業に携わっている様子は描かれていない。筆者が焦点を当てているのは，第8段第3文（Pursuing a strategy …）「技術仲介という戦略を追求しながら，エジソンは古い世界同士を橋渡しし，結果として目にする革新を中心にして新しい世界を築いた」などに見られるように，ある分野でうまくいったものを別の分野にも使うという技術仲介者としての側面と言える。これが正解の一つ。

G.「メンロ＝パーク研究所は，女性エンジニアを一人も雇っていなかった」

第6段第2文（According to Francis …）の all in young manhood という内容と一致する。

H.「筆者は，エジソンの成功を電車で新聞を売るという子ども時代の経験に帰している」

第2段第6文（Edison's success came …）に「エジソンの成功は子どものときに電車で新聞を売っている間に学んだことからというより，むしろ彼のチームが前月の企画に取り組んでいるときに学んだことから生まれた」とあることと一致しない。これが正解の一つ。

I.「エジソンが世間に向けて自分をどのように見せたいと思っていたかということと，本当の彼がどうだったかということには相違がある」

第7段第2～最終文（For example, … on the subject."），および第8段第1・2文（Onstage, Edison abandoned … find and use.）の内容と一致する。

◆(3) 本文の主旨を選ぶ問題である。

第2段第1文（Edison's Menlo Park lab offers …）に「エジソンのメンロ＝パークの研究所は，技術仲介の過程に対する価値ある洞察を提供してくれる」とあり，以下，同段第9文（Edison's advantage lay …）「エジソンの優位は，無から何かを作り出す能力ではなく，むしろネットワークを活用する能力にその本質があった」，第3段第2文（By working for …）後半「彼と彼のチームは，ある産業での着想が他でも見込みがあることを示しているのを見てとると，彼はこうした異なる産業界を橋渡しするのに自分の仕事を異なる顧客のために使った」などに見られるように，エジソンと彼のチームは，無から何かを作るというより，ある分野でうまくいくものを別の分野にも使うという方法で革新的なものを生み出したことが述べられている。Bの「革新におけるエジソンの戦略は，新しい産業を作り出すために技術のネットワークを利用することだった」が適切。

A.「エジソンのメンロ＝パーク研究所は，自分のチームから最大限のものを引き出す方法を知っている発明の天才の古典的なやり方を反映している」

C.「革新におけるエジソンの強みは，既存の技術を疑い，ゼロから始めることから生まれた」

D.「メンロ＝パーク研究所での活動でエジソンが最も大切にしたことは，型破りな発想をするよう，自分の協力者たちに奨励することだった」

E.「エジソンの研究所を独特なものにしたのは，エジソンが自分の着想を注意深く秘密にしていたために，エンジニアたちは自分たちが何を作っているのか気づいていなかったことだ」

◆(4)　文中の下線部の語句と同意のものを選ぶ問題である。

▶1.「ここではflightyは…を意味している」

当該箇所は「バチェラーの機械工，製図作成者の2分野での訓練が，エジソンの比較的flighty構想を補った（そして地に着けた）」となっている。groundの基本義は「～を地面に置く」であり，下線部の語はflight「飛行」の形容詞形と思われる。バチェラーは機械工であり製図もできる人物なので，エジソンの「宙を舞う」構想がどのような形で実現可能か，より現実的な意見を述べることができたという内容だと考えられる。Bのfanciful「空想にふける，奇抜な」が正解。flightyは「気まぐれな，突飛な」の意。A. aggressive「精力的な」　C. innovative「革新的な」　D. insightful「洞察力のある」　E. unique「独特な」

▶2.「ここではkindred spiritsは…を意味している」

当該箇所は「研究所の文化は，こうした初期の工場と同様に，kindred spiritsの小さな共同体だった」となっている。「こうした初期の工場」には，当該文直前の文で言及されており，「その工場では，機械工とそことは無関係の事業家が，機械を共有し，話をして，見込みのある考えや機会を伝えあいながら，並んで作業していた」となっている。立場の違う者同士が，知識や考えを共有し，協力して作業していることがわかる。下線部のある文の後半には「全員が自分の仕事に熱意を持ち，偉大な成果を期待する若い成人男性で，彼らにとっては仕事と遊びの区別がない」とあり，夢を同じくする若者たちの和気あいあいとした様子がうかがえる。Dのlike-minded people「同じ考え方〔目的〕を持った人々」が正解。kindred spiritsは「気の合う者同士」の意。A．close relatives「近い親戚」 B．ghostly beings「幽霊のような存在」 C．kind-hearted workers「心の優しい労働者」 E．old souls「老人，古い魂」

▶3．「ここではscramblingは…を意味している」

当該箇所は「エジソンは顧客の相手をしたり投資家をscramblingしていた」となっている。直後の文に「実験に見込みがあるように思えると，エジソンはためらうことなく新しい株式会社を設立し…た」とある。新規事業のための投資家を探していたといった意味であると推測できる。Bのfrantically searching for something「必死に何かを探している」が正解。A．entertaining in order to survive「生き延びるために人を楽しませている」 C．giving mixed signals to confuse「混乱させるために曖昧な信号を送っている」 D．struggling to get rid of something「何かを取り除こうと奮闘している」 E．trying to avoid something「何かを避けようとしている」

▶4．「ここではperpetuateは…を意味している」

当該箇所は「その間ずっと，エジソンと他の人たちは懸命に働き，無から何かを作り出す孤独な天才という神話をperpetuate」となっている。当該箇所を含む文の次では，「エジソンが，自分の発明の能力は既存の知識を無視することで生まれたと主張しているのは周知のこと」と述べられているので，孤独な天才のイメージを普遍のものにしようとしたという内容だと推測される。第5段第1文（Popular history has…）にも「大衆的な歴史は，エジソン個人にメンロ＝パークからあふれ出た発明の功績を与えてきた」とあり，現在に至るまで，エジソンが1人で何もかも生み出したかのように思われている傾向がある。Bのmaintain「～を維持する」

が正解。perpetuate は「～を永続させる，不朽にする」の意。A．deny「～を否定する」 C．perplex「～を混乱させる」 D．supply「～を供給する」 E．survive「～を生き延びる」

▶5．「ここでは onstage は…を意味している」

当該箇所は「Onstage，エジソンは未来の追求において過去を捨てた」となっている。続く文に「Backstage，彼は…過去の最善のものからその未来を作ろうと懸命に研究していた」とあり，これらの記述は第 7 段第 2～最終文（For example, … on the subject.”）の「エジソンは，自分の発明の能力は既存の知識を無視することで生まれたと主張している…しかし，彼は覚書に自分の方法論を『…過去の経験をすべて求め，その課題に関して可能なものは全部研究し読む』と記した」とあることをまとめたものと考えられる。主張は外に向けての発言であり，覚書は個人的なものである。onstage に続く内容は，「表向き」のイメージで捉えられるものなので，E の publicly「公に，公衆の面前で」が正解。onstage は「舞台上で」の意。backstage「舞台裏で」とともに，比喩的に用いられている。A．dramatically「劇的に」 B．freely「自由に」 C．personally「個人的に」 D．presently「目下，間もなく」

●語句・構文●

（第 1 段） put together ～「～（チームなど）を編成する」 to *one's* specifications「～の設計書どおりに」 punctuate「～を中断する」 bawdy「わいせつな，下品な」

（第 2 段） outpouring「ほとばしり」 landscape「分野，状況，領域」 in turn「今度は，次には」 incandescent lightbulb「白熱電球」 while … were dramatic, so too were his races「…は劇的だったが，彼の競争もまたそうだった」 so V S（疑問文の語順の倒置）で，前述の内容を受けて「S もそうだ」の意。ここでは，同じような意味の too「～もまた」が付加されている。lie in ～「（本質など）が～にある」

（第 3 段） Who was to know ～?「～がだれにわかっただろうか（だれにもわからなかった）」 修辞疑問（反語）である。否定の内容になるので，be to *do* は可能の用法で，cannot「～できない」の意と考えられる。

（第 5 段） credit *A* with *B*「*A* に *B* の功績があるとする」

（第 6 段） attributable to ～「～に帰すことができる」

（第9段） set *A* apart「*A* を引き立たせる」 think outside of the box「型破りな発想をする」

Ⅱ　解答

(1)―A・C・E・F
(2)1―D　2―E　3―C
(3)1―C　2―B　3―B
(4)―E
(5)1―C　2―E　3―C　4―E　5―E

◆全　訳◆

≪仕事に対する情熱原理の落とし穴≫

最近，アメリカ人は現代の労働生活の欠点について，友人，家族，そして自分自身と真剣に語り合っている。何百万人もの人たちが「大量離職」に加わり，多くの人，とりわけ大学教育を受けた人たちは，自分の情熱に従い，違った職業を開始することを誓っている。

このようにもっと意味のある仕事を切望することは新しいことではない。過去30年にわたって，大学生や大卒の労働者は，私が言うところの「情熱原理」，つまり，自分の職業に関する決定の仕方の指針として，仕事の安定や世間並みの給料を犠牲にしてさえも達成感のある仕事を優先することに目を向けている。大学生，大卒生，就職指導官へのアンケートや聞き取りを利用した私の研究によると，大学教育を受けた労働者の75パーセント以上が，情熱は職業選択の重要な一要素だと考えている。そして，その67パーセントは仕事の安定，高い給料，仕事と生活のバランスよりも意味のある仕事を優先するだろうと言っている。こうした考えを信じている人たちは，自分にはほとんど個人的関係のない作業に何時間も費やして，つまらぬ仕事をすることに対する予防を情熱がしてくれると確信している。多くの人たちにとって，自分の情熱に従うことは良い仕事につながる道であるだけではない。それは良い人生のカギなのである。

それでも，職業の決定で意味のある仕事を優先することには不利な点も多く，それは思い浮かぶかもしれないものに限られない。確かに，安定してはいるが達成感のない仕事からもっと意味のある仕事に変えることには，財政的なリスクがある可能性がある。しかし，情熱原理は存在に関する害も引き起こす。露骨な言い方をすれば，ホワイトカラーの労働力は，労働者が自己実現のプロジェクトを育むようには設計されていなかった。それは，組織の株主たちの利益を増進するように作られたものである。人々が有給の仕事を，意味を見出すための探求の中心に据えると，自意識の本質的な部分のコントロールを，利益を追求する雇用者やグローバル経済の浮き沈みに手渡してしまうことになる。

情熱原理主義は，いまや，職業についての助言としてはどこにでも見られるものになっている。私が聞き取りを行った大学の就職指導官たちさえも，そのほとんどが，それを支持していた。しかし，仕事に対する熱意のある人たちや燃え尽きた労働者に，「自分の夢を追いかける」ように助言することは，概して上流中産階級や裕福な個人だけが確実に利用できる財政的なセーフティネットやソーシャルネットワークという踏み台を前提としている。労働者階級の大卒者が自分の情熱を追求すると，のちに，その情熱とは大いにかけ離れた不安定で給料の安い仕事につくはめになる可能性が，もっと裕福な情熱追求者の2倍ほどになることがわかった。

仕事に対する熱意のある人たちは自分の大好きなことをし，「雇用の本質」はあとで理解すればよいと助言することは（この調査を始める前には私もその罪を犯していたが），多くの人が直面する経済的成功への構造的な障害を無視しており，もしその障害を克服できないとしたら，それは仕事に対する熱意のある人たちが悪いということになる。情熱原理は，結局個人レベルの解決策である。それは仕事を達成感の場に変えることで，有給の仕事で摩耗することを労働者が避けるように導く。しかし，それは，そもそも有給の仕事を退屈な仕事のように感じさせる要素について対処するようなものでは全くない。多くの企業も，彼らの側としては，労働者の情熱を利用する傾向にある。私の調査では，自分の仕事を達成感があると思っている労働者のほうを，雇用者は好むことがわかっている。まさしく，情熱のある労働者は追加で無給の労働を提供してくれることが多いからである。

労働者のために社会的セーフティネットや保護手段を広げることは，情熱の追求の金銭面でのリスクを少なくするのに大いに役立つだろう。そして，より良い労働条件，もっと予測のつく労働時間，より良い特典，より大きな交渉力，より少ない過労といった集合的な解決策を，職場で，また国策を通じて工夫することは，有給の労働をより処理しやすいものにするだけでなく，情熱を表現する可能性がほとんどない仕事についている人たちにとって仕事をより良いものにしもするだろう。

情熱における存在に関わる問題を避けるために，人々は仕事に関する個人の考え方を変えることができる。解決策の一つは，生活の中でもっと狭い場所に収まるように有給の仕事を整えることである。労働時間が予測でき，他の場所での意味のある活動に携わる自由を与えてくれ，友人や家族，趣味のための十分な時間を許してくれる仕事は，より望ましく，自分自身を大事にできる目標かもしれない。そうなると，より適切な問いは，「自分の大好きな仕事へのキャリアの道筋をどうやって変えることができるか」ではなく，むしろ「私に喜びをもたらしてくれる物事や人々のための時間や活力をもっと私に残してくれるように自分の仕事をどのように調整できるだろうか」というものである。もう一つの解決策は，意味を生み出すものの細目を多様化することである。つまり，アイデンティティや満足感を根づかせる新しいさまざまな場所を積極的に探し求めるのである。自分の自意識の大半を，単一の社会組織，とりわけ労働市場と同じくらい予測のつかないものの内部にあるようなものに委ねる人はいないはずだ。

もちろん，私は仕事から楽しみを排除することを提唱しているのではない。給料のために働くことは，退屈で期待外れであり，心を押しつぶしさえすることもあり，意味のある仕事を持っていることは，労働時間がより楽しく過ぎるようにする方法の一つである。しかし，こうした課題の解決策は，必ずしも仕事を私たちのアイデンティティの中心物として位置づけなければならないということではない。情熱の罠を理解することによって，それに代わるものを構想する，より良い備えができる。そうしなければならないのなら情熱に従えばよい。しかしまた，自意識をつなぎとめるための場所を仕事以外に見出そう。

◀解　説▶

◆(1)　本文の内容と一致するものを 4 つ選ぶ問題である。

A.「雇用者は，労働者が意味のある仕事にこだわると，いっそう自分自身の利己的な動機を追求することが容易になる」

第 5 段第 5・最終文（Many companies, … uncompensated labor.）に「多くの企業も…労働者の情熱を利用する傾向にある…自分の仕事を達成感があると思っている労働者のほうを，雇用者は好む…まさしく，情熱のある労働者は追加で無給の労働を提供してくれることが多いからである」とあることと一致する。これが正解の一つ。

B.「財政的な危険は，仕事を選ぶときに他のすべてに情熱を優先させることの唯一の潜在的な対価である」

第 3 段第 3 文（But the passion …）に「情熱原理は存在に関わる災害も引き起こす」とあるので，「唯一の」（the one = the only）が誤り。前文に「財政的なリスクがある」と述べられているものの，リスクはそれだけではない。

C.「労働の協定は，被雇用者の利益よりも資本家の利益に役立つ可能性のほうが高い」

第 3 段第 3・4 文（But the passion … nurture self-realization projects.）に「ホワイトカラーの労働力は，労働者が自己実現のプロジェクトを育むようには設計されていなかった。それは，組織の株主たちの利益を増進するように作られた」とあるのと一致する。これが正解の一つ。

D.「社会階級は一般に，労働者が自分の夢を追求することができるかどうかの重要な決定要素ではない」

第 4 段第 2・最終文（But advising career … outside that passion.）に「『自分の夢を追いかける』ように助言することは，概して上流中産階級や裕福な個人だけが確実に利用できる財政的なセーフティネットやソーシャルネットワークという踏み台を前提…労働者階級の大卒者が自分の情熱を追求すると，のちに…不安定で給料の安い仕事につく…可能性が，もっと裕福な情熱追求者の 2 倍ほどになる」とあることと一致しない。社会階級が決定要素になると考えられる内容である。

E.「筆者の調査に参加した人のおよそ 4 分の 3 は，『情熱原理』に賛同した」

第 2 段第 2 文（According to my …）に「大学生，大卒生，就職指導官へのアンケートや聞き取りを用いた私の研究によると，大学教育を受けた労働者の 75 パーセント以上が，情熱は職業選択の重要な一要素だと考えている」とあるのと一致する。これが正解の一つ。

F.「情熱志向の考え方が，仕事だけでなく人生全体を豊かにすることを期待している人々がいる」

第 2 段最終文（For many, …）に「多くの人たちにとって，自分の情熱に従うことは良い仕事につながる道であるだけではない。それは良い人生のカギなのである」とあることと一致する。これが正解の一つ。

G.「個人的な満足や達成感に基づいてキャリアを考えることは，主に最近の新情勢である」

第２段第１文（This yearning for …）に「このようにもっと意味のある仕事を切望することは新しいことではない」とあることと一致しない。

H.「ある調査では（そうではない人の）２倍の回答者が，満足のいく仕事よりも意味のある仕事を優先していた」

第２段第３文（And 67 percent …）に「67 パーセントは仕事の安定，高い給料，仕事と生活のバランスよりも意味のある仕事を優先するだろうと言っている」とあることと一致しない。比較対象が「満足のいく仕事」ではないし，「２倍」に相当する箇所もない。

◆(2)　本文中の太字で示されている箇所に関する問いに対して最も適切なものを選ぶ問題である。

▶１.「筆者が **existential hazards** と呼んでいるものは…」

当該箇所は「情熱原理は存在に関わる害も引き起こす」となっており，同段最終文（When people place …）には「人々が有給の仕事を，意味を生む探求の中心に据えると，自意識の本質的な部分のコントロールを，利益を追求する雇用者…に手渡してしまうことになる」とある。この内容から，existential「存在の，存在に関する」の「存在」は their sense of self「自意識」のことで，existential hazards は「自意識に対する害」「自分の存在理由に関わる災害」といったことだと考えられる。D の threatens our very identity「私たちのアイデンティティそのものを脅かす」が適切。

A. endangers corporate success「企業の成功を危険にさらす」 B. facilitates worker satisfaction「労働者の満足を促進する」 C. hides the consequences of work「労働の結果を見えなくする」 E. traps us in low-paid careers「私たちを給料の安い仕事にはめる」

▶２.「**end up in unstable, low-paid work far outside that passion** という一節は…助言が…可能性があることを表している」

当該文は「労働者階級の大卒者が自分の情熱を追求すると，のちにその情熱とは大いにかけ離れた不安定で給料の安い仕事につくはめになる可能性が，もっと裕福な情熱追求者の２倍ほどになることがわかった」となっている。同段第1文（The passion-principle …）に「情熱原理主義は，いまや，職業に関して，どこにでも見られる助言になっている」とあり，第1段第2文（Millions of people …）にも「何百万人もの人たちが…自分の情熱に従い，違った職業を開始することを誓っている」とあるように，情熱に従って職業を追求するよう助言することと，それに従うことは大きなトレンドになっている。「情熱を追えという助言が，悪い結果をもたらす」という内容にすればよいので，E の well-meaning / backfire を補い，「良かれと思っての助言が裏目にでる可能性がある」とするのが適切。

A．contradictory / come true「矛盾する助言が実現する可能性がある」

B．inconsistent / mislead「一貫性のない助言が人を誤った方向に導く可能性がある」

C．flexible / pay off「柔軟な助言が成果を上げる可能性がある」

D．no / prevail「どんな助言も広まる可能性はない」

▶ 3．「**entrust the bulk of their sense of self to a single social institution** することとは，筆者が…として戒めることである」

当該文は「自分の自意識の大半を，単一の社会組織，とりわけ労働市場と同じくらい予測のつかないものの内部にあるようなものに委ねる人はいないはずだ」となっている。直前の文で，存在に関わる問題を避ける方法として，「意味を生み出すものの細目を多様化することである。つまり，アイデンティティや満足感を根づかせる新しいさまざまな場所を積極的に探し求めるのである」とある。太字の部分はこれと正反対のことを述べており，C の putting all your eggs in one basket「全部の卵を一つのかごに入れること」，つまり「一つのこと（＝仕事）にすべてを賭けること」が適切。A．a hard egg to crack「割るのには硬い卵」 B．killing the goose that lays the golden eggs「金の卵を生むガチョウを殺すこと」は目先の利益のために将来の利益を犠牲にすることを表す。D．the chicken or the egg problem「ニワトリか卵かの問題」はどちらが先か（＝本質か）決めることができない問題を表す。E．trying to make an omelet without breaking some eggs「卵を割らずにオムレツを作ろうとすること」は何事をするにも犠牲を払わなくてはならないことを表す。

◆(3) 文中の空所に補うと文脈の中で最も意味をなさない語句を選ぶ問題である。

▶1．当該箇所の前後は「情熱原理は存在に関わる害も引き起こす。［　　］，ホワイトカラーの労働力は，労働者が自己実現のプロジェクトを育むようには設計されていなかった」となっている。自分の情熱に従って仕事を決定しても，自己実現のプロジェクトが追求できるようになっていないという残念な事実が述べられている。CのThe good news is「良い知らせは…である」では意味をなさない。これが正解。A．As it turns out「結局のところ」 B．Put frankly「率直に言って」 D．To be blunt「ありていに言えば」 E．Truth be told「実を言うと」（〔全訳〕では原典を参考にしてBの訳を入れている）

▶2．当該箇所の前後は「仕事を達成感の場に変えることで，情熱原理は労働者が有給の仕事で摩耗することを避けるように導く。［　　］，それは，そもそも有給の仕事を退屈な仕事のように感じさせる要素について対処するものでは全くない」となっている。空所の前後は，情熱原理が労働者のためになるように思えるのに，実際にはそうではない側面がある，と相反する内容になっている。BのConsequently「その結果，したがって」は，この文脈に不適切。これが正解。A．Alas「しかし，悲しいことには」 C．However「ところが」 D．On the second thought「考え直してみると」 E．Then again「とはいうものの」（〔全訳〕では原典を参考にしてCの訳を入れている）

▶3．当該箇所は「そうしなければならないのなら情熱に従えばよい。しかしまた［　　］」となっている。情熱に従って仕事を変えたり決めたりすることが必ずしも良い結果になるとは限らないというこの文章のまとめになっている文である。解決策として，第7段第2文コロン（：）以降（Work that can be…）には「労働時間が予測でき，他の場所での意味のある活動に携わる自由を与えてくれ，友人や家族，趣味のための十分な時間を許してくれる仕事は，より望ましく，自分を守ってくれる」，同段第4文（Another solution is…）に「アイデンティティや満足感を根づかせる新しいさまざまな場所を積極的に探し求める」とある。また，最終段第3文（But the solution…）には「解決策は，必ずしも仕事を私たちのアイデンティティの中心物として位置づけなければならないということではない」とも述べられている。つまり，仕事に自分のアイデンティティや満足感のすべてを賭けるのではなく，他の場所や活動にそれを求め，そこに関わる時間を確保できるように仕事を調節することが望ましいということである。B の don't forget to put enough into your job to make it worthwhile「仕事を価値あるものにするために，十分なものを仕事に投入することを忘れてはいけない」が不適切。これが正解。A．be mindful of the myriad ways to find joy in life「生活に喜びを見出す多種多様な方法に注意を払おう」 C．find places outside of work to anchor your sense of self「自意識をしっかりとどめるための仕事以外の場所を見つけよう」 D．locate meaning and purpose aside from your career「自分のキャリアとは別のところに意味と目的を置こう」 E．remember the proverb: "All work and no play makes Jack a dull boy"「『よく学びよく遊べ』ということわざを思い出そう」（〔全訳〕では原典を参考にしてCの訳を入れている）

◆(4)　文章の主旨を選ぶ問題である。

第１・２段では，「大量離職」に触れながら，仕事の安定や人並みの給料を犠牲にしても達成感のある仕事を優先する「情熱原理」を多くの人々が支持している実態を述べているが，第３段以降，情熱原理の欠点や落とし穴が述べられている。第６段では解決策に言及し，第７段でも考えられる解決策を２つ紹介している。その一つが「有給の仕事が自分の生活の中で占める割合を小さくし，友人や家族と過ごす時間，趣味の時間を十分とること」(第７段第２文)，もう一つが「アイデンティティや満足感を根づかせる（仕事以外の）新しいさまざまな場所を積極的に探し求めること」(第７段第４文）である。最終段では「仕事を中心に据えない」と述べている。こうした流れを考えると，Eの「『自分が大好きなことをする』という考えは魅力的に聞こえる一方で，やっかいな過度にのめり込むことにつながり，私たちが仕事を超えたところにあるかもしれない本当の自分を見つける力を奪う可能性がある」が適切。

A．「『情熱原理』には欠点があるかもしれないが，仕事と情熱を結びつけることは，長期的に見ればキャリアをより持続可能なものにするので，実際には経済的な意味をなす」

B．「考慮すべき他のことよりも自分の情熱を優先することは，自己のアイデンティティや仕事と生活のバランスを築くのに役立ち，そのことが『自分の夢に従え』というのがなぜ人気のある勧めなのかを説明する」

C.「自分の仕事に喜びを見出そうとすることは個人的な決定であり，企業は労働者，とりわけ自分のプライベートな生活を優先する人たちに『情熱原理』を課す前によく考えるべきである」

D.「雇用者だけに恩恵をもたらす労働関係を過大評価することには注意をすべきであり，代わりに，人々に社会全体も豊かにする意味のある仕事を求めるように奨励すべきである」

◆(5)　文中の下線部の語句に関して正しい文を完成するのに適する語句を選ぶ問題である。

▶1.「『大量離職』とは，それによって多くのアメリカ人が…現象のことを言っている」

当該箇所後半に，「多くの人…たちは，自分の情熱に従い，違った職業を開始することを誓っている」とある。Cの quit their jobs「仕事を辞めた」が正解。A. continued working unhappily「満足のいかぬまま仕事を続けた」 B. debated their career choices「仕事の選択を論じた」「論じた」という内容はないし，「離職」の説明にもならない。D. reaffirmed the value of work「仕事の価値を再確認した」 E. returned to school「学校に戻った」

▶2.「ここでは ebbs and flows は…を意味している」

当該箇所は「人々が有給の仕事を，意味を見出すための探求の中心に据えると，自意識の本質的な部分のコントロールを，利益を追求する雇用者やグローバル経済の ebbs and flows に手渡してしまうことになる」となっている。自分の情熱に従って仕事を選んでも，雇われる仕事では，自身の存在意義に関わる本質的な部分を自分でコントロールできないことを述べている箇所。雇用者と並んで力を持つものとして述べられているので，グローバル経済の「動向」といった意味であると考えられる。E の ups and downs「浮き沈み」が正解。ebbs and flows は「引き潮と満ち潮」が文字どおりの意で，そこから比喩的に「盛衰」を表す。A. dollars and cents「ドルとセント」 B. ins and outs「一部始終」 C. nuts and bolts「基本」 D. pros and cons「良し悪し，賛否両論」

▶3.「ここでは ubiquitous は…を意味している」

当該箇所は「情熱原理主義は，いまや，職業に関する ubiquitous 助言になっている」となっている。直後に「私が聞き取りを行った大学の就職指導官たちさえも，そのほとんどが，それを支持していた」とあることから，「よくある助言」といった意味であると推測できる。C の pervasive「(やたらに) 広がる，行き渡る」が正解。ubiquitous は「至るところにある，遍在する」の意。A．consensual「合意による」 B．contemporary「同時代の，現代の」 D．questionable「問題のある」 E．welcome「歓迎される」

▶ 4．「ここでは pertinent は…を意味している」

当該箇所は「そうなると，より pertinent 問いは，『…』ではなく，むしろ『…』というものである」となっている。単純に情熱に従って仕事を変えることは，必ずしもより良い結果につながらないことが第 3・4 段に述べられており，第 7 段第 1 文（In order to avoid …）には「情熱にまつわる，存在に関わる問題を避けるために，人々は仕事に関する個人の考え方を変えることができる」とある。つまり，仕事についての問いの立て方をより適切なものにすることが当該箇所では述べられていると考えられる。E の relevant「適切な，妥当な」が正解。pertinent は「適切な，要を得た」の意。A．burdensome「負担となる」 B．inevitable「避けることのできない」 C．puzzling「困惑させる」 D．recent「最近の」

▶ 5．「ここでは advocating for は…を意味している」

当該箇所は「もちろん，私は仕事から楽しみを排除することを advocating for のではない」となっている。第 3 段以降，情熱や夢に従って仕事を探したり変えたりすることの問題点を述べてきたので，仕事が楽しいものであってはならないかのような印象を読者に与えた可能性があるが，そうではないという趣旨だと考えられる。直後の文の後半には「意味のある仕事を持っていることは，労働時間がより楽しく過ぎるようにする方法の一つである」ともある。E の standing up for ～「～を擁護している」が適切。advocate for ～は「～を提唱する，主張する」の意。A．denying the possibility of ～「～の可能性を否定している」 B．requesting permission for ～「～の許可を要求している」 C．seeking consensus on ～「～に関する統一見解を求めている」 D．speaking out against ～「～に反対して述べている」

●語句・構文●

（第 1 段） shortcoming「欠点，短所」 vow to *do*「～することを誓う」

embark on ～「～に乗り出す，～を開始する」
(第2段) yearning for ～「～に対するあこがれ，切望」 prioritization「優先」 fulfilling「達成感を与える」 decent「世間並みの」 draw on ～「～を利用する，参考にする」 inoculate *A* against *B*「*A* に *B* に対する予防接種をする」が文字どおり。ここでは，「*A* に被害を与えるような *B* を防ぐ」ことの比喩として使われていると考えられる。drudgery「つまらない，骨折り仕事」
(第3段) drawback「欠点，不利な点」 pose hazards「害を引き起こす」 journey「探求，道程」
(第4段) aspirant「大望を抱く人，熱望する人」 presume「～を前提とする」
(第5段) grind「骨の折れる退屈な仕事，すり砕くこと」 in the first place「そもそも，第一に」 uncompensated「無給の」
(第6段) go a long way to *do*「～するのに大いに役立つ」 devise「～を工夫する，考案する」
(第7段) portfolio「(サービスなどの) 一覧」
(第8段) tedious「退屈な」 centerpiece「最重要物，中心物」

III　解答　1－A　2－F　3－D　4－C　5－E

◀解　説▶

一連の文章の空所に適する語（前置詞・副詞）を選ぶ問題である。同じ語は1回しか使えない。

▶1．「彼は絵を描くことに対する自分の情熱を両親に ＿＿＿ しようとした」

Aの across を補えば，get *A* across to *B*「*A* を *B* にわからせる，理解させる」で「情熱を両親に理解させようとした」となり，適切。ただし，この文では get across to *B* *A* の語順になっている。

▶2．「しかし，彼は彼らに ＿＿＿ できなかった」

「(理解させようとしたが) 理解させることができなかった」の意になることは明らか。1と異なり「何を」がないので，自動詞用法だとわかる。Fの through を補うと，get through to ～「～に自分の言うことをわからせる」の意になり，適切。

▶ 3.「芸術家として作成するもので彼は [　　] できないだろうと，彼らは言った」

「生活する」の意味になると考えられる。Dの by を補うと get by on ～「～で何とかやっていく，暮らす」の意になり適切。

▶ 4.「彼らは，芸術学校へ行くという彼の計画 [　　] できなかった」

Cの behind を補うと get behind ～「～を支持する，後押しする」の意になり，適切。

▶ 5.「彼はやるべきことに [　　]，財政支援を探し始めるときだと判断した」

Eの down を補うと get down to business「用件〔本題〕にとりかかる」の意になり，適切。

Ⅳ 解答　1－B　2－D　3－C　4－D　5－C　6－B

◀解　説▶

一連の文章の空所に適する語句を選ぶ問題である。

▶ 1.「表によると，過去20年で学生の満足度で最大の増加が見られたのは，学生へのサービスとキャンパスへの行きやすさだった。[　　]，指導の質と図書館の充実はこの期間中一定だった」

空所の前には大きな変動があった項目，後には変化がない項目のことが述べられているので，Bの By contrast「対照的に」を補うのが適切。A. As a result「その結果として」 C. For example「たとえば」 D. In return「お返しに，代わりに」 E. Therefore「したがって」

▶ 2.「回答者は，2020年には他のどれよりも学生へのサービスを好ましく思う [　　]」

当該文中に than がある。これは前に比較級がなければ使えない。Dの more likely「より～する可能性が高かった」が正解。表でも2020年の「学生へのサービス」は最も数値が高く，内容上も適切。A. highly positive「非常に肯定的だった」 B. increasingly hesitant「ますますためらった」 C. least inclined「最も～しそうではなかった」 E. most numerous「最も数が多かった」

▶3．「その部門は［　　］さえ超えていた」

that category「その部門」は2で見た「学生へのサービス」で，2020年の数値に言及している。表の中で「学生へのサービス」の91に次ぐのは「図書館の充実」の88である。Cの library resources が正解。また，空所後に「その時点の前では最高評価」とあり，「その時点」が2020年なので2010年に最高評価ということである。2010年の一番は「図書館の充実」であるから，この説明とも一致する。A．athletic facilities「スポーツ施設」 B．campus accessibility「キャンパスへの行きやすさ」 D．student services「学生へのサービス」 E．teaching quality「指導の質」

▶4．「学生へのサービスとキャンパスへの行きやすさの違いの一つは，前者が20年の間に［　　］上昇したのに対して，後者の向上は主に最初の10年に起きたことだ」

表を見ると，「学生へのサービス」は，2000年から2010年は53から72へと19の増加，2010年の72から2020年の91は19の増加で，10年ごとの増加数は同じである。Dの steadily「着々と」が正解。「キャンパスへの行きやすさ」は，2000年から2010年がほぼ倍増で，2010年と2020年には，ほとんど差がない。while を用いて2つが対照的であると述べられていることとも一致する。

▶5．「スポーツ施設は，2000年と2010年の間には大きく改善したと［　　］が，その後の10年では顕著な増加が確かに見られた」

表を見ると，「スポーツ施設」の2000年と2010年の数値はそれぞれ70と71で変化がない。Cの not regarded を補って「改善したとは見なされなかった」とするのが適切。「しかし，その後大きく増加した」という後続の内容とも整合性がある。

▶6．「この大学は，2010年から2020年の間に，学生へのサービスとスポーツ施設に［　　］資金を［　　］と推測できる」

表を見ると，「学生へのサービス」は，2010年の72から2020年の91へと19の増加，スポーツ施設は同期間に71から87へ16の増加が見られる。「指導の質」は4の増加，「図書館の充実」は1の減少，「キャンパスへの行きやすさ」は2の増加であることと比べると，大学が学生へのサービスとスポーツ施設の充実にかなり力を入れたことがわかる。Bの devoted considerable を補い，「かなりの資金を充てた」とするのが適切。

A．committed less「より少ない（資金）を割いた」 C．gained greater「より多くの（資金）を手に入れた」 D．split different「異なる（資金）を分割した」 E．withdrew needed「必要な（資金）を取り下げた」

V **解答** 1－D 2－C 3－D 4－C

◀解　説▶

誤りのある箇所を指摘する問題である。すべて正しい場合もある。

▶1．「私たちが直接会ってその問題を議論するために集まるのに合意する前に，少し時間をとってそれについて説明していただけますか」

agree to *do*「～するのに同意する」，in person「本人自ら，じかに」，take a moment「少し時間をとる」は適切。explain about it「それについて説明する」については，explain it とするのが文法的に正しい。explain には自動詞の用法もあるものの，explain about は容認度に差が出る可能性がある表現である。正解はD。

▶2．「その新人が有名な文学賞を受賞することに疑問を抱く人はおらず，彼は自分のまさに第一作で最初の賞をもらうのが待ちきれなかった」

「～するのが楽しみで待ちきれない，待ち遠しい」は cannot wait to *do* あるいは cannot wait for *doing* で，過去形 could は正しいが，for being given が誤り。*doing* は受動態ではなく，going や visiting など，能動態とするのが一般的である。正解はC。wait to be given ならよい。

▶3．「その独裁者の出した声明をあえて論評したり，ましてや異議を唱えたりする人はほとんどいないが，そのジャーナリストは声明に反対し続けている」

oppose は他動詞であり，to が不要。Dが正解。be opposed to～「～に反対している」と混同しないように注意。

▶4．「自分のもとで働く人たちを信用しようとしないようなリーダーに，従うことをどうして強いられなくてはならないのだろうか」

be reluctant は to *do* を伴って「～したくないと思う，～するのに乗り気ではない」の意。Cが正解。

Ⅵ　解答　1－C　2－B　3－B

◀解　説▶

ウェブページの文章の空所に適する語句を選ぶ問題である。

▶1.「料金は，飲み物，税，サービス料 ［　　］ お一人様85ドルです」

Cの excluding「～を除いて，～別で」を補うと，文意に合う。これが正解。A. exactly「ちょうど」 B. excessively「過度に」 D. expect「～を期待する」 E. extending「～を延長して」

▶2.「次週 ［　　］ メニューは，私どものウェブサイトで前週金曜日に発表いたします」

「次週のメニュー」の意になるのは明らか。選択肢のいずれもそのような意味になりそうだが，「次週用の，次週のための，次週に向けた」といった意味になるBの for「～のための」が適切。

▶3.「オンラインでのご予約は，カレンダーで1カ月 ［　　］ 正午からご登録いただけます」

予約の案内なので，Bの in advance「前もって」を補うのが適切。one month in advance で「1カ月前に」の意。A. by any chance「もしかすると」 C. on schedule「予定通りに」 D. until request「依頼（がある）までずっと」 E. without notice「予告なしに」

Ⅶ　解答例

〈解答例1〉 I would like to make a reservation for three people for 19:00 on February 28, 2023. One of us uses a wheelchair. I'd appreciate it if you'd consider it. I would also like to know whether you have a parking lot.

〈解答例2〉 I'd like to book a table on February 28, 2023 from 7 p.m. There are three of us, including one wheelchair user. Would you also let me know if you provide parking for your customers?

◀解　説▶

与えられた情報をすべて含めて，レストランに予約を入れるメールを完全な英語の文（複数）で完成する問題である。

〈メールの訳〉

宛先　＊＊＊＊＊＊@＊＊＊＊＊.＊＊＊

件名 予約
予約係さま

お返事お待ちしております。
敬具
ヒカル タカダ

閉じる 送信

解答欄は約17.5cm×4行。与えられている情報は予約日時，人数，駐車場の有無の確認の3点で，訪れる人のうち1人が車椅子使用者である。これらをすべて知らせるように書くこと。予約するときの決まった表現の知識が求められる。〈解答例1〉では，車椅子使用者がいることを知らせたあと，「それを配慮していただけるとありがたいです」と添えてある。

VIII 解答例

〈解答例1〉This image shows bitter sarcasm. Human beings consume an enormous number of eggs every day and probably think nothing of it. But on second thought, eggs are to fowls what babies are to humans. So, to hens, consuming eggs means that they have their "babies" stolen and, what is worse, killed. It is horrible. We humans have been exploiting other animals as well as chickens since ancient times. It is high time we stopped abusing them and thought more seriously about their rights and well-being.

〈解答例2〉This image makes me feel ashamed of myself. I am a lacto-ovo vegetarian, who avoids animal and fish meat but eats dairy products and eggs. Last year, I read a book written by a vegan and was really shocked to learn how cruelly farm animals are treated. I thought I could no longer eat meat and actually stopped consuming it. But thinking about my own health, I have been continuing to eat eggs though I do know hens in poultry farms are confined in small cages and abused as well. This image makes me rethink my meals.

◀解 説▶

与えられた絵を見て，その絵が自分にとってどのようなことを意味しているかを英語で説明する問題である。

解答欄は約18.5cm×9行。絵には，卵がいっぱい入ったかごを提げた女性と，人間の赤ん坊を抱えたニワトリがすれ違う様子が描かれている。〈解答例1〉は，この絵が痛烈な皮肉を表しているとして，人間は毎日莫大な数の卵を消費し，そのことを何とも思っていないが，ニワトリの側からすると自分の「赤ちゃん」が盗まれ，殺されていることになる。人間は昔からニワトリだけでなく他の動物も利用してきたが，もう動物を虐待するのをやめて，彼らの権利や幸福をもっと真剣に考える時であるとまとめている。〈解答例2〉は，この絵が自分を恥じ入らせるとしている。自分は乳製品と卵は食べるベジタリアン（lacto-ovo vegetarian）で，以前にヴィーガン（完全菜食主義者）の書いた本で農場の動物がどれほど残酷に扱われているかを知り，肉を食べるのをやめた。しかし，養鶏場のニワトリも狭い檻に入れられ虐待されていることを知っているのに，自分自身の健康のために卵を食べ続けている。この絵で，自分の食事のことを考え直さなくてはいけないと思っている，としている。名詞の数や冠詞，主語と動詞の数・人称の一致など，基本事項にミスのない英文に仕上げること。

❖講　評

〈構成〉

2023年度の出題構成は，読解問題2題，文法・語彙問題4題，英作文問題2題の計8題で，2022年度より文法・語彙問題が1題多かった。

〈Ⅰ・Ⅱ：読解問題〉

Ⅰは英文量約1090語。早稲田大学法学部では標準的な長さである。内容は，エジソンの成功は彼個人の天才だけによるというより，多くの人たちの協働と，異なる分野にまたがる着想によるところが大きいことを述べた文章。多少見慣れない語句はあるが，全体的に読みやすい。各問題の選択肢にも紛らわしいものはなく，素早く解答したい問題である。

Ⅱは英文量約820語。早稲田大学法学部ではやや短めである。内容は，仕事を変えたり選んだりするときに，自分の興味・関心という情熱を基準に考えることは魅力的ではあるが，その欠点もいろいろとあること，またその解決策について論じた文章。Ⅰと同様，語句の意味を問う問題では知識と文脈からの推測が必要なものもあるが，全体的に読みやすく，紛らわしい選択肢もない。内容と一致するものを選ぶ問題では，選択肢の表現に注意する必要があった。

〈Ⅲ・Ⅳ・Ⅴ・Ⅵ：文法・語彙問題〉

Ⅲは一連の文章の空所に適切な語（前置詞・副詞）を補うもの。すべて動詞 get のあとに空所があり，get の成句の知識が問われる。

Ⅳも一連の文章の空所に語句を補うものだが，こちらは文脈上，また文法上正しいものを考える力が問われている。

Ⅴは誤り箇所を指摘するもの。すべて正しい場合もあるという点が難度を上げている。誤りが含まれていても文意はわかるので，文法・語法などの細部の知識が求められる。

Ⅵはウェブページの文章の空所に適する語句を選ぶ問題。**Ⅲ**・**Ⅳ**と形式は類似するが，文章の内容が実用的なもので，必要な語句の趣がやや異なる。幅広い知識が問われていると言える。

〈Ⅶ・Ⅷ：記述式の英作文問題〉

Ⅶはレストランの予約をするメールを，示された情報をすべて入れて完成する問題。英作文問題 2 題のうち 1 題は，長らく語句整序が続いていたが，2023 年度は新傾向の問題となった。**Ⅵ**と同様，実用的な語句・表現の知識が必要であり，今後もこのような傾向が見られるかもしれない。

Ⅷは示された絵が自分にとって何を意味するか説明するテーマ英作文で，2022 年度と似た形式だった。書く内容については比較的思いつきやすい絵であり，素早く内容をまとめて正しい英文に仕上げたい。

〈総括〉

読解問題 2 題はどちらも読みやすく，文章も全体としてそれほど長くはない。とはいえ，やはり速読速解力は必要である。文法・語彙問題は大問が 1 題増加したが，解答個数は 18 個で，2022 年度と大きな差はない。英作文問題の**Ⅶ**が新傾向で，やや戸惑った受験生がいたかもしれない。ここで時間をかけすぎずに**Ⅷ**のテーマ英作文をしっかり書き切れるかどうかがポイントだったと考えられる。

日本史

I **解答** 問1．お 問2．お 問3．神祇官 問4．い
問5．貧窮問答歌 問6．宝治 問7．あ・う
問8．え 問9．あ・お 問10．親鸞

◀解 説▶

≪原始・古代～鎌倉時代における食料問題≫

▶問1．旧石器時代は地質年代で更新世と呼ばれる［A＝寒冷］期（氷河時代）にあたり，日本列島はアジア大陸北東部と陸続きであった。この時期はナウマンゾウやオオツノジカなど［C＝大型］の動物が生息していて，打製石器を用いた［B＝槍］などで狩猟を行った。1万年余り前に完新世に移行して気候が［D＝温暖］になると，環境や人々の生活も変化して縄文文化が成立した。また，温暖化に伴い海面が上昇し，関東平野など内陸部に海が侵入する縄文海進もみられた。大型動物に代わってニホンシカやイノシシなど［E＝中・小型］の動物が繁殖し，動きの速い中・小型動物を捕獲するため［F＝弓矢］が使用された。

▶問2．弥生時代の政治や社会に関する誤文を選ぶ。

お．誤文。弥生時代に土地をめぐる争いが増えたことは正しいが，銅剣・銅矛・銅鐸など青銅器は主に祭器として使用された。このうち，銅剣と銅矛（と銅戈）は武器型青銅器だが，銅鐸は釣鐘型の青銅器であって，形状も武器にはあたらない。武器や工具・農具などの実用具には鉄器が用いられ，武器では鉄剣や鉄刀・鉄鏃などがみられる。

う．正文。「クニ（小国）」の間で戦いが増え，吉野ヶ里遺跡（佐賀県）や唐古・鍵遺跡（奈良県）などの環濠集落が出現した。また，山頂部や丘陵上に営まれた高地性集落も登場した。

▶問3．律令中央官制には神祇官と太政官の二官があった。太政官のもとには中務省・式部省などの八省が置かれ，政務を分担した。

▶問4．班田収授法では6年毎に作成される戸籍をもとに，［G＝6歳以上の男女］に口分田が支給された。公出挙は春に国衙が農民に種籾を貸し付け，秋に［H＝利稲（利息の稲）］とともに回収した制度で，利率は5

割程度で国衙の財源とされた。「初穂」はその年最初に収穫された稲のことで，神前に供えられた。非常時に備えて粟などを貯蔵するのは［Ｉ＝義倉］の制度で，負担額は財力に応じて等級があった。「贄」は律令制以前からみられた，神や天皇への魚介類や鳥獣など食料品の貢納物である。

▶問５．「貧窮問答歌」は山上憶良の筑前守時代の作品とされる。憶良と目される人物の問いかけに極貧の農民が答える形式の問答歌で，長歌と短歌各１首からなる。

▶問６．宝治合戦は宝治元（1247）年，執権北条時頼と安達一族が三浦泰村一族を滅ぼした戦いである。これにより，北条氏に比肩する御家人はいなくなり，北条氏による独裁体制が進んだ。

▶問７．1185 年に源頼朝が徴収権を得た兵粮米に関する正文を２つ選ぶ。

あ．正文。お．誤文。『吾妻鏡』に「諸国平均に守護・地頭を補任し，権門勢家庄公（荘園・公領）を論ぜず，兵粮米〈段別五升〉を宛て課すべき」とあり，『玉葉』にも同様の記述がみられる。

う．正文。摂関家の九条兼実が日記『玉葉』で「啻に兵粮の催のみに非ず，惣じて以て田地を知行すべしと云々。凡そ言語の及ぶ所に非ず」と非難したように，兵粮米徴収に対する公家側の反発が強く，軍事的緊張の緩和に伴い翌年に停止された。

い・え．誤文。「目的は，源義経の追捕だった」が正しい。平氏滅亡（1185 年３月）後，兄源頼朝と対立を深めた源義経は，後白河法皇から頼朝追討の院宣を得て挙兵したものの，失敗して逃亡した。頼朝は北条時政に軍勢を率いて上洛するよう命じ，法皇に迫って守護・地頭の設置や兵粮米徴収の権利などを認めさせた。平泉への進軍（奥州合戦）は４年後の 1189 年のことである。

▶問８．④安和の変（969 年）→⑤「尾張国郡司百姓等解」（988 年）→③藤原道長の金峯山への経筒埋納（1007 年）→①刀伊の入寇（1019 年）→②藤原頼通による平等院鳳凰堂の完成（1053 年）の順である。年代特定が難しい事項もあるが，各選択肢の配列構成から，押さえておくべき年代（④・⑤・①など）や道長・頼通父子の関係（③・②）を考えると正解が得られる。

▶問９．鎌倉時代の農業に関する誤文を２つ選ぶ。

あ．誤文。鎌倉時代に麦を裏作とする二毛作が始まったのは，畿内や山陽道などの西国である。
お．誤文。鎌倉時代に普及したのは鉄製農具である。ただし，鉄製農具（鉄の刃先をつけた鍬・鋤や鉄鎌など）の使用自体は弥生時代後期からみられる。
い．正文。大唐米は東南アジア原産で，中国経由で移入された。食味は劣るが，多収穫で災害に強いことから西国で普及した。赤米・唐法師とも呼ばれた。
う・え．正文。『一遍上人絵伝』や『松崎天神縁起絵巻』などの絵巻物に，当時の定期市や牛耕の様子などが描かれている。
▶問10．「絶対他力」とは，衆生救済を本願とする阿弥陀仏の力にひたすらすがることを説いた，浄土真宗の開祖親鸞の教えである。寛喜の大飢饉が起きたのは1231年で，親鸞の師で浄土宗を開いた法然はそれ以前，時宗の開祖である一遍はそれ以後の人物である。

Ⅱ　解答

問１．三別抄　問２．お　問３．い　問４．倭寇
問５．難太平記　問６．え　問７．う　問８．文引
問９．え　問10．あ

◀解　説▶

≪中世の日中・日朝関係≫
▶問１．別抄とは特別編成の精鋭部隊の意味で，３隊に組織されて三別抄と呼ばれた。高麗が元（モンゴル）に服属した後も珍島，済州島を拠点に抵抗を続けたが，文永の役前年の1273年に鎮圧された。
▶問２．無学祖元は南宋の臨済僧で，1279年に８代執権北条時宗の招きで来日し，鎌倉に円覚寺を開いた。一方，選択肢あの蘭溪道隆も南宋から来日し，５代執権北条時頼に招かれて鎌倉に建長寺を開いた。
▶問３．蒙古襲来に関する正文を選ぶ。
い．正文だが，「領内の悪党の鎮圧も命じた」の部分が教科書等の内容を超えていて難しい。鎌倉幕府が蒙古襲来に備えて九州に所領をもつ御家人に現地下向を指示するとともに，領内の悪党鎮圧を命じた文永８（1271）年９月13日付の関東御教書（「肥後小代文書」「薩摩二階堂文書」）などが残されている。
あ．誤文。北条政村の次の執権は北条時宗（時頼の子）である。また鎌倉

幕府は元に返書を一切送っていない。

う．誤文。異国警固番役は，前述の選択肢いの〔解説〕にあるように，文永の役（1274年）以前の1271年に九州に所領をもつ御家人に下向を命じたことに始まる。なお，石築地（防塁）の建設が文永の役後に始まったことは正しい。

え．誤文。鎌倉幕府は，非御家人（本所一円地住人）を動員する権利を朝廷から認められた。

お．誤文。鎮西探題の職は北条氏一門が独占した。執権・連署や六波羅探題も同様である。

▶問4．設問文の「武装集団」や，リード文の「明も［B］に苦しんだ」「明は日本に［B］の禁圧とともに朝貢を求め」などから「倭寇」と判断したい。なお，南北朝期の前期倭寇が対馬・壱岐・肥前松浦（まつら）などの土豪や武装商人団であったのに対し，日明貿易が廃絶した16世紀半ば以降の後期倭寇は，明の密貿易業者や乱民が主体であったことを押さえておきたい。

▶問5．今川貞世は出家して了俊と称し，和歌や連歌などに長じた文人としても知られる。『難太平記』の「難」は，『太平記』の誤りを訂正したことを意味する。

▶問6．1392年の南北朝合体は，南朝（大覚寺統）の後亀山天皇が北朝（持明院統）の後小松天皇に譲位する形で行われた。合体にあたり，以後の皇位は両統迭立に戻すという約束がなされたが守られず，これに不満をもつ南朝勢力（後南朝）の抵抗が応仁・文明の乱の頃まで続いた。

▶問7．香木は日本から朝鮮への輸出品である。他には銅・硫黄・刀剣・扇や東南アジア産の香料・蘇木などが輸出された。

▶問8．文引は教科書掲載頻度が低くやや難だが，2020年度文化構想学部でも選択問題として出題された。朝鮮からは日本人通交者に名前を刻印した図書と呼ばれる銅印が交付され，渡航する際にはこの印を押した文書と宗氏から交付された文引を携行した。また，朝鮮国王が大内氏と日本国王（足利将軍）に贈った通交証を通信符といった。

▶問9．硫黄は火薬の原料として，日本から明や朝鮮に輸出された。他に刀剣・銅・蒔絵・扇・漆器・蘇木なども明に輸出された。

▶問10．日明貿易が4代将軍足利義持の時に中断され，6代将軍足利義教の時に再開されたことは押さえておきたい。15世紀後半に室町幕府が衰退すると，貿易の実権は堺商人と結んだ細川氏と，博多商人と結んだ大内氏の手に移り，両者が争った寧波の乱（1523年）以降は大内氏が独占し，16世紀半ばの大内氏滅亡により日明貿易は途絶した。

Ⅲ　解答

問1．い・う　問2．セルビア　問3．お
問4．石井・ランシング協定　問5．え　問6．袁世凱
問7．西原亀三　問8．寺内正毅　問9．あ　問10．う

◀解　説▶

≪日記からみた明治時代末期～大正時代の政治と対外関係≫

▶問1．桂総理大臣（桂太郎）に関する誤文を2つ選ぶ。

い．誤文。鉄道国有法は1906年，第1次西園寺公望内閣が制定した。桂太郎と西園寺公望が交互に組閣した1900年代初頭の約10年間を「桂園時代」と呼ぶ。

う．誤文。日比谷焼打ち事件（1905年）が起こったのは第1次桂太郎内閣（1901～06年）の時である。

あ．正文。桂太郎は山県有朋と同じく長州藩・陸軍出身である。

え．正文。第3次桂太郎内閣（1912年12月～13年2月）は，第一次護憲（憲政擁護）運動によりわずか53日で総辞職した。これを大正政変という。

お．正文。第一次護憲運動に対抗するため，桂太郎首相は1913年1月に新党結成構想を発表し準備を進めたが，内閣が総辞職するという事態になり，立憲同志会として正式に発足したのは桂太郎の死後の同年12月であった（総裁は加藤高明）。1916年，憲政会となる。

▶問2．史料②に「独露二日ニ動員ヲ下命シ宣戦ヲ布告セリ」「英独戦ヲ宣シ仏国モ動員ヲ命ジ」「伊国ノミ中立ヲ宣セシ」などとあるので，第一次世界大戦勃発直後の記事だと判断できる。それ以前に「墺（オーストリア）」と「戦争中」になっていた国はセルビアである。1914年6月，ボスニアの州都サライェヴォを訪れたオーストリア皇位継承者夫妻を，パン＝スラヴ主義のセルビア人学生が暗殺したサライェヴォ事件により，オーストリアがセルビアに宣戦したことが第一次世界大戦の発端である。

▶問3．韓国併合（1910年）に関する誤文を選ぶ。

お．誤文。東洋拓殖会社は1908年，日韓両国政府により設立された国策

会社である。「韓国政府の関与を排して」の部分を誤りと判断するのは難しいが，他の正文が基本的な内容なので消去法で正解したい。

あ．正文。1907 年，オランダのハーグで開催中の万国平和会議に韓国皇帝高宗が密使を派遣し，独立回復を訴えた事件をハーグ密使事件という。韓国に外交権がないことや日本の阻止工作によって失敗に終わり，統監伊藤博文は高宗を退位させ，第三次日韓協約を結んで韓国の内政権を接収した。

う．正文。漢城（京城）は現在のソウルである。

▶問 4．大問の冒頭に「いずれも 1908～1917 年の記事である」とある。史料④よりその間に結ばれた日米協定を考え，1917 年の石井・ランシング協定を導き出したい。アメリカは「中国における日本の特殊権益」を承認し，両国は中国における領土保全・門戸開放・機会均等を確認した。

▶問 5．「山県公（山県有朋公爵）」に関する正文を選ぶ。

え．正文。第 2 次山県有朋内閣（1898～1900 年）は憲政党（旧自由党系）と提携し，懸案の地租増徴案を成立させた。しかし，文官任用令改正をめぐって関係が悪化し，憲政党は伊藤博文の新党結成に合流して 1900 年に立憲政友会が成立した。

あ・い．誤文。山県有朋は長州藩出身の陸軍軍人である。

う．誤文。治安警察法制定は 1900 年，第 2 次山県有朋内閣の時である。

お．誤文。第 2 次山県有朋内閣総辞職後に成立したのは，立憲政友会を基盤とした第 4 次伊藤博文内閣である。

▶問 6．1908～17 年を考えると，史料⑤の「支那大総統」は日本が二十一カ条の要求（1915 年）を突き付けた袁世凱だと判断できる。なお，「支那」は外国人の中国に対する呼称であったが，戦前の日中関係との関連から蔑称の性格を有するとされ，今日では使用されなくなっている。

▶問 7．史料⑥より 1908～17 年における対中国借款とされることから，寺内正毅内閣が私設特使西原亀三を派遣し，中国軍閥の段祺瑞政権に行った西原借款（1917～18 年）だと判断できる。さまざまな利権を得る狙いがあったが，間もなく段政権が瓦解して大半が回収不能となった。【B 群】はその西原亀三の日記からの抜粋で，西原は寺内の腹心であった。

▶問 8．【A 群】のうち史料③は韓国併合条約調印に関するもので，調印場所は「統監邸」，列席者は韓国側の「李完用・趙重応」と日本側の「副統監及予（自分）ナリ」とあるので，当時の統監寺内正毅の日記だと判断できる。韓国併合後，寺内は初代朝鮮総督となった。また，史料④に「山県公ヲ訪フ。委曲（詳細）ヲ相談ス」とあるように，寺内も長州藩出身の陸軍軍人で，桂太郎に次ぐ山県有朋直系の軍人・政治家であった。

▶問9．青島陥落に関連する出来事の誤文を選ぶ。

あ．誤文。「イギリスから再三にわたる要請を受け」の部分が誤りである。イギリスは中国近海におけるドイツ武装商船による通商破壊阻止のため日本の参戦を要請した。これに対し，日本が要請を大きく超えた本格的な参戦に踏み切ろうとしたため，イギリスは要請をいったん取り下げている。日本はなんとかイギリスの黙認を取り付けて対独参戦し，山東省のドイツ根拠地（青島）や赤道以北のドイツ領南洋諸島を攻撃・占領した。

い．正文。二十一カ条の要求は国内外からの批判を受け，第5号の日本人を中国政府の顧問とすることを求める部分などは削除された。

う・え．正文。日本は1918年のヴェルサイユ条約で山東省の旧ドイツ権益の継承と，赤道以北の旧ドイツ領南洋諸島の委任統治権を獲得したが，1922年，ワシントン会議で締結された九カ国条約にもとづいて，日中間で山東懸案解決条約が結ばれ，青島の租借権など山東省の旧ドイツ権益は中国に返還された。

お．正文。北一輝は五・四運動下の中国で『国家改造案原理大綱』を執筆したが，これは発禁処分となり，1923年に『日本改造法案大綱』と訂正・改題して刊行された。

▶問10．各史料の内容と年代は次の通りである。

【A群】

①第2次桂太郎内閣の成立に関する記事である（1908年7月14日）。桂太郎は1912年にも第3次内閣を組織したが，問1の〔解説〕にあるように，これは12月のことである。なお，寺内正毅は日露戦争（1904～05年）をはさんで約9年間陸軍大臣の職にあり，この時も明治天皇から留任を要請されている。

②第一次世界大戦勃発直後のヨーロッパ情勢に関する記事である（1914年8月5日）。

③韓国併合条約調印に関する記事である（1910年8月22日）。

④石井・ランシング協定を大正天皇に奏上した記事である（1917年11月

4日)。

【B群】

⑤袁世凱の死去の知らせについての記述である(1916年6月7日)。袁世凱の没年はわからないだろうが,「私(西原亀三)の外交がほとんど行き詰まっている現状でこのことがあるのは,実に天祐(天の助け)というべきか」とあるので,西原借款成立の少し前のことだと推測できる。

⑥西原借款(1917~18年)のうち,初期の借款成立に関する記述(1917年9月29日)である。

⑦寺内正毅に組閣の大命が下った記述(1916年10月5日)である。

⑧青島陥落の記述(1914年11月7日)である。

よって,①―③―②―⑧―⑤―⑦―⑥―④の順となる。全ての年代が特定できなくても各選択肢の配列から前後関係を考えると正解が導ける。

Ⅳ 解答

問1. モッセ　問2. あ　問3. お　問4. う
問5. スプロール　問6. い　問7. あ
問8. 日本列島改造論　問9. 狂乱物価　問10. お

◀解　説▶

≪明治時代~1980年代の政治・外交・経済・社会≫

▶問1. 地方制度について助言した外国人顧問はドイツ人のモッセである。憲法制定に関わったドイツ人顧問のロエスレル,刑法・民法を起草したフランス人顧問のボアソナードとともに押さえておきたい。

▶問2. 戦前の地方自治制度に関する正文を選ぶ。難問。

あ. 正文。地方三新法は郡区町村編制法・府県会規則・地方税規則の総称である。そのうち郡区町村編制法により,それまでの画一的な大区・小区を改め,旧来の郡・町・村を行政区画として復活させた。また,東京・京都・大阪には区が設置された。

い. 誤文。地方三新法制定(1878年)以前の1872年頃から,公選議員による地方民会が設置されている。

う. 誤文。市町村会・府県会議員の選挙権には納税額による制限があったが,議員は直接選挙で選ばれた。1890年の府県制により,府県会議員は市会・郡会での間接選挙による選出となった。

え. 誤文。府県知事は政府が任命したが,その際,府県会に候補者推薦の権限はなかった。

お．誤文。行政単位としての郡は1921年に廃止が決定され，1926年に郡役所が廃止されて以降は単なる地理的名称となった。地方自治法は戦後の1947年に制定された。

▶問3．戦後の地方分権のための制度改革に関する誤文を選ぶ。難問。

お．誤文。内務省の廃止は1947年12月。地方自治法はそれ以前の同年4月に制定（公布）され，日本国憲法と同時（同年5月3日）に施行された。内務省の廃止は，同省が地方行政・警察行政を管轄して巨大な権限をもっていたことによる。

あ．正文。自治体警察が設置されない区域には国家地方警察が設置された。戦前の国家統制・弾圧の牙城であった内務省を解体し，警察制度の地方分権化を進めた結果であるが，1954年の新警察法でともに廃止され，都道府県警察に一本化された。

う．正文。教育委員の公選制は，1956年の新教育委員会法により地方自治体の首長による任命制に変わった。

▶問4．農業基本法制定（1961年）時の首相（池田勇人）在任中（1960～64年）の出来事でないものを選ぶ。

う．不適。新日本製鉄の発足は1970年である。

あ・い・え．適当。第18回オリンピック大会（東京オリンピック）の開催，経済協力開発機構（OECD）加盟，東海道新幹線開通はいずれも1964年である。

お．適当だが難。内閣憲法調査会は1956年に鳩山一郎内閣が設置し，翌年から岸信介内閣のもとで審議を開始し，1964年に池田内閣と国会に報告書を提出して解散した。なお2000年には小渕恵三内閣が衆参両院に憲法調査会を設置した。これは2007年の憲法審査会設置に伴い廃止された。

▶問5．スプロール化は「郊外へ向けて無秩序に宅地開発」が進むことをさす。スプロールとは「ぶざまに広がる」ことを意味する。日本史においては教科書にあまり掲載されないため難問といえる。

▶問6．革新首長に関する誤文を選ぶ。

い．誤文。革新首長の地方自治体では環境対策や福祉政策を推進した結果，財政難に陥り，1970年代後半に保守系首長へと交代した。1979年の東京都知事選挙では自民・公明・民社・新自由クラブの推薦を受けた保守系の鈴木俊一が，社会・共産の推薦を受けた革新系の元総評議長太田薫らの候補を破って当選した。

あ．正文。京都府知事は 1950～78 年の 7 期 28 年にわたり革新系の蜷川虎三が務めた。東京都よりも京都府で革新知事が先に誕生していたことを判断するのは難しい。

う・え・お．正文。京都府の蜷川虎三や大阪府の黒田了一といった知事名，名古屋市や神戸市での革新系市長誕生について正誤判断するのは難しい。

▶問 7．1975～84 年の出来事でないものを選ぶ。

あ．不適。牛肉・オレンジの輸入自由化は 1988 年に合意され，1991 年から実施された。

い・う・え・お．適当。大平正芳首相死去と衆参同時選挙での自民党圧勝は 1980 年，河野洋平らによる新自由クラブ結成は 1976 年，イラン革命と日中平和友好条約調印は 1978 年のことである。なお，河野洋平は早稲田大学卒である。

▶問 8．日本列島改造論は，新潟県出身の田中角栄が通産大臣であった 1972 年に発表したもので，大都市と地方都市を結ぶ高速交通網を整備し，工業地帯の地方分散をはかるなど，過密と過疎の問題を同時に解決することをめざした。田中は同年に組閣し，改造論によって東北・関越などの新幹線・自動車道の建設が進められた。

▶問 9．日本列島改造論は土地への投機を招き，第 1 次石油危機による便乗値上げも加わって地価や物価の異常な高騰（狂乱物価）を引き起こした。

▶問 10．戦後初のマイナス成長（1974 年）と同じ年に起きた出来事を選ぶ。

お．適当。田中角栄は 1974 年，雑誌『文藝春秋』にその強引な政治資金調達方法をスクープされ，政治腐敗を批判されて内閣総辞職に追い込まれた。さらに，1976 年に明らかになったロッキード事件で収賄の罪に問われ，逮捕・起訴されて有罪判決を受けるなど，金権的な政治手法が問題視された。

あ・い・う・え．不適。第 1 回先進国首脳会議（サミット）は 1975 年，日本労働組合総連合会（連合）発足は 1989 年，環境庁発足は 1971 年，新東京国際空港（成田空港）開港は 1978 年のことである。

❖講 評

2023年度も大問4題構成で，うち近現代が2題を占め，Ⅲが明治時代末期～大正時代，Ⅳが明治時代～1980年代からの出題であった。前近代はⅠが原始～中世前期，Ⅱが中世からの出題で，近世からは出題されなかった。小問数は全40問で，記述式17問，選択式23問で例年並みの配分である。頻出の「2つ選べ」という選択問題は3問，年代配列問題は2問出題された。早稲田大学法学部の最大の特色である，日記や書簡・自伝などから短文を複数引用した史料問題は，2023年度はⅢで2人の日記から出題され，例年以上に難度の高いものであった。史料そのものの知識を問うものではないが，史料読解力と高度な考察力が問われる。Ⅳも一部にかなり難度の高い設問がみられ，Ⅰ・Ⅱは易～標準のレベルであるものの，全体的にみれば2022年度よりも難化した。

Ⅰ 食料問題に関するリード文をもとに，旧石器時代から鎌倉時代の政治・社会・文化に関する知識・理解を問う。問8の配列問題は5択なので，いくつかの年代や前後関係が押さえられれば正解が得られる。問10は「親鸞」と正確に書けるかがカギ。全体の難易度は易のレベルである。

Ⅱ 中世の日中・日朝関係について知識・理解を問う。中世の対外関係は早稲田大学で頻出のテーマである。記述問題は問8の文引が難しい。選択問題は問3の選択肢の中に正誤判断の難しいものがあり，よく学習した受験生ほど悩まされたであろう。また，問7・問9の貿易品目や，問10の日明貿易を中断・再開した将軍は要注意事項である。全体的には標準レベルである。

Ⅲ 早稲田大学法学部の定番といえる，個人の日記や書簡・自伝などから複数の短文を引用した史料問題で，明治時代末期～大正時代の政治と対外関係について問う。【A群】は寺内正毅，【B群】は西原亀三の日記から引用した，月日のみを記す各4つの短文が，「1908～1917年の記事」とだけ示されてランダムに配置される。史料読解力はもちろん，時系列を追いながら考察を進めていくことが求められる難問かつ良問である。記述問題では，問2が「墺」をオーストリアだとわかるかどうかがカギ。選択問題では問3と問9の正文・誤文選択で，正解となる選択肢の内容が詳細な知識に及ぶ。問10の配列問題は5択でもあり，史料の考察のプロセスで正解が得られるだろう。全体ではやや難のレベルである。

Ⅳ 近現代の地方制度に関するリード文をもとに，明治時代～1980年代の政治・外交・経済・社会について知識・理解を問う。記述問題では，問5の「スプロール（化）」は難問。選択問題では問2・問3の正文・誤文選択問題が，とくに正解となる選択肢の内容が教科書を超える詳細な知識に及んでいて難問である。また，問4・問7・問10も年代に関する詳しい知識が問われる。早稲田大学法学部では戦後の政治・経済・外交分野は最重要分野の一つだが，それでも大問全体の難易度は難のレベルといえよう。

世界史

I　解答

設問1．③　設問2．②　設問3．①　設問4．②
設問5．④　設問6．③　設問7．①　設問8．①
設問9．④

◀解　説▶

≪宋代～21世紀における中国の対外政策≫

▶設問1．③誤文。トウモロコシ・サツマイモはともに新大陸原産の作物なので宋代にはまだ栽培されていない。トウモロコシが華北で，サツマイモが江南で栽培されるようになるのは17世紀頃である。

▶設問2．②誤文。元代に泉州を訪れたのはイブン＝バットゥータ。

▶設問3．①誤文。南インドでドラヴィダ系の人々が生み出したのは，タミル文学である。サンスクリット文学は，北インドのグプタ朝で流行した。

▶設問4．②オケオは，メコン川デルタ西部の港市。インド系商人の拠点として発展し，ローマや中国などとの交易で繁栄した。

▶設問5．④正文。

①誤文。唐代の両税法の内容に近いが，両税法は夏・秋2期に課税されている。

②誤文。戸籍・租税台帳の賦役黄冊と土地台帳の魚鱗図冊は，14世紀後半に明の洪武帝が作成させた。

③誤文。地丁銀制は，18世紀前半，清の雍正帝時代に全国化した税法。

▶設問6．③キャフタは，1727年雍正帝がロシアと結んだキャフタ条約でモンゴル方面の国境を画定した際，新たに交易場とされた。

▶設問7．①誤文。17世紀当時「鎖国」という呼び名は用いられなかった。「鎖国」といわれるようになったのは19世紀初めから。

▶設問8．①アメリカ合衆国大統領リンカンによる奴隷解放宣言は1863年→アメリカ合衆国における最初の大陸横断鉄道の開通は1869年→アメリカ合衆国における中国人移民禁止法の制定は1882年。

▶設問9．④誤文。ソ連共産党第20回大会（1956年）で第一書記フルシチョフが行ったスターリン批判は平和共存政策を提唱するもので，中国はこれを修正主義として批判し中ソ対立を生んだ。中ソ対立に終止符が打たれるのはゴルバチョフによる中国訪問（1989年）である。

Ⅱ 解答

設問1．ウ　設問2．ア　設問3．イ　設問4．エ
設問5．イ　設問6．イ　設問7．ア　設問8．ウ
設問9．ウ

◀解　説▶

≪9～20世紀におけるロシア・ウクライナ関係史≫

▶設問1．ウ．誤文。ポーランド人・チェック人・スロヴァキア人など西スラヴ人は西方に拡大し，西ヨーロッパ世界と隣接したことから，ローマ＝カトリックを信仰した。

▶設問2．ア．誤文。バトゥが建てた国は，キプチャク＝ハン国である。

▶設問3．イ．正文。

ア．誤文。バルト海に進出したのはピョートル1世。

ウ．誤文。18世紀後半のエカチェリーナ2世は，農奴制を強化したことからコサック農民によるプガチョフの農民反乱（1773～75年）が起こった。

エ．誤文。ニコライ1世は，クリミア戦争（1853～56年）でオスマン帝国と戦ったが，戦争中に没している。クリミア戦争後の講和条約であるパリ条約でもロシアの南下政策は阻止されており，「バルカン半島での勢力を拡大した」とはいえない。

▶設問4．エ．誤文。ワルシャワ大公国は，1807年のティルジット条約の結果，ナポレオンが旧ポーランド領に建設した国家である。

▶設問5．イ．誤文。第2次ポーランド分割が行われた1793年はオーストリアがフランスとの革命戦争に謀殺されており，オーストリアは分割に参加していない。プロイセンとロシアが第2次ポーランド分割を行っている。

▶設問6．イ．正文。

ア．誤文。プロイセン＝オーストリア（普墺）戦争に敗れたオーストリアは，ハンガリーには自治を認めて同君連合国家としてオーストリア＝ハンガリー帝国を形成したが，スラヴ系諸民族の自治要求については，これを押さえ込んだ。

ウ．誤文。北ドイツ連邦は，オーストリアを除外してプロイセンを中心にドイツ統一を達成しようとする小ドイツ主義に基づいて結成された。

エ．誤文。下線部(6)当時のロシアは，リード文からアレクサンドル2世（位1855～81年）時代とわかる。この時期のオーストリアは，露土戦争後のベルリン条約（1878年）でボスニア・ヘルツェゴヴィナの行政権を獲得している。セルビアとモンテネグロは，露土戦争の結果，ベルリン条約でオスマン帝国から独立した。

▶設問7．ア．1922年に成立したソヴィエト社会主義共和国連邦（ソ連）は，ロシア・ベラルーシ・ザカフカース・ウクライナの4共和国で構成された。

▶設問8．ウ．独ソ不可侵条約には，ドイツとソ連によるポーランドの分割支配が秘密条項として盛り込まれており，ドイツのポーランド侵攻によって第二次世界大戦が勃発すると，ソ連は当時ガリツィアを含むポーランド東部を占領している。

▶設問9．やや難。ウ．ゴルバチョフがソ連大統領に選出されたのが1990年→ソ連維持を主張する保守派のクーデタが失敗し→その後，ソ連共産党が解散した。これらは1991年8月→ロシア・ウクライナ・ベラルーシを中心とした独立国家共同体の結成が1991年12月。

Ⅲ 解答

設問1．3　設問2．4　設問3．2　設問4．3
設問5．4　設問6．3　設問7．1　設問8．2

◀解　説▶

≪イスラーム世界の成立と拡大≫

▶設問1．3．誤文。ムハンマドは，『旧約聖書』と『新約聖書』を啓示の書として認めており，ユダヤ教徒・キリスト教徒は「啓典の民」として信仰の自由を認められた。また，イスラーム教ではモーセやイエスも預言者であり，ムハンマドは最高にして最後の預言者とされた。

▶設問2．4．正文。

1．誤文。ササン朝の開祖アルダシール1世はクテシフォンに都を置き，ゾロアスター教を国教とした。

2．誤文。突厥と同盟してエフタルを滅ぼしたのは，6世紀のホスロー1世である。

3．誤文。各州にサトラップ（知事）を置いて全国を統治する制度を始めたのは，アケメネス朝の王ダレイオス 1 世である。

▶設問 3．2．正文。

1．誤文。クローヴィスはフランク王国を 481 年に創始した後，496 年にアタナシウス派に改宗した。

3．誤文。カール大帝（シャルルマーニュ）に加冠したローマ教皇は，レオ 3 世である。

4．誤文。フランク王国は，ヴェルダン条約により東・西フランクとロタール領（中部フランク）に分裂した。

▶設問 4．3．誤文。イスラーム教は偶像が禁止されているため，モスクに肖像画や像が置かれることはない。

▶設問 5．4．ブワイフ朝はイラン系の軍事政権であったことから，アラブ人の世襲制をとるカリフにはなれず，大アミール（大将軍）の称号をアッバース朝のカリフから得て実質的な統治権を握った。

▶設問 6．3．誤文。セルジューク朝では，正統のスンナ派神学が奨励され，宰相ニザーム＝アルムルクは，各地にマドラサ（学院）を建設した。

▶設問 7．1．ニハーヴァンドはイラン中西部の交通の要衝であり，642 年アラブ人ムスリム軍がササン朝の軍を撃破した。

▶設問 8．2．後ウマイヤ朝の最盛期を現出したアブド＝アッラフマーン 3 世は，チュニジアから興ったファーティマ朝のカリフに対抗してカリフを自称した。この結果，イスラーム世界ではアッバース朝のカリフと合わせて 3 人のカリフが鼎立する状況となった。

Ⅳ　解答

設問 1．ハ　設問 2．ロ　設問 3．ハ　設問 4．ニ
設問 5．ニ　設問 6．イ　設問 7．ロ　設問 8．ニ

◀解　説▶

≪古代～現代における南北アメリカ大陸の歴史≫

▶設問 1．ハ．正文。

イ．誤文。バルトロメウ＝ディアスに航海を命じたポルトガル王は，ジョアン 2 世である。

ロ．誤文。カリカットは綿織物の輸出地。「キャラコ」というインド産高級手織り綿布はカリカットに因むものである。

ニ．誤文。「フィリピン」という名称は，ここを植民地化したスペインの皇太子フェリペ（後のスペイン国王フェリペ2世）に由来する。

▶設問2．ロ．誤文。メキシコ高原のテオティワカン文明が存続したのは6世紀までで，スペイン人の侵略を受けていない。

▶設問3．ハ．正文。

イ．誤文。16世紀前半のフランス王フランソワ1世はヴァロワ朝の国王。

ロ．誤文。価格革命によるインフレーションで固定の貨幣地代は相対的に低下したことから，ヨーロッパの領主層の経済基盤は弱体化した。

ニ．誤文。「徴兵制の導入」が誤り。絶対王政期の常備軍の多くは，傭兵によって編制された。

▶設問4．ニ．正文。

イ．誤文。ダホメ王国とベニン王国は，ポルトガルを含むヨーロッパ商人との奴隷貿易で繁栄した。

ロ．誤文。北米におけるタバコ＝プランテーションの中心は，ヴァージニア植民地から始まった。また，先住民はタバコ＝プランテーションの労働力とはなっていない。次第に白人奉公人に代わって黒人奴隷がタバコ＝プランテーションの労働力となっていった。

ハ．誤文。南米植民地の労働力として奴隷を必要としたスペインは，奴隷を供給できるアフリカに植民地を持たなかったため，ポルトガル・オランダ・フランス・イギリスなどの外国商人と奴隷供給請負契約（アシエント）を結んだ。

▶設問5．ニ．正文。

イ．誤文。茶法では，東インド会社が持ち込んだ茶のみを免税として独占的販売権を与えた。

ロ．誤文。ワシントンが植民地軍の総司令官となったのは，第2回大陸会議。

ハ．誤文。スペインは，アメリカ独立戦争でイギリスに奪われた領土を奪回するため，植民地側で参戦した。

▶設問6．イ．Aはベネズエラ，Bはチリ。シモン＝ボリバルは南米北部のベネズエラ・コロンビア・ボリビアなどの独立を指導し，サン＝マルティンは南米南部のチリ・アルゼンチン・ペルーなどの独立を指導した。

▶設問7．ロ．トーリ党のカニングは，ナポレオン戦争後にイギリス外相となり，ラテンアメリカ諸国の独立を支持することでウィーン体制と距離を置き，ラテンアメリカ諸国との自由貿易をめざす「カニング外交」を展開した。

▶設問8．ニ．誤文。キューバ危機の勃発は1962年，米州機構（OAS）の設立は1948年である。

V **解答** オランダが17世紀半ばに建設したケープ植民地は，ウィーン会議でイギリスが領有することになった。ここに入植していたオランダ系ブール人は北方に移動し，トランスヴァール共和国とオレンジ自由国を建設したが，その後，両国で金鉱やダイヤモンドが発見されると，イギリスは南アフリカ戦争を起こし，両国を併合した。イギリスは，自治領の南アフリカ連邦を成立させ，ブール人を取り込んで白人少数者による人種隔離政策を行った。第二次世界大戦後，この政策はアパルトヘイトとして強化されたが，イギリス連邦から離脱した南アフリカ共和国は国際世論の批判とアフリカ民族会議などの抵抗を受け，1991年アパルトヘイト関連諸法を全廃した。(250字以上300字以内)

◀解　説▶

≪アパルトヘイトと南アフリカ≫

■設問の要求

〔主題〕1990年代初頭に南アフリカで行われた大きな社会変革

〔条件〕17世紀半ば以降の歴史的経緯に言及する

■論述の方向性と指定語句の使い方

4つの指定語句から，1990年代初頭に南アフリカで行われた大きな社会変革がアパルトヘイト全廃であると判断したい。17世紀半ば以降の歴史的経緯については，ケープ植民地と南アフリカ戦争に至る経緯，その後の南アフリカ連邦の成立，第二次世界大戦後の状況をまとめていけばよい。

指定語句との関連でいうと，まず17世紀半ばから19世紀半ばまでを視野に入れ，17世紀半ばのオランダによるケープ植民地の建設と，19世紀初頭のウィーン会議でのイギリスへの領有権移行を指摘したい。その結果としてオランダ系移民の子孫であるブール人の北方の内陸部への移動と，19世紀半ばのトランスヴァール共和国・オレンジ自由国の建国に言及する。

次に 19 世紀末から 20 世紀初頭のイギリスの動きとして，トランスヴァール共和国・オレンジ自由国の金・ダイヤモンドを狙った南アフリカ戦争をあげ，戦争に勝利したイギリス人がブール人を利用懐柔するため，白人少数者による人種隔離政策を始めたことにふれる。

最後に，第二次世界大戦後，この人種隔離政策が「アパルトヘイト」と呼ばれて世界から批判され，国内でのアフリカ民族会議の抵抗もあって，1991 年にアパルトヘイト関連諸法が全廃されたことにふれる。なお，1961 年に南アフリカ連邦はイギリス連邦から離脱して南アフリカ共和国になっているので注意したい。

■論述の構成

①オランダのケープ植民地建設とイギリスの進出（17 世紀半ば～19 世紀初頭）

使用指定語句：ケープ植民地

17 世紀のオランダは，圧倒的な海運力で世界貿易を支配し，アジア貿易圏と本国を結ぶ海上交通の要衝に中継拠点を確保した。1652 年にオランダ東インド会社領となったケープ植民地は，入植者によって領域を拡大していったが，ナポレオン戦争中にイギリスに占領され，ウィーン会議でイギリス領となった。イギリスの支配を嫌ったオランダ系入植者のブール人は，北方の内陸部に移動し（グレート＝トレックといわれる），19 世紀半ばにトランスヴァール共和国・オレンジ自由国を建設した。

②南アフリカ戦争と人種隔離政策（19 世紀末～20 世紀初頭）

使用指定語句：南アフリカ戦争，白人少数者

19 世紀後半，トランスヴァール共和国では金鉱が，オレンジ自由国ではダイヤモンドが発見されたことで，イギリスによる両国への侵略を招くこととなった。イギリスのケープ植民地首相セシル＝ローズと植民地相ジョゼフ＝チェンバレンの干渉を受けたトランスヴァール共和国は，オレンジ自由国と同盟して南アフリカ戦争（1899～1902 年）を戦ったが敗れ，両国はイギリスに併合されて 1910 年に自治領として成立した南アフリカ連邦の州となった。

この間，イギリスは征服したブール人を取り込むかたちで，少数の白人による支配体制を確立し，人口の大多数を占める黒人など有色人種（カラード）に対する人種隔離政策を実施した。

③アパルトヘイトとその廃止（20世紀半ば～1990年代初頭）

使用指定語句：アフリカ民族会議

第二次世界大戦後，アジア・アフリカで反植民地運動が高まると，南アフリカ政府は白人の危機感をあおり，1948年以降，様々な人種差別法を制定して人種隔離政策を強化した。この頃から「アパルトヘイト」と呼ばれるようになったこの政策は大きな批判を浴びる一方，1961年に南アフリカ連邦は南アフリカ共和国としてイギリス連邦から離脱した。1970年代になると国際社会からさらに激しい非難を受けるようになり，このような国際環境の中で，アパルトヘイト体制に対する組織的な抵抗を展開してきたアフリカ民族会議（ANC）の動きも活発化した。1989年に就任したデクラーク大統領は人種隔離政策を転換し，1990年アフリカ民族会議を合法化するとともに，終身刑で収監されていた，その指導者マンデラを釈放した。そして翌1991年にはアパルトヘイト関連諸法の全廃に踏み切った。

❖講　評

例年通り，選択問題4題と論述問題1題の計5題で構成されており，マークシート法による選択問題は34問，論述問題は1題である。選択問題は正文・誤文選択問題が出題の中心で，これ以外に語句選択や配列問題が出題されている。大問別では，中国史・東欧史・イスラーム史・ラテンアメリカ史・アフリカ史（論述）が各1題出題されており，2023年度は地域的なバランスがとれていた。難易度は，大半の設問は標準的レベルであるが，時代配列や正文・誤文選択問題の一部の選択肢にはかなり細かい知識を扱ったものもあるので注意したい。

Ⅰ　中国の対外政策について，宋代から中華人民共和国の「一帯一路」まで扱った問題。誤文選択が多く比較的判別しやすいので，正解は導きやすい。設問7は日本史関連からの出題。設問8のCの中国人移民禁止法の年号1882年は難しいが，1869年に完成した大陸横断鉄道の建設作業に中国人移民が従事したことを想起すれば，B→Cが確定できる。

Ⅱ　ロシア・ウクライナの関係という，時事的テーマを扱った良問。設問9の時代配列は，保守派クーデタの失敗とソ連共産党の解散がともに1991年8月，独立国家共同体の結成が1991年12月と時期が接近しているため，やや難であった。

Ⅲ　11世紀頃までのイスラーム世界の拡大を扱った問題。正文・誤文選択問題は，どれも誤文が判別しやすく消去法も使えるので，比較的容易に正解できる。語句選択の設問8の正解である2のアブド＝アッラフマーン3世と4のマフムード（ガズナ朝最盛期のスルタン）は掲載されている教科書は少ないが，早稲田大学受験生ならば確実に押さえておきたい人名である。

Ⅳ　南北アメリカの歴史を古代から現代まで総合的にとらえた問題。正文選択問題も誤文選択問題も誤りの部分がはっきりしているので判定しやすい。先住民に関する設問2では，実質的にテオティワカン文明の存続時期がわかっているかどうかがポイントとなる。

Ⅴ　17世紀半ばから1990年代初頭に至る南アフリカの歴史をたどりながらアパルトヘイトの成立と廃止について述べる論述問題。アフリカ史を苦手としている受験生が多いと思われるが，本問の場合，1990年代初頭の大きな社会変革が，アパルトヘイトの全廃であることに気付けば，解答の方向性は難しくない。ただ，意外とアパルトヘイトの原型となった人種隔離政策の開始を正確に述べることが難しかったかもしれない。

政治・経済

I 解答

問1．A．バージニア権利章典　B．ワイマール憲法
C．ローズベルト

問2．3　問3．4　問4．イ．からの　ロ．による　問5．2
問6．3　問7．1
問8．特定の疾病や障害のあること等を理由に強制不妊手術を行い，子どもを持つことを妨げてきた旧優生保護法に対して行われている数々の訴訟は，憲法が定める幸福追求権や平等権の保障の実現につながる。(100 字以内)

◀解　説▶

≪人権の歴史≫

▶問1．C．アメリカ合衆国大統領フランクリン＝ローズベルト（1882～1945 年）は，1941 年の一般教書演説で，言論と表現の自由，信教の自由，恐怖からの自由，欠乏からの自由という「4つの自由」を唱え，ファシズム諸国に民主主義陣営が対抗する姿勢を表明した。

▶問2．3．適切。

1．不適。フランス人権宣言は，1789 年に憲法制定国民議会によって採択され，法的拘束力を有した。

2．不適。フランス人権宣言は第 3 条で国民主権，第 16 条で権力分立をそれぞれ規定している。

4．不適。違憲立法審査権は，1803 年のアメリカにおけるマーベリー対マディソン事件の合衆国最高裁判所判決において確立したとされる。

▶問3．4．不適。ジャン＝ジャック＝ルソー（1712～78 年）は，社会契約において個人の権利は共同体に全面的に譲渡されると唱えた。

▶問4．自由権は「国家からの自由」，社会権は「国家による自由」とそれぞれ言われる。

▶問5．2．適切。

1．不適。日本国憲法第 25 条の生存権の具体化は立法府ではなく，厚生労働大臣の裁量に委ねられている。

3．不適。旭川学力テスト事件において1976年に最高裁は，教育権は国民と国の双方にあるとの判決を下した。

4．不適。公務員は国民全体の奉仕者であり勤労者とは見なされていないため，争議権を含めた労働三権は制限されている。

▶問6．3．適切。18世紀の自由権が保障する形式的平等とは機会の平等の原理を意味する。一方，20世紀の社会権が保障する実質的平等とは結果の平等の原理を意味する。

▶問7．1．適切。

2．不適。子どもの権利条約では，生きる権利や育つ権利などの具体的権利も定められている。

3．不適。日本は障害者の権利条約を2014年に批准した。

4．不適。日本は人種差別撤廃条約を1995年に批准した。

▶問8．日本国憲法第12条でうたわれる，人権保障のための「国民の不断の努力」について，その具体例を挙げつつ，それがどのような意味で人権保障の実現につながるのかについて論述する問題。具体例としては，〔解答〕で挙げた憲法訴訟以外にも，選挙への参加や言論活動など，様々なものが考えられる。挙げた具体例に応じて，その具体例がどのような人権を，どのような因果関係で保障することにつながるのかについて，論述する必要がある。

Ⅱ　解答

問1．4

問2．A．団体自治　B．住民自治　C．二元　D．民主主義の学校

問3．5　問4．4　問5．5　問6．3　問7．4

◀解　説▶

≪日本の地方自治≫

▶問1．4．不適。日本国憲法第94条は，地方公共団体が「法律の範囲内で条例を制定することができる」と規定している。

▶問2．C．二元代表制とは，住民が地方議会議員と首長をともに直接選挙で選出する制度のことである。

▶問3．5．不適。日本国憲法第92条は「地方公共団体の組織及び運営に関する事項は，地方自治の本旨に基いて，法律でこれを定める」と規定

し，地方自治法第139条が「都道府県に知事を置く」と定めることから，知事を置かないことは地方自治法が具体化する憲法第92条に違反する。

▶問4．4．適切。

1．不適。カジノを設置する統合型リゾート施設の誘致をめぐる自治体間の競争は，賭博依存症となる国民の数の増大の直接的な要因とはならない。

2．不適。国際的なスポーツ競技大会の誘致の失敗によって地元住民の不満がつのることは社会問題とは言い難い。

3．不適。仮に寄付金をめぐる自治体の競争によって国の政党や政治家への寄付金額が減少して国政の効果的な運営に支障が生じたとしても，このことが社会問題とは言い難い。

5．不適。大学誘致をめぐる自治体間の競争は，文部科学大臣による大学新増設の許認可権限をめぐる贈収賄事件の多発化の直接的な要因とはならない。

▶問5．5．適切。アの「互譲」とは，互いに譲り合うことをいう。住民の共同事業への参加は，地域の公共財を利用するにあたって互いに譲り合う精神を涵養することにつながる。オの「全体に奉仕する公共精神」は，住民の共同事業への参加を通じて涵養されると考えられる。

▶問6．3．適切。国地方係争処理委員会は，国による地方への関与について，もし国と地方の間に係争が生じた場合に，その妥当性を地方自治の観点から検証する目的で設立された。

▶問7．4．適切。コンパクトシティとは，都市活動の密度が高く，徒歩もしくは公共交通機関で地域のサービスや職場に容易にアクセスできるまちづくりをいう。

Ⅲ　解答

問1．(イ)－3　(ロ)－2　問2．2　問3．5　問4．4
問5．2　問6．(イ)250　(ロ)5/6　(ハ)280　(ニ)14/15

◀解　説▶

≪経済活動における消費≫

▶問1．2019年度の日本のGDPは557.9兆円，民間最終消費支出は304.4兆円であった。

▶問2．2．適切。経済成長率＝(本年度GDP－前年度GDP)÷前年度GDP×100で求められる。経済成長率は，A国では（120兆円－100兆円）

÷100兆円×100＝20％，Ｂ国では（100兆円－80兆円）÷80兆円×100＝25％，Ｄ国では（80兆円－100兆円）÷100兆円×100＝－20％である。

▶問３．５．適切。$C=cY+\underline{C}$ より，平均消費性向 $C/Y=c+(\underline{C}/Y)$ となる。左辺において所得（Y）が増加すればするほど $\underline{C}/Y$ が減少して平均消費性向は減少し，最終的に限界消費性向（c）に近づいていく。

▶問４．４．適切。限界消費性向（c）が下落すると，消費関数を表すグラフの傾きが緩やかになり下方にシフトするが，縦軸切片 $\underline{C}$ は変化しない。

▶問５．２．適切。$C=cY+\underline{C}$，$S=Y-c$ より，平均貯蓄性向 $S/Y=(1-c)-(\underline{C}/Y)$ となる。左辺において所得（Y）が増大すればするほど，$(\underline{C}/Y)$ が減少して平均貯蓄性向は増大し，最終的に $(1-c)$ すなわち限界貯蓄性向に近づいていく。

▶問６．与式に数値を代入すると，(イ)$C=(0.8\times300)+10=250$，(ロ)$250\div300=5/6$，(ハ)$C=(0.9\times300)+10=280$，(ニ)$280\div300=14/15$ となる。

Ⅳ　解答　問１．Ａ．契約自由（私的自治も可）　Ｂ．工場　Ｃ．労働審判

問２．２　問３．３

問４．1985年に制定された男女雇用機会均等法は，成立時点では，男女間の雇用差別の禁止が罰則をともなわない努力義務であった。1997年の改正では努力義務が禁止規定へと強化されるとともに，職場でのセクハラ防止義務が事業主に対して課された。2006年の改正では男女双方への差別の禁止，出産・育児に関する不当な扱いの禁止，ハラスメント防止措置の義務化が定められ募集や採用に関する間接差別の禁止が盛り込まれた。（200字以内）

問５．５　問６．４　問７．１

◀解　説▶

≪日本の労働経済史≫

▶問１．Ａ．「契約自由（私的自治）」の原則が適切。「当事者の合意に従い」から判断する。

Ｃ．「労働審判」制度が適切。労働審判委員会が仲介して労使間の個別の労働紛争を解決する制度であり，2006年に開始された。

▶問２．２．不適。1935 年のワグナー法は労働者の団結権・団体交渉権を保障したが，1947 年のタフト＝ハートレー法では労働者の権利の制限が図られた。

▶問３．３．適切。

１．不適。第二次世界大戦後の農地改革では，不在地主の全ての貸付地が対象となった。

２．不適。2009 年の農地法等の改正により，株式会社も農地を取得できるようになった。

４．不適。減反政策は 2018 年に廃止された。

▶問４．男女雇用機会均等法の 1985 年成立時点での限界，1997 年改正の主な内容，2006 年改正の主な内容について論述する問題。

1985 年の制定当時には男女雇用機会の均等が努力義務にとどまったこと，1997 年の改正では努力義務が禁止規定に強化されたこと，2006 年の改正時では間接差別や男性に対するセクハラの防止が盛り込まれたことなどについて，記述する必要がある。

▶問５．５．適切。女性活躍推進法は，女性の登用を促すため，国や自治体，大企業に対して，採用者や労働者，管理職に占める女性比率や勤続年数の男女などの数値目標の設定や公表を義務付ける法律として，2015 年に制定された。2022 年の改正では，新たに男女の賃金の差異の開示義務が追加された。

▶問６．４．不適。日本においても 2012 年に化石燃料に課税する地球温暖化対策のための税（温対税）が導入された。

▶問７．１．不適。日本の現行の介護保険制度は，65 歳以上を第１号被保険者，40 歳から 64 歳までの医療保険加入者を第２号被保険者としている。

❖講　評

Ⅰ　日本・世界の憲法典と人権の歴史について，基礎から発展まで満遍なく知識と思考力が問われた。問１は比較的基礎的な知識問題である。問２や問７の詳細な知識問題では，世界史や日本史の知識も役に立つ。問８の論述問題は，教科書の知識をいかに深く理解し，自分の言葉で論述できるように学習したかが試された。難易度としては，過去の出題と比較して標準的であった。

Ⅱ　日本の地方自治について，基礎から発展まで満遍なく知識と思考力が問われた。問われる知識の多くは教科書の基本的なものだが，問 4 や問 7 など，一部に大学の行政学で扱う内容も出題された。難易度としては，過去の出題と比較して，やや難しいといえる。

Ⅲ　経済活動における消費について，論理的思考力が試された。テーマ自体は大学のマクロ経済学で扱うものであるが，基本的な数学の知識や考え方を用いて，設問の誘導をきちんと読むことで解答可能な問題であった。難易度としては，過去の出題と比較して，やや難しいといえる。

Ⅳ　日本の労働経済の歴史について，細かく正確な知識が問われた。多くの選択肢や語句の問題では，資料集の細かい事柄を読み込むことで解答可能である。問 5 では 2022 年 7 月の法改正の内容が問われるなど，時事的側面もみられる出題であった。難易度としては，過去の出題と比較して標準的であった。

以上より，2023 年度は過去の出題と比較して，全体的に標準的か，やや難しいといえる。

❖講　評

一の古文は『閑居友』からの出題。入試でもたまに見かける出典である。リード文がなく、女が中納言に捨てられて出家したという大筋はつかめるだろうが、母の供養をするためには費用（お布施）が必要だということがわからないと第三～五段落の内容が把握できないだろう。設問はおおよそ標準レベル。ただし問四は第四段落の把握と関連するためやや難レベルとなる。問六は仏教説話的な観点からの理解を試す問いである。

二の漢文は蘇軾の文章からの出題。かなりの長文である。適宜注があるとはいえ、漢文を読み慣れていないと難しく感じるだろう。問十二が内容真偽なので、先に選択肢を読んでから本文に入ると理解しやすい。設問は総じて標準レベルである。意外と問八の空所補充で迷うかもしれない。問十・問十一は句形がからむので比較的解きやすいだろう。

三の現代文は﨑川修の評論文からの出題。遺族に対するケアのあり方を論じているので、多くの受験生にとってはとっつきにくい内容であると思われる。しかもかなり抽象的で、かつ文意のとりにくい箇所もあるので、よけい難しいという印象を与えるだろう。設問は標準～やや難レベル。難しいからといって選択肢の言い回しにこだわりすぎると泥沼にはまってしまう。適当なところで切り上げるのがよいだろう。

四の現代文は山田広昭の評論文からの出題。モースの贈与論を論じている。テーマが具体的で、論旨も明快であり、三の現代文と比べたらずっと取り組みやすいだろう。逆に言えば設問は取りこぼしたくない。各設問の選択肢が長いとはいえ、いずれも標準レベルである。問二十五の記述問題は解答の組み立て方に工夫がいるので、やや難レベルとなる。

いうことになる。選択肢では「正規軍同士の戦闘に限定する」「闘争の手段を財に限定する」などと説明したロが最も適当である。イは「ポトラッチの当事者を限定する」以下が不適。書かれていない。ハは「戦争を内戦に限定する」「戦争を共同体間のポトラッチの中に効果的に留める」が不適。右の説明と矛盾する。ニは「局地戦」が不適。書かれていない。ホは「非正規軍」「闘争の主体を限定する」が不適となる。右の説明と矛盾する。

▼問二十五　第一のモラルについては第七・八段落によってポトラッチの「可逆性、流動性」を具体的に説明する。第二のモラルについては第九・十段落によってポトラッチが共同体間に存在する葛藤や紛争を社会的な紐帯や連帯のための手段へと変化させることを説明する。第三のモラルとは傍線部の直後で「完全な融合、統合が……ともに抑制しなければならない」と説明されるものである。これはその前のモースの言葉「人々は親密な関係を取り結ぶが、そうしながらも互いによそ者どうしのままである……」をふまえている。すなわち「親密な関係を取り結ぶ」ことが「完全な融合、統合」に陥る危険性をはらんでいることをいったもので、これは第一のモラルに関連づければ、各共同体が階層構造の中に吸収・統合されることをいったものと考えられる。また「互いによそ者どうしのままである」ことが「完全な細分化、個人化」に陥る危険性をはらんでいることをいったもので、これは第二のモラルに関連づければ、各共同体同士が対立し合う結果、殺戮行為へと至ることをいったものと考えられる。よってこの第三のモラルと関連づけながら説明することになる。

参考　山田広昭（一九五六年〜）は言語学者。大阪府生まれ。京都大学大学院文学研究科博士課程中退。現在、東京大学名誉教授。著書に『現代言語論』『三点確保』などがある。

▼問二十三　ポトラッチという贈与形態の「非友好的な性格」（第七段落）に関して、その三つのモラルの存在が指摘される。傍線部はその第一のモラルをいったものである。「両義的」は〝一つの事柄が反対の関係にある二つの意味を持っていること〟の意で、ここではポトラッチの相反する二面性をいう。その一つは傍線部にいう「階層化、序列化を生み出すメカニズム」である。二つ目は第八段落で説明される。すなわち「階層構造」の「可逆性、流動性」である。勝者の「威信の獲得と物質的財の蓄積とは両立」せず、勝者は「敗者に対しても自らの度量の広さを示さなければならない」、そのため「支配権は相手（敗者）に隷属を強いるような形で行使することはできない」といわれる。すなわちポトラッチは勝者と敗者のヒエラルキーを生み出す一方で、このヒエラルキーは流動化する（勝者と敗者の富が平均化したり、勝者と敗者が入れ替わったりする）というのである。この事情を「闘技的働き」「流動化」「気前の良さ」「強権的な態度を敗者に取ることができない」などと説明したハが最も適当となる。イは「威信は気前の良さに反する」が不適。第八段落の「勝者が得る威信は、その『気前の良さ』による」に矛盾する。ロは「財の消費による威信の獲得が容易であるために流動化する」が不適。「流動化」の原因は闘技的贈与そのものにある。ニ・ホは「固定化する」「威信は気前の良さに反する」が不適。

▼問二十四　まずカール・シュミットのいう「戦争の枠入れ」について。第九段落で、「戦争の枠入れ」とは「戦争を枠にはめること」すなわち「権利上対等な主権国家間の、しかも正規軍同士のそれへと限定」することであり、それによって「絶滅戦へのエスカレートが押しとどめられる」といわれる。これはヨーロッパの近代国家間の戦争を念頭においていったもので、戦争も停戦も当事者の理性によって行われるということであり、これに対置されるのが宗教戦争や民族間のジェノサイドであるということだろう。次に傍線部の「闘技的贈与」について。同段落で贈与は「共同体間に不可避的に存在する……殺戮へと転化しないように阻止する」のであり、続く第十段落でも「対立、葛藤を、そのまま社会的紐帯、連帯のための手段へと変化させる」「敵対関係の存在を前提とし、それを利用する形で生み出された」と述べられる。要するに絶滅戦、「戦争の枠入れ」、闘技的贈与のなかで最も平和的な手段が闘技的贈与だと

闘技的贈与は三つのモラルによって支えられている

▼問二十一　第一段落の引用箇所で「ギフト（gift）」には「贈り物」と「毒」という背反する二つの意味があると指摘し、第二段落でその理由として贈与の典型が飲み物であったことをあげる。しかし「本当の理由」（傍線部）はもっと深いところにあると述べ、第三段落で贈与が人と人を結びつけること、贈与が両者に「縛りを課し」ていることを指摘する。その「縛り」とは贈り物を拒否できず、お返しをしなければならないということで、これが第四段落以下で「三つの義務」として具体的に説明されることになる。この事情を「ギフトは受け取り手に毒になりうる」「物を贈る側と贈られる側を縛りつける」「お返しをする義務を課す」と説明したニが最も適当となる。イは「贈る側は贈られる側に歓待の精神を示す」が「相手を害する」の理由づけとして不適となる。ロは「感謝の念を強要される」ことが「本当の理由」ではない。ハは「もっとも大事な機能」が「財そのものの交換やモノの流通それ自体にある」が第三段落の内容と矛盾する。「不快」も「本当の理由」ではない。ホも「喜び」と「不快」を「本当の理由」として説明しており不適となる。

▼問二十二　傍線部の「闘技的」の例として第五段落で「ポトラッチ」があげられ、その特徴として「何かを上乗せしてお返しすること」（引用箇所）と「闘技性」すなわち恒常的に贈与を張り合う対抗関係、競合関係が指摘され、それが社会的階層関係すなわちヒエラルキーを作り出すと説明される。この事情を「贈り返すさいには必ず上乗せを必要とする」「財を誇示して贈り合い続ける」「社会的階層関係を作り出しうる」と説明したロが最も適当となる。イは「相手を物理的に害する可能性」を根拠として「財で相手を圧倒する」以下を導いており不適。ハはお返しの上乗せを説明していない。「富を上乗せ」ではない。ニはお返しの上乗せを義務ではなく、たんなる「習慣化」と説明しており不適。ホは「相手を常に支配し隷属させることを目指して」が不適。第八段落で「ポトラッチ」は「可逆性、流動性を導入する」と説明されており、これと矛盾する。

問二十五　贈与の第一のモラルは、ポトラッチが、階層構造を流動化し、勝者による強権的支配を抑制することである。また第二のモラルは、ポトラッチが共同体間に存在する対立や葛藤を社会的紐帯、連帯のための手段へと変化させることである。この二つのモラルは共同体が階層構造の中に完全に統合されてしまう危険性と同時に、逆に共同体が完全に細分化されて殺戮し合う危険性をも抑制する。（一二〇字以上一八〇字以内）

◆要　旨◆

モースによれば、贈与の体系を構成しているのは「贈り物をする義務」「それを受け取る義務」「それにお返しをする義務」という三つの義務で、根幹をなしているのは「お返しをする義務」である。「ポトラッチ」と呼ばれる義務の形態は、上乗せと闘技性を特徴とし、このような対抗関係、競合関係はヒエラルキーを作り出す。しかしこのような贈与の非友好性には三つのモラルが存在している。第一のモラルはヒエラルキーの可逆性、流動性である。第二のモラルは剝き出しの暴力の抑止で、対立や葛藤を社会的連帯のための手段へと変化させる。第三のモラルは完全な融合、統合がもつ危険性と、完全な細分化、個人化がもつ危険性をともに抑制することである。

▲解　説▼

本文はモースの「贈与の体系」を解説したもので、特に「お返しをする義務」に焦点が当てられている。全体は十段落から成り（引用箇所は除く）、大きく三つの部分に分けることができる。

1　第一～三段落（モースの『贈与論』が描き出す世界が……分かちがたく結びついている。）
贈与の最も大切な機能は、人と人を結びつけることである

2　第四～六段落（しかし「社会主義者」モースにとって……目標としているのである。）
「お返しをする義務」は上乗せと闘技性を特徴とし、ヒエラルキーを作り出す

3　第七～十段落（ここにはっきりと姿を現している……抑制しなければならないということである。）

勢」が不要である。ニは「他者のなにげない……経験を通じて」が不適。本文に書かれていない。ホは「宗教家たちが行っていた死者の『魂』との交流」とは「宗教的な神秘体験」をいうから不適となる。

▼問二十　イ、「『からだ』に潜む内なる『魂』」が不適。筆者は「からだ」と「魂」を分離する考えを否定している（第一・二段落）。

ロ、死別の経験を「新たな他者との対話を始めていくきっかけに変える」と説明しており不適。

ハ、当事者と援助者の対話の必要性をいったもので、これは第八段落で否定的に説明されている。

ニ、大人の方が先入観がないと説明しており不適。常識的に考えても間違いとなる。第十一段落の「さまざまな喪失や悲嘆を経験し、夢や空想を見失ってきた『大人』であるからこそ」に合致しない。

ホ、「当事者が囚われている死者の『すがた』を相対化する」とは第十段落の「閉じた空間ではなく、伸び広がってゆく世界の中で、距離のうちにふと死者の『すがた』を見いだす」をふまえており適当と言える。また「新たな世界を受け入れていく土台を作る」も最終段落の趣旨に合致する。

参考　﨑川修（一九七一年～）は哲学者。東京都生まれ。上智大学大学院哲学研究科博士後期課程満期退学。ノートルダム清心女子大学人間生活学部教授。

四

出典　山田広昭『可能なるアナキズム――マルセル・モースと贈与のモラル』＜二章　贈与のモラル＞（インスクリプト）

解答

問二十一　ニ

問二十二　ロ

問二十三　ハ

問二十四　ロ

対流に……『こころ』の中に淀んでしまう」「語りの色合いが単調になってしまう」）をふまえて、「『還流する対話』の仕組み」が提示される。これについて、同段落で「むしろテーマは多様であったほうがよく……さまざまな話題を媒介として……その人それぞれの死者の『すがた』との再会をサポートすることが可能となる」と説明される。また続く第十段落でも「伸び広がってゆく世界の中で、距離のうちにふと死者の『すがた』を見いだす……自由に羽ばたいてゆく」と説明される。このように二者間の対話ではなく、多くの人々と交わすさまざまな話題を通じて死者の「すがた」との再発見が可能になると述べられる。よって「死別の悲しみとは直接かかわらない話題に触れる」が決め手となってニが正解となる。イは「ケアの専門家の話を聴く」が不適。ロは「当事者が知らなかった死者の像」が不適。ハは「同様の悩みを抱えた」以下が不適。これは当事者同士の語り合いである。ホは当事者が死者の思い出を社会に発信すると説明しており不適。

▼問十九　第十一段落以下、グリーフケアにおける「スピリチュアル（＝霊的な）ケア」がテーマとなる。ここでもやはりグリーフケアは、死者の魂を「すがた」として再発見できるように援助するものでなければならないと言われる。「ありのままに今与えられている『すがた』としての世界」というのがややわかりにくいが、第二段落の「『魂』としての『すがた』が現れてい」る世界と理解すればよいだろう。続く第十二段落では、このような世界に生きるとは「この世に溢れていながら気づかれることのない小さな神秘、偶然の出会いにこころを寄せながら歩むこと」だと述べられ、これが「等身大のスピリチュアリティ（＝霊性。精神性）」だといわれる。「等身大」とは〝誇張も虚飾もない、ありのままであるさま〟ということだが、これは直前の「宗教的な神秘体験」を念頭においており、それよりもっとカジュアルなものだという意味である。そして最後の段落では、スピリチュアルケアは「今やその裾野を広げ……刷新されつつある」と述べられ、それが身近なものとなりつつあることが指摘される。以上より「日々の暮らしの中で経験される出来事をささやかな奇跡と受けとめる」が決め手となってロが正解となる。「この目に見える世界」とあるのは「すがた」としての世界をいう。イは「人々が共に祈ることを通じて」以下が不適。ハは「感謝する姿

いう。しかしこれはあまりに抽象的な言い回しなので傍線部以下に目を移すと、「慰霊や追悼は……祈りは日常の仕草に他ならなかった」（同段落）や、「従来型の葬祭や墓所、仏壇」「対話の場所」（第七段落）が見つかる。すなわち前問で検討したように、死者と日常的に（たとえば毎日の勤行によって）また定期的に（たとえば法事を通して）対話する空間である仏間や墓所などをいうのだとわかる。そしてこのような空間が「貧しくなっている」と述べている。その理由としては、現代は「死が医療に取り囲まれ、日常から分離され」「私たちの『明るい生活空間』からは『ないもの』として取り除かれ」るようになったからである。また、死者が「情報／事物として管理され処理される」現代は死者との対話的な関わりの重要性が見失われていると考えられるので、このことを説明するイが正解となる。ロは「家族という単位に分断されてしまった」、ハは「悲しみを新たにできる」、ニは「親しい他者の死を悼むことの大切さが理解されにくくなってしまった」、ホは「従来型の慰霊や」以下がそれぞれ不適となる。

▼問十七　第八段落以下、前問の「具体的な場」の再構築がテーマとなる。この第八段落では、死者と当事者（遺族など死者と親しい関係にあった者）と援助者（当事者をケアする者）の「三角関係」が論じられる。すなわちこの三者のうちの二者が濃密な「対話者」となると、残りの一者が疎外されてしまうと指摘される。たとえば当事者が自己について語れば、死者が除け者にされ、死者について語ろうとすれば当事者自身が疎かになるというのである。これが対話における「堂々巡りの葛藤」であり、これから逃れようとして援助者が当事者の「魂」に働きかけてその苦悩する生を肯定しようとすると、「援助者という『すがた』に重ねるような自我を頑に再構築しようとする試みに、すり替えられかねない」ということになる。この箇所で筆者が言わんとしていることを理解するのは難しい。ただ対話における葛藤ということだけはわかるから、「対話のパラドクス（＝逆説）」とあるニを選べる。ロは、「第三者」とは死者を指すから、死者の「ジレンマ（＝板挟み）」というのはおかしい。ホは「当事者」に限定している点で誤りとわかる。イの「イデオロギー」、ハの「レトリック」は論外となる。

▼問十八　第九段落では、当事者と援助者との二者関係の問題点、そして当事者同士の対話の問題点（「『死者』が言葉の

▼問十三　A、「曖昧」は〝物事や態度などがはっきりしないこと〟の意。
B、「通暁」は〝ある物事を深く知っていること〟の意。また〝夜通し〟の意もある（例「通暁の勤行」）。

▼問十四　第一・二段落で、私たちは他者と出会うとき、「こころを隠したからだ」を見るのではなく、「『すがた』としての『魂』」あるいは「『魂』としての『すがた』」と接していると述べられ、続く第三段落では、死者も「遺体というような『すがた』」として現れると述べられる。このように「すがた」＝「魂」ということが強調される。そして第四段落で、死者の「からだ」はそれぞれの文化において丁重に弔われ、「からだ」の影はずっと生き残るという趣旨のことが言われる。傍線部はこれを受けて、この「からだ」の影を頼りに「新たな他者の『すがた』を再建しようとしてきた」と述べられる。抽象的な言い回しが続いてわかりにくいところだが、第七段落の「葬祭や墓所、仏壇のようなかたちを通じて死者と対話」などに着眼すれば、遺影や墓や仏壇などを通じて、一人であるいは家族・親類たちと一緒に、死者の魂に語りかけるというほどの意であろうと推測できる。このように考えれば「その人のかけがえのない『魂』と、それまでとは異なるやり方で出会い直そうとしてきた」と説明したロが正解。イは「自分の『こころ』の中に」が不適。第五段落の「決して……抽象化された精神作用のようなものではない」に合致しない。ハは魂を表現するという説明が「再建」に合致しない。ニは「他者の死の衝撃から立ち直るために」が不適。ホは「『魂』の真実を探りあてようとしてきた」が本文に合致しない。

▼問十五　二つの空欄の前後の脈絡は、死者の新たな「すがた」は①精神的なものではない→②生前の「からだ」ではない→③具体的な場で「魂」として存在するという流れになる。①→②が順接的につながり、②→③が逆接的につながっている。よってbはハの「しかし」とホの「ただし」に絞られる。この両者のうち、ホのaの「そもそも」は説き起こすときに使う語であるから不適となり、よってaを「もちろん」としたハが正解とわかる。実は「もちろん…、しかし〜」というパターンである。

▼問十六　「そのような『具体的な場』」とは前段落の「『からだ』でありつつ『こころ』であるような、具体的な場」を

問十八　ニ
問十九　ロ
問二十　ホ

◆要　旨◆

私たちは他者と接するとき、「魂」としての「すがた」と出会っているのであり、死者に対しても新たな他者の「すがた」を再建しようとしてきた。だが現代、死者は個人の「こころ」に密封されてしまう。グリーフケアはそうした死者を解放し、その「すがた」を世界の中へ呼び戻して共有しようとする営みである。だがそこには「還流する対話」の仕組みが必要である。それは拡散してゆくケアへの志向性を拾い集め、ゆっくりと対話へと還流させて日常へと浸透させようとする営みであり、小さな神秘を真の意味での「spiritus＝生命の息」として賦活させ共有する営みであると言える。

▲解　説▼

本文は死別に苦悩する当事者に対するケアの望ましいあり方をテーマとしたもので、「すがた」という言葉を全体のキーワードとして用いながら議論を進めている。全体は十三段落から成り（引用箇所は除く）、大きく三つの部分に分けることができる。

1　第一～六段落（他者の「すがた」に……密封されてしまうのである。）
　現代では死者は「すがた」として再建されず、個人の「こころ」に密封されてしまう
2　第七～十段落（グリーフケアは……自由に羽ばたいてゆく。）
　死者の「すがた」を取り戻そうとするグリーフケアには「還流する対話」の仕組みが必要である
3　第十一～十三段落（グリーフケアにおける……考えるべきだろう。）
　「還流する対話の場」は小さな神秘を「spiritus＝生命の息」として賦活させ共有する営みである

ロ、「世俗の四方山話にうつつを抜かしている」が不適。第二段落の「游談無根」に合致しない。「游談」は〝口からでまかせを言うこと。自由に語り合うこと〟。「無根」は「事実無根」の「無根」で〝根拠のないこと〟の意。書物を読まず、根拠のない議論をしているということ。

ハ、第二段落の「近歳市人……易致如此」に合致する。

ニ、第二段落の「自秦漢以来……学者益以苟簡」に合致する。

ホ、「目や耳をも十分楽しませてくれる」が不適。書かれていない（第一段落参照）。

ヘ、第二段落の「自言其少時……惟恐不及」に合致する。

ト、第三段落の「廬山固所願游……庶有益乎」に合致する。

参考　蘇軾は北宋の政治家、文学者。眉州眉山（現在の四川省）の人。字は子瞻（しせん）。号は東坡（とうば）。唐宋八大家の一人。科挙に合格して官僚の道に進むも、政争に巻き込まれ、しばしば左遷され、生涯の多くを地方長官として過ごした。同じく唐宋八大家に数えられる父の蘇洵（そじゅん）、弟の蘇轍（そてつ）とともに「三蘇」と称される。詩文集に『東坡七集』がある。特に「赤壁賦」が有名である。

三

出典　﨑川修『他者と沈黙――ウィトゲンシュタインからケアの哲学へ』

解答

問十三　A、曖昧　B、通暁

問十四　ロ

問十五　ハ

問十六　イ

問十七　ニ

られる。次に助詞「乎」は文末で用いて「〜か」と疑問を表す。よってニが正解とわかる。何かしらそれから得るものがあるのは書物だけではないかという内容である。「者（は）」は前の部分を名詞化する助詞。返り点は「不」から「無」へレ点で返り、「獲」から「不」へレ点で返る。

▼問十　設問に「きっと〜に違いない」とあることからもわかるように「当」が「まさに〜べし」と読む再読文字になる。「倍蓰」は「-」が間にあることから、下から返って熟語で読むことがわかる。また意味も「倍から五倍に増えている」だとわかる（「倍」が二倍、「蓰」が五倍である）。「於」は「昔の人々より」とあることから、比較を表す前置詞で、置き字として読まないことがわかる。「昔人」はもちろん「昔の人々」である。よって返り点は、「人」から熟語「倍蓰」へ一・二点で返るので、「-」の横に二点を打つ。さらに「蓰」から「当」へ返るので、「当」に三点を打つ。

▼問十一　「使」が使役の助動詞で「使AB（AをしてBしむ）」の句形を作る。「為」→「知」→「使」と一・二・三点で返り、しかも「惜」→「可」→「為」とレ点で返ることから、「来者（らいしゃ）」がこの句形のAに当たり、「知昔之君子……為可惜」がBに当たることがわかる。「来者」は〝自分より後に生まれてくる者〟の意。直後の「昔之君子」からもおおよその見当がつくだろう。「昔之君子」と「今之学者」が対比される。前者は「見書之難」（「之」は主格の助詞）とあり、昔の君子は書物を手に入れて見ることが難しかったと述べる。これに対して後者は「有書而不読」とあり、今の学問する者は書物があってもしっかり読まないという。そして「為可惜」とあるように、惜しむべきことだと慨嘆して、このことを「来者」に知らせたいと記す。この事情を説明したのはロである。イは「ひたすら蔵書の数量を誇示する」が不適。書かれていない。「蔵書家の人々」も「来者」の説明として不適となる。ハは「新しい書物」「珍重する」が不適。書かれていない。「この蔵書楼を訪れた人々」も「来者」の説明として不適。ニは「昔の君子が著した書を理解する」「分かったふりをしている」が不適。書かれていない。ホは「昔の君子は……難しい対象」「古に学ぶ……実行できなくなっている」が不適。書かれていない。

▼問十二　イ、第一段落の「象犀・珠玉……不適於用」に合致する。

君子の書を見ることの難くして、今の学者の書有りて読まざるを惜しむべしと為すを知らしむるなり。

語句　不肖＝才能がなく、愚かであること。本義はすぐれた親に似ていないの意。
学者＝学問をする人。日本語の「学問研究を職業としている人」の意ではない。
手自＝二字で「てづから」と読む。自分自身の手で。
市人＝商人。町の人。本文では書籍を扱う業者をいう。
転＝「うたた」と読む。ますます。
廬山＝現在の江西省九江市の南にある山。白居易など多くの有名人が住み、遊んだ。

▲解　説▼

▼問八　第一段落で「象犀・珠玉・怪珍之物」と「金石・草木・糸麻・五穀・六材」と「書」の三者が比較される。第一者は人を喜ばせるが実用的ではない。第二者は実用的だが傷んだり減ったりする。これらに対して第三者は人を喜ばせる上に実用的であり、しかも傷んだり減ったりしないと述べて、いかに書物がありがたいものであるかを主張している。以上の内容をおさえた上で空欄を見ると、これが「書」について述べた一節にあることがわかる。その直前に「賢不肖之所得、各因其才」と「仁智之所見、各随其分」があり、この両句が対句になっている。「賢不肖」は〝賢者と愚者〟の意で、それぞれ「才（＝才能）」によると述べる。「仁智」は〝仁者と智者〟の意で、それぞれ「分（＝持ち前の才能。天分）」に従うと述べる。そして空欄の直後で「不同（＝同じではない）」と述べる。この文脈から考えれば空欄には「才」と「分」が入ると見当がつくだろう。すなわち「才分」が異なるので、書物から得るものは人それぞれではある。しかし何かしら得るものはある、と傍線1の内容へとつながってゆく。ロの「用」と「取」は対比の関係にない。ハの「弊」と「竭」は類似の内容である。ニは「適於用」（第一段落）とあるように、これも対比の関係にならない。ホの「耳」「目」も同様である。

▼問九　「無不」が「〜（せ）ざるはなし」と読む二重否定の句形になる。これを「えざることなき」と読むハとニに絞

文章や学問は昔の人々よりきっと倍から五倍に増えているに違いない。しかしながら年若い科挙の受験生は、みんな書物を束ねておいて読まず、根拠のないことを語り合っているのは、どういうわけだろうか。

私はすでに年老いている上に病気であり、世に用いられるところがない。ただ数年の暇をもらって、まだ読んでいない書物をすべて読み、しかも廬山は以前から遊びに行きたいと願いつつもかなわなかった所なので、思うにここで老いることにして、公択の蔵書楼をすべて開けて、彼の書物を手に入れて自分の不足分を補うならば、利益となるだろう。こういうわけで公択が私に文章を書くように求めた。そこで一文を書いて、今後の人に昔の君子が書物を読むことがいかに困難であったか、（それに比べて）今の学問をする人は書物を持っていてもしっかり読まないことがいかに残念なことであるかを知らせようと思うのだ。

読み　象犀・珠玉・怪珍の物、人の耳目を悦ばしめて用に適せざること有り。金石・草木・糸麻・五穀・六材、用に適すること有り。而れども之を用ふれば則ち弊れ、之を取れば則ち竭く。人の耳目を悦ばしめて用に適し、之を用ひて弊れず、之を取りて竭きず、賢不肖の得る所、各々其の才に因り、仁智の見る所、各々其の分に随ひ、才分同じからずして、求めて獲ざること無き者は、惟だ書のみなるか。

秦漢より以来、作者益々衆く、紙と字画と日々簡便に趨き、而して書益々多く、世に有らざる莫し。然れども学者益々以て苟簡なるは、何ぞや。余猶ほ老儒先生を見るに及ぶ。自ら其の少時を言ひ、史記・漢書を求めんと欲すれども得べからず。幸ひにして之を得ば、皆手自ら書し、日夜誦読し、惟だ及ばざるを恐るるのみと。近歳市人転た相摹刻し、諸子百家の書、日々万紙を伝へ、学者の書に於けるや、多く且つ致し易きこと此くのごとし。其の文詞学術当に昔人に倍蓰すべし。而れども後生の科挙の士、皆書を束ねて観ず、無根を游談す、此れ又何ぞや。

余既に衰へ且つ病み、世に用ひらるる所無し。惟だ数年の閑を得て、尽く其の未だ見ざる所の書を読み、而も廬山固より游ぶを願ひて得ざる所の者なれば、蓋し将に焉に老いんとし、尽く公択の蔵を発きて、其の余棄を拾ひ以て自ら補はば、益すること有るに庶からんか。而して公択余の文を求めて以て記と為す。乃ち一言を為して、来者をして昔の

二

出典　蘇軾「李氏山房蔵書記」

解答

問八　イ

問九　ニ

問十　当三 倍二蓰 於 昔 人一

問十一　ロ

問十二　ロ・ホ

◆全　訳◆

象牙と犀の角・真珠と宝石・珍しくて貴重な物は、人の耳目を喜ばせるが実用には適さない。金属と石・草と木・絹と麻糸・五種類の穀物・六種類の弓の材料は実用に適する。しかしながらこれらを使うと傷み、手に取ると（いずれ）尽きる。人の耳目を喜ばせてしかも実用的で、使っても傷まず、手に取っても尽きず、賢い者と愚かな者が（そこから）得るものは、それぞれの才能により（それぞれで）、仁者と智者が（そこに）見るものは、それぞれの天分に従い（それぞれで）、（このように）才能と天分が違っていても、求めれば（誰でもそれなりに）得られないことがないもの、それは書物だけではないだろうか。

秦・漢の時代以来、作者はますます増え、紙と字画は日々に簡単になり、こうして書物はますます多くなり、世に（自分が必要とする書物を）持たない者はいなくなった。それにもかかわらず学問をする人がますますいい加減になったのは、どうしてだろうか。私は年老いた儒者先生にお会いしたことがあった。（彼は）自ら若い時のことを話して、『史記』や『漢書』を手に入れようにもできなかった。運良く手に入れるとみんなで書写し、日夜音読して、暗記漏れがないか心配ばかりしていたという。（しかし）最近では業者がどんどん翻刻・印刷して、諸子百家の書物を、日々一万ページを伝えてくれるので、学問をする者が書物に関して、多くのものをたやすく入手できるのはこのようである。（だから）彼らの

「秋風」に「驚く」という文脈から〝はっとして気づく〟の意になる。「れ」は自発の助動詞「る」の未然形。「ぬ」は打消の助動詞「ず」の連体形。「染め」は四段動詞「染む」の命令形。「かし」は念押しの終助詞。「やらん」は「にやあらん」が変化したもの。〝～であろうか〟の意。全体で〝秋の訪れに気づかない袂も（紅葉で）染まれよというわけで、秋風も吹き始めたのだろうか〟となる。ここで単なる自然描写が現れるはずはないから、これは比喩であると思わなければならない。すなわち「秋風」に「飽き」を掛けて、中納言が遊女に飽きて捨てたという意味を込める。また「袂」は遊女をたとえて、男女の愛が長くは続かず、この世は無常であることに気づかない遊女に気づかせたという意味も込めている。言い換えれば、中納言が女を捨てたのは世の無常に気づかせるためだったという仏教説話的な観点からの解釈である。なおこの「袂」「染め」は「秋風」の縁語になる。選択肢は「驚かれぬ」に着眼すれば「気づくことのできない」とあるニが正解とわかる。イは遊女の立場から説明しており不適。ロの「心にしみるように」、ホの「分かっていた」は「驚く」の意をふまえていない。ハは「心にも伝わるように」が不適。

▼問七　イ、遊女が中納言の船とは知らなかったと説明しており不適。金品を持ち帰らなかったという説明も不適。

ロ、「仏事をまかせ」が不適。遊女自身が仏事を行っている。

ハ、第二段落の「日に添へて家のさまいふかひなくなりゆきけり」、第三段落の「忌みにことよせて、いづちやらん行き散りぬ」に合致する。

ニ、「母親に今後の生活を支えることを約した」とは書かれていない。

ホ、終わりから二段落目の「人に忘らるる人は……いといみじう覚え侍り」に合致する。

ヘ、「顕基は女に未練があり」とは書かれていない。選択肢後半は正しいが、理由は未練ではなく、遊女が母の供養をしてそのまま出家し、仏道修行に専念したことに感嘆したためである。

参考　『閑居友』は鎌倉初期の仏教説話集。上下2巻。著者は慶政上人説が有力。ある女性に発心、遁世、仏道修行のあり方を教えるために編集された。

っており、この遊女の客になることはできないと断ろうとしたこと、遊女は中納言との関係は切れているのでかまわないと答えたことが推測できる。この事情に合致するのはハである。イは「金も払わない者が船に乗ることを認められない」が不適。ロは「卑しい者を連れ」ていることを理由にしている点で不適。ニは「知ろしめしたり」の主語を中納言ととっており不適。ホは「盗みをしかねない貧しい人間を乗せられるはずがない」が不適となる。

▼問四　傍線部の前に「翌朝」とあるように、「今日」とは母の忌明けの日である。「なん」は強意の係助詞。「果て（果つ）」は〝すっかり～する。～し終える〟の意の補助動詞。「つ」は完了の助動詞。死んだ母のための七日ごとの法要がいよいよ今日終わると述べている。そして次の段落で「その日の仏事どもして……」という流れになる。選択肢は「四十九日を迎えたことで、死んだ母親の法要にも一区切りつく」と説明したイが正解となる。ロは内容的には間違いとは言いにくいが、肝心の「今日」を説明していない。ハは「自分を捨てた顕基を恨んでいた母」、ニは「船の中で一晩中念仏をとなえた」、ホは「家族の不遇の原因であった顕基の船の者」がそれぞれ不適。

▼問五　終わり二段落は本話に対する筆者の評言である。「憂き世を遁（のが）るる中だちとしけんこと、いといみじう覚え侍り」「世を厭ふしるべとせん事は、なほ類なかるべし」とあるように、筆者は遊女が出家したことを類まれですばらしいことだと褒めている点をふまえる。「あぢきなし」は〝どうしようもない。無益だ。つまらない。にがにがしい〟。「よしなし」は〝根拠がない。手段・方法がない。無益だ。関係がない。くだらない〟の意。どちらも否定的な意味合いになる。直後の「思ひ定めけん」の主語は遊女で、中納言に捨てられたことから、現世は「あぢきなし、よしなし」と思い切って出家したという趣旨になることを把握する。選択肢は「味わい深い、悪くない」のイと、「不満がない」のニは肯定的な意味であるからまずはずれる。次にハは「つらい」、ホは「うまくいかない」が語義的に不適となる。よってロが正解として残る。

▼問六　傍線部の前に「中納言は、いみじき往生人におはしける」とあるように、中納言は往生を遂げた信心深い人物としてたたえている点をふまえる。「驚か（驚く）」は〝びっくりする。はっとして気づく。目が覚める〟の意。ここは

は前後の文脈に合致しない。

b、自分のかつての愛人だった遊女のことを従者から聞いた中納言の言葉の一節である。「うるせし」は〝賢い。上手だ〟というように肯定的な意味で使われる。「うるせしと見し者」というのだから、ここは前者の意である。「頭がよく」が決め手となってニが正解。ハは「信心深く」が不適。イ・ロ・ホはいずれも否定的な意味であるから、当然不適となる。

▼問二　空欄の直前に、下に否定語を伴って不可能の意を作る副詞「え」がある。よって打消の助動詞「ず」の連体形「ぬ」を含むイ「かなはぬ」が入る。ロの「ん」は婉曲、ハの「べき（べし）」は当然・推量など、ニの「なる（なり）」は伝聞・推定、ホの「ぬる（ぬ）」は完了・強意の助動詞であるからいずれも不適となる。「かなふ」は〝思い通りになる〟の意。「鐘の音もえかなはぬほどになんありければ」とは、遊女の母が死んで七日ごとに鳴る鐘の音も思い通りにならない、すなわち遊女の母を供養するために鳴らす鐘に対して差し出すお布施もままならないほど貧しいということ。

▼問三　母の忌明けの四十九日が明日に迫った日、遊女はかつての愛人である中納言が所有する船に乗ろうとする。するとその船の主であった中納言の従者が乗船を断ろうとする場面である。傍線部の「いかでか」は反語を表す連語。「奉ら（奉る）」は謙譲の補助動詞で遊女への敬意を表す。「さ」は前文の「これは、それがしが候ふ船なり」を指す。この船が中納言所有の船であることをぼかした言い方になっている。「知ろしめし（知ろしめす）」は「知る」の尊敬語で、遊女への敬意を表す。「たり」は存続の助動詞。「や」は疑問の係助詞（文末用法）。船の主が遊女に、この船は誰が所有する船であるのか知っているかと尋ねている。それに対して遊女は「知りたるなり。などてかは苦しかるべき（＝なんの不都合もない）」と答える。そして翌朝、船の主が遊女に金品を与える。この経緯をふまえると、女は中納言と別れて故郷に戻って以来、遊女の仕事をやめてずっと引きこもっていたが、この日は（翌日の四十九日の供養をする費用を得るために）船に乗って再び仕事をしようとしたと考えられる。船の主は遊女と中納言の関係を知

そのような遊女となってしまうと、そうなるはずの前世の因縁であって、どうしても恥をみることもありましょうが、「（遊女稼業は）むなしい、無益なことだ」とよくよく思い決めたであろうことは、またとないことでございましょう。人に忘れられる人は誰も、（自分を忘れた人を）恨みに恨みながら、罪に罪を重ねるものでございますのに、（この女は）すっかり（中納言のことを）思い忘れて、無常なこの世を離れる機縁としたであろうことは、たいそう殊勝なことに思われます。すばらしいと思われた人が、恨みの心に耐えられないで、恐ろしい名をとどめたことは、時代をさかのぼっても多く耳にするのに、そのうえに、（この女のように）俗世を離れる手引きとすることは、やはりまたとないことであろう。

中納言は、見事に極楽往生を果たした人でいらっしゃると、往生伝にも記してありますようなので、しかるべき縁があって、（秋の訪れを）自然と気づくこともない袂も（紅葉で）染まれよというわけで、秋風も吹き始めた（＝女に「飽き」た）のであろうか、とまで思われる。

語句　室の遊び人＝室の遊女。室は良港として栄え、遊女に関する説話も本話のほかにも数多い。

かれがれ＝「離れ離れ」。足が遠のくさま。疎遠なさま。

妙なり＝霊妙だ。すばらしい。上手だ。

あがる＝上がる。官位が進む。時代をさかのぼる。のぼせる。

往生人＝極楽往生を願う人。極楽往生をとげた人。

◀解　説▶

本話は、ある遊女が男に捨てられたことを機縁として出家するという典型的な仏教説話である。

▼問一　a、久しぶりに実家に戻った遊女が母親に話す言葉の一節である。「つれなく（つれなし）」はゆかりや関係がないことを表す形容詞で、〝冷淡だ。さりげない。思うにまかせない〟といった意がある。傍線部の前後を見ると、女は故郷に戻るつもりはなかったけれども、母の顔も見たくて足が向いたと述べている。心ならずも戻ってきたというのが遊女の本音であろう。よって「不本意にも」と解釈したロが最も適当といえる。ハ・ニは語意的に不適。イ・ホ

と言って、ぷっつりと外出もせず、いつも心を清らかにして念仏をお唱えしていた。親もしばらくの間は（引きこもってばかりいないでまた以前のような振る舞いをするよう）意見をしたけれど、後にはとやかく言うことはない。そうこうするうちに、日に日に家の暮らしが言いようもなく立ち行かなくなった。それでも、（女は）動揺する様子もまったくない。そうするうちに、母が、病気になって死ぬ。やって来る七日ごとに（時の経過を）はっと気づかせる鐘の音も思うにまかせられない（＝供養のためのお布施もかなわない）ほどだった（＝貧しかった）ので、（女は）いつもしくしくと泣いてばかりいる。わずかながら仕えていた者たちも、喪中にかこつけて、どこかへ散り散りに去ってしまった。

こうして（忌明けの）四十九日もいよいよ明日になった。その日の夕方、荷物をたくさん積んだ船が（室の港に）停泊しておりました。この女は、卑しい者を一人連れて、この船に乗った。この船は、中納言の元で下働きに使われていた者で、地方に派遣されていた者が、上京するのであったらしい。そこで、この船の主が、びっくりして、「これは、（中納言の下働きである）私が乗っております（中納言所有の）船である。どうして乗せて差し上げられようか（、乗せて差し上げられません）。それを知っていらっしゃるのか」と言ったので、（女は）「知っている。（もう中納言とは無関係だから）どうして不都合なことがあろうか（、何の不都合もない）」と言って乗った。そして、翌朝、（船の主は女に）金品を五十与えた。この女は、帰ろうとして、「親の供養は今日すっかり終わってしまう」と言って、髪を切って、置いて出ていった。

そして、（船主にもらった金品をお布施にして）その日（＝四十九日）の仏事などして、ふだん使っていた者たちに（残った金品を）分け与えなどして、自分自身はそのままその日に出家して、静かな所に居を定めて、たいそう熱心に仏道修行をしました。

さて、この船の主は、京に上って、「こういうことがありました」と中納言に言ったところ、（中納言は）「思った通りだ、頭がよくたしなみがある者だと思っていたが、やはりそうであったなあ。ああ（五十とは）少なく与えたものだよ。同じことなら百与えたらよかったのに」と言って、涙ぐみ申し上げなさった。

国語

一

出典　慶政『閑居友』〈下　室の君、顕基に忘られて道心発す事〉

解答

問一　a―ロ　b―ニ
問二　イ
問三　ハ
問四　イ
問五　ロ
問六　ニ
問七　ハ・ホ

◆全　訳◆

少し昔のことであったであろうか、中納言顕基（＝源顕基）が、室（＝現在の兵庫県にある港）の遊女を愛して（京に連れてきて）たいそう深く思い合っておりましたが、どういうことがあったのだろうか、しだいに疎遠になって、元の室の港へ送り返した。

この女が、母であった者に言うには、「ここには戻って参らないつもりでおりましたけれども、母上が生きていらっしゃる間は、どうして（帰らないでいられようか）と思って、不本意にも、ふたたび故郷へ足が向いてしまったのです。ここで暮らしても、以前のような振る舞い（＝遊女）は、もうするつもりはありません。この気持ちをわかってください」

////////////////////// · memo · //////////////////////

2022年度

解答編

解答編

英語

I **解答** ⑴1―B　2―B　3―D　4―C　5―E　6―C　7―B

⑵1―D　2―C　3―A　4―E

⑶―C

⑷1―D　2―A　3―B　4―B　5―A

◆全　訳◆

≪美の標準の背後にあるもの≫

私の社会的世界の大部分が，アフリカ系アメリカ人の歴史とその文化に対する母の好みによってフィルターがかかっていた家庭とは違って，学校で私は色白で金髪よりも美しいものはないことを学んだ。

高校の英語の授業で，私たちはミュージカル『グリース』を見た。オリビア＝ニュートンジョン演じるサンディが光沢のあるぴちぴちのボトムスを着てカーニバルに現れる最後の場面で，黒人の子はみんな「変な格好！」，「両脚の間，空きすぎ！」とくすくす笑った。高校１年生にしては背が高すぎる白人の男の子が椅子を蹴って立ち上がり，「ニュートンジョン，すげー！」と叫んだ。私はその場面をよく覚えている。というのも，そのとき私はそれを理解したからだ。ほとんどが黒人かラテン系の私の友達が太ももの隙間やぺたんこのお尻のことで冗談を交わす一方で，まったく別の望ましさの文化が，私の気づかないところで展開していたのだ。そして，中年の白人女性である教師が，背の高すぎる少年を見て微笑み，彼がサンディのセクシーさを称賛したことは行儀が悪いとはいえ，正常なことだと認めるように，目玉をぐるりと回した。彼は微笑み返し，「どうにも自分を抑えられないよ」とでも言うかのように，ちょっと肩をすくませた。その教師と背の高すぎる少年はぐるだった。あの変な生き物，サンディは「美し」かった。

ミドルスクールは，最も理想的に（人種的に）統合された学校でさえも，人種の分離があることを明らかにし始める。白人の子は学校の友達ではあっても，決して家にまで来るような友達ではなかった。数学の上級クラスを一緒に取っていても，週末に彼らと一緒に湖のほとりにいることはなかった。私たちはそれが普通だと思っていた。教室や廊下では礼儀正しく打ち解けて一緒にいる一方で，私は何が美しいかを知った。高校に進む頃までには，自分はそうではないと知っていた。

高校の女の子はみんな自尊心の問題を抱えているし，ほとんどの女の子は達成不可能で非現実的な身体的理想と自分を比べる。そういうことを私は言っているのではない。それは私たち全員に若干違った形で起こるジェンダーに関する暴力だ。私が言っているのは一種の資本についてである。それは単に背の高すぎる少年の好みのことではなく，彼の好みを権威が標準だと認めるやり方のことだ。高校ではボーイフレンドも何人かいたし，仲良くしている仲間もいた。しかし，私はまた，色白金髪であること，体を鍛えていること，体の凹凸が少ないこと，太ももの間に隙間があることには，何か強力なものがあるとも思っていた。それが美だった。そして，高校の女の子たちの中で，自分が美の基準に適っているといえる子はほとんどいなかったものの，非白人の女の子だけは，絶対美しくはなり得なかった。それは，美は実際には見た目ではないからだ。美は既存の社会体制を再現する好みなのである。美しいものとは，週末の湖畔のパーティーから，外部の肌の浅黒い人たちを排除するものなら何でもよいのだ。

「曲線美のより際立った」マリリン＝モンローから，骸骨のようなツィッギー，つくりものかと思うほど引き締まった体のパメラ＝アンダーソンまで，時を経てどれほど美の標準が変わってきたかを白人のフェミニストたちが示すとき，フェミニストたちのいう典型は美の本当の機能，つまり白さであるということを隠している。白さは，黒さへの応答として存在する。白さは，誰が公式に白いかを注意深く定義することによって，誰が黒いかをいつも決定しようとする暴力的な社会文化制度である。美しさの究極の機能は，黒さを排除することであるのは当然だろう。美は暴力的に白人女性に条件付けを行ったり，ジェンダーに同調しない人々の存在を排除したりするが，このことは，おまけである。私が一緒に高校に通っていた白人の女の子たちの中には，美しくはない子もいたかもしれない。しかし，彼女たちが美しくあることを権力が必要とするなら，社会的，経済的，政治的なさまざまな力が，社会規範を作り変えることで，そういう女の子たちを美しくすることができるだろう。美しい人々が白人であるかぎりいつでも，美しいものとは，白人から非白人に資本を再分配せずに，その条件が取り決められうるのだ。

私たちはまだ，黒人のフェミニスト理論や政治学における望ましさの理論を具体化してはいない。肌の浅黒いケニア系メキシコ人女優のルピタ＝ニョンゴが『ピープル』誌の 2014 年の「最も美しい女性」に選ばれたことも，多くの肌の浅黒い黒人女性たちにとっての現実がもつ効力をなくしはしない。それは大学中退者で 10 億ドルを稼いでいるマーク＝ザッカーバーグが，何百万人もの人にとって大学の価値を無効にしないのと同じである。実際，抑圧の仕組みがどのようなものであれ，その抑圧の仕組みを価値あるものと証明するために例外があることを容認するのだ。他にどのようにして，そういう仕組みに抑圧されている人たちが自分自身の抑圧を内面化するというのだろうか。これは，私がニュートンジョンを見ていたときにはまだ理解していなかったことだ。つまり，私は美しくはなく，資本や権力の利益になるように何が流行したとしても，決して美しくなることはできなかった。それが，私が自分の聖地である歴史的黒人大学(HBCU) へと旅立ったときに，私の骨の髄までしみ込んでいた理論だった。

HBCU の大学 1 年生となった最初の夜，私はピザを注文した。配達してきた若い男性は，ピザを手渡す前に私のことをあまりにも長い間見つめた。私はしびれを切らしてピザをつかんだ。私がそうしたとき，彼は私の電話番号について何かもごもごとつぶやいた。私は彼と 10 年にわたり，ときどきデートをしたものだった。私が寮の玄関の中に歩いて戻っていったときに，振り返るとちょうどそのピザ配達員の男性が，寮の管理人の年配の黒人男性の目を引いた。管理人は彼に，かつてスパンデックスをはいたオリビア＝ニュートンジョンの太ももに魅了された背の高すぎる男の子に教師が示したのと同じような顔をしたのだ。私はサンディだった！

この大学では，私はいわば美しくありえた。普通で，規範に合っていて，魅力的だと当然視された。それは，私が自分の通った HBCU が大好きな多くの理由の一つである。電話番号をいくつか教えてもらったとか何人かボーイフレンドがいたからとかではなく，明らかに私のような外見の人間を含めることができない美の標準によって，自分が定義されていなかったからである。

◀解 説▶

◆(1) 本文の内容と一致する文を完成するのに適するものを選ぶ問題である。

▶1．「筆者は…」

A．「自分の家庭生活と学校生活の文化的な違いを楽しんでいた」

第1段（Unlike home, …）に「アフリカ系アメリカ人の歴史とその文化に対する母の好みによってフィルターがかかっていた家庭とは違って，学校では色白で金髪よりも美しいものはない」とあり，第2段最終文（Sandy, that strange …）に「あの変な生き物，サンディ（＝金髪のやせた女性）は『美し』かった」，第3段最終2文（When we were together, … I was not it.）に「私は何が美しいかを知った。高校に進む頃までには，自分はそうではないと知っていた」とあることから，筆者が違いを楽しんでいたとは考えられない。

B．「学校で設定されていた美の標準から除外されていると感じていた」

選択肢Aでも検討した，第3段最終2文に「私は何が美しいかを知った。高校に進む頃までには，自分はそうではないと知っていた」とあることと一致する。これが正解。

C．「彼女の過激な世界観のせいで，学校では自分は社会的に孤立していると気づいた」

本文にこのような記述はない。

D．「自分の感情を爆発させてしまった少年にある共感を抱いた」

第2段第2文（In the final scene, …）に，黒人の子はみんなサンディを見てくすくす笑ったことが描かれており，黒人である筆者も同様だったと考えられる。同段第4文（A white boy …）に白人の少年が感嘆の声をあげていることが述べられている。共感を抱いたとは考えにくい。

E．「オリビア＝ニュートンジョンに象徴される美の概念を評価した」

第2段最終2文（The teacher and … was *beautiful*.）に「その教師と背の高すぎる少年はぐるだった。あの変な生き物，サンディは『美し』かった」とあるが，選択肢Bで検討したとおり，筆者は自分がこの「美」の標準には当てはまらないと考えており，評価したとは考えられない。

▶ 2.「美やジェンダーの抑圧的な性質は…」

第 4 段後ろから 2 文目（That is because beauty …）に「美は既存の社会体制を再現する好みである」，第 5 段第 3 文（Whiteness is a violent …）に「白さは，誰が公式に白いかを注意深く定義する…暴力的な社会文化制度である」，同段第 5 文（That beauty also …）に「美は暴力的に白人女性に条件付けを行ったり，ジェンダーに同調しない人々の存在を排除したりする」などとあるように，美やジェンダーに関する通念は，現在の社会体制に合わないもの，反するものを排除すると筆者は述べている。B の「現状を維持する手助けになる」が適切。

A.「もっぱら黒人とその他のマイノリティー（少数派）に影響を及ぼす」

C.「ジェンダーへの非同調性を理想化する」

D.「白人女性に自分自身の美しさを定義させる」

E.「黒さを強制された基準に変える」

▶ 3.「この文章中にある capital には…が含まれている」

capital が使われている 3 つの文の内容をそれぞれ検討する。

①第 4 段第 4 文（I am talking …）「私が言っているのは一種の capital についてである」として，続く第 5 文に「それは…（やせた金髪の白人女性に対する）好みを権威が標準だと認めるやり方のことだ」とある。

②第 5 段最終文（As long as …）「美しい人々が白人であるかぎり…美しいものとは白人から非白人に capital を再分配せずに，取り決められうる」となっている。直前の文（But, should …）には「彼女たち（＝美しくはないかもしれない白人の女の子たち）が美しくあることを権力が必要とするなら，社会的，経済的，政治的なさまざまな力が，社会規範を作り変えることで，そういう女の子たちを美しくすることができる」とある。

③第 6 段後ろから 2 文目（This is what I …）「私は美しくはなく，capital や権力の利益になるように何が流行したとしても，決して美しくなることはできない」とある。

いずれの箇所も，capital は権威や権力と関係づけて述べられている。また，②ではそこに「社会的，経済的，政治的なさまざまな力」が関与することも述べられている。D の all of the above「上記（＝権威，お金，地位）のすべて」が適切。〔全訳〕では capital を「資本」と訳しているが，文字どおりの金銭の意味ではなく，社会において力を及ぼす元となるものという比喩的な意味で用いている。A．authority「権威」 B．money「お金」 C．status「地位」 E．none of the above「上記のどれも（含まれていい）ない」

▶4．「ここで論じられている『人々を美しくする』ことや『美しくなる』ことは…ことを意味する」

make people beautiful は第５段後ろから２文目（But, should power …），become beautiful は第６段後ろから２文目（This is what I did not …）に見られる。前者は「彼女たち（＝美しくはないかもしれない白人の女の子たち）が美しくあることを権力が必要とするなら，社会的，経済的，政治的なさまざまな力が，社会規範を作り変えることで，そういう女の子たちを美しくすることができる」，後者は「(黒人である) 私は美しくはなく，資本や権力の利益になるように何が流行したとしても，決して美しくなることはできなかった」となっている。「美しさ」とは，白人であることが前提であり，流行の「美しさ」が，たとえばふくよかであること，やせていること，筋肉質であることなど，どのように変わっても，白人でなければ美しいとはされないことを述べている。Cの「外的な理由で美しさの地位を新たに手に入れられる人もいるが，全員がそうだというわけではない」が適切。

A.「黒人が白人の偏見のない独自の美しさの感覚を発展させることができる」

B.「マーク＝ザッカーバーグのような人でも，裕福だから今では魅力的だと見なされる」

D.「ある人が美しいかどうかは，外見ではなく能力による」

E.「若い人たちは，ちょうど筆者がそうであったように，成熟するにつれて美しく成長できる」

▶5．「白さは…」

第５段第２・３文（Whiteness exists as … officially white.）に「白さは，黒さへの応答として存在する。白さは，誰が公式に白いかを注意深く定義することによって，誰が黒いかをいつも決定しようとする暴力的な社会文化制度である」とある。また，第５段第１文（When white feminists …）に「美の本当の機能，つまり白さ」とあることもふまえて，Eの「美しさを強化し，逆もまた同様である」が適切だと判断する。vice versa

「逆もまた然り」とは,「白くなければ美しくない」ことを表していると考えられる。

A.「それ自体に関しては曖昧なものでありうる」

B.「黒さを際立たせるために存在する」

C.「美しさと正反対のものである」

D.「黒さに自力で語ることを許す」

▶6.「筆者は, 自分が通ったHBCUで…環境を見つけた」

第7段最終2文（The man gave him … was Sandy!）に「管理人は彼（=筆者のピザを配達に来て, のちに筆者がデートをした男性）に, かつて背の高すぎる男の子に教師が示したのと同じような顔をした。私はサンディ（=ニュートンジョンがミュージカルで演じた女性）だった！」とある。Cの「必ずしも白さを美の条件とはみなさない」が適切。

A.「白人だけがもっている権利を彼女が享受することを可能にする」

B.「誰にでも受け入れられるような方法で魅力を定義する」

D.「彼女がずっと望んでいた仲間づきあいを初めて与えてくれた」

E.「彼女に自分の黒さを本当に悔やませた」

▶7.「望ましさの定義は…」

第4段後ろから2文目（That is because …）に「美は既存の社会体制を再現する好みである」とある。Bの「社会的状況に左右される」が適切。

A.「権力の行使とは無関係である」

C.「異なる状況を超えて固定している」

D.「白人にとっては問題ではない」

E.「高校では厄介だが, 大学ではそれほどでもない」

◆(2)　本文中の太字で示されている箇所に関する問いに対して最も適切なものを選ぶ問題である。

▶1.「これらのうち『(特定の) 好みを権威が標準だと認めるやり方』の一例はどれか」

当該箇所はもともと「彼の好み」となっており,「彼」とは高校のときにオリビア=ニュートンジョンを見て感嘆の声をあげた少年を指す。第2段後ろから4文目（And when the teacher, …）に「教師が, 背の高すぎる少年を見て微笑み, 彼がサンディのセクシーさを称賛したことは…正常なことだと認めるように, 目玉をぐるりと回した」とあり, 同段第1文でこれが英語の授業中であったことが述べられていることから，Dの「高校１年生の英語教師のその少年への反応」が正解。

A.「黒人とラテン系の生徒がどのようにサンディをからかったか」

B.「オリビア＝ニュートンジョンに対する背の高すぎる少年の反応がどれほど正直なものに思えたか」

C.「美の極みとしての色白金髪への筆者の疑念」

E.「高校が学生を人種によって社会的に分けていた方法」

▶２.「これらのうち『既存の社会体制を再現する好み』との関連が最も少ないのはどれか」

　第１段に「アフリカ系アメリカ人の歴史とその文化に対する母の好みによってフィルターがかかっていた家庭とは違って，学校では色白で金髪よりも美しいものはない」とあるが，「既存の社会体制を再現する好み」は文章の随所で示されているとおり，「色白金髪」のほうである。Cの「アフリカ系アメリカ人の文化に対する筆者の母親の好み」が正解。

A.「色白金髪であること，体を鍛えていること，体の凹凸が少ないこと，太ももの間に隙間があること」

B.「マリリン＝モンロー，ツィッギー，パメラ＝アンダーソン」

D.「『グリース』の中のサンディという登場人物」

E.「英語の授業の背の高すぎる少年」

▶３.「これらのうち『(抑圧の仕組みを）価値あるものと証明する例外』として使えるのはどれか」

　この文章での「抑圧の仕組み」は「色白金髪」を美の標準とするものである。それに当てはまらないにもかかわらず評価されている人が「例外」。第６段第２文（That Lupita N'yongo, …）に「肌の浅黒いケニア系メキシコ人女優のルピタ＝ニョンゴが『ピープル』誌の2014年の『最も美しい女性』に選ばれた」とあることから，Aの「ルピタ＝ニョンゴ」が正解。

B.「オリビア＝ニュートンジョン」

C.「筆者」

D.「湖畔での週末の内輪のパーティー」

E.「白人のフェミニスト」

▶４.「『私はサンディだった！』という１行は，自分が…になっていたという筆者の気づきを表現している」

「サンディ」はミュージカルでオリビア＝ニュートンジョンが演じた登場人物。第2段で，サンディを嘲笑する黒人やラテン系の生徒たちと対照的に，彼女を称賛する白人の少年，少年の反応を正常とする仕草を見せる白人の教師のことが述べられている。同段最終文（Sandy, that strange …）には「あの変な生き物，サンディは『美し』かった」とあり，サンディが白人中心の社会での美を体現したものを表していることがわかる。Eの「社会的に評価された欲望の対象」が正解。

A.「人種的な固定観念の受益者」

B.「男性からの望まない注目の犠牲者」

C.「本当の内的な美しさをもった女性」

D.「白人男性間での魅力の象徴」

◆(3)　文章の主旨を選ぶ問題である。

文章全体にわたって，黒人である筆者が白人の美の標準を問題視していることが述べられているが，とくに第4段後ろから2文目（That is because beauty …）の「美は既存の社会体制を再現する好みなのだ」，第5段後ろから2文目（But, should power need …）の「彼女たち（＝美しくはないかもしれない白人の女の子たち）が美しくあることを権力が必要とするなら，社会的，経済的，政治的なさまざまな力が，社会規範を作り変えることで，そういう女の子たちを美しくすることができる」などに筆者の問題意識がよく表れている。Cの「美や望ましさの概念は，人種的力学と密接に関係しており，普遍的で自然に思えるかもしれない身体的な理想は，実は不当な方法で社会を操作するようにできている」が適切。

A.「高校やHBCUのような教育の場は，若者の間で理想化された美の問題に向き合うべきであり，まずその共同体内の人種的緊張を解決することでそうすることができる」

B.「アメリカ人が美をどのように理解しているかは，個人的好みも社会的差別も反映しており，そのため何を美しいとするか決定することにおいて，誰もが発言権をもつことを保証するのが重要である」

D.「筆者の経験は，欲望の標準が人種によっていかに異なるかを示しているので，私たちは，『黒は美しい』ということを，社会の他の人たちが金髪や白い体を崇拝し続けていても主張すべきである」

E.「合衆国は，魅力を定義するのに白人にあまりにも権威を与えているので，黒人が自分たちの身体的外見に関する自尊心の問題にどのように悩まされているかを長い間無視してきた国である」

◆(4)　文中の下線部の語句と同意のものを選ぶ問題である。

▶1.「ここではin cahootsは…を意味している」

当該文は「その教師と背の高すぎる少年はin cahootsだった」となっている。黒人とラテン系の生徒たちがミュージカルの登場人物を嘲笑している一方で，彼女を称賛する白人の少年と少年の称賛を認める仕草をする白人教師は「味方どうし」である。Dのon the same side「同じ側に(いる)」が正解。in cahootsは「共謀して，ぐるになって」の意。A. clearly guilty「明らかに非難すべきで」 B. equally ignorant「同じように無知で」 C. of similar personality「似たような性格で」 E. secretly in conflict「ひそかに対立して」

▶2.「ここではunattainableは…を意味している」

当該箇所は「ほとんどの女の子はunattainableで非現実的な身体的理想と自分を比べる」となっている。「非現実的な理想」とあることから，現実にはそうなれないと考えられる。Aのunachievable「実現不可能な」が正解。unattainableも「実現不可能な」の意。B. unbelievable「信じがたい」 C. uncomfortable「心地よくない」 D. unsuitable「不適当な」 E. unsustainable「持続不可能な」

▶3.「ここではbelieは…を意味している」

当該箇所は「白人のフェミニストたちがいう典型は，美の本当の機能をbelieする」となっている。同文前半には「時を経てどれほど美の標準が変わってきたかを白人のフェミニストたちが示す」とあり，その「標準」は曲線美，木の枝のような細さ，引き締まった体と大きく異なるように見える。しかし，同文最後に「(本当の機能とは) つまり，白さ」であると述べられており，外形の違いを言うことはその奥にあって変わらない「白人であること」を覆い隠している。Bのmask「～を隠す，覆う」が正解。belieは「～を誤って伝える，隠す」の意。A. idealize「～を理想化する」 C. repeat「～を繰り返す」 D. simplify「～を単純化する」 E. undermine「～をむしばむ，～を弱める」

▶4.「ここではoff and onは…を意味している」

off and onは「スイッチが切れたり入ったり」するイメージ。そこから出来事が起きたり起きなかったりを繰り返す，つまり「断続して，ときどき」の意。Bの now and then「ときどき，折々」が正解。A．heart and soul「心から，熱心に」 C．through and through「徹底的に」 D．tooth and nail「手段を尽くして」 E．tried and true「実証済みの」

▶5．「ここでは taken for granted は…を意味している」

当該箇所は「私はいわば美しくありえた。普通で，規範に合っていて，魅力的だと（して）…」となっている。ここは，筆者が大学である男性から一目ぼれされたことが述べられており，Aの assumed to be「～であると見なされた」が適切。taken for granted は「(当然と）みなされる，思われる」の意。B．easily available「容易に会える」 C．given for free「ただで与えられる」 D．newly considered「新たにみなされる」 E．seldom accepted「めったに受け入れられない」

●語句・構文●

（第2段）rear back「椅子を蹴って立ち上がる」 get it「(事情が）わかる」 play out「起こる，展開する」 trade jokes「冗談を交わす」 kind of「幾分」

（第3段）bring out ～「～の真相を明かす，引き出す」

（第4段）gather that S V「SがVすると推測する，結論を下す」 there is something … about ～「～には何か〔どこか〕…なところがある」 live up to ～「(期待などに）応える，～に従って生きる」

（第5段）archetype「原型，典型」 It stands to reason that S V「SがVするのは当然である」 preclude「～を不可能にする，排除する」 should power need them to be＝If power should need them to be (beautiful)「ひょっとして彼女たちが美しくあることを権力が必要とするなら」 仮定法の if 節は if を省略して疑問文の語順の倒置にすることがある。If … should ～ は「ひょっとして，万一～なら」の意で，起こる可能性の低いことや起きては困ることを想定するのに使われる。at any given time「いつでも」

（第6段）have yet to *do*「まだ～していない」 flesh out ～「～を肉付けする，具体化する」 not … any more than ～＝no more … than ～「～しないのと同様に…しない」 than のあとに否定語はないが，文意が正しく伝わるためには否定文で訳す必要があることに注意。internalize

「～を内面化する，吸収する」

（第8段）by definition「明らかに，当然（のこととして）」

II 解答

⑴1－B　2－C　3－C

⑵－B・C・F・I

⑶1－E　2－A　3－B

⑷1－C　2－E　3－A

⑸1－C　2－D　3－B

◆全　訳◆

≪鳥の能力≫

「鳥の脳（＝とんま)」，「愚かなガチョウ（＝まぬけ)」，「ドードーのように頭が悪い」，こうしたののしり言葉は，鳥（おそらくフクロウは除く）はたいして頭がいいとは言えないという広く見られる考えを反映している。デイヴィッド＝シブリーは意見が違う。著書『鳥であるとはどういうことか』で彼は「カラスやオウムは，推論や学習のテストでイヌと同じくらいよい成果を出す」と書いている。ジェニファー＝アッカーマンは『鳥のやり方』でカレドニアガラスは複数の部品から構成された道具を組み立てることができると報告している。人間の子どもがこうしたことをできるのは少なくとも5歳になってからであると彼女は書いている。シブリーはワタリガラスがガラスの管の半分のところに浮いていたエサを，水が一番上に来るまで小石をその管の中に落として取った実験のことを説明している。彼はこれらの鳥は5歳から7歳の子どもに相当する問題解決能力をもっていると考えた。シブリーは『鳥であるとはどういうことか』の執筆中に，「鳥の経験は自分が想像していたのよりもずっと豊かで複雑でもっと『思慮に満ちている』……鳥は絶えず判断をしているのだ」と思うようになった。

一世代前，鳥の行動の研究の先駆者たちは，行動は主に先天的なものだと考えていた。オランダ生まれでオックスフォード大学の生物学者であり鳥類学者であるニコラース＝ティンベルヘンは，動物の行動とコミュニケーションの研究で1973年にノーベル賞を共同受賞した。その研究の過程で，彼はセグロカモメのヒナが大人の黄色いくちばしにある赤い斑点をつつくことで，親にエサを与えさせることを発見した。彼の共同受賞者であるコンラート＝ローレンツは刷り込み現象を研究した。動物の子どもは（生まれて）最初に見たものに愛着を抱くようになり，それは通常母親であり，それから自分と同じ種のものと仲間になる。ローレンツが自分で育てたガチョウたちには，彼が刷り込まれ，オーストリアにある彼の屋敷のどこでも彼のあとについて回った。

今日では，鳥の行動の研究は意識的な思考過程の探求の方向へと強く振れているとアッカーマンは報告している。この企ては，擬人化，つまり動物に対する私たち人間の思考や感情が投影されているという疑いをかけられるかもしれない。アッカーマンはこの危険性に警戒しており，より人間らしく響く「知能」より「認知」について語るほうを好んでいる。鳥の脳の構造や神経の連結は，私たちのとは違った形で組織されており，鳥の経験も私たちのものとは異なるが，彼ら独自のあり方で豊かなものかもしれないと彼女は書いている。

鳥の感覚器官も人間とは異なった働きをする。必然的に，鳥は私たちとは違った視覚，聴覚，嗅覚の世界に生きている。鳥の視力はいくつかの点で私たちのものより優れている。例えば，遠くのものを見る力，細部を解析する速度，（多くの場合の）左右を見渡せる幅，より広い色のスペクトラムの知覚といったものがそうだ。とくに，鳥には紫外線が見える。私たちには地味に見える鳥が，おそらく他の鳥にはキラキラ輝いて見えるのだ。鳥はまた，地球の磁場を感じ取ることができるが，人間はこの力を完全に欠いている。

鳥は人間よりも幅広い音を聞くことができ，聴覚は彼らの生活の中で非常に大きな役割を果たしている。アッカーマンがしているように，人間の言語との類似性を主張するのはこじつけかもしれないが，鳥は呼び声やさえずりで非常に活発にコミュニケーションをとっている。この2つは同じではない。呼び声は社会的に重要な情報，例えば単に危険な捕食者の接近だけでなく，それがどのような捕食者なのか，ヘビなのか，タカなのか，ネコなのか，人間なのかを伝達できる，年中使われている短い合図である。鳥のさえずりにはもっと手の込んだメッセージが含まれており，通常は繁殖に関係するものである。さえずりには，縄張りを主張すること，ライバルとなるオスに出て行くように警告すること，そして，感傷的な人間が想像するように，メスに歌い手の強みを確信させることといった，他のさまざまな機能もある。

鳥のさえずりは，先天的な要素と後天的な要素の両方を含んでいる。さえずりたいという衝動は鳴禽類では先天的なもののように思える。というのも，人間に捕獲されて育てられた鳥も，性的な成熟が近づくとさえずろうとするからである。しかし，同じ種のオスがさえずるのを一度も聞いたことがないと，適切なさえずりというよりもごもごとしたつぶやきのような音を発する。ひな鳥のときに，近くでさえずる父親をはじめとする成鳥のオスから特定のさえずりを学習する。もちろん他の種のオスも近くでさえずるが，何らかの生得的なひな型によって，ひな鳥がそのさえずりを学習することが妨げられるのである。若い鳥の脳の発達において条件が整っている限定された期間が，この特定の学習形式を可能にしているようなのである。これは，人間の子どもの発達において，言語学習に有利な期間があるのとちょうど同じである。

巣作りは，生得的行動と後天的行動が混ざっているもう一つの複雑な鳥類の活動である。鳥のさえずりと同様に巣作りも，捕獲された状態で育てられた，他の仲間と接触していない鳥でも見られるため，生得的な能力である可能性が高い。巣作り技術が生得的なものに違いないのは，それぞれの鳥の巣が，同じ種の他の鳥が作ったものと非常に似ていることからも言える。しかし，営巣の場所の選択はもっと意識的な選択を伴っているに違いない。例えば，その巣がある場所でうまくいかない鳥は，通常，その種に特定ではあるが，異なる場所を試してみるからである。

鳥における道具の使用は，特に関心をかき立てる。頭のよいカレドニアガラスは，道具がなければ手に入れられないエサを取り出すために，植物の部分から突き刺す道具を作る。捕獲されている状態では，これらの鳥は同じ目的のために，針金を曲げてかぎ針にする。ガラパゴス諸島のキツツキフィンチはサボテンのとげを同様に使う。アメリカササゴイはパンのかけらを使って魚をおびき寄せる様子が映像に残されている。パンが流れていきそうになるとササゴイはそれをいい位置に置き直す。魚はそれをかじって捕らえられてしまうのである。

記憶力は，一部の鳥が人間をしのいでいるもう一つの能力である。この分野のチャンピオンは，後で食べるためにエサを蓄えておくカケスや他のカラス科の鳥たちである。合衆国西部の山間部の固有種である，カラス科に属するハイイロホシガラスは，3万を超える種を隠し，何カ月も後に正確な場所を思い出すことができる。この鳥は，エサの隠し場所がわかるだけでなく，ライバルからそれを隠すことができ，傷みそうなものから先に取りに行くことがわかっているのだ。

ゾウやイルカは鏡に映る自分を認識でき，人間以外ではまれな自己の意識を示す。実験者が鏡で見える汚れをゾウやイルカの体につけると，彼らはその汚れを取ろうとする。捕獲されているカササギが羽にシールを張られていると，それを一度鏡で見たら取り除いてしまう。これまでのところ，カササギはこの能力をもっていることを示す唯一の鳥である。

鳥は個々の人間を認識できる。コーネル大学のケビン＝マッゴーワン博士は，普通のカラスを研究するために巣に侵入して番号を振った色のついた足バンドをひな鳥につける必要があったのだが，その後カラスによって特定されて，カラスから怒りに満ちた攻撃を受けた。都市環境への鳥の適応の研究分野の権威であるワシントン大学のジョン＝マーズラフ博士は，定期的にエサをくれる人に贈り物までもするカラスがいることを発見した。

◀解　説▶

◆(1)　本文の内容と一致する文を完成するのに適する語を選ぶ問題である。

▶ 1.「1973年にノーベル賞を受賞した研究は…」

ノーベル賞のことは第2段第2文（The Dutch-born …）に述べられており，この段で紹介されている科学者たちについて，同段第1文では「鳥の行動の研究の先駆者たちは，行動は主に先天的なものだと考えていた」としている。同段第3文（His co-winner Konrad Lorenz …）に「(ノーベル賞の）共同受賞者…は刷り込み現象を研究した」とある。これらに合うのはBの「刷り込みという現象を提示し，鳥は自分たちが知る必要のあることのほとんどを生まれながらに知っているという考えを調査した」である。

A.「鳥の脳，神経の連結，経験は私たちのものと似ているが，鳥の生活は私たちのものほど豊かではないことを発見した」

C.「鳥は自分の母親が人間だと信じ込むようにだまされることがあり，このことが他の鳥と交流することを止めてしまうことを示した」

D.「鳥の行動は，親から遺伝的に受け継ぐというより，他の鳥から学習されるという推定に基づいていた」

E.「今日鳥をデジタル的にプリントするのとほぼ同じように，鳥を刷り込むことができることを示した，ティンベルヘンとローレンツによって行われた」

▶2.「一部の鳥は…」

A.「生まれたときにすでに巣の作り方を知っているが，同じ種の鳥と同じ場所を選ばないように注意する」

巣作りについては第7段に述べられており，第1文（Nest-building is …）に「巣作りは，生得的行動と後天的行動が混ざっている行動である」とあり，「同種の他の鳥と同じ場所を選ばない」という記述は本文にない。

B.「少なくとも犬と同じくらいの知能はある。というのも，複数の部品からなる道具を作れるからである」

第1段第5文（Sibley describes an experiment …）に「カラスやオウムは，推論や学習のテストでイヌと同じくらいよい成果を上げる」とあり，道具作りを根拠にしてはいない。

C.「人間を識別することができ，人間の彼らの扱い方に反応できる」

最終段第1文（Birds can recognize …）に「鳥は個々の人間を認識できる」とあり，第2文（Dr. Kevin …）ではカラスの巣に侵入した学者があとで攻撃を受けたこと，最終文（Dr. John Marzluff …）には，エサをよくくれる人に贈り物を持って来るカラスのことが述べられている。よって，Cが正解。

D.「自分の父親や他の種のオスといった，周囲の環境にいる他の鳥からさえずり方を学ぶ」

第6段第5文（The males of …）の内容と一致しない。

E.「5歳から7歳の人間の子どもとよく似て，幼いときに窓に映る自分の姿を見ることができる」

本文にこのような記述はなく，第1段第5・6文（Sibley describes … five-to-seven-year-old child.）の内容とも一致しない。

▶3.「この文章の著者は…」

A.「鳥の呼び声とさえずりは，人間の生活において言語が果たすのと同じ役割を鳥の生活で果たしていると主張する研究者の考えに同意している」

第5段第2文（Although it may be …）の内容と一致しない。

B.「鳥に関する2つの新しい研究について論じており，その両方ともがいくつかのよく知られた言い回しが示唆しているとおり，鳥は人間が考えがちであるよりも賢いと主張している」

「よく知られた言い回し」では，第1段第1文に述べられているように，鳥を愚かなものとしている。この選択肢は本文の内容と一致しない。

C.「擬人化を，動物に対する私たち人間の思考や感情の投影と説明し，ある研究者がどのようにこのわなに陥らないように注意しているかを説明している」

第3段第2・3文（This enterprise may be … "intelligence."）の内容と一致する。この選択肢が正解。

D.「鳥は推論や意思決定をすることができないと考えるようになった研究者のことを引き合いに出している」

本文にこのような記述はない。

E.「ガラパゴス諸島，ニューカレドニア，スウェーデン，合衆国西部を含む場所に固有の鳥の研究に言及している」

スウェーデンの鳥についての言及は本文にはない。

◆(2)　本文の内容と一致しないものを4つ選ぶ問題である。

A.「鳥の感覚器官が人間よりも優れているいくつかの点の中には，鳥のほうが色の幅を広く知覚し，地球の磁場を感知できる能力がある」

第4段第3文（Bird vision exceeds …）および同段最終文（Birds can also …）の内容と一致する。

B.「捕獲された状態で育てられた鳥は，巣を作ることができない。というのも，彼らはその方法を同じ種の他の鳥から学んだことがないからである」

第7段第2文（Nest-building, like birdsong, …）の内容と一致しない。「巣作りも捕獲された状態で育てられ，他の仲間と接触していない鳥でも見られる」とある。この選択肢が正解の一つ。

C.「鳥のさえずりには，さまざまな異なる機能があり，他の鳥に捕食者の接近を警告したり，捕食者の種類を知らせたりできる」

第5段第2・3文（Although it may be … not the same.）に「鳥は呼び声（calls）やさえずり（songs）で非常に活発にコミュニケーションを

とっている。この2つは同じではない」とあり，第4文（Calls are short …）に「呼び声は…例えば単に危険な捕食者の接近だけでなく，それがどのような捕食者なのか…を伝達できる」とある。さえずりで伝えているのではない。この選択肢が正解の一つ。

D．「カササギは鏡に映る自分を認識できるので，鳥の中では珍しいということを実験が示している」

第10段第3文（Captive magpies …）および最終文（So far, …）の内容と一致する。

E．「同じ種のオスがさえずるのを聞くことができない環境で鳴禽類が育てられると，彼らは成鳥になったときに意味のあるさえずりをすることができない」

第6段第3文（Having never heard …）の内容と一致する。

F．「人々は長い間鳥はそれほど賢くないと考えてきたが，最近の研究は鳥が少なくともゾウやイルカと同じくらい知能があると示している」

第10段第1文（Elephants and dolphins …）および同段最終文（So far, magpies …）の内容と一致しない。「ゾウやイルカは鏡に映る自分を認識でき，人間以外ではまれな自己の意識を示す」，「これまでのところ，カササギはこの能力をもっていることを示す唯一の鳥である」となっている。これが正解の一つ。

G．「水に浮いているエサが入った管を見せられたワタリガラスは，エサを管の一番上まで上げる方法を考え出せた」

第1段第5文（Sibley describes an experiment …）の内容と一致する。

H．「鳥の中にはエサの隠し場所を長期間覚えていることができ，傷んでしまう前にどの種を食べるべきかある程度の精度をもって思い出すことさえできるものがいる」

第9段最終文（These birds not only …）の内容と一致する。

I．「食べ物を取り出すために道具を使う一部の鳥の能力は，他の鳥にも興味深いものであり，他の鳥はその行動を真似することがよくある」

本文にこのような記述はない。これが正解の一つ。

◆(3)　本文中の空所に当てはまるものを選ぶ問題である。

▶1．当該箇所は「鳥の感覚器官 ＿＿＿ 人間とは異なった働きをする」となっている。直前の文である第3段最終文（Avian brain structures

…）に「鳥の脳の構造や神経の連結は，私たちとは違った形で組織されており，鳥の経験も私たちのものとは異なる」とあり，当該文も人間との違いが述べられている。Eの too「～も，また」が適切。A．as a result「その結果」 B．in other words「言い換えると」 C．nevertheless「それにもかかわらず」 D．on that account「そのため」

▶2．当該箇所は「その2つは ＿＿＿ 」となっている。「その2つ」とは直前にある calls「呼び声」と songs「さえずり」で，当該文に続いて「呼び声は社会的に重要な情報…を伝達できる，年中使われている短い合図である。さえずりにはもっと手の込んだメッセージが含まれており，通常は繁殖に関係する」とある。Aの「同じではない」が適切。B．「人間を完全に当惑させる」 C．「ちょうど人間の言語と同じように機能する」 D．「擬人的な議論を裏づけるために使われてきた」 E．「他のものに危険を警告する」

▶3．当該箇所は「巣作りは，生得的行動と後天的行動が混ざっている ＿＿＿ 鳥類の活動である」となっている。直前の段である第6段第1文（Birdsong involves both …）に「鳥のさえずりは，先天的な要素と後天的な要素の両方を含んでいる」とあり，巣作りも同様だとするのが適切。Bの another complex「もう一つの複雑な」が当てはまる。A．an alternative to「～の代わりとなるもの」 C．a language-based「言語に基づいた」 D．a more straightforward「より明解な」 E．not a part of「～の一部ではない」

◆(4)　文中の下線部の語句と同意のものを選ぶ問題である。

▶1．「ここでは stretch は…を意味している」

当該箇所は「アッカーマンがしているように，人間の言語との類似性を主張するのは stretch かもしれない」となっている。アッカーマンについては第3段第1・2文（Today, Ackerman reports, … and feelings.）に「アッカーマン…の企ては，擬人化，つまり動物に対する私たち人間の思考や感情が投影されているという疑いをかけられるかもしれない」とあり，動物の行動を人間の行動になぞらえるのは，「やりすぎ」と思われかねないことがわかる。Cの exaggeration「誇張」が適切。stretch も「こじつけ，誇張」の意。A．demanding「要求の強い」 B．elasticity「適応性，弾力性」 D．pitch「度合い，高さ」 E．straight「直線」

▶２．「ここでは inaccessible は…を意味している」

当該箇所は「カレドニアガラスは，それ（道具）がなければ inaccessible なエサを引き出すために…道具を作る」となっている。「道具がなければ取り出せない」ことがわかる。Ｅの unable to be reached「届かない」が適切。inaccessible は「手の届かない，得がたい」の意。Ａ．difficult to be digested「消化しにくい」 Ｂ．forbidden「禁じられている」 Ｃ．incomprehensible「理解できない」 Ｄ．irresistible「欲求が抑えられない」

▶３．「ここでは singled out は…を意味している」

当該箇所は「マッゴーワン博士は…カラスを研究するのに巣に侵入する…必要があったのだが，その後 singled out されてカラスから怒りに満ちた攻撃を受けた」となっている。同段第１文（Birds can recognize …）に「鳥は個々の人間を認識できる」とあり，カラスは自分の巣に侵入した人間が誰か見分けたと考えられる。Ａの carefully selected「注意深く選別された」が適切。Ｂ．criticized by humans「人間に批判された」 Ｃ．divorced from others「他の人たちから切り離された」 Ｄ．isolated from their young「鳥のヒナから引き離された」 Ｅ．punished by all「みんなに罰せられた」

◆(5)　第１強勢をもつ母音の発音が他と異なるものを選ぶ問題である。

▶１．Ａ．cognition［kɑgníʃən］「認知」 Ｂ．decisions［disíʒənz］「決定」 Ｃ．epithets［épəθèts］「ののしり言葉」 Ｄ．richer［rítʃər］「より豊かな」 Ｅ．stickers［stíkərz］「ステッカー」 Ｃのみ［é］，その他は［í］。

▶２．Ａ．breadth［brédθ］「幅」 Ｂ．nestlings［néstliŋz］「ひな鳥」 Ｃ．predator［prédətər］「捕食者」 Ｄ．prefers［prifə́:rz］「より好む」 Ｅ．sensory［sénsəri］「知覚の」 Ｄのみ［ə́］，その他は［é］。

▶３．Ａ．grouped［grú:pt］「分類された」 Ｂ．process［prɑ́ses］「過程」 Ｃ．prove［prú:v］「証明する」 Ｄ．removed［rimú:vd］「取り除かれた」 Ｅ．rude［rú:d］「無作法な」 Ｂのみ［ɑ́］，その他は［ú:］。

●語句・構文●

（第 1 段）Sibley came to believe while writing … that ～「シブリーは…を執筆中に～と考えるようになった」 while (he was) writing … が「考えるようになった」を修飾することが明確になるように，believe とその目的語 that ～ の間に挿入されている。while の節の主語が主節の主語と同じ場合，しばしば while 節の主語と be 動詞は省略される。

（第 2 段）innate「先天的な，生まれつきの」

（第 3 段）suspect *A* of *B*「*A* に *B* の嫌疑をかける」 be alert to ～「～に警戒する，～に用心する」

（第 4 段）in several respects「いくつかの点で」 lateral「横方向の，左右の」

（第 5 段）outsized「特に大きな」

（第 6 段）nestling「まだ巣立たないひな鳥」 template「ひな型」 window「（限定された）期間」

（第 8 段）realign「～を再調整する，動かす」

（第 9 段）competence「能力」 cache「隠し場所」

III 解答

1－D　2－E　3－C　4－B　5－F　6－A　7－G

◀解　説▶

一連の文章の空所に適する語（前置詞・副詞）を選ぶ問題である。同じ語は 1 回しか使えない。

▶ 1．「彼女がヨーロッパ ［　　］ 車を運転するのは初めてのことだった」

D の in を補えば，「ヨーロッパで（車を運転する）」となり，意味をなす。

▶ 2．「彼女は右側 ［　　］ 走るのが不安だった」

「右側を（通行する）」の意になることは明らか。これには on を使う。E が正解。

▶ 3．「彼女は通り ［　　］ 運転しながら，風景を楽しんだ」

C の down を補うと「通りに沿ってずっと」の意味になる。必ずしも下ることを表すわけではなく，along とほぼ同じ意味で使える。

▶ 4．「恐怖 ［　　］ 駆られて，彼女は速度を上げた」

Drivenと過去分詞であることに注意。Bのbyを補えば「恐怖に駆られて」の意の分詞構文になる。

▶5.「できるだけすばやく車でその地域 ＿＿ しようとした」

同文前半で雷を怖がっていることが述べられており，雷雲が押し寄せている地域から出ようとしたという意味になると考えられる。Fのoutを補うと，out of～「～（の中）から（外へ）」の意になる。

▶6.「彼女はそんな速度 ＿＿ 運転したことはそれまでなかった」

Aのatを補えば「そんな速度で」の意になる。

▶7.「彼女は警察に止められ，警察は彼女に制限速度を時速30キロ ＿＿ 運転で違反切符を切った」

前文で，彼女が猛スピードで走ったことが述べられている。速度制限を超えたと考えられる。Gのover「～を超えた」が正解。

Ⅳ　解答　1－D　2－C　3－D　4－E　5－C

◀解　説▶

補うと誤りになる語を選ぶ問題である。

▶1.「私は山でハイキング（　　　）」

Dのprefer to notが正解。preferは「～しないほうを好む」の意なら，prefer not to *do* とするのが正しい。A. am not about to go「(ハイキング) に行こうとしているところではない」 B. can't stand「(ハイキングする) のには耐えられない」 C. do not care for「(ハイキングする) のは好きではない」 E. would rather not go「どちらかというと (ハイキング) には行きたくない」

▶2.「私は毎日同じ手順を繰り返すこと（　　　）」

Cのkeenが正解。keenはon *doing* を伴って「～することに熱中している」の意。keen of～は「～が敏感である」で，文が意味をなさない。A. capable of *doing*「～することができる」 B. fond of *doing*「～することが好きだ」 D. sick of *doing*＝E. tired of *doing*「～することにうんざりしている」

▶3.「その教師は答えを何度か（　　　）なければならなかった」

Dのtellが正解。tellを使うなら，「誰に」を入れて第4文型にするのが正しい。A．check「～を（調べて）確かめる」 B．explain「～を説明する」 C．repeat「～を繰り返す」 E．write「～を書く」

▶4．「彼らは計画の進展（　　）」

Eの accounted が正解。account は他動詞だと「～を（…と）みなす」で，文が意味をなさない。account for ～とすると「～（の理由）を説明する」という意味になる。A．accelerated「～を加速した」 B．accepted「～を受け入れた」 C．accommodated「～の便宜を図った」 D．accomplished「～を成し遂げた」

▶5．「私に推薦状を（　　）していただけますか」

Cの do me a favor for writing が正解。Would you do me a favor? ＝Would you do a favor for me? で「お願いがあるのですが」（直訳は「私に親切心を施していただけますか」）という決まり文句。「お願い」の内容を for で続ける語法はない。他の選択肢はいずれも「私に推薦状を書いていただけますか」の意。

V 解答　1―E　2―A　3―C　4―A

◀解　説▶

誤りのある箇所を指摘する問題である。すべて正しい場合もある。

▶1．「一つの森を救うのに複数の理由があるのとちょうど同じように，海を守ることの恩恵は複数ある」

Just as S V「SがVするのとちょうど同じように」，more than one「一つより多い」=「複数の，いくつもの」，benefit to *doing*「～することの恩恵」など，使われている表現はすべて適切。正解はE。

▶2．「現地の政治情勢が日ごとに不安定になってきていると言われて，父は昨日ミャンマーから戻ってきた」

Aの My father has come back from Myanmar yesterday が誤り。yesterday という過去の一点を表す副詞とともに現在完了を用いることはできない。過去形 came にするのが正しい。文末の by the day は「1日単位で」が直訳。ここでは day by day「日ごとに」と同意で使われている。

▶3．「暖かい微笑みを浮かべて，その見知らぬ人は私に話しかけるように振り返ったが，私は応じる勇気がなく，歩き続け，それで彼の好意的な意思表示を台なしにしてしまった」

Cの kept on to walking が誤り。「～し続ける」は keep on *doing*。

▶4.「あんなたわごとには何の根拠もないと重々わかっているのに，あなたはなぜうわさ話をそんなに気にするのか」

Aの Why are you concern yourself が誤り。Why do you concern yourself か Why are you concerned とするのが正しい。

Ⅵ　解答

• Two-thirds of the global population will have problems accessing fresh water

• The required electricity accounts for up to half of

◆全　訳◆

温暖化や人口増加が進む世界において，きれいな水は貴重な必需品になりつつある。2025年までには世界の人口の3分の2が，きれいな水を手に入れるのに問題を抱えることになり，海水や地下水から塩分や汚染物を取り除くことが，人類の渇きをいやす方法の一つである。しかし，今日の大規模な脱塩施設は，建設するのに何百万ドルもかかる。ほとんどの施設は逆浸透法を使っており，これは塩分を通さない膜に海水を通すものである。必要とされる電気が施設の経費の半分も占め，この処置は地域の生態系に害を及ぼしかねない，塩分濃度が極めて高く，化学物質が含まれた液体があとに残る。

◀解　説▶

与えられた語句をすべて使って並べ替え，文を完成する問題である。必要に応じて語句の順序を変えたり，大文字化したりはするが，語の形は変えてはならない。また与えられていない語を加えてはならない。

• 助動詞 will に続く原形動詞は have のみ。have problems *doing* で「～するのに問題を抱える，苦労する」の意であり，ここに accessing が使える。文章第1文（In an increasingly …）の内容から，accessing の目的語として fresh water「真水」が当てはまる。残る global / of / population / the / two-thirds から「世界人口の3分の2」が推測でき，これが文の主語に使える。全体で，Two-thirds of the global population will have problems accessing fresh water (by 2025)「2025年までには世界の人口

の3分の2が，きれいな水を手に入れるのに問題を抱えることになる」となる。

• accounts for で「～を占める」の意になる。これに続くと考えられるのが half「半分」であり，さらに並べ替え箇所に続く a plant's expenses「施設の経費」を考えると，half of (a plant's expenses)「施設の経費の半分」ができる。accounts の主語に使える名詞は electricity のみ。required は完了形や受動態が作れる材料がないので，形容詞用法と考えられる。主語は the required electricity「必要とされる電気」となる (The electricity required も可)。残る to と up は up to とすれば「～まで」と上限を表す成句になる。「経費の半分まで（も）占める」の意にするのが妥当。全体で，The required electricity accounts for up to half of (a plant's expenses)「必要な電気が施設の経費の半分も占める」となる。

Ⅶ **解答例**

〈解答例1〉From this picture, I read a warning against nearsightedness. The man in the picture is giving his whole attention to the broken chair on the ground without noticing a piano falling onto his head. Looking carefully, you can see a large shadow at his feet, which is a sign of "an immediate danger." Many of us tend to have our attention caught by an event which happens under our eyes without knowing that a much more serious disaster is approaching. We should look far and beyond.

〈解答例2〉What I read from this picture is what life is like. The man in the picture is looking carefully at a broken chair on the ground, probably wondering what has happened. However, he does not notice that a piano is about to hit him. As a proverb says, accidents will happen. However, it is hardly possible to foresee most of them, which is why they are accidents. What we can do is to be careful and thoughtful, and when something wrong does occur, we should accept it and think the best way to recover from it.

◀解　説▶

与えられた絵を見て，その絵からどのようなメッセージが読み取れるかを英語で説明する問題である。

解答欄は約 18.5cm×9 行。絵には，地面に落ちている壊れた椅子（ピアノ用のスツールと思われる）を見つめている男性と上から落ちてきているピアノが描かれている。〈解答例 1 〉は，近視眼的であることへの警告をメッセージとしている。目の前の出来事にばかり気をとられ，差し迫ったもっと深刻な危機に気づかないことは日常ではありがちなことであり，もっと遠くを見るべきだと締めくくっている。〈解答例 2 〉は人生とはどのようなものかが描かれていると解釈している。ことわざでも「事故は起こるものだ」というとおり予測できないことは多々あり，だからこそ「事故」である。できることは注意深く思慮深くあることを心がけることであり，何か困ったことが起きてしまったら，それを受け入れ，そこから回復する最善の方法を考えることだとまとめている。名詞の数や冠詞，主語と動詞の数・人称の一致など，基本事項にミスのない英文に仕上げること。

❖講　評

〈構成〉

2022 年度の出題構成は，読解問題 2 題，文法・語彙問題 3 題，英作文問題 2 題の計 7 題で，2021 年度と同じだった。

〈Ⅰ・Ⅱ：読解問題〉

Ⅰは英文量約 910 語。早稲田大学法学部ではやや短めである。内容は，アメリカ合衆国における「美」の標準の背後にある人種的な問題を，筆者自身の体験をもとに論じたもの。見慣れない語句や知っていても使われ方が独特な表現がやや多く，それ自体が問題にもなっている。筆者の主張を念頭に置いて，述べられている状況を丁寧に読み取りたい。

Ⅱは英文量約 1050 語で，早稲田大学法学部では標準的な長さである。内容は，鳥のもつ能力についてさまざまな点から述べたもの。一般の読者に向けて書かれたものであり，予備知識がなくても読み進めるのは難しくない。

〈Ⅲ・Ⅳ・Ⅴ：文法・語彙問題〉

Ⅲは一連の文章の空所に適切な語（前置詞・副詞）を補うもの。すべて動詞 drive のあとに空所があるが，drive との成句ではなく，あとに続く語が判断の根拠になる。この点で，これまでの同様の形式の問題が動詞との成句を問うものだったのとは異なる。いずれにせよ，前置詞や副詞といった細部への注意を日頃からしておきたい。

Ⅳは文中の空所に補うと誤りになるものを選ぶ問題。意味の中心となる語を知っているというだけでは判断しづらい。その語の語法を確実に知っておく必要がある。

Ⅴは誤り箇所を指摘するもの。すべて正しい場合もある。誤りが含まれていても文意はわかるので，Ⅳと同様，語法などの細部の知識が問われる。

〈Ⅵ・Ⅶ：記述式の英作文問題〉

Ⅵは一連の文章の途中の2カ所に与えられた語句を並べ替えてそれぞれ正しい文にする語句整序。文章の長さは2021年度の3分の2ほどだった。与えられた語の形を変えてはならないという条件は2020・2021年度と同じである。与えられた語句の中だけである程度意味をなすまとまりを作ることができるので，解答しやすい。

Ⅶは示された絵から読み取れるメッセージについて説明するテーマ英作文で，2021年度と似た形式だった。何を書くか比較的思いつきやすい絵であり，素早く内容をまとめて正しい英文に仕上げたい。

〈総括〉

読解問題はⅠがやや判断に迷う設問が含まれており，文章の長さの割に時間がかかるかもしれない。ⅡはⅠとの時間配分を考えて，素早く読み切りたい。Ⅶのテーマ作文には一定の時間が必要なので，Ⅲ～Ⅴの文法・語彙問題，Ⅵの語句整序で時間をかけずに解答する必要があるだろう。

日本史

I **解答**　問1．う　問2．和同開珎　問3．雑徭　問4．え・お　問5．え　問6．あ・う　問7．あ　問8．足利持氏　問9．宗祇　問10．お

◀解　説▶

≪改元からみた古代・中世の政治・経済・文化≫

▶問1．A．武蔵国秩父郡から銅が献上された。B．701 年の大宝律令と 718 年の養老律令から，養老へ改元されたと判断できる。C．岐阜県南西部の養老の滝に関するエピソードで，歴史的には有名だが受験生には難問。ただし，A・Bが確定できれば正解が得られる。

▶問2．元号の和銅と銭貨の和同開珎の表記に留意しよう。

▶問3．雑徭は道路や堤防の建設・修造などに動員された。正丁は年間 60 日以内（次丁〈老丁〉はその2分の1，中男〈少丁〉は4分の1）とされた。

▶問4．お．平貞盛は平将門と従兄弟の間柄だが，父の国香が将門と争って敗死したため，下野の押領使，え．藤原秀郷の協力を得て将門を討った。あ．源経基は清和源氏の祖。武蔵介の時，上京して将門の行動を反乱だと訴え，朝廷から将門追討を命じられたが，下向前に将門が討たれたため鎮圧には関わっていない。その後，小野好古とともに藤原純友の乱を平定した。い．藤原隆家は刀伊の入寇（1019 年）で活躍した。う．源満仲は経基の子で，摂関家と結んで勢力を伸ばした。

▶問5．延喜・天暦の治に関する誤文を選ぶ。延喜は 10 世紀前半の醍醐天皇の時代，天暦は 10 世紀中頃の村上天皇の時代の元号である。

え．誤文。『類聚三代格』は撰者不詳。弘仁・貞観・延喜3代の格を内容によって分類・整理した法令集で，11 世紀頃の成立とされる。藤原時平は『延喜格式』や『日本三代実録』の編纂に関わった。

あ．乾元大宝発行（958 年）は最後の本朝（皇朝）十二銭である。延喜・天暦の治は後世，天皇親政の理想の時代とされたが，実際には律令制の解体が進み，国家体制の転換を迫られた時代であった。

い．『古今和歌集』（905年撰集開始）は最初の勅撰和歌集である。
う．最後の班田は902年。
お．『日本三代実録』（901年成立）は最後の六国史である。

▶問6．安徳天皇に関する正文を2つ選ぶ。細かな経過を問う選択肢もあるが，正文は2つとも基本的内容である。
あ．正文。安徳天皇の父は後白河法皇の皇子高倉天皇，母は平清盛の娘で高倉天皇の中宮となった徳子（建礼門院）である。
う．正文。安徳天皇の即位は1180年2月，以仁王が源頼政と挙兵したのは同年5月である。挙兵の動機には，皇位の望みを絶たれたこともあった。
い．誤文。後白河法皇幽閉は1179年11月で，安徳天皇即位以前である。
え・お．誤文。治承・寿永の乱（源平の争乱）や飢饉など社会不安を背景に，治承→養和（1181年）→寿永（1182年）→元暦（1184年）→文治（1185年）と目まぐるしく改元された。福原京遷都は1180年6月（11月平安京還都）なので，安徳天皇即位の同年である。また，後鳥羽天皇の即位は平氏の都落ち後の1183年8月で，翌年に寿永から元暦に改元された。

▶問7．D．九州探題は室町幕府，鎮西奉行は鎌倉幕府の九州統治機関である。
E．懐良親王は後醍醐天皇の皇子で，征西将軍に任じられて九州に下向し，一時期ほぼ九州全土を制圧した。護良親王も後醍醐天皇の皇子で，鎌倉幕府倒幕に活躍したが，建武政権で足利尊氏と対立して失脚し，後に殺害された。
F．足利直冬は足利尊氏の庶子で，叔父足利直義の養子となった。実父尊氏と養父直義が争った観応の擾乱では，直義没後も西国にあって尊氏に対抗した。今川了俊（貞世）は九州から南朝勢力（征西将軍府）を制圧した九州探題である。

▶問8．足利持氏は第4代の鎌倉公方。6代将軍足利義教と対立し，永享の乱（1438～39年）で幕府の追討軍に敗れて自害した。

▶問9．宗祇は正風連歌を確立した。東常縁から古今伝授を受けたことでも知られる。

▶問10．中世の民衆の信仰や生活に関する正文を選ぶ。
お．正文。『信貴山縁起絵巻』は山崎長者の倉が空を飛ぶさまを驚き眺める人々の姿を描いた「飛倉の巻」が，『扇面古写経』は市の風景や井戸端で水汲みや洗濯をする女性らを描いた作品が，教科書や資料集などによく掲載されている。

あ．誤文。貞慶は律宗ではなく法相宗の僧である。叡尊と忍性が正しい。

い．誤文。鎌倉時代に一遍が始めた踊念仏が大衆娯楽的な念仏踊りとなり，風流（ふりゅう）踊りと結びついて室町時代に盆踊りが生まれた。

う．誤文。鎌倉時代の二毛作は畿内や山陽道など先進地帯に限られ，室町時代になると関東まで広まった。

え．誤文。日蓮宗は東国武士や，室町時代には京都の町衆（商工業者）などに支持された。

Ⅱ 解答

問１．え　問２．あ　問３．志筑忠雄　問４．あ
問５．う　問６．い・え　問７．C．謝恩　D．慶賀
問８．室鳩巣　問９．尚泰　問10．※

※問10については，選択肢の記述に不適切な部分があったため，解答の有無・内容にかかわらず，受験生全員に得点を与える措置を取ったことが大学から公表されている。

◀解　説▶

≪室町時代～明治時代初期の対外関係≫

▶問１．江戸時代初期の対外交渉や貿易に関する誤文を選ぶ。

え．誤文。「大坂」は京都が正しい。糸割符仲間は長崎・堺・京都の特定商人で構成され，後に大坂と江戸が加わって五カ所商人となった。

あ．正文。1600年に豊後に漂着したオランダ船リーフデ号の乗組員で，イギリス人のウィリアム＝アダムズ（三浦按針）とオランダ人のヤン＝ヨーステン（耶揚子）が徳川家康の外交顧問となり，両国の平戸商館開設に尽力した。

い．正文。ノビスパンは現在のメキシコである。通商交渉は成功しなかった。

う．正文。慶長遣欧使節（1613～20年）はスペイン国王やローマ教皇に謁見したが，通商交渉は成功しなかった。

お．正文。ルソンはフィリピン諸島最大の島，アユタヤはタイの古都，プノンペンはカンボジアの首都である。

▶問２．キリスト教禁教の歴史に関する年代配列問題で，①をサン＝フェ

リペ号事件に結びつけられるかがカギ。

⑤バテレン追放令（1587年）→④天正遣欧使節団の帰国（1590年）→①26聖人殉教（1596年）→②高山右近らのマニラ追放（1614年）→③元和大殉教（1622年）の順。④の時期がやや難だが，その他が正しく配列できれば正解できる。

▶問3．志筑忠雄はオランダ通詞で，オランダ商館付のドイツ人医師ケンペル（1690～92年来日）が帰国後に著した『日本誌』を訳述して「鎖国論」と題した。

▶問4．江戸時代の日朝関係に関する正文を選ぶ。選択肢あ・いはやや難，選択肢おはかなり難だが，雨森芳洲は押さえておきたい人物である。

あ．正文。雨森（あめのもり）芳洲は木下順庵の推挙で対馬藩に仕え，朝鮮との善隣友好外交に尽力した。新井白石とは同門であったが，通信使の待遇問題などで対立した。

い．誤文。江戸初期の朝鮮使節は3回目までが回答兼刷還使で，その後は徳川将軍の代替わりごとに通信使が派遣された。

う．誤文。己酉約条（慶長条約）は朝鮮と対馬藩主宗氏との間で結ばれた。

え．誤文。江戸時代は釜山にのみ倭館が置かれた。

お．誤文。最後の通信使の来日は1811年で，異国船打払令（1825年）以前である。この時の対応は，対馬における易地（場所を変えること）聘礼であった。

▶問5．A．按司とは12世紀頃から琉球に出現した豪族のことで，各地にグスク（城）を構えて割拠した。

B．沖縄本島では北山（山北）・中山・南山（山南）の三王国に分かれて抗争していたが，中山王の尚巴志が北山と南山を滅ぼし，1429年に琉球を統一した。

▶問6．江戸時代の琉球王国と蝦夷地に関する正文を2つ選ぶ。かなり詳細な情報を含む選択肢が複数ある。

い．正文。薩摩藩（島津氏）は奄美諸島を直轄地とし，それ以南の琉球王府領にも検地を実施して石高制をしき，藩への貢納物を定めた。

え．正文だが，厳密には「島津による侵攻の後も」とすべき。薩摩藩は独立した王国として琉球に中国（明→清）との朝貢貿易を継続させ，中国の産物を上納させた。「冊封」とは，中国皇帝が周辺諸国の君主を国王に封じること。
あ．誤文。琉球侵攻時の薩摩藩主は島津義久の甥の島津家久である。
う．誤文。松前氏は 1604 年に徳川家康からアイヌとの交易独占権を認められた。シャクシャインの戦いは 1669 年である。
お．誤文。俵物は長崎貿易における中国向けの主要輸出品で，特にいりこ（干しなまこ）・干しあわび・ふかのひれの３品のことである。また，琉球に幕府の役所は設けられていない。
▶問７．リード文をよく読み，謝恩使と慶賀使の字義をふまえて答えよう。
▶問８．「八代将軍徳川吉宗に取り立てられた儒学者」と「漢字３字」から室鳩巣だとわかるであろう。室鳩巣も木下順庵の門人（木門派）である。
▶問９．最後の琉球国王尚泰は，明治政府による 1872 年の琉球藩設置で琉球藩王に任じられて華族に列し，1879 年の琉球藩廃止と沖縄県設置で首里城明け渡しと東京移住を命じられた。

Ⅲ　解答

問１．お　問２．児島惟謙　問３．う　問４．穂積八束
問５．松方正義　問６．い・え　問７．青木周蔵
問８．う　問９．お　問10．い

◀解　説▶

≪日記から読み解く明治時代の政治と外交≫

▶問１．西郷隆盛による西南戦争（1877 年）後に生じた出来事に関する正文を選ぶ。なお，「露国皇太子（後のロシア皇帝ニコライ２世）」の来日時，国内では西南戦争で自刃したはずの西郷は実は生きてロシアに逃れ，皇太子の来日とともに帰国するという「風説（噂）」が広まっていた。
お．正文。1880 年，国会期成同盟が結成されて国会開設運動が高揚したことに対し，政府は集会条例を定めた。
あ．誤文。江藤新平の佐賀の乱（1874 年）は最初の不平士族の乱である。
い．誤文。片岡健吉らによる立志社建白で，西南戦争中のことである。
う．誤文。民撰議院設立建白書の提出は 1874 年で，自由民権運動の端緒となった。
え．誤文。徴兵反対一揆（血税一揆）や学制反対一揆は，1872 年の学制公布や翌年の徴兵令に反対して起こった。
▶問２．史料③の「露国皇太子殿下，大津にて，狂人巡査津田三蔵と云う

者の為めに，剣にて切り付けられ給い」は，1891 年に起きた大津事件のことで，事件を裁いた大審院長は児島惟謙である。

▶問 3．大審院に関する正文を選ぶ。

う．正文。1875 年の大阪会議後，政府は漸次立憲政体樹立の詔を発し，元老院（立法諮問機関）と大審院（司法の最高機関）を設立するとともに，府知事・県令による地方官会議を召集した。

あ．誤文。大審院の設置が先である。大日本帝国憲法は 1890 年 11 月 29 日，帝国議会の開設とともに施行された（公布は 1889 年 2 月 11 日）。

い．誤文。大阪会議に大隈重信は参加していない。参議の大久保利通と在野の木戸孝允・板垣退助の間で行われ，会議後に木戸と板垣は参議に復帰した。

え．誤文。三大事件建白運動は 1887 年，井上外交への反対運動を端緒として始まった民権派の運動である。

お．誤文。大審院は司法機関であるから，憲法案の作成に関与していない。日本国憲按は 1876〜80 年，立法諮問機関である元老院が起草した。二院制で議会の権限が大きく，君主権が大きく制限された内容であったことから，岩倉具視らの反対で採択されなかった。

▶問 4．「論文が民法典論争の象徴的位置づけを占めた」から，ボアソナードが起草したフランス流の民法（旧民法）を批判した論文「民法出デテ忠孝亡ブ」を発表し，その施行を阻止した穂積八束を想起したい。なお，史料は実業家渋沢栄一の娘で，八束の兄で同じく法学者の穂積陳重（史料⑤の「旦那様」）と結婚した穂積歌子の日記である。また，問 2 の大審院長児島惟謙と穂積兄弟はともに伊予の宇和島出身であった。

▶問 5．大津事件（1891 年）時の内閣は第 1 次松方正義内閣である。

▶問 6．大津事件時に施行されていなかった法典を 2 つ選ぶ。

い・え．正解。ボアソナードの旧民法は 1890 年に公布されたが，民法典論争で施行延期となり，家父長制的な家制度を取り入れた新民法が 1896・98 年に施行された。商法は難問。ロエスレル起草のものが 1890 年に公布されたが，1899 年に修正された新商法が施行された。

あ．大日本帝国憲法の施行は 1890 年。

う．刑法はボアソナード起草の旧刑法が 1880 年に公布，1882 年に施行された（1907 年にドイツ法系の新刑法に改正）。

お．治罪法は日本初の近代的刑事訴訟法で1880年に公布，1882年に施行され，1890年の刑事訴訟法施行により廃止された。

▶問7．青木周蔵は外相として条約改正に尽力し，イギリスから法権回復などの同意を得たが，大津事件で引責辞任した。その後，駐英公使として陸奥宗光外相の条約改正交渉を助け，1894年にロンドンで日英通商航海条約に調印した。

▶問8．大津事件（1891年）当時の日露関係に関する正文を選ぶ。

う．正文。シベリア鉄道は1891年に着工された。ロシアの東アジア進出の脅威が，イギリスが条約改正に応じる背景となった。

あ．誤文。1895年の下関条約に対する三国干渉である。

い．誤文。ロシアによる旅順・大連租借は，三国干渉で日本が遼東半島を清国に返還した後の1898年のこと。

え．誤文。ロシアが満州に駐兵を続けたのは1900年の北清事変後のことであり，これに対抗して1902年に日英同盟が結ばれた。

お．誤文。ポーツマス条約は日露戦争（1904～05年）の講和条約である。

▶問9．大日本帝国憲法に関する誤文を選ぶ。

お．誤文。憲法公布（1889年）以前の1885年，内閣制度創設により太政官は廃止された。

あ．正文。憲法施行は1890年，大津事件は1891年である。

い．正文。伊藤博文はベルリン大学のグナイストやウィーン大学のシュタインからドイツ流の憲法理論を学んだ。

▶問10．大津事件における司法権の独立に関する正文を選ぶ。

い．正文。大津事件は日本中に衝撃を与えた（史料③の明治天皇自らの見舞いもそのため）。ロシアの報復を恐れた政府は，大逆罪（適用対象は日本の皇室のみ）を適用して犯人津田三蔵を死刑に処すよう圧力をかけたが，大審院長児島惟謙はこれに屈せず，一般の「謀殺（殺人）未遂」罪により「無期徒刑（懲役）」の判決を下して司法権の独立を守った。「政治・経済」の資料集でも取り上げられる有名な判決である。もっとも，その知識がなくても，史料⑤・⑦・⑧などを精読すれば正解が導ける。

う．誤文。「司法権の独立」は公正な裁判を行うために不可欠なもので，(a)司法権が立法権や行政権から分離・独立していることとともに，(b)個々の裁判官が完全に独立していることが必要とされる。なお，児島惟謙は政府の圧力に対して他の担当裁判官らを説得しており，(a)の政府からの司法権の独立を守った一方で，(b)の個々の裁判官の独立を侵害したことになる。
え．誤文。日英通商航海条約の調印は1894年で，大津事件の翌年ではない。

Ⅳ 解答

問1．ニクソン　問2．お　問3．あ・お※
問4．福田赳夫　問5．う　問6．大平正芳　問7．う
問8．あ・お　問9．安保ただ乗り　問10．日米構造協議

※問3については，選択肢に正解として扱うことができるものが複数あったので，そのいずれを選択した場合も得点を与える措置を取ったことが大学から公表されている。

◀解　説▶

≪1970年代以降の対米・対中関係≫

▶問1．ニクソン大統領が1971年7月に発表した中国訪問計画（訪中は翌年）が世界に与えた衝撃を第1次ニクソン＝ショック，同年8月の金・ドル交換停止などの発表による衝撃を第2次ニクソン＝ショックという。
▶問2．1972年の日中共同声明に関する誤文を選ぶ。
お．誤文。「中日両国民の友好のために」中国は対日賠償請求権を放棄した。
え．正文。日本は「台湾が中華人民共和国の領土の不可分の一部である」という中国政府の立場を尊重するとし，台湾とは断交した。ただし，経済・民間交流はその後も続いている。
▶問3．1972年前後の出来事の配列問題。大学から「正解として扱うことのできるものが複数あり，いずれを選択した場合も得点を与える」旨の発表があった。(3)はベトナム和平協定成立が1973年，実際にベトナム戦争が終結したのは，北ベトナムと南の解放勢力によって南ベトナムの首都サイゴン（現，ホー＝チ＝ミン市）が陥落した1975年である。したがって，(4)美濃部亮吉の東京都知事当選（1967年）→(1)日本のGNPが世界第2位に（1968年）→(2)スミソニアン体制の成立（1971年）→(3)ベトナム和平協定調印（1973年）→(5)戦後初のマイナス成長（1974年）→(3)ベトナム戦争終結（1975年）の順となり，正解は2つ存在する。
▶問4．1972年の日中共同声明の時は田中角栄首相，1978年の日中平和

友好条約の時は福田赳夫首相である。

▶問5．日中平和友好条約の締結が遅れた理由として正しい文を選ぶ。

う．正文。日中共同声明で日中平和友好条約の締結が約束されたが，中国が求める反覇権条項の本文明記について，中国の反ソ行動への同調を意味するものであるとソ連が反発し，日本国内でも批判が起こって交渉は難航した。しかし，石油危機後の不況克服のため，中国との経済交流の進展を望んだ福田赳夫内閣は中国側と妥協し，「この条約は，第三国との関係に関する各締約国の立場に影響を及ぼすものではない」との第三国条項を盛り込むことで平和友好条約に調印した。

▶問6．下線ｄの内容よりも，下線ｄ直前の「1979年」当時の総理大臣を考えたほうが正解を得やすい。

▶問7．日本の対中ODA（政府開発援助）に関する誤文を選ぶ。

う．誤文だが難問。日本のODA供与額が世界最大規模になったのは1989年のこと。その他の選択肢もかなり細かな知識が問われているので，消去法も使えない。

▶問8．1970年代の日米貿易摩擦における日本側の輸出自主規制品目を２つ選ぶ。自動車は基本レベルだが，もう１品目の鉄鋼はやや難である。

▶問9．何を答えたらよいか迷った受験生も多いと思うが，空欄Ｂに続く「アメリカの不満が日本に特に向けられたのは，日米安全保障条約が存在したことが関連していた」に留意すれば，安保がらみの対日批判論だとは想像できよう。「安保ただ乗り」論とは，「戦後の日本はアメリカの軍事力に守られ，本来防衛にかけるべきカネを経済発展に注ぎ込んできた」という意見である。財政赤字や対日貿易赤字に苛立つアメリカの議会や世論でかつてこのような批判（ジャパン＝バッシング）が強まり，日本も応分の負担を負うべきだと主張した。トランプ前大統領も同様に安保条約は「片務的で不公平だ」と主張し，来日時に日本政府（安倍晋三内閣）に対して米国製兵器を強力に売り込んだ。相当な難問だが，時事に関心をもつ受験生ならば，このことから正解を導けたかもしれない。なお，日本は長年にわたり在日米軍駐留経費の一部を負担（通称「思いやり予算（2021年末以降は同盟強靭化予算）」など）していて，日本の負担額は世界中の米軍受け入れ国の中でも最も高い。

▶問10．日米構造協議は，日米間の貿易収支の不均衡は両国の経済構造の違いに起因するという認識に基づき，両国の経済構造を変化させることを目的に始まった。1993 年に拡大され，日米包括経済協議となった。

❖講　評

2022 年度も近現代から 2 題出題され，Ⅲが明治時代，Ⅳが 1970 年代以降の現代で，前近代については，Ⅰが奈良時代～室町時代中心，Ⅱが江戸時代中心の出題であった。小問数は記述問題が 17 問，選択問題が 23 問で，うち「2 つ選べ」という選択問題が 5 問，年代配列問題が 2 問出題された。全体の難易度は例年並みである。早稲田大学法学部の特色である，日記や書簡・自伝などから短文を複数引用した史料問題は，2016・2017 年度の大問 2 題の出題以降減少傾向が続いている。2021 年度は選書など現代の書籍 2 点からの引用であったが，2022 年度は『穂積歌子（渋沢栄一の娘で穂積陳重の妻）日記』から出題された。『穂積歌子日記』は 2015 年度〔3〕でも出題されている。史料読解力は必要だが，史料そのものの知識を問うものではない。

Ⅰ　改元に関するリード文をもとに，奈良時代から室町時代の政治・経済・文化に関する知識・理解を問う。記述問題は基本レベルで，誤字など取りこぼしは避けたい。選択問題は問 6 の選択肢の中に詳細な知識を問うものがみられるが，正解は明らかである。大問全体の難易度はやや易～標準のレベルである。

Ⅱ　琉球王国の歴史を中心に，室町時代から明治時代初期の対外関係について知識・理解を問う。記述問題は基本レベルで，問 7 の謝恩使と慶賀使は字義をよく考えて解答したい。選択問題では問 4 の雨森芳洲と問 6 の琉球侵攻時の薩摩藩主がやや難のレベル。問 10 は誤文を 1 つ選ぶ問題。旧慣温存策から，選択肢おが明らかな誤文だが，選択肢あも「民族学」は「民俗学」の誤りで，正解は 2 つ存在する。大問全体としては標準のレベルである。

Ⅲ　早稲田大学法学部の定番であった，個人の日記や書簡・自伝などから複数の短文を引用した史料問題が 2 年ぶりに出題され，大津事件を中心に明治時代全般の政治と外交に関する知識・理解が問われた。例年は各短文が時系列どおりに並んでいないことも多かったが，2022 年度は「同じ年の出来事」と明示して月日順に出題され，取り組みやすいものであった。記述問題はすべて人名を問うもので，問５の大津事件時の総理大臣はやや難。問２の「児島惟謙」の「惟」などは正確に書けるようにしたい。選択問題は問６の民法は民法典論争から選べるが，もう一つは難問。その他は正文・誤文選択問題で，選択肢の中には判断に迷うものも含まれるが，正解ははっきりしている。大問全体の難易度はやや易～標準のレベルである。

Ⅳ　1970 年代以降の対米・対中関係について，外交と経済を中心に知識・理解を問う。早稲田大学法学部では，戦後の政治・経済・外交分野は最重要分野の一つなので，問 10 の日米構造協議などは公民分野とあわせてしっかりと学習しておきたい。その他の記述問題では，問６がやや難のレベルで，問９の「安保ただ乗り」論は相当な難問。問９を正解できた受験生はどれくらいいたであろうか。選択問題では，問２の日中共同宣言と問５の日中平和友好条約に関する正文・誤文選択は，史料集の解説レベルの知識・理解が求められる。問３の年代配列問題は，(3)を「和平協定が成立」（1973 年）と「ベトナム戦争が終結」（1975 年）のどちらを重視するかで正解が異なる。大学は「いずれを選択した場合も正解とする」と発表したが，混乱した受験生もいたであろう。問７や問８も詳細な知識・理解が問われていて，大問全体の難易度は難のレベルである。

世界史

I　解答

設問1．②　設問2．②　設問3．②　設問4．①
設問5．④　設問6．③　設問7．④　設問8．③
設問9．④

◀解　説▶

≪中国史と諸民族≫

▶設問1．②正文。
①誤文。西夏（大夏）を建国して皇帝を称したのは李元昊。李世民（太宗）は唐の第2代皇帝である。
③誤文。澶淵の盟は，宋（北宋）と遼との間の盟約である。宋と西夏（大夏）の盟約は慶暦の和約。慶暦の和約では，西夏が宋に対して臣下の礼をとることが取り決められた。
④誤文。西夏（大夏）を滅ぼしたのはチンギス＝ハンである。チンギス＝ハンのモンゴル軍はホラズム＝シャー朝を征服し，続いて西夏を滅ぼした。
▶設問2．②誤文。1973年のベトナム和平協定によるアメリカ軍撤退の後，北ベトナム（ベトナム民主共和国）軍と南ベトナム解放民族戦線が南ベトナムの首都サイゴンを攻略し，1976年に南北ベトナムが統一されてベトナム社会主義共和国が成立した。
▶設問3．②正文。
①誤文。マカオに居住権を得たのはポルトガルで，台湾を占領して拠点としたのはオランダである。
③誤文。蔣介石が台湾に逃れたのは1949年。国連の代表権が中華民国から中華人民共和国に移ったのは，1971年のことである。
④誤文。本省人で初の総統となった李登輝は，国民党の指導者である。
▶設問4．①誤文。彩文土器（彩陶）を特色とするのは仰韶文化。竜山文化の時期には黒陶・灰陶が製作された。
▶設問5．④覇者では，「春秋の五覇」と呼ばれる5人の諸侯が有名。その数え方は，斉の桓公，晋の文公，楚の荘王などの他，呉王夫差，越王勾践，秦の穆公，宋の襄公などを入れる説など諸説ある。

▶設問6．③誤文。元は儒教を重視せず，当初は科挙を廃止した。士大夫の不満が高まり，14世紀初頭に科挙を復活したが，実施回数は少なかった。

▶設問7．④誤文。アメリカ合衆国が清朝と結んだのは望厦条約で，黄埔条約を清朝と結んだのはフランスである。また，ジョン＝ヘイが門戸開放・機会均等を求めたのは帝国主義列強であり，清朝の領土の保全を求めている。

▶設問8．③誤文。すべての土地を上帝の所有と考えた太平天国は，「天朝田畝制度」という文書で，性別を問わない土地の均分と各家族の取り分を除く剰余生産物の国庫への納入を明記したが，制度自体は実施されなかった。

Ⅱ 解答

設問1．ウ　設問2．イ　設問3．ウ　設問4．エ
設問5．ウ　設問6．ア　設問7．イ　設問8．エ
設問9．イ

◀解　説▶

≪中世のイタリア諸都市≫

▶設問1．ウ．正文。

ア．誤文。ゲルマン人の慣習は従士制度である。恩貸地制度はローマ帝国末期の制度である。

イ．誤文。フランク王国はカール大帝の息子ルートヴィヒ1世が没した後，843年のヴェルダン条約で3分割された。このとき西フランクを相続したシャルル2世は，ルートヴィヒ1世の末子である。

エ．誤文。西ローマ帝国を滅ぼしたオドアケルを倒し，5世紀末にイタリアを支配したのは東ゴート人の王テオドリック。

▶設問2．イ．誤文。ファーティマ朝の君主が用いたのは，カリフの称号である。10世紀のイスラーム世界では，アッバース朝・ファーティマ朝・後ウマイヤ朝がともにカリフの称号を用い，3カリフが鼎立した。

▶設問3．ウ．誤文。「西ゴート王国の支配下」が誤り。シチリア島は，6世紀にビザンツ帝国の領土になる前は，ヴァンダル王国，続いて東ゴート王国による支配を受けた。

▶設問4．エ．正文。

ア．誤文。第1回十字軍が建設したのは，イェルサレム王国である。
イ．誤文。フランス国王フィリップ2世は，神聖ローマ皇帝フリードリヒ1世，イングランド国王リチャード1世とともに第3回十字軍に参加した。第2回十字軍を率いたフランス国王はルイ7世。
ウ．誤文。第3回十字軍はサラディンに敗れ，聖地を奪回していない。
▶設問5．ウ．シャンパーニュ地方は，フランス東北部の交通上の要衝に位置し，定期的に開催される大市ではフランドルの毛織物など北方貿易圏の物産，北イタリア都市が仲介する香辛料など地中海貿易圏の物産とが取引され，ヨーロッパ各地から商人が集まった。
▶設問6．ア．誤文。特許状を与えられたドイツの自由都市（帝国都市）は，皇帝直属の都市として諸侯など封建領主と同等の地位を獲得した。
▶設問7．イ．ロンバルディア同盟は，ミラノを中心とする北イタリア諸都市が，フリードリヒ1世およびフリードリヒ2世の南下に対抗して結成したもので，皇帝軍を2度撃退した。
▶設問8．エ．誤文。教皇党を「ゲルフ」，皇帝党を「ギベリン」と呼んだ。
▶設問9．イ．誤文。ピサ大聖堂は，ローマ風の半円形アーチと重厚な壁を特色とするロマネスク様式の代表的建造物。

Ⅲ 解答

設問1．3　設問2．2　設問3．2　設問4．4
設問5．4　設問6．1　設問7．2　設問8．1

◀解　説▶

≪ネーデルラントの歴史≫

▶設問1．3．正文。
1．誤文。帝政期ローマの宗教は，392年テオドシウス帝がキリスト教を国教化するまで多神教であった。
2．誤文。ユリアヌス帝は，多神教の復活を企てて宗教寛容令でキリスト教への優遇を廃止したため，キリスト教徒から「背教者」と呼ばれた。
4．誤文。マニ教は，ゾロアスター教に仏教・キリスト教の要素を融合して成立した。また，拝火教と呼ばれたのはゾロアスター教である。
▶設問2．2．ノヴゴロド王国の建国は862年→キエフ公国の建国は882年→イングランド＝デーン朝の成立は1016年→イングランド＝ノルマン朝の成立は1066年。

▶設問3．２．正文。

１．誤文。フェリペ２世は，スペイン王と神聖ローマ皇帝を兼ねた父のカルロス１世（カール５世）からスペイン王位を継承した。

３．誤文。レパントの海戦が行われた場所は，ギリシア西岸の沖合。

４．誤文。ピサロがインカ帝国を滅ぼしたのは1533年で，フェリペ２世の父であるカルロス１世の治世（位1516～56年）である。

▶設問4．やや難。４．フリードリヒ＝ヴィルヘルム２世は，七年戦争でオーストリアを破ったことで知られるフリードリヒ２世の次に即位した国王。難度の高い人名だが，「1787年」という年代から消去法で判断したい。

１．「兵隊王」と呼ばれたフリードリヒ＝ヴィルヘルム１世は，フリードリヒ２世の父で，在位したのは18世紀前半。

２．ヴィルヘルム１世は1871年にドイツ統一を達成したプロイセン王で，ドイツ帝国初代皇帝。

３．ヨーゼフ２世は，マリア＝テレジアの長男で啓蒙専制君主の１人に数えられるオーストリア君主である。

▶設問5．４．正文。

１．誤文。テュルゴーは重農主義の経済学者，ネッケルはスイスの銀行家で，ともに重商主義者ではない。また，三部会は1615年以来開かれていない。

２．誤文。球戯場の誓いで第三身分の議員は自分たちの集会を国民議会と宣言した。

３．誤文。1789年に国民議会が採択した封建的特権の廃止宣言では，封建地代などの廃止は有償であった。また，十分の一税は教会に対して支払われていたものである。

▶設問6．１．正しい。大陸封鎖令とライン同盟の結成は1806年，ティルジット条約は1807年。

２．誤り。フランス銀行の設立は1800年，ナポレオン法典の公布は1804年，公教育一般法は1802年。

３．誤り。ライプツィヒの戦いは1813年，国民投票の実施は1804年，トラファルガーの海戦は1805年。

４．誤り。アミアンの和約は1802年，宗教協約（コンコルダート）は

1801 年，アウステルリッツの戦いは 1805 年。

▶設問 7．やや難。2．ブルゴーニュ公はフランス東部の大諸侯で，百年戦争ではイギリスと結びフランス王権と対立した。14 世紀後半以降にはネーデルラント南部のフランドルを領有し，15 世紀後半にハプスブルク家がネーデルラントの統治権を握るまでここを支配した。

▶設問 8．難問。1．アラス同盟は，1579 年にネーデルラントの南部 10 州が結成した。同盟が結成された背景には，ネーデルラントのスペインに対する反乱（オランダ独立戦争）を指導するオラニエ公ウィレムのカルヴァン派重視政策に対する南部のカトリック教徒の不満があった。アラス同盟は，スペイン王フェリペ 2 世と和解し，反乱（オランダ独立戦争）から離脱した。

Ⅳ 解答

設問 1．ニ　設問 2．ロ　設問 3．ニ　設問 4．イ
設問 5．イ　設問 6．ロ　設問 7．ハ　設問 8．ハ

◀解　説▶

≪第二次世界大戦後の世界≫

▶設問 1．ニ．ユーゴスラヴィアは，ティトーの指導下でドイツ軍を自力で排除したことから，ソ連と距離を置いた独自の社会主義建設を目指した。

▶設問 2．ロ．誤文。「イラン」が誤り。中東条約機構（METO）は，イラク革命（1958 年）でイラクが脱退したことから翌 1959 年に中央条約機構（CENTO）と改称した。

▶設問 3．ニ．誤文。パグウォッシュ会議は 1957 年，第 1 回原水爆禁止世界大会は 1955 年に広島で開催された。この背景には，1954 年アメリカがビキニ環礁で実施した水爆実験に起因する第五福竜丸事件があった。

▶設問 4．イ．誤文。国際軍事裁判が開催されたニュルンベルクはアメリカの管理区域にあったドイツ南部バイエルン州の都市。

▶設問 5．イ．チュニジア保護国化は 1881 年→ファショダ事件は 1898 年→モロッコ保護国化は 1912 年。

▶設問 6．ロ．ジョンソンはケネディの副大統領であったが，1963 年のケネディ暗殺で大統領に昇格した。

▶設問 7．ハ．誤文。エジプト＝イスラエル平和条約に調印したエジプト大統領はサダトである。エジプト国内での反発を受けたサダトは，1981

年イスラーム過激派により暗殺された。ムバラクはサダト暗殺後の大統領。
▶設問8．ハ．リオデジャネイロで1992年に開催された環境と開発に関する国連会議は「地球サミット」とも呼ばれ，アジェンダ21とリオ宣言が採択された。

V　**解答**　6世紀に柔然を倒した突厥はモンゴル高原を支配し，エフタルを滅ぼして中央アジアにまたがる大遊牧国家を形成した。突厥は隋の離間策で東西に分裂したが，東突厥は唐の建国を支援するなど勢力を保った。その後東突厥・西突厥は唐に服属し，東突厥は復興したが8世紀にウイグルに滅ぼされた。ウイグルは安史の乱鎮圧に援軍を送り，唐を圧迫したが9世紀にキルギスに滅ぼされた。ウイグルの一部はタリム盆地に逃れ，パミール高原の西にもトルコ系住民が拡大したことで東西トルキスタンが形成された。トルコ系のイスラーム化も進み，中央アジアに成立し，最初のトルコ系イスラーム王朝となったカラハン朝は，10世紀末にサーマーン朝を滅ぼした。(250字以上300字以内)

◀解　説▶

≪トルコ系民族集団の興亡と移動≫

■設問の要求

〔主題〕トルコ系民族集団の興亡と移動
〔条件〕時期：6世紀～10世紀末
　　　　地域：北アジアおよび中央アジア

■論述の方向性と指定語句の使い方

北アジアから中央アジアにいたる中央ユーラシアにおいて活動したトルコ系遊牧民・王朝を順にあげ，その興亡や活動について述べていく問題。

指定語句との関連でいうと，まず唐の建国（7世紀）を支援した突厥，安史の乱（8世紀）鎮圧にあたって唐に援軍を出したウイグル，ウイグルを滅ぼしたキルギス（9世紀）を順に述べていけばよい。これによって，モンゴル高原など北アジアにおける覇権の推移とトルコ系遊牧民の興亡を，指定語句をヒントにして説明できる。なお，〔解答〕では突厥が中央アジアの遊牧民エフタルを滅ぼしてモンゴル高原から中央アジアに及ぶ大領土を実現したことにもふれている。

ウイグルが滅亡した後は，トルコ系民族集団の動向について説明する必要がある。ウイグル人とトルコ系民族集団が移動した河西地方（甘粛）やタリム盆地で進んだトルコ化がパミール高原以西でも顕著となり，パミール高原の東西に広がる「トルキスタン」が形成されたことに言及する。そして最後に，中央アジアのトルコ系民族がイスラーム教を受容したことで 10 世紀に最初のトルコ系イスラーム王朝のカラハン朝が成立したことにふれる。なお，問題の時期設定が 10 世紀末までであるので，カラハン朝がイラン系のサーマーン朝を滅ぼした（999 年）ことにも言及しておきたい。

■論述の構成

①突厥の台頭から滅亡まで（6 世紀～8 世紀）

使用指定語句：唐の建国

柔然に服属していたトルコ系の突厥は，552 年柔然を倒してモンゴル高原で覇権を確立し，また，同世紀にササン朝のホスロー 1 世と同盟し，中央アジアを中心に強大化していた遊牧民エフタルを挟撃して滅ぼした。これにより突厥がモンゴル高原から中央アジアまで勢力を拡大し，中央ユーラシアに大遊牧国家を形成した。

中国との関係では，突厥は隋と対峙したが内紛を起こし，隋の文帝の離間策によって中央アジアの西突厥とモンゴル高原の東突厥に分裂した。東突厥は 6 世紀初頭の唐の建国に際して騎馬部隊を派遣してこれを支援するなど強勢であった。東突厥は，その後国家体制を整えた唐の太宗に敗れて服属し，西突厥も高宗に倒された。唐の羈縻政策に不満な東突厥は，やがて遊牧国家を再建したが，744 年同じトルコ系のウイグルによって滅ぼされた。

②唐とウイグルの興亡（8 世紀～9 世紀）

使用指定語句：安史の乱，キルギス

東突厥を滅ぼしてモンゴル高原の覇権を握ったウイグルは，基本的に唐の冊封下にあったが，安史の乱鎮圧のための援軍を派遣したことなどから唐に対して優位に立つこともあった。ウイグルの遊牧国家は，内紛と北方にいたトルコ系キルギスの攻撃により 840 年に滅亡し，四散したウイグル人とその支配下のトルコ系民族集団は，モンゴル高原の西方や南方に移動した。

③トルキスタンの形成とカラ＝ハン朝（9 世紀～10 世紀）

使用指定語句：パミール高原，イスラーム王朝

ウイグル人とトルコ系民族集団が移動した河西地方（甘粛）やタリム盆地では，先住のオアシス民にトルコ語が定着するなどトルコ化が進み，この傾向はさらにトルコ系民族が西進したパミール高原以西でも顕著となり，パミール高原の東西に広がる「トルキスタン」が形成された。パミール高原以西にも進出したトルコ系民族は，西アジアから拡大したイスラーム教を受容し，東西トルキスタンのイスラーム化が進んでいった。10 世紀中頃に東トルキスタンで成立したトルコ系のカラハン朝は，スンナ派イスラーム教に改宗して勢力を拡大し，西方にあったイラン系のサーマーン朝を滅ぼして西トルキスタンも支配した。

❖講　評

例年通り，選択問題 4 題と論述問題 1 題の計 5 題で構成されている。選択問題の中心は正文（誤文）選択で，これ以外に語句選択や配列問題が出題されている。大問別では，中国史が 1 題，北・中央アジア史が 1 題（論述）出題されており，2021 年度と同様ややアジア史重視の傾向が続いている。難易度は，大半の設問は標準的レベルであるが，選択問題の正文の一部や語句の中に細かい知識を扱ったものもあるので注意したい。

Ⅰ　中国の歴史に関連した諸民族・諸地域を扱った問題。古代から近代までの漢民族・北方遊牧民や東南アジア・台湾が多面的に出題されている。誤文は比較的判別しやすく難問は見あたらない。

Ⅱ　中世イタリア諸都市の復興について述べたリード文を用いて，中世ヨーロッパ世界を網羅的に扱った問題。設問 1 は正文であるトイトブルク森の戦いが細かい知識なので判断しづらいかもしれないが，消去法で対応すれば正解を絞り込める。

Ⅲ　古代から近代にいたるネーデルラントの歴史を，対外的関係を中心に扱った問題。設問 4 はフリードリヒ＝ヴィルヘルム 1 世とフリードリヒ＝ヴィルヘルム 2 世で迷いやすい。空欄Ａのブルゴーニュ公とＢのアラス（同盟）は，ともに消去法が使いにくく，難度が高かった。

Ⅳ　第二次世界大戦後の頻出テーマである冷戦，ヨーロッパ統合，環境問題などを総合的に扱った問題。受験生の学習が不十分になりやすい

分野であるが，設問の多くは標準的である。

V　北アジア・中央アジアにおけるトルコ系民族集団の興亡と移動を，6 世紀～10 世紀末の時期について概観する良問。北アジア・中央アジアは受験生が苦手とする地域であるが，丁寧に学習していれば意外に書きやすいテーマである。指定語句は多くの教科書の本文にあるものであり，順に使っていけば，文章にすることができるだろう。

政治・経済

I　解答

問1．A．私有財産　B．治安維持　C．宗教的結社
問2．5　問3．4　問4．3　問5．4　問6．3
問7．A級戦犯合祀問題　問8．4

◀解　説▶

≪日本国憲法における人権≫

▶問1．A.「私有財産」が適切。法令上の文言に限るという条件はないので，法の趣旨に照らして「資本主義体制（資本主義制）の否認」としてもよい。

B.「治安維持」が適切。「国体の変革」や「1925年に制定」，「思想弾圧」などから判断できる。本文に「法」が出ていることに注意したい。

C．難しいが「宗教的結社」が適切。宗教団体の設立を意味する。

▶問2．5が不適切。刑事補償請求権は抑留または拘禁された後に無罪と判決が下った場合に，拘禁期間などに応じた補償を請求する権利であり，身体の自由を直接保障するものではない。

▶問3．4が適切。統帥権の独立を根拠として軍部が台頭することになった。

1．誤り。大日本帝国憲法は天皇によって制定された欽定憲法であった。

2．誤り。大日本帝国憲法ではすべての権限は天皇にあり，形式的な三権分立にすぎなかった。

3．誤り。憲法草案審議のため設置された枢密院が，大日本帝国憲法制定後も天皇の最高諮問機関として存在し，重要な役割を担った。

5．誤り。大日本帝国憲法下の裁判所は違憲立法審査権をもたなかった。

▶問4．3が適切。「公共の福祉」には，自由国家的公共の福祉と，社会国家的公共の福祉の2つの考え方がある。前者は，すべての人権はその行使に当たり他者の人権を侵害してはならないという制約をもつという考えで，1が該当する。後者は，「経済的弱者」の保護のために強者にある立場の権利を制限できるという考え方であり，3が該当する。社会国家的公共の福祉に基づいた法律の例として，かつての大規模小売店舗法（現在の

大規模小売店舗立地法）が挙げられる。
2．誤り。青少年を「経済的弱者」として救済しているわけではない。
4・5．誤り。いずれも経済的弱者救済の目的をもった人権の制約とはいえない。
▶問5．4が適切。卒業式における国歌斉唱時に教職員に起立を命じた校長の命令が憲法19条に違反するかが争点となった事件で，2011年，最高裁は起立を求めた命令について式典の円滑な運営を図るものとして合憲判決を下した。
1・2．誤り。三菱樹脂訴訟において，最高裁は思想・良心の自由について間接適用説を採用した。また，企業が労働者の思想などを理由として雇い入れを拒否したことについて「違法とすることができない」と判断した。
3．誤り。麹町中学校内申書事件において，最高裁は内申書を「思想，信条そのものを記載したものではないことは明らか」とし，上告を棄却した。
5．誤り。国旗・国歌法は生徒・児童に対して起立や斉唱を義務付けるものではない。
▶問6．3が不適切。かつて京都市で徴収されていた古都税に関する内容である。文化財の鑑賞に対して拝観料等に上乗せされた税を徴収するもので，訪問したすべての人に対して課されているところから，信教の自由に対する制約とはいえない。
1．適切。宗教的行為であることを理由に傷害罪が不問になることはない。
2．適切。宗教上の教えを説いていたことなどを理由として犯人を隠匿した罪が不問になることはない。
4・5．いずれも，信教の自由に対する制約の例として適切である。訴訟に発展した類似の事案としては，4は日曜授業参観事件，5はエホバの証人剣道授業拒否事件がある。
▶問7．「A級戦犯合祀問題」が適切。東条英機など，極東国際軍事裁判においてA級戦犯として処罰された人物も合祀されていることが明らかになって以来，靖国神社に首相や閣僚が公式参拝することは第二次世界大戦を肯定することになるのではないかとの意見が諸外国から出されるようになった。
▶問8．4が適切。愛媛玉串料訴訟に関する記述である。最高裁は愛媛県が公費で靖国神社および県護国神社に玉串料を奉納した行為について，違憲の判断を下した。

1．誤り。特定の宗教団体に不利益を課すことは信教の自由を奪うことになり許されない。

2．誤り。私立学校は憲法20条3項の適用を受けない。

3．誤り。津地鎮祭訴訟において，最高裁は地鎮祭を宗教的活動にはあたらないとした。

5．誤り。砂川政教分離訴訟では目的効果基準と異なる基準が採用された。

II 解答

問1．A．ブラクトン　B．王権神授説
C．検察審査会

問2．3　問3．1　問4．3　問5．1

問6．アメリカなどの陪審制は，事件ごとに選ばれる陪審員が，裁判官から独立して事実認定を行い，有罪の場合の量刑や法解釈は裁判官のみで判断する。一方，ドイツなどの参審制は，一定の任期で選任される参審員が，職業裁判官とともに有罪・無罪の判定に加えて，有罪の場合の量刑や法解釈についても判断する。日本の裁判員制度は，裁判員が事件ごとに選任されるという点で陪審制に近く，裁判官とともに有罪・無罪の判定や量刑を判断するという点で参審制に非常に近いが，裁判員が法解釈については判断しないという点ではやや異なる。(250字以内)

問7．2

◀解　説▶

≪法の支配，司法権≫

▶問1．A．「ブラクトン」が適切。「13世紀イギリスの法律家」などから判断する。

B．「王権神授説」が適切。当時の絶対王政の根拠という観点から考える。

C．「検察審査会」が適切。「不起訴処分などの適否を審査」から判断する。

▶問2．3が不適切。イギリスの裁判所は違憲審査権をもたない。

▶問3．1が正解。イ．不適切。日本のすべての裁判所が違憲審査権をもつ。ウ．不適切。女性の再婚禁止期間についても最高裁で違憲判決が下され，100日に短縮された。法学部では2021年度にも出題されている。

▶問4．3が適切。エ．適切。知的財産高等裁判所は東京高等裁判所の特別の支部として設置されており，特別裁判所には該当しない。オ．適切。

憲法79条および80条に定められている。
ア．誤り。平賀書簡事件などで司法内部の独立について問題視された。
イ．誤り。憲法77条3項は「最高裁判所は，下級裁判所に関する規則を定める権限を，下級裁判所に委任することができる」と定めている。
ウ．誤り。浦和事件に関して，参議院が判決に対し国政調査権を行使したことが問題視された。
▶問5．1が不適切。2004年に刑事訴訟法が改正され，被疑者の段階から国選弁護人がつけられるようになっている。
▶問6．裁判員制度の仕組みについて，アメリカなどの陪審制，ドイツなどの参審制と比較し論述することが求められている。最高裁判所は，裁判員制度について，ホームページで「裁判員制度は，裁判員と裁判官が合議体を形成するという点では参審制と同様です。ただし，裁判員は事実認定と量刑を行い，法律問題（法解釈）は裁判官のみで行う点で参審制とは異なります。他方，裁判員が事件ごとに選任される点では陪審制と同じです。このように，裁判員制度は，参審制・陪審制のいずれとも異なる日本独自の制度だと言うことができます」と説明している。この観点を活かした解答を心がけたい。
▶問7．2が適切。ア．誤り。裁判員制度は国民の視点を裁判に盛り込むことを目的としている。エ．誤り。裁判員裁判で無罪の判決があったとしても，上訴は可能である。
なお，イについて，2021年5月の法改正で，裁判員となる対象が18歳以上となった。ただし，実際の選任は2023年からを予定している。

Ⅲ　解答

問1．A―3　B―2
問2．5　問3．2　問4．1
問5．完全競争での均衡量：200　完全競争での均衡価格：220
社会的に最適な取引量：210　社会的に最適な取引価格：230
問6．4

◀解　説▶

≪市場機構，市場の失敗≫
▶問1．A．3が適切。「消費する人数が増加するにしたがって，その消費者全体の便益が人数に比例する以上に増加」するものを選ぶ。OSのシェアが上がれば，対応するソフトも増えるなど，便益は増加すると考えられる。

B．2が適切。公共財の特徴である「非競合性」と「非排除性」をあわせもつものを選ぶ。

▶問2．5が適切。1・2・4は希少性をもつ財・サービスに対し金銭が支払われている。3は金銭こそ支払われていないが，当事者間で価値のあるノートを対価として交換が成立している。

▶問3．2が適切。閉店時刻前のスーパーでの弁当などを想起すればよい。

1．誤り。価格が均衡価格より高いときは超過供給が発生する。

3・4・5．誤り。価格が均衡価格より低いときは超過需要が発生し，価格が均衡価格まで上昇する。

▶問4．1が適切。私的な限界便益に限界外部便益を加えたものが真の限界便益となるのだから，その分だけ需要曲線が上にシフトすることとなる。

▶問5．完全競争市場の場合：需要曲線のP＝－Q＋420，供給曲線のP＝Q＋20より，完全競争での均衡量は200，完全競争での均衡価格は220となる。

社会的に最適な取引の場合：問4をふまえて考える。限界外部便益が20とされているので，これを加えた需要曲線はP＝－Q＋440となる。供給曲線は変わらずP＝Q＋20なので，社会的に最適な取引点での取引量は210，社会的に最適な取引価格は230となる。

▶問6．4が不適切。「公共財として」という部分に注目する。ワクチン価格の決定に政府が介入して安価に抑えることは，ワクチン生産者の生産意欲の減退をもたらす。結果として，ワクチンの供給量が減少する。そうすると，社会的に必要な量の「公共財として」のワクチンが入手できなくなる危険性が高まるのだから，適切な政策とはいえない。

Ⅳ　解答

問1．A．社会的分業　B．ケネディ
C．消費者保護基本

問2．2　問3．5　問4．消費者の自立支援　問5．3　問6．3
問7．1　問8．5

◀解　説▶

≪消費者問題≫

▶問1．A．自給自足に対置される経済活動である点，分業と交換という要素，および貨幣経済の成立に先立つ点から，「社会的分業」が適切である。価格機構などを要件とする狭義ではなく，財・サービスの交換の場といった程度の緩やかな定義で用いれば，「市場（取引）」でも文意は通ると考えられる。

B．「ケネディ」が適切。彼が唱えた「消費者の4つの権利」は日本の法制定にも影響を与えた。

C．「消費者保護基本」が適切。「1968年」という制定年や改正後の名称である「消費者基本法」などから判断できる。

▶問2．2が不適切。「訪問販売法」ではなく，「特定商取引法」が正しい。

▶問3．5が適切。消費者団体訴訟制度の記述である。

1．誤り。サリドマイド事件は薬害である。

2．誤り。「コンプガチャ」については，景品表示法に違反するとの判断がなされている。

3．誤り。薬害エイズ事件では製薬会社の責任者らが刑事訴追されて業務上過失致死の罪等に問われ，実刑判決が下されるなどした。

4．誤り。不良マッチ追放運動をきっかけに設立されたのは主婦連合会である。

▶問4．「消費者の自立支援」が適切。消費者基本法では「消費者の権利の尊重及びその自立の支援その他の基本理念」について定められている。

▶問5．3が誤り。「破棄の自由」ではなく，「内容の自由」が正しい。

▶問6．3が適切。製品の不具合に加えて，それに起因する被害を立証しなければ，製造物責任法に基づく損害賠償請求は行えない。

1．誤り。クーリング・オフ制度について定めるのは消費者契約法ではなく特定商取引法である。

2．誤り。通信販売はクーリング・オフの対象とならない。

4．誤り。消費者契約法は消費者の利益を一方的に害する条項について無効とすることを定めている。

5．誤り。グレーゾーン金利の撤廃に伴い，貸金業者が一定割合以上の金利を設定することが認められなくなった。

▶問７．１が適切。労働契約法第 12 条に定められた内容である。

２．誤り。労働契約は使用者と労働者の間で交わされる。

３．誤り。労働基準法は，妊娠中の労働者が希望したときは軽易業務へ転換させる義務を使用者に課している。これは，妊娠中の業務については労働者の意思が使用者のそれよりも優先されることを意味する。したがって，労働者の意思を確認せずに軽易業務へ転換させることはできないと考えられる。

４．誤り。裁量労働制の導入は，記者や弁護士などのように職務の専門性が高い場合等，一定の職種に限り認められている。

５．誤り。高年齢者雇用安定法の改正によって定年年齢の引き上げが進んでいるが，定年制自体が原則禁止となったわけではない。

▶問８．５が正解。エ．誤り。1997 年の独占禁止法改正で持株会社の設置が認められたため，コンツェルンの形成は禁止されていない。オ．誤り。不況カルテルは 1999 年の独占禁止法改正で禁止された。

❖講 評

Ⅰ 日本国憲法の人権規定について出題された。公共の福祉に関して深い理解を必要とする問４や，さまざまな判例を想起しながら対応することが求められる問５・問６・問８は解答に苦労した受験生も多かったであろう。全体の難易度はやや難といえる。

Ⅱ 法の支配および司法権について出題された。問６の裁判員制度についての論述は一見難しく感じられるが，知識を丁寧に整理すれば解答は可能である。問７では 2021 年に改正され，入試実施時点では未施行であった内容が出題されたため，混乱した受験生も多かったであろうと思われる。全体の難易度は標準である。

Ⅲ 市場機構・市場の失敗について出題された。問４・問５では限界便益という高校ではあまりふれない内容が出題されているが，文章を丁寧に読んでいくことで正解を導き出せる。問６は「公共財として」の役割をふまえて解答することが求められる。全体の難易度はやや難といえる。

Ⅳ 消費者問題について出題された。問２・問３・問４・問６は消費者問題について詳細な知識を必要とする問題が出題されており，対策が十分でなかった受験生には厳しい内容であった。全体の難易度はやや難といえる。

全体的に，やや難しい問題が多く出題されており，解答には時間がかかると考えられる。粘り強く学習を重ね，判例なども含めた知識を着実なものとすることが求められている。

❖講 評

一の古文は『春湊浪話』という珍しい出典からの出題である。冒頭の「小侍従」から「待宵の小侍従」が連想できれば、筋を追うのは難しくないだろう。ただ和歌が多いため、そう簡単ではない。また「頼政」が登場するが、源頼政のぬえ退治の話を知っていれば、親しみもわくだろう。設問は総じて標準レベル。問一～問三の空所補充は、文法と内容の両面から考えれば攻略できよう。問五がやや迷わされる。落ち着いて手がかりを見つける必要がある。

二の漢文は杜牧にまつわるエピソードの一節である。漢字が旧字体である点、注が一つもない点、また内容的にも受験生には縁遠い点で読み解くのに苦労しただろう。しかし、たとえ本文に面食らっても冷静に対処すれば、意外と設問は解ける。総じて標準レベルである。いかにも早稲田大学法学部らしい設問の作りといえなくもない。

三の現代文は現代文入試頻出の評論家の一人、鷲田清一の評論からの出題である。レヴィ＝ストロースの「ブリコラージュ」という概念を手がかりに、筆者独自の思考を展開している。文章が短い分、内容が詰まっており、決して取り組みやすい文章ではない。設問は基本～標準レベルである。欠文補充や空所補充はいずれも明確に正解が決まる。内容真偽も判断に迷うような曖昧な選択肢はない。

四の現代文は田辺明生の評論文からの出題。広い意味で言えば戦後の「近代の超克」論の系譜に連なる文章といえ、そこに文化人類学の新たな視点が加えられている。非常に重厚で読みごたえがある。設問は総じてやや難のレベルとなる。選択問題はいずれも選択肢が長く、吟味に時間が取られるだろう。特に問二十二は難しい。記述問題は書くべき要素がはっきりしているので、書きやすいと思われる。

現れたもの」（以上、第十三段落）であると説明される。このように〈他者〉とは自己と対置される固定的なものではなく、可能性に開かれたものなのである。本文では続けて、このような〈他者〉に出会うことで、「生の別様の可能性の存在を学ぶことができる」（第十四段落）と述べられる。以上をふまえて選択肢を吟味すれば、「異なる身体を持ち異なる世界を生きる異質なもの」「世界の別の在りようを学ぶことが重要だから」と説明したニが正解だとわかる。イは「より直接的な他者理解や共感」が不適。最終段落で他者を説明したり解釈したりすることが目的ではないと述べられている。ロは「自己のネガティブな側面を他者に転嫁する」が不適。本文に書かれていない。ハは「自己の鏡像とする」が不適。「（他者の）生を追体験する」とあるのも本文に書かれていない。ホは「抑圧され不可視化された自己と他者との共通点を具体的に見出す」が不適。これも本文に書かれていない。

▼問二十四　「それはどういうことか」については、「他者」と〈他者〉の違いを指摘しながら説明する。この両者の使い分けは第十二段落以降でなされている。「他者」については第十二段落の「自己の反対物として措定された」「自己ではないものとして否定的に固定化されたもの」を利用してまとめる。〈他者〉については前問でも検討したように、第十二・十三段落の内容をふまえて、「身体」「可能性」といったキーワードを用いて説明する。また「何が期待されるか」については、最終段落の「生の別様の可能性の存在を学ぶことができる」「わたしたちの世界はより多元化し、豊饒化する」に着眼すると同時に、「方法としての主体」との関連を指摘した第三段落をふまえて、自他の関係の生成変化と自己変容（第四段落）についても言及するとよいだろう。

参考　田辺明生（一九六四年～）は文化人類学者。岡山県出身。東京大学法学部卒業。同大学院総合文化研究科文化人類学中退。東京外国語大学助手、京都大学大学院助教授などを経て、東京大学大学院教授となる。著書・共編著書に『カーストと平等性』『地球圏・生命圏・人間圏　持続的な生存基盤を求めて』『南アジア社会を学ぶ人のために』などがある。『われわれはどんな「世界」を生きているのか――来るべき人文学のために』は二〇一九年刊。

段落参照)。よって、「支配的主体としての自ら」も誤り。さらに、「自己批判」「自己を肯定」も不適となる。ロは「主体と客体を反転させる」が不適。これは支配者と非支配者の関係を逆転させるということであり、第六・七段落の趣旨に合致しない。ハは、前半は第六段落の「権益分配の受け皿とすることではなく」に合致しない。後半は「より対等な自他関係」が不適。本文に書かれていない。ニは「既存の植民地的枠組を放棄し」が不適。右の第四・六段落の趣旨に合致しない。また、「新たな自己を発見すること」が「自己変容」なのではない。

▼問二十二　「方法としてのアジア」について、まず第七段落で竹内好の論考を手がかりに、「ヨーロッパとアジア」という二分法的枠組を崩して両者の新たな関係性の位相に至ると述べられる。そして続く第八段落で、「グローバル近代の異種混淆性に内包された潜在的可能性に立ち戻り……新たな主体構築の可能性」を求めると説明され、さらに「支配的な主体（＝ヨーロッパ）から与えられた『異質なるもの』としての客体的位置づけをあえて主体構築の場として引き受ける」と述べられている。これを「異種混淆性がもつ潜在力を再認識……別の主体を模索する」としたホが正解。「アジアとヨーロッパ……構築された」は第八段落の前半に述べられている。イは「歴史性を捨て去る」が不適。これは帝国主義、植民地主義の歴史を否定すること（歴史修正主義）にもつながり、本文の内容と合致しない。ロは「アジアは遅れた存在」が不適。「遅れ」ているのではなく「異質」なのである（遅れるというのは同質性を前提としている）。また「普遍的な価値……アジアの歴史に見出す」も本文になく不適。ハは「東洋を思考の基盤とする」「西洋自体の変革」と二項対立的に説明しているのが誤り。本文では「異種混淆性」のなかで「新たな主体構築」を求める（第八段落）と説明されている。ニは「ヨーロッパの他者というアジアを前提とするのではなく」「ヨーロッパを客体化する」が不適。いずれも第七・八段落の内容と矛盾する。

▼問二十三　まず、「可能性としての他者」の意味を確認しておこう。この言葉はすでに第三段落でも言及されているが、具体的な説明は第十一段落以降にある。「世界における可能なパースペクティブ（＝物の見方、視野）を示すもの」（第十二段落）であり、「自己とは別様の身体」をもつものとして「この世界の潜在的可能性が一つのかたちをとって

▼問二十　傍線部の具体例を問うている。傍線部では人間の多様性、差異を尊重しつつ、それを乗り越えて交渉・理解し、変容することが説かれている。これは傍線部の前後でも同じである。ここで着眼したいのは「変容」という言葉で、これは第四・六段落などで「自己変容」と繰り返し表現され強調される。これについて第一段落でもすでに「自他の関係性に応じて、その主体のあり方も変化する」と述べられている。このように差異の尊重→交渉と理解→自己変容という過程が重視される。各選択肢を吟味すると、イは、第十段落で「方法としての主体」の例として「ジェンダー・セクシュアリティの枠組そのものを解体し」、「自他の関係性への働きかけを通じた自己変容が可能となり」と述べられている趣旨に合致する。ロは「西欧近代が創出した人権」の尊重と確立を訴えているが、第五段落に「主権的な市民的主体の構築でさえ……非対称的権力関係によって支えられていた」などとあるように、筆者は問題視している。ハは「方法としての主体」を「平等な経済主体同士」として説明しており不適。ニは、本文における「差異」は「人種・階級・ジェンダー・宗教等を通じた非対称的権力関係」（第五段落）に基づく差異を念頭においているため、「政治的立場の差異」は当たらない。ホは「対立構造を持ち込み、非対称的権力関係を反転させ」が不適。第四・六段落などの内容に合致しない。

▼問二十一　「方法としての主体」に関して、「異質なるもの」として差異化された自己をあえて引き受けること、自他の新たな関係性と主体性を打ち立てること、自己変容すること（以上、第四段落）、自己に内在する帝国主義、植民地主義を揺るがして自己変容すること（第六段落）などが説かれている。要するに、優れた他者（ヨーロッパ）と劣った自己（アジア）という非対称的な関係性を戦略的に受け入れることによってその関係性を揺さぶり、単なる二分法ではない新たな関係性と自他双方の変容を実現するというのである。帝国主義や植民地主義が自己に内在するとは、権力を行使する側であれ行使される側であれ、それを当然のこととして受け入れ、自らそれを維持・強化しようとする潜在的な心性をいったものである。以上の事情を、「権力関係は……内在し得る」「自分自身をまず変え」などと説明したホが正解となる。イ、「『異質なるもの』として差異づけられた」のは「他者」ではなく「自己」である（第四

ポスト・ポストコロニアル＝「ポスト」は以後。「コロニアル」は植民地の・植民地的。植民地主義時代以降の、さらにその以降のという意味。筆者は植民地的な支配構造は現在も根深く残っていると考えている。
チャタジー＝パルタ＝チャタジー。一九四七年〜。インドの政治学者・歴史学者。
オルタナティブ＝選択肢。
竹内好＝一九一〇〜一九七七年。中国文学者・文芸評論家。
サバルタン＝政治的・地理的に疎外された人々。ポストコロニアル理論などの分野でよく用いられる。
ヴィヴェイロス＝デ＝カストロ＝一九五一年〜。ブラジルの人類学者。
ハビトゥス＝生活条件を共有する人々の間に形成される、知覚や思考や行為の性向。

◀解　説▶

本文はポスト・ポストコロニアル時代における自己と他者のあり方を問い、新しい関係性を提起しようとするものである。全体は十四段落から成る。これを四つの部分に分けて全体の構成をわかりやすく示そう。

1　第一〜六段落（人間の生き方とは……必要なのである。）
帝国的・植民地的な支配構造を脱構築するために「方法としての主体」を立ち上げることが必要である
2　第七・八段落（ポスト・コロニアル世界……あることではなかろうか。）
「方法としてのアジア」はヨーロッパとアジアの枠組を崩して、より豊饒で普遍的な関係性を生み出す
3　第九・十段落（こうした自己変容……立ち上げる際にいえる。）
「方法としての主体」は「男性と女性」「エリートとサバルタン」などの解体と主体の再構築に有用である
4　第十一〜十四段落（こうした「方法としての主体」……によって可能となる。）
「可能性としての他者」は世界の潜在的可能性の一つの形であり、世界を多元化し豊饒化するものである

四

出典　田辺明生「グローバル市民社会――方法としての主体、可能性としての他者」（山室信一・岡田暁生・小関隆・藤原辰史編『われわれはどんな「世界」を生きているのか――来るべき人文学のために』ナカニシヤ出版）

解答

問二十　イ

問二十一　ホ

問二十二　ホ

問二十三　ニ

問二十四　自己の反対物として否定的に固定化された「他者」ではなく、自己とは別様の身体をもち、自己とは別様の情動や感覚をもつゆえに世界の潜在的可能性が一つのかたちをとって現れた〈他者〉に出会うことを通じて、生の別様の可能性を学ぶことであり、それによって自他の関係性を生成変化させ、自己を変容させることで、世界をより多元化し豊饒化することが期待される。（一二〇字以上一八〇字以内）

◆要　旨◆

現在のポスト・ポストコロニアル時代に、支配的な市民主体から差異づけられた「異質なるもの」としての位置づけをあえて引き受け、「方法としての主体」を立ち上げることの意味は、帝国的・植民地的な支配構造を脱構築し、新たな関係性と主体性を打ち立てることである。それは自己変容を含んだ運動あるいは過程そのものである。その際「可能性としての他者」に注意深くあらねばならない。〈他者〉はこの世界の潜在的可能性が一つのかたちをとって現れたものであり、こうした〈他者〉と出会うことを通じて、私たちは生の別様の可能性を学び、世界はより多元化し豊饒化するのだ。

語句　畢竟＝「ひっきょう」と読む。つまるところ。結局。

グローカル＝「グローバル」と「ローカル」を組み合わせた造語。地球規模の視野と地域に根ざした視野をあわせもつこと。

して説明しており不適。また、「わたし」が能力の所有者であるという説明も第五段落の内容と矛盾する。ハは「能力の由来に無知な所有者」というのが本文の内容と結びつかない。ニは第九段落の逆転の説明に合致しない。また後半も第五段落の内容と矛盾する。ホは主体を否定する説明となっており、第五段落および第九段落の内容と矛盾する。よって、イが最適となる。

▼問十九　イ、日常の道具は使用目的以外の用途では使われないと説明しており、第三段落の「日常生活では」以下の内容と矛盾する。

ロ、第四段落の「『器用仕事』の要となるのは転用と借用（見立て）であった」や「意表をつく手段の組み合わせが未知の目的を構築してゆく」と合致する。

ハ、「主体と客体が融合した状態をつくりだせる」が第五段落の「主体と環境との関係……」に合致しない。

ニ、「たとえ転用や借用で」以下が第五段落の「転用や借用でやりくりするという、そういう力量の低下」に矛盾する。

ホ、「今日ではむしろ」以下が本文の内容からはずれている。

参考　鷲田清一（一九四九年～）は哲学者。京都市生まれ。京都大学文学部哲学科卒業、同大学院文学研究科哲学専攻博士課程修了。大阪大学教授、同総長、京都市立芸術大学理事長などを経て、現在、せんだいメディアテーク館長。主な著書に『分散する理性』『モードの迷宮』『「聴く」ことの力』、『「待つ」ということ』『哲学の使い方』などがある。『つかふ――使用論ノート』は二〇二一年刊。

レヴィ＝ストロース（一九〇八～二〇〇九年）はフランスの社会人類学者、民族学者。ベルギー生まれ、フランス育ち。コレージュ・ド・フランス（＝フランスの学問・教育の頂点に位置する特別高等教育機関）の社会人類学講座を担当し、南北アメリカ先住民の神話の研究などを行った。その構造主義的手法はフランス思想界に大きな影響を与えた。主な著書に『親族の基本構造』『悲しき熱帯』『構造人類学』『野生の思考』などがある。

「市場」、ホの「返上」はいずれも文脈に合わない。

▼問十七　空欄には田中美知太郎の論考「技術」の一節が入る。これについて直後の文で「それは、テクノロジーのように万人共有のマニュアルにしたがって学習できることではなく、『自得（＝自分の努力によって会得すること、自分の体験を通して悟ること）』するほかない」と述べられる。さらに第八段落の冒頭に「熟練、熟達というふうに、『技』が十分に練れていること」とあることから、これは大工や工芸作家などの職人技について述べたものであろうと見当がつく。そこで選択肢をみると、ハに「物指や秤（＝テクノロジー）……目分量や手加減……そう誰にでもできることではない」とあり、これが入ることがわかる。イはあらゆる分野の技術家（専門家）になることは不可能だという内容が、前後の文脈に合わない。ロは「使用の全部であろうか」が、使用にはさまざまな使用があるとする本文と合わない。そもそも「技術」に関連した説明になっていない。ニは正しいマニュアルに従えば健康を回復できるという内容で不適。ホは「熟練や伎倆」と「技術」を対比させ、個人的かそうでないかの違いがあると述べており不適。

▼問十八　空欄は本文の最終段落になる。直前の二段落に着眼しよう。まず第八段落では「ブリコラージュ」「転用・借用」「リンキ応変」などとあるように、ここでも「使える」という状態を確保しておくことの大切さが繰り返される。ところが第九段落では「モノの使用、他者の使用、状況の使用」ばかりでなく、「使用する者のその存在が、まずはよく使用されねばならない」と議論が深められる。そして身体は道具や手段ではなく、器官と機能の関係を逆転しなければならないと述べられる。これはどういうことか。器官とは身体と同義であろうから、身体というものがまずあって、それを道具・手段としてある目的のために機能させるというのとは逆に、まずある目的を果たすのに必要な機能があって、その機能をうまく果たせるように身体をふだんから働かせておく、言い換えれば身体をモノと同様に「使える」状態に待機させておくことが必要であるということであろう。第八段落の「熟練、熟達」はその一例である。以上の検討をふまえて選択肢を吟味する。イは「何かを使うなかでそれを担う器官がそれとして生成する」「使用のくり返しのなかで……自己構成してきた」とあり、器官と機能の関係の逆転を説明している。ロは器官を道具と

B、「融通無碍」は〝考え方や行動が自由でのびのびしていること〟の意。

▼問十四　可能動詞は、「読ま」+「れる」=「読まれる」→「読める」のように、五段活用動詞の未然形に可能の助動詞「れる」を付けた形が一語化したもので、下一段活用する。「読める」は、「読め・読め・読める・読める・読めれ・○」のように活用し、命令形はない。これに対して、いわゆる「ら抜き言葉」は、「見る」+「られる」=「見られる」→「見れる」、「来る」+「られる」=「来られる」→「来れる」のように、下一段・上一段・カ変動詞の未然形に可能の助動詞「られる」を付けた形から「ら」が抜けたものをいう。このような現象にはいくつかの理由が考えられるが、可能動詞の影響もその一つであろう。以上より、ハは「命令形」、ニは「上一段活用」の誤りとなる。

▼問十五　脱落文で「使える」とは「一つの《状態》」を意味すると述べられているので、この「使える」を「状態」として説明した箇所に着眼する。【　イ　】の前後では、「使える」とは道具や材料がシステムの部品として使えるにすぎないという趣旨のことが述べられる。【　ロ　】の直前では、「使える」には特定のシステム以外で使えるという側面があることが指摘される。【　ハ　】も直前に「『何かに使える』の『何』はいつも未知の地平に開かれている」とあるように、【　ロ　】と同じ文脈になる。【　ニ　】は直前に「主体と環境と……配置できている」というややわかりにくい表現があるが、直後の文で「『使える』という《状態》をみずからの手で準備し、保持する」と言い換えられている。この部分が、脱落文を受けての表現だと考えられる。【　ホ　】は前文に「待機状態」とあり、モノの「使える」という「状態」をより限定的に表現している。以上より、【　ニ　】に入ることがわかる。【　ホ　】に入れると、「状態」→「待機状態」→「状態」となって論旨の流れがおかしくなる。

▼問十六　前問の【　ロ　】と関連する。その前後で、「使える」にはシステムの部品として使えるという場合のほかに、システム以外の場面・場所で使えるという場合があると指摘される。よって、空欄直前の「利用可能性」もヒントにすれば、ロの「使用の過剰」が入ることがわかる。この「使用の過剰」については続く第三〜五段落で、「器用仕事」「転用と借用（見立て）」といったキーワードを用いてわかりやすく説明される。イの「委譲」、ハの「向上」、ニの

問十七　ハ
問十八　イ
問十九　ロ

◆要　旨◆

「使える」というのは「部品」として「使える」ということだけでなく、「まだなにかの役に立つ」ということでもある。それは「器用仕事」すなわち転用と借用であり、使用の仕方をずらせることである。これは状況に適切に対処するための準備がほぼできているということ、何かを始める条件がほぼ整い、その待機状態にいることを言外に表している。このような臨機応変、融通の利く、モノや他者や状況の使用にあっては、使用する者自身がよく使用されねばならず、何かを使うなかでそれを担う器官がそれとして生成し、「わたし」は使用の繰り返しのなかでたえず自己構成してきたのだ。

▲解　説▼

本文は「使える」ということをテーマに思考を展開したものである。全十段落から成り（空欄［4］を一段落として扱う）、大きく三つの部分に分けることができる。

1　第一〜三段落（「使える」というのは……ないということである。）
「使える」には「部品」として「使える」のほかに、「何かに使える」という「使える」がある

2　第四〜六段落（いや、そもそも……ではないだろうか。）
「使える」というのは一つの状態であり、待機状態にいることを表している

3　第七〜十段落（古代ギリシャ哲学……［4］）
モノ・他者・状況の使用にあっては、器官はそれとして生成し、「わたし」は自己構成する

▼問十三　A、「臨機応変」は〝状況の変化に応じて適切に対応すること〟の意。

〝～するのがよい〟の意。「以（もつて）」は接続詞。「見」は「る・らる」と読む受身の助動詞で「恵（めぐむ）」から返る。全体で「よろしくもつてめぐまるべし」と読み、〝私に恵んでくださるのがよい〟の意となる。ここで選択肢は「宜」の訳から「～ください」と結ぶハとニ、および「～ほしい」と結ぶホに絞られ、「見恵」の訳からハが正解とわかる。「私に譲ってください」とは自分の愛人にしたいということ。一文目の「名」は〝評判、名声〟の意。「不虚（不虚）」は「むなしくせず・むなしからず」と読み、〝うそではない〟の意。「得」は名声を得ることをいう。ハはこれを「巷の評判にたがわぬ」と意訳している。

▼問十二　「紅粉」は〝べにとおしろい、化粧〟の意。これだけで「妓（＝歌姫・芸妓・芸者）」を意味することがわかる。なお、直前の「二行」とは二列に並ぶことをいう。直後の「一時」は〝同時、一斉に〟の意。「迴（めぐる）」が「諸妓亦回首破顔」の「回（めぐらす）」と同じく〝振り返る〟の意であることからも、「妓」を抜き出せるだろう。

参考　杜牧（とぼく）（八〇三～八五三年）は晩唐の詩人。字は牧之（ぼくし）。号は樊川（はんせん）。平明で豪放な詩を特徴とする。杜甫の「老杜」に対して「小杜」と称され、特に七言絶句に秀でていた。「樊川文集」「樊川詩集」がある。

計有功（生没年不詳）は北宋の学者。安仁（現在の四川省）の人。字は敏夫。著書に『晋鑑』『唐詩紀事』がある。『唐詩紀事』は唐代の詩人のエピソードや批評などを収めた書で、全八十一巻。取り上げられた詩人は一一五〇人に達する。

三

出典　鷲田清一『つかふ――使用論ノート』〈Ⅲ　使用の過剰――「使える」ということ〉（小学館）

解答

問十三　A―臨機　B―融通

問十四　ハ・ニ

問十五　ニ

問十六　ロ

だから、李愿の元に名士たちが挨拶しに来たと理解するのが自然である。また傍線部直後で、李愿が客人たちを盛大にもてなしたと記されていることからも「之」が李愿を指すことがわかる。よって、ロの「司徒」が正解である。なお、「司徒」は「三公」の一つで、天子を補佐する高官で、戸籍・教育・厚生などをつかさどった。また、「御史」は役人の不正をあばいて取り調べる役目をつかさどり、役人としては中級であった。

▼問九 「杜遣座客達意」が使役形「遣A～（Aをして～しむ）」になり、「座客（＝宴会に招待された客人）」がAに、「達（＝いたる、とどける）」が～に当たる。「意」は〝気持ち、意向〟の意。杜牧が「座客」に自分の意向を届けてもらったということ。その「意」は直後に「願預斯會」と記されている。「預」は〝あずかる、かかわる〟の意。「斯（この）」は「高會朝客」を指す。「會」は〝宴会〟をいう。選択肢は「杜牧が」とあるニとホに絞り、「願預斯會」を「李愿の催す宴会に参加したい」と説明したニを選択すればよい。イ・ロは李愿の、ハは諸名士の意向として説明しており不適。ホは「杯になみなみついだ……」が内容的に不適となる。

▼問十 「不得已」の三字で「やむをえず」と読む。〝やむをえない、仕方がない〟の意。これがあるホが正解。なお、「邀」は〝迎える、招く〟の意。「之」は杜牧を指す。当初、李愿が杜牧を招かなかった理由は前に「以杜持憲、不敢邀致」と述べられている。「憲」は官憲（＝警察官吏）をいう。すなわち杜牧が役人を監視する御史であることから、李愿は他の招待客の手前、彼を宴会に招待したくなかったのであろう。

▼問十一 話は進んで宴会の場面である。招かれざる客として宴会場に現れた杜牧は、大胆にも独り「南行」に坐る。「南行（南向・南面）」とは南向きに坐ることで、主賓の席をいう。いわゆる上座である。そして一座を見回し、大きな盃に三杯も酒を飲み、隣に坐るホスト（招待主）の李愿に「聞有紫雲者、孰是」と尋ねる。そこで李愿が紫雲を指さすと、杜牧が彼女をじっと盗み見をして言った。傍線部はこれに続く。紫雲とは変わった名前だが、これが「諸妓」のうちの一人の名前であることは文脈から読み取れなければならない（すでに「聲妓豪侈」と出ている）。おそらく歌姫の芸名・源氏名であろう。そこで傍線部である。二文目の「宜」は「よろしく～べし」と読む再読文字。

華堂今日綺筵を開く
誰か分司御史を喚び來たらしむる
忽ち狂言を發して滿座を驚かしむ
二行の紅粉一時に迴る
氣意閑逸し、傍に人無きがごとし。

語句 分務＝支所に勤務すること。
洛陽＝東周、後漢、魏、西晋などの都となる。唐代には首都長安に対して東都と呼ばれた。
鎮＝ある方面での重きをなす中心的な人物。重鎮。本文では李愿が司徒の職にあったことをいう。
閑居＝引退してのんびり暮らすこと。
聲妓＝歌姫。芸妓。
綺筵＝きれいなむしろ。宴会を催すことをいう。
狂言＝常軌を逸した言葉。傍線部Dの発言を指す。
二行＝「行」は〝列〟の意。

▲解　説▼

本文は杜牧にまつわるエピソードを記したもので、即興で作られた七言絶句の漢詩には、彼の性格の一面である豪放さがよく表われているといえる。この漢詩は「開（カイ）」「來（ライ）」「迴（カイ）」の韻をふんでいる。

▼問八　「之（これ）」は代名詞。直前の「謁（えっす）」は「拝謁」「謁見」の「謁」で、〝身分の高い人に会う、まみえる〟の意。「洛中名士」がこぞって会いに来たということ。ここまでに登場した人物は「牧」と「李司徒愿」と「聲妓」である。「聲妓」は歌姫・芸妓のことだから除くとして、「御史」である杜牧と「司徒」である李愿のいずれかということになる。文脈的には李愿が退職し、歌姫を集めるほどのぜいたくをしながら隠居生活を送っていたというの

◆全　訳◆

杜牧が御史であったとき、洛陽の支所に勤務していた。李愿という司徒がその要職を退いて引退した。（そして）歌姫を呼んでたいそうぜいたくであった。洛陽の名士はみんな彼の所にあいさつに出向いた。李愿は客人たちを盛大な宴会でもてなした。（しかし）杜牧は官憲であるという理由で、あえて招待しなかった。（そこで）杜牧は招待客に自分の意向を（李愿に）伝えてもらい、この宴会に参加することを希望した。李愿は仕方なく杜牧を招待した。（宴席で）杜牧は独り南に向いて坐った。目を見開きじっと注視して、大きな盃に漫々とつがれた酒を三杯飲んだ。（そして）李愿に尋ねて言うには、「紫雲という人がいるそうだが、どの人か」と。李愿がその娘を指差した。杜牧はしばらくの間じっと（紫雲を）盗み見て言うには、「巷の評判にたがわぬ方である。どうかこの人を私に譲ってください」と。（すると）李愿はうつむいて笑った。歌姫たちもまた振り返って顔をほころばせて笑った。杜牧はさらに自分で酒を三杯ついで飲み、（次のように）朗吟して立ち上がった、

豪華なお座敷で今日華やかな宴会が開かれた
誰が役所の支所の御司（＝私）を招いて来させたのか
たちまち常識はずれな言葉を発して満座の人々を驚かせた
二列に並んだ化粧した歌姫たちが一斉に振り返った

（杜牧は）心は穏やかであるが、人前をはばからず勝手気ままに振る舞うところがあった。

読み　牧御史たりしとき、洛陽に分務す。時に李司徒愿鎮を罷めて閑居す。聲妓豪侈なり。洛中の名士咸く之に謁す。李朝客を高會す。杜の憲を持するを以て、敢へて邀致せず。杜座客をして意を達せしめ、斯の會に預からんことを願ふ。李已むを得ずして之を邀ふ。杜南行に獨坐す。瞠目注視して、滿三卮を引く。李に問うて云ふ、「紫雲なる者有るを聞く、孰れか是なる」と。李指もて之を示す。杜凝睇すること良久しうして曰く、「名は得ること虚しくせず。宜しく以て惠まるべし」と。李俯して笑ふ。諸妓も亦た首を回らして破顔す。杜又自から三爵を飲し、朗吟して起ちて曰く、

たためであろうというのである。よって、［3］に「太皇太后宮」が入り、［4］に「高倉院」が入ることになる。

ちなみに（注7）の和歌の意は〝恋しい人を待つ夜に、夜が更けていくのを知らせる鐘の音を聞いたときのつらさに比べれば、名残惜しい別れを告げる鶏の声を聞いたときのつらさなど物の数ではない〟というもの。この和歌は『新古今集』には「題知らず」という詞書とともに収められているが、『平家物語』〈巻第五　月見〉には次のようなエピソードとして描かれている。

待宵の小侍従といふ女房も、此の御所（＝太皇太后宮多子の御所）にぞ候ひける。この女房を待宵と申しける事は、或る時御所にて、「待つ宵、帰る朝、いづれかあはれはまされる（＝どちらがより趣深いか）」と御尋ねありければ、

待つ宵のふけゆく鐘の声きけばかへるあしたの鳥はものかは

と詠みたりけるによってこそ、待宵とは召されけれ。

参考 土肥経平（一七〇七～一七八二年）は江戸中期の岡山藩士。有職故実の研究家として知られる。『春湊浪話』は随筆集で、全三巻。古典文学や伝統芸能、歴史などさまざまな話題について、各タイトルを付けてその蘊蓄（うんちく）を披露している。

二

出典 計有功『唐詩紀事』〈巻五十六　杜牧〉

解答

問八　ロ

問九　ニ

問十　ホ

問十一　ハ

問十二　妓

家するはずが、小侍従に先に出家されて、自分が後を追うことになろうとは思わなかったという内容である。よって、ニが正解となる。イは「あなたを止める……私を誘ってくれよう」が、ロは「あなたを後に残して行くことになろう」が、ハ・ホは「あなたを止める」が、ヘは「私を誘ってくれよう」がそれぞれ不適となる。

▼問五　小侍従の返歌である。「おくれ（おくる）」は出家を遅れることをいう。「じ」は打消意志の助動詞。「契り（契る）」は〝約束する〟。「やすらふ」は〝ためらう〟。「誰ゆゑ」は〝誰のせい〟の意。「そは」の「そ」は「やすらふ」を指す。全体を直訳すると、〝出家を遅れまいと約束したことを待つ間に、出家をためらっていたのは誰のせいか、それは〟となる。「誰のせいか」とはもちろん頼政のせいであるから、出家をためらっていたのは小侍従である。なぜ出家をためらっていたのか。それは頼政の出家を待っていたからである。したがって、「出家を遅れまいと約束した」のは小侍従ということになる。すなわち頼政が出家をほのめかし、小侍従も遅れずに出家すると頼政に約束したという事情が読み取れる。以上より、ホが正解となる。イは「いったい誰でしょうか」以下が、ロは「私の出家……待っていてくださいました」が、ハは「私のためですね」以下が、ニ・ヘは全文がそれぞれ不適となる。

▼問六　和歌の直前に「心経（＝般若心経）のこころをよめる」とある。「色」はこの世のあらゆる物質的現象をいう。「そめ（そむ）」は〝なじむ、とらわれる〟の意。「色」の世界にとらわれていたこの心が悔やまれるということ。「法」は〝仏の教え〟の意。仏法が「説ける」ものといえば、それは「色即是空（＝この世のすべての事物や現象は空無であるということ）」であろう。この和歌は「色（しき）」を「いろ」、「空（くう）」を「むなし」と訓読して解釈したうえで、仏法に出会えたうれしさを詠んでいる。以上より、ホが入る。

▼問七　第一段落で、小侍従と呼ばれた歌人には高倉院の小侍従と太皇太后宮の小侍従の二人がいること、両者が混同されて太皇太后宮の小侍従だけとなり、高倉院の小侍従の和歌も前者の和歌に数え入れられたことが記されている。これが空欄［1］前後で繰り返されている。［1］に「太皇太后宮」が入り、［2］に「高倉院」が入る。さらにこのように混同された原因が探究される。すなわち太皇太后宮の小侍従が「待宵の小侍従と称せられ」て有名になっ

〝出家する〟の意。「八幡」は(注)にあるように石清水八幡宮のことで、男山の頂上にある。和歌について。「君」は小侍従を指し、「雨夜の月」にたとえる。「雲居」は〈空〉と〈宮中〉の掛詞。月が雨空から山に沈むという意に、小侍従が宮中を出て出家して男山に籠もるという意を重ねる。そこで空欄であるが、直前の「しられ」は四段動詞「知る」の未然形＋受身の助動詞「る」の未然形または連用形である。未然形ならロの打消の接続助詞「で」または順接仮定条件を表す接続助詞「ば」が入り、連用形ならイの単純接続の接続助詞「て」が入る。ここは文脈から「で」が入るとわかる。他の選択肢はいずれも接続助詞と考えれば、ハとホ（順接確定条件を表す場合）は已然形接続、ニ・ヘは連体形接続であるから不適となる。

▼問三　小侍従が頼輔に贈った返歌である。「すむ」は〈澄む〉と〈住む〉、「雲居」は〈雲〉と〈宮中〉の掛詞である。「なにとか」は疑問・反語の副詞で〝どうして～〟の意。「しられん」の「れ（る）」は受身、「ん」は推量の助動詞。返歌である点を考慮すれば、この和歌も月が人知れず山に沈むという意と、自分も人知れず宮中を出て男山に籠もるという意を重ねていることがわかるだろう（したがって、「なにとか」は反語の意になる）。そこで空欄であるが、小侍従＝月というたとえをふまえれば、「すむ甲斐もなくて雲居に」の後に「ありあけ」が入って、「あり」と「有明」の掛詞になることが読み取れよう。すなわち宮中にいてもかいがないので出家して八幡宮に籠もったというのである。「有明の月」とは陰暦十六日以後の、夜が明けても空に残っている月をいい、目立たない地味な月のイメージを自分自身に重ねている。他の選択肢はいずれも入れる根拠に乏しい。

▼問四　和歌の直前に「この尼になりける時」とあるから、頼政が小侍従の出家に関して詠んだことがわかる。「われぞまづ」とは私の方が先にということ。「出づべき道」は俗世を出て仏道に入ることをいう。「先だて」は下二段活用の他動詞「先だつ」の連用形で、〝先に行かせる〟の意。ここは小侍従の方を先に出家させたことをいう。「したふ」は〝後を追う〟。「べし」は推量の助動詞。「思はざりしを」の「ざりしを」は打消の助動詞「ず」の連用形「ざり」＋過去の助動詞「き」の連体形「し」＋詠嘆の間投助詞「を」の形で、〝思いもしなかったなあ〟の意。自分の方が先に出

『千載集』（正しくは『新古今集』）に般若心経の教えを詠んだ（和歌）、小侍従、
色の世界にばかりとらわれていたこの心が悔しいかぎりですが、色の世界など空であると説く仏法はありがたいことです

この和歌は（小侍従が）尼になって、石清水八幡宮に参籠して後の和歌であろう。

この他の代々の撰集に、小侍従とある和歌の中に、やはりこの（高倉院の）小侍従の和歌があるにちがいないけれども、思慮がないので、すべて太皇太后宮の小侍従一人の和歌となっている。本当に高倉院の小侍従の不運と言わねばならない。治承の時代に「待つ宵にふけ行く」の和歌を詠んで、待宵の小侍従と名づけられて以来、世間で太皇太后宮の小侍従の名前ばかり高くなって、高倉院の小侍従の名前を知る人がいなくなったのだろう。

▲解　説▼

本文は小侍従と呼ばれた二人の歌人のうち、有名な「待宵の小侍従」ではない方の、「高倉院の小侍従」を取り上げ、情を交わした源頼政との和歌の贈答を中心に記した文章である。

▼問一　a、和歌の直前に「いまだひらけぬ枝につけてつかはしける」とある。頼政がまだ咲いていない桜の枝を小侍従に贈ったということ。「咲きもはて」は四段動詞「咲く」の連用形＋係助詞「も」＋下二段の補助動詞「はつ（＝すっかり〜する）」の未然形。また直後の「に」は逆接の接続助詞で、連体形に接続する。よって、ロとホに絞り、内容を考えてロを選択すればよい。「ぬ」が入る。

b、「〜せば、…まし」が反実仮想の形になる。〝もし〜（た）なら、…（た）だろうに〟の意。「まし」は未然形接続であるから、ハとヘに絞り、「〜てまし」の形であると判断してハを選択すればよい。「て」が入り、強意（完了）の意。和歌には基本的に敬語を用いない点からもヘは外せる。

▼問二　和歌の直前に「内にさぶらひけるが、さまかへて八幡にこもりぬ」とある。主語は小侍従。「内」は〝宮中〟。「さぶらひ（さぶらふ）」は「仕ふ」の謙譲語で、小侍従が宮中に出仕していたことをいう。「さまかへ（かふ）」は

いる。『新後撰集』に、二月の二十日余りのころ、宮中の桜を見せてくださいと小侍従が申し上げたところ、（頼政は）まだ咲いていない枝に（和歌を）くくりつけてお贈りになった。従三位頼政（の和歌）、

思いやってください。あなたのためにと咲くのを待つ桜の枝を、まだ咲いてもいないのに急いで贈る私の心を

返歌、小侍従、

もし私と逢うのを急いでいないのだったら、まだ咲いてもいない桜が咲くのをしばらくの間待ちもしたでしょうに

これも家集（＝『頼政家集』）に出ている和歌である。

『玉葉集』に、高倉院の御代、（小侍従は）宮中に仕えていたが、出家して石清水八幡宮（＝男山八幡宮）に参籠したと聞いて、刑部卿頼輔の元から、

あなたはそれでは雨夜の月なのですか。空から山に沈む月のように、人知れず宮中を出て男山にお籠もりになられたのは

と詠んで贈った返事に、小侍従、

澄むかいもなく空の有明の月が人知れず山に沈むのですから、私も宮中に住むかいもなく男山に籠もったところで、どうして人に知られましょうか、いや知られないでしょう

この（小侍従が）尼になったとき、頼政卿、

（甲）私が先に入るべき仏道にあなたが先に入ってしまい、私があなたの後を追いかけることになろうとは思いもしませんでした

返歌、小侍従、

（乙）あなたが出家なさるのに遅れまいと約束して待っている間に、私が出家をためらっていたのは誰のせいですか（あなたのせいですよ。でも待ちきれずに私が先に出家してしまいました）

この頼政卿の和歌は、『玉葉集』にも出ている。

国語

一

出典　土肥経平『春湊浪話』〈巻上　小侍従二人〉

解答

問一　a―ロ　b―ハ
問二　ロ
問三　イ
問四　ニ
問五　ホ
問六　ホ
問七　ロ

◆全　訳◆

同じ時代に小侍従という歌人の女房が二人いる。高倉院の小侍従と太皇太后宮の小侍従（＝待宵の小侍従）とである。『千載集』には（前者を）小侍従と書いて、太皇太后宮の小侍従と区別している。この小侍従とだけ書いてあるのが、すなわち高倉院の小侍従である。（ところが）その後の撰集には小侍従とだけあって、二人を混同して（名前が）出されていた。それを受け継いで『作者部類』に、太皇太后宮の小侍従と出ていて、高倉院の小侍従の和歌も一緒に数え入れられた。

今考えると、高倉院の小侍従という人は源三位頼政卿と情を交わした人で、『頼政家集』に贈答の和歌が数多く見えて

////////////////////// · memo · //////////////////////

2021年度

解答編

解答編

英語

I

解答

(1)1－B　2－C　3－C　4－B

(2)－E，F，G，H

(3)－C

(4)1－B　2－B　3－A　4－A

◆全　訳◆

≪ネット上の公開討論プラットフォーム≫

2015年の終わりごろのことだった。事態は行き詰まっていた。そのおよそ4年前，台湾の財務省は酒のオンライン販売を合法化することにした。財務省が新しい規則を決定する手助けとなるように，内閣は酒類販売業者，電子商取引のさまざまなプラットフォーム，そして，オンライン販売で子どもが酒を買うのが容易になることを心配する社会集団との話し合いを始めた。しかし，それ以後彼らはみんなすれ違い続けていた。規則（に関して）は進歩がなかった。

それで，政府の役人と活動家のグループは，「v台湾」というオンラインの新しい討論の場にその問題を持ち込むことにした。2016年3月初め頃に開始して，約450人の市民がv台湾のサイトを訪れ，解決策を提案し，それらに関して投票した。

ほんの数週間のうちに，彼らは一連の勧告をまとめた。オンラインでの酒の販売は，ごく少数の電子商取引プラットフォームと販売業者に限られる，決済はクレジットカードのみで行われる，そして，購入品はコンビニエンスストアで受け取られ，子どもがこっそりと酒を手に入れることをほぼ不可能にするといったものだった。4月の終わりごろまでには，政府はそれらの提案を議会に送る法案に組み入れた。

行き詰りは「ほとんど瞬時に解決した」と，v台湾が議論を主催するために使っている，オープンソースのデジタルプラットフォームの一つである「ポリス」の最高経営責任者であり，その共同設立者のコリン＝メギルは言う。「対立する集団同士は，それまで実際に互いの考えに触れ合う機会はまったくなかった。触れ合ってみると，基本的にどちらの側も相手側が望んでいることを相手側に進んで知らせることが明らかになった」

設立から 3 年，v 台湾は正確には台湾政治を席巻しているわけではない。ほんの数十の法案を議論するのに使われてきただけであり，政府はそうした議論の結果に注意を払う必要はない。しかし，その仕組みは，酒類販売法のような行き詰まった問題で統一見解を見出すのには有用であることはわかったのであり，その手法は現在，「ジョイン」と呼ばれるもっと大きな協議プラットフォームに適用されつつあり，このプラットフォームは一部の地方自治体の現場で試されている。今問題なのは，もっと規模の大きいレベルでより大きな政策問題を解決するのに使えるのかどうか，そして，他の国々の手本になりうるのかどうかである。

台湾は，デジタル民主主義の先駆的実践が最も顕著な場所であるように思えないかもしれない。この島が総統の直接選挙を初めて行ったのはやっと 1996 年で，最初は日本の植民地支配，その後は中国国民党の戒厳令に特徴づけられた 100 年間のあとのことだった。しかし，その過酷な過去はまた，台湾人が高圧的な政府を押し返すためにデモを行ってきた歴史を持っていることも意味してきた。台湾の民主的時代において，この革新的な政治的実験の種をまいたのは，4 年前の抗議だった。

v 台湾プラットフォームは，学生や活動家が主導した 2014 年のひまわり学生運動の産物であり，この運動は，台湾を自国の領土だと主張する中国との貿易協定を強引に通過させようという台湾政府の企てを頓挫させた。3 週間以上にわたって，抗議者たちはその協定に関して政府庁舎を占拠したが，その協定が台湾経済に対してあまりにも大きな影響力を中国に与えてしまうと彼らは感じたのだ。

その結果，台湾政府はひまわりの活動家たちに，政府が台湾の若者たちとよりよい意思疎通ができるようなプラットフォームを構築するように依頼した。g0v（ガブ＝ゼロと発音する）（以下ガブゼロ）として知られているシビックテックコミュニティは，ひまわり抗議運動で主要な役割を果たしたが，このコミュニティが 2015 年に v 台湾を作り，今もそれを運営している。このプラットフォームで，市民，市民社会団体，専門家，人々が選出した代議士が，直接顔を合わせる会議やハッカソン同様に，プラットフォームのサイトを使って提案された法について議論できる。その目標は，政策立案者たちが協議を通じて正当性を得られる決定をする手助けをすることである。

「v台湾は，市民社会が政府の機能を学び，ある程度協同することに関わると言えるでしょう」と，台湾のデジタル担当大臣のオードリー＝タンは言う。タンは，ひまわり運動での何千人もの抗議者たちが彼らの内部のコミュニケーション＝ネットワークを構築し維持するのを手助けした有名なハッカーで，政府の透明性を誓って2016年の選挙に勝った現在の総統ツァイ＝インウェンに任命された。

v台湾を類のないものにしているのは，ポリスを使っていることである。ポリスは，メギルとシアトルにいる他の人たちによって，「ウォールストリートを占拠せよ」事件や2011年のアラブの春のあとに作られたもので，アカウントを持っている人ならだれでも討論のコメントを投稿し，他の人のコメントに賛成票や反対票を投じることもできる。それだと，他のどんなインターネットの掲示板とも似たり寄ったりに聞こえるかもしれないが，2つのことがポリスを独特なものにしている。1つ目は，コメントに返信することができないということである。「もし自分の考えやコメントを提案することはできるけれども，互いに返事を書き合うことができないとなれば，荒らしをする人が荒らし行為をする動機を劇的に減らすことになります」と，タンは言う。2つ目は，討論の全参加者の地図のようなものを作るために，賛成票と反対票を使って同じような投票をした人たちを塊にすることだ。異なるコメントは何百，何千とあるにもかかわらず，同じ考えを持った人たちのグループがこの投票マップにすぐに現れて，どこに分裂があるか，どこに統一見解があるかを示してくれる。すると，自然に人々は分裂の両方の側から，票を勝ち取るようなコメントを上げようとし，次第に溝がなくなっていく。「視覚化することはとても，とても役に立ちます」と，タンは言う。「群衆の顔が見えるようにすれば，そして返信ボタンを失くせば，人々は不和を生じさせるような発言に時間を無駄にするようなことはしなくなるのです」

たとえば，v台湾の初期の成功の一つにおいては，問題となっていたテーマは，配車サービス会社ウーバーをどのように規制するかということだった。ウーバーは，世界中の多くの地域でそうであるように，地元のタクシー運転手から激しい反対にあっていた。新たに人がオンラインの討論に加わると，ウーバーを禁止するか厳格な規制のもとに置こうとかいった声から，市場に任せようという声，「ウーバーは柔軟な仕事を生み出すことができるビジネスモデルだと思う」といった，より一般的な発言に及ぶコメントを示され，それらに投票するように求められた。

2，3日の内に投票がまとまり，ウーバーに賛成とそのおよそ2倍のウーバーに反対の2つのグループが明確になった。しかし，それから魔法のような出来事が起こった。2つのグループがより多くの支持者を引きつけようとするにつれて，乗っている人の安全や責任保険といった，誰もが重要だということで意見が一致しうる事柄についてメンバーがコメントを投稿し始めたのである。徐々に，彼らはコメントを洗練し，より多くの投票を集めた。最終的な結果は，ほぼ普遍的に是認を得られる7つのコメントということになった。それには「政府は，公正な規制制度を作るべきである」，「個人所有の旅客輸送車は登録されるべきである」，「その都度雇われる運転手が複数の集団やプラットフォームに参加することは許容されるべきである」といった勧告が含まれている。ウーバーに賛成・反対それぞれの陣営の分裂が，どのようにウーバーとタクシー会社にとって対等な土俵を作り，消費者を守り，より多くの競争を生み出すかに関する統一見解に取って代わられたのである。タン自身がこうした提案をウーバー，タクシー運転手，専門家との対面の話し合いに取り入れ，それが，v台湾が生み出した道筋にそった新しい規制を政府が採用することにつながった。

v台湾のウェブサイトは，2018年8月現在，26の事例で利用され，その80パーセントが「決定的な政府の行動」という結果をもたらしたことを誇っている。ウーバーやオンラインでの酒類販売の規制につながったのに加えて，v台湾は，そうでなければ厳しく規制されていた台湾の金融システム内で，小規模の技術的実験を行う余地を作る条例につながっている。

政府がv台湾上での議論に注意を払う必要がないことが，このシステムの最大の短所である。v台湾は，ニューヨーク大学のガバナンスラボによって運営されているサイトであるクラウドローのリストに載っている世界に何十とある参加型管理プロジェクトの一つである。ラボの所長ベス＝ノヴェックは，参加型管理プロジェクトの大半は同じ問題に悩まされていると言う。プロジェクトは政府を拘束しているわけではなく，それはまたプロジェクトが市民の信用を得るのが難しいということでもある。それでも，彼女が言うには，台湾の経験は「正しい方向への一歩」である。それは他のところで見られてきたものより「はるかにしっかり制度化されている」と，彼女は付け加える。

「デジタル経済の諸問題は，政府が支援する義務のある，開かれた複数の利害関係者が関わる過程で慎重に検討されるべきです」とタンは言う。しかし，「支援する」が何を意味するか，つまり立法者や政府が v 台湾の討論をどれほど重視しなくてはならないか，ということは，まだはっきりしない。

◀解　説▶

◆(1)　本文の内容と一致する文を完成するのに適するものを選ぶ問題である。

▶ 1．「v 台湾は…」

A．「のちに中国と台湾の貿易協定に抗議するようになった台湾の学生に影響を及ぼした」

第 7 段第 1 文（The vTaiwan platform is …）の，v 台湾が貿易協定への抗議運動の産物だという内容と一致しない。

B．「20 を超える法案を議論するのに使われたが，その法案のすべてが政府によって可決されたわけではない」

第 13 段第 1 文（vTaiwan's website boasts …）に「v 台湾のウェブサイトは，2018 年 8 月現在，26 の事例で利用され，その 80 パーセントが『決定的な政府の行動』という結果をもたらした」とあることと一致する。これが正解。

C．「のちに自分たちの政府を台湾に移転させた中国の活動家たちに影響を及ぼした」

本文にこのような記述はない。

D．「参加者が，対立する側ではない考えの人たちによって書かれたコメントだけ読むことを選べるようにしている」

そのような記述はなく，第 11 段第 2 文（As new people joined …）の内容と一致しない。

E．「議論の結果は，ある程度は政府の方針を反映することが必要である」

本文にこのような記述はない。

▶ 2.「ひまわり学生運動は…」

A.「国民政府の台湾への移転という結果になった学生運動のことを指している」

第 7 段第 1 文（The vTaiwan platform is …）の内容と一致しない。

B.「学生がインターネットを過度に使用することに対する政府の厳しい規制の結果生まれたものだった」

本文にこのような記述はない。

C.「2014 年に提案された中国と台湾の貿易協定を不利だと見なした学生たちに主導された」

第 7 段（The vTaiwan platform is … the Taiwanese economy.）の内容と一致する。「学生や活動家が主導した 2014 年のひまわり学生運動…は，台湾を自国の領土だと主張する中国との貿易協定を強引に通過させようという台湾政府の企てを頓挫させた。…抗議者たちは…その協定が台湾経済に対してあまりにも大きな影響力を中国に与えてしまうと感じたのだ」とある。これが正解。

D.「その間に政府庁舎が破壊された 3 週間の抗議で特徴づけられた」

第 7 段（The vTaiwan platform is … the Taiwanese economy.）の内容と一致しない。「政府庁舎が 3 週間以上占拠された」とはあるが，破壊されたとは述べられていない。

E.「中国と台湾の学生交流に政府が干渉したことによって引き起こされた」

本文にこのような記述はない。

▶ 3.「v 台湾プラットフォームは…」

A.「地元のタクシー運転手を守るために，台湾でのウーバーの業務を禁止する規則を生んだ」

第 12 段第 4 ～最終文（The end result was … vTaiwan had produced.）の内容と一致しない。

B.「ウーバーの業務が安全問題を無視していることに対する保険会社からの懸念を生んだ」

本文にこのような記述はない。

C.「ウーバーの業務に関連する安全問題を議論する機会を提供した」

第12段第2文（But then the magic happened…）の内容と一致する。「2つのグループがより多くの支持者を引きつけようとするにつれて，乗っている人の安全や責任保険といった，誰もが重要だということで意見が一致しうる事柄についてメンバーがコメントを投稿し始めた」とある。これが正解。

D.「ウーバーの業務の側に立っているということで地元のタクシー運転手たちからの批判を引き起こした」

本文にこのような記述はない。

E.「パートタイム労働者を国の社会保障保険で守る法律のきっかけとなった」

本文にこのような記述はない。

▶4.「ポリスは…討論の場である」

A.「参加者が，社会問題に関する他の人たちの投稿にコメントする」

第10段第4文（The first is that…）の，他の人のコメントに返信できないという内容と一致しない。

B.「参加者が，意見を投稿し，他の人たちが投稿したことに投票する」

第10段第2文（Pol.is, created by…）の内容と一致する。「ポリスは…アカウントを持っている人ならだれでも討論のコメントを投稿し，他の人のコメントに賛成票や反対票を投じることもできる」とある。これが正解。

C.「『ウォールストリートを占拠せよ』の運動や2011年のアラブの春運動に影響を与えた」

第10段第2文（Pol.is, created by…）前半の2つの運動のあと作られたという内容と一致しない。

D.「参加者がその投票傾向によって，通常2つの陣営に分かれる」

第10段第6～8文（The second is that… eliminating the gaps.）の内容と一致しない。確かに第6文に「討論の全参加者の地図のようなものを作るために，賛成票と反対票を使って同じような投票をした人たちを塊にする」とはあるが，2つの陣営に分けることが目的ではなく，続く第7・8文（Although there may… eliminating the gaps.）に「同じ考えを持った人たちのグループがこの投票マップにすぐに現れて，どこに分裂があるか，どこに統一見解があるかを示してくれる。すると，自然に人々は分裂の両方の側から，票を勝ち取るようなコメントを上げようとし，次第に溝がなくなっていく」とあるように，溝を埋めることが目的である。

E.「参加者は一般に，投票マップに位置付けられることを避けるために，互いに投票する気を失くさせる」

本文にこのような記述はない。

◆(2) 本文の内容と一致しないものを4つ選ぶ問題である。

▶A.「ガブゼロという名の台湾のコミュニティは，異なる背景の人たちの間の議論を促進し，政策に関する考えを交換するために，v台湾を始めた」

第8段第2・3文（A Taiwanese civic … meetings and hackathons.）の内容と一致する。

▶B.「コリン＝メギルによると，人々は対立する側の人々を受け入れるために，進んで自分の意見を曲げる」

基本的にどちらの側も相手側が望んでいることを相手側に進んで知らせたというメギルの発言，第4段第2・3文（“The opposing sides … what it wanted.”）の内容と一致する。

▶C.「オードリー＝タンは，学生や活動家に主導されたひまわり学生運動を支持した」

タンがひまわり運動のネットワーク構築や維持を助けたという第9段第2文（Tang, a famed hacker …）の内容と一致する。

▶D.「ポリスはコリン＝メギルその他の人たちによって，およそ10年前にアメリカで作られた討論の場である」

第10段第2文（Pol.is, created by Megill …）の内容と一致する。

▶E.「v台湾上の討論は，台湾の財務省が，オンラインでの酒類販売を合法化するのを防いだ」

第2段第1文（That was when …）および第3段（Within a matter of … sent to parliament.）の内容と一致しない。オンラインでの酒類販売は，さまざまな条件をつけた上で行われる案が議会に送られたと述べられている。これが正解の一つ。

▶F.「台湾での最初の総統選挙は，ひまわり学生運動の結果だった」

第6段第2文（The island held …）および第7段第1文（The vTaiwan platform is …）の内容と一致しない。第1回総統選挙は1996年，ひまわり学生運動は2014年である。これが正解の一つ。

▶G.「ガブゼロコミュニティは，アラブの春運動に多大な影響を与えた」

本文にこのような記述はない。第8段第2文（A Taiwanese civic …）に「g0v（ガブ＝ゼロと発音する）として知られているシビックテックコミュニティは，ひまわり抗議運動で主要な役割を果たした」とはあるが，アラブの春への影響については述べられていない。これが正解の一つ。

▶H.「ウーバーの業務はv台湾で行われた討論のせいで禁止されている」

第12段第5文（The divide between …）の内容と一致しない。「ウーバーに賛成・反対それぞれの陣営の分裂が，どのようにウーバーとタクシー会社にとって対等な土俵を作り，消費者を守り，より多くの競争を生み出すかに関する統一見解に取って代わられた」とある。これが正解の一つ。

▶I.「v台湾はポリスのオープンソースの討論プラットフォームを使っている」

第10段第1・2文（What makes vTaiwan unique … other people's comments.）の内容と一致する。

◆(3)　文章の主旨を選ぶ問題である。

第1～4段（It was late … what it wanted."）の台湾でのオンライン酒類販売の例に始まり，ウーバーの業務も含めて，何らかの法律，規則，規制に関して，幅広い人々のオンライン上の討論が，対立から統一見解に至るのに大いに役立つことが述べられている。Cの「v台湾の活動は，対立する意見を持つ個人間の意思疎通は，人々が重要な問題について共通の地盤を見出す手助けになることを示してきた」が適切。

A.「学生による小規模な政治運動が，政府を転覆することにつながるかもしれない」

B.「v台湾と呼ばれる台湾のデジタルプラットフォームは，20世紀の日本の支配，それに続く国民党による戒厳令という台湾の歴史を反映している」

D.「ひまわり学生運動は，活動家の考えが，政府によって注意を払われることを保証する経路を確保することに成功した」

E.「v台湾は，そのコミュニティをいくつかのより小さなコミュニティに分割しており，そのコミュニティ内では，他の誰もが異なる価値観を持っているため，一人一人が居心地の悪い思いをしている」

◆(4) 文中の下線部の語句と同意のものを選ぶ問題である。

▶1．当該箇所は「しかし，それ以後彼らはみんな互いに（　　）していた」となっている。直後に「規則（に関して）は進歩がなかった」とあり，話し合いが機能しなかったことがわかる。下線部の talk past each other の直訳は「互いを素通りして話す」であり，話しても相手にしっかり受け止められない，話がかみ合わないことがイメージされる。B の failing to listen to one another「互い（の言うこと）に耳を傾けられない」が適切。A．criticizing each other's pasts「互いの過去を批判し合う」 C．mistreating one another「互いを虐待し合う」 D．speaking behind their back「彼らの陰口をたたく」 E．speaking ill of each other「互いに悪口を言い合う」

▶2．当該箇所は第6段第3文（But that oppressive …）「台湾人が（　　）政府を押し返すためにデモを行ってきた」となっている。デモを行ってきたということから，政府が人々の意に沿わないことを強要してきたと考えられる。B の controlling「支配的な，相手をコントロールしようとする」が正解。heavy-handed は「強圧的な」の意。A．arrogant「横柄な，無礼な」 C．corrupted「腐敗した」 D．slow-moving「鈍い」 E．unfair「不公正な」

▶3．当該箇所，第10段第5文（"If people can …）は「もし自分の考えやコメントを提案することはできるけれども，互いに返事を書き合うことができないとなれば，（　　）が（　　）する動機を劇的に減らすことになる」となっている。同段最終文（"If you show people …）に「群衆の顔が見えるようにすれば，そして返信ボタンを失くせば，人々は不和を生じさせるような発言に時間を無駄にするようなことはしなくなる」とある。「人々に不和を生じさせるような発言」をする人が trolls と考えられる。A の agitators「扇動者」が適切。同じ troll が直後で動詞として使われているが，「ネットで扇動するような発言をする，荒らし行為をする」といった意味であると考えられる。troll は名詞では「インターネットに挑発的なメッセージを流す人，荒らし」の意。B．animals「動物」 C．comments「コメント，論評」 D．ghosts「幽霊」 E．politicians「政治家」

▶4．当該箇所，第12段第1文（Within a few …）は「2，3日の内に投票が（　　　），2つのグループが明確になった」となっている。第11段第1文（In one of vTaiwan's …）にv台湾の初期の成功例の一つとしてウーバー（タクシー）の規制がテーマになったことが挙げられており，続く同第11段第2文（As new people …）では，討論に参加する人たちが多岐にわたるコメントを示され，それに投票することが求められるという手続きが説明されている。これに続くのが当該箇所であり，「2，3日の内に投票が集まった，まとまった」といった意味だと考えられる。Aのconverged「集まった」が適切。coalesceは辞書では「合体する，結合する」。ばらばらに存在する人たちの投票が一カ所にまとまる様子を「合体する」という語で表現したと考えられる。B．created「創造した」 C．divided「分割した」 D．eliminated「削除した」 E．summarized「要約した」

●語句・構文●

（第1段）at an impasse「行き詰まって（いる）」 get nowhere「進歩がない，目的を達しない」

（第3段）a matter of ～「ほんの～，わずか～」

（第5段）take *A* by storm「*A*を占領する，席巻する」 heed「～に注意を払う」

（第6段）take to the streets「デモ行進する，練り歩く」

（第8段）in the aftermath「その結果」 hackathon「ハッカソン」もとはプログラマーやプロジェクトマネージャーなどが，集中的に作業をするソフトウェア関連プロジェクトのイベントのこと。そこから，作業の内容・テーマにかかわらず，長時間にわたって多数の人たちが協同作業を行うイベント一般のことも指すようになっている。

（第10段）upvote「賛成票を投じる」 downvote「反対票を投じる」 cluster together「～を塊にする」

（第11段）ride-hailing「配車サービス」

（第12段）for-hire「金でその都度雇われる」

（第13段）as of ～「～現在」

（第14段）bind on ～「～を拘束する」

（最終段）be up in the air「未決定である，はっきりしない」

Ⅱ 解答 ⑴1－J 2－K 3－G 4－D 5－E 6－H
⑵1－D 2－C 3－A
⑶－E
⑷1－C 2－D 3－C
⑸1－C 2－B 3－D

◆全 訳◆

≪性別判定の難しさ≫

① スポーツの運営は，事がうまくいかないときにだけ注目を集める。学校の運動会でもかなりの組織系統を必要とする。それより規模の大きなものは何であれ，困難のもとは急激に増す。（テニスの四大大会の一つである）ウィンブルドンや（サッカーの）ワールドカップのような行事は途方もなく複雑な機構であり，その中では実際に動いている部分のほとんどが人間であり，こうした行事はそれなりに，運営，官僚主義，人材管理の立派な業績であり，そうした努力はすべて，ただ実際の活動の舞台を設けるために向けられているのである。この作業すべての本質は，それが気づかれずに進むということである。注意を引くということは明らかに何かがうまくいかなかった合図であるという点で，スポーツの運営に携わる人であるということは，スパイであることと少々似ている。

② キャスター＝セメンヤのケースでは，運動競技の運営がこの上ないほどうまくいかなかった。セメンヤは南アフリカ共和国の女性で，2009 年ベルリン世界陸上の 800 メートルで，驚くべき差で自己ベストを更新して 18 歳で優勝した。数週間前に行われたアフリカ＝ジュニア選手権の 800 メートル決勝では，4 秒自己ベストを更新した。運動競技を運営する団体，国際陸上競技連盟（IAAF）は，セメンヤ選手に性別判定テストを受けさせるという形で反応したが，この事実はすぐに，そして容赦できないということで世界中の報道機関に漏れ，地球全体での関心，憶測，反感を引き起こした。もう一つの反感の波が起きたのは，特定のテスト結果が漏れたときだった。そのテスト結果は，伝えられるところでは，セメンヤが男女両性の特徴を持っており，テストステロンの数値が異常に高いことを示していた。このニュースは，南アフリカでもっともな怒りを引き起こし，南アフリカのスポーツ大臣マケンケシ＝ストファイルは，仮に IAAF がセメンヤを出場停止にするなら，「第三次世界大戦になるだろう」と言った。

その後，南アフリカ陸上競技連盟がベルリンでセメンヤが競技に出る前に彼女に性別判定テストを行っていたことが明らかになった。

③　難事件は悪法を作る。性別判定テストは，以前一時的には，国際的運動競技の日常的な特徴だったが，現在では特定の事例にだけ命じられる。なぜなら，性別判定テストは，内分泌学，婦人科医学，内科医学に関わり，行うのが難しいだけでなく，その哲学的な結果も複雑だからである。1960 年代終わりと 1970 年代には，幸せなことに能天気な時期があった。当時は，女性のふりをした男性や，男性に変える違法なホルモンをコーチが強制的に摂取させた女性のソ連圏の運動選手がいて，性別判定テストは単純な問題であるかのように思われた。たとえば，ソビエト人の姉妹イリーナ＝プレスとタマラ＝プレスは，1960 年代初期に 26 の世界記録を樹立したが，1966 年に初めて性別判定テストが導入されたとき，そのテストを受けに現れず，2 度と姿を見せることがなかった。体が大きく，ありえないほど筋肉質で毛深いソビエト圏の運動選手の写真は，繰り返しスポーツを扱ったページで取り上げられた。この歴史的瞬間の最高で最悪な見せ場は，1976 年のモントリオールオリンピックの時にやって来た。アン王女を除く女性選手は一人残らず，ただ手で体を触るというだけの性別判定テストを受けさせられたのである。そのテストがアン王女にとって屈辱的過ぎるというのであれば，すべての人にとって屈辱的過ぎるといってよいはずだった。しかし，偉大なソビエトの毛深い女性たちの抵抗にあっても，それは国際オリンピック委員会が取った見方ではなかった。

④　それに続く年月で，性別判定テストの過程はより高度になった。これこそ，事態が本当の意味で複雑になった時点である。なぜなら，このテストで予想外に多くの女性運動選手が高いレベルの男性ホルモンを自然に持っており，かなり多くの女性選手が男性を表す Y 染色体を持っていることがわかったからである。問題の運動選手たちはなぜそうなのかまったくわからず，このような形で性別判定テストに「合格できない」影響は，多くの場合，非常に大きな心の傷となった。さらに，こうした経験をしたのは，常に，そしてただ女性の運動選手だけだったのである。男性が部分的に女性だとわかった事例はこれまで一つも見つかっていない。（男性は女性と同じくらい中間性の特徴を持っている人がいるが，スポーツで有用なのは，男性ホルモン，とりわけテストステロンである。）その結果，

IAAFは1992年に性別判定テストを強制するのをやめ，オリンピックを運営する団体であるIOCも1999年にこの例にならった。性別が曖昧であるという問題は，スポーツ界では，非常によく知られているという事実を考えると，IAAFはキャスター＝セメンヤの件でいっそう非難に値するものになる。

⑤ 通常，女性の性染色体はXXで，男性はXYである。しかし，性を直接コントロールするのは染色体ではない。決定要因は，全体として考えると，染色体が体に作るように指示するホルモンなのである。場合によっては，染色体と身体の持つホルモンひとそろいが食い違うこともある。特に女性の中には，染色体的にはXYだが，男性ホルモンの働きを阻害するホルモンを作り出してもいるという人もいる。その人たちは女性だが，Y染色体を持っているのである。こうした異常の影響を受けている女性は，背が高くほっそりしており，多くの場合，たいへん印象的な顔つきをしている。こうした女性の多くは，女優やモデルになる。

⑥ （女性の）XYという異常はまれだが，それほど珍しいものではない。1万5千人に1人という割合である。それは，こうした女性が英国だけで4千人いるということである。世界的には40万人だ。この事実に出会って以来，私は，気づいたら，現実の生活で見たことのある誰とも似た外見ではない女性のファッション写真を新しい観点から見ている。自由民主党の会議で，ある発言者が，若い女性が実現不可能な完璧な身体という考えに苦しめられるのを防ぐために，写真がデジタル的に操作されている際にはそれを示すステッカーを雑誌に掲載させるという問題を提起した。しかし，若い女性が時に称賛するように仕向けられる理想的な身体とは染色体的にXYだという考えはどうなのだろうか。しかも，それはまさしくスワイヤー症候群，つまりXY型性腺形成不全症という，この特定の異常に特有な症例なのである。性異常を伴うもっと一般的に見られる異常は3千人に1人に見られ，それは全世界では200万人いるということである。ある程度中間性の人間はボツワナ人口よりたくさんいる。どんな結論を出すべきなのかはよくわからない。もしこの事実が，そしてセメンヤ女史が非常にひどい扱いを受けてきたのだということが広く知られたら，中間性の異常を持つ人々の暮らしがより楽になるかもしれないということ以外は。

◀解 説▶

◆(1) 1～6はいずれも「第～段で筆者は主に…」という内容である。各選択肢を順に見ながら，どの段に相当するか検討する。

▶A.「現代のスポーツ界における性別判定テストは，たいへん高度なので，自分のパフォーマンスを上げるために違法にテストステロンの注入を受ける選手を正確に特定できる」

第④段第1文（Subsequent years saw …）に「それに続く年月で，性別判定テストの過程はより高度になった」とあるが，続く第2文（This was the …）に「このテストで予想外に多くの女性運動選手が高いレベルの男性ホルモンを自然に持っており，かなり多くの女性選手が男性を表すY染色体を持っていることがわかった」とあり，違法にテストステロンの注入を受けた人については述べられていない。この選択肢はどの段にも当てはまらない。

▶B.「スポーツ運営団体は，きわめて複雑な作業を伴うことが多いにもかかわらず，正当な評価を受けていないことに不平を述べている」

第①段第3文（Events such as …）に「ウィンブルドンやワールドカップのような行事は途方もなく複雑な機構である」，同段第4・5文（The whole point … has gone amiss.）に「この作業すべての本質は，それが気づかれずに進むということである。注意を引くということは明らかに何かがうまくいかなかった合図である」とあり，運営はすべてうまくいっているときにはその複雑さや難しさが気づかれないという事実を述べているが，運営の苦労を評価せよという主張はない。この選択肢はどの段にも当てはまらない。

▶C.「南アフリカの女性選手が世界陸上の800メートルで優勝した後，彼女に性別判定テストを強制的に受けさせたことで，IOCを批判している」

第②段第3文（The body which administers …）に「国際陸上競技連盟（IAAF）は，セメンヤ選手に性別判定テストを受けさせた」とあり，この選択肢は事実と食い違っており，どの段にも当てはまらない。

▶D.「性別判定テストの複雑さと，そのためにスポーツ協会が強制的な性別判定テストをやめることになったことを説明している」

第④段第1・2文（Subsequent years … male Y chromosome.）に

「性別判定テストの過程はより高度になり…このテストで予想外に多くの女性運動選手が高いレベルの男性ホルモンを自然に持っており，かなり多くの女性選手が男性を表す Y 染色体を持っていることがわかった」，同段第 6 文（As a result, …）に「その結果，IAAF は 1992 年に性別判定テストを強制するのをやめ，オリンピックを運営する団体である IOC は 1999 年にこの例にならった」とある。この選択肢は第④段の内容と一致する。

▶ E.「染色体と性の区別の関係と，染色体の異なるパターンが女性に及ぼす影響を説明している」

第⑤段第 3・4 文（In some cases, … a Y chromosome.）に「場合によっては，染色体と身体の持つホルモンひとそろいが食い違う…女性の中には，染色体的には XY だが，男性ホルモンの働きを阻害するホルモンを作り出してもいるという人もいる。その人たちは女性だが，Y 染色体を持っている」とある。この選択肢は第⑤段の内容と一致する。

▶ F.「XY 染色体を持つ女性の数がどのように増加しており，その結果現代社会ではより多くの女性が長身でほっそりしているか，実例を挙げて説明している」

第④段第 2 文（This was the point …）に「このテストで…かなり多くの女性選手が男性を表す Y 染色体を持っていることがわかった」とある。テストの精度が上がって，XY 染色体を持つ女性が意外に多いことが判明したのであって，XY 染色体を持つ女性が増えたのではない。この選択肢はどの段にも当てはまらない。

▶ G.「性別判定テストが 1960 年代終わりにはどのように行われ，1970 年代にはどのようにより広く使われていたかを説明することによって，性別判定テストの歴史の概要を述べている」

第③段第 3 文（There was a happily …）に「（性別判定テストに関して）1960 年代終わりと 1970 年代には，幸せなことに能天気な時期もあった」とあり，同文後半に「女性のふりをした男性か，ホルモン剤で男性になった女性かのどちらかしかなかった」という当時の簡単な区別が述べられている。同段第 6 文（The high spot / low …）には「1976 年のモントリオールオリンピックの時に…アン王女を除く女性選手は一人残らず，ただ手で体を触るというだけの性別判定テストを受けさせられた」とある。

ひるがえって同段第 2 文（Gender tests …）には「性別判定テストは，以前一時的には，国際的運動競技の日常的な特徴だったが，現在では特定の事例にだけ命じられる」とあり，性別判定テストがどのように行われてきたかを示した段だとわかる。この選択肢は第③段の内容と一致する。

▶ H.「中間性の異常を持つ女性が思うより普通にいるという事実を指摘し，このことをより広く認識してもらう重要性を主張している」

第⑥段第 1 ～ 3 文（The XY condition … there are 400,000.）には「(女性の）XY という異常は…それほど珍しいものではない。1 万 5 千人に 1 人という割合で…英国だけで 4 千人…世界的には 40 万人（いることになる)」，同段第 8 文（More general conditions …）には「性異常を伴うもっと一般的に見られる異常は 3 千人に 1 人に見られ，それは全世界では 200 万人いるということである」，同段最終文（I'm not sure …）には「もしこの事実が…広く知られたら，中間性の異常を持つ人々の暮らしがより楽になるかもしれない」とある。この選択肢は第⑥段の内容と一致する。

▶ I.「IAAF は，中間性と違法なホルモン使用を区別できるように，もっと進んだ医学技術で性別判定テストを改善すべきであると提案している」

第④段第 1 文（Subsequent years saw …）に「それに続く年月で，性別判定テストの過程はより高度になった」とあり，続く第 2 ～ 5 文（This was the … useful in sports.)）で，このテストで性別が男性か女性かという単純なものではないことが明らかになった事実が述べられている。第 6 文（As a result, …）・最終文（The fact that …）には「その結果，IAAF は 1992 年に性別判定テストを強制するのをやめ…性別が曖昧である…という事実を考えると，IAAF はキャスター＝セメンヤの件でいっそう非難に値する」とあるが，筆者は，性別判定テストを推奨するようなことは述べていない。この選択肢はどの段にも当てはまらない。

▶ J.「スポーツイベントを組織する運営業務は通常は舞台裏で行われるが，事態がうまくいかない場合には突然注目を集める」

第①段第 1 文（Sports administration attracts …）「スポーツの運営は，事がうまくいかないときにだけ注目を集める」，同段最終文（Being a sports …）「注意を引くということは明らかに何かがうまくいかなかった合図であるという点で，スポーツの運営に携わる人であるということは，スパイであることと少々似ている」とあり，この選択肢は第①段の内容と一致する。

▶K.「運動競技連盟が，南アフリカのある運動選手に性別判定テストを課すことにした経緯と，そのテストで引き起こされた論争を伝えている」

第②段第2文（Semenya is the South …）に，南アフリカの女性陸上選手セメンヤが驚異的な記録で優勝したこと，続く第3文（The body which …）以下で国際陸上競技連盟が彼女に性別判定テストを行って地球全体での関心，憶測，反感を引き起こしたこと，第5文（The news caused …）では南アフリカで怒りが爆発したことが述べられている。この選択肢は第②段の内容と一致する。

◆(2)　本文の内容と一致する文を完成するのに適するものを選ぶ問題である。

▶1.「キャスター＝セメンヤは…」

A.「彼女の血中には異常に高レベルのテストステロンが含まれる結果になったホルモン注射を受けたことを認めた」

本文中にこのような記述はない。

B.「ベルリンの世界陸上に出る前に性別判定テストを行ったことで，IAAF と南アフリカ陸上競技連盟を批判した」

本文にこのような記述はない。

C.「ベルリンの世界陸上の 800 メートルで優勝したあと，性別判定テストを受けるのを拒否した」

第②段第3文（The body which …）に「国際陸上競技連盟（IAAF）は，セメンヤ選手に性別判定テストを受けさせた」とあることと一致しない。

D.「同じ年にアフリカ＝ジュニア選手権と世界陸上の両方で自己ベストを出した」

第②段第2文（Semenya is the South African …）に「2009 年ベルリン世界陸上の 800 メートルで，驚くべき差で自己ベストを更新し，数週間前に行われたアフリカ＝ジュニア選手権の 800 メートル決勝で，4秒自己ベストを更新した」とあることと一致する。これが正解。

E.「IAAF が彼女のプライバシーを守れず，性別判定テストの結果を公表したことに落胆した」

第②段第3文（The body which …）に「国際陸上競技連盟（IAAF）は，セメンヤ選手に性別判定テストを受けさせ…たが，この事実はすぐに，そして容赦できないということで世界中の報道機関に漏れ，地球全体での関心，憶測，反感を引き起こした」，同段第5文（The news caused …）に「このニュースは，南アフリカでもっともな怒りを引き起こした」とはあるが，セメンヤ選手自身がどのように思っていたかは述べられていない。

▶2．「性別判定テストは…」

A．「オリンピックではいまだに強制されている」

第④段第6文（As a result, …）に「IAAFは1992年に性別判定テストを強制するのをやめ，オリンピックを運営する団体であるIOCも1999年にこの例にならった」とあることと一致しない。

B．「男性の中間性的な特徴を特定することができない場合が多い」

第④段第5文（(Although as many men …）に「男性は女性と同じくらい中間性の特徴を持っている人がいる」とあることと一致しない。

C．「以前思われていたよりも多くの女性がY染色体を持っていることを明らかにした」

第④段第2文（This was the point …）に「このテストで予想外に多くの女性運動選手が高いレベルの男性ホルモンを自然に持っており，かなり多くの女性選手が男性を表すY染色体を持っていることがわかった」とあることと一致する。これが正解。

D．「女性運動選手が違法なホルモンを摂取することを防ぐために，1960年代の終わりに開発された」

本文にこのような記述はない。

E．「非常に屈辱的なので，1976年のモントリオール＝オリンピックのとき，このテストを受けるのを拒否した女性運動選手もいた」

第③段最終3文（The high spot / low spot of … chose to see it.）には，アン王女を除く女性選手全員が性別判定テストを受けさせられたことが述べられているが，屈辱的だということを理由に，拒否を示したかどうかは不明である。

▶3．「XY染色体を持つ女性は…」

A．「以前思われていたよりも多い」

第④段第 2 文（This was the point …）に「かなり多くの女性選手が男性を表す Y 染色体を持っていることがわかった」とあり，第⑥段第 1 ～ 3 文（The XY condition … there are 400,000.）には，運動選手以外も含めて，XY 染色体を持つと考えられる女性の数について述べられている。これが正解。

B.「XX 染色体を持つ女性よりも広く見つかる」

第⑥段第 1 文（The XY condition …）に「(女性の）XY という異常はまれだ」とあることと一致しない。

C.「規定どおりに，オリンピックに出場することは禁じられてきた」

第④段第 6 文（As a result, …）に「IAAF は 1992 年に性別判定テストを強制するのをやめ，オリンピックを運営する団体である IOC も 1999 年にこの例にならった」とあることからすると，この選択肢が事実であるとは考えらない。

D.「英国だけで 1 万 5 千人を数える」

第⑥段第 2 文（That means that …）に「こうした女性が英国だけで 4 千人いる」とあることと一致しない。

E.「地球全体では 2 百万人ほどに達する」

第⑥段第 3 文（Globally there are …）に「世界的には 40 万人だ」とあることと一致しない。

◆(3)　文章の主旨を選ぶ問題である。

第②段（The case of … competed in Berlin.）でキャスター＝セメンヤの事例を挙げて，スポーツ選手の性別検査に関する問題に読者の注意を向けたあと，第③・④段（Hard cases make … Caster Semenya case.）では，性別判定テストの精度が上がったことで，かえって問題が複雑になった事情が述べられている。第⑤段（Usually, women's sex … actresses and models.）では，女性と男性の染色体の違いを説明して，女性にも男性と同じ XY 染色体を持つ人がいる事実を述べている。第⑥段（The XY condition … very harshly treated.）では，そうした女性が思うよりも多くいることを数字を挙げて示し，同段最終文（I'm not sure …）で「どんな結論を出すべきなのかはよくわからない。もしこの事実が，そしてセメンヤ女史が非常にひどい扱いを受けてきたのだということが広く知られたら，中間性の異常を持つ人々の暮らしがより楽になるかもしれないということ以外は」と締めくくっている。E の「キャスター＝セメンヤの話や性別判定テストを巡る問題は，私たちが中間性についてほとんど知らず，そうした無知が中間性を持つ人たちの暮らしを難しくしていることを示唆している」が最もよく筆者の主張を表していると言える。

A.「今のところ，IAAF を含めてスポーツ協会は中間性の特徴を持つ選手を受け入れることができていないので，そろそろそうした協会は，遺伝子的な特徴に関係なくすべての人が競技に参加できる仕組みを構築する時期である」

B.「歴史は，社会のさまざまな領域で偏見に苦しむのはつねに性的なマイノリティーであることを教えてくれるが，そのことで，私たちは IAAF のような現代のスポーツ協会でさえ，そうした人たちを不当に扱っていることに気づく」

C.「科学的な証拠は，男性と女性の性別は，以前思われていたよりもはるかにはっきりとしたものであることを示しており，社会は，中間性の特徴を持つ人たちの才能や外見をもっと正しく評価すべきである」

D.「社会の中には，中間性の特徴を持つ人が非常にたくさんいるので，私たちはこの第三の性を認め，ファッションやスポーツにおける彼らの身体的特徴を彼らが生かせるような社会を築くべきである」

◆(4)　文中の下線部の語句と同意のものを選ぶ問題である。

▶ 1.「ここでは margins は…を意味している」

当該文は「セメンヤは…2009 年ベルリン世界陸上の 800 メートルで，驚くべき margins で自己ベストを更新し…数週間前に… 4 秒自己ベストを更新した」となっている。新記録と以前の記録の差を述べていると考えられる。C の gaps「隔たり」が正解。margin は「時間差」の意。A. actions「活動」 B. efforts「努力」 D. performances「できばえ」 E. strides「歩幅」

▶ 2.「ここでは speculation は…を意味している」

当該文は「この事実は…容赦できないということで世界中の報道機関に漏れ，地球全体での関心，speculation，反感を引き起こした」となっている。「容赦できない」ということから，B の criticism「批判」が浮かぶが，直後にほぼ同意の scandal「反感」がある。他の選択肢のうち，文意に不自然ではないものを考えれば，D の guesswork「推測」が残る。

speculation は「憶測」の意。文脈から判断するというより，この語そのものの知識が問われている。A．admiration「称賛」 C．devastation「荒廃」 E．investment「投資」

▶3．「ここでは culpable は…を意味している」

当該文は「性別が曖昧であるという問題が，スポーツ界では，非常によく知られているという事実は，IAAF をキャスター＝セメンヤの件でいっそう culpable にさせる」となっている。セメンヤの件とは，第②段第3文（The body which administers …）に述べられている「セメンヤ選手に性別判定テストを受けさせるという形で反応した」ということであり，この検査結果は続く第4文（Another wave of …）で述べられているとおり「セメンヤが男女両性の特徴を持っており，テストステロンの数値が異常に高い」というものだった。この IAAF の対応が当時世界中の注目を集め，非難されたことを考えると，C の guilty「非難すべき」が適切。culpable は「非難に値する」の意。A．acceptable「受諾しうる」 B．disappointing「がっかりさせる」 D．sensational「人騒がせな」 E．surprising「驚くべき」

◆(5)　第1強勢を持つ母音の発音が他と異なるものを選ぶ問題である。

▶1．A．administrator［ədmínəstrèitər］「担当者」 B．characteristics［kèrəktərístiks］「特徴」 C．complicated［ká:mpləkèitid］「複雑な」 D．manipulated［mənípjəlèitid］「操作された」 E．sophisticated［səfístikèitid］「精巧な，高度な」 C のみ［ɑ:］，その他は［i］。

▶2．A．bureaucracy［bjʊərá:krəsi］「官僚主義」 B．compulsory［kəmpʌ́lsəri］「強制的な」 C．conference［ká:nfərəns］「会議」 D．consequences［ká:nsəkwènsiz］「結果」 E．photography［fətá:grəfi］「写真」 B のみ［ʌ］，他は［ɑ:］。

▶3．A．allegedly［əlédʒidli］「伝えられるところによれば」 B．complexity［kəmpléksəti］「複雑さ」 C．exponentially［èkspoʊnénʃəli］「急激に」 D．immediately［ɪmí:diətli］「すぐに，ただちに」 E．mechanisms［mékənìzmz］「仕組み，機構」 D のみ［i:］，他は［e］。

●語句・構文●

（第①段） in *one's* way「それなりに」 by definition「定義上，明らかに」 go amiss「うまくいかない，不首尾になる」

（第②段）The case of Caster Semenya has seen … go about as wrong「キャスター＝セメンヤのケースでは…がうまくいかなかった」 直訳は，「キャスター＝セメンヤのケースは…がうまくいかないのを見てきた」で，一種の無生物主語。事例や時が何かを目撃するという表現で，その事例がどうなったか，その時何が起きたかを表す。第④段第1文の Subsequent years saw … も同様。

（第③段）Hard cases make bad law.「難事件は悪法を作る」法の適用と原則にずれが生じて，法の効力が減じることを表すことわざ。the high〔low〕spot「最高の〔最悪の〕見せ場」

（第④段）quite a few「かなり多くの」

（第⑤段）It is not, however, the chromosomes which directly control gender「しかし，性を直接コントロールするのは染色体ではない」 It is … which は強調構文。that の代わりに which や who が使われることがある。discrepancy between *A* and *B*「*A* と *B* の不一致，食い違い」 kit「ひとそろいのもの」 condition「異常」 lean「ほっそりとした」

（第⑥段）what about …?「…についてはどうなのだろうか」

III 解答

1－G　2－C　3－I　4－D　5－L　6－H　7－B　8－F

◀解　説▶

一連の文章の空所に適する語（前置詞・副詞）を選ぶ問題である。すべて動詞 turn に続くものである。同じ語は1回しか使えない。

▶1.「彼女の振る舞いは，人を（　　），人を遠ざけるものだった」

Gの off を補い，turn off とすると「～をうんざりさせる」の意になり，続く「人を遠ざける」とうまくつながる。

▶2.「彼女は物事を（　　）必要があった」

C の around を補い，turn around とすると「～（状況など）を変える，よくする」の意になり，人から嫌われている彼女の状況に合う内容になる。

▶3.「彼女は，（　　）覚悟はできており，もっと社交的になることにした」

I の over を補うと turn over a new leaf「心を入れ換える，素行を改める」の成句になり，文意にふさわしい。

▶4.「パーティーへの招待を（　　　）のではなく，もっと社交的になることにした」

Dのdownを補い，turn downとすると「～を断る」の意になり，文意に合う。

▶5.「彼女の親友が新居披露パーティーを開いたとき，彼女が（　　　），誰もが驚いた」

Lのupを補い，「姿を現した」の意にすれば，直前の第3文（She was ready …）で述べられていた「パーティーへの招待を断らずに」とあることと話の流れが合う。

▶6.「（　　　），彼らは彼女が歓迎されていると感じさせてくれた」

Hのoutを補うとas it turned out「結局…ということになった」の成句になる。itは漠然と事態を表し，turn out (to be) C「(結果的に) Cだとわかる，判明する」のC（補語）が疑似関係代名詞になっている。

▶7.「人々をよく観察すればするほど，ますます人が互いにどれほど簡単に（　　　）かということに彼女は気づいた」

Bのagainstを補い，turn againstとすると「～の敵に回る，～が嫌いになる」の意になり，文意に合う。

▶8.「彼女は結局，家にいてよい本を読みながら早く（　　　）よかったと思った」

Fのinを補い，turn inとすると「床に就く，寝る」の意になり，文意に合う。

Ⅳ　解答　(1)—B　(2)—D　(3)—D　(4)—C　(5)—C　(6)—E

◀解　説▶

誤りのある箇所を指摘する問題である。すべて正しい場合もある。

▶(1)「選手たちはみんな，その試合が惨敗だった主な理由は，何の予告もなくチームから外されたスター選手の不在だったということで意見が一致している」

Bのthe main reason for the game was a disaster wasが誤り。forは前置詞なので，名詞や代名詞などの語句が続く。the game wasと節（SVのあるまとまり）を続けるには，関係副詞whyを使う（しばしば省略される）。

▶(2)「2週間前の就職説明会で，数名以上の人がした質問に答えて，彼はきっぱりと，彼の職種には十分な教育が取り入れられる必要があると感じていると言った」

Dの he felt good education needed to get into his line of work が誤り。この文は feel O C「OはCだと感じる」という第5文型になっており，good education と needed は主語述語の関係である。「*A* は～される必要がある」と言う場合，*A* need to be *done* であり，*A* is needed to *do* では「～するために *A* が必要とされる」の意。また，「思う」の意では feel は that 節（that はしばしば省略される）を通常とる。feel を第3文型で使い，he felt (that) good education needed to be got into his line of work とするのが正しい。

▶(3)「この大惨事に直面して，人々は，この状況を止めるのに進んで貢献してくれる人たちに頼る以外になかった」

Dの to contribute to stop this situation が誤り。contribute to ～「～に貢献する」の to は前置詞なので，動作を続ける場合は動名詞にする必要がある。contribute to stopping が正しい。

▶(4)「好景気の前にこの町を訪れていれば，私たちは法外な金を払うのではなく，10ドルほどでこれを買えただろう」

Cの we could have bought this about ten dollars が誤り。購入の価格を表すには，buy *A* for ～「*A* を～で買う」とする必要がある。bought this for about ten dollars が正しい。

▶(5)「その企業が次から次へと障害を設け続けて彼女が昇進を求めることをたいへん困難にしたため，彼女が辞表を提出することになったのは，非常に残念だ」

Cの and it made her so difficult to seek a promotion が誤り。made her so difficult の her と difficult は SVOC の O と C，つまり「主語述語の関係」である。「困難な」のは「彼女」ではなく，「昇進を求めること」である。それが「彼女にとって」困難なので，made it so difficult for her to seek a promotion が正しい。it は形式目的語，不定詞が真の目的語，for her は不定詞の意味上の主語である。

▶(6)「リハーサルをどうしても進めたいので，俳優たちは監督を代える，あるいは必要なら監督なしでやることさえ覚悟している」

どの部分も正しい。冒頭の Keen は being が省略された分詞構文。形容詞は名詞を直接飾る（限定用法）か，補語になる（叙述用法）のいずれかしかないので，どちらにもあてはまらなく見えるものは，分詞構文と考えてよい。

V　解答　1－A　2－D　3－D　4－B　5－B

◀解　説▶

一連の文章の空所に適する語を選ぶ問題である。

▶1．「過去 20 年の間に，精密望遠鏡は，私たちが遠くにある恒星の明るい光を調査したり，惑星の存在を突き止めたりすることを（　　）」

第 1 文（In the last …）の空所のあとに us to see と続いており，A の allowed を補えば，S allow O to *do*「S は O が～するのを許す」「S のおかげで O は～できる」の文型になり，内容も文意に合う。

▶2．「人類の（　　）で初めて，私たちの太陽系だけが唯一のものではないことをはっきりと知った」

第 1 文（In the last …）で，「過去 20 年の間に，精密望遠鏡のおかげで新たな発見ができるようになった」ことが述べられており，他にも太陽系があるとわかったのは「歴史上初めて」とすれば，文意に合う。D の history「歴史」が正解。

▶3．「彼らが発見した惑星は巨大で，地球の大きさの 100（　　）を超える」

惑星の大きさを述べていることから，地球の何倍かを示していると考えられる。D の times を補えば，「地球の大きさの 100 倍を超える」となり，適切。倍数表現は，倍数＋as＋形容詞・副詞＋as ～ の他に，ここで使われている，倍数＋the＋名詞＋of ～ というパターンがある。

▶4．「それでも，それ（＝その惑星）は，親星に驚くほど（　　）回っている」

第 5 文（Yet, it orbits …）空所の直後に前置詞 to があること，直後の第 6 文（Its atmosphere is …）で「その大気は，焼けつくような摂氏 1,300 度である」とあることから，「親星に驚くほど近い」と考えられる。

B の close が適切。close to ～「～に近く，近い」

▶ 5．「地球の時間にして 4 日で 1 周，恒星の周りを回り，その惑星は私たちが太陽系について知っていると思っていたことをすべて（　　　）」

第 3 ～ 6 文（For the first …1,300 degrees Celsius.）にあるように，人類史上初めて，私たちの太陽系以外の惑星が見つかったが，その惑星は地球の 100 倍以上の大きさで，親星に極めて近いところを回り，大気温は摂氏 1,300 度と，地球とは大いに異なる性質を持っている。つまり，太陽系や惑星に関する「常識」を覆すものだということになる。B の defied「～を拒んだ，許さなかった，受け入れなかった」が適切。

Ⅵ 解答

1．more than 200 million people are dependent on the ocean for their livelihood

2．reality is that the ocean is essential to human survival

◆全　訳◆

多くの人にとって海は離れた場所で，私たちの身体的心理的地平を越えて広がる広大な自然であり，同時になじみがなくてどうでもよく，魅惑的で感動的で，それに関しては非常にわずかしか知らないものである。しかし，次のような事実を考えてみよう。海は地球表面の 71 パーセントにわたっている。海は真水の循環と純化において中心的な要素である。海は世界，とりわけ発展途上国に，タンパク質の 40 パーセントを供給している。2 億人を超える人たちが，生計の手段を海に頼っている。世界人口の 65 パーセントが，海岸から 100 マイル以内のところで暮らしている。実際，海は，人間の生存，主要な食料源，水，気候，そして共同体にとって欠かせないものである。それは直接的にも，普遍的にもそうであり，否定しがたいことだ。要するに，海は私たちが暮らす決定的な生態系ということだ。海はすべてをつないでいるのである。

◀解　説▶

与えられた語句をすべて使って並べ替え，文を完成する問題である。語句の順序は必要に応じて変えるが，語の形は変えてはならない。また与えられていない語を加えてはならない。

▶ 1．形容詞 dependent は be dependent on A for B の形で「(主語は) B を A に頼っている」の意になる。同じく第 2 文（But consider these

…）の下線部1の前の部分（the ocean provides…）に「海は世界，とりわけ発展途上国に，タンパク質の40パーセントを供給している」とあり，人が海の恩恵を受けていることが説明されている箇所であり，people are dependent on the ocean for～「人は～を海に頼っている」とできる。forのあとにtheir livelihood「生計（の手段）」と補い，残る語句でできるmore than 200 million「2億人を超える」をpeopleの前におけば，more than 200 million people are dependent on the ocean for their livelihood「2億人を超える人たちが，生計の手段を海に頼っている」となり，文意に合う。

▶2．下線部の前にTheが示されており，The reality is that～「実際（は）～である」とすれば，まとめに入る終盤の文の出だしとしてふさわしい。is essential to～で「～にとって欠かせない」が作れる。海の重要性を述べた文章であり，主語はthe ocean，残る語でhuman survival「人間の生存」にとって欠かせないとすれば，全体で（The）reality is that the ocean is essential to human survival「実際，海は，人間の生存にとって欠かせないものである」となり，文意に合う。

VII **解答例** 〈解答例1〉I think this picture shows how people find happiness or satisfaction. In the upper part of the picture, there is only one flower drawn with nothing else around it, and the woman beside the flower seems to be jumping for joy. In contrast, the other woman drawn in the lower part is sitting with a look of sadness on her face even though she is surrounded by numerous flowers. Thus, just possessing a lot of good things does not guarantee you satisfaction. What is important is to realize that you do have something and that it is precious no matter how humble it seems.

〈解答例2〉I see in this picture the difficulty in choosing. It is often said that the more choices, the better. But is it true? The woman depicted in the lower part of the picture seems to have picked one flower after another but thrown all of them onto the ground, and now she has given up choosing a flower from among the host of those still around her. I'm not sure if it is good that there is only one choice at hand, but having too many choices may be harmful. Rather, people could feel comfortable when choices are, to some extent, limited in number. Anyway, that is the way it is.

◀解　説▶

与えられた絵を見て，自分にとってそれが何を意味するか英語で説明する問題である。

解答欄は 18.5cm×9 行。絵には，１輪の花に躍り上がって喜んでいるか驚いている様子に見える女性と，多くの花に囲まれて悩んでいるか悲しんでいるように見える女性が描かれている。後者の前には，摘まれた花もたくさん落ちている。対照的な２人の女性や花が何を象徴しているか考える。〈解答例１〉は，１輪の花に大喜びする女性と，多くの花に囲まれながら悲しそうな女性の様子を説明して，絵が人の幸せの見出し方を象徴したものだとしている。たくさんのよいものを持っているというだけでは満足を保証することにはならず，自分はともかく何かを持っていること，それがどんなにつつましやかに見えても貴重なものだと気づくことが大切だとまとめている。〈解答例２〉では，選択肢は多いほどよいとよく言われるが，絵の下半分に描かれている女性を見ると，あまりにも選択肢が多すぎることはかえって弊害があるかもしれない。ある程度選択肢が限られているほうが，人は安心できるのかもしれないし，いずれにしても現実はそういうものだとして，選択肢は多いほどよいという考えに対する疑問の気持ちを述べている。名詞の数や冠詞，主語と動詞の数・人称の一致など，基本事項にミスのない英文に仕上げること。

❖講　評

〈構成〉

2021 年度の出題構成は，読解問題２題，文法・語彙問題３題，英作文問題２題の計７題だった。

〈Ⅰ・Ⅱ：読解問題〉

Ⅰは英文量約 1290 語。早稲田大学法学部ではやや長めの部類である。内容は，インターネット上の公開討論プラットフォームについて，主に台湾の例を挙げて，それが生まれた経緯やメリット，今後の問題点を説明している。ごく最近の事柄であり，見慣れない語句もあるが，述べられている状況やそれに対する筆者の評価などを大きくつかみながら読み進めたい。

Ⅱは英文量約1010語で，早稲田大学法学部では標準的な長さである。内容は，スポーツ選手から話を始めて，一般に性別判定が単純ではないことを論じたもの。Ⅰと同様，非常に現代的な話題であり，興味深い。専門的な事柄も含まれているが文章中に説明があり，詳細な知識がなくても読み進めるのは難しくない。

〈Ⅲ・Ⅳ・Ⅴ：文法・語彙問題〉

Ⅲは一連の文章の空所に適切な語（前置詞・副詞）を補うもの。すべて動詞 turn との組み合わせになる。早稲田大学法学部の空所補充問題では，このように1つの動詞の成句だけで問題が作られることがある。基本的な動詞ほどこうした成句は多いので，折に触れてまとめておくとよいだろう。

Ⅳは誤り箇所を指摘するもの。

Ⅴは一連の文章の空所に適切な語を補うものだが，Ⅲと異なり成句の類ではなく，文意に合う語で，動詞，名詞，形容詞と，補う語の種類も箇所によってさまざまである。文章自体は読みやすく，素早く解答したい問題である。

〈Ⅵ・Ⅶ：記述式の英作文問題〉

Ⅵは一連の文章の途中の2カ所に与えられた語句を並べ替えてそれぞれ正しい文にする語句整序。文章の長さは2020年度Ⅲより少し長くなったが，与えられた語の形を変えてはならないという条件は2020年度と同じだった。2020年度に比べると，与えられた語句の中だけで形容詞と前置詞など組み合わせが決まるものが多く，解答しやすい。

Ⅶは示された絵について自分の考えを説明するテーマ英作文で，絵自体の説明ではなく自分にとっての絵の意味を説明することが求められているが，書く内容を比較的思いつきやすい絵であり，素早く内容を決めて正しい英文に仕上げたい。

〈総括〉

読解問題は，どちらも現代的な内容で専門的な語句も含まれるが，抽象論ではなく具体的な事例が中心であり，大体の内容は推測できる。Ⅲ

～Ⅴの文法・語彙問題は，解答個数は 19 個で，2020 年度と変わっていない。Ⅵ・Ⅶの英作文も解答に要する時間は少なく済むだろう。

日本史

I 解答

問1．堺　問2．う　問3．駅家　問4．お　問5．あ
問6．い・え　問7．和賀江島　問8．阿仏尼
問9．い　問10．え

◀解　説▶

≪古代～中世の畿内・七道≫

▶問1．堺は現在の大阪府堺市。勘合貿易や南蛮貿易で繁栄し，有力商人である会合衆による自治が行われた。「室町時代以降は海外貿易の拠点として繁栄した」と「摂津・河内・和泉三カ国の境界部に位置する都市」から正答が導ける。

▶問2．律令制下の「地方の諸国」に関する正文を選ぶ。

う．正文。空海は讃岐国（現，香川県）の生まれ。香川県には空海が修築したと伝わる溜池の満濃池や，空海ゆかりの四国八十八カ所の霊場（札所）がある。

あ・い．誤文。水城も大宰府も筑前国（現，福岡県）にある。水城は白村江の敗戦（663年）後に新羅や唐の侵攻に備え，大宰府防衛のために築かれた大堤と濠である。大宰府は西海道諸国の統轄や外交使節の応接を担当して「遠(とお)の朝廷(みかど)」と称された。

え．誤文。胆沢城は現在の岩手県奥州市に築かれた。よって「越後国」ではなく，陸奥国である。

お．誤文。藤原純友は伊予国（現，愛媛県）の国司（掾）に任じられた。

▶問3．駅家は官道に，約16kmごとにおかれた。ここには駅馬や駅務を行う駅長・駅子が配置され，駅鈴を持った駅使（公用の官吏）が利用した。

▶問4．光仁天皇在位（770～781年）中の出来事を選ぶ。光仁天皇は天智天皇の孫で，天武系の皇統断絶により即位した。桓武天皇の父にあたる。

お．正しい。伊治呰麻呂は780年に反乱を起こし，多賀城を焼いた。

あ．誤り。藤原仲麻呂は758年に淳仁天皇から恵美押勝の名を賜った。

い．誤り。弘仁格式は嵯峨天皇の時代の820年に成立した。

う．誤り。藤原四兄弟（武智麻呂・房前・宇合・麻呂）が疫病（天然痘）で死亡したのは聖武天皇の時代の737年のこと。

え．誤り。墾田永年私財法は聖武天皇の743年に出された。

▶問5．［A］道は上野国（現，群馬県）や美濃国（現，岐阜県南部）が属するので東山道，［B］国は東海道に属し，鎌倉があるので相模国（現在の神奈川県の大半）が正解。武蔵国の東山道から東海道への移管は，2020年度早稲田大学商学部〔1〕でも取りあげられた。

▶問6．鎌倉幕府の成立過程に関する正文を2つ選ぶ。

い．正文。源義仲は信濃国（現，長野県）の木曽で挙兵し，北陸道を制して1183年に入京した。しかし，後白河法皇と対立して孤立し，翌1184年1月，源範頼・義経の軍に敗れて戦死した。

え．正文。平家追討に活躍した源義経は兄頼朝と対立を深め，後白河法皇から頼朝追討の院宣を得て挙兵したが失敗した。そのため藤原秀衡を頼り平泉に下ったが，秀衡死後の1189年，頼朝の圧力に屈した子の泰衡に討たれた。その後，頼朝は泰衡を討って奥州藤原氏を滅ぼした。

あ．誤文。1180年に設置されたのは侍所である。

う．誤文。源頼朝は鎌倉にとどまり，弟の源範頼や義経を平家の追討に派遣した。

お．源頼朝が上洛して後白河法皇と会談したのは1190年。また，征夷大将軍に任じられたのは1192年の法皇死去の直後のことである。

▶問7．やや難。和賀江島は石を積み上げて築造され，満潮時には水没するが現在もその遺構をとどめる（鎌倉時代の唯一の築港跡として国の史跡に指定）。2021年度早稲田大学教育学部でも和賀江島が記述問題で出題された。

▶問8．阿仏尼は藤原定家の子為家の側室で，夫の遺領をめぐる訴訟のため鎌倉に赴いた。『十六夜日記』はその際の東海道下向と鎌倉滞在の日記。

▶問9．尾張国（現，愛知県西部）の中世の状況に関する正文を1つ選ぶ。

い．正文。瀬戸焼は愛知県瀬戸市，常滑焼は愛知県常滑市を中心に生産される中世以来の陶器である。

あ．誤文。永平寺は越前国（現，福井県）にある。

う．誤文。山名氏清は中国地方を中心に一族で11カ国の守護を兼ね「六分一殿（衆）」と呼ばれたが，尾張国は関係しない。また，氏清が将軍足利義満に討たれたのも京都の内野である（1391 年の明徳の乱）。
え．誤文。今堀も菅浦も近江国（現，滋賀県）の惣村で，今堀郷の惣掟（地下掟）は教科書・史料集などに掲載されている。
お．誤文。『一遍上人絵伝』に描かれている福岡市は備前国（現，岡山県南東部）にあった。
▶問 10．難問。律令体制下におかれた東海道の伊勢国鈴鹿関（現，三重県亀山市），東山道の美濃国不破関（現，岐阜県不破郡関ケ原町），北陸道の越前国愛発関（現，福井県敦賀市付近か）を総称して三関という。

Ⅱ 解答

問１．一味神水　問２．い・お　問３．い
問４．大乗院日記目録　問５．惣無事令　問６．あ・お
問７．越訴　問８．天明（の飢饉）　問９．お　問 10．あ

◀解　説▶

≪中世後期～明治時代初期の一揆≫
▶問１．やや難。起請文とは，契約した内容を遵守することを構成員全員が神仏に誓い，違反した場合は神罰・仏罰を受けることを誓約した文書である。神前で作成・署名した起請文を焼き，その灰を神仏に供えた水に溶いて全員で回し飲んだ。この儀礼を一味神水といい，神仏と一体化した共同飲食によって団結強化（一味同心）をはかった。「回し飲むといった儀礼」なので，「一味同心」ではなく，「一味神水」としたい。
▶問２．やや難。中世における一揆に関する誤文を２つ選ぶ。
い．誤文。領主権を守ることを目的に国人らが結んだ国人一揆と，地域の平和維持のために国人や地侍と惣村が連合した国一揆の違いを理解しておきたい。1485 年の山城の国一揆を記した『大乗院寺社雑事記』に「今日山城国人集会す。……同じく一国中の土民等群集す」とある。
お．誤文。1488 年の加賀の一向一揆は守護富樫政親を滅ぼした後，一族の富樫泰高を名目上の守護に擁立している。『蔭凉軒日録』に「富樫一家の者，一人これを取り立つ」，『実悟記拾遺』に「泰高ヲ守護トシテヨリ，百姓トリ立テ富樫ニテ候アヒダ……百姓ノ持タル国ノヤウニナリ行キ候」とある。
あ．正文。山城の国一揆は，南山城で戦闘を続ける守護畠山氏両軍に国外退去を求めた。

う．正文。国人の一揆契状では，全体が円形になるよう放射状に署名することで構成員の対等な関係を示す傘連判状が多く用いられた。

え．正文。中世寺院の集会では，総意による決定（一味同心）は神仏の意志にかなうものと考えられ，強固な連帯（＝一揆）を生んだ。

▶問 3．［X］正長の徳政一揆（1428 年）⇒③播磨の土一揆（1429 年）⇒①永享の乱（1438～39 年）⇒②嘉吉の変（1441 年）⇒［Y］嘉吉の徳政一揆（1441 年）の順。嘉吉の変で将軍足利義教が暗殺され，これを機に「代始めの徳政」を求める嘉吉の徳政一揆が起こった。

▶問 4．『大乗院日記目録』は，興福寺大乗院の門跡尋尊が同寺に伝わった記録類などを抄出・編纂した年代記で，ここに正長の徳政一揆の様子が記載されている。山城の国一揆や加賀の一向一揆の記事がある『大乗院寺社雑事記』（尋尊・政覚・経尋 3 代の日記）と混同しないようにしよう。

▶問 5．豊臣秀吉は関白に就任した 1585 年，九州に対して惣無事令を発し，翌年には関東・奥羽も対象とした。九州の島津氏や関東の北条氏は，惣無事令違反を理由に討伐された。

▶問 6．やや難。中世と近世の一揆に関する正文を 2 つ選ぶ。

あ．正文。中世の惣（惣村）で行われた地下請などの自治が，近世の村請制などに受け継がれた。

お．正文。無宿者も百姓一揆に参加した。判断に迷うが，消去法で正解したい。

い．誤文。中世・近世いずれにおいても，一揆には武力行使を伴うものがみられる。例えば，加賀の一向一揆は守護富樫氏を滅ぼし，伊勢長島の一向一揆は織田信長によって討滅された。近世の代表越訴型一揆では代表者が死罪となった例が多く，島原の乱を島原・天草一揆ともいう。

う．誤文。逃散とは，農民が領主への抵抗を目的に耕作放棄し，集団で村外に退去すること。江戸時代にも多くみられた。

え．誤文。傘連判状は，中世の国人一揆でも用いられた。

▶問 7．「正式の手続によらず，より上級の役所に請願を立てる行為」を越訴という。代表越訴型一揆は越訴の一例である。なお，中世では敗訴になった者が起こす再審請求も越訴といった。

▶問 8．「浅間山の噴火」（1783 年）から天明の飢饉（1782～87 年）を導き出したい。天明の飢饉による一揆や打ちこわしの頻発は，老中田沼意次失脚の一因ともなった。

▶問9．江戸時代の一揆に関する誤文を1つ選ぶ。

お．誤文。「1866年に武蔵国一帯で起きた世直し一揆」とは武州一揆のことだが，1867年の王政復古の大号令以前であって「(明治) 新政府」はまだ成立していない。原因も開港以来続く物価高騰や第2次長州征討の兵糧米の負担などである。

あ．正文。江戸時代の一揆が「藩政改革や世直しを主な目的とし」については判断に迷うところだが，選択肢「お」が明らかに誤文であり，年貢の減免要求・専売制や藩と結ぶ特権商人による流通独占反対を「藩政改革・世直し」に含むと広く解釈して正文とした。

い．正文。全村民による惣百姓一揆は，17世紀末には各地でみられた。

う・え．正文。天保の飢饉（1832～36年）を背景に，1836年には甲斐国（現，山梨県）の郡内一揆（騒動）や三河国（現，愛知県東部）の加茂一揆が発生し，1837年には大坂で大塩の乱，越後国（現，新潟県）柏崎で生田万の乱が起きた。

▶問10．明治期以降の民衆蜂起に関する誤文を1つ選ぶ。

あ．誤文。血税一揆は徴兵反対一揆で，徴兵告諭の「血税」の語にちなむ。

い．正文。神風連の乱・秋月の乱・萩の乱など士族反乱があいついだ1876年，真壁騒動や伊勢暴動といった大規模な地租改正反対一揆が起こり，士族反乱と結びつくことを懸念した明治政府は翌年1月に，地価の3％であった地租の税率を2.5％に軽減した。その翌月には西郷隆盛が挙兵して西南戦争が始まっている。

う．正文。明治政府は1871年に解放令（賤称廃止令）を出し，えた・非人の呼称を廃止して職業や身分などすべて平民同様とした。しかし，解放令反対一揆が起こるなど，社会的差別や経済的格差は解消されなかった。

え．正文。入会地とは，村民が刈敷や草木灰用の草木，薪炭の用材などを採取できる共有の山野地のこと。入会地の官有地編入も地租改正反対一揆の一因である。

お．正文。米騒動（1918年）は，米価高騰に対する富山県魚津町の主婦たちの蜂起に始まり，全国へと拡大した。軍隊を出動させて鎮圧にあたった寺内正毅内閣は，世論の激しい批判を受け総辞職した。

Ⅲ　解答

問1．え・お　問2．山川捨松〔大山捨松〕
問3．寺島宗則　問4．い・え　問5．う　問6．え
問7．え　問8．企画院　問9．あ・い　問10．野村吉三郎

◀解　説▶

≪近代の通信技術と対外関係≫

▶問1．岩倉遣外使節団（1871年12月～73年9月）に関する正文を2つ選ぶ。

え．正文。『特命全権大使米欧回覧実記』の編者である久米邦武は後に帝国大学教授となったが，論文「神道は祭天の古俗」が神道家などから非難されて辞職した。その後，早稲田大学教授に迎えられた。

お．正文。岩倉遣外使節団の外遊中，三条実美太政大臣や参議の西郷隆盛・大隈重信・板垣退助らが留守政府を預かった。西郷や板垣らは征韓論を主張したが，帰国した大久保利通や木戸孝允らは内治優先を唱えて反対し（征韓論争），敗れた征韓派は一斉に下野した（明治六年の政変）。

あ．誤文。「板垣退助」は留守政府のメンバー。伊藤博文が正しい。

い．誤文。安政の諸条約の改正交渉は1872年7月から可能であった。

う．誤文。条約改正の予備交渉は最初の訪問国アメリカで断念し，以後は制度・文物の視察を中心に米欧各国を巡歴した。

▶問2．やや難。5人の女子留学生は岩倉遣外使節団に従いアメリカに渡った。帰国後，山川捨松は陸軍大臣の大山巌と結婚し，「鹿鳴館の女王」と称された。また，同じ留学生であった津田梅子の女子英学塾（現，津田塾大学）設立を支援した。

▶問3．寺島宗則外務卿は関税自主権回復を主眼に交渉し，アメリカの同意を得たものの，イギリス・ドイツなどの反対により条約改正を実現できなかった。

▶問4．やや難。明治初期の通信に関する誤文を2つ選ぶ。

い．誤文だがこれについての判断は難しい。1874年末までに長崎・青森間の電信線が開通し，津軽海峡海底電線も竣工して北海道まで達している。

え．誤文。郵便制度を建議したのは前島密。岩崎弥太郎は三菱財閥の創業者である。

あ・う．正文。1869年の東京・横浜間の電信線架設と1871年の長崎・上海間の海底電線敷設，1873年の長崎・東京間の電信線架設は押さえてお

きたい。リード文1の「(1872 年 1 月に) 使節団が打った電報は，サンフランシスコから長崎までほぼ1日で届いている」から，この時点で長崎まで電信が通じていたことが読み取れる。

お．正文。万国郵便連合条約は郵便事業の国際協力を目的に 1874 年に締結された。日本は 1877 年に加盟している。

▶問５．日露講和条約（ポーツマス条約）に関する誤文を１つ選ぶ。

う．誤文。日本が獲得したのは千島列島ではなく，北緯 50 度以南の樺太である。1875 年の樺太・千島交換条約で樺太はロシア領，千島全島は日本領となっていた。

▶問６．日本海海戦と同じ年（1905 年）の出来事でないものを１つ選ぶ。日本海海戦は日露戦争の終盤，日本の勝利を決定づけた海戦である。

え．誤り。鉄道国有法は 1906 年，第１次西園寺公望内閣が公布した。

▶問７．日中戦争中の 1938 年に公布された国家総動員法に関する正文を１つ選ぶ。

え．正文。国家総動員法は戦時に際し，人的・物的資源の統制・運用を議会の審議を経ず，勅令で行うことを可能にした法律である。1939 年には国民徴用令・賃金統制令・価格等統制令などの勅令が公布された。

あ．誤文。国家総動員法を公布したのは第１次近衛文麿内閣である。

い．誤文。社会大衆党は無産政党を合同して 1932 年に結成されたが，日中戦争が始まると戦争遂行に協力した。1940 年に解党。大政翼賛会に参加した。

う．戦時中の社会情勢から誤文と判断したい。国家総動員法の第 20 条にも「政府ハ戦時ニ際シ国家総動員上必要アルトキハ勅令ノ定ムル所ニ依リ新聞紙其ノ他ノ出版物ノ掲載ニ付制限又ハ禁止ヲ為スコトヲ得」とある。

お．誤文。1940 年の七・七禁令は衣料や装飾品などのぜいたく品の製造・販売を禁止したものである。

▶問８．「経済の参謀本部」と呼ばれ，国家総動員法と密接に関連する機関として企画院を想起したい。1937 年に第１次近衛文麿内閣が設置した。

▶問９．やや難。日米開戦に関連する正文を２つ選ぶ。

あ．正文。アメリカ側の最終提案であるハル＝ノートの内容で，他に南京の汪兆銘政権の否認や日独伊三国軍事同盟の廃棄なども要求した。

い．正文。1941 年 10 月，第３次近衛文麿内閣が総辞職し，東条英機が日米交渉継続を条件に，内大臣木戸幸一に推挙されて組閣した。東条英機首相は陸相・内相，開戦後には軍需相・参謀総長まで兼任して総力戦を指揮しようとしたが，海軍の要職には就けなかったためうまくいかなかった。

う．誤文。日本軍は 1941 年 12 月 8 日，ハワイの真珠湾奇襲と同時にマレー半島も攻撃したが，マレー半島はイギリス領であった。

え．誤文。日本軍は開戦から半年足らずで東南アジアのほとんど全域を制圧したが，開戦から約半年後の 1942 年 6 月にはミッドウェー海戦で大敗し，戦局が劣勢に転換した。

お．誤文だがやや難。敵性外国人として強制収容所に収容されたのは日系アメリカ人だけで，ドイツ系・イタリア系アメリカ人は対象とされなかった。1988 年，レーガン大統領は強制収容について謝罪した。

▶問 10．野村吉三郎はハル国務長官と半年以上にわたり日米交渉を行った。

Ⅳ 解答

問 1．お　問 2．ブレトン＝ウッズ（IMF も可）
問 3．スミソニアン　問 4．い・お　問 5．財政
問 6．う　問 7．マルク　問 8．竹下登　問 9．う　問 10．え

◀解　説▶

≪戦後の外国為替相場の推移と日本経済≫

▶問 1．1971 年 8 月，ニクソン大統領がドル防衛を目的に発表した新経済政策（第 2 次ニクソン＝ショック）の内容を 1 つ選ぶ。

お．正しい。戦後，基軸通貨（国際通貨）の役割を担ってきたドルが金本位制を離脱したことは，世界に大きな衝撃を与えた。これをドル＝ショックともいう。なお，第 1 次ニクソン＝ショックは同年 7 月の中国訪問計画発表のことを指す。

う．誤り。「輸出課徴金」ではなく，輸入課徴金が正しい。

▶問 2．1944 年 7 月，アメリカのニューハンプシャー州ブレトン＝ウッズで，連合国 44 カ国が戦後の世界経済再建について協議した（ブレトン＝ウッズ会議）。ここで，ドルを基軸通貨として各国通貨との交換比率を決める固定相場制の採用や，国際通貨基金（IMF）・世界銀行（国際復興開発銀行・IBRD）の設立などが合意された。これをブレトン＝ウッズ体制（IMF 体制）という。

▶問 3．1971 年 12 月，先進 10 カ国蔵相会議がワシントンのスミソニアン博物館で行われ，固定相場制の復活をはかった。

▶問 4．1973 年の出来事として正しいものを 2 つ選ぶ。

あ．日中共同声明の発表は 1972 年，う．環境庁発足は 1971 年，え．戦後初のマイナス成長は 1974 年。い．1973 年，第 4 次中東戦争勃発→第 1 次石油危機（オイル＝ショック）→え．翌年，戦後初のマイナス成長で高度経済成長が終わる，の流れを理解しておこう。

▶問 5．1980 年代には，アメリカが財政赤字と貿易赤字の「双子の赤字」に苦しむ一方，日本の貿易黒字は続き，日米間の貿易摩擦が激しくなった。

▶問 6．やや難。1985 年当時の首相は中曽根康弘である。その在任中（1982〜87 年）の出来事として誤っているものを 1 つ選ぶ。

う．総務省は 2001 年の中央省庁再編により，総務庁・自治省・郵政省を統合して発足した。総務庁の発足が中曽根内閣時の 1984 年である。

い．電電公社の民営化→日本電信電話（NTT），え．国鉄の分割民営化→JR（6 旅客・1 貨物会社）は，専売公社の民営化→日本たばこ産業（JT）とともに，中曽根内閣による行財政改革の内容として重要である。

▶問 7．やや難。空欄［E］は，1985 年段階で日米仏英とともに「先進 5 カ国」に入る国なので西ドイツ。その通貨はマルクである。日本が 1968 年に西ドイツを抜いて世界第 2 位の経済大国に成長したことを想起したい。1990 年の東西ドイツ統一を経て，マルクは 1999 年に EU（ヨーロッパ連合）の統一通貨ユーロに移行した。

▶問 8．難問。1985 年のニューヨーク・プラザホテルでの 5 カ国財務相・中央銀行総裁会議（G5）に出席した蔵相は竹下登である。竹下登は 1987 年，中曽根康弘から自由民主党の後継総裁に指名されて組閣し，1989 年に消費税（税率 3 %）を導入したが，リクルート事件により退陣した。

▶問 9．やや難。1987 年半ば以降の景気回復に関する誤文を 1 つ選ぶ。

う．誤文。この時期，日本の産業構造は重化学工業中心（重厚長大）からコンピュータなどハイテク産業中心（軽薄短小）へと転換したので正文と判断してしまいそうだが，重化学工業でも ME（マイクロ＝エレクトロニクス）技術の導入など設備投資が積極的に行われた。

い・え．正文。第一次産業は農林水産業，第二次産業は鉱工業，第三次産業は商業・運輸通信・サービス業などである。産業の中心が第一次産業から第二次・第三次産業へと移行することを産業構造の高度化という。

▶問 10. 円・ドルの為替レートは 1949 年のドッジ＝ラインで 1 ドル＝360 円の固定相場が設定され，ドル＝ショック後の 1971 年 12 月のスミソニアン協定で 1 ドル＝308 円と円が大幅に切り上げられた。1973 年からは変動相場制に移行して円高が進行した。以上は基本事項である。1985 年のプラザ合意により 1986 年には 1 ドル＝160 円台の円高となった。プラザ合意で「円などを切り上げることが決定され」，さらに「円高が加速」というリード文の記述が［Z］のヒントになる。

❖講　評

2021 年度も近現代から 2 題出題され，Ⅲが明治時代初期〜アジア・太平洋戦争，Ⅳが戦後〜現代，前近代については，Ⅰが奈良時代〜鎌倉時代中心，Ⅱが室町時代〜明治時代初期中心の出題であった。小問数は記述問題が 18 問，選択問題が 22 問で，うち「2 つ選べ」という正文・誤文選択が 7 問，年代配列問題が 1 問出題された。全体の難易度は例年並みである。早稲田大学法学部の特色である，日記や書簡・自伝などから短文を複数引用した史料問題は，2016・2017 年度の大問 2 題の出題以降減少傾向が続いている。2021 年度はⅢで選書など現代の書籍 2 点が引用されたが，2020 年度と同様に史料読解力を求めるものではなかった。

Ⅰ　律令制の確立から中世までの地方行政区と地方支配に関するリード文をもとに，当該期の政治・経済・文化などに関する知識・理解を問う。記述問題は問 7 の和賀江島がやや難で，選択問題は問 10 の古代三関が難問。大問全体の難易度は標準レベルである。

Ⅱ　一揆をテーマに，中世後期から明治初期を中心に政治や社会について知識・理解を問う。記述問題は問 1 の一味神水がやや難で，問 4 の『大乗院日記目録』は『大乗院寺社雑事記』と混同しやすい。選択問題では問 2 と問 6 が，中世や近世の一揆の特徴について細密な理解が要求される。問 9 は選択肢「お」が誤文（正解）であることは明らかだが，選択肢「あ」の正誤判断について迷うところである。大問全体としては標準〜やや難のレベルである。

Ⅲ　近代の通信技術と対外関係について知識・理解を問う。例年の史料問題と同様の形式だが，引用されているのは現代の書籍である。記述問題では問２の山川捨松（大山捨松）がやや難で，選択問題では問４と問９の正文・誤文選択が細かな知識を要求される。大問全体の難易度は標準～やや難のレベル。

Ⅳ　戦後の外国為替相場の推移と日本経済について知識・理解を問う。学習が手薄になりがちな時代・分野だが，要注意のテーマであり，「政治・経済」など公民分野の学習とあわせて理解を深めておこう。記述問題では問２のブレトン＝ウッズ体制や問３のスミソニアン体制は，戦後国際経済の基本として押さえておきたい。問７のマルクは 1999 年にユーロに移行しているので，今の受験生にはやや難しいであろう。問８のプラザ合意の時の竹下登蔵相も，早稲田大学卒とはいえ難問。選択問題では問６の総務省発足（2001 年）も今の受験生にはやや難であろう。問９も教科書本文や脚注の精読が求められ，やや難である。大問全体としてはやや難から難のレベルである。

世界史

I 解答

設問1．※　設問2．④　設問3．①　設問4．②
設問5．①　設問6．④　設問7．②　設問8．③
設問9．③

※解答の有無・内容にかかわらず，受験生全員に得点を与えることとしたと大学から発表があった。

◀解　説▶

≪中国史上の宗教・思想≫

▶設問2．④正文。「小中華」の意識というのは，中国が異民族王朝である清の支配するところとなったため，真に中華＝中国の伝統的文化を守っているのは朝鮮であるという考え方をいう。

①誤文。『春秋』は『詩経』『書経』『易経』『礼記』とともに五経の一つとされる。四書は『大学』『中庸』『論語』『孟子』。

②誤文。後漢の鄭玄らが確立したのは訓詁学。考証学は明末清初に黄宗羲・顧炎武らによって始められた実証を重視する学問。

③誤文。朱子学（宋学）は北宋の周敦頤によって創始され，南宋の朱熹によって大成された。

▶設問3．①誤文。間違いは2カ所ある。まず仏図澄は五胡十六国の一つ後趙で重用されるなど，江南ではなく華北での布教で活躍したこと。もう一つは経典を大量に漢訳したのは同じ亀茲出身の鳩摩羅什である点である。

▶設問4．②白蓮教は南宋のはじめ頃始まった仏教系の宗教秘密結社で，元では邪教として弾圧されたが，弥勒菩薩が救世主としてこの世に現れるという弥勒下生信仰と結びついて貧窮農民の間に爆発的に広がり，1351年に紅巾の乱が勃発，元を滅亡に追い込んだ。

▶設問5．①誤文。正統カリフの4人はムハンマドと同じクライシュ族出身だが，子孫ではない。たとえば，初代アブー＝バクルは，ムハンマドの妻アイーシャの父である。

▶設問6．④マリンディはアフリカ東岸の港市で，キルワ，モガディシュなどとともに貿易で栄えた。ヴァスコ＝ダ＝ガマの寄港地としても知られる。①のカリカットはインド西南部，②のパレンバンはスマトラ島，③のホルムズはペルシア湾入り口にある港市。

▶設問 7．②正文。

①誤文。オイラトの首領で土木の変を起こしたのはエセン＝ハン。アルタン＝ハンは韃靼（タタール）の首領。

③誤文。琉球は島津氏の支配下に入った後も明・清との関係を保ち，日中両属の体制となった。

④誤文。15 世紀に明から独立して成立したのは黎朝。

▶設問 8．③誤文。ラス＝カサスはイエズス会士ではなく，ドミニコ派の修道士である。また彼が不当性を訴えたのはアシエンダ制ではなく，先住民の教化を条件に労働力として使用することを認めたエンコミエンダ制である。

▶設問 9．③誤文。三藩の乱を起こしたのは明の降将であった呉三桂ら 3 人の藩王。

II 解答

設問 1．ウ　設問 2．イ　設問 3．ウ　設問 4．イ
設問 5．ウ　設問 6．ア　設問 7．エ　設問 8．イ
設問 9．ウ

◀解　説▶

≪世界史上の暦や暦法≫

▶設問 1．ウ．正文。ウルナンム法典はハンムラビ法典の母胎となったと考えられている。

ア．誤文。シュメール人の言語の系統は現在まだ不明である。

イ．誤文。楔形文字を解読したのはグローテフェントとローリンソン。ヴェントリスはエーゲ文明（ミケーネ文明）で使われた線文字Ｂの解読者。

エ．誤文。シュメール人を征服したのはアッカド人だが，バビロン第 1 王朝を建てたのはアムル人である。

▶設問 2．イ．誤文。エトルリア人とギリシア人を入れ替える。エトルリア人はイタリア半島の先住民で，中部イタリアに進出してギリシア人との交易で栄え，ローマを支配して王に就任していたが，前 6 世紀末にローマから追放された。

▶設問 3．ウ．正文。

ア．誤文。スラはディクタトルになって元老院の権威を回復させている。

イ．誤文。同盟市による反乱（同盟市戦争）を最終的に鎮圧したのはスラ。ただしポー川以南の同盟市には市民権が与えられた。

エ．誤文。誤りは 2 カ所ある。『ローマ建国史（ローマ建国以来の歴史）』を著したのはリウィウス。また混合政体を賛美したのは政体循環史観を説いたギリシア人歴史家のポリビオスである。

▶設問 4．イ．正文。

ア．誤文。ムハンマドが啓示を受けたとされるのは 610 年頃。

ウ．誤文。ムハンマドがメッカに無血入城したのは 630 年。

エ．誤文。ムハンマドが死去したのは 632 年。

▶設問 5．ウ．誤文。アラブ人ムスリムが免税特権などを持ち，他の民族を支配したことから「アラブ帝国」と呼ばれたのはウマイヤ朝。アッバース朝になるとアラブ人も土地所有者はハラージュを負担することになり，また非アラブ人も改宗すればジズヤは免除されることになるなど，イスラーム教徒間の平等が達成されたので，アッバース朝は「イスラーム帝国」と呼ばれる。

▶設問 6．フワーリズミーが著した『アルジャブラ』は英語で「代数」を意味する algebra に受け継がれている。イのウマル＝ハイヤームは『四行詩集（ルバイヤート）』を著した詩人・天文学者。ウのイブン＝シーナー（アヴィケンナ）は『医学典範』で知られる医学者・哲学者。エのイブン＝ルシュド（アヴェロエス）はアリストテレスの注釈で知られる哲学者・医学者。

▶設問 7．エ．13 世紀に活躍したロジャー＝ベーコン（1214 頃～94 年）はスコラ学者であると同時に，イスラーム科学の影響を受けて実験と観察を重視し，自然科学研究の先駆者でもある。

▶設問 8．イ．誤文。ツヴィングリが活動したのはスイスのチューリヒ。ジュネーヴはカルヴァンが活動した街。

▶設問 9．ウ．誤文。ナポレオンがブリュメール 18 日のクーデタで倒したのは総裁政府（1795～99 年）。このクーデタでナポレオンは新たに統領政府を建て，第一統領（のち終身統領）となった。

Ⅲ 解答

設問1．4　設問2．2　設問3．3　設問4．4
設問5．3　設問6．1　設問7．2　設問8．4

◀解　説▶

≪アイルランド史≫

▶設問1．4．誤文。ケルト人の英雄で，アングロ=サクソン族の侵入に抵抗したのはアーサー王。アーサー王の武勇と宮廷生活は 12 世紀頃『アーサー王物語』として騎士道物語化された。アルフレッド大王は 9 世紀のアングロ=サクソン王家のイングランド王で，デーン人の侵入を撃退したことで知られる。

▶設問2．2．ヒッタイトはメソポタミアに侵入してバビロン第1王朝を滅ぼし，シリアをめぐって新王国エジプトのラメス（ラメセス）2 世とも戦った（カデシュの戦い）。

▶設問3．3．正文。

1．誤文。初代教皇とされるのはペテロ。

2．誤文。ベネディクトゥスがモンテ=カシノにベネディクト修道院を開いたのは 529 年，つまり 6 世紀前半である。

4．誤文。シトー修道会はフランス東部のブルゴーニュ地方に創設された。

▶設問4．4．正文。

1．誤文。ヘンリ 8 世が 1534 年に制定したのは国王至上法（首長法）。統一法は 1559 年にエリザベス 1 世が制定し，国教会を確立した。

2．誤文。メアリ 1 世はスペインのフェリペ 2 世と結婚し，熱心なカトリックとして国教徒やピューリタンを弾圧した。

3．誤文。1603 年エリザベス 1 世が死去してテューダー朝が断絶すると，スコットランドのスチュアート家が王位を継いだ。

▶設問5．3．先住民強制移住法の制定は 1830 年→オレゴンの併合は 1846 年→カリフォルニアの獲得は 1848 年→ゴールドラッシュは 1849 年。先住民強制移住法は第 7 代大統領ジャクソン（在任 1829～37 年）が制定したもの。オレゴンは 1846 年イギリス領カナダとの国境を画定したオレゴン協定で領有が確定した。カリフォルニアは 1846～48 年のアメリカ=メキシコ戦争で獲得した。ゴールドラッシュはカリフォルニア獲得直後に金鉱が発見されたため翌年から始まり，世界中から人々が押しかけた。

▶設問6．1967 年に EC が成立した時の原加盟国はフランス・イタリア・

(西) ドイツ・オランダ・ベルギー・ルクセンブルクの6カ国だった。これに1973年イギリス・アイルランド・デンマークが加わっているので，1が1973年末時点での加盟国の正しい組み合わせとなる。

▶設問7．2．ヘンリ2世はフランス西部アンジュー地方を領有する伯爵だったが，母がイングランド王ヘンリ1世の娘だったため，イングランドでノルマン朝が断絶するとフランスに領地を持ったままイングランド王となり，イングランド・フランスにまたがるプランタジネット朝（アンジュー帝国）を築いた。

▶設問8．4．アルスターはアイルランド島の北部の9州からなる地域。ここには隣のブリテン島からの移住者が多く，アイルランドの独立後もイギリス領として残されることになった。

Ⅳ 解答

設問1．ハ　設問2．ハ　設問3．ロ　設問4．ニ
設問5．ロ　設問6．イ　設問7．ハ　設問8．ニ

◀解　説▶

≪清朝末期の中国≫

▶設問1．ハ．誤文。東清鉄道は，日清戦争の下関条約が結ばれた後，ロシアがフランス・ドイツを誘って行った三国干渉の代償として中国から敷設権を得て建設した鉄道である。したがって，下関条約が結ばれた時点では東清鉄道は存在していない。

▶設問2．ハ．1905年以後つまり日露戦争のポーツマス条約以後の勢力圏や領土は，旅順・大連の租借権がロシアから日本に移るなど，大まかに以下の通りである。日本ー旅順・大連・台湾・福建（厦門含む），イギリスー香港島・九竜半島・威海衛，フランスー広州湾，ドイツー山東省（膠州湾含む），ロシアー東北地方，ポルトガルーマカオ（1887年割譲）。

▶設問3．ロ．誤文。洋務運動は，中国の伝統的な道徳倫理や政治体制を根本としながら，西洋の武器や技術を摂取する中体西用を基本思想とした，富国強兵運動だった。政治体制の変革を目指したのは19世紀末康有為らによる変法運動。

▶設問4．ニ．正文。新文化運動（文学革命）で，『新青年』を発刊した陳独秀，白話運動を行った胡適らは北京大学の教授であった。

イ．誤文。戊戌の変法を推進したのは光緒帝。宣統帝は清朝最後の皇帝

(位 1908〜12 年)。

ロ．誤文。孔子を改革者としてとらえる儒学の一派を公羊学というが，康有為は公羊学の立場から徹底した内政の改革（変法）を主張した。

ハ．誤文。梁啓超は戊戌の政変で日本に亡命し，立憲君主政を主張して革命派の孫文らと対立したが，革命後は新政府の要職を歴任している。

▶設問 5．ロ．正文。

イ．誤文。上海など五港を自由貿易港として開放したのはアヘン戦争の南京条約。

ハ．誤文。清が外国使節の北京常駐やキリスト教布教の自由を認めたのはアロー戦争の天津条約・北京条約。

ニ．誤文。清が領事裁判権を認めたのは南京条約の補足条約である五港(口）通商章程（1843 年 7 月)，協定関税制（関税自主権がないということ）を認めたのは同じく南京条約の追加条約である虎門寨追加条約（1843 年 10 月）による。

▶設問 6．イ．誤文。光緒新政に際して清朝は地方長官の意見などを聞く姿勢をみせてはいるが，あくまで「上からの改革」にすぎず，改革にともなう増税や中央集権的な性格ゆえに，地方の有力者や民衆の反発をまねいた。

▶設問 7．ハ．孫文は広東省出身で，香港で医学を学び医者として開業したが，やがて革命に目覚め，兄が農場経営で成功していたハワイに渡り，そこで興中会を結成した。

▶設問 8．ニ．中華民国の建国は 1912 年→中国共産党の結成は 1921 年→南京国民政府の成立は 1927 年。

V 解答

18 世紀イギリスの対外的立場はフランスとの対立を基調としている。まずルイ 14 世の孫のスペイン王位継承を阻止すべくオーストリアと結んでスペイン継承戦争を戦い，新大陸でもアン女王戦争でフランスを破り，ニューファンドランドなどの領土を獲得した。つづくオーストリア継承戦争でもプロイセンと結んだフランスに対抗してオーストリアを支援した。しかしオーストリアがシュレジエン奪回のため外交革命でフランスと結ぶと，七年戦争ではプロイセンを支援して戦い，同時期にフランスと北米でフレンチ＝インディアン戦争，インドでもプラッシーの戦いやカーナティック戦争に勝利し，イギリスは最終的に植民地支配の覇権を握った。(250 字以上 300 字以内)

◀解　説▶

≪18 世紀イギリスの対外的立場の変遷≫

■設問の要求

〔主題〕イギリスのフランス・オーストリアに対する対外的立場の変遷

〔条件〕1701 年から 1763 年まで

■論述の方向性と指定語句の使い方

1701 年（スペイン継承戦争の開始）から 1763 年（七年戦争・フレンチ＝インディアン戦争の終結）までイギリスがフランス・オーストリアに対してどのような立場を取ったのかを述べる問題。17 世紀末から 19 世紀初頭まで英仏両国は「第 2 次百年戦争」ともいわれるように，本国のあるヨーロッパだけでなく植民地においても激しく争い，対立関係が続いていた。したがって，ここで問われている 1701～63 年の間イギリスとフランスの関係はずっと対立，しかしイギリスとオーストリアの関係はフランスとオーストリアの関係次第で変わっているのである。そこでフランス・オーストリアの関係が対立から同盟へと変わる「外交革命」が重要になってくる。七年戦争開戦の直前になされた外交革命で，イギリスとオーストリアとの関係がそれまでの友好から対立に変化したことを指摘したい。そして指定語句に「フレンチ＝インディアン戦争」があることから，この時期の英仏の植民地支配をめぐる対立にも言及する。

指定語句は「スペイン」(1701～13（14）年：スペイン継承戦争）→「プロイセン」(1740～48 年：オーストリア継承戦争など）→「外交革命」(七年戦争直前：フランスとオーストリアの同盟）→「フレンチ＝インディアン戦争」(1754～63 年：七年戦争と並行して行われた英仏の植民地争奪戦争）と時代順に並んでいる。

■論述の構成

「第 2 次百年戦争とスペイン継承戦争・オーストリア継承戦争」

使用指定語句：スペイン，プロイセン

前項で取り上げた「第 2 次百年戦争」とは，17 世紀末のファルツ戦争(1688～97 年）からフランス革命戦争・ナポレオン戦争（～1815 年）にいたる時期のヨーロッパ・植民地における英仏間の抗争・戦争で，本問の時期はその前半部分にあたる。スペイン継承戦争・オーストリア継承戦争は，三十年戦争（1618～48 年）以来のフランス＝ブルボン家 vs オーストリア＝ハプスブルク家のヨーロッパ覇権争いの一環でもあった。したがって，この 2 つの戦争ではイギリスとオーストリアが組んでフランスに対抗するという形になる。

スペイン継承戦争（1701～13（14）年）は，1700 年にスペイン＝ハプスブルク家が断絶し，フランス王ルイ 14 世の孫がフェリペ 5 世として即位したが，継承権を持つオーストリアとブルボン家の強大化を警戒するイギリスなどが反対し戦争となった。戦争は 1713 年のユトレヒト条約で終結し，フランスとスペインが合同しないことを条件にフェリペ 5 世の王位が承認された。

オーストリア継承戦争（1740～48 年）は 1740 年に女性のマリア＝テレジアが全ハプスブルク家領を継承したことに対して，相続権を持つバイエルンなどのドイツ諸侯が継承権を要求，プロイセンのフリードリヒ 2 世も相続承認の代償としてシュレジエンを要求し，戦争となった。ハプスブルク弱体化をねらうフランスがプロイセンと同盟したため，イギリスはオーストリアと結び，英仏間では植民地でも再び戦争（ジョージ王戦争）となった。1748 年のアーヘン条約ではマリア＝テレジアの領土継承は認められたが，シュレジエンはプロイセンに割譲されることになった。

「外交革命と七年戦争」

使用指定語句：外交革命

シュレジエンの奪回を図るマリア＝テレジアは，プロイセンを倒すには宿敵フランス＝ブルボン家と結ぶしかないと考えてフランスに働きかけ，またフランス側もプロイセンの台頭に対する警戒心が生まれていたことから，七年戦争の直前の 1756 年に同盟が成立した。この同盟は 15 世紀末のイタリア戦争（1494～1559 年）以来のフランス vs オーストリアという外交関係を大きく転換させるものであった。

こうして始まった七年戦争（1756～63 年）はオーストリア継承戦争とは対立関係が入れ替わり，イギリス・プロイセン vs フランス・オーストリアという形になった。戦争はロシアもついていたオーストリア側が優位であったが，ロシアが突然プロイセンと講和したこともあって，フリードリヒ 2 世は有利な条件でフベルトゥスブルク条約を結び，シュレジエンの領有を確認させることができた。

「イギリス・フランス間の植民地戦争」

使用指定語句：フレンチ＝インディアン戦争

英仏間では前述のファルツ戦争を含めた4つのヨーロッパでの戦争と連動して，北米やインドなど植民地において以下のような戦争が行われた。

〔ヨーロッパでの戦争〕	〔植民地での英仏間の戦争〕
ファルツ戦争（1688～97）	ウィリアム王戦争（1689～97）
スペイン継承戦争（1701～13〈14〉）	アン女王戦争（1702～13）
オーストリア継承戦争（1740～48）	ジョージ王戦争（1744～48）
	カーナティック戦争（1744～63）
七年戦争（1756～63）	フレンチ＝インディアン戦争（1754～63）
	プラッシーの戦い（1757）

このうちファルツ戦争，ウィリアム王戦争は本問では指定範囲外，ジョージ王戦争も引き分けに終わったので取り上げる必要はないだろう。

スペイン継承戦争のユトレヒト条約はアン女王戦争の講和条約も兼ね，イギリスは北米のフランス植民地だったニューファンドランド・ハドソン湾地方・アカディアを獲得した。フレンチ＝インディアン戦争はイギリスの勝利に終わり，パリ条約でカナダとミシシッピ川以東のルイジアナがフランスからイギリスに割譲された。そして同じ時期に両国はインドにおいても抗争したが，南インドでは3次にわたるカーナティック戦争（1744～63年），ベンガル地方ではプラッシーの戦い（1757年）でイギリスが勝利をおさめ，北米・インドにおけるイギリスの覇権が確立している。〔解答〕では詳述する余裕はないが，指定語句にフレンチ＝インディアン戦争があるので，この時期のヨーロッパの戦争は英仏の抗争と連動し，最終的には北米・インドなどでイギリスが勝利を収めたことにははっきり言及したい。

❖講　評

例年通り論述問題1題を含む5題で，論述以外は選択問題で構成されている。選択問題の中心は正文（誤文）選択問題で，これに語句選択や配列問題が加わる。中国史から2題出題されているので，例年よりはややアジア史重視となっている。以前に比べれば標準的な問題が増えたが，相変わらず精密な学習が求められるハイレベルな問題である。

Ⅰ　中国の宗教や思想に関する問題で，ほぼ文化史からの出題だが，関連してイスラーム世界や中国周辺からの出題が見られた。

Ⅱ　歴史上の暦や暦法に関する問題で，古代オリエント，ローマ，イスラーム世界，宗教改革，ナポレオンと時代・地域とも幅広く出題された。古代ローマのスラや同盟市戦争に関する問題ではかなり細かい知識が求められているが，他は教科書中心の学習で対応できる標準的な問題であった。

Ⅲ　リード文は古代から第二次世界大戦後までのアイルランド史だが，実際の設問はケルト人の歴史や16〜17世紀のイギリス，19世紀のアメリカ合衆国，第二次世界大戦後のECなど幅広く問われている。ECの問題では，EC・EUの加盟国の変遷をしっかり理解していないと混乱するだろう。アメリカの問題は配列問題だが，領土の拡大の順序という頻出のテーマであった。

Ⅳ　日清戦争から辛亥革命までの清朝末期の中国に関する問題。難問はないが，アヘン戦争から辛亥革命にいたる対外戦争（アヘン戦争・アロー戦争・日清戦争・義和団事件など）とそれに付随した条約（南京条約・北京条約・下関条約・北京議定書），そして清朝の改革の動き（洋務運動・変法運動・光緒新政）の内容とともに，それらを流れの中でしっかり位置づけて理解しておくことが求められた。

Ⅴ　例年通り250〜300字の論述問題。18世紀イギリスのフランス・オーストリアとの対外的立場の変遷を述べる問題。易しくはないが，「外交革命」の意味を理解していれば，それほど難しいテーマではない。少なくとも2020年度のメキシコとアメリカの関係の変遷よりは書きやすかったと思われる。

政治・経済

I 解答

問1．A．住民基本台帳ネットワーク〔住基ネット〕
B．忘れられる権利　C．男女雇用機会均等法
問2．4　問3．3　問4．4　問5．1
問6．市民がマスメディアから批判された際に，反論を広く発信できるアクセス権の保障は，言論の自由と，プライバシーの権利の保護に有益である。しかし，アクセス権を保障するとマスメディアは報道した人物からの反論に紙面や時間を取られ，自らが取材した内容をすべて報道できない可能性があり，また相手からの反論を恐れて取材した内容の掲載や放送を見合わせる可能性もある。これらはマスメディアの表現の自由を侵害するだけでなく，報道されるはずだった内容が報道されなくなるという点で，国民の知る権利を侵害する危険性もはらんでいる。(250 字以内)
問7．5

◀解　説▶

≪新しい人権≫

▶問1．A．住民基本台帳ネットワークが適切。住基ネットと略されることもある。「行政機関の間でこれらの情報のやり取りを可能にした」などから判断する。いわゆるマイナンバーに関するシステムとは異なることに注意が必要である。
B．忘れられる権利が適切。削除権，消去権などともよばれる。過去の犯罪に関する報道の記録などをインターネット上で表示されないようにする権利で，EU 圏などで認められつつある。
C．男女雇用機会均等法が適切。日本では女子差別撤廃条約の批准（1985 年 6 月 25 日）に先立ち，男女雇用機会均等法が制定された（1985 年 6 月 1 日公布）。
▶問2．ウ．正文。平和的生存権は憲法前文を根拠とした新しい人権の一つとして考えられている。
エ．正文。例えば『宴のあと』事件において，裁判所はプライバシーの権利を法的権利と認めた。

ア．誤文。エで見たように法的権利として認めるために憲法の改正は必ずしも必要ではない。

イ．誤文。生存権は基本的人権として日本国憲法第 25 条において明文で規定されている。

オ．誤文。国立マンション訴訟において，最高裁判所は，マンションの建設は景観利益を違法に侵害する行為ではないと判断した。

▶問３．３．正文。問１のＢの忘れられる権利と関連する内容である。

１．誤文。プライバシーの侵害を主張する側によって，一方的にプライバシーの範囲が確定されるのであれば，プライバシー権の濫用につながるおそれがある。

２．誤文。『石に泳ぐ魚』事件において，最高裁は小説の出版差し止めを認めた。

４．誤文。国会議員にもプライバシー権はある。

５．誤文。『宴のあと』事件の地裁判決においてモデルとされた人物のプライバシーの権利が認められた。

▶問４．４．誤文。個人情報保護法第 30 条第２項において，「個人情報取扱事業者は，前項の規定による請求を受けた場合であって，その請求に理由があることが判明したときは，違反を是正するために必要な限度で，遅滞なく，当該保有個人データの利用停止等を行わなければならない」と定められている。

▶問５．１．正文。「根気強く取材」することについて，現時点において禁止する法律はない。なお，過去に国家公務員に対する記者の取材方法が問題となった事例として，外務省秘密電文漏洩事件（外務省機密漏洩事件，西山事件）がある。

２．誤文。情報公開については各地方自治体で条例が先行し，後に法律が制定された。

３．誤文。情報公開法では，「知る権利」は明文で規定されていない。

４．誤文。情報公開は要件なく誰でも請求することができる。

５．誤文。難しいが特定秘密に指定されているのは，「防衛」「外交」「スパイ活動の防止」「テロ活動防止」の４分野である。

▶問６．アクセス権についての説明と，その権利が保障された場合の問題点についてまとめる。後半については，サンケイ新聞意見広告事件において最高裁が新聞社側の負担を考慮し，アクセス権の一つである反論権について法的権利として認めなかったという内容を中心に文章を構成したい。その上で，〔解答〕では，アクセス権を保障することで，最終的に国民の知る権利が侵害される可能性があることについても言及している。

▶問7．ア．誤文。世界人権宣言は法的拘束力を持たない。

エ．誤文。日本が国際人権規約を批准した際に留保した事項は，「公休日の報酬の支払い」「中・高等学校教育の無償化」「公務員のスト権」の3点である。このうち，「中・高等学校教育の無償化」については，高等学校を無償化したことに伴い，2012年に留保を撤回した。

イ．正文。A規約第2条は，「この規約の締約国は，この規約に規定する権利が人種，皮膚の色，性，言語，宗教，政治的意見その他の意見，国民的若しくは社会的出身，財産，出生又は他の地位等によるいかなる差別もなしに行使されることを保障することを約束する」と定めている。

ウ．正文。日本はB規約だけでなく，A規約の選択議定書についても批准していない。

オ．正文。日本は死刑廃止条約（国際人権規約B規約第二選択議定書）を批准していない。また，国内法の整備が進んでいないことなどを理由に，ジェノサイド条約についても批准していない（2021年2月現在）。

Ⅱ　解答

問1．A．立憲主義　B．フランス人権宣言

問2．2　問3．2

問4．人民の，人民による，人民のための政治

問5．2　問6．1　問7．3

問8．フェイクニュースの拡散，匿名性による無責任な差別的言動や特定個人への攻撃，メディア・リテラシーの向上などから2つ

◀解　説▶

≪立憲主義と民主主義≫

▶問1．A．立憲主義が適切。最初の空欄直前の「国家の権力を憲法によって制限する」という部分から解答を導く。

B．フランス人権宣言が適切。同宣言第16条は，「権利の保障が確保されず，権力の分立が規定されないすべての社会は，憲法を持つものではない」と定めている。つまり，憲法の目的は人権を保障し，国家権力を制限

することにあるという意味である。

▶問２．２．誤文。衆議院の解散については，憲法第７条の解釈により，内閣の専権事項と考えられており，いかなる場合であっても内閣が衆議院を解散することが可能である。

▶問３．２．誤文。例えば細川護熙内閣は非自民の７党１会派による連立内閣であったが，衆参両院の第１党は自民党であった。

▶問４．人民の，人民による，人民のための政治が適切。ゲティスバーグ演説における「government of the people, by the people, for the people」の部分を訳したものである。

▶問５．２．正文。国籍法違憲判決（2008 年）の内容である。

１．誤文。2005 年に在外邦人の国政選挙における投票制限について違憲判決が下されている。

３．誤文。2015 年に民法の女性の再婚禁止期間について「６カ月」という規定に合理性がなく，違憲と判断された。なお，その後民法が改正され，女性の再婚禁止期間は「100 日」に改められた。よって，「一切の制限が憲法違反であるとした」というのは誤り。

４．誤文。夫婦同姓制度について違憲判決が下されたことはない（2021 年２月現在)。

▶問６．１．誤文。55 年体制においては，「１と２分の１政党制」という別名があったように，自民党の勢力に対して社会党はそのおよそ半分程度の議席数しか持たなかった。

▶問７．３．誤文。戸別訪問については依然として禁止されている。

２．適切とした。主権者教育については副読本の配布など，充実が図られているが，「十分に整ってい」るとは言い難い。

▶問８．様々な解答が考えられるが，問われているのは「ソーシャルメディアの特徴」であり，民主政治の活性化のために「克服すべき課題」である。そのため，〔解答〕では現状で起こっている問題として，フェイクニュースの拡散やインターネットの匿名性から無責任に差別的な言動がまき散らされたり（ヘイトスピーチ），特定個人への攻撃が行われて人権が侵害されること（炎上）などの解決しなければならない問題と，これらの問題の解決のために必要なメディア・リテラシーの育成を挙げた。

III 解答 問1．A．（日銀）当座預金　B．消費者物価指数
問2．(1)700 万円　(2)―3
問3．1　問4．5　問5．3　問6．4　問7．4　問8．2

◀解　説▶

≪国民所得・金融・財政≫

▶問1．A．（日銀）当座預金が適切。「市中銀行が日本銀行に保有する」から判断する。市中銀行の支払い準備金は日本銀行に開設された当座預金口座に預け入れられる。実際にマイナス金利になるのはそのうちの一部である。

B．消費者物価（指数）が適切。日本銀行は，生鮮食品を除く消費者物価指数の対前年比上昇率の実績値が安定的に2％を超えるまで，マネタリーベースの拡大方針を継続するという「オーバーシュート型コミットメント」を導入している（日本銀行の HP による）。

▶問2．(1)700 万円が適切。それぞれの付加価値は農家 300 万円－0 円＝300 万円，飲料メーカー 400 万円－200 万円＝200 万円，スーパーマーケット 600 万円－400 万円＝200 万円であり，300 万円＋200 万円＋200 万円＝700 万円となる。なお，付加価値の総計は最終生産物の価額の合計に等しいので，ミカン 100 万円＋ミカンジュース 600 万円＝700 万円という求め方もできる。

(2)3．正文。農家の自家消費や持ち家の帰属家賃などは，市場価格に換算して GDP に計上されている。

1．誤文。日本人がアメリカで得た所得は，アメリカの GDP に計上される。

2．誤文。(1)でみたとおり，付加価値の合計は最終生産物の総額と等しくなる。

4．誤文。GDP はフローの概念である。ストックの例としては国富などが挙げられる。

5．誤文。中古品などの新たに付加価値を生み出していないものは，GDP に計上されない。

▶問3．ア．適切。GDP を分配の面から見たのが GDI である。雇用者報酬＋営業余剰・混合所得（DI，国内所得）に（間接税－補助金）を加えると NDP（国内純生産），さらに NDP に固定資本減耗を加えると GDI が

求められる。

ウ．適切。GDP・GDI を支出の面から見たのが GDE である。GDE は「国内における支出の総額」ではなく，「国内で生産された財貨・サービスに対する支出の総額」なので，輸出が含まれ，輸入は含まれない，そのため純輸出（輸出－輸入）をプラスすることになる。

▶問４．５．正文。日本ではオイル・ショック時にスタグフレーションが発生した。

１．誤文。GDP デフレーターは $\frac{名目GDP}{実質GDP} \times 100$ で求められる。

２．誤文。実質経済成長率≒名目経済成長率－物価上昇率という関係が成り立つ。しかし，これはあくまで近似値なので，入試では使わない方がよい。

３．誤文。デフレが進行している場合，名目経済成長率は実質経済成長率を下回ることになる。

４．誤文。その時々の市場価格で測定した生産額を表すのは名目 GDP である。

▶問５．３．正文。この機能をビルト・イン・スタビライザーという。

▶問６．４．正文。ケインズは景気の変化に比べて，賃金の変化は小さなものにとどまるという硬直性に着目し，経済規模が縮小する際にも労働者の賃金はそれほど低下しないことから，「非自発的失業者」が発生すると考えた。そして，自由放任経済ではこの非自発的失業が解消されないと考えた。

１．誤文。アダム＝スミスの理論である。

２．誤文。「自発的失業」を，「非自発的失業」に変えると正文となる。

３．誤文。セイの法則とよばれる考え方である。

５．誤文。規制緩和ではなく，公共事業を積極的に行う「大きな政府」を実現し，新たな需要を創出するべきと考えた。

▶問７．４．適切。まず，景気を刺激するための政策として正しいのは２と４である。２と４のうち，以前の日本では，公定歩合の操作が中心的な手段であったが，現在では公開市場操作がその役割を担っているため，４の買いオペレーションが正解となる。

▶問8．2．適切。信用創造額（貸出総額）は，始原的預金×$\frac{1}{預金準備率}$－始原的預金で求められる。この場合，500 万×$\frac{1}{0.1}$で預金総額は 5000 万円，そこから当初の 500 万を差し引いた信用創造額（貸出総額）は 4500 万円となる。

Ⅳ 解答

問1．A．ウルグアイ・ラウンド
B．ドーハ開発アジェンダ〔ドーハ・ラウンド〕
問2．4　問3．2
問4．サービス貿易，知的所有権〔知的財産権〕
問5．3　問6．3　問7．ア．比較生産費説　イ．幼稚産業

◀解　説▶

≪国際経済≫

▶問1．A．ウルグアイ・ラウンドが適切。GATT で行われた第8回の貿易交渉である。

B．ドーハ開発アジェンダが適切。発展途上国の反発もあり，正式名称はラウンドという名称は用いず，ドーハ開発アジェンダであるが，一般にはドーハ・ラウンドという名称も用いられる。

▶問2．4．誤文。緊急輸入制限（セーフガード）は，GATT から存在し，WTO になってから発動される件数が増加している。

▶問3．2．正文。ミニマム・アクセスをとりやめると，関税の引き下げを求める圧力が強まると考えられるため，現在でもミニマム・アクセスを継続し，トータルでのコメの輸入量を増加させないような政策がとられている。

1．誤文。TPP11 は各国に輸入食品に対する検査や規制の権利を認めているが，輸入制限の権利は保障していない。

3．誤文。日本の食料自給率は先進国の中でも低い水準にある。

4．誤文。TPP11 に農林水産物の関税の撤廃を義務化する規定はない。

▶問4．サービス貿易や知的所有権（知的財産権）が適切。前者は GATS（サービスの貿易に関する一般協定），後者は TRIPS 協定（知的所有権の貿易関連の側面に関する協定）として，WTO を構成するマラケシ

ュ協定の一部となっている。

▶問５．３．誤文。上訴制度は WTO になってから新たに導入された制度である。

▶問６．３．誤文。アメリカ・カナダ・メキシコについては，北米自由貿易協定（NAFTA）に代わる新たな協定として，米国・メキシコ・カナダ協定（USMCA）が 2018 年に結ばれている。

▶問７．ア．比較生産費説が適切。リカードの説はアダム＝スミスの絶対生産費説を修正する形で提唱された。

イ．幼稚産業が適切。現時点では外国に及ばないが，将来において比較優位を持つ可能性のある産業のことをいう。

❖講　評

大問４題で，政治分野から２題，経済分野から２題というバランスの良い出題は 2020 年度と変わらない。論述問題は１問に減少したが，字数が 250 字と，１問での字数としてはこれまでより多くなっている。出題内容としては基本的な知識を問う内容を中心にしつつも，専門的知識や時事的な内容についても問われた。計算問題が出題されたが，それほど難しいものではなかった。問題の分量および難易度については 2020 年度とほぼ変わらなかった。

Ⅰ　新しい人権について問われた。問１のＡの住民基本台帳ネットワークやＢの忘れられる権利など，あまりなじみのない単語が出題された。問２・問３は新しい人権について，『宴のあと』事件や国立マンション訴訟，『石に泳ぐ魚』事件など，さまざまな判例を想起しながら解答する必要がある。問４は個人情報保護法の詳細な知識が問われた。問５では情報公開法について，制定過程や内容に関する知識が求められた。問６ではアクセス権の説明と保障についての論述が求められ，対策が十分でなかった受験生は苦労したであろう。問７では世界人権宣言・国際人権規約に関する知識が問われた。大問全体としては，やや難である。

Ⅱ　立憲主義と民主主義について問われた。問１のＡの立憲主義は早稲田大学法学部で度々出題されている内容であるので解答したい。またＢのフランス人権宣言，問４のゲティスバーグ演説の内容も教科書レベルである。問２では衆議院の解散について問われた。衆議院の解散が内閣の専権事項であることをおさえておきたい。問3は歴代の内閣についての知識があれば解答可能である。問5では最高裁の違憲判決が理解できているかが問われた。問6は55年体制下の状況について問われた。問7では戸別訪問が現在でも認められていないことについて問われた。問8では「ソーシャルメディアの特徴」のうち，民主政治の活性化のために克服すべき課題という新しい内容が問われた。戸惑った受験生も多かったであろう。大問全体としての難易度は標準である。

Ⅲ　国民所得・金融・財政について計算問題も交えて出題された。問1のAは支払い準備金の口座であることがわかれば当座預金という解答を導き出せるだろう。問2⑴では計算問題も出題されたが，内容としては教科書レベルである。⑵ではGDPなどにおける農家の自家消費という，やや踏み込んだ知識が問われた。問3ではGDI・GDEについて出題された。経済成長について問う問4も同様だが，丁寧に読み込めば解答は可能である。問5ではビルト・イン・スタビライザーの内容が問われた。問6では有効需要の考え方について問われており，一見選択肢2などは正文のように見えるが，ケインズの重視した「非自発的失業」と「自発的失業」が混同された記述になっていることに注意が必要である。問7は景気刺激策の中でも現在中心となっている政策が問われた。問8の信用創造額などを求める問題は基本的な難易度であった。大問全体としての難易度はやや易である。

Ⅳ　国際経済について，GATTとWTOを中心に出題された。交渉の名称を問う問1やセーフガードの内容を問う問2，ミニマム・アクセスに関する知識が必要となる問3などは標準的な内容である。問4も一般的な内容と言える。問5のWTOの上級委員会についてはやや詳細な知識を必要とする。問6のUSMCAについては時事問題に対処できていたかが重要である。問7は保護貿易と自由貿易について基本的な内容が問われた。大問全体としての難易度はやや易である。

四の現代文は藤田省三の評論文からの出題。アドルノと亡命生活を論じた、読みごたえのある重い内容の文章である。ほとんどの受験生はアドルノを知らないだろうが、クラシック音楽に興味のある受験生なら、アドルノがアルバン・ベルクに作曲を習ったと聞けば興味がわくだろう。設問は総じてやや難レベル。いずれも本文の該当箇所と丁寧に照らし合わせてその適否を判断する必要がある。問二十五の記述問題は解答の方向性がはっきりしているので、案外書きやすいかもしれない。

らさらなる認識活動を展開することをいう。この事情を説明することになるが、設問の「『認識』と『実践』の関係に留意して」という指示に従い、傍線部2前後の内容をふまえて、この新たな認識活動が亡命者としての社会的実践となったことを説明する。

参考　藤田省三（一九二七～二〇〇三年）は政治学者。東京大学法学部卒業。法政大学名誉教授。丸山真男に師事し、戦後思想史を研究した。著書に『天皇制国家の支配原理』『転向の思想史的研究』『全体主義の時代経験』などがある。本文は『精神史的考察――いくつかの断面に即して』所収の「批判的理性の叙事詩―アドルノ『ミニマ・モラリア』について―二」で、『月刊エディター・本と批評』一九七九年八月号に発表された。

❖講　評

一の古文は『増鏡』からの出題。歴史物語では『大鏡』『栄花物語』に次いで時々見かける出典である。内容は兄が妹に密かに恋心を抱くという予想外な話であるが、これがおさえられれば読解はスムーズにいくだろう。登場人物が少ない点や和歌がない点も読解を楽にしてくれる。設問は標準～やや難レベル。問一・問四・問七がやや難レベルになる。特に問一の出来がカギを握る。

二の漢文は『開元天宝遺事』という珍しい出典からの出題。本文がやや長めだが、一種の説話ということもあって、話の展開に無理がなく、読解は比較的楽だろう。設問は総じて標準レベル。問九は抜き出す箇所をどこにするかで迷わされる。問十二はハとホのいずれが正解であるか、慎重に見極めたい。

三の現代文は今福龍太の評論文からの出題。この論者の文章は含蓄があって入試問題向きと言える。内容は熊と人間との関わりを論じたもので、一見すると具体的で理解しやすいように見えるが、決してそんなことはない。特に後半に関して、筆者の言わんとするところを正確に把握するのは容易でない。設問は基本～やや難のレベル。問十三～問十八で得点を稼ぎたい。問十九・問二十は厳密な吟味が必要である。

ニ、「検査」を文字通りの意味に解しており不適。「衝動」が認識の源泉にあるという点も説明されていない。
ホ、「検査」「調整」「『衝動』から自由ではありえない」が不適。第三・四段落の内容に合致しない。

▼問二十四　第五段落前半では母国語の喪失が論点となる。その要点は、認識活動が言語と密接に関わっていること、その言語（母国語）もまた「衝動」の母なる大地と密接に結びついていること、ゆえに母なる大地から追放された亡命者アドルノたちにとって母国語の喪失は深刻な問題であること、この三点である。この事情は「其処で起こる『母国語を剝奪された』という感じは……事の中に在った」（傍線部の三・四文前）とまとめられている。さらにこれに続けて、アドルノは「思考法の伝統」や「『衝動』の地盤」を一括して「認識の歴史的次元」と呼んだと述べられる。傍線部の「歴史」とはこれを言う。また二カ所の「そこ」はいずれも「縦の社会文化的根源」すなわち「歴史」を指している。よって認識が「理論的伝統（＝「思考法の伝統」）」と「衝動」に支えられていることを「歴史的次元を伴っている」と説明したニが正解となる。
イ、思考法によって「衝動」が認識の地盤に変えられていったと説明しており不適。
ロ、「衝動の地盤」を言語化すると説明しており不適。
ハ、認識活動は文化の枠組みを超えられないと説明しており不適。筆者はむしろ「文化的障壁」を否定している。
ホ、かなり紛らわしい選択肢だが、単に「思考法」としている点が不適。「思考法」そのものではなく、「思考法の伝統」である。「伝統」を「特有の思考法が醸成されてくる」と置き換えて解釈したとしても、ホに見られる〈文化の成立→認識活動→思考法の醸成〉という順序は、本文中の「認識活動の……大地と、思考法の土台としての……それらの複合体」という説明からずれている。

▼問二十五　傍線部の「喪失感」とは「『認識の歴史的次元』の喪失感」（三文前）をいう。すなわち亡命によって思考法の伝統や「衝動」の地盤を喪失した虚無感である。だがそれが「認識すべき世界を深く拡大し、認識の活動を一層推し進める」とは、続く箇所で「それ（＝「母なる大地」）の喪失感を逆に『地盤』とし直す」ことで、亡命者の立場か

り方が以下で説明される。それが「批判的対話」であり、「諸範疇（＝〝カテゴリー〟）の相せめぎ合う『力の場』」を批判的に吟味することである。よって以上の事情を「あらゆる理論的営為と批判的に対峙する」「相対立する……実践性を持つ」と説明したイが正解となる。

ロ、傍線部は「ワイマール時代（＝第一次大戦後のドイツのワイマール共和国時代）以来」をいうのであって、亡命以後に限った話ではない。「実践へ寄与する」なども不適。

ハ、ロと同じ理由で不適。そもそも実践（行動）が「衝動」に突き動かされて成就するなどとは述べられていない。

ニ、特に「実践を正しく導くことのできる認識を提供する」が不適。実践＝認識に基づいた説明になっていない。

ホ、これも実践＝認識に基づいた説明になっていない。

▼問二十三　前問と関連する。ここでは「『認識活動』にとって最も重要な動力源が切除されるという危機」（傍線部前文）が新たな論点となる。まず傍線部の「認識が、部分検査ではなくて……『力の場』の解剖であり」は前段落の「『真理』がそこにだけ現われる……理論上の訓練を行なって来た」を短く繰り返したものである。「自らの実践性」とは批判を通じて認識を徹底させるという意味での「実践性」をいう。さらに「情熱やもろもろの『衝動』から切り離し難いものとなる」については傍線部以下で具体的に説明され、「こうした『衝動』の複合体が全ゆる思惟形式の根っ子において働いている」「自分を育成……『衝動』の母なる大地に他ならない」とまとめられる。これを「その背後では……両者（＝認識と「衝動」）は切り離せない」と説明したロが正解となる。

なお「『衝動』の母なる大地」という表現に関して言うと、母国およびその周辺の生活文化に作曲のモチーフを求める作曲家が亡命を余儀なくされ、亡命先で長期間作曲活動ができなかったバルトークのような例が考え合わせられる。

イ、「一つの根源的範疇」が不適。

ハ、「社会的利害のせめぎあい」「『衝動』を排除することはできない」が不適。

第五段落（亡命生活の中で生ずる……）
↓アドルノは亡命生活によって「衝動の地盤」を喪失したものの、それがかえって認識活動を進め、その喪失感を逆に力動的な「地盤」として捉え直した

▼問二十一　傍線部は亡命生活の困難を述べた一節にある。その困難とは単に生活が不便という次元にとどまらない、亡命者の存在のあり方に関わる本質的な困難であると筆者は述べている。まず傍線部の「彼」は亡命者を指す。「触覚の働かない、物指しの違う」とは同段落に「生活全体……感度の高い『衡かり』がまるで違う」「自由な生活……或る触覚を欠いている」とあるように、生活から自然な日常感覚が消え失せて、常に違和感を伴うことをいう。また「ヘマを仕出かす」とは「同じ事をしても……人工的で作為的な行動様式を呈せざるをえない」ことをいう。例えば隣人との挨拶さえ自然に行えない様子を思い浮かべるとよいだろう。よってこの事情を「感覚や経験の裏づけがない」「不自然」「疎外感を覚える」と説明したハが正解となる。
イ、「長さや重さの衡かり方が違う」が不適。第二段落の「生活の『度量衡』」は比喩である。
ロ、「触覚のような微妙な感覚」が不適。右に引用した箇所の「触覚」も比喩である。
ニ、「自分の真意が伝わらない相手を前にして窮してしまう」が不適。第二段落の内容からはずれる。
ホ、「自分の孤独感を率直に表現できず」以下が不適。これも第二段落の内容からはずれる。

▼問二十二　傍線部前文の「彼らは『認識』に生きる者であり」とは、アドルノたちが「ドイツの思想家」（リード文）であることをいう。さらに続けて「彼らにとって殆ど唯一の誠実な『プラクシス（実践）』である程にまで包括的な意味を持つものであった」とある。ふつう〈理論（認識）〉と〈実践（行動）〉は対置される概念であるが、アドルノたちにとっては、認識を徹底することが実践であったというのが傍線部の趣旨である。だから傍線部直後の文の「実践的学者」とは、行動派の学者という意味ではなく、徹底的に認識を深める学者という意味であり、その具体的なあ

この「衝動の地盤」と絡み合った「母国語文化」とを喪失するという意味を含んでいた。とはいえアドルノにとっては、この喪失感自体が認識活動を一層推し進めるものでもあったのだ。そこに発生する「衝動の地盤」はもはや直接的な母なる大地ではなく、この喪失感を逆に「地盤」とし直すところの、力動的な「地盤」なのである。

語句 アドルノ＝一九〇三〜一九六九年。ドイツの哲学者・社会学者であり、さらに音楽学者・作曲家でもある。ドイツのフランクフルト学派（ホルクハイマー、ベンヤミン、マルクーゼなどが加わる）の中心人物。

カント＝一七二四〜一八〇四年。ドイツの哲学者。本文の「限界の指摘」とは、カントが人間の認識能力を現象に限定し、その背後にある物自体は認識できないと論じたことをいう。

ヘーゲル＝一七七〇〜一八三一年。ドイツの哲学者。

▲解　説▼

本文は五段落から成る。〔要旨〕とは別に各段落の趣旨を示すことで本文読解の一助としよう。

第一段落（亡命生活という生活形式は……）

→亡命生活とは異文化の真只中で負い目を負った異物として生活することである

第二段落（ここで異文化というのは……）

→亡命者は生活の全体においてヘマを仕出かすしかなく、許容と恩恵によって暮らさざるをえない

第三段落（どんな亡命者も……）

→認識者アドルノは全ての文化諸形式と批判的対話を行い、諸範疇のせめぎ合う「力の場」の解明に努めてきた

第四段落（その彼らにとって……）

→亡命者アドルノの危機は、認識活動を支える「衝動」の複合体としての母なる大地から切り離されることであった

ハ、第四段落でフォークナーの「熊」は「哲学的な主題を持った作品」であるとして、「交感」や「掟」などの言葉を用いて、この作品の意義について思索を深めている。よって合致する。

ニ、本文は「熊」を主題に人間と野生の関係について論考したもので、各段落の筋が整合性をもってつながっており、「読者の内的な感覚に働きかける」ような文章ではない。

ホ、「過去の人々」とあるが、本文ではフォークナーの思想しか取り上げられていない。また「現代文明の危機」が本文のテーマではない。

四

出典　藤田省三『精神史的考察――いくつかの断面に即して』〈批判的理性の叙事詩―アドルノ『ミニマ・モラリア』について―二〉（平凡社選書）

解答

問二十一　ハ

問二十二　イ

問二十三　ロ

問二十四　ニ

問二十五　アドルノたちにとって、相せめぎ合う諸範疇のすべてを批判し、その内的構造を包括的に認識することが最も誠実な実践であった。そんな彼らが亡命によって、認識活動の地盤である「衝動」の母なる大地や伝統的な思考法から追放されたことは重大事であったが、その深刻な喪失感をむしろ新たな認識活動の地盤として捉え直すことで、亡命者としてのさらなる認識活動を実践したということ。（一二〇字以上一八〇字以内）

◆要　旨◆

亡命生活とは異文化の中で負い目を負った異物として生活することである。しかし、認識こそが最も誠実な実践であるアドルノたちにとって、亡命生活は、認識活動の動力源としての「衝動」の大地と、思考法の土台としての理論的伝統と、

い イ「動物」、ロ「標的」、ニ「獲物」の三つに絞られる。また空欄 c は、「自然との融合の場」に関して、イの「資源」やロの「負債」は結びつかないと判断して、「遺産」とあるニを選択すればよい。これは同段落の「森の叡知」を言い換えたものと言えよう。

▼問十九　傍線部に関して、その直後で「この、無垢の心（＝アイク少年の心）の深層において見ぬかれ、抱きとめられた『野生』の掟の、残照ともいうべき輝きでした」とあり、これが「真のもの」の内実である。ただこの表現は曖昧で抽象的なので、別の表現を探すと、同段落に「『古の野生』そのものの不可侵にして深遠な存在」とある。さらに遡って探すと、第七段落の「太古からの自然の摂理、この『森の掟』についての物語」や、第四段落の「野生動物と人間とのあいだの深い交感と厳格な掟をめぐる哲学的な主題」「深い交感の地平」が見つかる。よって、これらの箇所から「掟」と「交感」という二つのキーワードが取り出せるが、傍線部と直接結びつくのは「掟」である。よって、「森の掟」が決め手となってホが正解となる。そのホに「野生の中で生きる術を決定的に失った人間の悲劇」とあるのは、第五段落の「森の叡知とともに……自らの命脈がつきたことを悟り」をふまえる。また「『野生』の掟の、残照（＝〝残光〟）」、すなわち野生の掟に従って生きた人間の消えゆく姿という意味を込めている。

イ、「人間にとっての真の勇気」は第六段落の「人間中心主義に染まった道徳観念」であるから不適。

ロ、「他ならぬ自らの手で……無念を描く」とあるが、本文に書かれていない（第四段落に「彼らが仕留めようとしている」とある）。また「無念」と「深い交感」を結びつける説明も不適となる。

ハ、「オールド・ベン」が「近代文明」と戦ったわけではない。「哀しみ」も述べられていない。

ニ、「自然と共に生きる世界を作り上げてきた先駆者たち」が不適。彼らは「侵略」（最終段落）した者である。

▼問二十　イ、「自然環境に関する一般的な理解」とは、里山が放置されたことをいうのだろうが、「筆者の経験」すなわち熊との遭遇を通じてそれを「否定」するというおかしな説明になっている。

ロ、「批判する」が不適。むしろ筆者の実体験の意味をフォークナーの作品を通して確認している。

ニ、「恐れることなく……たじろぎ」が不適。見えたのは熊の後ろ姿だけである。よって「勇気と生命力」も不適となる。

ホ、「荒々しい様子」が「香り立つような野生の気配」（傍線部の前文）に合致しない。「自然と一体化した」以下も第一段落の趣旨に合わない。

▼問十六　第二段落では、野生生物の住む奥山と人間が行き来する里山の関係が大きく変わり、放置された里山に熊が出入りするようになったこと、そのため人が熊に襲われるようになり、熊が害獣視されるようになったことが述べられる。これを空欄が受けて、その直後で「を持続してきた人類の長い歴史が、いま大きな転換期にある」と述べられる。よって、空欄には野生生物と人間とのかつての関係を表す語句が入ることになり、「深い共棲の関係」とあるイが正解となる。他の選択肢はいずれも文脈に合わない。

▼問十七　傍線部の「人間という存在の本質」とは、この文の「おのれの自然的存在の根源」をいい、これは第一段落の『野生』との繋がり」「森羅万象との『一体化』」を言い換えたものである。これをおさえたうえで選択肢を吟味する。

イ、「恐れられた存在だった」が不適。第三段落の「熊という存在が……深い叡知」や、最終段落の「不可侵にして深遠な存在」などに合致しない。

ロ、「めったに人前に姿を現わさない」は第三段落の「広域的な環境を分け合って生きてきた」に、「人知を超えた自然の神秘的な力」は第三段落の「深い叡知」などに合致する。

ハ、第三段落の内容に合致する。

ニ、熊の棲息地である山奥にまで開発の手が伸びたとは書かれていない。

ホ、第二段落の内容に合致する。

▼問十八　二つの空欄の直後の文で、「近代的な搾取者としての猟師であることから離れ、より深い自然との融合の場へと参入していく」とあり、これが二つの空欄の前後の文脈と同じ内容になる。よって、空欄bは「猟師」と関係の深

↓熊は人間におのれの自然的存在の根源について思考させる野生動物である
後半　第四～八段落（ウィリアム・フォークナーに……残照ともいうべき輝きでした。）
↓フォークナーの「熊」は、熊と人間の深い交感と厳格な掟をめぐる哲学的な主題を持った作品である

▼問十三　A、「峡谷」は〝切り立った崖に挟まれた狭い谷〟の意。
B、「火急」は〝事態が差し迫っていること〟の意。類語に「緊急」「焦眉の急」がある。

▼問十四　「釘付けになる」は〝心を奪われて、そこから動けなくなる〟の意。筆者が偶然熊と遭遇したときの体験をこのように表現している。直前に「その姿の勇壮さ」とあるように、恐怖心から動けなくなるのではなく、感動のあまり見とれてしまったのである。ロが最も意味が近く、「目を奪われる」は〝見とれて夢中になる〟の意である。イの「肝を冷やす（＝〝危ない目にあって、ひやっとする〟）」、ハの「足がすくむ（＝〝恐怖や緊張のため足が前に出ない〟）」、ニの「腰を抜かす（＝〝驚きや恐怖のために立ち上がれなくなる〟）」、ホの「胸に刻む（＝〝忘れないように心にしっかりとどめる〟）」はいずれも不適となる。

▼問十五　「昂ぶり」は〝興奮〟の意。筆者は子連れのヒグマが立ち去ってゆく後ろ姿を目撃して、「恐ろしい獣への畏怖（＝〝恐れおののくこと〟）」ではなく、不思議な興奮を覚えたという。そこで傍線部以下に着眼すると、「自らが失ってしまった『野生』との繋がりを深い記憶の底からさぐりだし」「森羅万象との『一体化』」「人間の本源的な感覚意識」などとあるように、筆者はヒグマを通して、自然と一体化した野生性という人間本来の過去の姿に思いを馳せている。よって、この「感覚」を「人間の生の痕跡があることを実感し、言い知れぬ喜びがこみ上げてきた」と説明したロが正解となる。
イ、「自分もそうありたいというあこがれの気持ち」が不適。右の引用箇所に合致しない。
ハ、「信仰の対象ともなっていた」とは書かれていない。また筆者が実際に「森の中で生きていた」わけではない。

三

出典　今福龍太『宮沢賢治 デクノボーの叡知』〈Ⅱ－模倣(ミメーシス)の悦び〈動物〉について〉（新潮選書）

解答

問十三　A－峡谷　B－火急

問十四　ロ

問十五　ロ

問十六　イ

問十七　イ・ニ

問十八　ニ

問十九　ホ

問二十　ハ

◆要　旨◆

熊は人間が自ら失ってしまった野生との繋がりを思い出させ、おのれの自然的存在の根源について思考させてくれる野生動物である。だから熊を害獣として、危険生物として撃退するような発想は、人間という存在の本質をも否定してしまうことにつながりかねない。フォークナーの「熊」という小説も、野生動物と人間とのあいだの深い交感と厳格な掟をめぐる哲学的主題を持った作品である。フォークナーがこの小説で描こうとした真のものは、人間による近代の搾取的な論理にいまだからめとられない、「野生」の掟の、残照ともいうべき輝きであった。

▲解　説▼

本文は熊と人間との関わりをテーマとしたもので、前半と後半に分けることができる。

前半　第一～三段落（野生の熊に出くわした……つながりかねないからです。）

の意となる。「寄与」は〝贈り与える〟の意。少し後にも「妻所寄之詩」とあるので、「寄」が〝送る、贈る〟の意であることは理解できよう。選択肢は「殷勤」の意味に最も近い、「しっかりと」と解釈したニを選べばよい。「燕の翼に託して」「手紙を届けたい」とあるのも適切である。他の選択肢は「殷勤」の意味が適切に反映されていない。

▼問十二　「文士（＝〝文人〟）」の「張説（ちょうえつ）（＝六六七～七三〇年。盛唐の詩人。字は道済。著書に『張燕公集』がある）」が、「其事（＝〝本文の逸話〟）」を聞き伝えて、「好事者（＝〝風流を好む人〟）」が書き写した理由を尋ねている。「其事」のポイントはまさしく燕である。燕が夫の長期の不在を嘆く紹蘭に同情して、彼女の書いた詩を夫の元に送り届けたという、およそ非現実的ではあるが、人間の真情が燕に通じたという感動的な話である。そこで選択肢を見ると、前半はいずれも「雁書」の故事を引いている。この故事は蘇武が雁の脚に手紙をくくりつけて自分の生存を漢に知らせた結果、漢軍が蘇武を救い出したというものである。本文でも燕が送り届けた妻の詩が夫に帰郷を決意させている。よって「夫婦の再会に重要な役割を果たした」と説明したホが正解となる。イは「機転を利かせ」「家族の困窮」が不適。本文の筋に合わない。ロは「返歌を促した」が不適。ハは「不平不満を綴った」とあるが、「薄情夫」とあるのみで、具体的に不平不満を綴ったわけではない。また「積年の思いが解消された」のは手紙を送ったからではなく、夫が帰って来たからである。ニは「（燕が）涙ながらに帰郷を訴え」が不適。

参考　王仁裕（八八〇～九五六年）は唐代末から五代にかけての文人。字は徳輦。天水（現在の甘粛省天水市）の人。著書に『開元天宝遺事』『唐末聞見録』『王氏見聞録』『玉堂閑話』『西江集』などがある。『開元天宝遺事』は盛唐時代の奇怪な話などを集めた志怪小説（＝魏晋南北朝時代の怪異なエピソードを集めた記録集）である。

こさないという文脈であろうと見当がつくだろう。前の空欄の直後に「信」があるから、「音信（＝〝便り〟）」という熟語が思いつけばよい。後の空欄も「音」が入り、「音耗」も〝便り〟の意である。他の選択肢は「信」「耗」と熟語を成さないか、あるいは単独でも文脈に合わない。

▼問九　傍線部は紹蘭の発言の一節である。「欲」は「ほつす」と読み、〝～したい〟の意。「憑」は「よる」「たのむ」と読む動詞。「爾」は「なんぢ」と読み、二人称の代名詞。ここは燕を指す。「付書（書を付す）」は〝手紙を託す〟の意。「投」は〝送る〟の意。「於」は対象を表す前置詞。「我婿」は任宗を指す。全体で、燕に託して湘中にいる夫に手紙を届けたいという趣旨になる。そこで燕を選んだ理由を考えると、この発言の冒頭に「我聞」とあり、以下、「燕子自海東来、往復必経由於湘中」と述べている。すなわち燕が渡りの往復に湘中を経由することから、そのついでに夫の元へ寄って手紙を渡してもらいたいからということになる。よって、この引用箇所全体が理由を説明しているので、引用部分の前の「我聞」、あるいは「聞燕」「燕子」を抜き出すのが最も適当となる。「往復」または「経由」を抜き出すのは適切とは言えない。

▼問十　傍線部に「当」がある以上、再読文字としての用法（まさに～べし）が問われているとみなければならない。よって、選択肢は「まさに……べし」と書き下すロとホに絞られる。また「若」についても、「なんぢ」（二人称の代名詞）、「もし～」（順接の仮定条件を表す）、「～の（が）ごとし」（比況を表す）、「～にしかず・～にしくはなし」（「不若」「無若」などの形をとる比較形）、「いかん」（「何若」「若何」などの形をとる疑問・反語形）のいずれかが問われているとみなせばよい。よって、「もし」と読むロが正解とわかる。なお「爾」は前問と同じく「なんぢ」と読む代名詞。「相（あひ）」は〝互いに、一緒に〟の意の副詞。「允」は「ゆるす」と読む動詞で、〝承知する〟の意。「泊」も「とまる」と読む動詞。「我」は「わが」と読む代名詞。「懐中」は〝ふところ〟の意の名詞である。

▼問十一　「殷勤」は「慇懃」に同じで、〝親切なこと、丁寧なこと〟の意。四字熟語「慇懃無礼（＝〝丁寧すぎてかえって無礼であるさま〟）」でおなじみである。「憑」は問九で確認したように「よる」「たのむ」と読み、〝頼りにする〟

（手紙を）書く。しっかりと燕の翼に託して、薄情な夫のもとに（手紙を）届けたい」と。蘭はそこでその字を小さく書いて（燕の）脚に結びつけた。燕はそこで鳴いて飛び去った。（ところで）任宗はそのとき荊州にいた。にわかに一羽の燕が頭の上に飛んできて鳴いているのを見た。任宗が不審に思ってこれを見つめていると、燕がとうとう（任宗の）肩の上に止まった。（任宗は）一つの小さな封書があるのを見つけた。（燕の）脚に結びつけてある。任宗が解いて封書を見てみると、まさしく妻が贈った詩であった。任宗は感激して涙が流れた。燕はふたたび鳴いて飛び去った。任宗は翌年帰郷し、さっそく詩を出して蘭に見せた。後に文士の張説がこの話を聞き伝えて、好事家がそれを書き写した。

読み　長安の豪民郭行先、女子紹蘭有り。巨商任宗に適ぎ、賈ひを湘中に為す。数年帰らず、復た音信達せず。紹蘭堂中に双燕有りて梁間に戯るるを目睹す。蘭長吁して燕に語りて曰く、「我聞くならく燕子海東より来りて、往復必ず湘中を経由すと。我が婿家を離れて、帰らざること数歳、音耗有ること蔑し。生死存亡、知るべからざるなり。爾に憑り書を付して、我が婿に投ぜんと欲す」と。言ふこと訖りて涙下る。燕子上下に飛鳴して、諾する所有るに似たり。蘭復た問ひて曰く、「爾若し相ひ允さば、当に我が懐中に泊るべし」と。燕遂に膝上に飛ぶ。蘭遂に詩一首を吟じて云ふ、「我が婿重湖に去りて、窓に臨んで泣血もて書す。殷勤に燕の翼に憑りて、薄情の夫に寄与せん」と。蘭遂に其の字を小書して足上に繋ぐ。燕遂に飛鳴して去る。任宗時に荊州に在り。忽ち一燕の頭上に飛鳴するを見る。宗訝しみて之を視るに、燕遂に肩上に泊る。一の小なる封書有るを見る。繋ぎて足上に在る。宗解きて之を視るに、乃ち妻の寄する所の詩なり。宗感じて泣下る。燕復た飛鳴して去る。宗次年帰り、首に詩を出して蘭に示す。後に文士張説其の事を伝へて、好事者之を写す。

▲解　説▼

本文は、紹蘭が夫に宛てて書いた詩を燕が送り届けたという伝奇的な話を記している。

▼問八　二つの空欄の前後はそれぞれ「数年不帰、復～信不達」「不帰数歳、蔑有～耗」となっており、〈数年帰らず、～がない〉という内容が共通している。帰らないのは紹蘭の夫の任宗である。よって、夫が数年帰らないまま手紙も寄

ホ、姫君が公宗に好意を持っていたとは書かれていない。

参考　『増鏡』は南北朝時代の歴史物語。作者は二条良基説が有力。後鳥羽天皇の誕生（一一八〇年）から後醍醐天皇の隠岐からの還御（一三三三年）までの歴史を編年体で記す。『大鏡』『今鏡』『水鏡』に続き、「四鏡」と総称される。

二

出典　王仁裕『開元天宝遺事』〈伝書鷰〉

解答

問八　ハ

問九　我聞〔聞燕・燕子〕

問十　ロ

問十一　ニ

問十二　ホ

◆全　訳◆

長安の金持ちの郭行先には、紹蘭という娘がいた。富豪の任宗に嫁いだが、（任宗は）湘中で商いをした。数年経ったが帰らず、便りも届かなかった。紹蘭は家の中に二羽の燕がいて梁の間で遊んでいるのを目にした。（そこで）蘭は長くため息をついて燕に語って言うには、「私が聞くところでは燕は海の東からやって来て、（長安まで）往復するのに必ず湘中を経由すると。私の婿は家を離れて、帰らないまま数年になって、便りも寄こさない。生きているのか死んでいるのかも、知ることができない。（そこで）お前に手紙を託して、私の婿に送りたいと思う」と。言い終わると涙がこぼれた。（すると）燕は上へ下へと飛んで鳴いて、承知したように見えた。蘭がまた尋ねて言うには、「お前がもし承知してくれるなら、私のふところに止まりなさい」と。燕はそこで（紹蘭の）膝の上に飛んできた。蘭はそこで詩を一首詠んで言うことには、「私の婿は（湘中の）重湖に行ったまま帰らず、（そのため）窓に向かって血の涙が出るほど激しく泣きながら

▼問五　3、「つれなく（つれなし）」は〝冷淡だ、さりげない、平気だ〟。「もてなし（もてなす）」は〝処置する、ふるまう、世話をする、もてはやす〟の意。直前に「涙うきぬべきを」とあるので、ここは涙をこらえて何気なくふるまう様子を表す。姫君が琴を弾き、公宗が笛を吹く場面であるが、公宗の心が動揺していることから、公宗が主語とわかる。

5、最終段落は姫君の入内の様子を記すが、「かの下くゆる心ちにも」で始まる文では、公宗の心情を描写している。「忍び（忍ぶ）」は〝こらえる〟。「はつ」は〝～終わる、すっかり～切る〟の意の補助動詞。「べき（べし）」は可能の助動詞。天皇と姫君の結婚を兄として喜ぶ一方で、姫君への思いを断ち切れない心の苦しみをこらえ切れないということ。

▼問六　琴を演奏する姫君の容姿を描写する場面である。「よろしき（よろし）」は〝まあまあよい、普通である〟の意。「だに」は類推（～さえ）の副助詞。よって「世間並みの娘でさえ」とあるイとホに絞る。「いかが」は〝どのように〟。「見なす」は〝～と思って見る、見届ける、世話をする〟の意。ここは直後に「ましてかくたぐひなき御有様……」とあって姫君の美しさを強調する文脈なので（漢文の抑揚の句形に同じ）、〝人の親はどのように思ってみるだろうか、よいと思って見るだろう〟の意になる。よって「親はよい方だと思いがちである」と解釈したイが正解である。

▼問七　イ、「二人の仲はよくなかった」が不適。最終段落の「上も思ほしつきにたり（＝〝天皇もお心がひかれてしまった〟）」に矛盾する。

ロ、「中納言公宗の心中を察していた」とは書かれていない。よって「父の命」以下も不適となる。

ハ、「強い不安を抱いていた」とは書かれていない。

ニ、第二段落の「大臣は又いかさまにかと苦しう思す」に合致する。実雄は公宗が妹に恋い焦がれていることを知らないが、公宗が何かで悩んでいることは知っている。

いる。語り手もそのせつなさゆえに同情を禁じえないほどである。

▼問一　「さるは」はラ変動詞「さり」の連体形「さる」に、係助詞「は」が付いたもの。〝それにしても、そのくせ、そのうえ、それというのは〟の意。前文の「この姫君の御兄……くゆりわび給ふ」を受ける。この部分の「姫君」は実雄の愛娘を指す。「このかみ」は〝長男〟の意。「下たくけぶりにくゆりわび」とは、火が下でくすぶり燃えるように、密かに恋い焦がれることをいう。すなわち長男の公宗が妹に恋心を抱いたということ。だから傍線部の直後で「いとあるまじきこと（＝〝とんでもないこと〟）と思ひはなつ（＝〝断念する〟）」のである。この筋がわかればホを選択できる。イ・ロ・ハはいずれも実雄の「猛々しい心」と説明しており不適。ニは「入道殿の孫の姫君」が誤り。

▼問二　「げに」は〝なるほど、本当に〟の意の副詞。「惜しかり」はシク活用の形容詞「惜し」の連用形。「ぬ」は強意の助動詞。「べき」は推量の助動詞「べし」の連体形。

▼問三　b、「奉り」は謙譲の補助動詞「奉る」の連用形。直前の「せ」は使役の助動詞「す」の連用形。実雄が姫君に琴を弾かせるという内容で、動作の対象である姫君を敬う。

c、「給ふ」は尊敬の補助動詞。主語である実雄を敬う。

d、「給ふ」は尊敬の補助動詞。前文に「折しも中納言参り給へり」とある。父の実雄に促されて御簾の内側に控えたということで、主語である公宗を敬う。

▼問四　主語は公宗である。「騒ぐ御胸」は心が落ち着かない様子を表す。それというのも恋い焦がれる妹のそばにいるからである。「念じ（念ず）」は〝祈る、我慢する〟の意で、ここは「騒ぐ御胸を」に続くので後者の意になる。選択肢は「心の動揺を抑えて」とあるイ～ハに絞られる。続いて「用意」は〝心づかい、準備〟。「加へ（加ふ）」は〝加える、程度を増す、与える〟の意である。ここは傍線部直前にも「いとどもてしづめて」とあるように、公宗が心の動揺が表に表れないように努めている場面なので、「用意」は〝心づかい〟の意になり、「用心された」とあるハが正解となる。イは主語が実雄になり不適。ロは「用意」を「支度」と解釈しており不適。

人の）ご様子などであるようなので、（大臣が）並々ならぬ子を思う心の闇に迷いなさるのも、もっともであろう。

十月二十二日に入内なさる儀式は、これもたいそう立派である。出車十両、一の車の左は大宮殿、二位中将基輔の女（むすめ）と申し上げた。二の車の左は春日、三位中将実平の女。右は新大納言、この新大納言は為家の女とか申し上げた。それよりも下位の女房は、まして煩わしいので面倒だ（＝省略する）。御雑仕（＝雑役に奉仕する下級女官）は、青柳・梅が枝・高砂・貫川といったが、この貫川を、天皇（＝亀山天皇）がこっそり寵愛なさって、（貫川は）姫宮を一人お産みになった。その姫宮は、後に近衛関白家基の北の方におなりになった。なによりも、女御のお姿と顔だちがすばらしくていらっしゃるので、天皇もお心がひかれてしまった。女（＝佶子）は十六歳におなりである。天皇は十二の御歳であるけれど、たいそう大人びていらっしゃるので、お似合いのご関係である。あの火が下でくすぶる（ように恋い焦がれる公宗の）心にも、（佶子が天皇に寵愛されるのは）たいそう喜ばしいことであるとはいえ、その気持ちは気持ちとして、胸の苦しみが募るばかりなので、堪えきることができそうにない気持ちがなさるのは、結局どのようにおなりになるのだろうと思うと、気の毒である。まもなく（佶子が）皇后の位についたので、大臣は満足にお思いになることこの上ない。

語句　御気色たまはる＝ご意向をお伺いする。
さしもやは＝まさかそんなことはあるまい。「やは」は反語。
葦のねなきがちにて＝「ね」に「根」と「音」を掛ける。泣いてばかりいる様子を表す。
我かの気色＝正体を失っているさま。「我か」は自分か他人かわからないことをいう。
心づかひせらるるやうにて＝立派な公宗の前では心配りがなされるさまをいう。「らるる（らる）」は自発の助動詞。
心の闇＝煩悩に迷う心。特に子を思うゆえの迷いをいう。

▲解　説▼

本文は公宗が妹の佶子に密かな恋心を抱くという、いわゆる禁断の恋を主題とする（二人は両親を同じくする）。父実雄が佶子を女御代として入内させようと画策するなか、公宗が佶子への片思いのために苦しむ様子がこまやかに描かれてだろうか、火が下でくすぶるように（姫君を）思い焦がれていらっしゃるのは、気の毒なことであった。そういうことは、まったくとんでもないことだと諦めようとするにもかかわらず、思い通りにならない恋心の苦しさゆえに、寝ても覚めても、葦の根ならぬ音を上げて泣いてばかりいて、（入内の）お支度が近づくにつけても、正体を失った様子であるばかりでぼんやりとお過ごしになるのを、大臣（＝実雄）はまたどうしたことだろうかと心を痛めてお思いになる。

初秋の風が吹き始めて、趣のある夕暮れに、大臣がいらっしゃってご覧になると、姫君は、薄色の表着に女郎花の袿などを上に重ねて着て、几帳から少しはずれて座っていらっしゃる姿と顔だちは、いつもよりも言いようもなく優雅で美しさがあふれていて、いとおしく見えなさる。御髪もたいそう多くて、五重の扇（＝板の数の多い扇）とかいうものを広げているような様子で、少し赤みを帯びて見えなさるけれど、毛筋が細かく額から裾まで真っすぐに伸びていて美しい。普通の人（の妻）にはまことにもったいないに違いない人となりでいらっしゃる。

（大臣は）几帳を押しやって、特に改まったふうもなく拍子を打ち鳴らして、（姫君に）御琴を弾かせ申し上げなさる。ちょうどそのとき中納言も参上なさった。（大臣が）「こちらへ（来なさい）」とおっしゃるので、（公宗は）かしこまって、御簾の内側にお控えなさる姿と顔だちは、この君もまたたいそうすばらしく、どこまでも物静かでその心の底が知りたく思われ、（公宗の前では）何となく心配りをせずにはいられない感じで、情がこまやかで優雅で、すました様子をして、上品で美しい。（姫君の前なので）いっそう心を静めて、心の動揺を抑えて、（気持ちが外に表れないように）用心なさった。

（公宗が）笛を少し吹き鳴らしなさると、（音が）澄んで空高く響いて、たいそう趣深い。（姫君の弾く）御琴の音がほのかでかわいい感じがする、その合奏の間、（公宗は胸が高鳴って）かえって（音を）聞き取ることができず、涙が浮かびそうになるのを、さりげなく振る舞いなさる。撫子の花に露がそのまま輝いている（模様の）小袿に、御髪が垂れかかって、少し身を傾けなさった（姫君の）横顔は、本当に光を放つとはこのようなさまを言うのだろうか、と見えなさる。世間並みの娘でさえ、親はどう見るだろうか（、よい方だと思いがちである）。ましてやこのように並ぶものがない（二

国語

一

出典　『増鏡』〈中　第七　北野の雪〉

解答

問一　ホ

問二　ホ

問三　b―ホ　c―ハ　d―ニ

問四　ハ

問五　3―ニ　5―ニ

問六　イ

問七　ニ

◆全　訳◆

この入道殿（＝西園寺実氏）の御弟で、当時右大臣実雄と申し上げる方は、姫君を大勢お持ちになっている中で、とりわけ器量のすぐれている方（＝佶子）をいとおしいものに思って大切にお世話なさる。今上天皇（＝亀山天皇）の女御代として出仕なさることになっていたが、そのままその折に、文応元年に入内するはずのものと思い定めていらっしゃった。院（＝後嵯峨院）にもご承諾をいただきなさる。入道殿の御孫の姫君も入内なさるであろうという噂はあるけれど、そんなことはまさかあるまいと強行なさる。（実雄は）たいそう激しいご気性であるにちがいない。

この姫君（＝佶子）の兄君が大勢いらっしゃる中の長男で、中納言公宗と申し上げる方が、どのようなお心があったの

//////////////////// · memo · ////////////////////

2020年度

解答編

解答編

英語

I　**解答**　(1)1－K　2－H　3－G　4－L　5－D　6－J
(2)－D・E・G・H
(3)－E
(4)1－C　2－C　3－B　4－A

◆全　訳◆

≪「偶然性」という現実≫

①　私は自分が黒人だと初めて認識したときの記憶がある。それは7歳か8歳で，夏がまるごと目の前にある学年の最後の日に近所の子どもたちと学校から歩いて帰っていて，私たち「黒人」の子どもは，地区の公園にあるプールで水曜日の午後以外は泳げないと知ったときのことだ。それから，あの夏の水曜日には，水着をタオルにしっかりくるんで，自分たちの地区から白人地区にあるプールへと列をなして向かった。週1回の奇妙な行脚だった。それはシカゴランドとしても知られるシカゴの都市部の1950年代から1960年代初めという，その時と場所の人種的規律を表していた。この規律が私の生活に与えた影響は重大に思えた。水曜日の午後しか泳げない暮らし？　どうして？　次に私が知ったのは，私たち黒人の子どもは，木曜日の夜以外はローラースケート場に行けないということだった。私たちが普通の人になれるのは週の真ん中の日だけ？　こうした人種差別は無視し難かった。そして，間違いは高くついた。13歳のとき，朝6時に行って，ゴルフコースでキャディとして雇ってもらうために1日中待ち続け，結局，ニグロは雇わないと言われたときのように。私は黒人であることが何を意味するか知らなかったが，だんだんとそれがたいへんなことなのだとわかり始めた。

②　数十年たった後知恵で考えると，当時何が起きていたのかわかっていると今では思う。私は，まさしく生活条件に気づき始めていたのだ。最も

大事なのは，それが私の人種，あの時あの場所で私が黒人であったことと結びついた生活条件だということである。条件はきわめて単純だった。「もし」私が水曜日の午後にプールに行けば，「それなら」入れた。「もし」それ以外のときに行けば「それなら」入れなかった。7 歳とか 8 歳とかの私には，これはひどい生活条件だった。しかし，その条件自体は，その条件における最悪の部分ではなかった。たとえば，私がゴミ出しをしなかったという理由で両親が私にその条件を課したのであれば，私はそんなにむしゃくしゃしなかっただろう。私をいら立たせたのは，私が黒人だという理由でそれが課されたことだった。それに関して私にできることは何もなかった。そして，黒人であることが泳ぐのを制限するのに十分な理由なのだとしたら，そのせいで他にどんなことが起こるだろうか？

③　何年も後のインタビューで，ある大学生が似たような形を取った経験を私に説明してくれることになった。彼はアフリカ系アメリカ人の政治学のクラスで 2 人しかいない白人のうちの一人だった。彼も生活条件について述べた。もし彼がアフリカ系アメリカ人の経験について無知であること，あるいは，それについてどのように考えるべきかに関してあいまいであることを示すようなことを何か言えば，彼は人種的な面で鈍感だと見なされる可能性が十分あった。もし彼が授業で何も言わなければ，同じクラスの学生の疑念を大いに免れることができた。私のプールの条件と同じように，彼の条件は，あの時あの場所で白人であるという自分の人種的アイデンティティを彼に感じさせた。それは彼がそれ以前にはあまり考えたことがなかったことだった。

④　プールの制限に直面したとき，それは私を当惑させた。それはどこから生じたのだろう？　そのようなアイデンティティと結びついた生活条件は今でも私を当惑させる。しかし今では，それがどこから生じるものなのか実際的な考えを持っている。それは，人種といったアイデンティティをめぐる，ある特定の時代の社会の組織のされ方から生じるのである。そうした組織は，機会やよい生活を求める，個人や集団の進行中の競争だけでなく，ある場所の歴史も反映している。厳格な居住地分離，学校分離，就職差別など，1950 年代の終わりごろから 1960 年代初期の人種をめぐるシカゴランドの組織のされ方は，あの時あの場所の黒人には，自分たちのアイデンティティと結びついた多くの制限的な生活条件があったということ

を意味しており，おそらく，その最もささいなものが，7歳か8歳の私をあんなに悩ませた水曜日の午後の水泳制限だったのだ。

⑤ 一般的に言って，偶然性（contingencies）とは，ある状況で自分が欲しいものや必要とするものを手に入れるために対処しなければならない事態のことである。私が若いころのシカゴランドでは，泳ぎに行くためにはプールに行くのを水曜日の午後に制限しなくてはならなかった。それは一つの偶然性だ。私のインタビューを受けてくれた学生には，アフリカ系アメリカ人の政治学のクラスで，彼の無知が彼に深刻な反感をもたらしかねないという余計なプレッシャーがあった。それもまた偶然性だ。どちらの偶然性をもアイデンティティの偶然性にしているのは，渦中にいる人たちがその状況で特定の社会的アイデンティティを持っているがためにそれに対処しなくてはならなかったということである。その状況にいる他の人たちはそれに対処する必要がなかった。こうしたアイデンティティの偶然性は，もっと大きな社会や社会の最も根強い問題のいくつかにおいて，私たちの生活に影響を及ぼす。

⑥ 私たちは個人主義的な社会で暮らしている。私たちの社会的アイデンティティと結びついた条件が，自分の生活に大いにものを言うと考えるのを私たちは好まない。障壁が生じると，私たちは自力で苦境を乗り切りながら嵐を潜り抜けることになっている。しかし，私たちに特定の生活条件を課すことによって，私たちの社会的アイデンティティは，教室や標準テストでの出来ばえ，記憶力，運動能力，力量を示そうとして感じるプレッシャー，異なる集団の人たちといて感じる快適さのレベルさえ含めて，大切なものに強い影響を及ぼし得る。つまり，私たちが一般的に個人の才能ややる気，好みによって決定されていると見なしているあらゆるものに影響を及ぼし得るということだ。たとえば，私たちの個人主義という信条が社会の現実を陰に追いやるままにしてそれを無視することは，私たち自身の成功や発展，アイデンティティの多様な社会や世界での生活の質，そして，アイデンティティが今なお社会における成果の分配に影響を及ぼしているよくない点のいくつかを修正する私たちの能力にとって，損失が大きいのである。

◀解　説▶

◆(1) 1～6はいずれも「第～段で筆者は主に…」という内容である。

各選択肢を順に見ながら，どの段に相当するか検討する。

▶A.「1950 年代と 1960 年代に黒人の子どもであるという人種的なアイデンティティと結びついた生活条件がたいへん多かったため，彼は社会を非難していたことを論じている」

第①段には筆者が子ども時代に経験した，黒人であるがゆえの制約が具体的に述べられているが，それに対する筆者の反応は，同段第 7 文にあるように Why?「なぜ？」と不思議がるばかりであり，同段最終文（I did not know …）には「私は黒人であることが何を意味するか知らなかった」とある。「社会を非難していた」とは述べられていない。この選択肢はどの段にも当てはまらない。

▶B.「アイデンティティの偶然性とは異なり，個人の成功に影響を与え，より多様な社会につながる個人主義を賛美している」

individualistic society「個人主義的社会」という言葉は第⑥段第 1 文（We live in an …）に見られるが，個人主義を称賛するような記述はない。この選択肢はどの段にも当てはまらない。

▶C.「何十年もの差別のせいで，黒人の子どもたちが自分の状況を疑問に思わないようになってしまったと訴えている」

このような記述は本文中には見られない。この選択肢はどの段にも当てはまらない。

▶D.「アイデンティティの偶然性を定義し，それを人々が社会の中で直面する問題と結びつけている」

第⑤段第 1 文（Generally speaking, …）で「一般的に言って，偶然性とは，ある状況で自分が欲しいものや必要とするものを手に入れるために対処しなければならない事態のことである」と「偶然性」の定義をしており，筆者や筆者がインタビューした学生の例を挙げた後，同段最終文（These identity contingencies …）で「こうしたアイデンティティの偶然性は，もっと大きな社会や社会の最も根強い問題のいくつかにおいて，私たちの生活に影響を及ぼす」としている。この選択肢は第⑤段の内容と一致する。

▶E.「みんなのコメントがとても人種的な色合いを帯びていたので，政治学の授業で話すことができなくなってしまった白人の大学生のことを述べている」

第③段に，クラスで少数派だった白人学生のことが述べられているが，クラスの他の学生たちがどのような発言をしていたかについては述べられていない。この選択肢はどの段にも当てはまらない。

▶F．「差別政策に対する認識がまずどのように社会不安を引き起こし始めたか詳しく述べている」

「社会不安が起きた」という記述は本文中には見られない。この選択肢はどの段にも当てはまらない。

▶G．「大学の授業で人種的に少数派であることが，どのように学生に自分の人種的アイデンティティを気づかせ，その人のふるまい方に影響を及ぼしたか論じている」

第③段には，大学の政治学のクラスでたった2人しかいなかった白人のうちの一人の話が述べられている。同段最終文（His condition, like …）に「私のプールの条件と同じように，彼の条件は，あの時あの場所で白人であるという自分の人種的アイデンティティを彼に感じさせた」とある。同段第3文（He, too, described …）には，アフリカ系アメリカ人の経験について無知であることを示すようなことを言えば，人種的な問題に鈍感だと見なされる可能性が十分あり，何も言わなければクラスメートの疑念を免れることができたと述べられている。クラスの少数派であることが，この学生の行動に影響を及ぼしたことがわかる。この選択肢は第③段の内容と一致する。

▶H．「子ども時代に彼が経験した制約が，彼自身には何の落ち度もないのに彼に押しつけられていたことを説明している」

第②段第2文（I was recognizing …）後半に「それは私の人種，あの時あの場所で私が黒人であったことと結びついた生活条件だ」とあり，同段最終文（There was nothing …）に「それ（＝私が黒人だということ）に関して私にできることは何もなかった」とある。この選択肢は第②段の内容と一致する。

▶I．「偶然性を，人々がもう対処しなくてもよくなるように取り除く必要のある制約や圧力だとしている」

第⑤段第1文（Generally speaking, …）で「一般的に言って，偶然性とは，ある状況で自分が欲しいものや必要とするものを手に入れるために対処しなければならない事態のことである」と定義してはいるが，それを取り除かなくてはならないという記述は本文中には見られない。この選択肢はどの段にも当てはまらない。

▶J.「どのようによりよい社会を築くかだけでなく，どのようにして個人的な目標に到達するかを考える際の重要な要素として，社会的アイデンティティを考慮に入れる必要性を主張している」

第⑥段第4文（But by imposing …）に「私たちに特定の生活条件を課すことによって，私たちの社会的アイデンティティは…大切なものに強い影響を及ぼし得る」，続く最終文（Ignoring the social reality …）に「社会の現実を無視することは高くつく」とある。この選択肢は第⑥段の内容と一致する。

▶K.「彼に自分の人種的アイデンティティを気づかせた子ども時代の経験を回想している」

第①段第1文（I have a memory …）に「私は自分が黒人だと初めて認識したときの記憶がある」とあり，以下に，小学生のとき，水曜日の午後しか地区のプールで泳げなかったこと，ローラースケート場は木曜日の夜しか使えなかったこと，13歳のときにはゴルフ場でキャディとして雇ってもらおうと1日中待った挙句，黒人は雇わないと言われたことが述べられている。この選択肢は第①段の内容と一致する。

▶L.「その人のアイデンティティを理由に個人に課される制約は，社会がどのように組織立てられているかを反映すると示唆している」

第④段第5文（They come from the …）に「それ（＝生活条件）は，人種といったアイデンティティをめぐる，ある特定の時代の社会の組織のされ方から生じる」とあり，以下に筆者が子ども時代を過ごしたシカゴランドを例に具体的に述べている。この選択肢は第④段の内容と一致する。

◆(2)　本文の内容と一致しないものを4つ選ぶ問題である。

▶A.「プレッシャーや制限を経験することによって自分の人種的アイデンティティに気づくようになることは，もっぱら特定の人種集団にだけ起こることではない」

第③段最終文（His condition, like my …）の内容と一致する。本文では黒人である筆者と，筆者のインタビュー相手の白人学生の両方の例が述べられている。

▶B.「黒人であることは，20世紀半ばのシカゴランドで，人がどこに住み，どこで学び，どんな仕事に就くかに影響を及ぼした」

第④段最終文（The way Chicagoland …）の内容と一致する。

▶C.「人が社会においてどのように機能するか決めるのは，その人の個人的な特徴だけでなく生活条件もそうである」

第⑥段第 4 文（But by imposing …）の内容と一致する。

▶D.「筆者は，ゴルフコースで仕事を得ようとしたことで，過去に高額な罰金を払わなければならなかった」

第①段最後から 2 番目の文（And mistakes were costly, …）には，筆者がキャディとして雇ってもらおうと 1 日中待った挙句に，黒人は雇わないと言われたことが述べられているが，それで罰金を取られたとは書かれていない。冒頭の mistakes were costly「間違いは高くついた」は，「損失や犠牲が大きかった」の意。これが正解の一つ。

▶E.「筆者は，アフリカ系アメリカ人の政治学の授業をとっていた大学生が，どれほど人種的に鈍感だったか気づいた」

第③段第 3 文（He, too, described …）に racially insensitive「人種的に鈍感」という語句はあるが，これはインタビューを受けた大学生が，授業での様子を説明するのに使った表現であり，筆者がその大学生を評したものではない。これが正解の一つ。

▶F.「筆者は，自分の人種的アイデンティティに気づき始めたとき，まだ 10 代になっていなかった」

第①段第 1・2 文（I have a memory …）の内容と一致する。

▶G.「筆者が子どものときに利用していたプールがあったのは白人地区ではなかったので，彼は水曜日に自由に利用できた」

第①段第 3 文（And then on those …）に「自分たちの地区から白人地区にあるプールへと列をなして向かった」とあることと一致しない。これが正解の一つ。

▶H.「生活で障害が生じている間，個人主義がそれを克服し，社会が生み出す困難な状況を生き延びるカギである」

本文にこのような記述は見られない。これが正解の一つ。

◆(3)　文章の主旨を選ぶ問題である。

第①～④段では，自分の人種がある状況で制約になるという社会の現実を，筆者自身と白人の大学生の経験を例に挙げて述べている。それを踏まえて，第⑤段第 1 文（Generally speaking, …）で contingencies「偶然性」という言葉を使い，筆者や白人の大学生が経験したことが「ある状況で自分が欲しいものや必要とするものを手に入れるために対処しなければならない事態」と定義し，第⑥段最終文（Ignoring the social reality …）で「社会の現実を無視することは…私たち自身の成功や発展…にとって損失が大きい」としている。E の「個人が自分の能力の最大限にまで到達することを目指せる世界を可能にするためには，制限やプレッシャーが特定の社会的アイデンティティに課されていることを認識することが重要である」が適切。

▶ A.「人種差別は，1950 年代，1960 年代のシカゴランドの黒人の子どもたちにとっては生活条件であり，筆者の内部に黒人であるとはどういうことを意味するかという感覚を目覚めさせた」

第①段には，1950〜60 年代のシカゴランドでの筆者の子ども時代の経験が述べられているが，同段最終文（I did not know …）に「私は黒人であることが何を意味するか知らなかった」とある。また，子ども時代の経験は文章全体の主旨とは言えない。

▶ B.「差別や人種的固定観念化は，アイデンティティの偶然性の形態であり，個人主義に基づいた社会を築くのには有害である」

個人主義に基づいた社会の構築については，本文では述べられていない。

▶ C.「人種差別を終わらせる解決策は，個人主義の原理を支持することによって，固定観念と戦い，私たちのアイデンティティに課されている制限に異議を唱えることにある」

本文にこのような記述はない。

▶ D.「自分が多数派に属していると思っている人たちが，たやすく少数派に属し，差別を受ける状況になることがある」

本文にこのような記述はない。

◆(4) 文中の下線部の語句と同意のものを選ぶ問題である。

▶ 1. 当該文は「私を got したのは，私が黒人だという理由でそれが課されたことだった」となっている。「それ」とはプールに行けるのは水曜日の午後のみという制約のこと。直前の文で「私がゴミ出しをしなかったという理由で両親が私にその条件を課したのであれば，私はそんなにむしゃくしゃ（upset）しなかっただろう」とあり，ここでの got は「むしゃくしゃさせる」の意だと考えられる。C の irritated「～をいらいらさせた」が正解。A．confused「～を混乱させた」 B．convinced「～を確信させた」 D．trapped「～をだました」 E．understood「～を理解した」

▶ 2．当該箇所は a given time となっており，名詞を飾る形で使われている。このような given には「ある特定の」の意がある。C の specific「特定の」が正解。第①段第 5 文（It marked …）の of the time and place，第③段最終文（His condition …）および第④段最終文（The way Chicagoland …）の in that time and place「その時その場所での」が繰り返されていることもヒントになる。A．offered「提供された」 B．restricted「制限された」 D．tentative「不確かな」 E．understood「理解された」

▶ 3．当該文は「アイデンティティの偶然性は…社会の最も tenacious な問題のいくつかにおいて，私たちの生活に影響を及ぼす」となっている。筆者や筆者がインタビューした学生が感じたのは人種的な条件や制約だったことを考えると，人種差別のような簡単にはなくならない根深い問題と推測するのが妥当。B の persistent「持続する，繰り返される」が正解。tenacious は「頑強な，しつこい」の意。A．complex「複雑な」 C．recent「最近の」 D．unusual「まれな」 E．widespread「広範囲に及ぶ」

▶ 4．当該文は「個人主義という creed が社会の現実を陰に追いやるままにして，それを無視する」となっている。第⑥段第 1 文（We live in …）に「私たちは個人主義的な社会で暮らしている」とあり，筆者はシカゴで幼少期を送っていることから，アメリカの社会をイメージしたい。社会での成功は個人の力で切り開くものという考え方のことを言っていると考えられるので，A の belief「信念，考え」が正解。creed は「信条，信念」の意。B．dependence「依存」 C．doubt「疑念」 D．fear「不安」 E．protection「保護」

●語句・構文●

（第①段）file「列を作って行進する」 at the end of the day「その日の終わりに」が文字どおりの訳であり，「結局」の意でも使う。a big deal「たいそうなこと」

（第②段）hindsight「後知恵」 nothing less than ～「～にほかならない」

（第④段）mystify「～を当惑させる」 working「実際的な」
（第⑥段）be supposed to *do*「～することになっている」 pick *oneself* up by *one's* bootstraps「自力で苦境を乗り切る」

II 解答

(1)1－B　2－C　3－D　4－E
(2)－D・G・H・I
(3)－C
(4)1－C　2－A
(5)1－E　2－B　3－C

◆全　訳◆

≪鉄道がビクトリア朝英国にもたらしたもの≫

当時の鉄道は，マンチェスターやリバプールのような，ランカシャー北部の急成長する産業都市の商人，製造業者，都市資本家と強く結びついていた。初期の主要な鉄道路線に，彼らの資本が圧倒的な資金を融通していたからである。鉄道会社自体は前代未聞の規模の個人資本投資を象徴していた。たとえば 1844 年では，初期調査や議会の承認から最終的な建設まで，新しく線路を敷設するには，1 マイル当たり平均 3 万 3000 ポンドかかった。そうした投資の結果生まれた巨大で集中化した企業は，近代的企業ビジネス経営出現の先駆けとなった。鉄道会社は，産業化，都市化，物品の流通，近代的証券取引市場の発達を押し進める先導的な主体であり，19 世紀の間に，ビクトリア朝時代の経済と労働力全体でますます途方もない保有率を占めるようになった。19 世紀半ばから 20 世紀初めまで，鉄道会社は英国でも米国でも，従業員数だけでなく資本の点でも，とびぬけて最大の企業だった。

しかし，純粋に経済的な規模を超えて，鉄道はその近代性，進歩，休むことのない変化の感触で，当時の人たちにとってはビクトリア朝の「時代精神」の強力なシンボルにもなった。反応は賛否入り混じったものだった。時事問題解説者の大多数は，商業や交通が前代未聞の速度，規則正しさ，能率で行われるようにしつつ，人類の力に自然を凌駕させる近代技術の「輝かしい可能性」の権化として，鉄道を賛美した。そのようなものとしての鉄道は，英国の愛国主義と帝国の勝利の行為主体として，称賛されることが多かった。しかし，都市部とその営利的価値観による田園地帯への全般的侵入と腐敗の恐れがある近代資本主義の暗部を鉄道の中に見る人たちもいた。英国の伝統的な田園地帯に張りめぐらされた線路のクモの巣状の広がりは，英国の生活と価値観全体への近代性の全般的な浸潤のシンボルになった。鉄道建設は，多くの場合，大規模な土木工事を必要とし，堂々たる橋やトンネル，高架橋を建設したり，山地や丘陵地帯を横切る醜いはぎ取ったような跡を刻んだりして，風景に痛々しい傷を残した。こうした傷は，数十年で植物が再生して急速に癒え，やがて鉄道は，それが環境に及ぼす影響は（とりわけ 20 世紀の自動車と比べると）比較的害のないものであることがわかるにつれ，田舎の生活の中に心地よく織り込まれていった。しかし，1840 年代には，鉄道が風景に与える損傷は不愉快にもはっきりしたものであり，近代性の美的，文化的犠牲の明らかな印だった。

鉄道は産業の発展だけでなく，その発展を推進する資本家という新たな階級も象徴していた。ハロルド＝パーキンはこうした人たちを『鉄道の時代』の中で，「先見の明のある，活力に満ちた，独立独行の人たちであり，さまざまな困難を鼻で笑い，競争相手や敵対者には情け容赦がなく，土や岩の山を将来につながる道になるようにならしながら，彼らが先入観や反動と見なすものを動かす…忙しく動く，自信に満ちたビクトリア朝時代の敏腕中流階級の典型的な見本」と描写している。要するに，彼らは地主階級が恐れ，ひどく嫌っていたものすべて，すなわち，投資家や資本家が，英国の伝統的な田園地帯やそれが支えていた社会秩序にしかける「向こう見ずな攻撃」を象徴していたのである。鉄道会社は，有無を言わさずに土地を購入する過激な新しい権利を使って，私有財産の聖域を脅かし，農地を切り刻み，貴族の荘園や公園，庭園の風景の心地よさを台無しにした。鉄道はまた，農業労働力をより流動的なものにし，賃金を上げ，田園地帯に存在していた社会的権威の構造を脅かした。こうした理由で，多くの大規模土地所有者たちは鉄道に強く反対した。しかし，その相関関係はこれよりも複雑である。というのも，こうした同じ土地所有者たちがしばしば，鉄道会社から追加の譲歩をむりやり引き出すために対立を利用したのだ。より高い地価，彼らの屋敷から鉄道を見えなくするための余分な植栽や構造上は不必要なトンネル，自分に都合のよい駅の位置や自分の農地への支線，また場合によっては，自分が乗り込むためのあらかじめの要請で，軌道上で列車を停める権利さえ引き出した。さらに，初期の投資金の圧倒的大部分は資本家中流階級が出したものだったが，大規模土地所有者たちは，1840 年代の鉄道に対する熱狂が治まると，だんだんと自分自身のお金を鉄道会社に投資し始め，また，1870 年までには鉄道会社取締役会に居座っており，地主階級が近代の大規模ビジネスの企業界に融合される道を作った。鉄道会社側も，野菜や肉，乳製品を都市部に素早く輸送できるようにしたことで，1840 年代から 1870 年代にわたるビクトリア朝時代の「高度な農業経営」という農業景気を可能にして，田園地帯に相当な社会的，経済的恩恵をもたらした。1840 年代までには，商品の市場を作り出すことにおいても，地価を上げること（大都市郊外の 10 倍から 20 倍にもなった）においても，鉄道が土地所有者にとって多大な経済的利点があることが明らかになっており，ほとんどの土地所有者は――彼らの風景のよい公園や邸宅の窓のすぐ下は走らないように，ではあったが――自分の地所に鉄道を敷いてほしいと思っていた。

要約すると，1840 年代半ばには，英国にあまねく広がる近代化と産業化の急先鋒としての鉄道会社の隆盛は抗しがたいものに思えた。それでも，1844 年には，鉄道が国家的な文化遺産の昔ながらのものや場所を破壊するのを許すという点において，国はどこまでいとわずに進むべきなのかについて，深刻な疑いが生じ始めていた。英国人の詩人，ウィリアム＝ワーズワースの 1844 年の運動は，このより大きな動向の一部として理解されるべきであり，とりわけ風景の美しさのための鉄道会社に対する最初の一般の抗議だった。そして，他の初期の抗議と同様，環境の保護というより文化的保護を重点的に主張した。それは鉄道自体に反対する運動ではなく，近代化や産業化が美的，文化的領域を支配するのを許さないことで，鉄道を適切な場所にとどめておこうとする試みだった。ワーズワースの環境保護に関する抗議は，彼が予見したとおり，鉄道会社を湖水地方に入れないようにすることには成功しなかったが，将来の環境保護運動がそれを使って行われることになる弁舌のパターンだけでなく，その地域を守るための前例を間違いなく確立した。

◀解　説▶

◆(1)　本文の内容と一致する文を完成するのに適するものを選ぶ問題である。

▶ 1．「鉄道（会社）は…」

A.「農作物と労働力を農場に運ぶことによって，田園地帯に経済的恩恵をもたらした」

第 3 段第 9 文（The railways also brought …）の内容と一致しない。

B.「田園地帯への技術と商業主義の影響に関して，人々の意見の分裂を生み出した」

第 2 段第 1・2 文（Beyond their sheer …）に「純粋に経済的な規模を超えて，鉄道はその近代性，進歩，休むことのない変化の感触で…『時代精神』の強力なシンボルにもなった。反応は賛否入り混じったものだった」とあることと一致する。これが正解。

C.「政府からの多大な投資で，19 世紀の間に急速に発展した」

第 1 段第 1 文（The railways at the time …）・第 2 文前半（The railway companies … private capital investment）および第 3 段第 8 文（Moreover, although the …）の内容と一致しない。

D.「大英帝国の大勝利の結果として異口同音に激賞され，国全体の誇りをもって評価された」

第 2 段第 4・5 文（Railways as such …）の内容と一致しない。鉄道会社を称賛した人もいるが，その暗部を見ている人たちもいた。

E.「中流階級の手の内にあった鉄道は，地主階級にはもっぱら恐れられ，憤慨されるものだった」

第 3 段第 6 文（For these reasons …）の内容と一致しない。

▶ 2．「ワーズワースは…」

A.「鉄道は，国家的文化遺産の一部ではないので，ビクトリア朝時代の英国には居場所はないと考えていた」

最終段第 2 文（Yet by 1844 …）に「鉄道会社が国家的な文化遺産の昔ながらのものや場所を破壊するのを許すという点で…深刻な疑いが生じ始めていた」とはあるが，ワーズワースがそう考えていたとは述べられていない。また，同段第 4 文（It was not a campaign …）に「それ（＝ワーズワースの運動）は鉄道自体に反対する運動ではなかった」とあることとも一致しない。

B.「後代の人々には，鉄道が湖水地方に達するのを止めた積極的な環境保護活動で知られている」

最終段最終文（Wordsworth's environmental protest …）の内容と一

致しない。

C.「田園地帯には美的価値があるという信念に基づいて，自然への都市の侵入に抵抗する運動を主導した」

最終段第 3 文（English poet William Wordsworth's …）の内容と一致する。これが正解。

D.「田園地帯の保護を重視することによって，環境保護主義に反対した」

本文にこのような記述はない。

E.「鉄道は技術的に問題があると考えていたので，鉄道に抗議した」

最終段第 4 文（It was not a campaign …）の内容と一致しない。

▶ 3.「ビクトリア朝時代の英国では…」

A.「米国とは異なり，鉄道会社は財政的に成功し，規模が大きかった」

第 1 段最終文（From the mid-nineteenth …）の内容と一致しない。

B.「商業と技術の発達は，鉄道会社への莫大な投資をはじめとする国策に影響を及ぼした」

本文にこのような記述はない。

C.「地主階級は，どこに鉄道駅を作るかといった決定に対する社会的，経済的力を失いつつあった」

第 3 段第 7 文（But the equation is …）の内容と一致しない。

D.「『時代精神』は，鉄道に最も顕著に象徴される進歩と近代性によって促進された変化を意味した」

第 2 段第 1 文（Beyond their sheer …）の内容と一致する。これが正解。

E.「田園地帯とその国家的遺産を保護する，短命な環境保護運動があった」

最終段第 3 文（English poet William Wordsworth's …）の内容と一致しない。「環境の保護というより文化的保護を重点的に主張した」とある。

▶ 4.「ビクトリア朝時代の中流階級は…」

A.「活力に満ちていたが，鉄道会社に投資するのには乗り気ではなかったと特徴づけられる」

第 3 段第 8 文（Moreover, although the …）などの内容と一致しない。

B.「環境問題に関する高い道徳水準を抱いており，環境保護主義の先駆けとなった」

本文にこのような記述はない。

C.「地主階級の例に倣って，鉄道会社に投資し始めた」

第3段第8文（Moreover, although the …）の内容と一致しない。

D.「環境を保護するために，鉄道会社の発展を支持した」

本文にこのような記述はない。

E.「19世紀の英国で起こった産業の進歩において活発な活動をした」

第3段第1・2文（The railways represented …）の内容と一致する。これが正解。

◆(2) 本文の内容と一致しないものを4つ選ぶ問題である。

▶A.「ハロルド＝パーキンによると，新興の資本家たちは，彼らのまったくの活力と大胆さで特徴づけられる」

第3段第2文（Harold Perkin describes …）の内容と一致する。

▶B.「19世紀半ばには，近代化と産業化に抵抗することは，ますます困難になると見られた」

最終段第1文（In short, by the mid-1840s …）の内容と一致する。

▶C.「19世紀半ばから20世紀初期にかけて，鉄道会社は英国で最大の企業だった」

第1段最終文（From the mid-nineteenth …）の内容と一致する。

▶D.「1840年代には，鉄道建設は伝統的な田園地帯の風景にほとんど影響を及ぼさなかった」

第2段最終文（But in the 1840s …）の内容と一致しない。「1840年代には，鉄道が風景に与える損傷は不愉快にもはっきりしたものだった」とある。これが正解の一つ。

▶E.「地主階級は，鉄道が彼らの地所を台無しにするように見えていたため，初めは鉄道を好ましく思っていなかった」

第3段第4～6文（Railways, with their …）の内容と一致する。

▶F.「地主たちは，鉄道会社から譲歩を引き出すことによって，鉄道会社に反対する彼らの立場を自分たちに都合のいいように利用するようになった」

第3段第7文（But the equation is …）の内容と一致する。

▶G.「国有鉄道は，国の発展に関心があった資力のあるロンドンの商人や銀行家が資金を融通した」

第1段第1・2文（The railways at the time …）の内容と一致しない。

「国有鉄道」ではないし，資金を融通した中に「銀行家」は挙がっていない。これが正解の一つ。

▶H.「鉄道会社は，田園地帯の共同体の関心を高めようとする公的基金から資金提供を受けていた」

本文にこのような記述はない。これが正解の一つ。

▶I.「ワーズワースは，人類が自然を支配するのを可能にした近代的技術の一例として，鉄道会社を賛美した」

最終段第3文（English poet William …）の内容と一致しない。これが正解の一つ。

◆(3) 文章の主旨を選ぶ問題である。

第2段第1文（Beyond their sheer …）「純粋に経済的な規模を超えて，鉄道はその近代性，進歩，休むことのない変化の感触で，当時の人たちにとってはビクトリア朝の『時代精神』の強力なシンボルにもなった」に代表されるように，この文章はビクトリア朝時代の英国における鉄道会社とその鉄道網の発展について述べている。一方で，第2段第5文（Others, however, saw …）に「田園地帯への全般的侵入と腐敗の恐れがある近代資本主義の暗部を鉄道の中に見る人たちもいた」とあり，伝統的な田園地帯の風景が破壊された様子も描かれている。最終段第2・3文（Yet by 1844 …）には，それに抗する運動が生じたことが述べられており，その最初の例がワーズワースの活動だった。同段最終文（Wordsworth's environmental protest …）には「ワーズワースの環境保護に関する抗議は，彼が予見したとおり，鉄道会社を湖水地方に入れないようにすることには成功しなかった」とある。以上の流れを考慮すると，Cの「鉄道は，その経済的規模と，近代化と進歩の象徴的意味で，ビクトリア朝時代の社会に大きな影響を及ぼしたが，ワーズワースが抗議しようとしたが成功しなかったとおり，鉄道の進歩は英国の田園地帯を変え，美的に損なうという，環境面での犠牲を伴うものだった」が正解。

▶A.「環境に対する関心の表明としてワーズワースの詩を正しく理解するためには，ビクトリア朝時代の英国の社会的，経済的背景，とりわけ，技術的進歩や鉄道会社と結びついた新しい資本家階級の出現を理解することが非常に重要である」

「ワーズワースの詩を理解するため」という観点は文章中に述べられて

いない。

▶B.「ビクトリア朝時代の鉄道会社を，近代企業ビジネス経営の先駆けと見なすことができるのは，鉄道会社が，商人や製造業者，都市部の資本家といった投資家から土地を獲得し，英国と米国で最大の企業に成長したからである」

商人や製造業者，都市部の資本家はまさしく投資家であって，彼らの土地を鉄道会社が購入したのではない。

▶D.「中流階級の隆盛は，英国の田園地帯に熱狂的に押し寄せつつあった鉄道によってより強力になった伝統的な地主階級に支えられていた」

第3段第8文（Moreover, although the …）に「初期の投資金の圧倒的大部分は資本家中流階級が出したものだったが，大規模土地所有者たちは，1840年代の鉄道に対する熱狂が治まると，だんだんと自分自身のお金を鉄道会社に投資し始めた」とあることと一致しない。

▶E.「ワーズワースは，反政府抗議活動に関わった最初の人物として現れ，湖水地方での彼の活動は，近代化と工業化を背景とした，19世紀英国の環境保護主義の文脈で理解されるべきである」

ワーズワースが反政府抗議活動を行ったとは述べられていない。

◆(4)　文章中の空所に補うのに最も適切な語を選ぶ問題である。

▶1．当該文は「鉄道は，英国の愛国主義と帝国の勝利の行為主体として（　　）ことが多かった」となっている。一つ前の文（The majority of commentators …）には「時事問題解説者の大多数は…近代技術の『輝かしい可能性』の権化として，鉄道を賛美した」とあるので，C の praised「称賛された」が正解。A．denounced「非難された」　B．forced「無理強いされた」　D．sustained「支えられた」　E．vilified「中傷された」

▶2．当該文は「近代化や産業化が美的，文化的領域（　　）を許さない」となっている。一つ前の文（English poet William Wordsworth's …）に「ワーズワースの運動は…風景の美しさのための鉄道会社に対する最初の一般の抗議であり…生態系の保存というより，文化的保存を重点的に主張した」とある。「近代化や産業化が美的，文化的領域を壊さないようにする」といった内容にするのが妥当。空所の後には前置詞 over があり，これと合わせて意味をなすのは A の dominate「～を支配する」である。dominate は他動詞として使うことが多いが，自動詞でも dominate over ～ で同じ意味を表せる。B．intrude「～に侵入する」は自動詞では，前置詞が（up)on や in(to) になる。C．provide「～に備える，～を与える」 D．transfer「～に移転する」 E．vex「～をいら立たせる」

◆(5) 第1強勢を持つ母音の発音が他と異なるものを選ぶ問題である。

▶1．A．commentators［kámәntèitәrz］「時事問題解説者」 B．commerce［kámәrs］「商業」 C．commodities［kәmádәtiz］「商品」 D．economic［ì:kәnámik］「経済的な」 E．modernity［mәdә́:rnәti］「近代性」 Eのみ［ә:r］，その他は［ɑ］。

▶2．A．decades［dékeidz］「数十年」 B．estates［istéits］「地所，屋敷」 C．revegetating［rivédʒitèitiŋ］「再び植物を生育させること」 D．threatened［θrétnd］「～を脅かした」 E．unprecedented［ʌ̀nprésidèntid］「前代未聞の」 Bのみ［ei］，その他は［e］。

▶3．A．bustling［bʌ́sliŋ］「活気に満ちた」 B．encompassed［inkʌ́mpәst］「～を包含した」 C．monumental［mànjәméntl］「途方もない，記念碑的な」 D．suburbs［sʌ́bә:rbz］「郊外」 E．tunnels［tʌ́nlz］「トンネル」 Cのみ［e］，その他は［ʌ］。

●語句・構文●

(第1段) driver「勢いを与えるもの」 securities exchange market「証券取引市場」

(第2段) becoming「変化」 ambivalent「賛否相半ばする」 infiltration「侵入，浸潤」 raw「皮のすりむけた，ヒリヒリ痛む」

(第3段) reaction「保守的傾向，反動」 go-getting「敏腕の」 sanctity「神聖さ，尊厳」 force *A* out of *B*「*B* から *A* を無理に引き出す」 concession「譲歩」 subside「治まる，下がる」 board「役員会，取締役会」

(最終段) tide「盛り上がり」 spearhead「急先鋒」 per se「それ自体で」 precedent「先例」

III 解答 1－C 2－B 3－D 4－A 5－D 6－A

◀解 説▶

示されたデータ（表）に関する一連の文章の空所に適する語句を選ぶ問

題である。表には，18～50歳のアメリカ人の就職数の全体の平均，年齢層別の平均が，全体，男性，女性それぞれについて示されている。

▶1.「全体的に言えば，18～50歳の間に人は平均して11.9個の仕事に就いており，こうした仕事の（　　）は25歳になる前に就いたもので，その期間では平均5.5個の仕事に就いていた」

全体で11.9個，25歳より前が5.5個なので，全体の約半分にあたる。Cのnearly half「半分近く」が正解。A.「ほとんどすべて」 B.「平均」 D.「4分の3」 E.「3分の2」

▶2.「その平均は，25～34歳の4.5個（　　），35～44歳の2.9個に（　　）」

文頭のThe averageとは，前文で話題にしている年齢層別の全体平均と考えられる。18～24歳が5.5個なので，Bのfell to ～「～に下がった」を補えば文意が通る。and以下の文後半にto 2.9 jobsとあることもヒント。A.「～で底を打った」 C.「～で頂点に達した」 D.「～に上がった」 E.「～に急上昇した」

▶3.「44歳（　　），平均して1.7個の仕事にしか就いていなかった」

表で全体の平均が1.7個なのは45～50歳である。Dのpast「～を過ぎて，～（年齢）をこえて」を補えば，「44歳をこえると」の意になり，適切。A.「～（年齢）で」 E.「～（年齢）まで」 Bのduring，Cのinは年齢とともに用いても意味をなさない。

▶4．選択肢によってどの部分を受けるかが異なるため，英文に当てはめながら考える。

A.「男性は，45～50歳の1.7個と比べて，18～24歳では5.7個の仕事に就いていた」

B.「男性は，45～50歳の1.7個から下がって，18～24歳では5.7個の仕事に就いていた」

C.「男性は，18～24歳で5.7個の仕事に就いており，他方では45～50歳の1.7個（だった）」

D.「男性は，18～24歳で5.7個の仕事に就いており，その結果45～50歳の1.7個になった」

E.「男性は，18～24歳で5.7個の仕事に就いており，45～50歳の1.7個に上昇した」

BとEは明らかに内容がつじつまの合わないものになる。C は on the other hand が接続詞ではないため，文構造上問題がある。D は 18～24 歳で平均いくつだったかということは，その後の原因となるものではないので意味上成立しない。不都合がないという意味で残る A が正解。

▶5．「あらゆる年齢層にわたって，就いた仕事の平均数の減少は，女性に関して（　　　）」

表を見ると，女性の年齢層別の就いた仕事の平均数は，18～24 歳，25～34 歳では男性より若干少ないものの，35～44 歳，45～50 歳では男女差はない。D の similar「類似している」が正解。なお，空所の後の for は，for my part「私としては，私に関しては」や So much for today.「今日（の分に関して）はこれまで」などに見られる「～に関して」の意。A.「より平坦である」 B.「まったく同じである」 C.「正反対である」 E.「見られない」

▶6．「若いころには男性が女性よりいくぶん転職する可能性が高いと言えるかもしれない（　　　）その違いは 30 代半ば以降にはなくなる」

前半は男女に違いがあること，後半は違いがないことを述べており，対照的な内容になっている。A の but「しかし」が正解。B．despite「～にもかかわらず」は前置詞であり，後にＳ Ｖは続けられない。C.「たとえば」 D．so is は，後の述語動詞 disappears との両立が不可能。E．thus「そのように，したがって」は意味上不適切であり，また，接続詞ではないのでＳ Ｖは続けられない。

Ⅳ　解答　1－D　2－F　3－I　4－H　5－E　6－C

◀解　説▶

一連の文章の空所に適する語（前置詞）を選ぶ問題である。同じ語は 1 回しか使えない。

▶1．「アイコンタクト（視線を交わすこと）は，人前での効果的な話やよい意思疎通一般（　　　）不可欠な要素である」

D の of を補えば「～の要素」となり意味をなす。

▶2．「アイコンタクトは，聞き手の頭のてっぺん（　　　）見ることではない」

直後に「それは実際に聞き手の目に『触れること』である」とあり，ただ相手のほうを見ていればよいのではないという意味になると考える。F の over を補って「頭のてっぺんの向こうを，頭の上を越して」とするのが適切。

▶ 3.「それ（＝アイコンタクト）は，あなたのもの（　　　）実際に彼ら（＝聞き手）の目に『触れること』である」

視線を合わせることについて述べているので，「あなたのもの（＝あなたの目）で」の意にする。I の with が正解。

▶ 4.「適切なアイコンタクトを保つことは，あなたが聞き手（　　　）直接語りかけていると，彼らに感じさせる」

H の to を補えば「聞き手に語りかけている」の意になり，適切。

▶ 5.「適切なアイコンタクトはまた，聞き手（　　　）よりよい印象を与える」

make an impression on ～ で「～にある印象を与える」の意。E の on が正解。「～に」の訳で to ではなく on を使うのは，力や作用が対象にしっかり及ぶ内容の場合。have (an) influence〔effect / impact〕on ～「～に影響を及ぼす」, impose *A* on *B*「*B* に *A*（義務・罰金・税など）を課す，負わす」などにも使われている。

▶ 6.「それ（＝適切なアイコンタクト）は，あなたやあなたのメッセージ（　　　）信頼をいっそう聞き手に与える」

faith in ～ で「～に対する信頼」の意。C の in が正解。belief, trust, confidence など「信じること」を表す名詞は，信頼の対象を in で続けるものが多い。

V

解答　1－F　2－C　3－B

◀解　説▶

空所に補うと文法的に誤りになるものを選ぶ問題である。すべて正しい文になる場合もある。

▶ 1.「規則というものは（　　　）ことがよくある」

すべて正しい文になる。A.「廃止される」 B.「修正される」 C.「破られる」 D.「無視される」 E.「悪用される」

▶2.「思い込みを突き止め，それ（　　　）がとりわけうまい人がいる」

Cのdisagreeingが誤り。disagreeは節（SVを備えたまとまり）を続けるのでなければ自動詞であり，「～に反対する」の意にするにはwithなどの前置詞が必要。A.「～に異議を唱えること」 B.「～を拒むこと」 D.「～に異議を唱えること」 E.「～を立証すること」

▶3.「失敗を（　　　）に変える方法はたくさんある」

Bのprosperity「成功，幸運」が誤り。不可算名詞でaはつけられない。A.「好機」 C.「成功」 D.「大成功」 E.「勝利」

Ⅵ 解答　1－D　2－D　3－E　4－B

◀解　説▶

文法的に誤りのある箇所を指摘する問題である。すべて正しい場合もある。

▶1.「実際的な考え方をしているので，その学生たちはその理論が実践に影響を及ぼすことがわかるまで理論を学ぶのは無駄だと考えている」

Dのthat the theories influence on practiceが誤り。influenceは他動詞なのでonは不要。名詞でhave an influence on～「～に影響を及ぼす」とするのと混同しないように注意。

▶2.「入院を要する深刻な健康問題で去年仕事を辞めてから，彼女は誰とも連絡を取る機会がない」

Dのshe has not had a chance to contact with anyoneが誤り。contactは他動詞として使えるのでwithは不要。名詞でmake contact with～「～と連絡を取る」とするのと混同しないように注意。

▶3.「あなたのもっともな忠告がなければ，私は同じ過ちを何度も繰り返していただろう」

どの部分も正しい。AのHad it not been (for)は仮定法過去完了のIf it had not been (for)～「～がなかったら」のifが省略されて疑問文と同じ語順の倒置になったもの。Dのtime and againは「何度も，繰り返し」の意で，time and time againとも言う。

▶4.「海岸をゆったりと散策することは，日々のつらい仕事から離れてのんびりした1日を楽しむのにうってつけである」

Bのis perfect to enjoyが誤り。「～に最適な」の意では前置詞forを使う。is perfect for enjoyingとするのが正しい。

VII 解答

1．role of climate in shaping human history is complex
2．interacts with the social, political, and economic factors that dominate our traditional approach to history

◆全　訳◆

人類の歴史を形成することにおける気候の役割は複雑であり，気候史学者はしばしば，気候がどの程度決定的な役割を果たしているとすべきか議論する。それは常に，歴史に対する私たちの従来の取り組み方に著しい影響を及ぼす，社会的，政治的，経済的要因と相互作用している。しかし，状況証拠からすると，気候の激変の中には，政治的激変直前の社会全体の気分や態度を形成するのに極めて重要で，支配的でさえある要因のように思えるものもある。

◀解　説▶

与えられた語句をすべて使って並べ替え，文を完成する問題である。語句の順序は必要に応じて変えてよいが，語句の形は変えてはならない。また与えられていない語を加えてはならない。

▶1．role ofとinがあるので，role of *A* in *B*「*A*の*B*における役割」が作れる。当該文の後半に「気候がどの程度決定的な役割を果たしているとすべきか」，文章の最終部分（factors in shaping …）に「…を形成するのに極めて重要な…要因」とあることから，*A*にはclimate「気候」を，*B*にはshapingを置き，文頭のTheに続けるとThe role of climate in shaping …「…を形成することにおける気候の役割」となる。shapingの目的語になる名詞はhuman history「人類史」のみ。残るisとcomplexはThe roleを主語とする述語動詞とその補語にできる。まとめると（The）role of climate in shaping human history is complex「人類の歴史を形成することにおける気候の役割は複雑である」となる。

▶2．当該箇所の前にIt alwaysがあり，主語Itに対する述語動詞は3人称単数のsがついたinteracts with ～「～と相互作用する」のみ。Itは前文の内容からclimate「気候」と考えられる。but以下の同文後半には

「気候の激変の中には，政治的激変直前の社会全体の気分や態度を形成するのに極めて重要で…要因のように思えるものもある」とあり，気候が相互作用する対象として，the social, political, and economic factors「社会的，政治的，経済的要因」が考えられる。残るのは dominate「～を支配する，～に著しい影響を及ぼす」，our traditional approach「私たちの従来の取り組み方」，to history「歴史に対する」，that である。この that を関係代名詞だと考えれば，that dominate our traditional approach to history「歴史に対する私たちの従来の取り組み方に著しい影響を及ぼす」となる。factors を先行詞とすれば，(It always) interacts with the social, political, and economic factors that dominate our traditional approach to history「(それは常に) 歴史に対する私たちの従来の取り組み方に著しい影響を及ぼす，社会的，政治的，経済的要因と相互作用している」となる。

VIII 解答例

〈解答例1〉The picture shows how children today spend their time. Even though there is a park with some pieces of playground equipment, none of the children in the picture are playing on them. Instead, they are all using their smart phones or tablets without talking to each other. I deplore the situation, but at the same time, I have to admit that this is reality. Probably, it is desirable for children to do more physical activities. However, even high school students, including me, have grown up with video and online games. It is very difficult for youngsters now to put down smart phones or tablets and go out to run.

〈解答例2〉The picture sarcastically illustrates the shallow thoughts of adults. They have made a playground complete with swings, a seesaw, and a basketball hoop, carefully putting up a sign which says, “CAUTION: CHILDREN PLAYING.” However, all the children in the picture are looking at their smart phones or tablets, apparently uninterested in the playground equipment. Why don't their parents come to the park and play together with them? Adults just provide children with things and probably say they have done what they should. What is more important is that they spend an enjoyable time with their children. The kids all look a bit lonely to me.

◀解　説▶

与えられた絵を見てその意味を考え，自分の意見を1段落の英語で説明する問題である。

解答欄は18.5cm×9行。まず絵が表していると思う意味を端的に述べる必要がある。絵のどこからそうした意味が読み取れるか，描かれているものに触れながら述べるとよい。〈解答例1〉は，絵が今の子どもはどのように自分の時間を過ごしているかを表したものだとして，子どもは体を使った遊びをするのが望ましいが，現在ではビデオゲームを置いて元気に遊びまわるのは難しいとしている。〈解答例2〉では，絵が大人の浅知恵を皮肉ったものだとし，遊具のある公園を作って，すべきことはしたと大人は言うだろうが，もっと大切なのは，公園に来て子どもと一緒に楽しく過ごすことだとしている。名詞の数や冠詞，主語と動詞の数・人称の一致といった基本事項にミスのない英文に仕上げること。

❖講　評

〈構成〉

2020年度の出題構成は，読解問題2題，文法・語彙問題4題，英作文問題2題の計8題で，2016～2019年度の7題から1題増加した。

〈Ⅰ・Ⅱ：読解問題〉

Ⅰは英文量約960語。法学部ではやや少なめである。内容は，人がある時ある場所で偶然置かれる立場について，筆者自身の経験に触れながら論じたもの。カギとなる語 contingency がなじみの薄いものであり，文章の内容から意味するところをくみ取る必要があった。

Ⅱは英文量約960語で，Ⅰと同様に法学部ではやや少ない。内容は，ビクトリア朝時代に急速に発展した鉄道が英国にもたらしたさまざまな変化について論じたもの。なじみの薄い語がいくぶん多く見られ，Ⅰと同様に文脈から推測しながら読み進めることが求められた。

〈Ⅲ・Ⅳ・Ⅴ・Ⅵ：文法・語彙問題〉

Ⅲは一連の文章の空所に適切な語句を補うもの。2018年度Ⅴ同様，示された資料を見ながら解答する形式。資料は複雑なものではないので，見た目ほど困難ではない。

Ⅳは一連の文章の空所に適切な前置詞を補うもの。いずれも基本的な表現に関するものであり，素早く解答したい。

Ⅴは短文の空所に補うと誤りになるものを選ぶ問題。すべて正しい場合もある。やや判断に迷うものも含まれており，語句の意味・用法の詳細な知識が求められる。

Ⅵは誤り箇所を指摘するもの。2015 年度を除き，例年出題されている。4 カ所に分けられた文全体に下線が入っているが，誤りがない場合があるのも例年どおり。1 文の長さは例年と同程度で比較的短い。主に誤りやすい語法が問われている。

〈Ⅶ・Ⅷ：記述式の英作文問題〉

Ⅶは一連の文章の途中の 2 カ所に与えられた語句を並べ替えてそれぞれ正しい文にする語句整序。文章全体の長さは，2019 年度の 2 分の 1 程度だった。また，2019 年度では与えられた語句の形は必要なら変えて使ったが，2020 年度は形を変えてはならないという条件だった。与えられた語句の意味からだけでは，どのような内容の文になるか推測しづらく，文法・語法面も検討しながら考える必要があった。

Ⅷは示された絵の意味について自分の考えを説明する自由英作文で，絵自体の説明ではなく，絵の意味を説明するという点に注意が必要である。2019 年度の絵に比べると，書く内容は思いつきやすいものだったのではないだろうか。

〈総括〉

読解問題はⅠ・Ⅱのいずれも分量はやや少なめだったが，なじみの薄い語の意味を考えながら読み進める必要があり，その点で総合的な難度は例年と同程度かやや上だった。Ⅲ～Ⅵの文法・語彙問題は大問数が 1 つ増加し，解答個数は 2019 年度の 15 個から 2020 年度は 19 個となったが，Ⅶの語句整序の問題文がかなり短くなったので，要する時間は大差なかったかもしれない。Ⅷも 2019 年度と同形式で，準備ができていた受験生には比較的解答しやすかっただろう。

日本史

I 解答

問1．源義家　問2．後三条　問3．延久の荘園整理令
問4．い　問5．西面の武士　問6．あ　問7．目代
問8．寿永二年十月宣旨　問9．う　問10．う

◀解　説▶

≪武士の成長と鎌倉幕府の成立≫

▶問1．前九年合戦（1051～62 年）で源頼義・義家父子が，後三年合戦（1083～87 年）では源義家が東国武士団を率いて奥州に遠征し，強固な主従関係を築き上げた。

▶問2．「摂政・関白を外戚としない」「白河天皇は，［ B ］天皇の政策を受け継ぎ」などから，後三条天皇が導ける。また，問3からも判断できる。

▶問3．1069 年は延久元年にあたる。902 年の延喜の荘園整理令以降，たびたび出された荘園整理令の効果はあまりなかったが，延久の荘園整理令は後三条天皇によって強力に推進された。以後，荘園の寄進は摂関家よりも上皇・法皇へ集中し，院政の財政基盤となった。

▶問4．後三条天皇の政策に関する誤文を選ぶ。

い．誤文。鎌倉前期に摂関家出身の慈円が著した歴史書『愚管抄』には，藤原頼通の抵抗を受けた後三条天皇が，摂関家の荘園をやむなく審査対象から除外したと記されている。しかし，実際には摂関家も荘園文書の提出に応じ，審査の結果，停止された荘園もあった。

あ．正文。寛徳の荘園整理令（寛徳 2 年＝1045 年）以降の新立荘園が停止された。

う．正文。大江匡房は公家出身の学者・文人。後三条天皇の侍講や記録荘園券契所の寄人などを務めた。

え．正文。記録荘園券契所での審査の結果，証拠文書（券契）に不備のある荘園や，国司の国務の妨げとなる荘園が停止された。

お．正文。多様な枡が使用されていたのに対して，後三条天皇は公定の宣旨枡を定めた。

▶問 5．白河上皇は北面の武士を，後鳥羽上皇は西面の武士を設置した。

▶問 6．保元の乱・平治の乱に関する誤文を選ぶ。あ・おは正文とも誤文とも解釈できて判断に迷う。

あ．誤文。保元の乱は，崇徳上皇と後白河天皇の皇位継承をめぐる対立に摂関家内部の争いが絡み，それぞれが武士を動員して起こった戦い。天皇家の対立という視点が欠けている。また，平治の乱は，後白河院政における藤原通憲（信西）・平清盛と藤原信頼・源義朝の両近臣勢力の対立が原因なので，「武士が利用された」という評価はあてはまらない。以上から誤文と判断した。

お．正文。『新日本史 B』（山川出版社）p. 84 に「平清盛一門は，乱によって対抗し得る軍事貴族が滅びた中……軍事・警察面を一手に掌握し」とあるため，正文と判断した。ただし，摂津源氏で大内守護（内裏の警固役）の源頼政が従三位に昇進するなど，中央政界で軍事貴族として活動しており，「平清盛が軍事・警察権を独占」については判断が難しい。

▶問 7．目代は国司不在の国衙（留守所）に下向し，在庁官人を指揮して政務や徴税を行った。

▶問 8．寿永二年十月宣旨（1183 年）は，問題文に説明されるとおり，東国軍事政権としての鎌倉幕府成立の重要な画期として評価される。

▶問 9．文治元（1185）年の守護・地頭の設置に関する誤文を選ぶ。

う．誤文。地頭の設置や段別 5 升の兵粮米の徴収に対する公家や寺社などの荘園領主側の反発は激しく，いったん地頭の設置範囲は平氏や謀叛人の所領などに限ることになった。摂関家の九条兼実は日記『玉葉』で「凡そ言語の及ぶ所に非ず」と非難している。

え．正文。源義経は源頼朝の弟で，平家追討に功績があったが，頼朝の許可なく任官したことなどから兄と不和になった。1185 年に後白河法皇の院宣を得て挙兵したが失敗した。奥州藤原氏を頼ったが，後に藤原泰衡によって殺害された。

▶問 10．鎌倉時代の公武関係に関する誤文を選ぶ。

う．誤文。源通親を九条兼実とすると正文になる。1185 年，源頼朝の奏請により兼実ら 10 名が，朝廷の重要政務を協議する議奏公卿に任じられたことを押さえておきたい。兼実は頼朝の後援を得て摂政・関白に就任したが，頼朝との関係悪化や源通親らとの対立から 1196 年に失脚した。

Ⅱ 解答

問1．え　問2．い・お　問3．あ　問4．太宰春台
問5．い　問6．あ・お　問7．宇下人言
問8．尚歯会　問9．う　問10．え

◀解　説▶

≪江戸時代中・後期の政治と対外関係・文化≫

▶問1．やや難。A．享保，B．寛政，C．天保年間に起きたことの正しい組合せを選ぶ。「○○の改革」ではなく，元号で判断しなければならないため難しい。時期が明らかに異なる事項を見つけて，選択肢を絞り込みたい。

え．印旛沼の干拓は田沼意次による天明期の事業が有名だが，享保期や天保期にも試みられている（いずれも失敗)。稲村三伯らによる『ハルマ和解』刊行は寛政8（1796）年。郡内一揆の勃発は天保7（1836）年で，これは甲州騒動ともいう。

あ．『華夷通商考』の刊行は元禄8（1695）年。

い．間宮林蔵の樺太調査は文化5（1808）年，プチャーチンの長崎来航は嘉永6（1853）年。

う．シドッチへの尋問は，宝永5（1708）年に屋久島に潜入したシドッチが捕らえられて江戸に送られ，新井白石によって行われた。ゴローウニン事件は文化8～10（1811～13）年。

お．『解体新書』刊行は安永3（1774）年，ビッドルの浦賀来航は弘化3（1846）年。

▶問2．新井白石が関わった施策として当てはまらないものを2つ選ぶ。白石は6代将軍徳川家宣・7代将軍徳川家継を補佐し，正徳の治を主導した。

い．末期養子の禁緩和は，4代将軍徳川家綱の時。

お．南鐐二朱銀は老中田沼意次が，最初の計数銀貨として発行した。

▶問3．8代将軍徳川吉宗に登用された人物として当てはまらない人物を選ぶ。

あ．荻原重秀は5代将軍徳川綱吉の時代に，元禄金銀改鋳を進言した勘定吟味役。勘定奉行に昇進して綱吉治世後半の幕府財政を掌握した。

い．大岡忠相は江戸町奉行。う．田中丘隅は武蔵川崎宿の名主から，幕臣に抜擢されて農政家として活躍した。え．室鳩巣は木下順庵に学んだ朱子

学者で，幕府儒官に登用された。お．野呂元丈は徳川吉宗の命でオランダ薬物を研究した。

▶問 4．問題文にある，荻生徂徠が徳川吉宗に上呈した意見書は『政談』である。弟子の太宰春台の『経済録』は，藩政改革や海保青陵ら後世の経世家に多大な影響を与えた。

▶問 5．難問。徳川吉宗による江戸の都市政策や法・裁判制度の整備に関わる正文を選ぶ。い・うの判断が難しい。

い．正文。「御触書寛保集成」は吉宗が評定所に命じて，元和元（1615）年～寛保 3（1743）年の御触書を集大成させたもの。その後も「御触書天保集成」などが編纂された。

あ．誤文。町火消と定火消を入れ替えると正文になる。旗本による定火消に加えて，新たに町火消が設置された。

う．誤文。裁判は「公事方御定書」のみに依拠したわけではない。

え．誤文。かぶき者は江戸初期の風潮で，厳しい風俗取締や芝居小屋の移転は天保の改革の時。

お．誤文。目安箱の設置は正しいが，投書により設置されたのは小石川養生所。江戸町会所が設けられたのは寛政の改革の時。

▶問 6．寛政の改革での学問・文化統制に関する正文を 2 つ選ぶ。

あ．正文。1790 年に寛政異学の禁を林家に通達し，朱子学以外の儒学（異学）を聖堂学問所で教授することを禁じた。1792 年から学問所で人材登用のための学問吟味を実施し，1797 年には林家の家塾を切り離して幕府直轄の昌平坂学問所（昌平黌）とした。

お．正文。林子平は『海国兵談』でロシアの南下を警告し，海防の急務を説いた。これが幕府の忌諱に触れて処罰され，『三国通覧図説』とともに発禁とされた。

い．誤文。中井竹山は大坂の懐徳堂の学主である。柴野栗山，尾藤二洲，岡田寒泉（のちに寒泉が代官に転出して古賀精里に代わる）が寛政の三博士とされる。

う．誤文。実学の奨励は徳川吉宗による。漢訳洋書の輸入緩和はその一環である。また，宮崎安貞の『農業全書』は元禄期（17 世紀末），貝原益軒の『大和本草』は宝永期（18 世紀初頭）の刊行。

え．誤文。人情本作者の為永春水が処罰されたのは天保の改革である。

寛政の改革：洒落本の山東京伝，黄表紙の恋川春町，版元の蔦屋重三郎らが処罰される。

天保の改革：合巻『偐紫田舎源氏』の柳亭種彦，人情本の為永春水らが処罰される。

▶問7．松平定信の自叙伝『宇下人言』は定信の2文字を分割したもの。

▶問8．尚歯会に属する渡辺崋山は『慎機論』を，高野長英は『戊戌夢物語』を著して1837年のモリソン号事件を批判し，幕府の弾圧を受けた(1839年の蛮社の獄)。

▶問9．「戊戌封事」は，御三家である水戸藩の藩主徳川斉昭が12代将軍徳川家慶に提出した意見書である。

▶問10．難問。天保～幕末期の藩政改革に関する正文を選ぶ。い・えの判断が難しい。

え．正文。松平慶永は越前福井藩主。将軍継嗣問題では一橋派で，安政の大獄で処分された。文久の改革で政事総裁職に就いた。橋本左内は慶永に抜擢されて一橋派として活躍したが，安政の大獄で刑死した。横井小楠は慶永の顧問として，公武合体や開国貿易を提言した。

あ．誤文。細川重賢は肥後熊本藩主。実績は正しいが，江戸中期（18世紀中・後期）の大名である。

い．誤文。鍋島直正は肥前佐賀藩主。均田制の実施に関しては正しいが，特産の有田焼など陶磁器の藩専売制を行っている。

う．誤文。毛利敬親は長州藩主。村田清風の登用は正しいが，明徳館は秋田藩の藩校である。長州藩の藩校は明倫館が正しい。

お．誤文。島津重豪(しげひで)は薩摩藩主。重豪が調所広郷を登用したことは正しいが，集成館の事業は島津斉彬（重豪の曾孫）による。

III 解答

問1．う・え　問2．あ・え　問3．青島　問4．う　問5．お　問6．イタリア　問7．う　問8．お　問9．え　問10．自由民主党

◀解　説▶

≪「石橋湛山の評論」からみた明治時代後期～大正時代の対外関係≫

▶問1．満州（中国東北部）に関する正文を2つ選ぶ。

う．正文。日本は半官半民の南満州鉄道株式会社（満鉄）を設立した。

え．正文。中国市場に関心を持ち，中国の「門戸開放」を唱えるアメリカは，日本による南満州権益の独占に反対し，両国関係は悪化した。

あ．誤文。旅順・大連はロシアが清国から租借していたもので，清国の承諾をもって租借権が日本に譲渡された。

い．誤文。関東都督府は旅順・大連など関東州の管轄と南満州鉄道の保護・監督にあたった。関東州は満州南部の遼寧省に属する遼東半島の先端地域にすぎない。

お．誤文。日露協約は 4 次にわたって締結されたが，1917 年のロシア革命でソヴィエト政権によって破棄された。

▶問 2．中国山東省に関する誤文を 2 つ選ぶ。

あ．誤文。列強の中国分割は日清戦争後に本格化した。ドイツによる膠州湾租借は 1898 年で，北清事変（1900～01 年）より前のことである。

え．誤文。「九カ国条約により」ではなく，九カ国条約に基づいて日中間で結ばれた山東懸案解決条約によって，山東半島の旧ドイツ権益が中国に返還された。

▶問 3．青島は山東半島西南部の膠州湾の中心都市。ドイツ東洋艦隊の根拠地で，第一次世界大戦で日本軍が攻略した。

▶問 4．植民地朝鮮の独立・民族運動，すなわち，1919 年 3 月 1 日に始まった三・一独立運動（万歳事件）に関する誤文を選ぶ。

う．誤文。三・一独立運動を弾圧したのは原敬内閣が正しい。正文の中には判断に迷うかなり難しい内容のもの（あ・おなど）もあるが，寺内正毅内閣は 1918 年の米騒動で総辞職しているので，これを根拠に正解したい。

え．正文。斎藤実朝鮮総督の下で，武断政治から文化政治への転換がはかられたことは押さえておきたい。憲兵警察の廃止はその一環である。

▶問 5．下線 d は 1919 年の五・四運動を指しており，それに関する誤文を選ぶ。

お．誤文。中国は第一次世界大戦に連合国側で参戦したが，日本の山東省旧ドイツ権益継承を認めたヴェルサイユ条約に調印しなかった。

▶問 6．「五大国」とは国際連盟常任理事国のイギリス・フランス・イタリア・日本の 4 カ国と国際連盟に加盟しなかったアメリカをいう。

▶問 7．難問。台湾に関する誤文を選ぶ。

う．誤文。台湾総督は陸海軍大将・中将から任命されていたが，1919 年に朝鮮総督とともに官制改正を行い，台湾総督には文官の田健治郎が任命された。

▶問 8．樺太に関する誤文を選ぶ。

お．誤文。ソ連がサンフランシスコ平和条約に調印しなかったのは正しいが，第 2 条(c)に「日本国は，千島列島並びに日本国が千九百五年九月五日のポーツマス条約の結果として主権を獲得した樺太の一部及びこれに近接する諸島に対するすべての権利，権原及び請求権を放棄する」とある（ただし，帰属については未定）。

▶問 9．シベリア出兵に関する誤文を選ぶ。

え．誤文。シベリア出兵は日本・アメリカ・イギリス・フランスの共同出兵で 1918 年に始まり，第一次世界大戦（1914～18 年）後の 1920 年まで続いた。日本のみ 1922 年まで出兵を続けた。

お．正文。尼港事件（1920 年）では日本人 700 余人が殺害された。

▶問 10．この史料の筆者は石橋湛山。第二次世界大戦前は『東洋経済新報』の記者（のち社長）として，大正デモクラシー期に植民地放棄の「小日本主義」を提唱した。戦後は政界入りし，1956 年に自由民主党総裁として組閣したが，病気によりわずか 2 カ月で総辞職した。

Ⅳ 解答

問 1．あ　問 2．間接統治　問 3．極東委員会
問 4．人権指令　問 5．幣原喜重郎　問 6．え
問 7．う　問 8．南原繁　問 9．う　問 10．教育勅語

◀解　説▶

≪終戦と戦後改革≫

▶問 1．やや難。ポツダム宣言の内容に関する誤文を選ぶ。

あ．誤文。正文と判断してしまいそうだが，ポツダム宣言第 8 項には「日本国ノ主権ハ本州，北海道，九州及四国並ニ吾等ノ決定スル諸小島ニ局限セラルヘシ」とあり，「諸小島」も含まれた。1946 年 1 月の GHQ 文書で，対馬など約 1000 の島々が対象とされた。

いは第 9 項，う・えは第 10 項，おは第 12 項の内容である。

▶問 2．GHQ の指令・勧告に基づいて日本政府が占領政策を実施する間接統治の方法がとられた。GHQ の要求は法律の制定を待たず勅令（ポツダム勅令）で実施に移され，憲法をも超越した。また，最高司令官マッカ

ーサーには，日本政府の措置に不満がある場合は，直接行動をとる権限も与えられていた。

▶問３．極東委員会は，日本占領政策を決定する最高機関としてワシントンに設置されたが，日本の占領は事実上アメリカによる単独占領で，占領政策もアメリカ政府主導で立案・実施された。

▶問４．人権指令の正式名称は「政治的，公民的及宗教的自由に対する制限の撤廃に関する覚書」。教科書等にあまり見られないが，「自由の指令」，「自由制限撤廃指令」，「民主化指令」などと称することもある。

▶問５．幣原喜重郎は 1920 年代に外相として協調外交（幣原外交）を推進した。組閣後は占領初期の民主化要求に対応したが，1946 年の戦後初の総選挙に敗れて総辞職し，日本自由党の吉田茂が日本進歩党と連立して組閣した（第１次吉田茂内閣）。

▶問６．五大改革指令に含まれていなかった内容を選ぶ。

え．正解。これは農地改革の説明。農地改革は五大改革指令のうち，「経済機構の民主化」を推進するために実施された政策。

▶問７．占領期の教育指令の内容として誤っているものを選ぶ。

う．誤文。教員の勤務評定の実施は 1958 年のこと。岸信介内閣が日本教職員組合（日教組）抑圧を目的に導入を強行した。

あ．正文。軍国主義者・国家主義者などが教職から追放された。

い．正文。1947 年からは新学制による新科目として社会科が登場した。

え．正文。「八紘一宇」とは『日本書紀』の言葉に基づくもので，世界を一つの家とすること。太平洋戦争期に大東亜共栄圏構想の理念として唱えられ，日本の対外進出を正当化するスローガンとして利用された。

お．正文。『国体の本義』は 1937 年，『臣民の道』は 1941 年に文部省が発行したもので，ともに戦時下における国民教化の役割を担った。

▶問８．南原繁が日本側の教育家委員会の委員長を務めたことは，用語集のアメリカ教育使節団の解説に載る程度であり，リード文だけで正解がわかる受験生はごく少数であろう。問題文の「当時の東京帝国大学総長」や「後の講和期において，『全面講和』を唱えて吉田茂首相と対立」から正解を導きたい。吉田は南原を「曲学阿世の徒」と批判した。

▶問９．制定当時の教育基本法にはなかった内容を選ぶ。

う．正解。「我が国と郷土を愛する態度を養う……」は「戦後レジームからの脱却」を唱えた第１次安倍晋三内閣（自民党と公明党の連立内閣）が，2006 年の改正案に盛り込んだ。野党などからは愛国心の強制につながる等の反対意見が出されたが，衆議院において野党欠席のまま与党単独採決で可決され，教育基本法は戦後初めて全面改正された。

▶問 10．教育勅語（1890 年発布）は忠君愛国を基礎に，国民に臣民として実践すべき徳目を示したもの。全国の学校に謄本が配布され，学校行事で奉読された。戦後，教育基本法の制定で根拠を失い，1948 年に国会決議で失効した。

❖講　評

2020 年度も近現代から２題出題され，Ⅲが明治時代後期～大正時代，Ⅳが終戦と戦後改革の出題であった。その他はⅠが平安時代中期～鎌倉時代中期，Ⅱが江戸時代から出題された。難易度は，2016 年度以降は易化傾向が続いていて，2020 年度も例年並みであった。「２つ選べ」という正文・誤文選択が４問（うち１問は語句選択）出題された。2019 年度に２問出題された年代配列問題は，2020 年度は出題されなかったが，かわって３つの時期に起きた出来事の正しい組合せを選択させる問題が１問出題された。史料問題はⅢで出題されたが，2016・2017 年度の大問２題の出題以降減少傾向が続いている。例年，日記や書簡，自伝などから短文を複数引用した問題が出題されていて，2020 年度は石橋湛山の評論（例年より長文のもの）が４点出題された。これは早稲田大学法学部最大の特色である。

Ⅰ　平安時代中期以降の武士の成長と鎌倉時代中期までの知識・理解を問う。問４の延久の荘園整理令に関する誤文選択は，慈円の『愚管抄』を精読した受験生ほど，「摂関家のみは例外とした」を正しいと誤解しやすいが，他の選択肢は明白な正文なので正解したい。問６の保元の乱・平治の乱に関する誤文選択は，乱の評価に関わる２つの選択肢（あ・お）の内容が微妙で判断が難しい。全体的には標準レベルである。

Ⅱ　三大改革を中心に，江戸時代中・後期の政治と対外関係・文化についての知識・理解を問う。問１の享保・寛政・天保年間の出来事の組合せを選ぶ問題は，改革の時期ではなく元号による判断で，かつ政治以外の事項がほとんどでやや難。ただし，時期が違うと判断できるものもあってかなり絞り込める。問５の江戸の都市政策や法・裁判制度，問10の幕末期の藩政改革に関する正文選択も，厳密な判断を要する選択肢があり難問。全体的にやや難～難のレベルである。

Ⅲ 石橋湛山の評論４点（出典は『東洋経済新報』）を用いて，明治時代後期～大正時代の対外関係について問う出題。法学部定番の初見史料の出題だが，各史料は例年に比べて長めで，その分数は少ない。石橋湛山は早稲田大学卒であり，早稲田大学関係者は頻出なので要チェックである。問７の植民地統治下の台湾に関する誤文選択は難問。その他の正文・誤文選択問題の中にも，選択肢を注意深く吟味しないと誤った判断をしてしまうものがある。しかし，学習の重点テーマであり，記述問題は基本事項ばかりなので，全体的には標準～やや難のレベルといえる。

Ⅳ 終戦と戦後改革についての知識・理解を問う。問１のポツダム宣言の内容に関する誤文選択は，選択肢の慎重な吟味が必要。問９の教育基本法に関する問題は，「戦後レジームからの脱却」を唱えた第１次安倍晋三内閣による教育基本法改正（2006 年）の内容で，愛国心は戦後改革にそぐわないと判断できよう。近年の政治や社会の動向を意識した出題と思われ，現代の諸問題から歴史を考察する視点は重要である。記述問題では問８の南原繁がやや難だが，早稲田大学志望者ならば正解したい。全体的には標準レベルである。

世界史

I

解答　設問1．②　設問2．③　設問3．①　設問4．②
設問5．③　設問6．④　設問7．②　設問8．④
設問9．②

◀解　説▶

≪中国の権力者のモニュメント≫

▶設問1．②正文。208年の赤壁の戦いで曹操が孫権・劉備の連合軍に敗れた結果，天下三分の形成が固まった。

①誤文。曹操は後漢の末期に起きた黄巾の乱で頭角を現した。紅巾の乱は元末の反乱。

③誤文。禅譲によって魏の初代皇帝となったのは曹操の子曹丕（文帝）。

④誤文。曹操は220年に死去しており，卑弥呼が遣使した時（239年）の魏は曹丕の次の第2代皇帝時代（第3代皇帝という説もある）。

▶設問2．③後漢の蔡倫が紙の製法を改良する前は，文字は絹布（帛）に書かれることが多かった。そうした文字は帛書（はくしょ）という。

▶設問3．①正文。兵家の孫武の著とされる『孫子』には，有名な「彼を知り己を知れば百戦殆うからず」という言葉や先制攻撃の重要性が述べられており，最大の戦法は「戦わずして勝つ」ことだとしている。

②誤文。易姓革命を主張したのは儒家の孟子。

③誤文。「防衛戦術の専門家集団を形成」していたのは墨家。墨子は侵略戦争を否定した（非攻説）が，防衛戦争は肯定し，その技術を研究している。

④誤文。性悪説を唱えて礼を重要視したのは儒家の荀子。

▶設問4．②正文。

①誤文。王莽は周代を理想とした。

③誤文。徽宗は金の侵入が始まる直前に帝位を子の欽宗に譲って上皇となっていたが，靖康の変で欽宗とともに北方に連れ去られ，その地で没した。

④誤文。黄巣の乱は唐の末期に起こった。万暦帝は明の皇帝である。

▶設問5．③誤文。フラグがバグダードを攻略して滅ぼしたのはアッバース朝。

▶設問 6．④則天武后は夫である高宗の死後実権を握り，690 年に自ら即位して中国史上唯一の女帝となり国号を周（武周）とした。

▶設問 7．②誤文。マウリヤ朝のアショーカ王の時代にはまだ仏像は作られていなかった。最初の仏像はクシャーナ朝時代にガンダーラ地方で作られた。アショーカ王が各地に建てさせたのは石柱碑や磨崖碑。

▶設問 8．難問。④誤文。「ソ連との国境地帯」が誤り。ノモンハン事件（1939 年）は満州国とモンゴル人民共和国との国境となっていたハルハ河流域で起こった。モンゴルでは 1924 年にモンゴル人民共和国が成立したが，政治・経済・安全保障などで完全にソ連に依存する国で，この事件は実質日本軍とソ連軍の衝突であったが，日本は大敗した。

▶設問 9．②誤文。『毛沢東語録』は 1964 年に林彪が編纂を命じたもので，文化大革命の思想的背景となった。「四つの現代化」は，周恩来が提起したものだが，プロレタリア文化大革命中は取り上げられることはなく，革命終了後，華国鋒が標榜し，のちに最高実力者となった鄧小平が推進した。

Ⅱ　解答

設問 1．ウ　設問 2．イ　設問 3．イ　設問 4．ウ
設問 5．エ　設問 6．エ　設問 7．イ　設問 8．エ
設問 9．エ

◀解　説▶

≪キリスト教とローマ皇帝≫

▶設問 1．ウ．誤文。ユダ王国は前 586 年に新バビロニアのネブカドネザル 2 世に滅ぼされたが，イスラエル王国は前 722 年にアッシリアによってすでに滅ぼされていた。

▶設問 2．イ．誤文。「イエスの存命中に編纂」が誤り。『使徒行伝』は 90 年頃成立したと考えられている。30 年頃のイエスの処刑後，弟子たちの間では「イエスはキリスト（救世主）だったのだ」という信仰が生まれてキリスト教が成立し，イエスの教えを伝えるための使徒の活動が始まった。

▶設問 3．イ．『年代記』はタキトゥスがアウグストゥスの死（14 年）からネロ帝の死（66 年）までの出来事を年代順に記したもので，この時期の権謀術数や密告・弾圧など政治の暗黒面を描いている。『国家論』はキ

ケロの，『対比列伝』はプルタルコスの，『地理誌』はストラボンの著作。

▶設問 4．ウ．正文。ダキアは現在のルーマニアの地。

ア．誤文。ハドリアヌス帝とトラヤヌス帝の順序が逆である。五賢帝の 2 番目がトラヤヌス帝，3 番目がハドリアヌス帝。

イ．誤文。ハドリアヌス帝はブリタニアに長城を築いているが，最大領土を実現したのはトラヤヌス帝である。

エ．誤文。マルクス＝アウレリウス＝アントニヌス帝はストア派の哲学者。

▶設問 5．エ．プリニウスは『博物誌』を著した博物学者であるとともに，軍人（提督）でもあり，79 年のウェスウィウス火山の噴火に際して観察と住民救出にあたっていた最中に有毒ガスによって殉職している。

▶設問 6．エ．誤文。漆胡瓶は法隆寺ではなく，東大寺に付属する正倉院に収められている。漆胡瓶は漆塗りの水差しで，ササン朝美術の影響が強く表れている正倉院御物である。

▶設問 7．イ．正文。

ア．誤文。ディオクレティアヌス帝は共和政の遺風を払拭し，皇帝の専制体制を強化した。

ウ．誤文。帝国に居住するすべての自由人にローマ市民権を付与した（212 年）のはカラカラ帝。

エ．誤文。内陸アジアから養蚕技術を導入したのは東ローマ（ビザンツ）帝国のユスティニアヌス帝。

▶設問 8．エ．誤文。ソリドゥス金貨（ノミスマ）は，西ローマ帝国滅亡後も東ローマ（ビザンツ）帝国だけでなく，地中海貿易でも用いられ，「中世のドル」と呼ばれた。

▶設問 9．エ．正文。単性論はイエスに神性のみを認めるという説。ニケーア公会議ではイエスの人性を強調したアリウス派が，エフェソス公会議ではイエスの人性と神性が分離しているとするネストリウス派が異端になっている。

ア．誤文。「アリウス派を復興」が誤り。ユリアヌス帝は，古来からの多神教を尊重してキリスト教徒への優遇政策を廃止した。

イ．誤文。中世南フランスでアルビジョワ派と呼ばれたのは，マニ教の影響を受けたキリスト教の異端派であるカタリ派である。

ウ．誤文。ネストリウス派は中国に伝わって景教と呼ばれた。中国で祆教と呼ばれたのはゾロアスター教。

Ⅲ 解答

設問１．３　設問２．４　設問３．２　設問４．３
設問５．１　設問６．３　設問７．２　設問８．４

◀解　説▶

≪ノルマン人の活動と北欧３国の動向≫

▶設問１．３．誤文。西ゴート王国がイスラームのウマイヤ朝によって滅ぼされたのは711年で，８世紀前半。

１のピピンによるカロリング朝創始は751年，２のハールーン＝アッラシードの即位が786年，４の後ウマイヤ朝の成立が756年で，いずれも８世紀後半。

▶設問２．４．ロロはノルウェー系のノルマン人で911年に西フランク王国のシャルル３世から封土としてもらい受けた地にノルマンディー公国を建てた。

▶設問３．２．正文。

１．誤文。ビザンツ帝国では７世紀以降公用語がラテン語からギリシア語にかわり東方的性格が強まった。

３．誤文。ウラディミル１世はキエフ公国の君主。10世紀末にビザンツ帝国の領土を拡大したのはバシレイオス２世。

４．誤文。1453年にコンスタンティノープルを陥落させてビザンツ帝国を滅ぼしたのはメフメト２世。

▶設問４．やや難。３．誤文。カルマルはデンマークではなくスウェーデンの都市。カルマル同盟は1397年に成立したデンマーク・ノルウェー・スウェーデンの同君連合で，1523年にスウェーデンが離脱するまで存続した。

▶設問５．１．正文。

２．誤文。ヴァレンシュタインは旧教側に立って，デンマーク・スウェーデンの新教軍と戦った。

３．誤文。ウェストファリアはドイツの地方名。和平会議はウェストファリア地方のミュンスターとオスナブリュックで開催された。

４．誤文。フランスは旧教国であるが，ルイ13世の宰相リシュリューがハプスブルク家の退潮をねらって新教側に立って戦った。

▶設問6．3．誤文。1572年にポーランドではヤゲウォ朝が断絶したため，選挙王政が導入された。

▶設問7．2．9世紀のヴェルダン条約とメルセン条約による分裂で成立した西フランク王国では，987年にカロリング朝が断絶し，パリ伯だったユーグ＝カペーが諸侯の選挙によって王となりカペー朝が始まった。

▶設問8．4．カール12世は15歳で即位し，ピョートル1世との北方戦争において最初は優勢だったが，1709年のポルタヴァの戦いで大敗した。

Ⅳ 解答

設問1．ハ　設問2．ニ　設問3．ロ　設問4．ニ
設問5．ロ　設問6．イ　設問7．ニ　設問8．イ

◀解　説▶

≪社会主義思想と社会主義国家≫

▶設問1．難問。ハ．正文。クロンプトンのミュール紡績機は1779年に発明されている。ミュールはラバのことで，ラバは馬とロバの人為的交配によって生まれた雑種。ミュール紡績機はジェニー紡績機と水力紡績機の長所を合わせ持つことからの命名。

イ．誤文。ニューコメンが蒸気機関を実用化したのは1712年。

ロ．誤文。カートライトが力織機を発明したのは1785年。

ニ．誤文。フルトンが蒸気船を実用化したのは1807年。

▶設問2．ニ．サン＝シモンはフランスの歴史を非産業階級と産業階級の対立の歴史と見なし，非産業階級中心の封建社会にかわる産業階級が支配する理想社会の実現を説いた。

▶設問3．ロ．誤文。ロシア社会民主労働党結成の中心となったのはプレハーノフとレーニン。ロシア社会民主労働党は結成直後の1903年にプレハーノフ中心のメンシェヴィキと，レーニン中心のボリシェヴィキに分裂している。バクーニンはプルードンの影響を受けて無政府主義を唱えたロシアの革命家で，第1インターナショナルに参加してマルクスと対立したことで有名だが，1876年に死去している。

▶設問4．ニ．誤文。ケレンスキーを首相とする臨時政府を打倒したロシア十月革命はボリシェヴィキが指導した。ロシア二月革命後，立憲民主党を中心に臨時政府が成立し，メンシェヴィキと社会革命党もこれに協力していたが，レーニンが亡命先のスイスから帰国した後，次第に急進派のボ

リシェヴィキが優勢となり，ロシア十月革命で臨時政府を倒してソヴィエト政権が成立した。

▶設問 5．難問。ロ．ポルトガルは，アフリカの植民地（アンゴラ，モザンビーク）におけるドイツ領との対立もあって，第一次世界大戦では連合国側で参戦している。

▶設問 6．イ．陳独秀は北京大学教授のイメージが強いが，1915 年に『青年雑誌』（翌年『新青年』に改称）を発刊した頃は上海で活動していた。

▶設問 7．ニ．ザール編入は 1935 年→ロカルノ条約破棄は 1936 年→オーストリア併合は 1938 年。ザールは石炭が豊富な独仏国境地帯で，1920 年に国際連盟が管理し，15 年後に住民投票することが決まっていた。また，ヒトラーは 1936 年にロカルノ条約を破棄し，非武装地帯とされていたラインラントに進駐した。

▶設問 8．イ．イタリアのファシスト政権は 1926 年と 1927 年のティラナ条約でアルバニアを保護国化してイタリア軍の駐兵を認めさせ，1939 年には同君連合の形で併合した。

V　解答

メキシコは，アメリカのテキサス併合を機とする戦争に敗れカリフォルニアを奪われた。ナポレオン 3 世によるメキシコ出兵では，モンロー主義に立つアメリカが抗議して仏軍は撤退し，メキシコではアメリカ資本と結ぶディアスの独裁が続いた。これに対してマデロらによるメキシコ革命が起こり，アメリカは軍事介入したが結局撤兵した。アメリカは世界恐慌期に善隣外交やドル＝ブロックでメキシコに接近したが，メキシコは石油利権国有化などで一定の距離を保った。第二次世界大戦後，メキシコは米州機構に参加する一方，キューバ革命では基地的役割を担うなどキューバとも友好を保ち，冷戦終結後は北米自由貿易協定でアメリカと経済関係を強めた。（250 字以上 300 字以内）

◀解　説▶

≪20 世紀末までのメキシコとアメリカとの関係の変遷≫

■設問の要求

〔主題〕メキシコとアメリカとの関係の変遷

〔条件〕メキシコの独立達成後から 20 世紀末まで

■論述の方向性と指定語句の使い方

独立後のメキシコとアメリカがどのような関係を持ってきたのか，その変遷を述べる問題だが，ただ歴史的事項を並べるだけではなく，それらが両国の対立を表すものなのか，協力ないし和親を表すものなのかを明確にしながら述べていきたい。

指定語句はテキサス併合（1845 年）→メキシコ革命（1910〜17 年）→キューバ革命（1959 年）→北米自由貿易協定（1994 年発効）と年代順に並んでいる。それぞれが対立と協力のどちらを表すものなのか考えながら書き進めよう。

■論述の構成

「19 世紀のメキシコとアメリカ」

使用指定語句：テキサス併合

1821 年にスペインから独立を達成したメキシコはアメリカのテキサス以西も領有する巨大な国であった。しかし，現在のテキサスに移住したアメリカ系住民が 1836 年に独立を宣言してテキサス共和国を発足させ，それをアメリカが 1845 年に併合し，州として連邦加入を認めたことがきっかけとなってアメリカ＝メキシコ戦争（1846〜48 年）が起こった。この戦争に敗れたメキシコは現在のカリフォルニア州を中心とする広大な領土を失い，アメリカとの対立が深まった。

その後，メキシコではインディオ出身の大統領フアレスが教会の大土地所有の禁止などの改革を始め，1861 年には対外債務利子の支払い停止を宣言するとイギリス・フランス・スペインは共同で出兵して圧力をかけ，利子の支払いを認めさせた。しかし，フランスのナポレオン 3 世はイギリス・スペイン撤兵後も兵を増強し，オーストリア皇帝の弟マクシミリアンを皇帝に据えてメキシコ支配をねらった。これに対してメキシコ人は頑強に抵抗し，アメリカも南北戦争（1861〜65 年）が終結するとモンロー主義の相互不干渉をたてにナポレオン 3 世に猛抗議したためフランス軍は撤兵した。アメリカのねらいが何であれ，この時は両国が協力したといってよいだろう。しかし，フアレスの死後は軍人のディアスが独裁権を握り，アメリカなどの外資を導入して鉱山開発や鉄道建設を進めたが，農民層は貧困化し，都市住民の貧富の差も拡大していった。

「第二次世界大戦以前の両国の関係」

使用指定語句：メキシコ革命

ディアスの独裁は大きな社会的・政治的な反発を生み，1910年から自由主義者のマデロを指導者にメキシコ革命が勃発した。革命は穏健派・急進派・反動派などの対立で複雑な展開を見せるが，その内戦にアメリカはウィルソン大統領の宣教師外交のもと利権の保護をはかって積極的な政治介入を行い，また，一時はヴェラクルスに海兵隊を上陸させて牽制したが，内外の非難を浴びて撤兵した。

1929年に始まった世界恐慌が深刻化すると，フランクリン＝ローズヴェルト大統領のもとで，ラテンアメリカとの友好関係を築くための善隣外交が採用され，メキシコも対象となった。アメリカは第7回パン＝アメリカ会議で関税を引き下げ，ラテンアメリカ諸国とドル＝ブロックを形成していったが，メキシコはカルデナス政権のもとで農地改革やアメリカ資本の鉄道や石油産業の国有化を進めていったため，両国の関係は一定の距離を保つことになった。

「第二次世界大戦後の両国の関係」

使用指定語句：キューバ革命，北米自由貿易協定

第二次世界大戦後，冷戦が激化するとアメリカは反共的なリオ協定（米州相互援助条約），米州機構（OAS）を主導し，メキシコも加盟した。しかし，キューバで親米バティスタ政権に対する反発が強まってカストロらによる革命運動が活発化すると，メキシコは1955年に弾圧で亡命してきたカストロらを受け入れた。カストロはメキシコで軍事訓練を行い，その後，キューバに戻って1959年にバティスタを追放する革命に成功した。そうした意味ではメキシコはキューバ革命の基地的な役割を果たしたといえる。また，キューバ革命に対してアメリカは米州機構による軍事介入を企図したが，メキシコはこれに反対するなどキューバとも友好関係を維持している。

その後のメキシコは政治的な内紛とともに，1982年には深刻な財政危機に見舞われた。これに対してレーガン大統領にならった新自由主義政策を取り入れるなどアメリカとの関係改善が進んだ。そして，冷戦終結後の1992年にはメキシコ・アメリカ・カナダの3国によって北米自由貿易協定（NAFTA）が調印され（発効は1994年），3国は15年間で相互の関

税を全廃することに合意するなど，経済的な協力関係は強まっていった。

❖講　評

Ⅰ　リード文は中国の権力者のモニュメントをテーマとしているが，設問には文化史も含まれ，時代も中華人民共和国の指導者に関するものまで言及されているので幅広い。正文・誤文判定問題は比較的わかりやすいものが多い。設問 8 のノモンハン事件に関する文は世界史受験者には馴染みがなかったかもしれないが消去法で対応できる。

Ⅱ　キリスト教の成立や発展に関連するローマ皇帝をテーマにした大問だが，実質は古代ローマ史といってよい。ほぼ教科書レベルの問題で，設問 6 の漆胡瓶などはやや意表を突かれたかもしれないが，5 題中もっとも対処しやすかったと思われる。

Ⅲ　ノルマン人の動向や中世のビザンツ帝国や北欧 3 国に関する大問。北欧は受験生にとって苦手な地域だと思われるが，ほぼ教科書レベルの問題である。ただ，設問 4 のカルマル同盟のカルマルがどの国の都市なのかまで理解している受験生は少ないだろう。

Ⅳ　社会主義をテーマにした問題で，社会主義思想の成立やロシア革命，中国の共産党などに関する設問などが幅広く出題された。正文・誤文判定問題も早稲田大学の問題としては比較的わかりやすいものが多い。ただ，設問 1 の産業革命期の技術革新に関してはかなり詳細な年代の知識が問われた。カートライトの力織機やクロンプトンのミュール紡績機が発明された年を正確に覚えている人は少ないと思われる。また，第一次世界大戦中の中立国でないものを選ぶ設問 5 も難度が高かった。

Ⅴ　例年通り 300 字の論述問題だが，20 世紀末までのメキシコとアメリカとの関係の変遷というテーマにはかなり戸惑ったのではないだろうか。指定語句も「テキサス併合」や「北米自由貿易協定」はわかりやすいが，「メキシコ革命」と「キューバ革命」を両国の関係史でどのように使えばよいのか迷ったと思われる。表面的な知識だけでなく，それらの歴史的事件がどのような意味を持つのか理解していないと文章にするのは難しい。

政治・経済

I　解答

問1．A．違憲審査　B．二重の基準論　C．優越的
問2．4　問3．5　問4．4　問5．5　問6．2
問7．議員定数の不均衡は有権者の一票の格差を生み，主権者である国民の意思が国政選挙を通じて政治に反映されるという民主的な政治過程の働きが損なわれることになる。議員定数の不均衡の是正には公職選挙法の改正が必要であるが，各政党や議員の利害が絡むため，国会が積極的にその是正に取り組むとは限らないため。（150字以内）

◀解　説▶

≪表現の自由と違憲審査権≫

▶問1．A．日本国憲法は，すべての裁判所に，一切の法律，命令，規則，処分が憲法に適合するかしないかを決定する違憲審査権を与えるとともに，最高裁判所を終審裁判所として位置づけている。

B・C．二重の基準論とは，基本的人権の中で，表現の自由などの精神的自由は民主政治にとって不可欠の権利であるから経済的自由に比べて優越的地位を占めるとし，精神的自由を規制する法律の違憲審査にあたっては，より厳格な基準によって審査されなければならないとする考え方である。

▶問2．4．誤文。誹謗中傷する行為は刑法の名誉毀損罪などに該当するが，被害者の地位によって刑罰に軽重をつけるのは法の下の平等に反する。

1．正文。建物に生卵を投げつける行為は，刑法の器物損壊罪に該当する恐れがある。

2．正文。公職選挙法で，ポスターを他人の家の壁に貼る場合は居住者の許可が必要であることが定められている。

3．正文。公道でのデモ行進は，道路交通法に基づく事前の申請が必要であり，交通を麻痺させれば道路交通法に違反し，罰せられる。

5．正文。中学生の裸体写真をインターネット上に公開することは児童ポルノ禁止法で罰せられる。

▶問3．5．適切。検閲の禁止は，日本国憲法第21条2項で規定されている。

1．不適切。「国及びその機関による宗教的活動の禁止」は憲法第20条3項で規定されているが，信教の自由に関する規定である。

2．不適切。「選挙における投票の秘密」は，憲法第15条4項で規定されているが，参政権に関する規定である。

3．不適切。「国民の知る権利の保障」は憲法に明文の規定はない。

4．不適切。「性別による差別の禁止」は，憲法第14条1項で規定されているが，法の下の平等に関する規定である。

▶問4．4．誤文。政治家個人への企業・団体献金は，政治資金規正法で禁止されており，経済的自由が規制されている例とはいえない。

1．正文。建物の高さは建築基準法や条例などで制限されており，経済的自由が規制されている例といえる。

2．正文。民事訴訟において，他人の訴訟を代理するのに原則として弁護士資格を求めるのは，職業選択の自由の制限であり，経済的自由が規制されている例といえる。

3．正文。憲法第29条3項は，私有財産を正当な補償の下に公共のために用いることができるとしており，ダム湖に水没する予定の土地を強制的に収用するのは，経済的自由が規制されている例といえる。

5．正文。価格カルテルは独占禁止法で禁止されており，経済的自由が規制されている例といえる。

▶問5．5．適切。国会は選挙によって選ばれた国民の代表である国会議員によって構成されている。内閣は国会の多数党によって構成されるので，実質的に国民に選ばれているといえる。これに対して，裁判所を構成する裁判官は国民の選任によってその地位に就くわけではない。それゆえ，民主的な政治過程が良好に機能している限り，裁判所は国会と内閣による民主的な政治過程の結論に敬意を払うべきであるということになる。

1～4はいずれも不適切。1．政治的圧力は権力分立に対する重大な挑戦であり，むしろ裁判所に積極的是正を求めるべき理由となる。2．裁判所による是正は権力間の抑制と均衡という原理に基づく行為なので，個人の資質は是正を求めるのを控える理由にはならない。3．不当な結論の責任を引き受けるのは有権者としてであって，司法の一機関たる裁判官としてではないため裁判所による是正に謙抑的であるべき理由とはならない。4．裁判官個人に対する世間のそしりや妬みは私的情念の発露であり理性に立脚した民意とはいえず，政治過程の結論を尊重すべき理由とはならない。

▶問６．イ．適切。外国人は参政権をもたないので，国政に意思を反映させることが困難であり，自己に不利益な制度があっても，民主的な政治過程の働きを通じて除去することは困難である。

エ．適切。マス＝メディアは世論形成に大きな役割を果たすが，政権与党の政策を批判的に報道するメディアに放送局の免許を与えない制度があれば，マス＝メディアがそのような制度を批判すること自体が困難になるので，民主的な政治過程の働きを通じて除去することは困難となる。

▶問７．議員定数が不均衡の場合，有権者の一票に格差が生じ，国民の意思が国会に正確に反映されないなどの問題点があること，各政党や選挙区選出の議員の利害が絡むため，国会での公職選挙法改正が進まないことなどを記述できたかどうかがポイントとなる。

Ⅱ　解答

問１．A．歳費　B．令状

問２．1　問３．2

問４．(i)常会〔通常国会〕 (ii)臨時会〔臨時国会〕

問５．3　問６．4　問７．2　問８．4

◀解　説▶

≪国会議員の特権≫

▶問１．A．日本国憲法第49条で，「両議院の議員は，法律の定めるところにより，国庫から相当額の歳費を受ける」と規定されている。

B．憲法第33条で，「何人も，現行犯として逮捕される場合を除いては，権限を有する司法官憲が発し，且つ理由となっている犯罪を明示する令状によらなければ，逮捕されない」と規定されている。

▶問２．1．正文。憲法第51条は，「両議院の議員は，議院で行った演説，討論又は表決について，院外で責任を問われない」と規定しているが，憲法第58条2項では，両議院は，「院内の秩序をみだした議員を懲罰することができる」と規定している。

2．誤文。国会議員の免責特権は，刑罰などの刑事上の責任だけでなく，損害賠償などの民事上の責任も問われないということを意味する。

3．誤文。国会議員の免責特権の対象となるのは，演説や討論，表決に限定されず，議員の国会における意見の表明と見られる行為や，職務行為に付随する行為にも及ぶとされる。

4．誤文。国会議員の免責特権は，国会議員の権利や利益だけでなく，国民の権利や利益に関わる演説・討論・表決など国政全般に及ぶ。

▶問3．2．誤文。参議院法務委員会が国政調査権を用いて裁判の量刑について干渉した浦和事件に見られるように，国会の各議院が，国政調査権を用いて裁判所の判決の当否を調査することは，司法権の独立を侵すことになる。

1．正文。「法律案は，この憲法に特別の定のある場合を除いては，両議院で可決したとき法律となる」（第 59 条 1 項）

3．正文。裁判官を弾劾裁判所に訴追するかどうかを決定することも国会の権限である。衆参各 10 名からなる訴追委員会と，衆参各 7 名からなる弾劾裁判所の構成員は，いずれも両議院から，それぞれ選挙で選ばれる。

4．正文。憲法の改正は，各議院の総議員の 3 分の 2 以上の賛成で国会が発議し，国民に提案してその承認を経なければならない（第 96 条）。

▶問4．国会の種類には，会期 150 日で，毎年 1 回 1 月中に召集される常会（通常国会），内閣または衆参いずれかの総議員の 4 分の 1 以上の要求で召集される臨時会（臨時国会），衆議院解散総選挙の日から 30 日以内に召集される特別会（特別国会）がある。なお，衆議院解散中に緊急の必要がある場合は，内閣が参議院の緊急集会を求めることができる。

▶問5．ア．適切。憲法第 2 条に，皇位の継承は国会の議決した皇室典範によることが規定されている。議会政治の母国イギリスでは，1701 年に王位継承法が制定され，議会の定めた法律によって王位継承の資格や順位などが規定された。日本では，1889 年に大日本帝国憲法とともに皇室典範が制定され，皇位継承などについて規定したが，これは憲法と並ぶ最高法規であり，解政権などは天皇に属し，帝国議会は関与できなかった。戦後，日本国憲法の制定により皇室典範は国会が制定する法律となった。

エ．適切。憲法第 84 条に租税の賦課は法律によらねばならないという租税法律主義が規定されている。ヨーロッパにおける議会の始まりは，国王が新たな租税を課すにあたり，貴族や都市の代表を集めて承認を求めたことにある。日本でも大日本帝国憲法以来，租税法律主義が採用されている。

イ．不適切。交戦権は，憲法第 9 条で否認されている。

ウ．不適切。国会議員の任期は，憲法第 45 条と第 46 条で規定されている。

▶問6．4．正文。国民の代表機関とは，国会は全国民を代表する選挙された議員で組織され，国会の議決は国民全体の意思を反映するものとみなされるという趣旨である。

1．誤文。国会は，憲法上，国権の最高機関という地位にあるが，これは国会が国政の中心的地位を占める機関であるという政治的美称とみなされている。憲法は三権分立を採用しているので，国会は内閣や裁判所に指揮・命令することはできず，国権を統括する地位にあるわけではない。

2．誤文。国会は単独で法律を制定することができるが，これは，憲法上，唯一の立法機関という地位にあることを意味する。

3．誤文。国会議員は，選挙区ないし後援団体などの特定の選挙母体の代表ではなく，全国民の代表であり，全国民の意思を国政に反映させるべきである。

▶問7．2．誤文。国会議員は，法律の定める場合を除いては，国会会期中は逮捕されない。

1．正文。国会外で現行犯の場合は，不逮捕特権の例外となる。

3・4．正文。国会議員は，国会会期中は逮捕されない。しかし，所属議院が許諾した場合は例外として逮捕される。

▶問8．4．誤文。憲法にこのような規定はないし，一官庁にすぎない内閣法制局が法律案の審査をすることが，行政権の組織・運営が民主化されていることにはならない。

1．正文。大日本帝国憲法の下では天皇は主権者であり，統治権を総攬していたが，日本国憲法における天皇は日本国および日本国民統合の象徴として国政に関する権能を有さず，行政権は主権者である国民を代表する国会が選出する内閣が有する。

2．正文。大日本帝国憲法の下では，内閣の各国務大臣が天皇に対して責任を負っていた（輔弼責任）が，日本国憲法においては，内閣は国民代表機関である国会に対して連帯責任を負っている。

3．正文。大日本帝国憲法の下では，内閣総理大臣は天皇によって任命されており，議員の中から任命されるとは限らず，議会の多数党の党首が任命されるとも限らなかった。これに対して，日本国憲法においては，内閣総理大臣は，国会議員の中から国会の議決で選ばれるので，国民の支持を受けた政党が内閣を組織することになった。

III 解答

問 1．A．資源配分　B．公平性（公正性も可）

問 2．5　問 3．4　問 4．3　問 5．2

問 6．公共財は対価を支払わなくても消費できる非排除性と，同じ財・サービスを同時に消費できる非競合性という特徴をもつため，その供給を市場に委ねた場合，利潤を追求する民間企業による供給が期待できないから。(100 字以内)

問 7．(i)―2　(ii)―3

◀解　説▶

≪市場機構≫

▶問 1．A．完全競争市場においては，価格メカニズムによって効率的な資源配分が達成されるとされる。

B．所得分配とは，生産活動によって生み出された国民所得が，それに関わった経済主体に配られることであるが，不当な所得格差が生み出されることもあり，公平性（公正性）が求められる。

▶問 2．5．誤文。プライス・メイカーではなく，プライス・テイカーが正しい。プライス・テイカーとは，完全競争市場で決定される価格に対応しなければならない市場参加者のことをいう。

1～4．正文。完全競争市場とは，①買い手と売り手が小規模かつ多数存在する，②財に関する情報を完全に保有している，③取引される財は同質である，④市場への企業の参入，退出が自由であるという 4 つの条件を満たした市場のことをいう。

▶問 3．4．正文。

1．誤文。財の価格が上昇することが予想されれば，当該財への需要は増加し，需要曲線は右方にシフトする。消費税増税前を考えればよい。

2．誤文。競合関係にある他財の価格が下落すると，当該財の需要は減少し，需要曲線は左方にシフトする。安い牛肉が輸入された場合の国産牛肉を考えればよい。

3．誤文。補完関係にある他財の価格が上昇すると，当該財の需要は減少し，需要曲線は左方にシフトする。補完財とは，パンとバターやコーヒーと砂糖など相互に補完して効用を得る財の関係のことをいい，例えばコーヒーの価格が上昇して需要が減れば，砂糖の需要も減少する。

5．誤文。新たな生産技術の開発など技術進歩が生じれば，生産費用が減少して，供給曲線は右方にシフトする。

▶問4．3．正文。政府が Q_0 より少ない水準に生産量を抑制した場合，供給曲線は左方にシフトするので，均衡点 E は上昇し，取引価格は P_0 より高くなる。

1．誤文。政府が P_0 より高い価格水準で下限規制を行う場合，市場には慢性的な超過供給が発生し，取引量は Q_0 より少なくなる。

2．誤文。政府が P_0 より低い価格水準で上限規制を行う場合，市場には慢性的な超過需要が発生し，取引量は Q_0 より多くなる。

4．誤文。政府が財1単位あたり一定額 t の物品税を課す場合，供給曲線は物品税分（t）だけ上方にシフトし，均衡点は E から E' に移動して市場価格 P_0 より上昇して P_1 となるが，税抜き価格は P_0 より下落して P_2 となる（右図参照）。

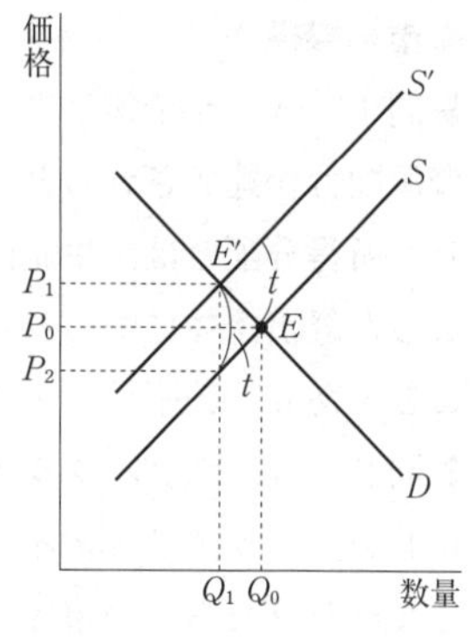

5．誤文。政府が財1単位あたり一定額の生産補助金を交付する場合，供給曲線は補助金分だけ下方にシフトし，市場価格は P_0 より低くなる。

▶問5．2．正文。下請法は，下請取引の公正化・下請事業者の利益保護を目的にして，親事業者の義務や禁止事項を定めた法律で，独占禁止法を補完するものと位置づけられている。

1．誤文。プライス・テイカーではなく，プライス・メイカーが正しい。プライス・メイカーとは，市場占有率が高いため，有利な価格設定ができるような企業のことをいう。

3．誤文。固定費用が巨額になる電力・ガス・鉄道などの公益事業は費用逓減産業であり，生産拡大に伴って単価が逓減する。

4．誤文。証券取引等監視委員会は，市場の公正性や透明性の確保および投資者保護の観点から，1992 年に設立された金融庁に属する機関である。

5．誤文。1997 年に独占禁止法は改正され，持株会社の設立が解禁されたが，書籍や新聞などの再販売価格維持制度は適用除外制度として現在も継続している。

▶問6．公共財の特徴である非排除性と非競合性について理解し，利潤を追求する企業では市場を通して公共財が供給されにくいことを記述できたかどうかがポイントとなる。

▶問７．(i)正解は２。ジニ係数は，社会における所得の不平等さを測る指標であり，完全平等社会であれば０，完全不平等社会であれば１となる。１のエンゲル係数は家計の支出に占める飲食費の割合であり，高いほど生活水準が低いとされる。３の需要の所得弾力性は，所得の変化率に対する需要の変化率の割合であり，生活必需品は低く，奢侈品は高いとされる。４のハーフィンダール指数は，ある産業の市場における企業の集中度を示す指標である。５のマーシャルのkは，一国の名目国民所得に対する通貨供給量の割合である。

(ii)正解は３。ナショナル・ミニマムは国民的最低限と訳され，国家が国民に対して保障すべき必要最低限の生活水準のことをいう。１のインカム・ゲインは株式の配当などによる収入のこと。これに対して株式などの売買による収入はキャピタル・ゲインという。２のナショナル・インカムは国民所得のこと。４のノーマライゼーションは障害者と健常者が平等に生きていける社会を作ろうという考え方。５のミニマム・アクセスは最低輸入量のこと。

Ⅳ 解答

問１．A．合計特殊出生率　B．65
C．M字型雇用（M字型カーブも可）

問２．３　問３．２　問４．４　問５．２　問６．３　問７．３
問８．特定技能

◀解　説▶

≪人口減少社会と社会保障制度≫

▶問１．A．合計特殊出生率は，１人の女性が一生の間に産む子どもの数の平均で，2018年は1.42であった。

B．65歳以上は老年人口，15～64歳は生産年齢人口に分類される。

C．M字型雇用とは，女性の労働力人口比率が30歳代を中心に低下することをいう。これは結婚や出産，子育てを機に退職する女性が多いことが原因である。

▶問２．３．誤文。1985年の国民年金法改正により，全国民共通の基礎年金制度が導入された。

1・2．正文。1958 年の国民健康保険法全面改正および 1959 年の国民年金法制定により，1961 年に国民皆保険，国民皆年金の制度が確立した。

4．正文。1997 年に介護保険法が制定され，2000 年から施行された。

5．正文。2008 年，75 歳以上を対象に後期高齢者医療制度が導入された。

▶問3．2．誤文。積立方式はインフレーションに弱く，資産運用リスクを受けやすいというデメリットがある。

1．正文。積立方式は，自らが現役時に積み立てたお金をもとに，高齢者となった時点で年金給付を受けるので，人口の年齢構成の変化の影響を受けないというメリットがある。

3．正文。賦課方式は，現役世代から集めた税金や社会保険料をもとに高齢者世代に対して年金の支払いを行う方式である。

4．正文。賦課方式には，物価の上昇や給与水準の変化を受けづらいというメリットがある。

▶問4．4．誤文。日本の国税における直間比率は，2019 年度当初予算で直接税 57.6%，間接税 42.4%で直接税の方が高い。

1．正文。日本の所得税は，所得が高くなるにつれて段階的に高い税率が適用される累進課税制度がとられている。

2．正文。日本では，1949 年のシャウプ勧告によって，所得税など直接税中心の税制が整えられた。

3．正文。所得税や法人税，相続税などは国税であり，住民税や固定資産税，事業税などは地方税に含まれる。

▶問5．2．誤文。公的年金の保険料率を，毎年段階的に引き下げることは，公的年金の財源減少につながるため，社会保障の持続可能性を高めることにならない。

1・3・4・5．正文。患者の医療機関窓口での一部負担金の引き上げや安価な薬剤のみを医療保険の適用対象とすることは医療給付の減少，公的年金受給者の年金額の引き下げは年金給付の減少，介護の必要度の低い高齢者への介護サービスを介護保険の適用対象から外すことは介護給付の減少につながり，社会保障の持続可能性を高めることになる。

▶問6．3．誤文。1997 年の労働基準法改正により，女性労働の保護規定が見直され，時間外労働の上限規制や休日労働禁止および深夜労働禁止が削除された。

1．正文。1985 年の女性差別撤廃条約の批准を受けて，同年に雇用における女性差別の撤廃を目的とする男女雇用機会均等法が制定された。

2．正文。1997 年の改正ではこの他に，事業主に対するセクシャルハラスメント防止措置の義務化などが規定された。

4．正文。2006 年の改正では，この他に，間接差別の禁止，男女双方に対するセクシュアル・ハラスメント防止義務などが規定された。

5．正文。2015 年に成立した女性活躍推進法では，従業員 301 人以上の企業に女性の活躍推進に向けた行動計画の策定および公表が義務づけられたが，従業員 300 人以下の企業では努力義務とされている。

▶問７．３．誤文。育児・介護休業法では，パートタイマーや派遣社員のような有期雇用の労働者の場合にも，一定の条件を満たせば育児・介護休業の取得を認めている。

▶問８．2018 年に出入国管理及び難民認定法が改正され，人手不足が深刻な産業分野において在留資格「特定技能」での新たな外国人材の受け入れが可能となった。また，出入国在留管理庁が設置された。

❖講　評

大問は４題で，政治分野から２題，経済分野から２題で，政治・経済両分野からバランスよく出題された。論述問題は２問（100・150 字）出題された。出題内容では，教科書レベルの基本事項を問う設問を中心にして，適切な具体例を判断する思考力を試す問題や専門的知識を問う問題が見られた。論述問題では基本的な知識をもとに考察し，論理的に解答する力が必要とされた。問題の分量は 2019 年度と変化はないが，難易度はやや易化した。

Ⅰ　表現の自由と違憲審査権をテーマにした出題。表現の自由をはじめとする基本的人権の保障や裁判所の働きなどに関する理解と，適切な具体例を考察する論理的な思考力が問われた。問１のＢの二重の基準論やＣの優越的の語句記述はやや難しい。問２は表現の自由の規制の具体例，問３は表現の自由と関連する憲法の規定，問４は経済的自由の規制の具体例，問５は裁判所の役割，問６は民主的な政治過程の働きを通じては除去されにくい具体例など，知識だけでなく論理的思考力を試す問題が多く見られた。問７は議員定数の不均衡に関する理解と国会議員の特質をもとに論述したい。大問全体としての難易度は標準である。

Ⅱ　国会議員の特権をテーマにした政治分野からの出題で，教科書レベルの基本的事項の理解が問われた。問１・問４の語句記述はいずれも基本的な出題で易しい。問２の免責特権，問３の国会の権限に関する出題はやや細かい知識が問われているが，日本国憲法の内容が理解できていれば判断できる。問５・問６・問８は日本国憲法の条文に関する出題である。問７は適切な具体例を解答させる問題であるが，不逮捕特権の例外を理解していれば判断できる。大問全体の難易度はやや易である。

Ⅲ　市場機構をテーマにした出題で，知識だけでなく経済的な考え方まで幅広く問われた。問１のＢは公平や公正，平等なども解答として考えられる。問２は完全競争市場の定義を理解していれば判断できる。問３の需要曲線と供給曲線のシフトの説明は，競合関係や補完関係などの理解が少し難しいが，正解の選択肢が明らかなので判断できる。問４の政府による規制はやや難しいが，需要・供給曲線の図を活用して考えたい。問５の下請法や証券取引等監視委員会はやや細かい知識が問われているが，消去法で解答できる。問６は公共財の非排除性と非競合性という特質を理解していたかどうかがポイントである。問７は教科書レベルの基本的事項である。大問全体の難易度は標準である。

Ⅳ　人口減少社会と社会保障制度をテーマに，基本的事項から時事的事項まで幅広く問われた。問１の語句記述は教科書レベルの基本的事項で易しい。問２の日本の社会保障制度のあゆみに関する問題や問４の租税に関する問題は基本的な知識で判断できる。問３の年金財政の仕組みや問５の社会保障の持続可能性を高める施策は制度面の理解力が問われている。問６の男女の働き方についての問題では，女性活躍推進法など時事的な内容が問われた。また，やや細かい知識が問われた問７の子育てに関する問題や時事的内容が問われた問８の特定技能はやや難しい。大問全体の難易度はやや易である。

の思想史』は二〇一七年刊。

❖講　評

一の古文は『山吹物語』という非常に珍しい出典からの出題である。擬古物語なので典型的な中古文のスタイルで書かれている。違和感はないだろうが、三首の和歌の解釈が難しい。設問は標準〜やや難レベルで、和歌の解釈がからむ問四・問六・問七がやや難レベルになる。文意の取りにくい箇所はそのままにしておいて、言わんとするところを的確に捉える読み方が求められる。

二の漢文は『貞観政要』からの出題。入試でもたまに見かけるもので文章は標準的である。いきなり「使我」と出てくるので、やや戸惑うかもしれない。太宗と魏徴の対話で話が進行することをすぐに理解する必要がある。設問はいずれも標準的なもの。問八は句法の理解がカギとなる。問十二はイで迷うかもしれない。

三の現代文は入試頻出の評論家の一人である山崎正和の、機械を論じたやや異質な文章である。やや短く、内容は標準的で設問も総じて標準レベルである。次の大問四が難しいだけに、しっかりと得点を重ねたい。問十五の空所補充はあまり見かけない問い方であるが、慌てず確実に得点したい。問十七・問二十は選択肢が巧妙に作られているので、ひっかからないように注意する必要がある。

四の現代文は言語論であるが、前半と後半ではそのテーマとするところが異なり、両者を統一的に捉えるのに苦労する。全体的に難解で、意味の取りにくい箇所がいくつもある。それでも要所要所をおさえながら論旨の展開をつかむという読み方が求められる。設問は標準〜難のレベル。本文前半の内容は比較的読解しやすいので、問二十一・問二十二はなんとか正解に辿り着けるだろう。でも後半の内容は現代の言語理論を知っていないと手に負えないだろう。問二十三・問二十四はそのあたりの事情も含めて尋ねており、正解を選ぶのは容易でない。最後の問二十五はさらに難問である。前半と後半の内容をどのように関連づけて説明するか。その手腕が問われる。

▼問二十四　第二十段落以下の内容を把握する。言語が改変される事情が説明され（第二十段落）、これを受けて、語るとは言語の意味を新しい出来事のために解放して世界の新しい見方をもたらすことだと言われる（傍線部）。「事物の一般名詞として規定されている意味」とは、事物とその意味を表す名称が固定的な対応関係にあることをいう。さらに、傍線部の直後の「創造的用法」であるが、これついては第十五段落の引用箇所で「言語が意味作用をもつのは……思考によって解体されては作りなおされるときである」と述べられる。このあたりの事情は、例えば〝不都合だ、危険だ〟を意味する「やばい」が〝すごくいい〟という意味を派生させたことを考えるとわかりやすくなるだろう。以上より、意味が変化して世界の見方が変わることを説明したイが正解となる。ロは「交換貨幣のごとき言語」が不適。ハは「言葉そのものを根本から変えていく」が不適。ニは「一対一の関係にある動かし難い意味を確認」が不適。ホは「事物自体の真の意味に到達しない」以下、本文の内容からはずれる。

▼問二十五「そのような『現場』」とは前文で述べられる、言語も〈わたし〉自身も解体されたり作り直されたりする場を指す。そしてこのような場で「思考が出発する」という（最終段落）。思考と言語の関係については本文の後半で繰り返し言及されるが、ここでは第二十二段落の「言葉のあとで思考は変質し……特別な思考に生まれかわる」、「声として言葉の方が先立っており……言葉抜きの思考はもはや不可能である」に着眼しよう。思考と言語の密接な関係が強調されると同時に、本文前半のキーワードであった「声」が登場する。前半では声の威力として否定的な側面に光が当てられているのに対して、後半では思考を生み出し言語を改変する語り、すなわち、「おしゃべり」（第二十段落）として肯定的に捉え直されている。よって、このような事情を「現場」を中心にまとめることになるが、設問の指示に従い、「概念的言語」と「声」が共に言語の起源を成していることに触れる必要がある。

参考　船木亨（一九五二年～）は哲学者。東京都生まれ。東京大学文学部倫理学科卒業。同大学院人文科学研究科（倫理学専攻）博士課程単位取得退学。現在、専修大学文学部哲学科教授、放送大学客員教授。著書に『現代思想史入門』『差異とは何か――〈分かること〉の哲学』『現代哲学への挑戦』などがある。『いかにして思考するべきか？――言葉と確率念的言語に焦点を当てる。傍線部の「そうした言葉の儀式」とは直前の「挨拶したり、穏当ないい方をしたり、面子を尊重する表現を使ったり（すること）」を指している。要するに各選択肢の冒頭にある「言葉による儀礼的な表現」、言い換えれば社交辞令をいう。また、「始原の声」とは聞き手に脅威や怒りなどを感じさせる威力を持った声をいう。さらに「祓う」とは〝神に祈ってけがれや災いなどを除き去る〟の意である。よって、傍線部を簡単に言い直せば、儀礼的な表現によって声の威力を取り去るということになる。これを「声が聞き手に情緒的な反応を引き起こすのを押さえ込む」と説明したニが正解となる。イは「過剰な言い回しを回避して」、「言語以前の表現のなごりともいえる装飾性を捨て」が不適。「過剰な言い回し」や「装飾性」は儀礼的な表現の特徴である。ロは「はぐらかし」、「抵抗する」が「祓う」の説明として不適となる。ハは「言葉の過剰な装飾性と表裏一体となった声」が不適。ホは「支配する側と支配される側に二分される」が不適。本文から読み取れない。

▼問二十三　第十二段落から第十九段落にかけての内容を把握する。まず、「真に思考する言葉」とは「何ごとかを発見させてくれる言葉」であり、そのような言葉を探して思考すると述べられる（第十二段落）。また、思考とは言語表現の暗記ではないが（第十三段落）、だからといって思考と言語表現を区別することはできないと述べられる（第十四段落）。これは第十六段落でも、思考がまずあって、それを言語という記号体系を使って表現するという発想が誤りであることが指摘される。そして、言語体系というものは存在せず、言語は語られるたびに解体され作り直されると述べられる（第十七～第十九段落）。以上より言語を解体しながら語るところに思考があるというポイントが見えてくる。これを「言葉そのものも変わっていかざるを得なくなるなかで、何かを発見させてくれるのが真の思考である」と説明したホが正解となる。イは「自分自身」の「発見」が「真の思考」であると説明しており、本文の内容からはずれる。ロの「思想の萌芽を声にして発していく」、ハの「思考する言葉を声として発する」が不適。「声」は本文前半のテーマであり、この箇所との直接の関連はない。ニは「まずしっかりと自分の思考を構築する」が不適。思考と言語を切り離している。

第一～第十一段落（理性的なひとどうしでは……）
↓言葉の暴力はその始原である声の威力から生じる
第十二～第十五段落（真に思考する言葉とは……）
↓真に思考する言葉とは何ごとかを発見させてくれる「創造的」言語である
第十六～第十九段落（言語は一般に……）
↓言語はたえず解体され作り直されているのであり、「言語の体系」が存在するわけではない
第二十～第二十三段落（では、どのようにして……）
↓言語が改変されるなかで、思考も〈わたし〉も解体され作り直される

▼問二十一　言葉の暴力は、それが表現する内容よりも声そのものに悪意が含まれていることによって生まれるという前後の段落の内容をふまえる。まず、第二段落の「言語という記号の二重性」に着眼する。これは「概念と声」とあるように、言語が記号表現（音や文字）と記号内容（概念）から成ることを述べている。言語はこの二面性を持っているが、後者の面により傾いたのが「概念的言語」であり、第十一段落でも「概念的言語が発達した」と述べられる。これに対して「声」は、「声自体が悪意である」（第五段落）、「声の威力のなかに……ひとを脅えさせたり怒らせたりするものがある」（第八段落）とあるように、概念とは切り離されたところで感情と結びつく。これが傍線部の「（声は）記号＝しるしとしては、事物とは違うものを想像させる」という表現の意味するところである。この事情を説明したのはロである。「事物のイメージ」とあるのは記号内容（概念）をいう。イは「（声は）事物のイメージを具体的に思い描かせる」、ハは「声は、イメージの空間において認識を可能にする」、ニは「偽りの現実を聞き手に想像させる」、ホは「（声が）欲望を原動力とし……」「事物のイメージを聞き手に与える」などが不適となる。

▼問二十二　第十一段落は、言葉の声に備わる威力がヘイトスピーチとなるというそれ以前の段落の内容をふまえて、概

四

出典　船木亨『いかにして思考するべきか？──言葉と確率の思想史』〈第六章　蓋然性と言語　69　言葉の暴力　71　言葉を改変する思考〉（勁草書房）

解答

問二十一　ロ
問二十二　ニ
問二十三　ホ
問二十四　イ
問二十五　言語はその起源において、事物のイメージを喚起させる概念的言語と、感情を誘発する声との二面性を持っている。後者は暴言となって人を脅えさせたり怒らせたりすることもあるが、おしゃべりのなかで新しい用語法を生み出していく。すなわち人々の語りを通して言語も自分自身も解体されたり作り直されたりするのであり、このような現場において思考が変質し、生まれ変わるのである。（一二〇字以上一八〇字以内）

◆要　旨◆

言葉の暴力は語の概念的意味を用いながらも、真偽に無関係な威力を持つ。それは声自体の威力である。そうした威力を行使するのがヘイトスピーチ（暴言）であり、概念的には取るに足らない言葉でも、ひとを脅えさせたり怒らせたりすることができる。ところで、言語が存続するのは人々が語ることで、それを改変し続けるからである。語られる以前に「言語の体系」なるものが存在するわけではない。また、語るとは新しい世界の見方をもたらそうとすることである。言葉の後で思考は変質し、言葉を語る実践のなかで特別な思考に生まれ変わる。思考はそのような現場で起こるのだ。

▲解　説▼

本文は「＊」で前半と後半に分かれる。原文にこのような符号はなく、代わりに「69　言葉の暴力」、「71　言葉を改変する思考」という小見出しがつく。その間にある「70　声と言語」は省略されている。他にも段落ごと省略された箇所がある。全二十三段落（引用箇所は数えない。第十一段落までが前半）の論旨の展開は次の通りである。

柄から一般的な法則や命題を導き出す方法）」である。

▼問十九　空欄の前で、設計も機械も現実行動の連鎖の産物であるが、その連鎖の一時的な堰き止めであると述べられ、また、空欄の直後で「産業革命のような飛躍ももたらした」と述べられている。よって、「生産の歴史」には堰き止めによる飛躍が働いているという文脈であることがわかるので、「蓄積され停滞していた設計や機械が一気に革新される」とあるホが正解だとわかる。「鹿おどし」は作物に被害を与える鳥獣を威嚇するために農地に設置されたり、その音を楽しむために日本庭園に設置されたりする。イは「絶えず」、ロは「一定の周期によって」、ハは「表面にはあらわれてこない」、ニは「過去の埋もれた遺産を掘り起こして」とあることから、いずれも不適とわかる。

▼問二十　イ、道具と機械の複雑さを問題化しているが、本文では問題化されていない。第五段落の「アスペクト」や第六段落の「汎用性」は複雑さとは関係がない。また、道具の見直しが必要だという説明も本文の内容からはずれる。

ロ、「人間が自己という観念を発見する過程とも不可分で」以下、本文で述べられていない。

ハ、第二段落の「身体と道具の相互影響」、「身体にはね返るいかなる道具や素材の抵抗」や、第四段落の「人間の身体に素材の抵抗、作業の反作用を伝えない」などと趣旨が合致する。

ニ、「時代の進展と複雑化のなかで、多様な要求を満たすための飛躍的な革新が求められている」とは書かれていない。

ホ、「機械は世界の設計者であり」とは本文に書かれていない。また、超越神は、設計や機械と同じく過去の存在であるという点で言及されているにすぎない（最終段落）。

参考　山崎正和（一九三四年～）は劇作家・評論家。京都市出身。京都大学文学部哲学科美学美術史専攻卒業。同大学院文学研究科博士課程美学美術史学専攻中退。イェール大学演劇学科留学。関西大学教授、大阪大学教授、東亜大学学長などを歴任する。著書に『世阿彌』『鷗外　闘う家長』『不機嫌の時代』『柔らかい個人主義の誕生』などがある。『リズムの哲学ノート』は二〇一八年刊。

に閉じ籠もろうとする一面であると述べられている。そこでふたたび本文に戻ると、空欄の一文後に巨大石造建築は「世界洞窟（＝世界という洞窟）のなかで人間が自己の卑小さを感じ、世界の外にある巨大な力（＝神）に祈るために造られた」と述べられている。したがって、「世界洞窟」、「自己の卑小さ」に着眼すると、これは「世界閉塞」や「ある身体」の方であるとわかり、イを入れればよいことになる。

▼問十六　空欄は設計図の特性を説明する文脈にある。空欄前文の「事物と行動の外部に立つことになる」が、空欄の直後で「それは身体と道具の相互影響の外部に立ち」と言い換えられている点に着眼すれば、ロが入るとわかる。「それ」は「設計図」を指している。

▼問十七　「設計の思想」は特に第一～第六段落にかけて説明されている。

イ、第二段落に「設計図は目的を絶対化して、手段の完全な服従を原理的に要求する」とあり、合致する。

ロ、傍線部の前後に「計画と成果のあいだの誤差を無にすることは不可能」だが、「あくまで計画の完全支配をめざす」とあり、合致する。

ハ、第四段落で、機械が設計図通りに製品を造ることと、機械自体が設計図通りに造られることを「二重の計画性」と呼んでいる。「人間の関与」を後者、「機械の自律」を前者と解釈できるが、「安全性を貫徹する」とは述べられていない。

ニ、第二段落の「観念の本性からして……道具や素材の抵抗をも排除するように命令する」などに合致する。

ホ、「素材の汎用性（＝用途が複数あること）」が不適。第六段落の「汎用性」とは、「自動車と芝刈り機のエンジンの互換性をなくす」と例があげられているように機械自体の汎用性をいう。第五段落で機械は「アスペクト（＝様相・外観）」の数が少ないと言われているのもこれと関連している。

▼問十八　「演繹」は一般的な前提から、より個別的な結論を論理的に導き出す方法を言う。ここでは設計あるいは機械が生産行動に先立って存在することについて言われている。なお、「演繹」の対義語は「帰納（＝個々の具体的な事

▲解　説▼

原文には「設計図、機械、そして観念」という小見出しがついている。全十一段落の論旨の展開は次の通りである。

第一・第二段落（奇を衒うように響くかもしれないが……）
↓機械文明に不可欠な設計の思想は先史の巨大石造建築にまで遡る
第三〜第六段落（もちろんこれも原理的な話であって……）
↓機械は身体に素材の抵抗を与えず、アスペクトの数が少なく、汎用的でない
第七〜第十一段落（さて、機械の発明による設計の思想の貫徹は……）
↓機械の発明による設計の思想は観念の三つの特性でもある

▼問十三　A「愚直」は〝正直なばかりで、気が利かないこと〟の意。ここでは機械の「与えられた目的の実現に直進する」（傍線部前文）さまを擬人化して表現している。B「随所」は〝いたるところ〟の意。「随処」でもよい。

▼問十四　脱落文にある「パラダイム転換」とは、科学の基礎理論がニュートン力学から相対性理論へと大転換したように、従来の思考の枠組みが動揺あるいは崩壊して、新しいものに転換することをいう。これを「蒸気機関からガソリン・エンジンへの転換」に当てはめている。動力の根本的な転換である。この「エンジン」に着眼すれば、第六段落の【ロ】に入ることが容易にわかる。この段落で、道具の改良が算術的に進行するのに対して、機械の改良は指数関数的に（＝急激に）発展すると述べられている。

▼問十五　空欄直前の「萌芽」は〝物事の始まり、きざし〟の意。機械文明における設計の思想はすでに先史の巨大石造建築に見られるというのがその前後の趣旨である。設問で引用されている箇所は本文と同じ第三章にあり、本文より少し前の箇所である。この箇所で、「世界開豁」に対応する「する身体」は開かれた世界に向けて自己を拡張しようとする人間の一面であり、これに対して、「世界閉塞」に対応する「ある身体」は閉じられた世界の中で自己の内部

参考 呉兢（ごきょう）（六七〇～七四九年）は唐の歴史家。長年、史館（＝歴史を編纂する役所）において、『実録』などの編纂に従事する。また、自ら『貞観政要』『国史』などを編纂した。『貞観政要』は太宗の言行を記した書で、全十巻・四十編から成る。

三

出典 山崎正和『リズムの哲学ノート』〈第三章　リズムと身体〉（中央公論新社）

解答

問十三　A―愚直　B―随所〔随処〕
問十四　ロ
問十五　イ
問十六　ロ
問十七　ハ・ホ
問十八　ニ
問十九　ホ
問二十　ハ

◆要　旨◆

機械の根源には設計の思想がある。設計図は目的を絶対化し、手段の完全な服従を原理的に要求する。あくまで計画の完全支配をめざすのである。それゆえ機械は道具と違い、人間の身体に素材の抵抗、作業の反作用を伝えない。また、機械のアスペクトは、道具とは次元を異にして数が少ない。さて、機械の発明による設計の思想の貫徹は、観念の発見の過程であり、観念的な思考の定着にほかならなかった。観念の特性とは単一のアスペクトしか持たないこと、身体の巻き込まれの程度が最少であること、流動する体験の過去に位置することであり、これらはいずれも機械と設計の特性でもある。

点で返り、さらに「見」から「使」へ一・二点で返る。そして「使」→「得」→「不」といずれもレ点で返ることになる。

▼問十　空欄は魏徴が太宗の徳治を称える言葉の一節にある。直前の「匈奴」は中国西北部を支配した騎馬民族をいう。唐と敵対していたことは問八の選択肢のイやロからわかる。また、直後の「海内」は〝天下〟の意。「康寧」は健康や安寧などの熟語を連想すれば、〝平和〟の意だと見当がつく。さらにその後に「是（是」は「匈奴……康寧」を指す）陛下盛徳所加」と続くことを考え合わせれば、ホの「破滅」が入ることがわかる。イの「結束」、ロの「強欲」、ハの「大国」では匈奴の脅威が強まることになり、文脈的に不適となる。また、ニの「徳治」は太宗の治世をいう言葉であるから、これも不適となる。

▼問十一　問十に続けて魏徴が太宗の徳治を称える言葉の一節である。「不敢（あへて～ず）」は〝決して～しない、進んでは～しない〟の意の否定形である。「貪（むさぼる）」は貪欲の「貪」で、〝欲張る〟の意。よって、「不敢貪」で〝けっして欲張らない〟の意となる。「天之功」の「功」は傍線部Bの二文前の「功業」と同じく〝功績〟の意。よって、「天」は〝天子〟の意となり、太宗を指す。イが正解。ハは「天」を「歴世の功臣」と訳しており不適。他は「貪」の訳が間違っているので不適とわかる。

▼問十二　イ、「瓦礫の間」ではなく「在於石間」である。

ロ、「太宗に長所は一つもなかった」が不適。本文の「朕雖無美質」は太宗の謙遜の言葉であって、事実そうであったということではない。また、「美しい后妃をめとり」とも書かれていない。

ハ、本文の「労公約朕……足為良工爾」の趣旨に合致する。その中の「約」は〝引き締める、取り決める〟、「弘」は〝広げる〟の意。仁義と道徳によって自分を導いてくれたということ。

ニ、魏徴を玉を削る職人として説明しており不適。「足為良工爾」の「良工」は比喩である。

ホ、「煩瑣な規則を定められ困惑する」が不適。本文の「卿何煩飾譲」に合致しない。なお「卿相」は大臣のこと。

語句　朕＝天子だけが用いる自称の代名詞。

公＝相手に対する敬称。君。

群下＝群臣。

臣＝臣下の自称。私。

飾譲＝「飾」は〝うわべを取り繕う〟、「譲」は〝へりくだる〟の意。

▲解　説▼

本文は最初の一文が、太宗が群臣に向かって言った言葉で、それ以下は太宗と魏徴の対話で成り立っている。

▼問八　「使我」が「我をして～（せ）しむ」の使役形になる。「我」は太宗の自称の代名詞である。「干戈」は「干（盾）」と「戈（矛）」で、〝武器〟の意。「不動」に返るので、武器を用いない、あるいは軍隊を出動しないということ。「遂」は「つひに」と読む副詞。〝はては、かくて〟の意。「此（ここ）」は代名詞で、その指示内容は明示されていないが、武力を行使しないという文脈から、平和な状態を指すと理解できる。以上をふまえて選択肢を吟味する。「使我」を「太宗に～させる」と解釈すればよいから、「太宗に武器を用いさせる……保たせる」とあるニが正解となる。これに従えば、傍線部は「我をして干戈を動かさずして、数年の間に、遂に此に至らしめしは」と読むことになる。イは「太宗が軍隊を出動させる」が不適。「戦闘状態」も誤り。ロ・ハは使役に訳していない点などが不適。ホは魏徴を主語にして解釈している点や、「平和な状態が破壊される」が不適。

▼問九　「唯」は「ただ」と読む副詞。「恨」は「うらむ」と読む動詞の用法と、「うらむらくは」と読む副詞の用法がある。設問は「ただ残念なことには」と訳しており、また、「この意味に沿うように」と指示しているので、後者で読むことになる。「不得」は「～するをえず」と下から返って読み、〝～できない〟の意。「使」は使役の助動詞で、「封徳彝をして之を見しむ」と読む。「之（これ）」は代名詞。訳から「この状態」すなわち平和状態を指すことがわかる。よって、「唯だ恨むらくは封徳彝をして之を見しむるを得ざることを」という読みに合わせて、「之」から「見」へレ

◆全　訳◆

私に武器を用いさせることなく、数年の間に、ついにこのように平和な状態を保たせることができたのは、すべて魏徴の力である（と太宗は群臣たちに言った）。（そして）徴の方を振り向いて言うことには、玉は優れた素質があっても、石の間にあって、良い職人が磨いて美しくしなければ、瓦や小石と区別できない。もし良い職人に出会えれば、永遠の宝物となる。私には優れた素質はないとはいえ、あなたによって切磋琢磨された。あなたは私を仁義をもって引き締め、道徳をもって広げることに尽力して、私の功績をここまで成し遂げさせてくれた。（だから）あなたもまた良い職人と認める価値がある。ただ残念なことには（魏徴と意見が対立していた、今は亡き）封徳彝にこの状態を見させることができないことである（と）。（すると）徴は二度おじぎして感謝して言うことには、匈奴（＝中国西北部を支配した騎馬民族）が破滅し、天下が平和となったのは、自然と陛下の立派な徳が加わったからであって、本当に群臣たちの力ではありません。私は自分がこの公明な政治の行われている世にめぐり合えたことを喜ぶだけです。どうして天子の功績を私のものとしてむさぼることがありましょうか（と）。太宗が言うことには、私があなたを卿相（＝大臣）に任命することができ、あなたも卿相として期待に応えてくれたのだから、その功績はどうして私だけのものであろうか。（それなのに）あなたはどうして煩わしくもうわべを取り繕ってへりくだるのか、と。

読み 我をして干戈を動かさずして、数年の間に、遂に此に至らしめしは、皆魏徴の力なり（と）。顧みて徴に謂ひて曰はく、玉美質有りと雖も、石間に在りて、良工の琢磨に値はざれば、瓦礫と別たず。若し良工に遇へば、即ち万代の宝と為る。朕美質無しと雖も、公の切磋する所と為る。公が朕を約するに仁義を以てし、朕を弘むるに道徳を以てするを労して、朕の功業をして此に至らしむ。公も亦た良工と為すに足るのみ。唯だ恨むらくは封徳彝をして之を見しむるを得ざることを（と）。徴再拝して謝して曰はく、匈奴破滅し、海内康寧なるは、自ら是れ陛下盛徳の加ふる所にして、実に群下の力に非ず。臣但だ身明世に逢ふを喜ぶのみ。敢へて天の功を貪らず（と）。太宗曰はく、朕能く卿に任じ、卿委ぬる所に称ふは、其の功独り朕のみに在らんや。卿何ぞ煩はしく飾譲するやと。

歌については、「世の中の……続けさぶらひけめ」の箇所で、桜より山吹の方を愛でるのは現代風だとして、「いはぬ色にはしかじ」という表現に理解を示している。監のおもとの和歌については、「『深き頼み』も、などかは無くてさぶらふべき」と述べて、山吹の「ものいはぬ色」を「頼み」とするのはもっともなことだと理解を示している。さらに大輔のおもとの和歌については、「重なる光」に関して、「ひときざみ品おくれてなむおぼえはべる」と述べて、前二者に比べて一段劣っていると評価を下げている。よって、ハが正解となる。イの「無常観」、ロの「品格がある」、ニの「伝統的な扱い方から逸脱しており」、ホの「いずれにも良い点と悪い点とがある」など、いずれも誤りを含んでいる。

参考 黒川真頼（くろかわまより）（一八二九～一九〇六年）は幕末～明治期の国学者。上野国（現在の群馬県）出身。本姓は金子で、黒川春村（江戸後期の国学者）の養子となり、家学を受け継いだ。明治時代になって文部省などに勤め、東京帝国大学の教授となる。著書に『万葉集本義』『日本古典大意』『国史案』などがある。『山吹物語』は平安時代の物語を真似た擬古物語である。

二

出典 呉兢『貞観政要』＜巻第一　政体第二＞

解答

問八　ニ

問九　唯恨不㆑得㆑使㆓封徳彝見㆒㆑之

問十　ホ

問十一　イ

問十二　ハ

れでも差し支えないだろう〟の意（「なん」は強意の助動詞「ぬ」の未然形＋適当の助動詞「ん（む）」）。すなわち、小さな田であったら秋の到来を強く頼みにして待つこともあるだろうという趣旨になる。これに合致するのはニである。イの「喜びを口に出すこともない」、ロの「さまざまな作業を行なう必要が生じてくる」は「深き頼み」に合わない。ハは「信頼するに足る」、「風流な人」が不適。これも「深き頼み」の内容からはずれる。ホは「秋」に「飽き」を掛けて解釈しており不適。掛詞ではない。なお、「山吹」が「深き頼み」であるとは、その「ものいはぬ色」すなわち黄色がこがね色の稲を連想させ、秋の稲の豊作に強い期待を抱かせるということである。

▼問五　「さぶらふ」は丁寧の補助動詞である。法印が大臣に語っている場面であるから、聞き手である大臣を敬う。イの「心ゆか（心ゆく）」は〝気が晴れる、満足する〟の意。三人の女房の和歌には不満な点があると大臣が思う場面であるから、大臣が主語である。ロは直前に「右近が」（「が」は主格を表す格助詞）とあるように右近が主語。ハは直前に「監のおもとが」とあるように監のおもとが主語。ニは「重なる光」についての批評であるから、〔和歌Ｃ〕を詠んだ大輔のおもとが主語。ホは直前の「なにがしの法印」が主語である。

▼問六　大臣の評価は〔和歌Ｃ〕の後の「いづれもいづれも」以下で述べられる。まず「口疾く」とあるように、素早く詠んだ点を評価している。しかし「心ゆかぬふしどもの多かるや」とあるように、不満な点が多いと思っている。右近の和歌については「愛でず悔いてやあらむ」とあるように、それまで山吹の美しさに気づかなかったことを悔いているのだろうかと、内容に不満を抱いている。監のおもとの和歌については問四で確認したように「深き頼み」が難点だとしている。そして、大輔のおもとの和歌については「重なる光」に関して、一重の花よりも八重の花の方が美しいということかと、こじつけている。よって、「ＡＢＣそれぞれ表現に問題がある」と説明したホが正解となる。イ・ロは身分の高低を問題としており不適。ハは「ＡＢＣとも優劣がつけ難い」が内容に合致しない。ニはＣを一番評価したと説明しており不適。

▼問七　なにがしの法印の評価は傍線部ホの一文後の「世の中の移ろひ行くなるは」以下で述べられる。まず、右近の和

おとどとなにがしの法印が三人の和歌についてそれぞれ批評する。

▼問一　冒頭に「春の長雨」とあり、第二文に「桜は名残り無きころ」とある。「名残り無き（名残り無し）」は〝後に残るところがない、跡形もない〟の意。桜の花がすっかり散ってしまった様子をいう。さらに同文に「咲き広ごりたる八重山吹」とある。「山吹」は晩春に黄色の花をつける。旧暦の春は一～三月であるから、その最後の三月ということになり、ロが正解である。

▼問二　「聞こゆなる」の「聞こゆ」は〝聞こえる〟の意のヤ行下二段動詞「聞こゆ」の終止形であるから、「なる」は終止形接続の伝聞・推定の助動詞「なり」の連体形である。ここは庭の遣り水の音が聞こえるという場面であるから、推定の意となる。雨が上がって簾などを上げて庭が一望できる状態ではあるけれど、築山か前栽などに隠れて遣り水は見えないのであろう。

▼問三　大輔のおもとの筆跡の印象を述べる部分。「さすがに」は〝そうはいってもやはり、なんといってもやはり、いかにも〟の意の副詞。「にくからず」の「にくから（にくし）」は〝気に食わない、見苦しい〟の意の形容詞。「にくからず」で〝感じがよい、いとしい、不快でない、そつがない〟などの意になる。よって、語義的に、「さすがに」はイの「いかにも」、ハの「何といっても」、ホの「そうはいっても」が適当であり、「にくからず」はイの「可愛らしい」、ハの「そつがない」が適当であるので、イとハに絞られる。そこで傍線部の直前を見ると、「手はいとおほどかにて」、「すさび書きたる」とある。筆跡がゆったりとしていて、いかにも手慣れた感じで思いのままに書いてあるというのだから、そこそこ経験を積んだ女房であることがわかる。よって、イは文脈的に不適となり、ハが正解となる。

▼問四　大臣が監のおもとの詠んだ和歌について思いをめぐらす場面である。第四句の「深き頼み」が山吹には「ふさはしともおぼえぬにや（＝適当ではないだろう）」と不審に思っている。傍線部はその直前にある。「秋待つ小田」は文字通り、秋になるのを待つ小さな田ということ。「ならむには」の「む」は仮定の助動詞。「さてもありなん」は〝そ

か)」とおっしゃると、僧正は繰り返し（和歌を）見ながら言うことには、「世の中が移り変わっていくのは、たいそう驚きあきれるばかりで、昔は、『花ぐはし桜』とも詠んで（桜を）賞美しましたが、今は山吹の花にばかり愛情を寄せておりますようなので、『いはぬ色にはしかじ』と続けたのでしょう。さて、お考えにもなってください。『深き頼み』も、どうして（山吹に）ないことがありましょうか。（しかし）大輔のおもとが『重なる光』と詠んだのは、たいそうあからさまで、何となく本性も自然とうかがい知れて、一段おもむきが劣っているように思われます」と申し上げるのに、大臣はどういうことか聞いても理解できないでいらっしゃるのだろうか、「私は眠くなった」とおっしゃって、物に寄りかかって横になられたということだ。

語句　おとど＝大臣・公卿の敬称。ここでは大臣と解した。

然べき＝「さるべき」に同じ。〝しかるべき、ふさわしい〟の意。

なま上達部＝「なま」は〝未熟な、若い、新任の〟などの意を表す接頭語。

くはしてふ＝「くはし」は〝美しい〟の意。「てふ」は「といふ」の略で〝～という〟の意。「桜」「葦」にかかる枕詞「花ぐはし」をふまえる。

えせ受領＝〝にせの、劣っている〟などの意を表す接頭語。

取り子＝養子。

◀解　説▶

本文の大まかな展開は次の通りである。

おとど（＝大臣）が女房たちに、山吹を題にして和歌を詠めと命じる。

↓

右近、監のおもと、大輔のおもとの三人がそれぞれ和歌を詠む。

↓

（和歌に詠め）」と、口に出しておっしゃったので、御前にお仕えするしかるべき女房はみな、承知いたしましたと申し上げて退出した。

右近という女房は、新任の上達部（かんだちめ）の娘で、どんな詩歌・管弦の遊びにも如才なく振る舞う古参の人である。すぐさますらすらと詠んで御前に持って出た。藤重ねの色の薄い紙に、墨の付き具合がほんのりとしているのも、（大臣は）いつもの（奥ゆかしさ）と思ってご覧になるが、

古来「花ぐはし」と言ってその美しさが愛されてきた桜のような花もあるけれど、山吹の物言わない黄色には及ばないだろうと思う〔和歌A〕

監のおもとという女房は、下級の受領（ずりょう）の娘である。山吹色の薄い紙に、筆跡はとてもしなやかに、

（黄色は）物言わない色ではあるけれど、黄色い山吹に稲の実りを強く期待するこの時期であることよ〔和歌B〕

大輔のおもとという女房は、親は身分が低いけれど、家は裕福であったので、何とかいう人の養子となって、大臣の元にお仕えさせたのである。筆跡はとてもゆったりとしていて、これも同じ黄色の薄い紙に気の向くままに書いてあるのは、何といっても、そつがない。

山吹の花は一重咲きも自然と見飽（あ）きることはないけれど、八重咲きに光が重なって照り映える様子はとりわけ美しいよ〔和歌C〕

大臣が（三首を）ご覧になって、「みんな詠むのが早いなあ。とはいえ、納得のいかない点が多いよ。右近が（山吹を）桜以上に美しいと思っているのは、（今まで山吹を）賞美してこなかったことを悔やんでいるのだろうか。（また）監のおもとが『深き頼み』と詠んでいるのは、秋になるのを待つ小さな田であったら、それでも差し支えないだろうが、（山吹では）似つかわしいとは思われない。（さらに大輔のおもとの歌に）『重なる光』とあるのは、（八重咲きは）一重咲きよりも見飽きないということだろうか」と思いめぐらしなさっていると、この歌道の博士である、なにがしの僧正が、夜のお相手を務める役目として参上した。大臣が待ち受けなさって、「これらの歌の意味・内容をどのように（思われます

国語

一

出典 黒川真頼『山吹物語』

解答

問一 ロ
問二 ホ
問三 ハ
問四 ニ
問五 イ
問六 ホ
問七 ハ

◆全 訳◆

春の長雨が（止んで）晴れ渡った夕暮れ、（大臣の）御前もたいそう人が少なくて、万事物静かなときに、（簾（すだれ）などを）下ろしてある所々をすっかり開け放ったところ、庭の遣（や）り水の音が（大きく）聞こえるようであるのは、ふだんよりもいっそう水かさが増しているのであろう。桜は跡形もなく散ったころで、（池の）水際に咲き広がっている八重山吹が、言いようもなく美しい色であるが、（花についた）雨露の光が加わって夕日に映える様子は、とりわけ見所が多そうであるのを、「一枝折ってまいれ」と（大臣が）おっしゃると、近くにお仕えする童女が承（うけたまわ）って、とりわけ（花が）咲き乱れている（枝の）ものを、銀の瓶（かめ）に挿して差し上げた。大臣はたいそう興じなさって、「この花を題にして、思うところを

//////////////////// · memo · ////////////////////

////////////////////// · memo · //////////////////////

大学赤本シリーズ

早稲田大学

法学部

別冊問題編

2025

矢印の方向に引くと
本体から取り外せます

目　次

問題編

2024年度

問題編

一般選抜

問題編

▶試験科目・配点

教　科	科　目	配　点
外　国　語	「コミュニケーション英語Ⅰ・Ⅱ・Ⅲ，英語表現Ⅰ・Ⅱ」，ドイツ語，フランス語，中国語のうちから１科目選択	60 点
地歴・公民・数学	日本史Ｂ，世界史Ｂ，政治・経済，「数学Ⅰ・Ⅱ・Ａ・Ｂ」のうちから１科目選択	40 点
国　語	国語総合，現代文Ｂ，古典Ｂ	50 点

▶備　考

- 外国語において，ドイツ語・フランス語・中国語を選択する場合は，大学入学共通テストの当該科目〈省略〉を受験すること。共通テストの配点（200 点）を法学部の配点（60 点）に調整して利用する。
- 数学を選択する場合は，大学入学共通テストの「数学Ⅰ・数学Ａ」「数学Ⅱ・数学Ｂ」両方の科目〈省略〉を受験すること。共通テストの合計配点（200 点）を法学部の配点（40 点）に調整して利用する。

英 語

(90 分)

READING/GRAMMAR SECTION

All answers must be indicated on the MARK SHEET.

Read the passage and answer the questions below.

The Russian Tsar Peter the Great (1672–1725) presided over an actual fashion police. His inspectors stalked the streets of St. Petersburg, shaving beards and snipping inches off coats.

If you were a bearded man in St. Petersburg around the year 1714, a token like the one pictured here would be your only defense against the overweening power of the state. It served as proof that the bearer had paid his yearly beard tax — a few kopecks for peasants, a hundred rubles or more for nobles or military officials.

The beard tax was just one part of a larger project: Peter the Great's aesthetic reinvention of Russian culture. The Tsar ordered his subjects to replace their familiar long Russian overcoats with French or Hungarian jackets. Mannequins set outside the Moscow city gates illustrated the new fashions for all to see. Tailors who continued to sell Russian styles ran the risk of steep fines, and anyone walking the streets in an old-fashioned robe was <u>liable</u> to have it cut short by the Tsar's inspectors.

The project had its roots in Tsar Peter's days travelling around Europe. In 1697, when he set out on a grand tour, Peter chose to travel in disguise, adopting the name "Sergeant Pyotr Mikhaylov." [1], excited rumors of his visit spread from town to town, heralding him as a giant: seven feet tall, brilliant, and only half-civilized. The trip would consume the next two years. For a time, he worked at a Dutch shipyard to learn ship-building techniques. He visited heads of state, collections of natural curiosities, and anatomical theaters, and threw legendarily wild parties. One particularly raucous event left every one of his host's chairs smashed into pieces, his paintings shredded into ribbons, and chunks of pavement torn out of the ground.

Upon returning from his travels, Peter launched immediately into the process of "Europeanizing" his homeland. The first [2] of the Tsar's new enthusiasm were the beards of his court nobles, shaved at his welcome-home party. As biographer Robert K. Massie writes, "After passing among his [friends] and embracing them ... he began shaving off their beards" with his own hands. He doubled down at his New Year's banquet, at which his razor-wielding court jester worked the crowd, slapping the side of the head of anyone who seemed reluctant to shave.

According to Captain John Perry, an English visitor to Russia, the Russians submitted only upon "the terror of having [their beards] ... pulled out by the roots, or sometimes taken so rough off, that some of the skin went with them." He goes on to tell the story of a Russian carpenter who was obliged by the Tsar's decree to lose his beard:

> I jested a little with him on this occasion, telling him that he had become a young man, and asked him what he had done with his beard. Upon which he put his hand in his bosom and pulled it out, and showed it to me; also telling me, that upon returning home, he would carefully keep it to have it put in his coffin and buried along with him, that he might be able to give an account of it to Saint Nicholas in the afterlife; and that all his fellow workmen who had been shaved that day had taken the same care.

In this, the carpenter was guided by the teachings of the Russian Orthodox Church, which considered uncut facial hair a reflection of piety. Man was created in the image of God; that included the beard. To shave it was a grave sin.

To the pious, the beard tax was a shocking scandal. Rumors circulated that Peter was not the real Tsar but a replacement installed by Russia's enemies. Anonymous letters accusing the Tsar of blasphemy (disrespect towards God) were scattered on the city streets. Nevertheless, the shavings continued. Finally, in 1705, a Russian military division initiated an open revolt in the town of Astrakhan. A letter from the rebels proclaimed that they were for Christianity and against shaving and foreign dress. The revolt was crushed, and hundreds of rebels lost their lives.

The beard tax was just one way that the Tsar sparred with the Church. With typical flair, Peter organized his drinking companions into a club known as the "All-Jesting and All-Drunken Religious Assembly of Fools and Jesters." The members played at being cardinals and bishops and performed mock marriages and religious ceremonies. They engaged in constant merriment, compulsory drunkenness, and endless feasts and masquerades. There was no escape from the All-Drunken Assembly; appointments were for life. In this way, blasphemy served as a test of loyalty for the Tsar's closest companions. The implicit choice was clear: [3].

As the historian V. M. Zhivov writes in "Cultural Reforms in Peter the Great's System of Transformations," by challenging the Church's power, the Tsar sought to frame himself as a semi-divine figure, outside of the bounds of normal society:

> The Tsar demonstrated that he commanded divine power, and society had the choice of either accepting this inhuman superiority or rejecting it as a satanic enterprise. In any case this posed [4] for society .... The Tsar rose above reality and, wielding the power of life and death, transformed that reality according to his desire, turning age-old customs into blasphemous entertainments and playful inventions into state institutions.

Like the beard tax itself, the conflict seems absurd: a few drunken nobles playing pretend priests. But the struggle — one over the very nature of royal power — was deadly serious.

[Adapted from Amelia Soth, "Peter the Great's Beard Tax," *JSTOR Daily* (July 21, 2021).]

(1) **Choose the ONE way to complete each of these sentences that is NOT correct according to the passage.**

1 The beard tax

A could be paid for by using a special government coin.

B illustrates the extent of the Tsar's reach into everyday life.

C raises questions about how political authority is exercised.

D was collected at different rates according to the person's status.

E was designed to accelerate Russia's cultural transformation.

2 The 1697 tour

A included diplomatic calls and extravagant social gatherings.

B inspired exaggerations about the curious visitor across the land.

C intended to celebrate the coronation of a new Russian Tsar.

D let Peter gain firsthand knowledge about foreign countries.

E resulted in controversial Russian cultural policies.

3 Peter the Great's program of "Europeanization"

A extended to daily practices such as dress and grooming.

B meant an overhaul of existing aesthetic norms.

C posed a challenge to Russia's establishment.

D promoted his personal tastes at the expense of reform.

E rubbed some Russians the wrong way.

4 The Russian Orthodox Church

A accepted Peter's rule as long as he avoided scandal.

B felt threatened by Peter the Great's modernization efforts.

C taught its believers to value beards on religious grounds.

D viewed the beard tax as a disruption to religious life in Russia.

E was defended by the rebel soldiers of Astrakhan.

(2) **For each blank in the passage, choose the word or phrase that makes the MOST sense in the context of the passage.**

1 [1]

A Contrastingly B Likewise

C Nonetheless D Previously

E Therefore

2 [2]

A benefactors B casualties

C causes D fashions

E features

3 [3]

A Christian or Orthodox B exile or death

C nobility or the peasantry D Peter or the Church

E sinfulness or playfulness

4 [4]

A a political party B a religious dilemma

C a welcome break D an impossible outcome

E an unlikely opportunity

(3) **Choose the best answer for each question below. The quotes are adapted from Lindsey Hughes, *Peter the Great: A Biography* (Yale University Press, 2002).**

1 *We stood up for the Christian faith and against shaving and German dress and tabacco and because we and our wives and children were not admitted into God's church in old Russian dress. And those who went to church, of both male and female sexes, had their garments chopped up and were pushed out of God's churches and sent packing.*

Which of these figures or groups is the quote above most likely attributed to?

A Captain John Perry

B Saint Nicholas

C the All-Jesting and All-Drunken Religious Assembly

D the soldiers who revolted in Astrakhan

E V. M. Zhivov

2 *"Show and tell" was a method that Peter frequently employed to ensure that the public would not excuse themselves by pleading ignorance of his policies.*

Which of these exemplifies what is described above?

A how Peter visited Europe in secrecy

B legendarily wild parties hosted by the Tsar

C making the carpenter keep his beard

D mannequins set outside the Moscow city gates

E mock religious rites and ceremonies

3 *In 1708 an informer reported that, when the Tsar was in Moscow, everyone wore German dress but in his absence the wives of some of the Tsar's leading officials wore old-fashioned gowns to church, even though they put skirts over them, cursing the sovereign's decree.*

One can infer that the skirts worn by the wives were

A European in style. B meant as protest.

C signs of the elite. D traditionally Russian.

E worn with pride.

(4) **Choose the BEST way to complete each of these sentences, which relate to the underlined word(s) in the passage.**

1 Here "liable" means

A driven by fear. B held legally responsible.

C made to feel guilty. D subdued by force.

E tricked unfairly.

2 Here "doubled down" means

A committed even further.
B lowered the stakes.
C thought twice.
D toned things down.
E undid the past.

3 Here "piety" means
A aggression.
B devotion.
C hygiene.
D tastefulness.
E truth.

4 Here "compulsory" means
A celebratory.
B complete.
C mandatory.
D nightly.
E voluntary.

Ⅱ Read the passage and answer the questions below.

① In contrast to their generally similar levels of performance on standardized tests, American boys and girls perform very differently when measured by grades in their courses in school. Because performance in courses is less standardized, there is less consensus on gender differences in this measure of academic performance. Nonetheless, evidence indicates that girls have outperformed boys academically since the turn of the twentieth century. In the middle of the nineteenth century, girls enrolled in coeducational schools at roughly the same rate as boys, and for the most part, girls in those schools took the same classes with the same teachers as their male counterparts. Even then, girls earned higher grades than boys and were promoted to the next year level more readily. Writing in 1910, J. E. Armstrong reported that "the first three primary year levels of the schools of the whole United States show that a larger number of boys than girls have to repeat their year levels; the census shows that the sexes are born in very nearly equal numbers and yet the boys are four percent more numerous in the first grade." It is also striking that as early as 1870, when rates of high school completion were extremely low (only two percent of seventeen-year-olds completed high school at the time), more girls than boys completed high school.

② Regardless of their better performance in elementary school and higher rates of high school completion, young women were barred from attending college for much of the nineteenth century. They were first allowed to enroll in college in 1837, when Oberlin College began admitting women, arguably to provide ministers of religion with intelligent, <u>cultivated</u>, and thoroughly schooled wives. When the Civil War (1861–1865) led to a shortage of male students, more colleges became willing to enroll tuition-paying female students. By 1900, more than twice as many women were enrolled in coeducational institutions as were enrolled in women's colleges. In the first decade of the twentieth century, the rapid rise in the number of women enrolling in coeducational institutions precipitated a new fear that women would take over colleges.

③ Fast-forward to the current era, and the female advantage in academic performance at all levels of education is indisputable. As early as kindergarten, girls demonstrate more advanced reading skills than boys, and boys continue to have problems with reading in elementary school. From kindergarten through high school and into college, girls get better grades than boys in all major subjects, including math and science. This leads us to ask if school-based policies can help improve the educational performance of boys. Boys face particular challenges stemming from the dual nature of masculine identity during adolescence. In schools with cultures that treat academic success as compatible with a respectable status within the adolescent culture, boys are more likely to perform on a par with girls. In other words, we expect the male shortfall to be relatively small in high-quality schools.

④ Three promising arenas of school policy intervention have the potential to improve student outcomes: teachers, student culture, and instructional and evaluation techniques. Firstly, a growing literature suggests that teacher quality affects academic performance, and some recent reports suggest that good teachers have long-lasting effects on their students. Scholars also increasingly recognize that, along with cognitive skills, social and behavioral skills affect academic achievement and later success in the labor market, and that teachers differ in their ability to promote these skills. Beyond teachers, other support staff such as guidance counselors may play an important role in students' educational outcomes. The second promising arena of policy change, student culture and peer effects, has been a focus since the early 1960s. Finally, instructional effects are the most difficult of the three school policy interventions to study, partly because instructional curricula are not readily quantifiable. Considerable research suggests that small class sizes are better than large ones, that putting students into college preparation tracks is generally detrimental to poorly performing students, and that tough academic standards do not boost academic achievement for poorly performing students. These policy areas clearly overlap with each other; for example, teachers can contribute to student climate, better instructional techniques may improve teacher quality, and academically oriented student cultures may improve both the effectiveness of some teachers and the impact of some instructional techniques.

⑤ Attachment to school is an equally powerful motivator for educational performance. Despite common perceptions, students do not generally disparage academic achievement, so long as it is accompanied by other desirable behaviors like being popular, dressing stylishly, being athletic, and otherwise participating in extracurricular activities. John Bishop and his colleagues report that 81 percent of middle and high school students who were surveyed in 1998–1999 disagreed with the statement that "it's not cool to frequently volunteer answers or comments in class," 85 percent disagreed with the statement that "it's not cool to study real hard for tests and quizzes," and 73 percent disagreed with the statement that "it's not cool to be enthusiastic about what you are learning in school." Apparently students begin to cross the "not cool" line when they exhibit overt competitiveness about grades (51 percent said this is not cool, but still 49 percent disagreed), but students generally appreciate that high levels of educational achievement are valuable in today's world.

⑥ At the same time, it is also clear from the data that girls express stronger allegiance to educational values than boys. Eighth-grade students were asked how important grades were to them and how important they perceived grades to be to their parents. Almost 99 percent of the students reported that good grades are "very important" to their parents, with essentially no variations in these proportions by gender, parental education, or parents' educational expectations for their child. Girls expressed a valuation that was closer to what they attributed to their parents than was the case for boys, showing that boys place greater distance between their values and the values they attribute to their parents than do girls.

⑦ Now that a female advantage in educational achievement has emerged, it is natural to ask whether and how schools affect gender inequality. We need to consider whether school policies that help one gender also help the other, or whether the interests of boys and girls are incompatible, such that policies designed to help boys compete with those designed to help girls.

[Adapted from Thomas A. DiPrete and Claudia Buchmann, *The Rise of Women* (2013).]

(1) **Choose the best way to complete the following sentences about Paragraphs ① to ⑦.**

1 In Paragraph ① the writers mainly

2 In Paragraph ② the writers mainly

3 In Paragraph ③ the writers mainly

4 In Paragraph ④ the writers mainly

5 In Paragraph ⑤ the writers mainly

6 In Paragraph ⑥ the writers mainly

7 In Paragraph ⑦ the writers mainly

A attribute the difficulties faced by boys in schools to the dual nature of masculinity during adolescence, and propose sending boys to better schools.

B compare the importance of grades to eighth-grade students and to their parents, determining that boys' views are closer to their parents than girls' views.

C demonstrate that girls have consistently outperformed boys in schools for over a century, ranging from primary school through to high school.

D explain that schools may directly contribute to gender inequality and that policies that help both boys and girls are necessary.

E maintain that policy intervention that focuses on teacher education has greater potential to improve student outcomes than does instructional criteria.

F make the point that young high school students are only likely to appreciate educational performance if they are also popular, athletic, or dress stylishly.

G outline the results of a study of eighth-grade students who were asked to report on their own views of educational values and what they perceived their parents' views to be.

H point out that girls get better grades than boys in higher levels of education, leading to a questioning of how policies can help the performance of boys.

I propose ways of improving student outcomes in schools, concluding that teacher education, policy change, and instructional methods are in need of reform.

J suggest that middle and high school students do not generally feel negatively about studying hard and achieving good grades at school.

K tell us about the difficulties faced by young women entering college and the increase in female college enrollments since the Civil War.

L warn us that unless school policies enable one gender to help the other, the gap between the performance of boys and girls may widen even further.

(2) **Choose the one way to complete each of these sentences that does NOT agree with the passage.**

1 Compared with boys, girls

A are more likely to share their parents' views on education.

B earn higher grades and are more likely to advance to the next year level.

C get better grades in all subjects including math and science.

D have performed better in early primary school for at least a century.

E show more advanced reading ability until they finish kindergarten.

2 Women's enrollment in college

A became twice that of men enrolled in college by 1900.

B may initially have been primarily to educate them for marriage.

C rose so quickly in the 1900s that it was believed they would take over colleges.

D was encouraged during the Civil War due to fewer male students.

E was first allowed in 1837.

3 Student outcomes at school may be improved by

A creating academically oriented student cultures.

B keeping the class sizes small.

C providing support staff such as guidance counselors.

D raising academic standards to improve overall academic

performance.

E training high quality teachers who can promote social and behavioral skills.

4 According to the study by John Bishop and his colleagues on middle and high school students,

A about half think that being overtly competitive is acceptable.

B around three-quarters think it is okay to enjoy what they are studying.

C most see the value of educational achievement.

D over four-fifths think it is not cool to volunteer answers in class.

E the vast majority believe it is acceptable to study hard for tests.

(3) **Choose the BEST way to complete each of these sentences about how the underlined words are used in the passage.**

1 Here "cultivated" means

A appreciated. B harvested.
C obligated. D refined.
E understanding.

2 Here "detrimental" means

A compelling. B desirable.
C harmful. D insulting.
E intolerant.

3 Here "disparage" means

A belittle. B evaluate.
C misinterpret. D scrutinize.
E value.

(4) **Find the vowel with the strongest stress in each of these words, as used in the passage. Choose the one which is pronounced differently in each group of five.**

1 A decade B education
C identity D parental
E stemming

2 A compatible B enthusiastic
C labor D rapid
E values

3 A dual B indisputable
C numerous D schooled
E tuition

Ⅲ Choose the BEST item from the box with which to fill the blanks in the passage below. You may use each item only ONCE.

A above	B against	C at	D away
E by	F for	G from	H in
I of	J out	K to	L with

The police officer warned the mayor, "You do not want to give us reason [1] arrest you. You will be charged [2] interfering with an officer of the law if you continue to obstruct this investigation. Your son has been caught selling information [3] a sensitive nature that he stole [4] his workplace then trying to run [5]. We are not [6] liberty to share any details beyond this, as it could compromise the case. Now, please stand aside."

Ⅳ Choose the underlined section in each sentence below that is INCORRECT. If the choices in the sentences are ALL CORRECT, choose E.

1 <u>Baby seals need solid ice to survive</u>(A), <u>but a warming world and shortage of stable ice</u>(B) <u>in recent years have led to</u>(C) <u>a raise in their</u>(D)

deaths.

E ALL CORRECT

2 Because of their different chemistry (A), some types of plastic are very easy to recycle (B), whereas until something changes (C), landfill is the only destination for other (D).

E ALL CORRECT

3 The scientists found (A) that human volunteers could correctly guess (B) the meaning of each gestures (C) made by apes over 50% of the time (D).

E ALL CORRECT

4 When a large star dies (A), it explodes into a brilliant burst of light (B) that temporary illuminates (C) the night skies (D).

E ALL CORRECT

V Choose the BEST item from each list with which to fill the blanks within the context of the passage.

The lawsuit began like so many others: a man named Roberto Mata sued the airline Avianca, saying he was injured when a metal serving cart struck his knee [1] a flight to New York City.

[2] Avianca asked a Manhattan federal judge to dismiss the case, Mr. Mata's lawyers strongly objected, submitting a ten-page brief that cited multiple relevant court decisions. There was Martinez v. Delta Air Lines, Zicherman v. Korean Air Lines, and Varghese v. China Southern Airlines, [3] its detailed discussion of complex federal law.

There was [4] one hitch: no one — not the airline's lawyers, not even the judge himself — could find the decisions or the quotations cited and summarized in the brief.

That was because ChatGPT had invented everything.

The lawyer who created the brief, Steven A. Schwartz, threw himself

[5] the court, confessing that he had used the AI program to do his legal research — "a source that has revealed itself to be unreliable."

[Adapted from *The New York Times* (May 27, 2023).]

1 A at B by C during
D via E within

2 A Hence B How C Therefore
D When E Why

3 A despite B prior C since
D until E with

4 A a B just C last
D near E no

5 A a curveball with B a fit into C a party atop
D head over heels over E on the mercy of

WRITING SECTION

(VI) You work at the information desk at West Station. Use the train timetable below and explain to a customer how to arrive at International Airport before 14:30. Include ALL the following underlined information and create complete English sentences. 〔解答欄〕約 17.5cm × 5 行

<u>列車名</u>
<u>発車時刻・到着時刻</u>
<u>乗換駅では同じホームから出発</u>
<u>特急券購入が必要</u>

	West Station	Central Station	North Station	International Airport
Local 250	11:45 (Departure)	12:15 (Departure)	14:15 (Departure)	14:35 (Arrival)
Express 11	-------	12:40 (Departure)	14:00 (Departure)	14:15 (Arrival)
Express 12	12:45 (Departure)	13:05 (Departure)	-------	14:40 (Arrival)

Write a paragraph in English about what this photograph of street art means to you. Do not simply describe the image. 〔解答欄〕約 18.5 cm × 9 行

著作権の都合上，省略。

問題に使用された画像は以下のサイトでご確認いただけます。

なお，上記のリンクは 2024 年 4 月時点のものであり，掲載元の都合によってはアクセスできなくなる場合もございます。あらかじめご了承ください。

[Picture available at https://scribouillart.wordpress.com/2008/07/30/whitewashing-lascaux-banksy/. This image is copyright protected. The copyright owner reserves all rights.]

日本史

（60分）

Ⅰ　次の文を読み，後の問に答えなさい。

私たちが過去の歴史を知ろうとする時，古文書や歴史書といった文字で書かれた史料の存在が欠かせない。弥生時代の日本列島にはまだ文字が伝わっていなかったと見られるが，中国で編纂された歴史書には列島の様子が書き記されている。『漢書』地理志には「［A］」とあり，小国が乱立していた様相がうかがわれる。

古墳時代に入ると，列島にも漢字が伝えられる。人名や地名を漢字の音を用いて表記することもなされるようになる。稲荷山古墳出土鉄剣銘に見える大王の名「獲加多支鹵」は［B］と読むことができる。

漢字の中には国字と呼ばれ，日本で独自に生み出されたものも少なくない。ただし，以前は国字と考えられていた「畠」は，韓国の伏岩里遺跡で近年発見された［C］に記されていることが分かった。漢字をはじめとした大陸の文化・文明が朝鮮半島を経由して伝わってきた点に，改めて注意が向けられている。真偽は不明ながら，記紀などには，漢字の学習書である『［D］』を，［E］の祖とされる［F］出身の［G］が伝えたとの逸話が記されている。

古代の律令国家は中国の王朝にならい，統治の手段として律令や国史を編纂したが，これらも漢文によってあらわされている。国家の行政などを規定する令のうち，公式令では公文書の様式について定めており，文字を用いた国家支配が展開された。ただ，藤原宮や平城宮の遺跡から出土する［C］には公式令に規定のない様式の文書も見受けられ，律令の文面を分析するだけでは国家支配の実像に迫りえないことを痛感させる。

律令体制の変質が進む10世紀から11世紀にかけて，漢字の形を崩したり，漢字の一部を取ったりして，仮名文字が生み出される。心情をより直接かつ容易に表現することができる仮名文字の成立は，<u>新たな文化を生み出す原動力となった</u>[a]。<u>公的な政治の世界では，依然として漢文が用いられ続けた</u>[b]ものの，社会的には仮名文字の普及が進むことになる。鎌倉時代に紀伊国［H］荘の百姓が，<u>地頭の横暴</u>[c]を「ミヽヲキリ，ハナヲソキ…」などと記して，訴えたことはよく知られている。また，現在の奈良市柳生町には，<u>室町時代</u>[d]に当地の住人たちが<u>「正長元年ヨリサキ者，カンヘ四カンカウニヲヰメアルヘカラス」</u>[e]と刻んだ石碑が残っている。このように仮名文字が生まれたことで，文字文化は貴族や武士といった支配者層だけでなく，民衆にも浸透していったのである。

〔問〕

1　空欄Aに入る史料の文章として，正しいものはどれか。1つ選び，マーク解答用紙の該当記号をマークしなさい。

- あ　倭国大いに乱れ，更相攻伐して歴年主なし
- い　東は毛人を征すること五十五国
- う　山島に依りて国邑を為す
- え　今使訳通ずる所三十国
- お　分れて百余国と為る

2　空欄Bに入る語を，カタカナで記述解答用紙に記入しなさい。

3　空欄Cに入る語を，漢字2字で記述解答用紙に記入しなさい。

4 空欄D・E・F・Gに入る語の組み合わせとして，正しいものはどれか。1つ選び，マーク解答用紙の該当記号をマークしなさい。

あ D－千字文 E－西文氏 F－百済 G－王仁
い D－論語 E－秦氏 F－高句麗 G－弓月君
う D－尚書 E－東漢氏 F－高句麗 G－王仁
え D－千字文 E－東漢氏 F－百済 G－阿知使主
お D－尚書 E－西文氏 F－新羅 G－弓月君

5 下線aに関連して，後白河上皇が今様などを学んで編纂した歌謡集は何か。漢字4字で記述解答用紙に記入しなさい。

6 下線bに関して，10～11世紀に漢文体で書かれたものはどれか。2つ選び，マーク解答用紙の該当記号をマークしなさい。

あ 栄花物語 い 御堂関白記 う 日本三代実録 え 日本霊異記 お 貞観格式

7 空欄Hに入る荘園の名称を，漢字で記述解答用紙に記入しなさい。

8 下線cに関して，鎌倉時代の幕府と地頭について述べた文として，正しいものはどれか。2つ選び，マーク解答用紙の該当記号をマークしなさい。

あ 幕府は地頭を通じて，臨時課税である段銭を農民から徴収した。
い 幕府は新補地頭と荘園領主との間で，山や川からの収益を折半させた。
う 幕府は軍事力を維持するため，女性を地頭に任じることはしなかった。
え 幕府は承久の乱をきっかけに，地頭が荘園の年貢収納を請け負うことを禁じた。
お 幕府は地頭と荘園領主の紛争について，当事者間での和解を勧めることがあった。

9 下線dに関して，足利義満が京都室町に邸宅を構えた翌年，義満によって幕府の管領を罷免された人物は誰か。その氏名を漢字で記述解答用紙に記入しなさい。

10 下線eの意味として，正しいものはどれか。1つ選び，マーク解答用紙の該当記号をマークしなさい。

あ 正長元年以後に関しては，神戸四カ郷に恩義はいっさいない。
い 正長元年以前に関しては，神戸四カ郷に負債はいっさいない。
う 正長元年以後に関しては，神戸四カ郷に課税はいっさいない。
え 正長元年以前に関しては，神戸四カ郷に刑罰はいっさいない。
お 正長元年以後に関しては，神戸四カ郷に利子はいっさいない。

Ⅱ　次の文を読み，後の問に答えなさい。

東京都文京区に「切支丹坂」と呼ばれる小さな坂がある。江戸時代，この坂の近くに「キリシタン屋敷」と呼ばれる建物があったことが，その名の由来であるという。2014年にこの遺構を発掘調査した際，鎖国下の1708年にキリスト教布教のためマニラ(a)から屋久島に潜入したところを捕らえられ，新井白石(b)の尋問を受けた［A］人宣教師シドッチとみられる遺骨が発見されている。白石がシドッチより得た知識をまとめた『西洋紀聞』などの西洋事情の紹介は，その後の蘭学(c)研究への関心のきっかけとなった。

初期にキリスト教に改宗した日本人は，一部の知識階層を除くと大部分は農民や漁民，および貧民であった。その中には，［B］の設置した救護施設や彼が伝えた南蛮医学の評判を聞きつけて各地から集まってきた者もいたという。その後，1560年代の貿易船の寄港を契機に教勢が拡大し，1569年にはイエズス会宣教師［C］が織田信長に謁見した記録がある。信長のあとを継いで全国統一を完成した豊臣（羽柴）秀吉も，南蛮貿易(d)を目当てに当初はキリシタンに好意的であったが，1587年(e)のバテレン追放令以降はキリスト教を「邪法」と位置づけ，次第に弾圧の姿勢へと転じる。

江戸幕府は秀吉以来の禁教体制を継承しつつも，初期にはポルトガル貿易に強く依存していたため，キリスト教を黙認していた。しかし，キリスト教の布教がスペインやポルトガルの侵略を招くとして，1612年(f)には直轄領に禁教令を出し，翌年これを全国に及ぼすことで，キリシタンに対する迫害を始めた。この間，プロテスタント（新教）国で必ずしも布教を目的とせず，商業的利潤のみを追求するオランダ人やイギリス人(g)が日本に進出したことも，ポルトガルや同国との貿易を仲介していたイエズス会に対する大きな脅威となった。幕府はまた，キリスト教以外の既存の宗教勢力に対しても，法度を出すことで統制を強めていった(h)。その過程で，1627年には紫衣事件(i)が起こっている。

〔問〕

1　下線aに関連して，16世紀における世界の諸都市とそれらを貿易拠点としたヨーロッパ諸国の組み合わせとして，誤っているものはどれか。1つ選び，マーク解答用紙の該当記号をマークしなさい。

あ　アカプルコ－スペイン
い　カリカット－ポルトガル
う　ゴア－ポルトガル
え　マカオ－ポルトガル
お　マラッカ－スペイン

2　下線bに関して，白石の建言により既存の3宮家に加えて1710年に新たに設立された宮家の名称を，漢字で記述解答用紙に記入しなさい。　〔解答欄〕［　　］宮家

3　空欄A・B・Cに入る語の組み合わせとして，正しいものはどれか。1つ選び，マーク解答用紙の該当記号をマークしなさい。

あ　A－イタリア　B－ルイス＝アルメイダ　C－ルイス＝フロイス
い　A－スペイン　B－ルイス＝アルメイダ　C－ガスパル＝ヴィレラ
う　A－イタリア　B－フランシスコ＝ザビエル　C－ヴァリニャーニ（バリニャーノ）
え　A－スペイン　B－フランシスコ＝ザビエル　C－ルイス＝フロイス
お　A－イタリア　B－ヴァリニャーニ（バリニャーノ）　C－ガスパル＝ヴィレラ

4　下線cに関連して，杉田玄白・前野良沢に学んだ大槻玄沢が1786年に江戸で開いた蘭学塾の名称を，漢字3字で記述解答用紙に記入しなさい。

5　下線dに関して，南蛮貿易における日本側の輸入品として，誤っているものはどれか。1つ選び，マーク解答用紙の該当記号をマークしなさい。

あ 織物　**い** 生糸　**う** 火薬　**え** 香料　**お** 硫黄

6　下線**e**に関連して，秀吉についての1580年代の出来事に関する下記の記述①～⑤を，年代順に正しく並べている選択肢は，**あ**～**お**のうちどれか。1つ選び，マーク解答用紙の該当記号をマークしなさい。

① 太政大臣となり，豊臣姓を与えられる
② 刀狩令
③ 九州平定
④ 根来・雑賀一揆平定
⑤ 大坂城の築城に着手

あ ④→⑤→③→①→②
い ⑤→④→①→③→②
う ⑤→③→④→②→①
え ③→⑤→④→①→②
お ①→⑤→③→④→②

7　下線**f**に関連して，桃山文化，およびそれを受け継いだ江戸時代初期の文化について述べた文として，誤っているものはどれか。1つ選び，マーク解答用紙の該当記号をマークしなさい。

あ　姫路城は，姫山にそびえる山城で，大天守とこれに連なる3棟の小天守からなる連立式の天守となっている。
い　日光東照宮に代表される霊廟建築・権現造は，本殿と拝殿の間を相の間（石の間）で結び，エ字形に連ねている点に特徴がある。
う　後陽成天皇の弟八条宮智仁親王の別邸であった桂離宮は，書院造に茶室を取り入れた数寄屋造の代表例である。
え　都久夫須麻神社本殿は，伏見城内の殿舎の一部を移築したものとされ，屋根の唐破風や豪華な透し彫をほどこした扉など，当時の文化の特徴をよく示している。
お　1633年に再建された清水寺本堂は，前面を山の斜面にせり出すように建てられた懸造の建物であり，広い舞台を有する。

8　下線**g**のオランダ人・イギリス人は，ポルトガル人・スペイン人に対して何と呼ばれたか。漢字3字で記述解答用紙に記入しなさい。

9　下線**h**に関連して，1665年に発令された諸社禰宜神主法度において前提とされた唯一神道を，室町時代に打ち立てた人物は誰か。その氏名を漢字で記述解答用紙に記入しなさい。

10　下線**i**に関して，この事件をきっかけに即位した天皇は誰か。漢字で記述解答用紙に記入しなさい。

〔解答欄〕 □天皇

Ⅲ　次の資料は，ある１人の人物の手記（出版年が異なるものを含む）から，年代の異なる出来事に関する記述を順不同で抜粋したものである（一部表記を改めている）。資料を読み，後の問に答えなさい。

【資料】

(1)

二月六日，日露の国交は断絶していよいよ開戦となった(a)。同時に戦時財政の要務は，井上(b)，［A］両元老が見らるることとなり，軍費に当つべき外債募集の件も時を移さず廟議決定を見た。

(2)

日本では明治の初めには金本位制を採用し，金の目方四分を一円として五円，十円，二十円の金貨を造ったが(c)，この正貨が貿易の関係でほとんど外国に流出し，さらに［B］があって，純然たる不換紙幣国になってしまった。

(3)

二十一日には午前十時から夜に入るまで，打っ通し閣議が続けられたが，午前十一時頃だったと思う，私は各方面から集まる情報に基いて，二つの応急処置を取ることを決意し午後の閣議にこれを諮って，各閣僚の同意を得た。それは（一）緊急勅令を以て二十一日間の支払猶予令，すなわちモラトリアム(d)を全国に布くこと，（二）臨時議会を召集して，［C］金融機関の救済及び財界安定に関する法案に対し協賛を求むること，この二つであった。

(4)

経済的の施策は一朝一夕にその効果を望めるものではない。少くとも二年ぐらい経たなくては真の効果は挙げ得ないのである。私のやったことをいうのは可笑しいようだが，［D］の金輸出再禁止以来とって来た政策の効果というものが現れて来たのはようやく翌々年の下半期頃からであった。しかし国際的にも国内的にもこういうむずかしい時世では個々の問題について目安は定めて置いても，一定不変の政策を押し進めて行くことの出来ない場合が起り得るのである。

(5)

［A］は日本を欧米並みに，金本位国にしようという希望を有し，久しくその機会を覘っていた。ところが明治二十七，八年戦役(e)の結果，清国から二億両の償金を受取ることになったので，その両をポンドに切り換えてロンドンで受取り，それをイングランド銀行の当座預金とした。これは［A］の深い考えから出たことで，この金で金本位制に改めようと思ったのだ。［A］は二十八年八月，一旦大蔵大臣を辞職したが，翌年九月に総理大臣を以て大蔵大臣を兼ね，いよいよ金本位制の創定に着手された。当時私は正金銀行の重役で本店支配人であったが，金本位制に関して［A］から意見を求められた。それは誠に結構，好機逸すべからずである。

〔問〕

1　下線aの開戦の相手国との外交関係に関する記述として誤っているものはどれか。2つ選び，マーク解答用紙の該当記号をマークしなさい。

あ　文化年間には，この国の軍艦がオランダ船のだ捕をねらって長崎に侵入する事件を起こした。

い　文政年間に出された異国船打払令では，この国も外敵とされていた。

う　日米和親条約を結んだ後，幕府はこの国とも類似の内容の和親条約を結んだ。

え　大隈重信は，この国との間に領事裁判権の撤廃を含む改正条約に調印していた。

お　日英通商航海条約を結んだ後，政府はこの国とも類似の内容の条約を結ぼうとしたが果たせなかった。

2　下線bの人物に関する記述として正しいものはどれか。1つ選び，マーク解答用紙の該当記号をマークしなさい。

あ 伊藤博文のもとで大日本帝国憲法の起草にあたった。
い 浜口雄幸内閣で金解禁を実施した。
う 不平等条約の撤廃をめざし欧化政策を進めた。
え 国立銀行条例の公布に尽力した。
お 全権として，日露講和条約に調印した。

3 空欄Aに該当する人物は誰か。その氏名を漢字で記述解答用紙に記入しなさい。

4 下線cの内容を定めた条例の説明として誤っているものはどれか。2つ選び，マーク解答用紙の該当記号をマークしなさい。
あ この条例による貨幣の単位は，円・銭・厘であった。
い この条例による貨幣は，十進法であった。
う この条例による貨幣は，国立銀行によって発行された。
え この条例が定められた翌年に政府が発行した新紙幣は，金と交換できる兌換紙幣であった。
お 明治政府は，この条例による貨幣の発行よりも早く，紙幣を発行していた。

5 空欄Bに該当する出来事は何か。漢字で記述解答用紙に記入しなさい。

6 下線dの内容をもつ法令を発した内閣の首相は誰か。その氏名を漢字で記述解答用紙に記入しなさい。

7 空欄Cには，鈴木商店への巨額の融資により経営が悪化した銀行があった地域の名が入る。漢字で記述解答用紙に記入しなさい。

8 空欄Dに入る年代より後に生じた出来事として正しいものはどれか。1つ選び，マーク解答用紙の該当記号をマークしなさい。
あ 財政を緊縮して物価の引き下げがはかられ，産業の合理化が促進された。
い 関東大震災により日本経済が打撃を受けた。
う 株式市場の暴落を契機として戦後恐慌が生じた。
え 普通選挙による最初の総選挙が行われた。
お 円相場が大幅に下落し，輸出が拡大した。

9 下線eにいう戦役に至るまでに生じた出来事として誤っているものはどれか。2つ選び，マーク解答用紙の該当記号をマークしなさい。
あ 朝鮮で甲午農民戦争がおこった。
い 段祺瑞政権に莫大な借款を与えた。
う 三国干渉により，遼東半島を返還した。
え 日清両国の朝鮮からの撤兵や将来の出兵時の事前通告等を定める天津条約が結ばれた。
お 朝鮮で金玉均らの独立派が，日本の援助のもとで漢城でクーデターをおこしたが，清に鎮圧された。

10 資料の著者は誰か。その氏名を漢字で記述解答用紙に記入しなさい。

Ⅳ　次の文を読み，後の問に答えなさい。

第二次世界大戦後の日本経済は，ドッジ＝ラインと呼ばれる経済安定政策によって不況に陥っていたが，朝鮮戦争[a]の勃発により大きな転機が訪れる。この戦争の間に特需景気[b]が発生したのである。この景気の最中に日本はＩＭＦへの加盟が承認され，さらに数年後にはＧＡＴＴにも加入する[c]ことになる。

1955年～57年に日本は大型景気[d]を迎え，政府は1956年度の［ A ］において「もはや戦後ではない」と記した。日本経済は，このように戦後復興と高度経済成長期を経て拡大・成長を続け，1968年には資本主義諸国の中でアメリカに次ぐ世界第２位の［ B ］を実現するに至った。

しかし，この繁栄は1973年の第１次石油危機によって一変し，1974年に戦後初のマイナス成長となり，経済成長率はその後も低水準が続くことになる。日本を含めた世界経済が，成長率の低下，物価・失業率の上昇に直面することになり，この事態に対応するためフランス大統領の提唱により，1975年に６ヶ国の首脳による［ C ］がランブイエで開催された。また，翌年から［ D ］が加わり，この会議は毎年開催されるようになる。

日本の経済成長率は，1976年には5.1％にまで回復し，イラン革命を機に起こった第２次石油危機[e]に際しても，日本は賃金・物価上昇の抑制等に成功した結果，他の主要先進国に比べ，その影響を比較的小さなものに止めることができた。第２次石油危機に対処し，財政再建を目指したのは［ E ］内閣であった。その後の1980年の衆参同日選挙では自民党が安定多数を獲得し，［ F ］が内閣を組織することとなった。［ F ］内閣の後を受けた［ G ］内閣は，「戦後政治の総決算」をとなえて行財政改革や教育改革を推進した。

〔問〕

1　下線aの戦争が勃発した年の出来事として正しいものはどれか。1つ選び，マーク解答用紙の該当記号をマークしなさい。

あ　文化財保護法が制定された。

い　ＮＨＫによるテレビ放送が開始された。

う　教育基本法が制定された。

え　湯川秀樹がノーベル物理学賞を受賞した。

お　学校教育法が制定された。

2　下線bに関する説明として誤っているものはどれか。1つ選び，マーク解答用紙の該当記号をマークしなさい。

あ　特需とはアメリカ軍の特別需要のことである。

い　特需は1950年からの５年間で総額16億ドルに達した。

う　当初はサービスの需要が多かったが，次第に物資がサービスを上回るようになった。

え　需要のうち，物資では兵器・石炭が上位を占めた。

お　需要のうち，サービスでは建物の建設，自動車修理などが上位を占めた。

3　下線cに関連する説明として誤っているものはどれか。1つ選び，マーク解答用紙の該当記号をマークしなさい。

あ　固定為替相場制の下で，基軸通貨ドルによって各国経済が結びついた世界経済の枠組みをＩＭＦ体制と呼ぶ。

い　日本がＧＡＴＴに加入したのは1955年である。

う　日本は1964年にＩＭＦ８条国へと移行する。

え　日本は1965年にＧＡＴＴ11条国へと移行する。

お　ＧＡＴＴに代わり，1995年にＷＴＯが発足した。

4　下線dに関する説明として誤っているものはどれか。1つ選び，マーク解答用紙の該当記号をマークしなさい。

あ　名称が天皇の名に由来する。

い　ＭＳＡ協定や世界的な好況の影響もあった。

う　翌年の景気落ち込みを「なべぞこ不況」と呼ぶ。
え　超低金利と金余りが原因とされる。
お　「岩戸景気」よりも前の好景気である。

5　空欄Aに入る語を，漢字4字で記述解答用紙に記入しなさい。

6　空欄Bに入る語を，漢字で記述解答用紙に記入しなさい。

7　空欄Cに入る語を，漢字で記述解答用紙に記入しなさい。

8　空欄Dに該当する国名を，記述解答用紙に記入しなさい。

9　下線eの危機が起こった年より後の出来事として正しいものはどれか。1つ選び，マーク解答用紙の該当記号をマークしなさい。
あ　新東京国際空港の開港
い　沖縄海洋博の開催
う　チェルノブイリ（チョルノービリ）原発事故の発生
え　高松塚古墳壁画の発見
お　アポロ11号による人類初の月面到達

10　空欄E・F・Gに入る語の組み合わせとして正しいものはどれか。1つ選び，マーク解答用紙の該当記号をマークしなさい。
あ　E－大平正芳　F－鈴木善幸　G－中曽根康弘
い　E－福田赳夫　F－大平正芳　G－中曽根康弘
う　E－福田赳夫　F－鈴木善幸　G－竹下登
え　E－鈴木善幸　F－大平正芳　G－中曽根康弘
お　E－大平正芳　F－鈴木善幸　G－竹下登

世界史

（60分）

I　次の文章を読み，以下の問いに答えなさい。解答はマーク解答用紙の所定欄にマークしなさい。

中国大陸をいかに統治するかをめぐり，歴代王朝は暗中模索を続けた。殷は，卓越した技術力や文化を背景に，神権政治を展開した。(a) 続く周は，王の一族や功臣，土着の首長らを各地に封建し，宗法と世襲の制度を用いて社会の安定化を図った。春秋戦国時代(b)に諸侯間の競争が激化すると，彼らは覇者を選び，会盟を開催し，つかの間の平和を維持しようとした。また，諸子百家(c)が登場し，それぞれの理想的社会像を掲げて論争を展開した。

秦が天下を平定すると，官僚を派遣して統治させる（ **あ** ）が広く整えられた。漢は，一部の地域に諸侯を配備すると同時に，直轄地に対しては（ **あ** ）を施行し，官僚による政権運営を図った。官僚の起用にはいくつかの方法があり，地方長官の推薦による郷挙里選などが行なわれた。三国時代(d)には九品中正制が実施され，それは門閥貴族の台頭を招いた。

一方，隋代以後には科挙の制度が整えられていった。とくに史上最初の女帝として君臨した則天武后（武則天）は，既存の貴族社会を抑え，科挙官僚を積極的に任用した。科挙は，ほぼ全ての男性に開かれた試験制度として徐々に整備されつつあり，門閥貴族と科挙官僚は対立する傾向にあった。則天武后はこうした両者の対立関係をうまく利用することによって，自らの権力基盤を固めたとも評せるかもしれない。いずれにせよ，こうした科挙の台頭に伴い，唐では外国出身の優秀な人材が抜擢されることもあり，たとえば日本からの遣唐使船に留学生として同乗した阿倍仲麻呂は，科挙に合格して玄宗に重用されたともいわれ(e)，安南節度使等を歴任している。

やがて宋代になると，科挙の重要性はより高まっていった。科挙の試験科目は，詩歌の作成や，儒学の経典解釈など多岐にわたり，とくに受験生には儒学的素養が求められた。しかも宋代には，経典中の一字一句の解釈を重んずる訓詁学に代わり，経典全体の哲学的理解を重んずる宋学が台頭した(f)。宋学の拡大に伴い，儒学的教養をもつ有徳の士大夫こそが科挙官僚たりうるという考えが社会に広まり，政治家や官僚には，高度な学識のみならず，高い儒家的倫理性が求められた。ほぼ全ての男性に受験可能な科挙の整備と台頭は，貴族制社会のありようを根底から覆すものであり，能力主義の仕組みは，まるで現代の自由主義社会を彷彿とさせるものである。ゆえに歴史学者の中には，「中国は世界に先駆けて近世に突入した」と評する者もいる。

その後も科挙は，中国社会を彩る特徴のひとつであり続けた。たとえば，モンゴルが中国を制圧したときにも(g)，科挙は一時停止されたものの，やがて復活を遂げている。明代や清代にも科挙はその重要性を失わず，主要な官僚登用制度であり続けた。だが義和団事件以後の清は，変法(h)を求める官僚の意見をふまえ，1905年に科挙を廃止した。

設問1　下線部aに関して述べた以下の文のうち，最も適切なものはどれか。

① 殷人は「天」とよばれる最高神を祭り，周人が「帝」を祭ったのとは異なる。
② 城壁でかこまれた都市（邑）を複数従属させた国家のひとつが殷である。
③ 殷の禅譲によって周が台頭した。
④ 甲骨文字や人畜が殉葬された殷墟は，殷代初期の遺跡である。

設問2　下線部bに関し，次のA～Dの出来事を古いものから新しいものへ時代順に並べたとき，適切なものはどれか。

A　晋が分裂し，韓・魏・趙の三国が誕生した。

B 商鞅の変法によって秦が台頭した。

C 周が都を洛邑に移した。

D 韓非が秦王政に招聘された。

① A → B → C → D ② C → A → B → D
③ B → C → A → D ④ A → C → B → D

設問3 下線部cに関し，明白な誤りを含むものはどれか。

① 『孟子』はのちの朱子学に影響を与えた。
② 『荀子』では性悪説，『孟子』では性善説が説かれた。
③ 『左氏伝』・『公羊伝』・『穀梁伝』は『春秋』の注釈書である。
④ 『孫子』では兼愛と非攻に基づく兵法が説かれた。

設問4 空欄（ あ ）に入る制度名として最も適切なものはどれか。

① 郡国制 ② 封建制 ③ 郡県制 ④ 共和制

設問5 下線部dに関し，三国のなかでも，漢から帝位を禅譲された魏の皇帝の名前として最も適切なものはどれか。

① 劉備 ② 曹丕 ③ 曹操 ④ 孫権

設問6 下線部eに関し，玄宗期の事柄について述べた以下の文のうち，明白な誤りを含むものはどれか。

① 府兵制の崩壊に伴い，募兵制が実施され，節度使への兵力集中がすすんだ。
② 王維・杜甫・李白・白居易が詩人として活躍した。
③ 安史の乱が勃発した。
④ タラス河畔の戦いで，唐軍がアッバース朝軍に敗北した。

設問7 下線部fに関し，訓詁学と宋学について述べた以下の文のうち，明白な誤りを含むものはどれか。

① 後漢時代の訓詁学者としては鄭玄が有名である。
② 唐代には，科挙制度の整備に伴い，訓詁学が再注目され，孔穎達の『五経正義』が編纂された。
③ 宋学は，北宋の周敦頤に始まり，南宋の朱熹によって大成された学問的潮流であり，朱熹は四書を重視したことで知られる。
④ 16世紀初めには王重陽が登場し，朱子学を批判した。

設問8 下線部gに関し，モンゴルに関連して述べた以下の文のうち，明白な誤りを含むものはどれか。

① チンギス＝ハンは，遊牧民を千戸制によって編制した。
② チンギス＝ハンは東欧に親征し，ワールシュタット（ヴァールシュタット）の戦いでポーランドの諸侯やドイツ騎士団を破った。
③ フビライが興した元では，駅伝制が整備され，イラン系ムスリム商人が活躍した。
④ 郭守敬が授時暦を作った。

設問9 下線部hに関し，次のA～Dの出来事を古いものから新しいものへ時代順に並べたとき，適切なものはどれか。

A 義和団事件が起こった。

B 戊戌の政変が起こった。

C 康有為・梁啓超らが光緒帝に起用された。

D 西太后が皇帝の後見人として政治の実権を握った。

① B → A → C → D　② C → A → B → D
③ D → C → B → A　④ A → C → B → D

Ⅱ　次の文章を読み，以下の問いに答えなさい。解答はマーク解答用紙の所定欄にマークしなさい。

①元首政期のローマでは，皇帝の権威によってその活動を保障された法学者が古代ローマにおける法学の最盛期をもたらした。現在の民法典の構成にまでつながる法学の体系が成立し，古代ローマ法学の成果は最終的にはユスティニアヌス1世（大帝）の『ローマ法大全』にまとめられた。『ローマ法大全』には法学者の見解や歴代の皇帝の立法が伝えられている。さらに，『ローマ法大全』は中世・近世・近代の法学の基礎を提供した。

西ヨーロッパ世界は，②4世紀後半に生じたゲルマン人の大移動に始まる大きな混乱期を経て，1000年頃から安定と成長の時期を迎えた。③この時期に達成された経済的発展は余剰生産物の交換による商業の活性化をもたらし，商業活動の中心としての都市，そして，そこに暮らし生産活動に直接的には従事しない人々を生み出した。彼らの一部は④12世紀には都市に大学を形成した。ボローニャ大学もその一つで，中世キリスト教社会における神の意思を伝えるテキストとして，『ローマ法大全』が研究された。

⑤14世紀にイタリアで始まったルネサンス運動は，法学に大きな変革をもたらした。古典古代世界に立ち返ろうとするルネサンス運動においては，正しく古典古代世界を伝えるテキストが求められた。『ローマ法大全』に伝えられる法文の中でも古代ローマ法学の最盛期を伝えるテキストこそ，古典古代世界を伝えるものと認識された。法は中世では歴史を超えて存在する神の意思を体現するものだった。今や，古典古代世界を伝えるテキストに見出せる法とそれ以降の時期にかかわるテキストに見出せる法に違いがあることが認識され，法はそれぞれの時代で異なるものでありうると理解されるに至った。こうした新しい法学を推進したのがユグノーの法学者だった。しかし，彼らは⑥ユグノー戦争の中で殺害され，あるいは亡命を余儀なくされた。なかでもドネルス（ドノー）はカルヴァン派の多かったネーデルラント北部7州の中心都市ライデンに亡命し，ライデン大学にこの新しい法学を伝えた。

ライデン大学で学んだ代表的な法学者がグロティウスである。グロティウスは，宗教戦争の平和的な防止と収束にとって，旧教徒の法学（中世法学）も新教徒の法学（ユグノー派の法学）も有効でないことを認識し，『ローマ法大全』に伝わるあらゆる民族に等しく適用される自然の法を基礎に，自然法を構想した。自然法思想は⑦イギリスやフランスでは近代市民革命の思想的基礎を提供した。プロイセンやオーストリアでは⑧18世紀後半に自然法思想に基づく法典編纂が始まった。

19世紀に入ると，サヴィニーは，自然法思想の持つ普遍主義に対抗して，法はそれぞれの民族に固有のものであり歴史の所産であると主張し，歴史法学を創始した。彼の考えは大きな影響力を持ち，日本でも⑨明治期後半にサヴィニーの考えを引き継ぐ法学が受容された。

設問1　下線部①に関連して，元首政期のローマについて最も適切な内容の文章を以下の**ア**～**エ**から一つ選びなさい。

ア　元首政すなわちプリンキパトゥスとは，「市民のなかの第一人者」を意味するプリンケプスに由来する。

イ　元首政においては，共和政の政治形式が払拭され，強力な軍隊と官僚制に基づいて皇帝がローマ市民を支配する体制が確立した。

ウ　ローマの元首政は，アウグストゥスにより始まり，ネルウァを初代とする五賢帝時代の到来によって終焉を迎えた。

エ　元首政期に入ると，貧窮して都市から逃げ出した市民を使役する小作制（コロナトゥス）が，ラティフンディアに替わって，農業生産の中心となった。

設問2　下線部②に関連して，ゲルマン人の大移動について最も適切な内容の文章を以下の**ア**～**エ**から一つ選びなさい。

ア　アッティラ王に率いられたフン人は，パンノニアを中心に帝国を樹立したが，カタラウヌムの戦いでビザンツ帝国軍に敗北し，帝国は瓦解した。

イ テオドリック大王に率いられた東ゴート人は，イタリア半島に東ゴート王国を建てたが，東ゴート王国はユスティニアヌス1世（大帝）により滅ぼされた。

ウ ガイセリック王に率いられたヴァンダル人は，西ローマ帝国の首都ローマを略奪しつつイタリア半島を南下し北アフリカに王国を建てたが，この王国はユスティニアヌス1世（大帝）により滅ぼされた。

エ アラリック王に率いられたランゴバルド人（ロンバルド人）は，北イタリアにランゴバルド王国を建てたが，この王国はフランク王国の侵攻を受け，カール＝マルテルによって滅ぼされた。

設問3 下線部③に関連して，中世に生じた経済活動の展開について明白な誤りを含む文章を以下の**ア**～**エ**から一つ選びなさい。

ア 耕地を三つにわけ，それぞれを秋耕地・春耕地・休耕地として順次利用して，3年で一巡する土地利用方法である三圃制が普及した。

イ アルプス以北のしめって重い土壌を耕すために，重量有輪犂を牛馬に引かせる農耕法が普及した。

ウ イタリア南部のモンテ＝カシノで創設されたシトー修道会を中心として，森林を切り開いて耕地を広げる開墾運動が展開された。

エ ドイツ人はエルベ川を越えて東方に活発に植民活動を行い，スラヴ人などが居住していた地域のドイツ化を押し進めた。

設問4 下線部④に関連して，中世の大学について明白な誤りを含む文章を以下の**ア**～**エ**から一つ選びなさい。

ア 中世の主要な大学では，古代ローマ以来の一般教養とされる自由7科，神学・医学・法学の3専門科目が研究された。

イ イタリア半島南部のサレルノでは，イスラーム文化の影響を受けた医学校から大学が成長した。

ウ パリ大司教を長として形成されたパリ大学は，中世神学研究の中心に成長した。

エ イングランドにおける神学研究の中心であったケンブリッジ大学，そして，そこからわかれてできたオクスフォード大学では，学寮（コレッジ）制が発展した。

設問5 下線部⑤に関連して，ルネサンス期の文芸について，作者と作品の組み合わせとして明白な誤りであるものを以下の**ア**～**エ**から一つ選びなさい。

ア ペトラルカ ― 『叙情詩集』

イ セルバンテス ― 『ガルガンチュアとパンタグリュエルの物語』

ウ モンテーニュ ― 『エセー（随想録）』

エ チョーサー ― 『カンタベリ物語』

設問6 下線部⑥に関連して，この当時のフランスについて明白な誤りを含む文章を以下の**ア**～**エ**から一つ選びなさい。

ア ユグノー戦争は，シャルル9世とその母親である摂政カトリーヌ＝ド＝メディシスのもとで勃発した。

イ ボーダンは，主著『国家論』において，国王を主権者と位置づけ，王権による平和と秩序の回復を説いた。

ウ フィリップ4世によって創始されたヴァロワ朝が断絶し，ブルボン朝が始まった。

エ アンリ4世は，ナントの王令（勅令）を発し，ユグノーにも大幅な信教の自由を与えて，ユグノー戦争を終結させた。

設問7 下線部⑦に関連して，近代市民革命に影響を与えたイギリスやフランスの思想家について明白な誤りを含む文章を以下の**ア**～**エ**から一つ選びなさい。

ア ホッブズは，『リヴァイアサン』で，人は自然状態では権利を主張して闘争状態となり，その解決のために契約によって政府を樹立し，政府に権利を委ねたと結論づけた。

イ　ロックは，『統治二論（市民政府二論）』で，人は契約により自然権の一部を委譲して政府を形成し，政府による不法な統治には抵抗できると主張した。

ウ　ルソーは，『人間不平等起源論』で，人は自然状態では平等だが，私有の発生によって不平等が生じると論じ，こうした不平等を制度化したフランス絶対王政下の社会を批判した。

エ　モンテスキューは，アメリカ独立宣言に影響され，『法の精神』で三権分立論を展開し，アメリカ合衆国憲法の理論的基礎を提供した。

設問 8　下線部⑧に関連して，18世紀後半のヨーロッパ文化について最も適切な内容の文章を以下の**ア**～**エ**から一つ選びなさい。

ア　モリエールを中心として，規則と調和を重んずる古典主義の文芸が展開した。

イ　ドイツ観念論哲学を基礎づけたカントが『純粋理性批判』を出版した。

ウ　ロマン主義音楽が主流となり，シューベルトやショパンが楽曲を残した。

エ　ミレーを代表として，現実をありのままに描く写実主義絵画がうまれた。

設問 9　下線部⑨に関連して，明治維新以降の日本の対外活動について最も適切な内容の文章を以下の**ア**～**エ**から一つ選びなさい。

ア　ロシアと樺太・千島交換条約を結び，樺太を日本領，千島をロシア領と定めた。

イ　ロシアの南下を警戒するフランスと同盟を結び，アメリカからの支援も得て，ロシアに宣戦した。

ウ　東清鉄道支線の長春・旅順口間の利権を得て，南満州鉄道株式会社を設立した。

エ　韓国を併合し，ハルビンに朝鮮総督府をおいて，武断政治を行った。

Ⅲ　次の文章を読み，以下の問いに答えなさい。解答はマーク解答用紙の所定欄にマークしなさい。

スイスは，ヨーロッパの中心のアルプス山岳地帯に位置する連邦国家であるが，古来より諸民族や諸文明が交錯する要衝の地であった。①紀元前5世紀ごろには，ケルト人がヌーシャテル湖畔に進出してラ＝テーヌ時代といわれる鉄器文明を築き，ヨーロッパ西方各地域に展開していったといわれる。紀元前1世紀に，カエサルがガリア地域に遠征したころ，スイス西部にはケルト系のヘルウェティイ人が居住しており，ローマ人は「ヘルウェティア」と呼んでこの地をその後支配した。5世紀に入ると，②西ローマ帝国の統治力が衰え，ゲルマン系の民族がスイス地域に侵入し，とくにブルグンド王国が有力となったが，その後，諸民族が共存するようになり，ドイツ語・フランス語・イタリア語・ロマンシュ語がスイスで用いられる基盤が形成されていった。

6世紀には，スイスはフランク王国の統治下におかれ，さらに③マジャール人やイスラーム勢力の侵攻を受け，11世紀までに，スイス全域が神聖ローマ帝国の支配下に入った。とくにスイス出身のハプスブルク家が有力となって④封建的支配を続けたため，スイス諸邦のなかではハプスブルク家からの独立を目指す運動が強まり，⑤13世紀後半に，三つの邦の代表者が集まって，スイス連邦の原型である「原初同盟（永久同盟）」を結成した。この邦の一つであるシュヴィーツという邦名が「スイス」の語源となり，独立を獲得する戦いが展開された。

16世紀には，スイスにも宗教改革の波が押し寄せ，チューリヒでは［ A ］が改革を進め，ジュネーヴではカルヴァンによる改革運動が実施された。16～17世紀には，ヨーロッパ各地で宗教戦争が起き，三十年戦争ではスイスでも戦闘が繰り返され，スイス人はとくに傭兵として活躍した。また，この戦争の最中に，スイスは「武装中立」という立場を公式に宣言し，中立を維持するための連邦軍も創設した。三十年戦争を通じて，ヨーロッパは主権国家体制に移行したといわれるが，この戦争後の国際条約である1648年のウェストファリア条約で，スイスの独立が国際的に承認された。しかし，その後もスイス各邦では封建的な支配が続き，18世紀後半にジュネーヴなどで革命運動が起きた。⑥フランス革命が起こると，その影響はスイスにまで及び，1798年にフランスの［ B ］政府はスイスに中央集権的な「ヘルヴェティア共和国」を設立した。この共和国は短命で終わったものの，ナポレオン＝ボナパルトの調停によって，地方自治体制に基づく制度が復活した。1815年，ナポレオン没落後の国際会議で，スイスは，その独立が改めて確認されるとともに永世中立国としての立場が国際的に認められた。

設問 1 下線部①に関連して，紀元前5世紀における出来事について述べた文章として、次の **1** ～ **4** の説明の中から最も適切なものを一つ選びなさい。

1 ギリシアのポリス連合軍は，ササン朝ペルシアとのプラタイアの戦いで，ペルシア軍に勝利した。

2 ペイシストラトスは，ギリシアの僭主政治を確立し，元老院の地位を強化した。

3 ローマでは，十二表法が制定され，慣習法が成文化された。

4 アルキメデスが，ポエニ戦争中に，ローマ兵によって殺害された。

設問 2 下線部②に関連して，西ローマ帝国について述べた次の **1** ～ **4** の説明の中から最も適切なものを一つ選びなさい。

1 テオドシウス帝は，ローマ帝国を東・西ローマ帝国に二分して，みずから初代西ローマ皇帝となった。

2 西ローマ帝国は，476年にゲルマン人傭兵隊長のオドアケルによって侵略され，オドアケルがあらたな西ローマ皇帝となった。

3 アウグスティヌスは，西ローマ帝国時代に『神の国』を執筆し，キリスト教の弁護に努めた。

4 カール大帝は，教皇レオ10世からローマ皇帝の帝冠を与えられ，西ローマ帝国の権威を受け継いだ。

設問 3 下線部③に関連して，マジャール人について述べた次の **1** ～ **4** の説明の中から最も適切なものを一つ選びなさい。

1 マジャール人は，インド＝ヨーロッパ語系のスラヴ民族に属している。

2 オットー1世は，レヒフェルトの戦いで，マジャール人を撃破した。

3 マジャール人は，10世紀末にハンガリー王国を建国して，ギリシア正教を受け入れた。

4 セリム1世は，モハーチの戦いでマジャール人を撃破して，ハンガリー支配を始めた。

設問 4 下線部④に関連して，封建的支配について述べた次の **1** ～ **4** の説明の中から誤っているものを一つ選びなさい。

1 封建的な主従関係の制度は，ローマの恩貸地制度と，ゲルマンの従士制度に起源があるとされている。

2 封建的支配とは，主君が家臣に封土を与えて保護し，家臣は主君に服従義務をもつ双務的な契約制度であり，契約に違反すればそれぞれ拒否することができた。

3 封建的な主従関係においては，主君と家臣とのあいだで，臣従の礼と呼ばれる儀式が執り行われた。

4 封建社会において，領主支配の基本的な単位となった荘園では，領民は領主に対して不輸不入権（インムニテート）をもっていた。

設問 5 下線部⑤に関連して，次のそれぞれの組み合わせの中で，13世紀後半のヨーロッパで起きた出来事の組み合わせとして正しいものはどれか。次の **1** ～ **4** の中から一つ選びなさい。

1 第4回十字軍 — ワット＝タイラーの乱 — 英仏百年戦争の開始

2 ペストの最初の大流行 — マグナ＝カルタの制定 — ジャックリーの乱

3 ダンテの誕生 — シモン＝ド＝モンフォールの乱 — エドワード1世による模範議会の招集

4 インノケンティウス3世の教皇即位 — アナーニ事件 — コンスタンツ公会議

設問 6 下線部⑥に関連して，フランス革命が起こる経過について述べた次の **1** ～ **4** の説明の中から誤っているものを一つ選びなさい。

1 アメリカ独立戦争のヨークタウンの戦いで，植民地側が勝利したことを機に，フランスは参戦したが，膨大な戦費のためにフランスの財政がひっ迫した。

2　ルイ16世は，オーストリア大公マリア＝テレジアの娘であるマリ＝アントワネットと結婚したのち，1774年に国王に即位した。

3　シェイエスが，『第三身分とは何か』というパンフレットを発表して，第三身分の権利を主張した。

4　18世紀フランスでは，啓蒙思想と呼ばれる合理主義や科学主義の精神が広まり，フランス革命の思想的な基盤が形成された。

設問7　［A］に入る最も適切な人物名を次の1～4の中から一つ選びなさい。

1　ミュンツァー　　2　ツヴィングリ　　3　スピノザ　　4　エラスムス

設問8　［B］に入る最も適切な語を次の1～4の中から一つ選びなさい。

1　国民公会　　2　統領　　3　第一帝政　　4　総裁

Ⅳ　次の文章を読み，以下の問いに答えなさい。解答はマーク解答用紙の所定欄にマークしなさい。

聖職叙任権をめぐる聖俗の闘争の後，ドイツ（神聖ローマ帝国）では政治的分裂が深まり，諸侯が勢力を拡大し，これとならんで独立の地位を有する自由都市（帝国都市）も台頭を見せた。オットー１世以来，ドイツ王が神聖ローマ皇帝となるという慣習が形成されてはいたものの，12世紀前半から皇帝を輩出してきたシュタウフェン朝が断絶した13世紀後半には，ドイツ諸侯により統一的な国王が選出されず，皇帝が事実上不在となる時期すら見られ，ドイツそして帝国の中央集権化(a)は望むべくもなかった。

この「大空位時代」と呼ばれる状況は，1273年，スイス・アールガウ地方に起源をもつハプスブルク家のルドルフ１世がドイツ王＝神聖ローマ皇帝に選ばれたことで終了するが，帝国の不統一は解消されず，数年後，皇帝ルドルフ１世とベーメン（ボヘミア）(b)王との対立は戦争へと発展した。ハプスブルク家がオーストリア(c)を獲得したのは，このときの皇帝側の勝利を通じてである。14世紀以降のドイツでは，大諸侯の領地である領邦を単位として集権化が進んだ。有力な領邦では身分制議会が開かれ，独自の絶対王政の形成が見られた。

15世紀前半から神聖ローマ皇帝の位を独占しはじめたハプスブルク家は，15世紀後半，後に皇帝となるマクシミリアンとブルゴーニュ公女との婚姻によりフランシュ＝コンテ(d)とネーデルラントを手中に収め，マクシミリアン１世の子フィリップ（フェリペ）とスペイン王女との婚姻を契機としてスペインも統治するようになり，家門の勢力を着実に拡大していった。1494年には，イタリアの支配をめぐりハプスブルク家とフランスのヴァロワ家の間でイタリア戦争が勃発した。フィリップの子であるスペイン王カルロス１世は，1519年に神聖ローマ皇帝カール５世として選出され，伝統的なキリスト教世界の統一を体現する存在となったが，帝国の統治においては，聖俗諸侯および自由都市からなる帝国議会との妥協を余儀なくされた。ルターによる九十五カ条の論題の発表をきっかけに始まった宗教改革(e)を背景に，帝国の分裂はより深まった。旧教と新教の対立を一つの軸とする三十年戦争(f)は，神聖ローマ帝国における諸侯の分立状態を決定的なものとした。

17世紀半ば以降，北ドイツのプロイセンでは，フリードリヒ＝ヴィルヘルムのもとで行財政改革と軍備拡充を手段とした絶対主義国家の建設が始まり，18世紀，同国はオーストリアから鉄や石炭の豊富な［g］を獲得するなどしてヨーロッパの大国の地位を築くこととなった。プロイセンは，1806年の神聖ローマ帝国の消滅後まもなくナポレオン軍に大敗したことを契機に，「プロイセン改革」と呼ばれる近代化に着手し，1871年にはプロイセン王ヴィルヘルム１世を皇帝とするドイツ帝国を成立させ，ドイツ統一(h)を実現した。

設問1　下線部aに関連して，13世紀から15世紀にかけてのヨーロッパにおける中央集権化の歩みについて述べた次の文章のうち，明白な誤りを含むものを一つ選びなさい。

イ　フランス王ルイ９世は，南フランス諸侯の保護を受けた異端のアルビジョワ派（カタリ派）を制圧して王権を南フランスへと拡張した。

ロ　領主の封建反動に対しておこされた大規模な農民一揆の後，領主層の窮乏は深刻となり，とくに中小領主のなかには国王や大諸侯によって領地を没収される者がいた。

ハ　イギリスでバラ戦争の後に王位に就いたリチャード３世は，星室庁裁判所を整備して王権に反抗する者を処罰し，絶対王政への道を開いた。

ニ　ポルトガル王ジョアン２世は貴族の反乱をしずめて王権を強化し，またインド航路の開拓を援助するなどして大航海時代の幕開けを準備した。

設問２　下線部ｂに関連して，ベーメン（ボヘミア）について述べた次の文章のうち，明白な誤りを含むものを一つ選びなさい。

イ　チェック人により建てられたベーメン王国は，多くのドイツ系住民を有していたことからドイツ文化の影響を強く受けた。

ロ　ベーメン出身の神聖ローマ皇帝カール４世は，「金印勅書」を発布して神聖ローマ皇帝選挙の手続きを定めた。

ハ　フランスの二月革命はヨーロッパの他の地域にも影響を及ぼし，オーストリア支配下のベーメンにおいて民族運動が高揚する契機となった。

ニ　第一次世界大戦後，パリ近郊で調印されたヌイイ条約で，ベーメンを一部に含むチェコスロヴァキアのオーストリアからの独立が承認された。

設問３　下線部ｃに関連して，オーストリアについて述べた次の文章のうち，正しい内容のものを一つ選びなさい。

イ　第２次ウィーン包囲の後にオスマン帝国と締結したカルロヴィッツ条約を契機として，オーストリアは中・東欧における勢力を拡大した。

ロ　フランス革命期，ジャコバン派政権による宣戦布告を受けて，オーストリアはプロイセンと連合してフランス国内に侵入した。

ハ　ナポレオン３世と秘密同盟を結んだサルデーニャ王国との戦いにより，オーストリアはロンバルディアとヴェネツィアを失った。

ニ　バルカン地域でのパン＝スラヴ主義を利用したロシアの勢力拡大に対抗するため，オーストリアはベルリン条約でボスニア・ヘルツェゴヴィナを併合した。

設問４　下線部ｄに関連して，後にオランダ戦争をおこなってフランシュ＝コンテをフランスに併合した国王の名前を次のイ～ニの中から一つ選びなさい。

イ　シャルル７世　　ロ　ルイ14世　　ハ　シャルル10世　　ニ　ルイ15世

設問５　下線部ｅに関連して，宗教改革について述べた次の文章のうち，明白な誤りを含むものを一つ選びなさい。

イ　ルターはバイエルン選帝侯の保護のもとで『旧約聖書』のドイツ語訳を完成し，民衆が直接キリストの教えに接することを助けた。

ロ　カルヴァンは神の絶対性を強調し，魂が救済されるかどうかは，あらかじめ神によって決定されているという「予定説」を説いた。

ハ　イギリス国教会はカトリック教会から分離する一方で司教（主教）制を維持し，儀式の面でもカトリックに類似した面を有することとなった。

ニ　カトリック教会はトリエント公会議で教皇の至上権を再確認したほか，禁書目録を作成し，教会裁判所を強化して思想統制をおこなった。

設問６　下線部ｆに関連して，三十年戦争について述べた次の文章のうち，明白な誤りを含むものを一つ選びなさい。

イ　三十年戦争は，ハプスブルク家によるカトリック信仰の強制に対して，ハンガリーの新教徒が反抗したことをきっかけに始まった。

ロ　新教国スウェーデンは，国王グスタフ＝アドルフのもとでバルト海の覇権をめざして参戦し，北ドイツの沿海地域に領土を獲得した。

ハ　旧教国フランスは，国王ルイ13世のもとで新教勢力と同盟して戦い，ハプスブルク家の勢力を後退させようとつとめた。

ニ　講和のために締結されたウェストファリア条約で，ハプスブルク家はフランスにアルザスを奪われた。

設問７　[g] に入る最も適切な語を次のイ～ニの中から一つ選びなさい。

イ　シュレスヴィヒ・ホルシュタイン　　ロ　ポーランド回廊

ハ　ラインラント　　ニ　シュレジエン

設問８　下線部 h に関連して，ドイツ統一に関して生じた事象について述べた次の文章のうち，正しい内容のものを一つ選びなさい。

イ　ウィーン会議によりドイツ連邦が組織されたのに続き，オーストリア，プロイセンなど大多数のドイツ諸邦はドイツ関税同盟に結集した。

ロ　ドイツ諸邦の自由主義者を集めたフランクフルト国民議会は，共和政を内容とする自由主義的憲法をまとめたが，ビスマルクの弾圧により挫折した。

ハ　プロイセン＝オーストリア戦争の後，プロイセンを盟主とする北ドイツ連邦が発足し，南ドイツの諸邦もプロイセンと同盟を結んだ。

ニ　ドイツ帝国では，帝国宰相が皇帝と帝国議会の双方に対して責任を負うというシステムが採用されたが，皇帝が任命する宰相に権力が集まった。

Ⅴ　フィリピンは，16世紀以来アメリカ大陸と深い交易関係をもちながら，第二次世界大戦終結直後に国家としての独立を達成した。そのようになった政治的および経済的経緯を，下記の語句をすべて用いて，250字以上300字以内で説明しなさい。なお，句読点，数字は１字に数え，指定の語句には必ず下線を付しなさい。

銀　　アギナルド　　アメリカ＝スペイン戦争　　独立の約束

政治・経済

（60分）

I　次の文を読んで、あとの問いに答えよ。

立憲主義体制が確立される以前のヨーロッパ諸国においては、最高の権力者である国王は主権(1)を保持するという考え方が広まり、主権という絶対視された力をもった国王による不当な支配が行われることも少なくなかった。その不当な支配は、国民に対して処罰や身体的拘束を行う場面を１つの典型例として現れた。そのため、近代立憲主義の成立(2)以降、権力者による国民への不当な処罰や身体的拘束を排除することが大きな課題となり、様々な国の憲法の中で人身の自由と呼ばれる一連の基本的人権が保障されるようになった。

日本国憲法においても、大日本帝国憲法の体制下で個人の人権を無視するかのような不当な逮捕や投獄等が行われたことへの反省もあり、人身の自由を保障するための様々な条文が設けられている。18条では、何人も奴隷的拘束を受けないことや、犯罪に基づき処罰される場合を除いて意に反する［ A ］に服させられないことが宣言されている。また、31条では、法律の定める手続によらなければ、生命や自由を奪うなどの刑罰を科せられないとされ、法定手続の保障が定められている(3)。

さらに日本国憲法33条以下では、刑事手続に関わる基本原則について詳細な規定がおかれている。例えば、逮捕や捜索等における令状主義（33条、35条）(4)、［ B ］依頼権の保障（34条、37条３項）、遡及処罰の禁止および一事［ C ］の原則（39条）などである。

このように刑事手続に関する多彩な規定が憲法上設けられてはいるが、その一方で、再審の結果、裁判所により無罪と判断された冤罪事件(5)も少なからず発生してきた。そのような現実は、憲法上の規定にもかかわらず、実際の刑事手続においては時として人身の自由が踏みにじられてきたことを表してはいまいか。また、より根本的な問題の１つとして、日本の刑法が定める死刑制度が人身の自由の理念に適合的であるのかどうか、解釈上の争いも生じている(6)。

以上のように、公権力が刑事手続を運用する過程においては被疑者や被告人等の人身の自由に十分配慮することが求められるが、他方において近年では、犯罪被害者の権利に配慮すべきという視点(7)の重要性もより意識されるようになっている。犯罪被害者等基本法など、犯罪被害者等の権利利益の保護を図ることを目的とする法律が制定されたのは、その表れといえよう。

問１　空欄［ A ］～［ C ］にそれぞれ入る適切な語句を記述解答用紙の所定欄に記入せよ。

問２　下線部（１）に関して、主権の概念に関連する記述として最も適切なものを１つ選び、マーク解答用紙の所定欄にマークせよ。

1　この概念は、フランスの政治思想家モンテスキューがその主著『法の精神』の中で国王権力を正当化するために使用したのが始まりとされている。

2　国民主権の意味については、アメリカ合衆国のケネディ大統領が自身の就任演説の中で語った「人民の、人民による、人民のための政治」という言葉が、それを端的に示している。

3　領土・領海と同様、排他的経済水域についても沿岸国が天然資源の探査・開発等に関する主権的権利をもつため、他国の船舶等が排他的経済水域を自由に航行することはできない。

4　ある国の政府が国内問題に該当する特定の問題の処理について他国から批判を受けたために、内政不干渉の原則をもち出してその批判に対して反論するとき、その反論は、主権の本来の意味に照らして正当化されうる。

5　現代の国際情勢においては、ヨーロッパ連合のように、加盟国間の政治的・経済的統合を深化させている地域もあり、そこでは各加盟国は主権を放棄しているため、独自に法律をつくることはできない。

問3　下線部（2）に関して、次の**ア**～**オ**の用語のうち、近代立憲主義の成立に直接関係しないものの組み合わせを下記の**1**～**5**の中から1つ選び、マーク解答用紙の所定欄にマークせよ。

ア　市民革命

イ　チャーチスト運動

ウ　積極国家

エ　権力分立

オ　自然権

1　アとイ　　2　イとウ　　3　ウとエ　　4　エとオ　　5　オとア

問4　下線部（3）に関して、以下の公権力による行為のうち、日本国憲法31条の趣旨を反映するものとして最も不適切なものを1つ選び、マーク解答用紙の所定欄にマークせよ。

1　裁判所が、日本語を理解できない外国人の刑事被告人について通訳を手配したうえで、公判廷を開いた。

2　裁判所が、ある犯罪の実行について自白した刑事被告人に対し、有罪判決に必要な証拠が自白以外に存在しないと判断したため、無罪判決を下した。

3　国会が、刑法の中に新しい犯罪を追加するにあたり、その犯罪の重大性に見合った刑罰を法定するよう留意した。

4　国会が、刑事裁判の結果、無罪判決を受けた者に対する補償を手厚くする目的で、刑事補償法に定められる補償金の上限額を増やす法改正を行った。

5　警察が、逮捕した被疑者を取り調べる際、被疑者の黙秘権を尊重しながら取り調べを行った。

問5　下線部（4）に関して、日本国憲法33条または35条に定める刑事手続に関連する記述として最も適切なものを1つ選び、マーク解答用紙の所定欄にマークせよ。

1　逮捕状の発付は、その請求を行う者が所属する捜査機関の長がその当否を判断して行われる。

2　日本国憲法33条において令状主義の例外として明示されている現行犯逮捕といえども、警察等の捜査機関によって行われなければならない。

3　逮捕に令状が必要とされない現行犯とは、犯罪が現に行われているときだけではなく、実行直後に露見した犯罪も含む。

4　逮捕には原則として令状が必要とされるが、逮捕に続いて行われる被疑者の勾留には令状は必要とされない。

5　日本国憲法35条によれば、現行犯に関わって所持品等を捜索する場合には、令状は必要とされないが、現行犯に関わる場合であっても、令状なく所持品等を押収することは禁止される。

問6　下線部（5）に関して、以下の制度や実態のうち、冤罪が発生する原因となりうるものとして最も不適切なものを1つ選び、マーク解答用紙の所定欄にマークせよ。

1　刑事訴訟法においては、一定の犯罪について急速を要し、逮捕状の発付を求めることができないときは、警察官等が逮捕の理由を告げて被疑者を逮捕することができるという緊急逮捕について定められている。

2　日本の警察では、ある犯罪について容疑をかけているが逮捕の決め手がない場合に、別の犯罪についての容疑に基づく逮捕状の発付を通じて、元々容疑をかけていた犯罪についての取り調べを行う別件逮捕が行われる事例もみられる。

3　日本の法律では、拘置所等の刑事施設の代わりに警察の留置場を利用して、被疑者の身柄を拘束することが認められている。

4　2018年、いわゆる日本版司法取引が導入され、一定の犯罪のうち死刑または無期の懲役・禁錮に当たらないものについて、被疑者・被告人が他人の刑事事件の捜査や裁判に協力することにより、不起訴などの自分に有利な取り扱いを受けることが可能となった。

5　2019年から、裁判員裁判の対象事件と検察の独自捜査事件に限って、被疑者の取り調べの全過程の録音・録画が義務づけられるようになった。

問7　下線部（6）に関して、死刑制度に関連する記述として最も適切なものを1つ選び、マーク解答用紙の所定欄にマークせよ。

1　日本の刑法によれば、死刑が適用されるのは、殺人を伴った犯罪に限られる。

2　最高裁が示した死刑適用の基準によれば、当該犯罪によって引き起こされた結果の重大性に専ら着目して死刑は適用されるべきであり、遺族の被害感情の程度や当該犯罪の社会的影響などの付随的要素を死刑適用の可否と結びつけるべきではない。

3　刑事訴訟法の規定によれば、死刑の執行は法務大臣の命令によるとされているため、法務大臣が死刑執行命令書への署名を拒否し続けた場合、死刑執行が事実上停止した状態が継続することも起こりうる。

4　死刑の存廃をめぐる国際的動向について、死刑廃止国が多数に上っていると一般にいわれるが、死刑廃止国に分類されても、実際は軍法に規定される犯罪については死刑の適用を認めるなど、通常犯罪についてのみ廃止している国が圧倒的多数であるため、死刑の完全廃止国はほとんどないのが現状である。

5　死刑制度廃止論の根拠としては、仮釈放を認めない終身刑が日本の刑法では定められているため、重大犯罪を行った刑事被告人にはそれを適用すれば、死刑ほどの重い刑罰は必要ないという見解を挙げることができる。

問8　下線部（7）に関して、そのような視点に基づき、殺人や傷害等の一定の事件が関わる刑事裁判において被害者や遺族等が意見陳述を行うことを可能にするために、刑事訴訟法改正によって2008年から実施されている制度を何と呼ぶか。記述解答用紙の所定欄に記入せよ。

Ⅱ　次の文を読んで、あとの問いに答えよ。

大日本帝国憲法では、天皇(1)は、国の元首であり、統治権を総攬することとされていた。例えば、帝国議会の協賛をもって立法権を行い、司法権も天皇の名において法律により裁判所が行うこととされていた。そのほか、天皇は、陸海軍の統帥権なども有していた。また、大日本帝国憲法は、国務各大臣は天皇を［ A ］すると定めていたものの、内閣制度について明確な規定を置いていなかった。ただし、同憲法下では、勅令（内閣官制）により内閣は国務各大臣によって組織されていたが、内閣総理大臣の意見に他の国務大臣が反対したときは、閣内不一致となるため、内閣総辞職が選択されることも少なくなかった。

一方、日本国憲法では、天皇が元首から日本国民統合の象徴となり、その地位は主権者である日本国民の総意に基づくとされている。そして、日本国憲法では、行政権は内閣(2)に属するとされ、その内閣は内閣総理大臣とその他の国務大臣により構成されること等が明確に規定されている。内閣総理大臣は、内閣を代表して議案を国会に提出し、一般国務および外交関係について国会に報告し、行政各部を指揮監督する権限(3)を有している。

以上のように、大日本帝国憲法と日本国憲法では、行政を担う内閣制度にも相違がある。日本国憲法は内閣の仕組み等(4)に関する基本的な規定を置き、大日本帝国憲法よりも日本国憲法の下では、内閣内で内閣総理大臣は強い権限を有しているといわれている(5)。

ところで、現代行政の活動領域は、公共の秩序維持のほか、社会保障や経済対策などの国民生活の広い分野に及んでいる。また、重要政策の決定などの機能が議会から行政に移っており、行政機能の拡大が指摘されてきた。そこで、大きな権力をもつ行政権をどのように民主的に統制し、国民の人権を守っていくのか等が課題となってきた。このような課題の解決に関わる法律の例を２つ挙げると、１つ目は、行政機関がもつ文書や電子データなどを開示・公開し、政府の活動について［ B ］責任が全うされるようにすることや、国民の的確な理解と批判の下にある公正で民主的な行政の推進に資することを目的とする情報公開法がある。２つ目は、行政機関の広範な許認可権限を背景にして多用されていた行政指導について、行政指導を受けた者からそれに従わなければ不利益になるのではないかとの懸念を持たれ、また、その内容や責任主体が明確ではなかったことから、行政運営が不透明であるなどの批判があったため、一般に行政指導には強制力がないこと、その趣旨・内容や責任者を明確化することなどを定め、行政運営の公正、透明性を確保する［ C ］法がある。

また、近年、行政機構改革をはじめ、行財政改革や規制緩和政策が進められてきている。特に人口減少や少子高齢化、財政事情の悪化などを背景に1990年代後半以降、今日に至るまで実施されている各種の行政改革等(6)では、肥大化し硬直化した政府組織を改革し、効率的で簡素かつ透明な政府をつくるため、縦割り行政の弊害をなくし、内閣機能を強化することや行政組織のスリム化を図ることなどが意図されている。

問１　空欄［ A ］～［ C ］にそれぞれ入る適切な語句を記述解答用紙の所定欄に記入せよ。

問２　下線部（１）に関連して、権力による支配の正当性としてマックス・ウェーバーによる３つの類型を下の表のように整理した場合、大日本帝国憲法下の天皇制はどの類型に当たるといえるか、最も適切なものを**ア**～**ウ**の中から１つ選び、選択した記号とそれに当てはまる語句を記述解答用紙の所定欄に記入せよ。

支配類型	正当性の根拠	特　色
［ ア ］的支配	ある支配者の特異な超人的能力への信仰	非日常的で人格的正当性
［ イ ］的支配	古くから存在する権威や秩序の神聖性への信仰	日常的で人格的正当性
［ ウ ］的支配	形式的に正しい手続きで制定された規則の合理性への信仰	日常的で非人格的正当性

問３　下線部（２）に関連して、日本国憲法の条文上、内閣の権限とされているもののみを挙げている組み合わせを下

記の1～5の中から1つ選び、マーク解答用紙の所定欄にマークせよ。

ア　最高裁判所の長たる裁判官を任命すること。

イ　下級裁判所の裁判官を任命すること。

ウ　栄典を授与すること。

エ　国会の臨時会の召集を決定すること。

オ　参議院の緊急集会を求めること。

1　アとイとウ　　2　アとエとオ　　3　イとウとエ　　4　イとエとオ　　5　ウとオとア

問4　下線部（3）に関連して議論されることがある独立行政委員会に関する記述として、最も不適切と思われるものを1つ選び、マーク解答用紙の所定欄にマークせよ。

1　国の公務員人事に関し、政治的中立性と公正・統一性を確保するための行政機関として、人事院がある。

2　金融政策を通じて金融市場の通貨量を調整し、通貨および金融の調節を行うための独立した中央銀行である行政機関として、日本銀行がある。

3　原子力に関する技術等に係わる専門的知識が必要とされ、中立公正を確保するための行政機関として、原子力規制委員会がある。

4　労使間の相対立する利害関係がある場合に利害調整をする行政機関として、中央労働委員会がある。

5　結社の自由を制約することがあるため、政治的中立性の確保や準司法的手続を必要とする行政機関として、公安審査委員会がある。

問5　下線部（4）に関連して、内閣の仕組み等に関する記述として、最も適切と思われるものを1つ選び、マーク解答用紙の所定欄にマークせよ。

1　内閣は、憲法の尊重擁護義務を負うため、法律の合憲性に関する違憲法令審査権を使い、ある法律が違憲であると判断したときは、その法律を執行してはならない。

2　内閣を構成する内閣総理大臣および国務大臣は文民でなければならないが、現職の自衛官は文民に当たると理解されている。

3　内閣は政令を制定することができるから、政令に罰則を設けることに法律の委任は不要である。

4　内閣は、内閣総理大臣が辞任や死亡などにより欠けたときは、直ちに総辞職することとなるから、それ以降は内閣の職務を遂行してはならない。

5　内閣がその職権を行使するのは閣議によることとされ、その議決方式は全会一致によることとされている。

問6　下線部（5）に関連して、大日本帝国憲法下と日本国憲法下における内閣内での内閣総理大臣の地位の違いを明確にし、日本国憲法において内閣総理大臣に強い権限が与えられている理由を説明せよ。解答は200字以内で記述解答用紙の所定欄に記入せよ。

問7　下線部（6）に関連して、行政改革等に関する記述として、最も不適切と思われるものを1つ選び、マーク解答用紙の所定欄にマークせよ。

1　内閣の重要課題に関する企画立案や各省庁間の調整などの統合調整機能を担い、内閣総理大臣の政策決定を支援するため、内閣府が設置された。

2　こどもの健やかな成長とこどものある家庭における子育てに対する支援など、こどもに関する政策の司令塔として、こども家庭庁が内閣府に設置された。

3　府省横断的に事務次官や局長等の幹部職員の人事管理を徹底し、幹部職員人事の一元管理を目的として、内閣人事局が内閣官房に設置された。

4　デジタル社会の形成に関する施策とデジタル社会の形成に関する行政事務を迅速かつ重点的に遂行するため、

デジタル庁が内閣府に設置された。

5　国民生活の安定などの見地から着実な実施が必要な業務の遂行に関し、省庁から自立した運営や効率性の向上などを図る目的で、独立行政法人が設立された。

Ⅲ　次の文を読んで、あとの問いに答えよ。

どのような社会においても、(1)人々の欲求に比して不足している財・サービスが存在する限り、それらを様々な用途にどのように割り当てるか、を定めるための社会的な仕組み、すなわち経済体制が必要である。代表的な経済体制には計画経済体制と市場経済体制の２つがあり、20世紀には前者を基本とする経済体制を採用した国も少なくなかった。しかし今日では、(2)そのような国は少なくなっている。

アダム・スミスをはじめとする古典派経済学者達によって既に示唆されていたように、個人や企業が便益、費用、(3)機会費用等を勘案しながら自身にとって最適な経済行動を選択する市場経済においては、効率的な資源配分が実現する傾向がある。しかし市場のみによって実現する資源配分は効率的であったとしても、それが必ずしも(4)公平であるとは限らない。人々の能力、親から与えられる資産や教育、幸運等は多様であり、それらに恵まれなかった者は、その努力にも関わらず貧しい生活を強いられる。事実、厚生労働省の国民生活基礎調査によれば2021年における(5)日本の相対的貧困率は15.4％であり、ＯＥＣＤ加盟国中の上位に位置する。このことからも格差の是正は日本の直面する重要な課題の１つであるといえる。また市場が効率的資源配分を実現できるためには、各市場において多数の需要者と供給者が存在すること、外部性や(6)規模の利益が存在しないこと等、一定の条件が必要である。それらの条件全てが厳密に成立していると考えるのは困難である以上、現実の市場は効率的資源配分の実現に失敗しているかもしれない。これらの理由により、政府は(7)課税、公共財の供給、社会保障等、様々な経済政策を通して市場に介入することがある。また現実の経済は景気変動にさらされている。1929年、米国の株価暴落から始まった世界恐慌以来、(8)景気後退期には市場が機能不全に陥る可能性が認識されるようになった。そのため今日の政府には、マクロ的財政政策や、(9)貨幣供給量の調節等を通じて景気変動を平準化することも求められる。

ただし、現実の市場が不完全であるとしても、現実の政府も完全であるとは言い難い。２回の石油危機を契機にインフレーションが大きな経済問題として注目を集めるようになると、政府による過度の市場介入の弊害が意識されるようになり、多くの先進国では(10)新自由主義的な改革も行われた。

問1　下線部（1）のような財を何というか。記述解答用紙の所定欄に漢字２字で記入せよ。

〔解答欄〕 □□財

問2　下線部（2）に関して、計画経済体制を採用した国の一部は、20世紀終盤になって市場経済体制に移行したが、その理由として最も不適切と思われる組み合わせを下記の１～５の中から１つ選び、マーク解答用紙の所定欄にマークせよ。

ア　所得分配が不平等になる傾向があるため

イ　プライバシーや自由といった価値観と両立しにくいため

ウ　資本蓄積を加速して経済成長を促すことが困難なため

エ　資源の節約や技術進歩への動機付けを与えることが難しいため

オ　個人や企業の情報を政府が収集する能力に限界があるため

1　アとイ　　2　アとウ　　3　イとウ　　4　ウとオ　　5　エとオ

問3　下線部（3）に関して、ある企業が、以下の表に示されるＡ～Ｄの４つのプロジェクトのうち、１つだけを選択しなければならない状況を考える。このとき、プロジェクトAを選ぶことの機会費用として適切なものを下記の1～5の中から1つ選び、マーク解答用紙の所定欄にマークせよ。

プロジェクト名	収入	費用
A	530	400
B	320	260
C	380	280
D	620	460

1　130　　**2**　160　　**3**　320　　**4**　400　　**5**　530

問4　下線部（**4**）に関して、所得分配等の公平さを表す指標としてジニ係数が用いられることがある。ジニ係数を計算する際に使われるローレンツ曲線の性質として、最も不適切と思われるものを1つ選び、マーク解答用紙の所定欄にマークせよ。

1　より右側の点で、傾きがより小さくなることはない。
2　所得が負の者が存在しないのであれば、右下がりになることはない。
3　所得分配が完全に平等であるとき、座標（1，0）の点を通る。
4　座標（0，0）の点と座標（1，1）の点を通る。
5　所得が負の者が存在せず、かつ所得ゼロの者が存在するならば、左端における傾きはゼロになる。

問5　下線部（**5**）に関して、日本の相対的貧困率は何の割合を表しているか。記述解答用紙の所定欄に30字以内で記述せよ。

問6　下線部（**6**）に関して、以下の業界、分野のなかから規模の利益が最も顕著であると思われるものを1つ選び、マーク解答用紙の所定欄にマークせよ。

1　二酸化炭素排出量を抑える効果が期待される太陽光発電業界
2　各店ごとに味や具材等が異なり差別化されているラーメン業界
3　特許により独占が認められている一部の製薬業界
4　開発費がコストの大部分を占めるソフトウェア業界
5　警察が提供する治安維持サービスや消防が提供する消火、救助サービスの分野

問7　下線部（**7**）に関して、ある財に1単位当たりT円の税を課すことを考える。この税により、供給者にとって1単位あたり受け取れる金額は消費者が支払った価格よりT円少なくなるので、供給者に以前と同等の供給をさせるためには、消費者にとっての価格がT円上昇しなければならない。すなわち供給曲線は上方にT円分シフトするのである。このとき均衡における価格がT円上昇するのはどのような場合か。最も適切と思われるものを1つ選び、マーク解答用紙の所定欄にマークせよ。

1　需要の価格弾力性がゼロ、または供給の価格弾力性が無限大
2　需要の価格弾力性がゼロ、または供給の価格弾力性がゼロ
3　需要の価格弾力性がゼロ、かつ供給の価格弾力性がゼロ
4　需要の価格弾力性が無限大、または供給の価格弾力性がゼロ
5　需要の価格弾力性が無限大、かつ供給の価格弾力性が無限大

問8　下線部（**8**）に関して、以下に挙げられた日本が経験した景気後退のなかで、3番目に始まったものを1つ選び、マーク解答用紙の所定欄にマークせよ。

1　バブル経済崩壊に始まる平成不況

2　安定恐慌

3　プラザ合意後の円高不況

4　リーマン・ショックにはじまる世界金融危機

5　第一次石油危機

問9　下線部（9）に関して、かつての金本位制度下において、政府は紙幣と金が一定比率で交換されることを保証する必要があったため、紙幣発行量の調節には制約があった。このような紙幣を何というか。記述解答用紙の所定欄に漢字2字で記入せよ。

〔解答欄〕 □□券

問10　下線部（10）に関して、以下の中から新自由主義的な改革を提唱、推進した人物として最も適切と思われる組み合わせを下記の1～5の中から1つ選び、マーク解答用紙の所定欄にマークせよ。

ア　ミルトン・フリードマン

イ　フランクリン・ルーズベルト

ウ　マーガレット・サッチャー

エ　田中角栄

オ　ジェームス・トービン

1　アとウ　**2**　アとエ　**3**　イとウ　**4**　イとエ　**5**　エとオ

Ⅳ　次の文を読んで、あとの問いに答えよ。

現在、人為的な要因に基づく急速な気候変動が問題視されている。その要因として最も注目されているのが、二酸化炭素やメタン、フロン(1)などの温室効果ガスである。たとえば、化石燃料の大量消費によって二酸化炭素濃度が高まると、地表の熱が大気圏外に放出されにくくなり、地球の気温が上昇する。このようにして引き起こされる地球の温暖化は、かつて経験のないような様々な影響を人類に及ぼすと考えられている。

このような地球規模での気候変動問題に対しては、国際的な取り組みが必要である。1972年にストックホルムで開催された国連人間環境会議(2)において、「 A 」をキャッチフレーズとして、地球環境問題が国際的検討課題とされたのを皮切りに、1992年に開催された国連環境開発会議(3)では、気候変動枠組み条約が調印された。1997年には、その条約の第3回締約国会議が京都で開催され、温室効果ガス排出削減目標を定めた京都議定書が採択された。この京都議定書は、一定の役割を果たしたものの、その延長手続も含めて様々な問題があり、実効的な成果を上げることはできなかったという評価もある(4)。その反省を踏まえて、現在は、2015年開催の同条約第21回締約国会議で採択されたパリ協定(5)による新たなルールが動き出している。

気候変動への対策としては、温室効果ガス排出削減に向けての取り組みに代表されるように、気候変動自体の「緩和」を目指すものがある一方で、水害に備えて行う治水工事のように、気候変動の影響による被害を防止または軽減させるような「適応」もまた大事な要素とされている。日本は、まず「緩和」の面について、1998年に地球温暖化対策推進法を制定し、以後幾度にもわたる改正を重ねながら、温室効果ガス排出削減に向けての取り組みを進めてきた。とりわけ2021年の同法の改正では、2050年までのカーボンニュートラル(6)の実現を明記したことが注目されている。一方の「適応」の面については、具体的な法整備が遅れていたが、2018年に気候変動適応法を制定し、ようやく気候変動対策の両面において法的基盤を整えるに至った。

気候変動問題は世界共通の問題であるとはいえ、それへの対応に関しては、従来から先進国と発展途上国の間で激しい対立があった(7)。さらに現在では、すでに豊かさを享受している先進国、かつては発展途上国であったものの近時急速(8)

な発展を遂げている新興国、今後の成長を目指す後発発展途上国のそれぞれの間の利害調整が重要な課題となっている。各国間の公平性に配慮しつつ経済発展を目指すためには、日本においても、これまでの大量消費型社会から循環型社会への転換(9)が必要不可欠となろう。気候変動の緩和策、適応策のみならず、循環型社会への転換についても、我々一人ひとりの日常における心がけが大きな鍵を握っているといえる。

問1　空欄 A に入る適切な語句を記述解答用紙の所定欄に記入せよ。

問2　下線部（1）に関して、フロンは、温暖化をもたらすこと以外にも、オゾン層を破壊するという点から問題視されている。オゾン層問題に関する以下の文のうち、最も不適切なものを1つ選び、マーク解答用紙の所定欄にマークせよ。

1　オゾン層が破壊されると、有害な紫外線が増加し、皮膚がんや白内障の増加など人体に対する被害のほか、生態系への悪影響が生じるとされている。

2　1985年に、「オゾン層保護のためのウィーン条約」が採択され、国際的に協力してオゾン層の保護に取り組むこととなった。

3　1987年採択の「モントリオール議定書」において、特に破壊力の強い特定フロンについて、段階的削減が決定されたものの、その後の先進国の反対により、いまだ全廃の見通しは立っていない。

4　フロンの代替として使用されるようになった化学物質は、オゾン層を破壊しないものの、温室効果ガスとしての問題を指摘され、さらなる対応が必要となった。

問3　下線部（2）に関して、この会議の決議に基づいて1972年の国際連合総会で設立された、環境保護を目的とした国連の機関は何か。その略称として適切なものを1つ選び、マーク解答用紙の所定欄にマークせよ。

1　ＩＰＣＣ　　2　ＵＮＤＰ　　3　ＵＮＥＰ　　4　ＷＷＦ

問4　下線部（3）に関する以下の文のうち、最も不適切なものを1つ選び、マーク解答用紙の所定欄にマークせよ。

1　この会議では、将来の世代が享受する経済的・社会的な利益を損なわない形で環境を利用していこうとする考え方に基づき、「持続可能な開発（発展）」が共通理念とされた。

2　この会議では、21世紀に向けた世界の環境保全のあり方を示す原則を27項目にわたって掲げた「リオ宣言」が採択された。

3　この会議では、採択された宣言の原則を実施するため、具体的な行動計画として「アジェンダ21」が採択された。

4　この会議では、気候変動枠組み条約のほか、野生生物の種の減少を受けて、「絶滅のおそれのある野生動植物の種の国際取引に関する条約」が調印された。

問5　下線部（4）に関して、京都議定書について、大きな成果を上げることができなかったという評価がある理由として、最も不適切なものを1つ選び、マーク解答用紙の所定欄にマークせよ。

1　温室効果ガス排出削減が義務付けられたのは先進国のみであり、発展途上国には削減義務が課せられていなかった。

2　先進国間での排出量取引は認められていたが、先進国が発展途上国に対して温暖化対策事業の支援を行った場合、その事業による削減量を当事国間で分け合うような仕組みが用意されていなかった。

3　世界有数の温室効果ガス排出国であるアメリカ合衆国が、2001年に離脱した。

4　2012年の京都議定書の延長手続をめぐり、日本・カナダ・ロシアが延長を拒否した。

問6　下線部（5）に関して、パリ協定の内容について説明した以下の文のうち、最も不適切なものを1つ選び、マーク解答用紙の所定欄にマークせよ。

1　この協定は、2020年以降の温暖化対策のルールを定めている。

2　この協定は、産業革命前からの気温上昇を３℃未満に抑えることと、２℃までに抑える努力を継続することを定めている。

3　この協定は、発展途上国も含めた196か国が合意して採択された。

4　この協定において、各国には、削減目標の作成と報告が義務付けられているが、目標達成義務は課せられていない。

問7　下線部（**6**）に関して、カーボンニュートラルとは、温室効果ガスの排出量から吸収量を差し引いた合計を実質的にゼロにすることをいうが、その実現のために日本で行われている取り組みについて説明した以下の文のうち、最も不適切なものを１つ選び、マーク解答用紙の所定欄にマークせよ。

1　発展途上国に対して優れた脱炭素技術を提供することにより達成した削減・吸収量を、日本の削減目標達成に活用する「二国間クレジット（ＪＣＭ)」の活用を進め、すでに複数の国とパートナー関係を結んでいる。

2　二酸化炭素を回収して地下に貯留する技術（ＣＣＳ）により、大気中の二酸化炭素を除去する仕組みの開発・実用化が進められているが、貯留場所が限られるなどの課題も指摘されている。

3　太陽光・風力・地熱などの再生可能エネルギーの導入が積極的に進められているが、供給規模や安定性の面で課題があり、エネルギー供給源の中心を占めるには至っていない。

4　環境規制の緩い国からの輸入品に事実上の関税をかける「国境炭素調整措置（ＣＢＡＭ)」がすでに導入されているが、とりわけＥＵ諸国から、ＷＴＯルールに違反するとして批判されている。

問8　下線部（**7**）に関して、地球環境問題は、発展の程度を問わずすべての国に共通するものだが、その問題への寄与度等は各国間で同じではないという考え方が、気候変動枠組み条約の第４条にも明記されている。この考え方を表す以下のフレーズの空欄に入る適切な語句を、それぞれ漢字２字で記述解答用紙の所定欄に記入せよ。

「共通だが［　　］ある［　　］」

問9　下線部（**8**）に関して、いわゆる南北問題・南南問題に関する以下の文のうち、最も不適切なものを１つ選び、マーク解答用紙の所定欄にマークせよ。

1　貿易と開発に関する南北問題の検討のため、発展途上国側の要求により、国連総会直属の常設機関として、開発援助委員会が設立された。

2　多くの発展途上国において、欧米先進国の植民地支配によりモノカルチャー経済の押し付けが行われてきたことが、南北格差の原因の１つとして挙げられる。

3　資源ナショナリズムの考え方が、天然資源を有する発展途上国と、そうでない発展途上国との格差を拡大する原因の１つとなった。

4　発展途上国の生産者や労働者の生活改善や自立を目指すため、発展途上国の原料や製品を適正な価格で継続的に購入する、フェアトレードの運動が進められている。

問10　下線部（**9**）に関して、循環型社会を実現するために推進されている「３Ｒ」とは何を指すか。「３Ｒ」の内容を、カタカナで記述解答用紙の所定欄に記入せよ。

ハ　生きることは本来、それより上位の原理を一切持たない無原理的（アナーキー）なものであり、生こそが絶対に正当化不可能な法や規則を産出する力能であるにもかかわらず、その力能に先立って存在する高次の価値や超越的基準のほうが生に対して評価や判断を下すという事態のこと。

ニ　生きることは本来、それに先行する原理や上位の原理を一切持たない無原理的（アナーキー）なものであり、生こそはどんな超越的基準によっても正当化される必要がない産出する力能であるにもかかわらず、その力能の産物である法や規則のほうが生を価値評価するという事態のこと。

ホ　生きることは本来、それをうわまわる上位の原理を一切持たない無原理的（アナーキー）なものであり、生こそが「多様体」としてさまざまな特性や形質を無目的につくりだすのだが、それらに先立つ超越的基準が不可避的に存在するがゆえに生のほうが逆に評価されるという事態のこと。

問二十五　傍線部**5**「ノマディスムとは、存在の類比のヒエラルキーに抗する、存在の一義性のアナーキーである」とある。ここで言う「存在の一義性のアナーキー」とはどのようなことを意味しているか。本文中で解読されたドゥルーズの思考を踏まえつつ、**一二〇字**以上**一八〇字**以内で説明せよ（解答は記述解答用紙の**問二十五**の欄に楷書で記入すること。その際、句読点や括弧・記号などもそれぞれ一字分に数え、**必ず一マス用いること**）。

ハ　「土地の問い」の第一のタイプとしての生存圏の分割をめぐる思考は、私有地を定めるべく境界画定をすることに存しており、その結果生ずる、どんな個体にも、自己の私有地を固有のしかたで裁断しつつ、割り振られる社会的属性に応じて生きるよう命ずるシステムのこと。

ニ　「土地の問い」の第一のタイプとしての生存圏の分割をめぐる思考は、固有性＝私有地や領土と「同一視」しうるものとして社会的属性を固定的に割り振ることに存しており、その結果として、どんな個体にも、閉鎖されたモナドに含まれる自由な述語として生きるよう命ずるシステムのこと。

ホ　「土地の問い」の第一のタイプとしての生存圏の分割をめぐる思考は、固有性＝私有地や領土と「同一視」しうるものとして社会的属性を固定的に割り振ることに存しており、その結果として、どんな個体にも、柵のうちに囲い込まれているかのように、種の本能一般に従って生きるよう命ずるシステムのこと。

問二十四　傍線部**4**「論点先取的なしかたで覆いかぶさってくるという転倒」の説明として最も適切なものを次の中から一つ選び、解答欄にマークせよ。

イ　生きることは本来、超越的基準によって正当化される必要がない無原理的(アナーキー)なものであり、先行する原理を持たず絶対に正当化不可能な産出する力能である生こそが価値評価を行うはずだが、その力能に対してすらもともと超越していた法や規則が一切を裁き評価するという事態のこと。

ロ　生きることは本来、超越的基準によって正当化される必要がない無原理的(アナーキー)なものであり、その力能は「固有性」「範疇」「持ち分」などを無目的につくりだす存在論的様式であるにもかかわらず、社会の法や規則が越権的に生を裁き評価するという事態のこと。

ハ　ドゥルーズにおけるノマディスムとは、アイデンティティや固有性を温存したままある領土から別の領土へと移動することではなく、一切の領域における固有性を廃棄し、所有の対象となる領域の同一性を停止し、究極的には主体自身のアイデンティティを宙吊りにすることであるから。

ニ　ドゥルーズにおけるノマディスムとは、アイデンティティや固有性を温存したままある領土から別の領土へと移動することではなく、所有の対象となる領域に棲息する主体自身の同一性を宙吊りにすることによって、同一性という形式を保ちつつテリトリー論の射程を広大にすることであるから。

ホ　ドゥルーズにおけるノマディスムとは、アイデンティティや固有性を温存したままある領土から別の領土へと移動することではなく、排他的で自己同一的な固有性という「形式」を括弧に入れ、さまざまな固有性を獲得しうるように「固有性＝所有」という構図じたいを標的にすることであるから。

問二十三　傍線部**3**「ある個体の命運を決する「裁き」のシステム」の説明として最も適切なものを次の中から一つ選び、解答欄にマークせよ。

イ「土地の問い」の第一のタイプとしての生存圏の分割をめぐる思考は、他者との共有なき排他的独占領域を裁断することに存しており、その結果生ずる、どんな個体にも、自己に対して本来的に賦与された固有性に従い、本質主義的なしかたでその限界内でのみ生きるよう命ずるシステムのこと。

ロ「土地の問い」の第一のタイプとしての生存圏の分割をめぐる思考は、他者との共有なき排他的独占領域を裁断することに存しており、その結果生ずる、どんな個体にも、遅かれ早かれいずれ滅ぶ植物や動物のように、自ら選び取った固有性をまっとうしながら死ぬよう命ずるシステムのこと。

ハ　ある土地や領域を自己に固有のものとして排他的に所有し、境界を管理しながら棲みつくテリトリー論的生存様式に対し、ある場を資本主義的－国家装置的な独占所有とは別のしかたで占拠することで、逆向きの光によって疑問符をつきつけながら、土地への定住を享楽する生存様式。

ニ　ある土地や領域を自己に固有のものとして排他的に所有し、境界を管理しながら棲みつくテリトリー論的生存様式に対し、ある場をノマドとテリトリーが中間領域において相互に漸近してゆくかのような事態にすることで、土地の非排他的占拠に疑問符をつきつける集団的な生存様式。

ホ　ある土地や領域を自己に固有のものとして排他的に所有し、境界を管理しながら棲みつくテリトリー論的生存様式に対し、ある場を占拠しテントを張るという所有でも無所有でもない実践をとおして、独占的所有という観念が発生する条件を明らかにし、それとは異なるあり方を示す生存様式。

問二十二　傍線部**2**「ある領域から別の領域へと「渡り歩くこと」〔……〕は、じつのところ、ノマドとはほとんど関係がない」とあるが、それはなぜか。その説明として最も適切なものを次の中から一つ選び、解答欄にマークせよ。

イ　ドゥルーズにおけるノマディスムとは、あるアイデンティティから別のアイデンティティへと渡り歩くことではなく、重たい自我と同一性形式を離れて行く先々の領土の固有性を確認することによって、究極的には個体概念やその社会的役割の解体から顔貌の解体へむかうことであるから。

ロ　ドゥルーズにおけるノマディスムとは、あるアイデンティティから別のアイデンティティへと渡り歩くことではなく、固有性という形式そのものを揺さぶり宙吊りにすることによって、重たい自我と同一性形式をある私有地＝固有性から別の私有地＝固有性へと移動させることであるから。

を分割してカテゴリーの升目（社会的、性的、人種的、政治的、宗教的な属性）をつくり、その升目の一つひとつに個体を割り振る定住的な思考法においては、各個体に割り振られる分け前が、当の個体から独立に外から決せられるが、そうした様式とはちがって、ノマド的思考においては、カテゴリーの升目に分かたれることのない、グラデーション状の《存在》の領野のうえに、運命を画定されない特異性や強度が分布し、どのような存在者であれ——鳥であれ、ダニであれ、蛇であれ、排泄物であれ、神であれ、現人神であれ——、《存在する》ということの意味にはちがいなどないということが肯定される。いわゆる「存在の類比」が存在者のあいだに、垂直状に位階序列化されたカテゴリーをつくり、階層の異なるカテゴリーのそれぞれに、異なる意味の《存在＝本質》を割り振るのに対し、一義的な《存在》では、平面上に散らばった様々な存在者に対して等しく同じ意味で「存在する」ということが言われるのだ。ノマディスムとは、存在の類比のヒエラルキーに抗する、存在の一義性のアナーキーである。

（堀千晶『ドゥルーズ　思考の生態学』月曜社による）

問二十一　傍線部**1**「別の生存様式」の説明として最も適切なものを次の中から一つ選び、解答欄にマークせよ。

イ　自分が一定の場を占める領域をどのように切り出し、いかにその領域とかかわるかという生態学的な問題であるテリトリー論に対し、個体が自己に固有の領域を超越し閉鎖した固有領域を切り分けることで土地や時空間とかかわる生存様式。

ロ　自分が一定の場を占める領域をどのように切り出し、いかにその領域とかかわるかという生態学的な問題であるテリトリー論に対し、土地への定住とその独占所有に疑問符がつきつけられる場面を注視しながら境界画定を模索する生存様式。

ぶ植物、動物、鉱物の運命でもある。それは、まるで柵のうちに囲い込まれているかのように、自己に対して本来的に賦与された固有性をまっとうしながら、その外に出ることなく死ぬ存在者を端的に示している。固有性の思考は、まさしく本質的かつ本質主義的なしかたで、3ある個体の命運を決する「裁き」のシステムであり、ある個体に生ずる一切が、私有地の限界のうちに含まれているのである――ちょうど窓も扉もない閉鎖されたモナドのうちに、その過去、現在、未来の述語すべてがすでに含まれているように。ライプニッツのいう「主語への述語の内属」は、主体の持ち分＝運命を、その「内的な固有性＝所有物」として決することであろう。

『差異と反復』のノマド論は、社会形成体――国家に抗する未開社会や遊牧社会――の問題というより、遥かに存在論に近接したものとなる。つまり、ここでドゥルーズがノマディスムを喚起しながら表明しているのは、こうした領域画定的な思考法を存在論的に解体する作業であり、あらかじめ本質主義的なしかたで切り分けられた「固有性」、「領域」、「範疇」、「属性」、「限界」、「持ち分」、「運命」などには、決して還元されることのない存在論の様式の開拓である。それは、生に対して、超越的なしかたで外側から限界を課すことのない生存様式の創出を意味する。なぜなら、生の外でつくられた固有性が運命のように生に課されるというより、まさに生こそが、そうした特性や形質をある時間だけ持続する「固有名」＝「多様体」として、無目的に発生させつくりだすからだ。「生は絶対に正当化不可能であり、そのことは生が正当化される必要がないだけにいっそう確実である」。ドゥルーズは、生きることよりも上位に立ついかなる超越的な基準も認めずむしろ、そうした基準を測るのは生のほうであるという姿勢を示す。先行する原理や上位の原理を一切持たない無原理的（アナーキー）な生こそが価値評価を行うものであって、生より高次の価値から、生に対して評価や判断を下す行為はすべて越権的であると言ってもよい。ドゥルーズは、産出されたものである価値や、裁きの基準となる法や規則が、産出する力能である生に対して、4論点先取的なしかたで覆いかぶさってくるという転倒を斥ける。土地＝本質く揺るがぬまま、放置されているに等しい。したがって、ある領域から別の領域へと「渡り歩くこと」（たとえばある仕事から別の仕事へ、あるアイデンティティから別のアイデンティティへ）は、じつのところ、ノマドとはほとんど関係がない。こうした渡り歩きは、点＝アイデンティティに従属した行路であり、様々な土地へと重たい自我と同一性形式が移動してゆくだけだろう。問題はたんに場所や職業を移りゆくのとは別のところ、すなわち、固有性という形式そのものを揺さぶり、宙吊りにすることにある。ところで、形式を相手にするからには、固有のものとして我有化される対象が、土地であれ、事物であれ、芸術作品であれ、個体概念であれ、性であれ、社会的役割であれ、自己同一性であれ、対象の中身はある意味では問題ではないということだ。それは、どのような対象であれ、「固有性＝所有」という構図じたいを、すべてまとめて標的にするのであり、テリトリー＝領土論の射程はきわめて広大なものとなる。

ところで、ドゥルーズ思想において、「領土」や「ノマド」の主題が広く認知されるようになったのは、『アンチ・オイディプス』、『千のプラトー』といったガタリとの共同作業に起因している。だが、ドゥルーズが「ノマド」と「領土」という対比の定式化を行ったのは、ガタリとの共同作業以前に遡る。ガタリと出会う前年、一九六八年の『差異と反復』のなかでドゥルーズは、「固有性＝私有地」、「領土」との対比を鮮明にしながら、ノマディスムについて書いている。『アンチ・オイディプス』や『千のプラトー』とはちがって、『差異と反復』において、「領土」と「ノマド」は、鋭利に対立する語彙である。

ドゥルーズのいう「土地の問い」の第一のタイプは、土地、領域、場の分割をめぐる思考であり、生存圏の分割をめぐる思考である。それは、他者との共有なき排他的な独占領域の裁断、囲いで覆われた私有地を定めるべく境界画定をすることである。固有性＝私有地や領土と「同一視」しうるものとして、ここで指示されているのは、神や人物や事物などに固定的に割り振られる社会的な属性、述語、活動領域、能力や、種としての性質であり、遅かれ早かれいずれ滅相互に漸近してゆくかのような事態である。

簡単な確認をしておこう。テリトリー論は、ある土地、ある場、ある領域における個体の棲息様式、つまり、自分がそのうちに一定の場を占める領域をどのように切り出し、どのように把握し活用するか、そこでどのように存在するか、いかにその領域とかかわるかという、生態学的な問題を指し示している。それが、自己固有の土地を区切り固有のものとして排他的に所有するという、限定された狭い意味で理解されるなら、それはまさに、土地や時空間の組織化のあり方、個体自身の存在のあり方、個体と土地の関係のあり方などにかかわる、集団的な生存様式となろう。その一方でノマド論はこれらの論点について、閉鎖した固有領域を切り分け、それを領有するのとは異なる別の生存様式を呈示する。それは、個体がおのれに固有の領域をつくることなしに土地や時空間とかかわるしかたのことであろう。そして、そのことによって、土地への定住とその独占所有に疑問符がつきつけられる場面を注視しながら、所有という外観が発生する際の条件を明らかにし、それを根底から批判的に検討するひとつの視座として機能する。つまりそれは排他的な領土所有とは別のしかたで大地に棲みつくことを思考しながら、逆向きの光によって、独占的所有の条件を批判的に照らし出し、所有とは異なるあり方を積極的に呈示してみせるのだ。

それゆえ、ドゥルーズにおけるノマディスムとは、ある領土から別の領土への遍歴ではない。つまり、ある私有地＝固有性から別の私有地＝固有性へと移動することではない。むしろそれが意味するのは、一切の領域の私有＝固有性それじたいの廃棄であり、所有の対象となるとされる領域の同一性の停止であり、さらには、そうした領域に棲息する主体自身の同一性の宙吊り――それは『千のプラトー』においては顔貌の解体へと連なる――といった事態である。一言でいうなら、ノマド的思考は、排他的で自己同一的な固有性という「形式」全般を一撃で括弧に入れてしまうのである。ある領土から別の領土へと移るだけで、行く先々の領土の固有性が温存されたままであるなら、理論的な地盤はまった

（四）次の文章は、ジル・ドゥルーズによる「ノマドロジー（ノマド論）＝遊牧民的論理」についての考察である。この論理が現代社会においてもつ意味に留意しつつ文章を読み、あとの問いに答えよ。

個々のテリトリーの形成、各テリトリー同士の距離による交流、環境内における横断性、個体のほつれといった問題は、ドゥルーズ＝ガタリにおけるノマドロジーの問題でもある。ノマドとテリトリーの結びつきはそれらが対蹠的であり、もっと言うなら衝突しあうように見えるがゆえに、ともすれば意外に思われるかもしれない。だが、この結びつきは、一見した以上に緊密なものだ。ドゥルーズの著作のトルコ語訳者は、ドゥルーズの言葉を次のように伝えている。「トルコ－モンゴルにおけるノマドの状況を私に喚起したのは、ドゥルーズである。〔……〕テリトリーはむしろ、一人の人間や人間集団が、自分の場を切り開いてそこに居座り、テントを張るような場所と関連する。このテントのなかで、ノマドはある決まった期間のあいだ生きるのである。〔……〕ノマドのテントが設営される場所というのが、このときジルが私にくれた説明なのだが、このとき彼は椅子に座り、私は彼の横で地べたに座っていた。そして彼はこう言った。「あなたが座っているその場所、そこがあなたのテリトリーだ」、と」。ここで示唆されているように、テリトリーとノマドは、少なくとも『アンチ・オイディプス』や『千のプラトー』においては、決して対立するものではなく、テクスト上で遥かに繊細な関係を紡ぐものである。あとでより仔細に見るように、固有性ないしは独占的所有について批判しながら、しかし同時に占拠すること、テントを張ることという問いが浮上してくるのだ。すなわち記号系において、象徴界－専制君主とは別のしかたでということが問われているのと同様に、テリトリー論とノマド論の双方において、資本主義的－国家装置的な独占所有とは別のしかたで占拠し、保有し、享楽することが問題になっているのだ。それはまるでノマドとテリトリーが、もちろん同一化することなく、しかし双方が所有でも無所有でもない、中間領域において

ロ　ブルーノはコペルニクスに触れることで、コスモロジーの学説にとどまらず、そこから彼自身の知の基礎づけにも呼応する、人間社会を洞察するためのモデルを見出した。

ハ　ブルーノは世界を区別する相対性についてコペルニクスの宇宙論から示唆を受け、そこから人間社会が相対的なものであるという真理を学び取った。

ニ　ブルーノは真理を認めることのできない衒学者たちとの議論を強いられる自らの状況が、地動説を主唱するにあたって敵対者から攻撃を受けたコペルニクスの運命を繰り返していると考えていた。

ホ　ブルーノは宇宙が神的領域であると捉えたコペルニクスと自らの説との差異を認めながらも、宇宙が階層を持たない斉一的なものであることが彼のコスモロジーであると理解した。

ヘ　ブルーノは宇宙が無限であることにすでに気づいていたコペルニクスの宇宙論を独自に発展させ、宇宙が果てしなく広がっていて、そのなかに世界が含み込まれていることを明らかにした。

ト　ブルーノは地動説を提示したコペルニクスの考えを発展させ、生成と消滅などの区別が相対的なものであるという発想を得て、宇宙は閉じられることなく地球から恒星までを含む斉一的な空間であることを主張した。

ホ　永劫回帰

問十九　傍線部**3**「なぜあれではなくこれが存在しているのかという中世以来の問題」の内容の説明として最も適切なものを次の中から一つ選び、解答欄にマークせよ。

イ　神はなぜ世界をわれわれの世界だけに限定し、幾つもの別の世界が存在しうる複数世界として創造しなかったのか。

ロ　神はなぜ宇宙を一なる無限の存在として創造し、そこに含まれる世界をも単一のものとして創造したのか。

ハ　神はなぜ恣意性を排して、世界が単一か複数かという問いに解答を与えず、宇宙が有限であることを偶然の現象として位置づけたのか。

ニ　神はなぜ可能世界が複数世界によって汲み尽くされてしまうことを許容することで、人間の自然認識に根拠を与えたのか。

ホ　神はなぜ可能なものは存在し、存在していないものは不可能であるということを自らの全能の意志によって覆すことができなかったのか。

問二十　本文の趣旨を踏まえて、ブルーノとコペルニクスとの関係の説明として適切なものを次の中から**二つ**選び、解答欄にマークせよ。

イ　ブルーノは地動説が天動説よりも正しいことを証明するに際して、地動説を嘲笑した衒学者たちへの怒りを隠さなかったコペルニクスに真理の使徒としての顔を見出した。

問十六　空欄　C　にあてはまる語句として最も適切なものを次の中から一つ選び、解答欄にマークせよ。

イ　宇宙
ロ　惑星
ハ　恒星
ニ　地球
ホ　天球

問十七　本文中には次の一文が脱落している。入るべき最も適切な箇所を本文中の【イ】〜【ホ】の中から一つ選び、解答欄にマークせよ。

人間社会は信においても知においても基盤を欠いて、かぎりない不和のなかに埋もれていってしまう。

問十八　傍線部**2**「宇宙全体は存在としては一つであるため生成も消滅もしない」の内容に対応する、空欄　D　にあてはまる語句として最も適切なものを次の中から一つ選び、解答欄にマークせよ。

イ　寂滅為楽
ロ　生々流転
ハ　有為転変
ニ　輪廻転生

イ　A　単一　B　複数　E　絶対
ロ　A　無限　B　単一　E　連続
ハ　A　複数　B　単一　E　無限
ニ　A　無限　B　複数　E　有限
ホ　A　絶対　B　相対　E　連続

問十五　傍線部**1**「コスモロジーとモラルの二つに関して、ブルーノは自身と共鳴するものをコペルニクスのなかに読み取った」の説明として最も適切なものを次の中から一つ選び、解答欄にマークせよ。

イ　ブルーノはコペルニクスの地動説をコペルニクスとは異なった方法で発展させ、自身の宇宙論を構築し、宗教や学問を根拠づける真理を語るモデルをそこに見出した。

ロ　ブルーノはコペルニクスの地動説から、プトレマイオスの天動説やアリストテレス哲学を信奉する人々と議論するために必要な学問的争点を学んだ。

ハ　ブルーノは地動説を主唱するコペルニクスの生き方を自身の人生のモデルとして、俗衆におもねらず、自らに敵対する思想にもたじろがない勇気をそこから学んだ。

ニ　ブルーノはコペルニクスの地動説から、宇宙が有限であることを再確認し、全能の存在である神の意志が恣意的でも偶然的でもないことの確証を見出した。

ホ　ブルーノはコペルニクスの地動説から、コペルニクス自身が思いもよらない可能世界に関わる思想を読み取り、自然を超越した神の意志を証明することになった。

なく、嘲われ蔑まれ悪しざまに言われようとも、決然として地球の運動を語ったという。

ブルーノが宇宙論を論じた最初の著作『聖灰日の晩餐』は、そのようなコペルニクスへの称讃からはじまる。つづいて、ある晩餐の席上、地動説を理解しないオクスフォード大学出身の学者たちと不毛な宇宙論談義にいたった顚末が、喜劇風に語られていく。皮肉な笑い話に仕立てあげながらも、そこにはブルーノの怒りと憤りが隠しようもなく爆発している。彼ら「衒学者ども」は自分の発言に責任を取らず、プトレマイオスやアリストテレスの文言を理解せずに並べて、ただ周囲の人々にいい顔を見せようとするばかりである。プトレマイオスの天動説とコペルニクスの地動説、アリストテレス哲学とブルーノ哲学のあいだの学問的争点を議論しようにも、まったく話にならない――そこには虚栄しかない。【　ホ　】

ブルーノによるコペルニクスへの称讃は、すぐさまヒルガエって、衒学者への非難になる。ブルーノの著作の数々のなかで地動説はもちろん学説として主張され、天動説より正しいとされる根拠も学問的に提示されるが、それは科学的な考察というにとどまらず、真理を認めることのできない虚栄に満ちた人間とその社会への診断と一続きになっているのである。

（岡本源太「コペルニクスを読むジョルダーノ・ブルーノ」による）

問十三　傍線部**a**・**b**にあてはまる漢字を、それぞれ記述解答用紙の**問十三**の欄に楷書で記入せよ。

問十四　空欄 A ・ B ・ E にあてはまる語句の組み合わせとして最も適切なものを次の中から一つ選び、解答欄にマークせよ。

ものとも言える。

ブルーノの宇宙は、無限に果てしなく広がっているのみならず、そのなかに無限の数の諸世界が充ち満ちている。このような宇宙にあっては、神は世界を別様にも創造しえたのか、この世界だけでなく他にいくつもの世界を創造しえたのか、という中世の神学者たちを長きにわたって悩ませた問題は成立しえない。というのも、神の創造できる世界はすべて複数世界として実現しているのであり、世界は実際に無限の数あるからだ。ブルーノの無限宇宙にして複数世界は、神の全能の完全なる実現であり、そこに実現している以上の可能性の余地――つまり自然を超越する領域――はない。彼の複数世界はあらゆる可能世界を汲み尽くしてしまう。可能なものは存在し、存在していないものは不可能なのである。【 ハ 】

こうしたブルーノの宇宙論と存在論は、知の新たな基礎づけという彼の哲学プログラムに呼応したものだ。存在は一であり、宇宙は無限であり、世界は複数であり、可能なものは存在しており、存在していないものは不可能であること――これを認めるなら、人間による自然の認識には確固とした根拠があることになり、神でさえもそれを覆しえない。自然にもとづく学問も、神にもとづく宗教も、確たる根拠をもって人間社会の形成に寄与できる。逆に、宇宙が無限でなく、世界が複数でないのなら、3なぜあれではなくこれが存在しているのかという中世以来の問題に悩まされて、最終的には計り知れない神の意志なるものに行き着くことになろう。神は恣意的なものに、世界は偶然的なものになってしまう。神が恣意的であっては、善行を薦める宗教はその根拠を失う。世界が偶然的だとすると、知識を蓄える学問はその根拠を失う。【 ニ 】

真理を語ることの範例を、ブルーノはコペルニクスのうちに読み取ったように思われる。ブルーノが繰り返し称讃するところによれば、コペルニクスは愚鈍な俗衆に対しておもねることなく、敵対的な思想潮流に対してもたじろぐこと規則もすべて相対的にすぎない宇宙は考えがたいものだった。ルネサンスの哲学者たちのなかには宇宙の無限性を考えた者もいたが、彼らの無限宇宙は有限の人間世界を取り巻く神的領域であって、ブルーノの考えたような地球から恒星までを分け隔てなく含み込む均質で斉一的な無限空間ではない。ルネサンスにあって、天球概念を完全に放棄して宇宙の無限性を提起し、また宇宙の階層秩序を完全に否定して空間の斉一性を主張したのは、ブルーノだけであった。

そのようなブルーノの宇宙論は、いったいどこまでコペルニクスの地動説に負うものがあるだろう。一見したところ、両者の隔たりは大きい。ブルーノの宇宙論のもっとも革新的な論点が斉一的な無限空間の概念であったとすれば、コペルニクスの取り組んだ問題、すなわち宇宙の中心は太陽なのか地球なのかという問題は、ごく些末なものに思える。無限宇宙では、無限数ある恒星のすべてが太陽であり、そのそれぞれの周囲に、地球と同様の惑星が回っているのだから。

とはいえ、ブルーノはその宇宙論の構想にあたって、たしかにコペルニクスから重要な示唆を得た。静止していると思われてきた地球のほうが実は運動している、というコペルニクスの議論は、ブルーノにとって、運動と静止の区別の相対性を示唆するものであり、さらにそれに関わる上下や軽重などのさまざまな区別までもすべて相対的なものと見なしうるという着想を与えるものであった。万物が果てしない連続体をなして　D　するというブルーノの宇宙の描像は、そのような相対性を極限にまで押し進めたものと言えよう。加えて、恒星は年周運動が観察できないほど広大な遠方にあるとのコペルニクスの指摘は、ブルーノにとって、宇宙の最果ての天球たる恒星天が存在しないことを示唆するものであった。コペルニクス自身は宇宙を有限だと想定していたにしても、ブルーノからすれば、宇宙は閉じておらず、無限に広がっていると考える根拠を与えてくれたのである。【　ロ　】

コペルニクスの地動説を――コペルニクス自身は思いもよらないだろう仕方で――きわめて大胆に発展させたブルーノの宇宙論は、一なる無限の存在が無限に多くの様態に変容しつづけるという、ブルーノの存在論を具体的に表明したの新たな基礎づけという彼自身の野心的な哲学プログラムに呼応する宇宙論の素材であり、不和と虚栄にまみれた人間社会のなかで真理を語るという道徳の範例であった。1コスモロジーとモラルの二つに関して、ブルーノは自身と共鳴するものをコペルニクスのなかに読み取っただろう。

ブルーノは専門的な天文学者ではなかったし、数学者でもなかった（当時の天文学は自由学芸のなかの数学の一つ、すなわち応用幾何学という位置づけであって、今日のような宇宙物理学ではない）けれども、生涯にわたってコペルニクスからティコ・ブラーエまでの同時代の天文学の研究成果を吸収しつづけ、自身の自然哲学に統合していった。そうして、ルネサンスの天文学者たちがついぞ放棄しえなかった実在的な［ C ］の概念を、まったくの錯覚だとして否定し、宇宙が無限に広がっていることを主張したのであった。【 イ 】

思想史家たちが指摘してきたように、ブルーノの宇宙論は、中心も周縁もない斉一的な無限空間という近代的概念を明確に提起した、ほとんど最初のものである。ブルーノによれば、宇宙は無限に広がり、どこにも中心はなく、また周縁もなく、そのなかに無限数の諸世界があって、そのそれぞれで無限数の個物がたえまなく生成消滅を繰り返しているが、それでも2宇宙全体は存在としては一つであるため生成も消滅もしない。生成と消滅は、個物の観点から見られた相対的な区別にすぎない。上下・左右・前後、また軽重・遅速・動静なども同様である。さらには四元素、四性質、諸天球すらも、同じく任意の観点からの相対的な区別にすぎない。宇宙の万物は存在としては一つであり、全体として果てしない連続体をなして［ D ］しつづけているというのである。

このブルーノの描き出した［ D ］の無限宇宙の姿に対して、彼から著作を贈呈されたティコ・ブラーエは拒絶を示し、その助手であったヨハネス・ケプラーは恐怖を抱いた。彼らルネサンスの天文学者たちにとって、［ E ］でなく

ホ 最初の嫌疑者はもう少しで死刑になるところであったが、盗品が発見されたので助かった。

ヘ 迅速に罪を裁くことばかりが重要であるわけではない。

(三) 次の文章を読んで、あとの問いに答えよ。

ニコラウス・コペルニクスの地動説の意義をいちはやく認めたルネサンスの哲学者ジョルダーノ・ブルーノは、それをきわめて大胆に敷衍して宇宙の［A］性と世界の［B］性を提唱し、天文学史上にその名を残すことになった。彼の名はまた、長きにわたる異端審問の末に、西暦一六〇〇年、火刑台の煙と消えたことによっても知られている。ガリレオ・ガリレイのように自説を撤回すれば生き存えることもできたはずなのに、ブルーノはそうしなかった。対抗宗教改革に邁進していたローマ・カトリック教会にとっては、プロテスタント諸派への対抗上、「もっともガンメイ(a)な異端者」ブルーノが悔い改めてくれたほうが好都合であっただろうにもかかわらず、彼はそうせずに、自覚的に死を選び取ったのであった。みずから殉教者として喜んで死んでいこうと語り、生きながら焼かれても呻き声一つあげず、死の間際に差し出された十字架からは顔を背けたという。

もしブルーノがコペルニクスを読まなかったとしたら――歴史に「もし」はないとはいえ、想像してみることはできる。ブルーノへの異端審問はそれでもおこなわれただろうが、ここまで厳酷としたものにはならなかったかもしれない。彼はすみやかに悔い改め、当初の望みのとおりに、修道服を捨てて一学徒として余生を過ごしたかもしれない。ブルーノはコペルニクスを読んだ。彼がそこに読み取ったのは、地動説という天文学上の一学説にとどまるものではない。知

ニ　嫌疑者が盗んだものは、どこをどうさがしても発見されなかったということ。

ホ　嫌疑者が収監されてから、それほど時間が経過していないということ。

問十　傍線部**3**「庖人之死百口不能解」の解釈として、最も適切なものを次の中から一つ選び、解答欄にマークせよ。

イ　料理人が死刑になることは誰がどう弁護しても避けられない。

ロ　包丁で肉を切る人でも百人を一度に殺すことはできない。

ハ　料理人が死亡したことを多くの人が異口同音に証言した。

ニ　包丁裁きの達人ならば凡人ではできない技でも可能である。

ホ　料理人の不可解な殺害事件はどんな名探偵でも解決できない。

問十一　空欄 **X** に入る語句として、最も適切なものを次の中から一つ選び、解答欄にマークせよ。

イ　枉法　**ロ**　贓證　**ハ**　寃民　**ニ**　斷獄　**ホ**　金瓶

問十二　本文の内容に**合致しない**ものを次の中から一つ選び、解答欄にマークせよ。

イ　成化年間、南郊の祭事終了後に、祭事に用いた器物の一つが紛失した。

ロ　窃盗罪を認定するためには、盗んだ器物が発見されることが肝要である。

ハ　捕えられた二人の嫌疑者はともに祭壇付近の土の中に盗品を埋めたと告白した。

ニ　最初の嫌疑者が述べた盗品の隠し場所は、二人目の嫌疑者が事前に教えたものだった。

注　成化……中国明代の元号。一四六五年から一四八七年まで。
南郊……皇帝が都の南の郊外に祭壇を築いて行った土地の神を祀る祭礼。
考掠……拷問にかけること。
矜疑……被告人に同情して刑事裁判に慎重を期すること。
贓……盗品を隠すこと。

問八　傍線部1「不勝痛楚輒誣服」の書き下し文（ただし全文ひらがな表記）として、最も適切なものを次の中から一つ選び、解答欄にマークせよ。

イ　かたずんば、そをいたみ、たやすくふくせしをそしる
ロ　いたみにたへざれば、そはすなはちふくをしひる
ハ　まさらざれば、そをいため、たやすくしひてふくせしむ
ニ　つうそにたへずして、すなはちぶふくす
ホ　いたみしそにかたずんば、たやすくあざむきふくす

問九　傍線部2「無何」の内容として、最も適切なものを次の中から一つ選び、解答欄にマークせよ。

イ　嫌疑者の自白通りに地面を掘ったが、何もなかったということ。
ロ　嫌疑者を牢獄に入れて鎖に繋ぎ拷問にかけたが、何も白状しなかったということ。
ハ　嫌疑者は何もしていないのに、冤罪で収監されたということ。

獄。2無何、竊瓶者、持瓶上金縄、鬻于市。有疑之者。質于官。竟得其竊瓶状。問曰、瓶安在乎。亦云、在壇前某地。如其言、掘地。竟獲。蓋比庖人所指掘之地、不數寸耳。假令庖人往掘時而獲瓶、或竊瓶者不鬻金縄于市、則3庖人之死百口不能解。然則嚴刑之下、何求不得。國家開矜疑一路、所全活 X 多矣。嗚呼、斷獄豈必以速為貴哉。

(B)凡治盜、贓證為主。務要核實。如金瓶之獄、既誣服結案、殆將殺無辜。幸因別獲贓物、得免冤枉矣。是故贓物不獲者、未可遽決其獄。須矜疑緩死以俟平反也。

（津阪東陽『聽訟彙案』「矜疑雪冤」による）

ロ 蛙が二足歩行したいという分不相応な願いを立てて、それが実現したにもかかわらずうまく活用できなかったように、われわれも身の丈に合わない願望を持つことがあるので慎むべきだということ。

ハ 蛙が大願成就のために仏に捧げるお布施として、自分たちの力で成し遂げるのが難しいことを避け現実的な手段を選んだように、われわれも自らの力量に合った言動を心がけるのが肝要だということ。

ニ 蛙が普段は僧の読経の邪魔ばかりしているのに、願い事があるときだけそれを控えて都合良く振る舞うように、われわれも普段は自分の身をかえりみずに奔放に振る舞って後悔することがあるということ。

ホ 蛙が文武両道を修めて仙術も身につけている亀と自分たちとを比較して、自分たちの方が優れているとうぬぼれているように、われわれも自らの能力を正当に見極められずに過大な願望を抱くということ。

(二) 次の文章は中国明代の江盈科の随筆『雪濤談叢』の中の一節(A)に、伊勢津藩の儒者津阪東陽が評語(B)を添えたものである。これを読んで、あとの問いに答えよ(設問の都合上、返り点・送り仮名を省いた箇所がある)。

(A) 成化中、南郊ノ事竣(をはリテ)撤スレ器ヲ。亡フ二一ノ金瓶ヲ一。時ニ有リ三庖人ノ侍スル二其ノ處ニ一。遂ニ官司執リレ之ヲ、備(つぶさ)ニ加フ二考掠ヲ一。1不勝痛楚輒誣服。及ビテレ索ムルニレ瓶ヲ、無シ二以テ應ズル一。迫レバレ之ニ、謾(すずろ)ニ云フ、在リト二壇前ノ某ノ地ニ一。如クニシテ二其ノ言ノ一掘レドモレ地ヲ不レ獲。仍(な)ホ繫ルルレ

問五　空欄 C に入る最も適切なものを次の中から一つ選び、解答欄にマークせよ。

イ　ん
ロ　め
ハ　ず
ニ　ね
ホ　じ

問六　傍線部**2**「作善」の内容として、本文中に提案されていたものを次の中から一つ選び、解答欄にマークせよ。

イ　蛇が襲ってきた場合に、決してひるまずに手を使ってそれを防ぐこと。
ロ　砂粒を大量に積み上げて塔のように高くし、それを仏に供えること。
ハ　太秦の池に渡す橋の工事を、中断することなく最後まで成し遂げること。
ニ　薬師寺の池にある水草の花を、手で触れて汚さないようにすること。
ホ　薬師寺の僧がお経を唱える際に、共に合唱して読経の修行をすること。

問七　傍線部**3**「この蛙の願だてなきにしもあらず」とはどういうことか。この解釈として最も適切なものを次の中から一つ選び、解答欄にマークせよ。

イ　蛙が自分たちの願いを叶える代償として薬師如来に誓った約束を、当初のものから徐々に実現がたやすい内容へと改変してしまったように、われわれも易きに流れる傾向があるので戒めるべきだということ。

ホ　うら

問二　空欄 B に入る語句として、最も適切なものを次の中から一つ選び、解答欄にマークせよ。

イ　せきこゆるかも
ロ　やすくもあらむ
ハ　わびつつぞぬる
ニ　ゆかしかりけり
ホ　はなぞちりける

問三　二重傍線部a～eの語句のうち、意味の異なるものを一つ選び、解答欄にマークせよ。

問四　傍線部1「あやふかるまじきみち」の解釈として、最も適切なものを次の中から一つ選び、解答欄にマークせよ。

イ　危ないので通るべきではない道
ロ　実現が不可能であろうと思われる手段
ハ　危険を冒してはならない重要な側面
ニ　命を落としかねない不安な方法
ホ　困難に陥ることを避けられる生き方

世の中を見るに、われ人、この蛙の願だてなきにしもあらず。[3]

（『小さかづき』による）

（注1）たる事をしるときははづかしめられず……『老子』第四十四章に「足るを知れば辱められず、止まるを知れば殆ふからず。以て長久なるべし」とある。

（注2）注……当時流布していた『老子』の注釈書。

（注3）太秦……現在の京都府京都市にある地名。

（注4）万虫……あらゆる生き物。

（注5）久米路の橋……葛城山から金峰山に通じる久米路にかけようとしたという伝説上の橋。奈良時代に、ある修行者が葛城山の山神に命じて橋を渡そうとしたが、工事は完成しなかったとされる。

（注6）観念観法……瞑想の修行法のこと。

（注7）一七日……七日間。

問一　空欄 **A** に入る語句として、最も適切なものを次の中から一つ選び、解答欄にマークせよ。

イ　および

ロ　あたひ

ハ　ゆゑ

ニ　あひ

べし。なほもしくはかなひ、もしくはおよぶとも、大かたはとどまる事をしらば、あやふかるまじきみち也。
むかし、太秦（注3）のほとりの池の蛙どもおほくあつまれる中に、大なる蛙のとび出ていへるやう、われわれ歌といひ軍といひ、文武二道をけがし、仙術にも通ぜる身の、泥亀づれと同じやうに四足をもつてはひまはれる事こそやすから C 。されども、天性、四足とうまれつきぬる身の、自身のちからとしてはかなひがたかるべし。いかにもして此所の薬師如来に大願をかけまゐらせ、二足をもつてあるき、二つの手をもつて用事をかなへ、万虫（注4）の至尊となりて、たとひくちなはなどがおひきたるとも、一あしも引しりぞかず、手をもつてふせぎ侍るべし、といへば、みなみなしかるべしと同じけるに、其の中に一つの蛙すすみ出て申しけるは、仏陀その報恩の礼義をまつとしもなけれども、若し其の願かなひ侍らば、なにをか、ふせにいたすべき。作善なくては、いかが、とあれば、是こそまことにいはれたりとて、あるいは水草のはなを奉らんといひ、あるいはいさごを塔とくみて仏を供養せんといへるも、くちぐちなりける。
また一ひき、をどり出ていへるは、げに、さもあるべき事ながら、いさごを塔とつまんといへるとも、はかばかしくもなりがたく、久米路の橋（注5）中たえては、なかなか人笑へにもならん事もいとはづかしく、また、水草のはなを奉るとも、手ふさにけがるる事もおそれあれば、ただわれらの存ずるは、寺中の僧の読経のときもつねづねもろごゑになきたて、御経をまぎらはし、また観念観法（注6）の床のもとまでも、つれぶしにうたひののしりてそのことさまたげ侍れば、この願成就ののちは、寺中にてこゑたてなかるることをやめらるるを作善とせられ侍るべうもや、といへば、みなみな此義にかたぶきて、一心称名の大願をおこし、一七日（注7）参籠しければ、七日満ずるあけがたに、おほくの蛙二足をもつてたちにける。いかばかり自由なるべきとよろこびしに、おもひのほかに引かへて、両眼うしろのかたへなりしかば、ゆくべきかたにはまなこなく、まなこあるかたへは足すすまず。これやこのゆくもかへるの進退ここにきはまりければ、またいろいろ祈願しなほし、からがらむかしの身になりけるとかや。

国語

（九〇分）

（一）　次の文章を読んで、あとの問いに答えよ。

たる事をしるといへる事、人の一生のたから。あたひをもつて是をいはば、堪忍の忍の字が百貫せば、千貫もすべきもの也。たる事をしるといふに高下あり。老子のたる事をしるときははづかしめられず(注1)といへるは、注(注2)にも、これたらざるをたれりとする時はつねにたれりと侍りて、たらざる上をたんぬとする事也。

されどもよのつねの人は、たらざるをたれりとする事は　A　なければ、ただ一鉢のまうけ、上をたすけ、かみのころも、あらしをふせぐよすが、ある上をたれりとして外をもとめぬも、是すなはちたれる事をしれりとや申すべからん。

おほくの人、其のたる事をしらで、十をえては百をねがひ、百をえては千万無量をのぞみて、かへつてむかしこひしくなれる事、いとはかなし。なほも古今集の、

逢坂のあらしの風はさむけれどゆくへしらねば　B

といへる歌など誦(ず)しかへして、およばざる事をねがひ、(a)かなふまじきみちなど、かへすがへすもおもふまじきわざなる

//////////////////// · memo · ////////////////////

////////////////////// · memo · //////////////////////

/////////////////// · memo · ///////////////////

/////////////////// · memo · ///////////////////

2023年度

問題編

■一般選抜

問題編

▶試験科目・配点

教　　科	科　　　　目	配　点
外　国　語	「コミュニケーション英語Ⅰ・Ⅱ・Ⅲ，英語表現Ⅰ・Ⅱ」，ドイツ語，フランス語，中国語のうちから１科目選択	60 点
地歴・公民・数学	日本史Ｂ，世界史Ｂ，政治・経済，「数学Ⅰ・Ⅱ・Ａ・Ｂ」のうちから１科目選択	40 点
国　　語	国語総合，現代文Ｂ，古典Ｂ	50 点

▶備　考

- 外国語において，ドイツ語・フランス語・中国語を選択する場合は，大学入学共通テストの当該科目〈省略〉を受験すること。共通テストの配点（200 点）を法学部の配点（60 点）に調整して利用する。
- 数学を選択する場合は，大学入学共通テストの「数学Ⅰ・数学Ａ」「数学Ⅱ・数学Ｂ」両方の科目〈省略〉を受験すること。共通テストの合計配点（200 点）を法学部の配点（40 点）に調整して利用する。

英語

（90分）

READING/GRAMMAR SECTION

All answers must be indicated on the MARK SHEET.

I Read the passage and answer the questions below.

In 1876, Thomas A. Edison moved his operations to a small farming community called Menlo Park in New Jersey. There he built a laboratory and put together a team that worked with a wide range of organizations on an equally wide range of projects, both inside the telegraph industry and elsewhere. Built to Edison's specifications, the laboratory was 100 feet long and 30 feet wide. The upstairs was devoted to the engineers, or "muckers" as they called themselves, and was a single room with workbenches through the center and shelves of materials, chemicals, and books along the walls. The muckers would work for days straight in pursuit of a solution, then punctuate their work with late-night breaks of pie, tobacco, and bawdy songs around the giant organ that dominated one end of the laboratory.

Edison's Menlo Park lab offers valuable insights into the process of technology brokering. There, Edison created the ideal conditions for the continuous generation of innovations. According to Robert Conot, a historian, those five years Edison spent at Menlo Park "represented the most concentrated outpouring of invention in history." But what enabled Edison to develop new products that would shape the technological landscape for at least the next century? Setting aside the notion of Edison as an inventive genius allows us to look at how the Menlo Park lab was shaped by and, in turn, shaped the networked landscape of its time and place. Edison's success came less from what he learned while selling newspapers on the train as a child than from what his team learned while working on last month's projects. The incandescent lightbulb had been around for twenty years before Edison made his fame "inventing" it in 1879. And while his improvements to the telegraph and telephone were dramatic, so too were his races to the patent office to beat competitors with similar ideas. Edison's advantage lay not in his ability to build something out of nothing but rather in his ability to exploit the network. He implicitly, but certainly actively, pursued a strategy of technology brokering.

The organization at Menlo Park spent its time doing engineering work for clients in the telegraph, electric light, railroad, and mining industries and conducting its own experiments. By working for a range of clients and in a range of industries, Edison was able to move among the worlds that made up each of these industries—using his work for different clients to bridge these different worlds when he and his team saw ideas in one that showed promise elsewhere. As Andre Millard notes in *Edison and the Business of Innovation*, "Edison quietly blurred the line between the experiments he did for others and those he did for himself. Who was to know if a result from contract research was applied to another project or if experimental equipment built for one customer was used in work for another?"

Edison borrowed often from the ideas of other industries. And the laboratory's range of clients from many different industries meant that any one development project offered valuable information that Edison could exploit in other projects.

Popular history has credited Edison, the individual, with the outpouring of invention from Menlo Park, but personal accounts describe the intimate collaboration between Edison and his fellow muckers. Edison built a community at Menlo Park that was deeply committed to the innovation process. The group at Menlo Park numbered approximately fourteen, including Edison. Of these, five had prominent roles working closely with Edison: Charles Batchelor, John

Adams, John Kruesi, John Ott, and Charles Wurth. Edison worked most closely with Charles Batchelor, an Englishman whose training as both a mechanic and a draftsman complemented (and grounded) Edison's more flighty visions. The relationship between Edison and Batchelor was demonstrated by their agreement to split profits 50-50 for all inventions and to receive stock in all resulting companies.

Edison modeled the laboratory after the machine shops from which he and many of the others emerged, where mechanics and independent entrepreneurs would work side by side, sharing machines, telling stories, and passing along promising ideas or opportunities. According to Francis Jehl, one of Edison's assistants, the lab's culture was, like these earlier shops, a little community of kindred spirits, all in young manhood, enthusiastic about their work, expectant of great results, for whom work and play were indistinguishable. Many of the breakthroughs on the electric light, the telegraph, or the phonograph are attributable to insights achieved by Batchelor, Adams, or one of the others who were working on the projects while Edison was dealing with clients or scrambling for investors. When an experiment looked promising, Edison would not hesitate to incorporate a new company and build a team to pursue it.

All the while, Edison and others worked hard to perpetuate the myth of the lone genius building something out of nothing. For example, Edison has famously insisted that his inventive abilities came by ignoring the existing knowledge: "When I start in to experiment with anything, I do not read the books; I don't want to know what has been done." Yet at the same time, he described his methodology in his notes as follows: "First, study the present construction. Second, ask for all past experiences ... study and read everything you can on the subject."

Onstage, Edison abandoned the past in his search for the future. Backstage, he worked hard to create that future from the best pieces of the past that he could find and use. Pursuing a strategy of technology brokering, Edison bridged old worlds and built new ones around the innovations that he saw as a result. Much of Edison's work combined existing ideas in new ways; in spite of such humble origins, those innovations revolutionized industries.

What set Edison's laboratory apart was not the ability to shut itself off from the rest of the world, to create something from nothing, to think outside of the box. Exactly the opposite: it was the ability to connect that made the lab so innovative. If Edison ignored anything, it was the belief that innovation was about the solitary pursuit of invention. Edison was able to continuously innovate because he knew how to exploit the networked landscape of his time.

Like the Menlo Park laboratory, today's technology brokers seek strategic advantage by bridging a wide variety of industries. They exploit this position to build new combinations from the existing objects, ideas, and people they find in these different worlds. Few reach the levels of success that Edison did, but their ability to consistently generate innovative new products and processes still provides valuable insights.

[Adapted from Andrew Hargadon, *How Breakthroughs Happen: The Surprising Truth About How Companies Innovate* (2003).]

(1) **Choose the ONE way to complete each of the following sentences that is CORRECT according to the passage.**

1 Charles Batchelor

A collaborated in various ways with Edison in the Menlo Park lab.

B contributed much to Edison's project because his training was identical to Edison's.

C sued Edison because he felt he had been financially exploited.

D tried to convince Edison to shut his lab off from the rest of the world to explore new ideas.

E was born and grew up in Menlo Park, New Jersey.

2 Muckers

A felt insulted when the term was used to refer to them.

B usually came from financial institutions such as banks and hoped Edison's inventions would bring them large profits.

C were engineers who belonged to a team in the Menlo Park lab.

D were singers who belonged to a chorus group in a Menlo Park church with an organ.

E wished to draw a clear line between their work for clients and inventive work that they could claim for themselves.

3 The Menlo Park lab

A had a cafeteria where workers could buy things like pies and tobacco during their lunch break.

B had books, chemicals, materials, and workbenches around the walls.

C had sleeping quarters upstairs for the team to relax after work.

D was built by Robert Conot from an old farmhouse in New Jersey.

E worked on a range of projects in the telegraph and other industries.

4 Workers in Edison's Menlo Park lab

A exclusively did engineering work for other companies in the telegraph, electric light, and mining industries.

B felt exploited by Edison and Batchelor because they were greatly underpaid.

C often were lazy and sometimes spent time singing around the organ during the day.

D were passionate about their work and hoped for successful results.

E were successful because they focused on building something out of nothing.

(2) **Choose the FOUR statements that are NOT true according to the passage above. DO NOT choose more than FOUR statements.**

A Edison made incandescent bulbs popular twenty years before he came to Menlo Park.

B Edison often utilized ideas from one industry and reshaped them into something useful for another.

C Edison was often reluctant to start a new team because he did not want to unnecessarily expand his business.

D In Edison's Menlo Park lab, it was not easy to exactly identify which work was engineering for particular clients and which work was experimentation related to the lab workers' own ideas.

E The agreement between Edison and Batchelor shows that Edison appreciated Batchelor's contribution to his lab's work.

F The author of the passage describes Edison as an engineer rather than an inventor.

G The Menlo Park lab did not employ any female engineers.

H The writer attributes Edison's success to his childhood experience in selling newspapers on the train.

I There is a discrepancy between how Edison wished to present himself to the world and what he actually was.

(3) **Which ONE of the following sentences BEST summarizes the main point of the passage?**

A Edison's Menlo Park lab reflects the classic style of an inventive genius who knew how to get the most out of his team.

B Edison's strategy in innovation was to exploit networks of technologies for the purpose of creating new industries.

C Edison's strength in innovation came from questioning existing technologies and starting from scratch.

D What Edison cherished most in his operation in the Menlo Park lab was to encourage his collaborators to think outside of the box.

E What made Edison's lab unique was that the engineers were not aware of what they were producing since Edison kept his ideas carefully secret.

(4) **Choose the BEST way to complete each of these sentences about how the underlined words are used in the passage.**

1 Here "flighty" means

A aggressive. B fanciful. C innovative.
D insightful. E unique.

2 Here "kindred spirits" means

A close relatives. B ghostly beings.
C kind-hearted workers. D like-minded people.
E old souls.

3 Here "scrambling" means

A entertaining in order to survive.
B frantically searching for something.
C giving mixed signals to confuse.
D struggling to get rid of something.
E trying to avoid something.

4 Here "perpetuate" means

A deny. B maintain. C perplex.
D supply. E survive.

5 Here "onstage" means

A dramatically. B freely. C personally.
D presently. E publicly.

II Read the passage and answer the questions below.

Lately, Americans have been talking seriously with friends, family, and themselves about the shortcomings of their modern-day work lives. Millions of people have joined the "Great Resignation," and many, especially the college-educated, have vowed to follow their passion and embark on a different career.

This yearning for more meaningful work isn't new: Over the past three decades, college students and college-educated workers have turned to what I call the "passion principle"—the prioritization of fulfilling work even at the expense of job security or a decent salary—as a road map for how to make decisions about their career. According to my research, which draws on surveys and interviews with college students, graduates, and career coaches, more than 75 percent of college-educated workers believe that passion is an important factor in career decision making. And 67 percent of them say they would prioritize meaningful work over job stability, high wages, and work-life balance. Believers in this idea trust that passion will inoculate them against the drudgery of working long hours on tasks that they have little personal connection to. For many, following their passion is not only a path to a good job; it is the key to a good life.

Yet, prioritizing meaningful work in career decisions has many drawbacks, and they're not limited to the ones you might think. Sure, switching from a stable but unfulfilling career to a more meaningful one could be financially risky. But the passion principle also poses **existential hazards**. [1], the white-collar labor force was not designed to help workers nurture self-realization projects. It was designed to advance the interests of an organization's stockholders. When people place paid employment at the center of their meaning-making journey, they hand over control of an essential part of their sense of self to profit-seeking employers and the <u>ebbs and flows</u> of the global economy.

The passion-principle doctrine has become <u>ubiquitous</u> career advice; even most of the college career counselors and coaches I interviewed espoused it. But advising career aspirants and burned-out workers to "follow their dreams" presumes financial safety nets and social-network springboards that only upper-middle-class and wealthy individuals typically have reliable access to. I found that when working-class college graduates pursue their passion, they are about twice as likely as wealthier passion seekers to later **end up in unstable, low-paid work far outside that passion**.

Recommending that career aspirants do what they love and figure out the "employment stuff" later (something I was guilty of before beginning this research) ignores the structural obstacles to economic success that many face, and blames career aspirants if they cannot overcome those obstacles. The passion principle is ultimately an individual-level solution. It guides workers to avoid the grind of paid work by transforming it into a space of fulfillment. [2], it does nothing to address the factors that make paid work feel like drudgery in the first place. Many companies, for their part, also tend to exploit workers' passion. My research finds that employers prefer workers who find their jobs fulfilling, precisely because passionate employees often provide additional uncompensated labor.

Expanding social safety nets and protections for workers would go a long way to make passion seeking less financially risky. And devising collective solutions — better working conditions, more predictable hours, better benefits, more bargaining power, less overwork — in our workplaces and through national policies would not only make paid work more manageable, but also make work better for people in jobs that have little potential for the expression of passion.

In order to avoid the existential problems of passion, individuals can shift their personal philosophies about work. One solution is to trim paid work to fit into a more confined space in our lives: Work that can be contained in predictable hours, that provides freedom to engage in meaningful outside activities, and that allows enough time for friends, family, and hobbies may be a more desirable and self-preserving goal. The more pertinent question, then, isn't "How can I change my career path to do work that I love?" but rather "How can I adjust my work to leave me with more time and energy for the things and people that bring me joy?" Another solution is to diversify our meaning-making portfolios — actively seek out new places to root a sense of identity and fulfillment. No one should **entrust the bulk of their sense of self to a single social institution**, especially one within something as unpredictable as the labor market.

To be sure, I am not advocating for the elimination of joy from work. Working for pay can be tedious, disappointing, even crushing, and having meaningful work is one way to make the hours pass more pleasurably. But the solution to those challenges should not necessarily be to position work as a centerpiece of our identity. By understanding the traps of passion, we can be better equipped to envision alternatives to it. Follow your passion if you must, but also [3].

[Adapted from Erin Cech, "Loving Your Job Is a Capitalist Trap," *The Atlantic* (Nov., 2021).]

(1) **Choose the FOUR statements that are CORRECT according to the passage. You may NOT choose more than FOUR statements.**

A Employers find it easier to pursue their own selfish motives when workers insist on meaningful work.

B Financial risk is the one potential cost of putting passion above all else when choosing a job.

C Labor arrangements are more likely to serve the interests of capital over those of employees.

D Social class is generally not a significant determinant of whether workers are able to follow their dreams.

E Some three-quarters of participants in the author's research subscribed to the "passion principle."

F There are people who expect passion-oriented thinking to enrich not only their work, but their entire lives.

G Thinking about careers on the basis of personal satisfaction and fulfillment is largely a recent development.

H Twice as many respondents in one study prioritized meaningful work over fulfilling work.

(2) **Choose the BEST way to complete each of the following sentences about the words in bold.**

1 What the author calls “**existential hazards**”

A endangers corporate success.

B facilitates worker satisfaction.

C hides the consequences of work.

D threatens our very identity.

E traps us in low-paid careers.

2 The line “**end up in unstable, low-paid work far outside that passion**” indicates that ______ advice can ______

A contradictory / come true.

B inconsistent / mislead.

C flexible / pay off.

D no / prevail.

E well-meaning / backfire.

3 To “**entrust the bulk of their sense of self to a single social institution**” is something the author would caution against as

A “a hard egg to crack.”

B “killing the goose that lays the golden eggs.”

C “putting all your eggs in one basket.”

D “the chicken or the egg problem.”

E “trying to make an omelet without breaking some eggs.”

(3) **For each blank in the passage, choose the word or phrase that makes the LEAST sense in the context of the passage.**

1 [1]

A As it turns out

B Put frankly

C The good news is

D To be blunt

E Truth be told

2 [2]

A Alas

B Consequently

C However

D On the second thought

E Then again

3 [3]

A be mindful of the myriad ways to find joy in life

B don't forget to put enough into your job to make it worthwhile

C find places outside of work to anchor your sense of self

D locate meaning and purpose aside from your career

E remember the proverb: "All work and no play makes Jack a dull boy"

(4) **Choose the ONE sentence that BEST summarizes the main argument in the passage.**

A As flawed as the "passion principle" may be, it actually makes economic sense because combining work with passion will make careers more sustainable in the long run.

B Putting one's passion above other considerations helps establish self-identity and work-life balance, which explains why "follow your dreams" is a popular exhortation.

C To seek joy in our jobs is a personal decision, and companies should think twice before imposing the "passion principle" upon employees, especially ones who prioritize their private lives.

D We should be careful about overvaluing labor relations that only benefit employers, and instead encourage people to seek meaningful work that also enriches society as a whole.

E While the idea of "doing what you love" sounds appealing, it can lead to troubling overcommitment and disempower us from finding our true selves that may lie beyond work.

(5) **Choose the BEST way to complete each of these sentences about how the underlined words are used in the passage.**

1 The "Great Resignation" refers to the phenomenon whereby many Americans

A continued working unhappily.

B debated their career choices.

C quit their jobs.

D reaffirmed the value of work.

E returned to school.

2 Here "ebbs and flows" means

A dollars and cents. B ins and outs.

C nuts and bolts. D pros and cons.

E ups and downs.

3 Here "ubiquitous" means

A consensual. B contemporary.

C pervasive. D questionable.

E welcome.

4 Here "pertinent" means

A burdensome. B inevitable.

C puzzling. D recent.

E relevant.

5 Here "advocating for" means

A denying the possibility of. B requesting permission for.

C seeking consensus on. D speaking out against.

E standing up for.

III

Choose the BEST item from the box with which to fill the blanks in the passage below. You may use each item only ONCE.

A across	B along	C behind	D by
E down	F through	G under	

He tried to get [1] to his parents his passion for painting, but he could not get [2] to them. They said he would not be able to get [3] on what he would make as an artist, so they could not get [4] his plans to go to art school. When they started complaining about how much they had sacrificed so he could get a good education and become a civil servant, he decided it was time to get [5] to business and start looking for financial aid.

IV Choose the BEST item with which to fill in the blanks in the summary of the table below.

Percentage of Students Giving Positive Ratings for Various Aspects of X University

	2000	2010	2020
Teaching Quality	77	74	78
Library Resources	88	89	88
Student Services	53	72	91
Athletic Facilities	70	71	87
Campus Accessibility	34	69	71

According to the table, the greatest gain in student satisfaction over the last two decades came in student services and campus accessibility. [1], student assessment of teaching quality and library resources remained steady throughout. Respondents were [2] to approve of student services than any other in 2020, as that category even surpassed [3], which had enjoyed the highest rating prior to that point. One difference between student services and campus accessibility is that the former rose [4] over twenty years, while improvement in the latter came mostly in the first ten. Athletic facilities were [5] as having improved much between 2000 and 2010 but did see striking gain over the subsequent decade. We can surmise that the university [6] resources to student services and athletic facilities between 2010 and 2020.

1　A　As a result　　B　By contrast
　C　For example　　D　In return
　E　Therefore

2　A　highly positive　　B　increasingly hesitant

C least inclined　　D more likely
E most numerous

3 A athletic facilities　　B campus accessibility
C library resources　　D student services
E teaching quality

4 A inconsistently　　B initially
C predominantly　　D steadily
E unexpectedly

5 A generally seen　　B less appreciated
C not regarded　　D under criticism
E unlikely praised

6 A committed less　　B devoted considerable
C gained greater　　D split different
E withdrew needed

V

Choose the underlined section in each sentence below that is INCORRECT. If the choices in the sentences are ALL CORRECT, choose E.

1 Before we agree to get together (A) to discuss the problem in person, (B) could you take a moment (C) and explain about it (D)?
E ALL CORRECT

2 No one had any doubt about (A) the newcomer winning the prestigious literary prize, (B) and he could not wait for being given (C) his first award for his very first book (D).
E ALL CORRECT

3 While few dare to comment on, (A) let alone question, (B) the statement made by the oligarch, (C) the journalist continues to oppose to it (D).

E ALL CORRECT

4 Why should we feel compelled (A) to follow any leader (B) who is reluctant of trusting (C) those who work under her (D)?

E ALL CORRECT

VI Choose the BEST item from each list with which to fill the blanks in the webpage below.

About Us

Our restaurant offers a three course set menu designed to celebrate the best sustainably sourced ingredients of the season.

The cost is $85 per person, [1] beverages, tax, and service charges.

Menus [2] the upcoming week are published on the previous Friday on our website.

Online reservations may be booked one month to the calendar date [3] beginning at noon.

1 A exactly B excessively C excluding
D expect E extending

2 A during B for C in
D on E until

3 A by any chance B in advance C on schedule
D until request E without notice

WRITING SECTION

VII **Create complete English sentences for the following email. Include ALL the following information to make a reservation for a restaurant.** 〔解答欄〕約 17.5cm × 4 行

日時 2023年2月28日19時

人数 3名(うち車椅子使用者 1名)

駐車場の有無の確認

Compose ×

To ******@*****.***

Subject Reservation

Dear Reservations,

____

____

____

____

I look forward to hearing from you.

Kind regards,

Hikaru Takada

Close Send

Write a paragraph in English explaining what this image means to you.　〔解答欄〕約 18.5cm × 9 行

著作権の都合上，省略。

問題に使用されたイラストは以下のサイトでご確認いただけます。

なお，上記のリンクは 2023 年 4 月時点のものであり，掲載元の都合によってはアクセスできなくなる場合もございます。あらかじめご了承ください。

[Picture available at https://www.artofit.org/image-gallery/375839531409811251/

日本史

（60分）

Ⅰ　次の文を読み，後の問に答えなさい。

人類が生物である以上，食べ物の確保は何にもまして重要な営みとなる。日本の歴史を振り返った時，人々は食べ物をいかに調達していたのだろうか。そして，時としていかなる困難に直面していたのであろうか。

文字の記録が残されていない原始の状況を探ることは極めて困難であるが，考古学の成果などから，食のあり方と気候のあり方とが連動していることが分かっている。たとえば，気候が［ A ］であった旧石器時代の人々は，食料を求めて移動しながら，［ B ］などを用いて［ C ］の動物を捕獲していた。しかし，縄文時代に入り気候が［ D ］になると，［ C ］の動物は絶滅し，［ E ］の動物が増えた。人々は［ F ］などを用いて，［ E ］の動物を捕獲したのである。

このように原始において，人々による食料の確保は自然環境に大きく規定されていた。こうした状況に対して，少しでも安定的に食料を確保するために，人々はみずから生産し，貯蔵するようになる。特に弥生時代には，水稲農業が各地に広まった。[a]収穫された稲を貯蔵するという営みが，社会に与えたインパクトは甚大である。

日本の歴史において，水稲農業をもっとも政治的に管理しようとした政府は，古代の律令国家だったかもしれない。唐の律令を参考にして，[b]政治や行政の仕組みが整備されたが，統治の中核には，［ G ］への口分田の班給や，田地にかかる税の徴収があった。国家が春に種籾を貸し付け，秋に［ H ］とともに回収する公出挙なども実施された。当時の農業技術は決して高くないため，天候不順や虫害などによる凶作もしばしば発生したが，律令国家は非常時に備えて，粟などを収めさせ貯蔵する［ I ］の制度も設けている。『万葉集』には，山上憶良が農民の苦しい生活を詠んだ「［ J ］」が収められている。唐の詩にならったものとされるが，当時の農村の厳しい現実が作品の背景にあることは間違いないだろう。

中世に入ると，[c]たびたび勃発した大きな戦乱が，自然災害や飢饉とあいまって人々の暮らしを一層苦しめることになる。[d]戦乱が発生すると兵粮として米などが徴収されただけでなく，戦場では兵士による食料の略奪も見られた。

食料危機は気候変動とも関係している。[e]平安時代は気候が温暖であったとされ，同時期のヨーロッパにおける大開墾時代になぞらえて，日本でも開発が進展したとかつては考えられていた。しかし，近年は，温暖化による旱魃などが水稲農業に与える負の影響に注目し，慢性的な農業危機が生じていた可能性も指摘されている。一方，鎌倉時代の13世紀は，気候が寒冷であった。[f]農業技術の進展がいくつも見られるが，それは冷涼な気候のもとで生じた農業危機に対して，生産性を上げようとした人々の努力の賜物であったと言えよう。このように考えると，古代や中世において，農業生産や食料供給が安定していた時期が，果たしてどれほどあったのか，という疑問すら湧いてくる。飢饉や戦乱といった社会的危機が頻発する中で，[g]生存を脅かされた人々は信仰に救いを求めることになる。

〔問〕

1　空欄A・B・C・D・E・Fに入る語の組み合わせとして，正しいものはどれか。1つ選び，マーク解答用紙の該当記号をマークしなさい。

あ　A－寒冷　B－弓矢　C－大型　D－温暖　E－中・小型　F－槍
い　A－温暖　B－槍　C－大型　D－寒冷　E－中・小型　F－弓矢
う　A－寒冷　B－槍　C－中・小型　D－温暖　E－大型　F－弓矢
え　A－温暖　B－弓矢　C－中・小型　D－寒冷　E－大型　F－槍

お　A－寒冷　B－槍　C－大型　D－温暖　E－中・小型　F－弓矢

2　下線aに関して，弥生時代の政治や社会について述べた文として，誤っているものはどれか。1つ選び，マーク解答用紙の該当記号をマークしなさい。

あ　食料が安定的に確保できるようになったことで，人口が増加した。

い　余剰生産物の蓄積具合によって貧富の差が生じ，階級の形成が進んだ。

う　土塁や柵をともなう濠をめぐらし，内部に物見櫓が立つ集落も出現した。

え　収穫物は集落につくられた高床倉庫や貯蔵穴におさめられ，共同で管理された。

お　土地をめぐる争いが増え，戦闘で用いる銅剣・銅矛・銅鐸といった武器がつくられた。

3　下線bに関して，行政全般をつかさどる太政官に対し，祭祀をつかさどった組織は何か。漢字3字で記述解答用紙に記入しなさい。

4　空欄G・H・Iに入る語の組み合わせとして，正しいものはどれか。1つ選び，マーク解答用紙の該当記号をマークしなさい。

あ　G－6歳以上の男性　H－利稲　I－贄　　い　G－6歳以上の男女　H－利稲　I－義倉

う　G－4歳以上の男女　H－初穂　I－贄　　え　G－4歳以上の男性　H－初穂　I－義倉

お　G－6歳以上の男性　H－利稲　I－義倉

5　空欄Jに入る語を，漢字で記述解答用紙に記入しなさい。

6　下線cに関連して，北条氏により三浦氏が滅ぼされた1247年の合戦を，当時の年号を用いて何と呼ぶか。漢字で記述解答用紙に記入しなさい。

〔解答欄〕 ＿＿＿＿合戦

7　下線dに関して，1185年に源頼朝は朝廷から兵粮米を徴収する権利を得ている。この出来事について述べた文として，正しいものはどれか。2つ選び，マーク解答用紙の該当記号をマークしなさい。

あ　兵粮米は田畑1段につき5升とされた。

い　兵粮米を徴収する目的は，平氏の追討だった。

う　兵粮米の徴収は，翌年に停止された。

え　兵粮米を徴収する目的は，平泉への進軍だった。

お　兵粮米は田畑1段につき3升とされた。

8　下線eに関連する下記の出来事①～⑤を，年代順に正しく並べている選択肢はどれか。正しいものを1つ選び，マーク解答用紙の該当記号をマークしなさい。

①　女真族が，九州北部を襲撃した。

②　平等院鳳凰堂が，宇治に造営された。

③　藤原道長が，金峯山に経筒を埋納した。

④　源高明が，左大臣を解任され，左遷された。

⑤　尾張国の郡司や百姓が，受領の藤原元命を訴えた。

あ　④→②→⑤→③→①

い　⑤→③→④→①→②

う　⑤→④→③→②→①

え　④→⑤→③→①→②

お　④→③→①→⑤→②

9　下線fに関連して，鎌倉時代の農業について述べた文として，誤っているものはどれか。2つ選び，マーク解答用紙の該当記号をマークしなさい。

あ　東北地方で二毛作が広まった。

い　収穫量の多い大唐米が生産された。

う　地方の市で，農産物の売買が行われた。

え　牛や馬に犂を引かせて土を掘り起こした。

お　木製の農具が西日本で使われるようになった。

10　下線gに関連して，寛喜の大飢饉などを経験し絶対他力を唱えた僧侶は誰か。漢字2字で記述解答用紙に記入しなさい。

Ⅱ　次の文を読み，後の問に答えなさい。

フビライ＝ハンは，中国の統一を目指して，モンゴル帝国の都を大都に移し，国号を元とした。その間，日本にたびたび朝貢を強要してきたが，鎌倉幕府は，この要求に応じなかった。そのため，元は，［A］の乱を鎮めて高麗を全面的に服属させた後，約3万人の日本遠征軍を派遣してきたが，内部対立などもあって，撤退した。これを文永の役という。その後，元は，南宋[a]を滅ぼして，中国を統一した。そして，元は，2度目の日本遠征軍を組織し，約14万の兵士を派遣したが，暴風雨により兵船に大損害を受けて，撤退した。これを弘安の役という。この2度の戦いを蒙古襲来[b]と呼ぶ。

蒙古襲来の後，元への服属を求める文書を送ってきて以来，高麗からの使節は途絶えていたが，南北朝の動乱期に［B］への対処を求めて使節を派遣してきた。当時，九州は戦乱の渦中にあり，取締りの成果は期待できなかった。そうした中で，使節への対応をゆだねられた室町幕府は直接の返答を控えていたが，九州探題として下向した今川貞世[c]が高麗とやりとりをするようになった。後に，今川貞世は，九州探題を足利義満[d]により解任された。朝鮮半島では，高麗が倒れ，朝鮮が建国された。日朝関係において，とくに貿易[e]に関しては，幕府の他にも多様な通交者が参加していたが，朝鮮側は対馬の宗氏を通して通交の制度を定めた[f]。

中国では，元から明に王朝が交代していたが，明も［B］に苦しんだ。明は日本に［B］の禁圧とともに朝貢を求めてきた。足利義満は，これに積極的に応じ，使節を数回派遣して日明間の国交を樹立した。日明貿易[g]は朝貢貿易の形式であったため，これを嫌った［C］の時に中断されたが，［D］の時に再開された。

〔問〕

1　空欄Aは，高麗王が元に服属した後も，激しく抵抗を続けた高麗の治安部隊である。この部隊の名称を，漢字3字で記述解答用紙に記入しなさい。

2　下線aについて。北条時宗が招き，円覚寺を開いた南宋の禅僧の名前として，正しいものはどれか。1つ選び，マーク解答用紙の該当記号をマークしなさい。

あ　蘭渓道隆　　い　東巌慧安　　う　夢窓疎石　　え　絶海中津　　お　無学祖元

3　下線bについて。蒙古襲来に関連する事柄について述べたものとして，正しいものはどれか。1つ選び，マーク解答用紙の該当記号をマークしなさい。

あ　鎌倉幕府は，執権が北条政村の時，朝貢を求める元の国書を黙殺したが，その後，北条時頼が執権になると，幕府は元に朝貢を拒否する内容の返書を送った。

い　鎌倉幕府は，文永の役以前に，九州の地頭・御家人に対して，異国侵入の防衛に当たるとともに，領内の悪党の鎮圧も命じた。

う　鎌倉幕府は，文永の役後，元軍の再度の襲来に備えて異国警固番役を編成するとともに，石築地を建設した。

え　鎌倉幕府は，蒙古襲来を受けて，全国的に非御家人をも動員する権利を朝廷に求めたが，認められなかった。

お　鎌倉幕府は，蒙古襲来後，九州の御家人の統括と裁判に当たる鎮西探題を設置したが，その長官に北条氏一門が就くことはなかった。

4　空欄**B**に入る武装集団の名称を，漢字２字で記述解答用紙に記入しなさい。

5　下線**c**について。今川貞世が著した歴史書は何と呼ばれるか。その書名を，漢字４字で記述解答用紙に記入しなさい。

6　下線**d**について。足利義満の仲介により南朝の天皇が入京し，北朝の天皇への神器譲渡が行われ，南北朝の合体が実現された。この時の南朝の天皇として正しいものはどれか。１つ選び，マーク解答用紙の該当記号をマークしなさい。

あ　後光厳天皇　　**い**　後円融天皇　　**う**　後村上天皇　　**え**　後亀山天皇　　**お**　後小松天皇

7　下線**e**について。日朝貿易における日本側の輸入品として誤っているものはどれか。１つ選び，マーク解答用紙の該当記号をマークしなさい。

あ　麦　　**い**　木綿　　**う**　香木　　**え**　大蔵経　　**お**　人参

8　下線**f**について。宗氏が朝鮮への通交者に発行した渡航認可証の名称を，漢字２字で記述解答用紙に記入しなさい。

9　下線**g**について。日明貿易における日本側の輸入品として誤っているものはどれか。１つ選び，マーク解答用紙の該当記号をマークしなさい。

あ　生糸　　**い**　書画　　**う**　陶磁器　　**え**　硫黄　　**お**　銅銭

10　空欄**C**と空欄**D**に入る室町幕府の将軍の組み合わせとして正しいものはどれか。１つ選び，マーク解答用紙の該当記号をマークしなさい。

あ　C－足利義持　D－足利義教　　**い**　C－足利義教　D－足利義持

う　C－足利義教　D－足利義政　　**え**　C－足利義政　D－足利義教

お　C－足利義持　D－足利義政

Ⅲ 【A群】・【B群】に掲げた資料は，それぞれ異なる人物の日記からの抜粋である（いずれも1908～1917年の記事であるが，配列は年代順ではない。なお，一部表記を変更した）。これらを読み，後の問に答えなさい。

【A群】

① 7月14日

午前二時半宮中ニ参内三時新内閣樹立，桂総理大臣（a）以下親任式ヲ行ハセラル。先是予ヲ御前ニ召レ陛下自ラ留任スベキ旨ノ御沙汰ヲ玉フ。謹テ御請ヲ為シ且卑見ヲ奏上シ置ケリ

② 8月5日

今日迄得タル情報ニ由レバ墺ト［ A ］トハ戦争中，独露二日ニ動員ヲ下命シ宣戦ヲ布告セリ。遂ニ英独戦ヲ宣シ仏国モ動員ヲ命ジ，伊国ノミ中立ヲ宣セシト云フ。頗ル可怪，他ノ小邦ノ中立ヲ宣スル可ナラム。将来我国ノ対交戦国ニ対スル態度ノ決定必要ナリ

③ 8月22日

午後四時韓国合併（b）ノ条約ヲ統監邸ニ於テ調印シ終ル。列席スル者李完用趙重応副統監及予ナリ。且来ル二十九日発表ノコトニ決定シ大意ヲ通知シ置ケリ。合併問題ハ如此容易ニ調印ヲ了セリ呵々

④ 11月4日

午前十一時半参内拝謁米国交換文書（c）ノ成案ヲ奏上ス。帰途山県公（d）ヲ訪フ。委曲ヲ相談ス

【B群】

⑤ 6月7日

支那大総統［ B ］他界ノ報アリ，吾外交ノ殆ド行詰ノ現状ニ於テ此事アリ，実ニ天祐ト申可歟

⑥ 9月29日

交通銀行第二次借款（e）二千万円成立ノ旨北京ヨリ報告アリ。本春以来努力ノ一端ヲ啓達セリ

⑦ 10月5日

午前八時［ C ］伯ヲ訪問，内閣組織大命奉受ノ祝辞ヲ述べ，組織ニ対スル意見ヲ陳述ス

⑧ 11月7日

青島陥落（f）ノ報アリ

〔問〕

1 下線aの人物に関する説明として，誤っているものはどれか。2つ選び，マーク解答用紙の該当記号をマークしなさい。

あ 山県有朋の後継者として，軍部・藩閥官僚勢力の維持に努めた。

い この人物による第一次内閣のもとで，日露戦争後の財政復興を目指す鉄道国有法が制定された。

う この人物による第二次内閣は，日比谷焼き討ち事件で国民の支持を失って総辞職した。

え この人物による第三次内閣は，第一次護憲運動によって崩壊した。

お 立憲同志会の創立を宣言したが，結党を前に死去した。

2　空欄Aに入る国名を，カタカナで記述解答用紙に記入しなさい。

3　下線bに関する説明として，誤っているものはどれか。1つ選び，マーク解答用紙の該当記号をマークしなさい。

あ　第三次日韓協約は，ハーグ密使事件を契機に締結された。

い　朝鮮総督府は，軍事・行政をすべて統括する天皇直属の機関として設置された。

う　朝鮮総督府の設置とともに，漢城は京城と改称された。

え　土地調査事業の実施は，朝鮮農民から土地を奪う結果をもたらした。

お　朝鮮の土地開発を目的に，韓国政府の関与を排して東洋拓殖会社が設立された。

4　下線cは，アメリカが中国における日本の特殊権益を承認すること等を内容とする協定を指すものである。この協定の名称を，記述解答用紙に記しなさい。

5　下線dの人物に関する説明として，正しいものはどれか。1つ選び，マーク解答用紙の該当記号をマークしなさい。

あ　薩摩藩に生まれ，戊辰戦争では奇兵隊を指揮して倒幕に寄与した。

い　海軍参軍として西南戦争を鎮圧した。

う　この人物による第一次内閣のもとで，治安警察法が制定された。

え　この人物による第二次内閣は，憲政党との連携によって政権運用の安定を図った。

お　この人物による第二次内閣が総辞職した後，大隈重信内閣が成立した。

6　空欄Bに入る人物の姓名を，漢字で記述解答用紙に記入しなさい。

7　下線eの借款の交渉に当たったことで知られる【B群】の日記の作成者はだれか。その姓名を漢字で記述解答用紙に記入しなさい。

8　空欄Cには，【A群】の日記の作成者の名が入る。その姓名を漢字で記述解答用紙に記入しなさい。

9　下線fに関連する出来事の説明として，誤っているものはどれか。1つ選び，マーク解答用紙の該当記号をマークしなさい。

あ　日本は，イギリスから再三にわたる要請を受け，三国協商側に立ってドイツに宣戦布告した。

い　大隈内閣が中国政府に行った二十一か条の要求に対しては，国内からも批判が上がった。

う　日本は，ヴェルサイユ条約に基づいて旧ドイツ権益の継承を認められた。

え　青島については，ワシントン会議の際に，英米側の仲介に基づいて中国への返還が決定された。

お　北一輝は，五・四運動を時代背景として『日本改造法案大綱』を執筆した。

10　日記の各記事を時期の早いものから順に並べた組み合わせとして，正しいものはどれか。1つ選び，マーク解答用紙の該当記号をマークしなさい。

あ　①－③－⑧－②－⑤－⑦－④－⑥

い　③－①－②－⑧－⑦－⑤－④－⑥

う　①－③－②－⑧－⑤－⑦－⑥－④

え　③－①－⑧－②－⑦－⑤－⑥－④

お　①－③－②－⑧－⑦－⑤－④－⑥

Ⅳ　次の文を読み，後の問に答えなさい。

大日本帝国憲法下の地方制度の確立に取り組んだのは，内務卿・内務大臣として自由民権運動を抑え込んだ山県有朋であった。山県は外国人顧問 **A** の助言を得て地方制度の改革を進め，1888年の市制・町村制，1890年の府県制・郡制の公布により，中央政府の統制の強さに特徴のある戦前の地方自治制度[a]が確立した。ポツダム宣言を受諾して敗戦した日本に対する連合国軍最高司令官総司令部（ＧＨＱ）の初期の占領方針は，日本の非軍事化・民主化に重点を置いていた。日本国憲法が「地方自治」を独立した章として設けたことについても，ＧＨＱの占領方針が影響している。この憲法の精神にもとづいて，戦前の中央集権的な地方制度を地方分権的なものに変えるための各種の制度改革も実施された[b]。

高度経済成長の下で，第一次産業から他産業への労働力の移動が進み，農村の過疎化と都市の過密化が深刻な社会問題となった。政府は農業基本法[c]を制定し，農業の近代化と構造改革を計ったが，若年層の流出や出稼ぎが増大する結果となった。一方，都市部では大量の人口が流入して住宅問題が深刻になると，地価の安い郊外へ向けて無秩序に宅地開発が行われる **B** 化と呼ばれる社会問題も生じた。

高度経済成長は，農村の過疎化と都市の過密化のみならず，交通事故の激増（交通戦争）や公害という深刻な社会問題をひき起こした。こうした情勢の下で，地方選挙では都市問題・公害問題や老人医療無料化などの福祉政策が争点となり，[d]知事や大都市の市長に革新系の人物が当選したため，革新自治体という言葉が生まれた。しかし，革新自治体は福祉政策の推進のための財政難に直面し，昭和50年代[e]に入ると退潮していった。

都市と農村の関係を考える際に見落としてはならない人物が，新潟県出身で首相となった田中角栄である。田中は農村の過疎化と都市の過密化への対応として，工業の地方分散や新幹線・高速道路の整備のために公共投資を拡大する **C** を掲げて内閣を組織した。しかし，田中内閣の政策は投機熱をあおる結果となり，三大都市圏を中心にして地価が暴騰し，地価上昇は地方都市にも波及した。第１次石油危機による原油価格の高騰も重なって， **D** と呼ばれる激しいインフレが生じたため，政府は金融の引き締めに転じたが，日本は深刻な不況におちいり，[f]戦後初のマイナス成長となって，高度経済成長の終焉が語られるようになった。

〔問〕

1　空欄Ａに当てはまる人物の名前を，記述解答用紙に記入しなさい。

2　下線ａの内容として正しいものはどれか。１つ選び，マーク解答用紙の該当記号をマークしなさい。

あ　1878年のいわゆる地方三新法により，画一的な大区・小区が廃止され，旧来の郡・町・村が行政単位として復活した。

い　地方統治に関する公選制の民会の設置要求は強かったが，地方三新法が府県会に関する統一規則を定めるまで，そのような組織は設置されなかった。

う　市町村会と府県会の議員の選出はいずれも，1899年までは間接選挙であった。

え　府県知事は府県会の推薦する候補者から内務大臣が任命した。

お　戦前の地方制度の下で郡は，府県と町村の間の地方公共団体であった。しかし，地方自治法の制定により，郡は地方公共団体の単位としては廃止され，地理上の名称になった。

3　下線ｂの内容として誤っているものはどれか。１つ選び，マーク解答用紙の該当記号をマークしなさい。

あ　市町村公安委員会が運営・管理する自治体警察が，人口5000人以上の市町村に設置された。

い　シャウプ勧告は，都道府県・市町村の間の税収不均衡を是正するための制度の創設を求めた。

う　教育委員会法が制定され，教育委員の直接公選制が導入された。

え　地方自治法の制定により，都道府県知事の直接公選制が導入された。

お　地方自治法の制定に内務官僚が抵抗したため，ＧＨＱの指示により内務省は廃止された。その後，地方自治法が制定・施行された。

4　下線cの制定の際に首相であった人物が首相在任中に起きた出来事でないものはどれか。1つ選び，マーク解答用紙の該当記号をマークしなさい。

あ　第18回オリンピック大会が東京で開催された。
い　日本は経済協力開発機構（ＯＥＣＤ）に加盟した。
う　八幡製鉄と富士製鉄が合併して新日本製鉄が発足した。
え　東海道新幹線が開通して高速輸送時代を迎えた。
お　内閣憲法調査会が最終報告書を国会・内閣に提出して解散した。

5　空欄Bに入る用語を，記述解答用紙に記入しなさい。

6　下線dについて革新首長に関する説明として誤っているものはどれか。1つ選び，マーク解答用紙の該当記号をマークしなさい。

あ　1967年に美濃部亮吉が東京都知事に当選したとき，京都府知事も革新系であった。
い　美濃部亮吉の引退表明後に実施された1979年の都知事選では，後継の革新系候補が辛勝した。
う　蜷川虎三の引退表明後に実施された1978年の京都府知事選では，保守系候補が当選した。
え　大阪府でも革新系の黒田了一が知事に当選したが，1979年の大阪府知事選では保守系候補が当選した。
お　横浜市のほか，名古屋市や神戸市でも革新系市長が誕生した。

7　下線eの時期（1975年～1984年）に生じた出来事でないものはどれか。1つ選び，マーク解答用紙の該当記号をマークしなさい。

あ　アメリカからの農産物輸入自由化の要求を受けて，政府は牛肉・オレンジの輸入自由化を決定した。
い　大平正芳首相が在任中に死去し，その直後の衆参同時選挙で自民党が圧勝した。
う　河野洋平ら自民党議員の一部が離党して，新自由クラブを結成した。
え　ホメイニ師を指導者としてイラン革命が起こり，イラン＝イスラム共和国が成立した。
お　日中平和友好条約が北京で調印された。

8　空欄Cに入る政策の名称を，記述解答用紙に記入しなさい。

9　下線Dに入る用語を，記述解答用紙に記入しなさい。

10　下線fと同じ年に起きた出来事はどれか。1つ選び，マーク解答用紙の該当記号をマークしなさい。

あ　米・日・英・西独・仏・伊6カ国の首脳による第1回先進国首脳会議（サミット）が開催された。
い　労働組合の再編が進み，日本労働組合総連合会（連合）が発足した。
う　公害行政と環境保全施策の一体化を課題として環境庁が発足した。
え　千葉県成田市に建設された新東京国際空港が開港した。
お　金脈問題が明るみに出て，田中角栄内閣は総辞職した。

世界史

（60分）

I　次の文章を読み，**設問1～9**について解答を一つ選んで，その記号をマーク解答用紙の所定欄にマークしなさい。

中国で10世紀に成立した宋朝では，社会・経済が発展し(a)，イスラーム商人が中心であった南海交易に中国商人も積極的に進出した。こうした状況に対応して，沿岸の諸都市には市舶司がおかれ(b)，関税，ならびに買い上げた商品の専売あるいは売却益は，財政で重要な位置を占めるものとなった。

ついで，13世紀に大モンゴル国（モンゴル帝国）が出現すると，ユーラシアの東西を結ぶ内陸交易はますます盛んになった。さらに，フビライによって南宋が滅ぼされ，元朝による中国の統一支配が実現する一方，チャンパーやジャワへの遠征が失敗すると，13世紀の終わりには，「海の道」(c)とユーラシア大陸の内陸交易網が結合され，いわゆる大交易時代（第1次）が到来した。

ところで，「オアシスの道」「草原の道」として知られるユーラシアの内陸交易ルートに加え，中国南方の沿岸部から東南アジア，インド，西アジア，アフリカ東岸に至る「海の道」も，古くから機能していたと考えられている。その証左として，一般的にメコン川流域に栄えた扶南の外港であったとされる（**あ**）からは，ローマの金貨，ヴィシュヌ神像，後漢の鏡など，東西の様々な遺物が出土している。

14世紀に入り，モンゴル帝国が分裂傾向を強め，また元を北方に追いやって成立した明朝の洪武帝が，倭寇の封じ込めと密貿易の取締りを狙って海禁政策をとると，大交易時代はひとたび幕を閉じることになった。しかし，明朝の海禁政策は，密貿易や倭寇の横行によって次第に行き詰まり，16世紀になると弛緩した。こうして中国から輸出される交易品の対価として，16世紀以降，メキシコ銀や日本銀が大量に流入すると，それは明朝の税制にも影響した(d)。

つづく清朝でも当初は海禁が基軸であったが，鄭氏台湾を降伏させ，また三藩の乱を平定した康熙帝のときには，海外との貿易を受け入れる港として上海，寧波，漳州，広州に海関がおかれたのに加え，厳格な管理の下で民間の中国商人が海外貿易に出ることも認められた。しかし，18世紀には，中国に海路来航する西洋商人は広州に集約され，公行と呼ばれる特許商人組合を通じて貿易をおこなうことになった。あくまでも正しい貿易は朝貢貿易であると考えられていたため，民間交易は首都・北京から遠い「辺境」でおこなわれたのである。たとえば，ロシアとの交易について，朝貢貿易の枠組みでおこなわれた北京での貿易に加えて，雍正帝のときに清朝とロシアとの間で結ばれた条約でツルハイトゥとともに交易場が開設されたのは，国境地帯の（**い**）であった。

時期によって変化があるとはいえ，こうした明朝や清朝の基本的な対外政策は，密貿易を含めた民間貿易を取り締まることで朝貢貿易の価値を高めるとともに，貿易や出入国を国家が統制するものであった。江戸幕府による対外政策(e)も，こうした中国の海禁政策と共通性があると評される。

しかし，19世紀になると，清朝はたびたび戦争に敗れ，開国を求める圧力に屈することになる。広州，福州，厦門，寧波，上海の5港が開かれ，公行が廃止されたのみならず，中国人の海外渡航が公認され，たとえばアメリカ合衆国への移民も盛んにおこなわれた(f)。

辛亥革命と中華民国の成立，日中戦争と国共内戦を経て成立した中華人民共和国は，「大躍進」運動や「文化大革命」による社会・経済の混乱を経験し，また外交的にもソヴィエト社会主義共和国連邦（ソ連）との対立があった(g)ものの，1978年以降，鄧小平らによって唱えられた改革・開放政策の下で，たとえば深圳などに経済特区を設けて積極的に外資を導入するなどし，飛躍的な経済成長を遂げるに至った。さらに，近年，「シルクロード経済ベルト」（一帯）と，

「21世紀海上シルクロード」（一路）をあわせて，「一帯一路」と称される広域経済圏構想・計画が提唱されるに至っている。

設問 1　下線部 **a** に関して述べた以下の文のうち，明白な誤りを含むものはどれか。

① 黄河と大運河の接点付近にあり，水運による商業網の中心となる開封に北宋の都がおかれた。

② 銅銭が多量に鋳造されたのに加え，手形としてはじまった交子・会子が，紙幣として利用されるようになった。

③ 農業生産力が向上し，トウモロコシが華北で，サツマイモが江南で栽培されるようになった。

④ 青磁や白磁が盛んに生産され，それらは海外にももたらされた。

設問 2　下線部 **b** に関し，「市舶司」がおかれた諸都市に関して述べた以下の文のうち，明白な誤りを含むものはどれか。

① 唐の玄宗のとき，広州にはじめて市舶司がおかれた。

② 泉州には，宋代に市舶司がおかれ，元代にはイブン＝ハルドゥーンが訪れた。

③ 宋代に市舶司がおかれた明州は，明代からは寧波と呼ばれ，唐代には遣唐使船，明代には勘合貿易船の入港地であった。

④ 市舶司がおかれた杭州は，南宋のときには臨安と呼ばれ，『世界の記述』（『東方見聞録』）でもその繁栄が紹介されている。

設問 3　下線部 **c** の「海の道」に関して述べた以下の文のうち，明白な誤りを含むものはどれか。

① 綿布などの交易品を産する南インドに多く居住するドラヴィダ系の人々は，サンスクリット文学を生み出した。

② 航海上の要衝では，林邑やシュリーヴィジャヤなど，港市国家やその連合体が発展した。

③ シンハラ人が進出していたスリランカは，交易で栄える一方で，上座部仏教の中心地ともなった。

④ ギリシア人航海者が著したとされる『エリュトゥラー海案内記』は，季節風について記している。

設問 4　空欄（ あ ）に入る地名として最も適切なものはどれか。

① アンコール　② オケオ　③ パガン　④ プランバナン

設問 5　下線部 **d** に関し，16世紀に生じた税制の変化について述べた文として，最も適切なものはどれか。

① 作物の収穫時期に応じて夏か秋のどちらかに，税を貨幣で徴収することになった。

② 人口と土地を調査し，賦役黄冊や魚鱗図冊を作成することをはじめた。

③ 丁税を地税に組み込んで，事実上地税に一本化して銀で納める地丁銀制に改められた。

④ 一条鞭法が各地で実施され，従来の複雑な地税や徭役が簡素化された。

設問 6　空欄（ い ）に入る地名として最も適切なものはどれか。

① アイグン　② イリ　③ キャフタ　④ ネルチンスク

設問 7　下線部 **e** に関して述べた以下の文のうち，明白な誤りを含むものはどれか。

① この対外政策は，完成をみた17世紀前半より，「鎖国」と呼ばれた。

② 長崎の出島で，オランダ東インド会社との交易がおこなわれた。

③ 中国人の居住区域として長崎に唐人屋敷が設けられた。

④ 対馬の宗氏は，幕藩体制の中で，朝鮮との交易・外交を担った。

設問8 下線部fに関連し，次のA～Cの出来事を古いものから新しいものへ時代順に並べたとき，適切なものはどれか。

A アメリカ合衆国大統領リンカンによる奴隷解放宣言

B アメリカ合衆国における最初の大陸横断鉄道の開通

C アメリカ合衆国における中国人移民禁止法の制定

① A → B → C ② B → A → C
③ C → A → B ④ C → B → A

設問9 下線部gに関して述べた以下の文のうち，明白な誤りを含むものはどれか。

① 毛沢東は，スターリンの死後に資本主義国との平和共存路線をとるソ連を批判した。

② 中ソ対立の中，ソ連は中国に対する経済援助を停止し，中国に派遣していた技術者も引き揚げさせた。

③ 1960年代には，中国とソ連の国境付近で紛争が散発し，ウスリー川中洲の珍宝島（ダマンスキー島）で軍事衝突が起きた。

④ ソ連共産党第一書記であったフルシチョフの訪中で，中ソ対立には終止符が打たれた。

Ⅱ 次の文章を読み，以下の問いに答えなさい。解答はマーク解答用紙の所定欄にマークしなさい。

現代のロシア人は自国の歴史のことをよく「ロシア千年の歴史」という。他方，『ロシアについて：北方の原形』のエッセイでも知られる作家の司馬遼太郎は，ロシア人によるロシア国家の決定的な成立は，15，6世紀のことにすぎないと述べている。両者は矛盾しているわけではなく，司馬は「ロシア国家の決定的な成立」という言い方をしている。「日本史」はもとより「ロシア史」に関しても，そのクニの歴史の始まりからして強大な国家が存在していたわけではない。12世紀初頭に編纂された『ロシア原初年代記』は「ロシア史」の源流に関する有力な文献であるが，そこに出てくる(1)9世紀半ばから12世紀初頭頃までのロシアでは，強大な集権的国家が形成されていたわけではない。

国家としては脆弱であったからこそ，ロシアは，やがて内紛に乗じたモンゴルの侵入を受けることとなった。(2)ロシアに対するモンゴル支配は実に240年にも及び，ロシアは，後にモンゴル支配から脱却する中で，モンゴルから軍事的専制様式を受け継いだといわれる。その後，(3)ロシアはツァーリが君臨する専制国家として版図を拡大していった。

他方，ロシアの隣国の歴史に目を転じてみると，1613年にロマノフ朝が始まる頃までは，(4)ロシアよりもむしろ隣国ポーランドが強国であった。現在のウクライナ人の起源とされているウクライナ＝コサックも，当時，ポーランドの支配下にあった。後にウクライナ＝コサックの首領ボフタン＝フメリニツキーがポーランドに反乱を起こすものの，態勢を立て直したポーランドに反撃され，結局，フメリニツキーは，1654年にロシアの庇護下に入ることになる。しかしロシア帝国下でのウクライナ＝コサックの自治も，徐々に縮小されていき，エカチェリーナ２世の時代には，有名無実化した。

当時，(5)ポーランドは，国内の対立に乗じた周辺国の干渉を招き，数次にわたって国土を分割されてしまう。このポーランド分割によってポーランド人は複数の国に分断されてしまうが，同時にポーランド領に住んでいたウクライナ人もまた分断された。

しかし，この「分断」が，19世紀になるとウクライナ人統一のナショナリズムを掻き立てている。まずロシア帝国統治下にあったウクライナ人に対してツァーリ政府は，皇帝アレクサンドル２世の時代にウクライナ語やウクライナ文学に対して禁圧的に臨んだ。しかし当時，(6)隣接するオーストリア帝国のガリツィアと呼ばれるウクライナ人が比較的多く住んでいた地域（現在の西ウクライナ）では，ウクライナ語やウクライナ文学に対しては寛容で，ロシア帝国統治下でのウクライナ知識人が，ガリツィアに亡命するなどして，ウクライナ人の将来の統一などを夢見た。

1917年のロシア革命後，短期間，キエフ（キーウ）で「ラーダ」と呼ばれるウクライナの独立政権が発足するが，ロシアで成立したソヴィエト政権によって派兵された労農赤軍によって倒された。内戦を経てウクライナ＝ソヴィエト共和国が樹立され，(7)1922年にソヴィエト社会主義共和国連邦（ソ連）が結成されたが，ガリツィアは，旧ロシア帝国から独立したポーランドの支配下に再び入った。(8)かつてウクライナの知識人が夢見たガリツィア（西ウクライナ）とキエフを中心とするドニエプル＝ウクライナとの統合は，皮肉なことに，多くのウクライナの民族主義的知識人が粛清されたスターリン体制下で果たされることになった。

その結果，ソ連を構成していたウクライナの領域は，ソ連結成時からみるとかなり西に拡張している。そしてウクライナが名実ともに独立の主権国家となったのが，(9)1991年のソ連解体によってであった。

設問1　下線部(1)の時代のロシアの歴史に関して，明白な誤りを含む文章を以下の**ア**～**エ**から一つ選びなさい。

ア　スカンディナヴィア半島から南下してきたノルマン人の一派（ルーシ）は，9世紀にノヴゴロド国を，その後キエフ公国を成立させた。

イ　キエフ公国は，黒海にも進出し，ビザンツ帝国と交易を積極的に行なった。

ウ　キエフ大公ウラディミル1世は，ギリシア正教を受け入れて，以後，東スラヴ人や西スラヴ人がギリシア正教の文化圏に入っていくこととなった。

エ　キエフ公国では，11世紀には貴族の大土地所有と農民の農奴化が進んだ。

設問2　下線部(2)に関連する説明として明白な誤りを含む文章を以下の**ア**～**エ**から一つ選びなさい。

ア　キエフ公国は，チンギス＝ハンの孫バトゥに率いられたモンゴル軍の侵攻を受け，バトゥはロシア南部にカザン＝ハン国を建て，当地ではイスラーム化とトルコ化が進んだ。

イ　モンゴルのロシア支配の様態は，被支配地域によって異なるが，おおむね徴税や兵力供給などの間接支配にとどまり，教会も弾圧されずにむしろ支配に利用された。

ウ　モンゴルの支配に服したロシア各地の諸侯たちは，モンゴル勢が本拠とするヴォルガ川下流のサライを度々訪れ，忠誠を示した。

エ　新たに台頭したモスクワ大公国のイヴァン3世は，モンゴル支配から脱し，ツァーリの称号を用いた。

設問3　下線部(3)に関連して，歴代ツァーリの施策の説明として適切なものを以下の**ア**～**エ**から一つ選びなさい。

ア　モスクワ大公国のイヴァン4世は，大貴族の力を弱体化させて専制政治を推し進め，バルト海に進出して支配権を握った。

イ　ミハイル＝ロマノフを初代の皇帝とするロマノフ朝では，ピョートル1世が，オスマン帝国と戦ってアゾフ海に進出したが，後に敗れて南下政策の断念を余儀なくされた。

ウ　エカチェリーナ2世は，オスマン帝国の保護下にあったクリミア半島に進出してロシアに併合する一方，啓蒙専制君主として西欧法思想や市民的理念にも通じ，農奴制の緩和に向かった。

エ　ニコライ1世は，デカブリストの乱を鎮圧して検閲の強化などで専制体制を維持し，対外的にはバルカン半島の支配権を巡ってオスマン帝国と戦い，バルカン半島での勢力を拡大した。

設問4　下線部(4)のポーランドに関する説明として明白な誤りを含む文章を以下の**ア**～**エ**から一つ選びなさい。

ア　リトアニア大公がポーランド女王と結婚して，リトアニアとポーランドは同君連合を結び，ヤゲウォ（ヤゲロー）朝を築いた。

イ　リトアニアがポーランドと手を結んだのは，バルト海沿岸地方に進出していたドイツ騎士団に対抗するためでもあった。

ウ　ポーランド最古の大学であるクラクフ大学（後のヤゲウォ大学）で学んだコペルニクスは，イタリア留学などを経て後に本格的に「地動説」を唱えることとなった。

エ　16世紀後半にヤゲウォ朝が断絶すると，身分制議会による国王の選挙制度が導入されてワルシャワ大公国が建てられた。

設問5　下線部(5)に関して明白な誤りを含む文章を以下の**ア〜エ**から一つ選びなさい。

ア　第一次分割ではプロイセン，オーストリア，ロシアの3国が，それぞれ自国の国境に近いポーランドの領土を奪った。

イ　第二次分割で主導的な役割を果たしたのは，オーストリアであり，西欧諸国がフランス革命への対応に追われている隙に乗じて，プロイセン，ロシアとともにさらなる分割を強行した。

ウ　第二次分割後，ポーランドの軍人コシューシコ（コシチューシコ）が農民を糾合して民族蜂起を企てたが，捕えられて追放された。

エ　第三次分割の結果，ポーランドは第一次世界大戦の終結後までの1世紀以上にわたって外国の支配下に置かれることになった。

設問6　下線部(6)に関して当時のオーストリアをめぐる内外の情勢として適切な文章を以下の**ア〜エ**から一つ選びなさい。

ア　ドイツ統一の主導権をめぐってプロイセン＝オーストリア（普墺）戦争に敗れたオーストリアは，領内のスラヴ系諸民族の不満をおさえるために，各民族に広範な自治を付与する連邦国家体制に移行していった。

イ　オーストリア皇帝フランツ＝ヨーゼフ1世は，かつてハンガリー革命運動を鎮圧したが，普墺戦争で敗れると，ハンガリーとのアウスグライヒを結んだ。

ウ　普墺戦争でオーストリアを破ったプロイセンは，オーストリア内のドイツ人地域を併合して北ドイツ連邦を結成し，ドイツ統一を目指していった。

エ　ロシア帝国がバルカン半島におけるスラヴ諸民族の保護を理由に南下政策をとると，それに反発したオーストリアは，セルビアやモンテネグロを占領した。

設問7　下線部(7)に関して，当時のソ連の結成に加わった共和国として適切なものを以下の**ア〜エ**から一つ選びなさい。

ア　ベラルーシ　**イ**　ウズベキスタン　**ウ**　モルドヴァ　**エ**　カザフスタン

設問8　下線部(8)で述べられている領土の統合のきっかけとなったものとして適切なものを以下の**ア〜エ**から一つ選びなさい。

ア　ラパロ条約　**イ**　ミュンヘン会談　**ウ**　独ソ不可侵条約　**エ**　テヘラン会談

設問9　下線部(9)のソ連の解体の直前期の出来事を古いものから順に並べたものとして適切なものを以下の**ア〜エ**から一つ選びなさい。

ア　ソ連維持を主張する保守派のクーデタの失敗　→　ソ連共産党の解散　→　ゴルバチョフがソ連大統領に選出される　→　ロシア・ウクライナ・ベラルーシを中心とした独立国家共同体の結成

イ　ソ連共産党の解散　→　ゴルバチョフがソ連大統領に選出される　→　ソ連維持を主張する保守派のクーデタの失敗　→　ロシア・ウクライナ・ベラルーシを中心とした独立国家共同体の結成

ウ　ゴルバチョフがソ連大統領に選出される　→　ソ連維持を主張する保守派のクーデタの失敗　→　ソ連共産党の解散　→　ロシア・ウクライナ・ベラルーシを中心とした独立国家共同体の結成

エ　ゴルバチョフがソ連大統領に選出される　→　ソ連維持を主張する保守派のクーデタの失敗　→　ロシア・ウクライナ・ベラルーシを中心とした独立国家共同体の結成　→　ソ連共産党の解散

Ⅲ　次の文章を読み，以下の問いに答えなさい。解答はマーク解答用紙の所定欄にマークしなさい。

①7世紀にムハンマドによって興されたイスラーム教は，アラビア半島だけではなく東西の世界に向かって大発展を遂げた。ムハンマドの死後，アブー＝バクルがカリフに選出され，この指導の下でジハードと呼ばれる大規模な征服活動を開始したのである。まず東方では，②ササン朝を［A］で破って中央アジアに迫り，西方ではシリアとエジプトをビザンツ帝国から奪い取って，集団で征服地に移住した。「コーランか，貢納か，剣か」の言葉が示すように，当初のイスラーム教徒の征服活動は，異教徒の被征服民に対して，イスラーム教を必ずしも強制せず，人頭税（ジズヤ）と地租（ハラージュ）を納めれば，従来の信仰や生命・財産を保護した。その後，カリフ権をめぐって，イスラーム教徒間に対立が起こり，シリア総督のムアーウィヤが，661年ダマスクスにウマイヤ朝を開いた。この時代にイスラーム勢力はアフリカ北部の地中海沿岸を征圧し，ついに海峡を越えてイベリア半島に進出し，8世紀初めに西ゴート王国を滅ぼして半島の大部分を支配した。さらにピレネー山脈を越えて侵略を続けたが，732年のトゥール・ポワティエ間の戦いで③フランク王国に敗れた。イスラーム勢力はピレネー山脈南方に後退したが，756年にウマイヤ朝の一族によって，ここに後ウマイヤ朝が建てられ，第8代［B］の時代に最盛期となった。

一方，ウマイヤ朝の度重なる外征によって専制的となったカリフや，排他的なアラビア人主義に対する批判がおこり，ムハンマドの叔父の子孫にあたるアブー＝アルアッバースが750年に，ウマイヤ朝を滅ぼし，アッバース朝を開いた。アッバース朝は専制国家の体制を整え，パミール高原を西進した唐軍を中央アジアのタラス河畔で破り，東西貿易の覇権を掌握した。また，アッバース朝第2代カリフであるマンスールはバグダードを首都として，「イスラーム帝国」の基礎を固めた。アッバース朝は，第5代カリフであるハールーン＝アッラシードの治世に黄金時代を迎え，首都バグダードは，唐の長安と並ぶ世界的な国際都市として繁栄を極めた。④イスラーム文化が各地に普及し，アラビア・シリア・エジプト・ペルシアだけではなく，ヨーロッパのイベリア半島にも，イスラーム文化圏が成立した。しかし，9世紀になると，アッバース朝も衰えを見せ始め，イラン系・トルコ系諸民族の自覚が高まり，⑤各地にイラン系・トルコ系の諸王朝が成立した。11世紀になると，⑥セルジューク朝が興り，イスラーム世界の覇権を握り，アナトリアやシリア沿岸地帯に進出し，十字軍に見られるキリスト教世界との抗争を始めた。

設問1　下線部①に関連して，ムハンマドやイスラーム教について述べた次の1～4の説明の中から誤りを含むものを一つ選びなさい。

1　ムハンマドはクライシュ族のハーシム家に生まれ，アッラーから啓示を授けられた預言者であると自覚し，イスラーム教を唱えた。

2　ムハンマドは，イスラーム教徒の共同体（ウンマ）を建設し，メッカのカーバをイスラーム教の聖殿とした。

3　ムハンマドは，『旧約聖書』を聖典とするユダヤ教や『旧約聖書』・『新約聖書』を聖典とするキリスト教を否定し，ムハンマドが唯一の預言者であるとした。

4　イスラーム教の聖典『コーラン』はアラビア語で記され，アッラーへの絶対的服従が示され，信仰と行為の内容はのちに「六信五行」としてまとめられた。

設問2　下線部②に関連して，ササン朝について述べた次の1～4の説明の中から適切なものを一つ選びなさい。

1　ササン朝初代の王アルダシール1世は，パルティアを破り，セレウキアに都を置いて，マニ教を国教に定めた。

2　ササン朝第2代の王シャープール1世は，突厥と同盟してエフタルを滅ぼした。

3　ササン朝は，ホスロー1世の時代に最盛期を迎え，各州にサトラップ（知事）を置いて全国を統治する制度を始めた。

4　ササン朝では，ネストリウス派は活動が許され，唐に伝わって景教と呼ばれた。

設問3 下線部③に関連して，フランク王国について述べた次の1～4の説明の中から適切なものを一つ選びなさい。

1 メロヴィング家のクローヴィスは，正統派キリスト教のアタナシウス派に改宗した後，481年に全フランクを統一し，フランク王国を創始した。

2 カール＝マルテルの子ピピン（小ピピン）は，メロヴィング朝を廃してカロリング朝を創始し，その後，ラヴェンナ地方を教皇に寄進した。

3 カール大帝（シャルルマーニュ）は，800年のクリスマスの日に，ローマ教皇レオ10世によってローマ皇帝の帝冠をあたえられた。

4 フランク王国は，843年のヴェルダン条約により，東・西フランク王国とイタリア王国に分裂した。

設問4 下線部④に関連して，イスラーム文化について述べた次の1～4の説明の中から誤りを含むものを一つ選びなさい。

1 イスラーム社会では，内面的な精神性や神との一体感を求める思想・運動が盛んになり，このような神秘主義を信奉する者はスーフィーと呼ばれ，また，その思想はスーフィズムと呼ばれた。

2 ガザーリーは，ニザーミーヤ学院の教授としてイスラーム諸学の研究を行なった。

3 イスラーム諸学をおさめた学者はウラマーと呼ばれ，また，イスラーム教の礼拝施設はモスクと呼ばれ，説教壇には肖像画や像が置かれた。

4 キリスト教の支配下となったスペインのトレドでは，イスラーム文化の下で所蔵されていたアラビア語文献のラテン語への翻訳が盛んに行なわれた。

設問5 下線部⑤に関連して，10世紀半ばにバグダードに入城し，カリフから大アミールに任じられ，現在のイラン・イラク地域を支配した王朝は次の1～4のどれか。適切なものを一つ選びなさい。

1 カラハン朝　2 ガズナ朝　3 ムラービト朝　4 ブワイフ朝

設問6 下線部⑥に関連して，セルジューク朝について述べた次の1～4の説明の中から誤りを含むものを一つ選びなさい。

1 11世紀半ばに，トゥグリル＝ベクがバグダードに入城し，アッバース朝カリフからスルタンの称号を授けられた。

2 セルジューク朝の宰相ニザーム＝アルムルクは，軍制や税制を整備し，各地にマドラサ（学院）を作らせた。

3 セルジューク朝は，マムルークを採用して軍隊組織を整え，また，シーア派の神学と法学を奨励して学問の育成に努めた。

4 11世紀後半，セルジューク朝の一族がアナトリアにルーム＝セルジューク朝を建てた。

設問7 [A] に入る最も適切な語を次の1～4の中から一つ選びなさい。

1 ニハーヴァンドの戦い　2 カタラウヌムの戦い　3 ニコポリスの戦い　4 カイロネイアの戦い

設問8 [B] に入る最も適切な語を次の1～4の中から一つ選びなさい。

1 アイバク　2 アブド＝アッラフマーン3世

3 サラディン（サラーフ＝アッディーン）　4 マフムード

Ⅳ 次の文章を読み，以下の問いに答えなさい。解答はマーク解答用紙の所定欄にマークしなさい。

南北のアメリカ大陸は，大航海時代(a)以降の植民地化，および18世紀以降の政治的独立において互いに異なる経過をたどった。16世紀にスペインの征服者たちが先住民(b)の国家を滅ぼしたのち，南アメリカ大陸に入植したスペイン人たちは農村部や鉱山において先住民を労働力として使用しつつ，自分たちは新しく建設した都市に定住した。そしてスペインの王室は，絶対王政を維持する必要から，植民地において過酷な富の収奪をおこなった(c)。植民地生まれの白人はクリオーリョと呼ばれ，植民地において支配層に属したが，統治の実権は本国スペインから派遣される役人たちに握られていた。また，白人とインディオは支配＝被支配の関係にあったものの，両者は同じ社会の構成員であり，混血も進んだ。このように，スペインの南米植民地では植民地化の過程において人種や階層の多様化が見られた。

北米大陸で入植を企てたイギリスは，先住民部族に主権を認め，各部族と条約を交わすことで土地および諸々の権利を手に入れていった。条約によって土地を退いた先住民たちの社会は入植者たちの社会と基本的には隔絶され，二つの社会は，接触はしても混交することはあまりなかった。入植者たちは主に自営の農民や商工業者として定住したが，黒人奴隷(d)を労働力として利用する者たちもいた。植民地には一定の自治が認められたため，入植者たちの間では自主独立の気風が養われたが，経済的には本国イギリスの重商主義的政策の影響を受けた。18世紀に入りイギリスからの課税の強化などに対して植民地は反発し，独立を目指すようになった(e)。独立を果たしたのちもアメリカ合衆国は領土の拡大を続け，土地を奪われた先住民の強制移住はいっそう本格化した。

スペイン植民地の独立運動を中心的に担ったのはクリオーリョで，彼らはナポレオン侵攻による本国スペインの混乱に乗じて軍事的に蜂起した。シモン＝ボリバルは［　A　］などの地域を，サン＝マルティンは［　B　］などの地域を解放したが，各国を独立させるまでの道のりは険しかった。その理由の一端は，スペイン植民地の社会構造が階層化されていたために，植民地社会が一枚岩としてまとまることがなかった点に求められる。

ラテンアメリカ諸国の独立運動にヨーロッパ各国は介入しようとしたが，イギリスの外相［　f　］は南米を貿易市場として獲得するために独立を支持し，アメリカ合衆国大統領モンローも教書を発表してヨーロッパの干渉を牽制した。以降，ラテンアメリカ諸国はアメリカ合衆国との関係をますます深め，アメリカ合衆国の動向がラテンアメリカ諸国の政治に強く影響を及ぼす状況は続いた(g)。

設問1　下線部aの大航海時代に関わる出来事について述べた次の文章のうち，適切なものを一つ選びなさい。

イ　航海王子エンリケの命を受けたバルトロメウ＝ディアスは，1488年に喜望峰に到達した。

ロ　ヴァスコ＝ダ＝ガマが開拓したインド航路において，カリカットは主に絹織物の輸出地として栄えた。

ハ　西インド諸島では，コロンブスの到達後ほどなくしてスペイン人の植民が開始され，サトウキビのプランテーションが発達した。

ニ　マゼランが1521年に到達したフィリピンでは，16世紀の後半以降ポルトガルによる征服が進んだ。

設問2　下線部bに関連して，アメリカ大陸の先住民について述べた次の文章のうち，明白な誤りを含むものを一つ選びなさい。

イ　ユカタン半島から現在のグアテマラ付近にかけて成立したマヤ文明では独自の文字が使用され，精密な暦がつくられた。

ロ　メキシコ高原に成立し，「太陽のピラミッド」などの巨大建築物を残したテオティワカン文明は諸都市の統一がなされないまま存続し，スペイン人の侵略を受けた。

ハ　湖上の都市テノチティトランを中心に発展したアステカ王国はスペイン人コルテスによって滅ぼされ，テノチティトランの地にはメキシコシティが建てられた。

ニ　クスコを中心に栄えたインカ帝国における国家体制では皇帝が核となっており，スペイン人ピサロにより皇帝アタワルパが捕らえられて処刑されると，帝国は崩壊した。

設問3　下線部cに関連して，ヨーロッパの絶対王政および王室の植民地政策について述べた次の文章のうち，適切なものを一つ選びなさい。

イ　ブルボン朝の王フランソワ1世を選挙で破ったカルロス1世は，神聖ローマ皇帝に即位して広大な領土を支配した。

ロ　ポトシ銀山などで産出された大量の銀はヨーロッパに送られて価格革命の一因となり，貨幣地代の高騰を招いたため，ヨーロッパの領主層の経済基盤は強化された。

ハ　スペインは南米植民地においてエンコミエンダ制をしき，入植者たちに対して，キリスト教に改宗させることを条件に先住民を労働力として使うことを許した。

ニ　絶対王政においては，徴兵制の導入により常備軍が整備され，君主が恒常的に戦争を遂行できるようになった。

設問4　下線部dに関連して，黒人奴隷に関して述べた次の文章のうち，適切なものを一つ選びなさい。

イ　ポルトガルはアフリカ大陸西岸のダホメ王国およびベニン王国を滅ぼしたのち，この地で黒人を強制的に連行して奴隷とした。

ロ　北米のタバコ＝プランテーションはマサチューセッツを中心にはじまり，そこでは白人の年季奉公人と先住民が主要な労働力となり，黒人奴隷が使われることはほぼなかった。

ハ　スペインは，自国のアフリカ植民地から南米植民地に黒人奴隷を送りこんだのみならず，西インド諸島のイギリスやフランスの植民地にも黒人奴隷を供給して利益をあげた。

ニ　リヴァプールは三角貿易の拠点として栄え，イギリスで奴隷貿易が禁止されたのちにも綿花や綿製品の取引で繁栄をつづけた。

設問5　下線部eに関連して，北米植民地の独立に関わることがらについて述べた次の文章のうち，適切なものを一つ選びなさい。

イ　イギリスは，北米植民地での税収を増大させるために，植民地で販売される茶に重税を課す茶法を施行した。

ロ　独立宣言が発表されたのち，第1回大陸会議においてジョージ＝ワシントンが植民地軍の総司令官に任命された。

ハ　アメリカ独立戦争においてはフランスが北米植民地側に立って参戦する一方で，南米に植民地を抱えるスペインはイギリス側で参戦した。

ニ　パリ条約においてイギリスはアメリカ合衆国の独立を承認し，ミシシッピ川以東のルイジアナをアメリカ合衆国に割譲した。

設問6　［A］，［B］には，後に独立した国の名が入る。その国名の組み合わせとして正しいものを一つ選びなさい。

イ　A　ベネズエラ　　B　チリ

ロ　A　アルゼンチン　B　コロンビア

ハ　A　ボリビア　　B　ハイチ

ニ　A　ペルー　　B　ブラジル

設問7　［f］に入る最も適切な人名を次のイ〜ニから一つ選びなさい。

イ　ゴードン　　ロ　カニング　　ハ　ブライト　　ニ　クライヴ

設問8　下線部gに関連して，アメリカ合衆国による対ラテンアメリカ政策について述べた次の文章のうち，明白な誤りを含むものを一つ選びなさい。

イ　アメリカ合衆国はキューバの独立を支援してアメリカ＝スペイン戦争を起こし，勝利したのちに事実上キューバを保護国化した。

ロ　アメリカ合衆国大統領ウィルソンは，セオドア＝ローズヴェルトによる軍事力を背景としたカリブ海政策をあらため，合衆国流の民主主義を広めようとする「宣教師外交」を展開した。

ハ　アメリカ合衆国は1889年よりパン＝アメリカ会議を定期的に開催し，ラテンアメリカ諸国への影響力拡大を図った。

ニ　キューバ危機を受けて，アメリカ合衆国はラテンアメリカ諸国における共産主義の伝播を抑えるために米州機構を設立した。

V　1990年代初頭に南アフリカでは大きな社会変革が行われた。これについて，17世紀半ば以降の歴史的経緯とともに，下記の語句をすべて用いて，250字以上300字以内で説明しなさい。なお，句読点，数字は1字に数え，指定の語句には必ず下線を付しなさい。

ケープ植民地　　南アフリカ戦争　　白人少数者　　アフリカ民族会議

政治・経済

(60分)

I 次の文を読んで、あとの問いに答えよ。

世界人権宣言(1948年)の1条は「すべての人間は、生まれながらにして自由」であるとし、同3条は「すべて人は、生命、自由及び身体の安全に対する権利を有する。」と述べる。日本国憲法97条によると、基本的人権は「人類の多年にわたる自由獲得の努力の成果」であって、「侵すことのできない永久の権利」である。ここから、人権保障が、長い年月をかけて実現したものだということがわかる。そして、人権および人権保障の歴史を大局的にみれば、さしあたり、一部の者の特権から人一般の権利へ、自由権に加えて社会権の登場、国内保障から国際保障へ、という3つの潮流を見出すことができる。

そもそも最初からすべての人に等しく自由が保障されていたわけではない。立憲主義の母国とされるイギリスにあっても、1215年のマグナ＝カルタは封建貴族が彼らの特権を国王に認めさせるものにとどまっていた。その後、権利請願(1628年)から権利章典(1689年)への過程において、議会の王権への優越が決定的となり、国民一般の権利の保障へと拡がった。さらに、これらの17世紀の文書の影響を受けつつ起草された1776年の［A］において、ついに、すべての人が生来等しく自由かつ独立し、一定の生来の権利を有することが宣言されるに至る。［A］が人権宣言のさきがけといわれる所以であり、背景にはジョン・ロックの自然権思想があったとされている。人一般の権利という考え方は、アメリカ独立宣言を経由して、(1)1789年の「人および市民の権利の宣言」、いわゆるフランス人権宣言へと受け継がれることになった。こうした人権思想が、19世紀を通じて諸国に普及してゆくことになるのである。

ところで、18世紀の近代市民革命期の人々が願ったのは、国王の絶対権力を否定し解放されることであった。だから、自由といえば、人身の自由や財産権といった自由権、すなわち、［イ］に他ならなかった。革命を理論的に下支えした(2)社会契約説は、自然権の保護のために政府を設立するというものであったが、その政府がかつての国王権力のように巨大化することへの危機感もまた根強かったのである。ところが、18世紀末から19世紀に起きた産業革命の結果、自由市場から生み落とされた社会的・経済的弱者は増加の一途を辿り、20世紀に入るともはや放置できないレベルに達する。政府には新たに経済的・社会的弱者を保護する役割が期待され、ここに、(3)社会権という、社会的・経済的弱者が人間らしい生存を保障されるように国家に積極的な配慮を求める権利が登場した。社会権は、1919年の［B］において世界で初めて規定されることになるが、これを自由権との対比でいえば、［ロ］ということになろう。また18世紀の自由権が［X］平等を保障するものだったとすると、20世紀の社会権は［Y］平等を目指すものだということもできる。

そして、第二次世界大戦後には、国際的なレベルでの人権保障が進展することになる。戦争が自国のみならず他国の人々の人権と密接に結びつくことは明らかである。世界各地での深刻な人権侵害の現実もやはり、一国内での人権保障の限界を示しているだろう。「いづれの国家も、自国のことのみに専念して他国を無視してはならない」(日本国憲法前文)という言葉は重いのである。アメリカの［C］が述べた「4つの自由」の理念が、冒頭の世界人権宣言の基調となり、この宣言の内容に法的拘束力をもたせるため、1966年に国際人権規約(A規約・B規約)が採択される。さらに、国際人権保障を実現する手段として、ジェノサイド条約(1948年)、難民の地位に関する条約(1951年)、拷問等禁止条約(1964年)、人種差別撤廃条約(1965年)、女子差別撤廃条約(1979年)、子どもの権利条約(1989年)、障害者の権利条約(2006年)などといった、(4)多くの条約が次々に採択され、日本もごく一部を除き批准している。

日本国憲法は、「人類の多年にわたる自由獲得の努力の成果」として、確かに基本的人権を保障している。だが、国内外を見渡しても、「恐怖」や「欠乏」からの自由を誰もが満足に享受できる段階に到達しているとは言い難い。(5)人権保障が絵に描いた餅に終わらないようにするためにも、「国民の不断の努力」（日本国憲法12条前段）は不可欠なのである。

問1　空欄　A　～　C　にそれぞれ入る適切な語句を記述解答用紙の所定欄に記入せよ。

問2　下線部（1）に関して、1789年の宣言に内在していた問題について述べる以下の文のうち、最も適切なものを1つ選び、マーク解答用紙の所定欄にマークせよ。

1　前文と17か条で構成される宣言は、憲法制定国民議会での採択手続を経ていなかったことから、法的な効力を有しなかった。

2　宣言は、思想および表現の自由や所有権の保障など専ら人権に関して述べるもので、国民主権や権力分立といった統治原理への言及はなかった。

3　宣言における「人」は、専ら市民権をもつ白人男性を指しており、女性や有色人種、奴隷は含まれていなかった。

4　人権保障の実効性を確保するため、先駆的に違憲審査制を採用していたものの、法律制定前の事前審査にとどまっていた。

問3　下線部（2）に関して、ホッブズ、ロック、ルソーの3人による社会契約説について説明する以下の文のうち、最も不適切なものを1つ選び、マーク解答用紙の所定欄にマークせよ。

1　ホッブズは自然状態を「万人の万人に対する闘争」という戦争状態とみなしたが、ロックは理性を持った人間がおおむね自由で平等に共存する状態と考えた。

2　ロックは議会制民主主義のもとで立法権が優位する形の権力分立を主張したのに対し、ルソーは人民主権のもと一般意志が指導する直接民主制を志向した。

3　ロックは政府が信託に反して自然権を侵害した場合に、人民は抵抗し、革命を起こす権利を有すると考えるが、ホッブズの場合には、統治者に服従するため抵抗権は否定される。

4　社会契約において、ホッブズとロックは自然権を統治者や共同体に全面的に放棄もしくは譲渡すると想定するのに対し、ルソーの場合は一部を譲渡するにとどまる。

問4　空欄　イ　、　ロ　には、「国家」と「自由」の2語を平仮名3文字でつないだ言葉が入る。それぞれに入る適切な平仮名を記述解答用紙の所定欄に記入せよ。

〔イ・ロの解答欄〕　国家□□□自由

問5　下線部（3）に関して、日本国憲法における社会権について説明した以下の文のうち、最も適切なものを1つ選び、マーク解答用紙の所定欄にマークせよ。

1　最高裁判所によれば、日本国憲法25条の生存権の具体化は立法府の広い裁量に委ねられており、その裁量の行使について裁判所は審査判断できない。

2　最高裁判所によれば、日本国憲法25条は国民に対して生存権を具体的に保障したものではないため、この条文のみを根拠に、国民が国に生活支援を求めることはできない。

3　最高裁判所によれば、子どもの教育内容を決定するのは親や教師といった国民であり、国は教育を助成するための条件整備のみを行うものとされる。

4　最高裁判所によれば、一般職の公務員を含めて勤労者である以上、日本国憲法28条の争議権が保障されるので、一般職の公務員に争議権を認めないことは許されない。

問6　空欄　X　、　Y　にそれぞれ入る語句の適切な組み合わせを、以下のうちから1つ選び、マーク解答用紙の所定欄にマークせよ。

1　X：相対的　Y：絶対的　　2　X：具体的　Y：抽象的
3　X：形式的　Y：実質的　　4　X：水平的　Y：垂直的

問7　下線部（4）に関する以下の文のうち、最も適切なものを1つ選び、マーク解答用紙の所定欄にマークせよ。

1　1985年の女子差別撤廃条約の批准に合わせて国籍法が父系血統優先主義から父母両系血統主義へと改正され、また1989年には学習指導要領において家庭科の男女共修が取り入れられた。

2　日本も1994年に批准した子どもの権利条約では、18歳未満の者を子どもと定義するが、子どもは専ら保護の対象とされるため、具体的な権利については詳細に定められていない。

3　障害者の権利条約については、障害者への差別の禁止にとどまらず、障害のない人との対等な社会参加の権利の保障まで求めているため、日本は批准を見送っている。

4　日本は、差別表現の規制に対する慎重な姿勢から、人種差別撤廃条約の批准を長らく見合わせていたが、2016年にヘイトスピーチ対策法を制定した後に、ようやく批准するに至った。

問8　下線部（5）に関して、人権保障のための「国民の不断の努力」の具体例を挙げよ。そして、それがどのような意味で人権保障の実現につながるのかについて論ぜよ。解答は100字以内で記述解答用紙の所定欄に記入せよ。

Ⅱ　次の文を読んで、あとの問いに答えよ。

国の統治組織は、民主主義と権力分立の原則に基づいて組織される。地方の政治に関して、これら2つの原則は、地方の政治はその地で暮らす人々の自治によるべきだとの考え方を導く$_{(1)}$。

地方自治の一般原則として、日本国憲法92条は、地方公共団体の組織・運営に関する事項は法律でこれを定めるとし、しかも、その定めは地方自治の本旨に基づいていなければならないとする。

中央政府から独立した、その区域の地方公共団体が住民の日常生活に密接な関連を有する公共的事務を処理すべきだという原則を［ A ］、そうした公共的事務の処理が住民の意思に基づいて行われるべきだという原則を［ B ］と呼ぶ。両方の原則をあわせたものが、地方自治の本旨である。［ B ］の一環として、地方公共団体の長と議会の議員が、住民によって直接に選挙されることを、憲法93条2項は要求している$_{(2)}$。［ C ］代表制が要求されているわけである。

地方分権にはどのような効果が期待できるであろうか。長所としては、公害問題、土地の利用規制問題など、同一の社会問題について各地方自治体が多様な解決のアプローチを試みることが可能となり、自治体間の競争を通じて、最適の解決策を各地域の実情に応じて探究することが可能となることを挙げることができる。

他方、分権には短所もある。$_{(3)}$自治体間の競争が、かえって社会問題の解決を困難にすることがある。たとえば環境保護のための汚染物質の排出規制や労働者の労働条件を守るための規制が企業の生産コストを押し上げると、企業はより規制の緩やかな自治体へと移動する可能性がある。また、複数の自治体にまたがる結果を私企業の活動がもたらす場合、たとえばある企業の排出する汚染物質の被害が複数の自治体へ及ぶ場合、問題の解決には、複数の自治体間の調整と協調が必要となるため、やはり分権が問題の解決を困難にする。分権には長所もあれば短所もあることに注意が必要である。

「地方自治は、［ D ］」というジェームズ・ブライスのことばがしばしば引き合いに出される。ただ、ブライスが語っているのは、たとえばかつて、アメリカ東海岸北部等の小規模な村落で、すべての住民が道路の補修や村の清掃、ポンプの新設などの共同事業に参加した場面で見られた地方自治の姿である$_{(4)}$。現代日本の大規模な地方公共団体について、この話がどこまであてはまるかについては、再検討の必要がある。

$_{(5)}$近年、国と地方公共団体を対等の立場とする方向で、さまざまな制度改正が進められてきた。1999年に行われた大規模な地方自治法の改正により、国から知事や市町村長など、地方公共団体の各機関に委任される機関委任事務の制度は廃止され、地方公共団体で処理される事務はすべて、地方公共団体自体の事務として位置づけられた。他方、$_{(6)}$大都市への人口集中が進むとともに、地方における人口減少と過疎化も急速に進行しており、地方自治もそうした現実への対応を迫られている。

問1　下線部（1）に関連して、地方自治と憲法との関係に関する記述として、最も不適切と思われるものを1つ選び、マーク解答用紙の所定欄にマークせよ。

1　日本国憲法は、「地方自治」という独立の章を設けて、地方自治を手厚く保障している。

2　大日本帝国憲法は、地方自治を憲法の条文で規定せず、法律以下の法令の定めにすべて委ねていた。

3　日本国憲法は地方自治を憲法上の制度としては保障しているが、個々の地方公共団体の存続を憲法上保障しているわけではない。

4　条例の制定権は地方自治法によって各地方公共団体に与えられているもので、日本国憲法の規定上、各地方公共団体に条例制定権が認められているわけではない。

5　日本国憲法によれば、ある一つの地方公共団体のみに適用される特別法を国会が制定するには、その地方公共団体の住民の投票において過半数の同意を得る必要がある。

問2　空欄［A］～［D］にそれぞれ入る適切な語句を記述解答用紙の所定欄に記入せよ。

問3　下線部（2）に関連して、地方公共団体の組織のあり方として、最も不適切と思われるものを1つ選び、マーク解答用紙の所定欄にマークせよ。

1　都道府県が憲法93条2項でいう地方公共団体であるとすると、都道府県知事を議会の議員の互選によって選任することは、憲法違反となる。

2　将来、道州制が導入された場合、道州が憲法93条2項でいう地方公共団体ではないとすると、道州の長を内閣が選任することとしても憲法違反とはならない。

3　東京都の特別区が憲法93条2項でいう地方公共団体にあたらないとすると、特別区の区長を都知事が選任することも憲法違反とはならない。

4　都道府県が憲法93条2項でいう地方公共団体であるとして、現在の都道府県の合併統合によって道州制を実現した場合、道州の長を内閣が選任することは憲法違反となる。

5　都道府県が憲法93条2項でいう地方公共団体であるとすると、知事を置く以上は知事を住民が直接に選挙する必要があるが、知事を置かないこととしても憲法違反とはならない。

問4　下線部（3）に関連して、自治体間の競争が社会問題の解決を困難にする直接の要因となる事例として、最も適切と思われるものを1つ選び、マーク解答用紙の所定欄にマークせよ。

1　カジノを設置する統合型リゾート施設を誘致しようとして多くの自治体が競争すると、賭博依存症となる国民の数が増大し、その治癒のための医療費がかさんで社会保障制度の財政的基盤が揺るがされる。

2　オリンピックやワールドカップなどの国際的なスポーツ競技大会を地元に誘致しようとして多くの自治体が競争すると、誘致に失敗して住民が不満をつのらせる自治体が多くなる。

3　自治体行政の運営資金となる寄付金を集めようとして多くの自治体が競争すると、そのために国の政党や政治家への寄付金額が減少し、国政の効果的な運営に支障が生ずる。

4　高所得者は、累進税率にもとづいて地方税を課す自治体から税率の低い自治体へ移動しようとするので、高所得者を誘引するために多くの自治体が税制を改定すると、税制を通じた所得の再分配が困難となる。

5　住民の子女に対する教育熱や住民自身の知的好奇心を満たすために多くの自治体が新たに大学を誘致しようとすると、文部科学大臣による大学新増設の許認可権限をめぐって贈収賄事件が多発するようになる。

問5　下線部（4）に関連して、すべての住民が道路の補修や村の清掃、ポンプの新設などの共同事業に参加することで、どのような気風や精神が身につくと考えられるであろうか。適切と思われるものの組み合わせを下記の1～5

の中から１つ選び、マーク解答用紙の所定欄にマークせよ。

ア　互譲の精神

イ　学問探求の精神

ウ　起業家精神

エ　子どもを熱心に教育する精神

オ　全体に奉仕する公共精神

1　**ア**と**イ**　　**2**　**イ**と**ウ**　　**3**　**ウ**と**エ**　　**4**　**エ**と**オ**　　**5**　**オ**と**ア**

問6　下線部（**5**）に関連して、1999年に行われた地方自治法の大幅な改正によって、地方公共団体への分権が推し進められるとともに、地方公共団体が担う事務に対する国の関与のあり方も法律で定められた。その際、国による関与が適法か否か、また地方自治の観点から不当であるか否かを審査する機関として新たに設置されたものはどれか。適切なものを１つ選び、マーク解答用紙の所定欄にマークせよ。

1　地方分権推進委員会　　**2**　地方創生特区　　**3**　国地方係争処理委員会

4　地方制度調査会　　**5**　行政監察官

問7　下線部（**6**）に関連して、人口減少と高齢化が進む地方都市では、中心部に医療・行政・商業等の機能を集中させるまちづくりが注目されている。こうしたまちづくりを何と呼ぶか。適切なものを１つ選び、マーク解答用紙の所定欄にマークせよ。

1　国家戦略特区　　**2**　スマートシティ　　**3**　構造改革特区

4　コンパクトシティ　　**5**　ユニバーサルデザイン

Ⅲ　次の文を読んで、あとの問いに答えよ。

(1)日本経済は過去20年以上低成長が続いており、最近では、新型コロナやウクライナ情勢などの影響で、一層厳しい状況に陥っている。通常、１国経済の活動は国内総生産（GDP: Gross Domestic Product）の大きさで測られ、(2)その成長はGDPの変化率で表される。GDPを消費側から見ると、国内総支出（GDE: Gross Domestic Expenditure）と同値となり、GDEは民間最終消費支出、政府最終消費支出、国内総固定資本形成、純輸出の合計となる。民間最終消費支出は我々消費者（家計）による消費であり、GDEの過半を占めている。よって、家計による消費がGDPの動向に大きく影響を及ぼすことになる。

それでは、１国経済の家計による消費量はどのように決定されるのであろうか。ここで、ケインズの有効需要の原理を前提とした、消費関数を紹介する。消費量（C）は最低限の生存必要量（$\underline{C}$）に家計の所得量（Y）の一定割合（c: $0<c<1$）を足したものになり、$C=cY+\underline{C}$というYの１次式で表される。Yが１単位追加的に増加すると、Cはいつもc増加し、cを限界消費性向と呼ぶ。また、(3)Yに占めるCの割合（C/Y）のことを、平均消費性向と呼ぶ。(4)横軸Y、縦軸Cの図に表すと、消費関数は以下のように表される。cは直線で表された消費関数の傾きとなり、平均消費性向は原点から消費関数上の１点を結んだ直線の傾きとなる。

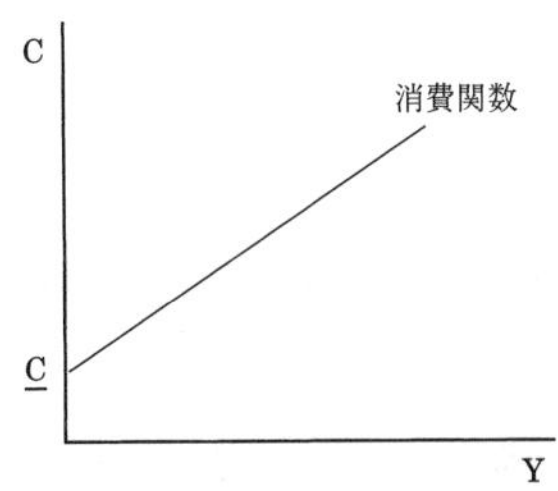

貯蓄（S）はYのうち消費されずに残った部分となり、YからCを引いた形となる。Yが1単位追加的に増加すると、Sは(1−c)増加することになり、(1−c)を限界貯蓄性向と呼び、S/Yを平均貯蓄性向と呼ぶ。(5)

限界消費性向（c）は各国の消費者の属性により上下し、日本は他国と比較し、低い傾向がある。現在、日本では、所得の伸びが鈍く、消費も伸び悩んでおり、政府が新たな補助金や減税などによる様々な所得増加政策を計画しているようである。しかし、所得が増えても、消費量の伸びは他国ほど高くなく、増えた所得のうち、かなりの部分は貯蓄に回ることになり、経済効果は限定的とならざるを得ないだろう。

問1　下線部（1）に関して、（イ）2019年度の日本のGDP額、（ロ）2019年度の日本の民間最終消費支出額、に最も近いものを以下のうちから、それぞれ1つ選び、マーク解答用紙の所定欄にマークせよ。ただし、金額は物価調整をしない名目値とする。

（イ）　1　460兆円　2　510兆円　3　560兆円　4　610兆円　5　660兆円
（ロ）　1　250兆円　2　300兆円　3　350兆円　4　400兆円　5　450兆円

問2　下線部（2）に関して、A国の2000年のGDPが100兆円で、2001年のGDPが120兆円、B国の2000年のGDPが80兆円で、2001年のGDPが100兆円、D国の2000年のGDPが100兆円で、2001年のGDPが80兆円であるとする。この場合、2000年から2001年までの年間経済成長率について、最も適切なものを以下のうちから1つ選び、マーク解答用紙の所定欄にマークせよ。

1　A国はB国より高い経済成長率を示した。
2　B国はA国より高い経済成長率を示した。
3　A国とB国は同じ経済成長率を示した。
4　A国はD国より低い経済成長率を示した。
5　B国はD国より低い経済成長率を示した。

問3　下線部（3）に関して、最も適切なものを以下のうちから1つ選び、マーク解答用紙の所定欄にマークせよ。

1　所得が増加すると、平均消費性向は増加し、最終的に無限大に近づいていく。
2　所得が増加すると、平均消費性向は減少し、最終的にゼロに近づいていく。
3　所得が増加しても、平均消費性向は一定で変化しない。
4　所得が増加すると、平均消費性向は増加し、最終的に限界消費性向に近づいていく。
5　所得が増加すると、平均消費性向は減少し、最終的に限界消費性向に近づいていく。

問4　下線部（4）に関して、限界消費性向が低下する場合、消費関数を表すグラフについて最も適切なものを以下のうちから1つ選び、マーク解答用紙の所定欄にマークせよ。

1　上に平行にシフトする。
2　上にシフトするが、縦軸切片は変わらない。

3　下に平行にシフトする。

4　下にシフトするが、縦軸切片は変わらない。

5　下にシフトするが、YがCと等しくなる点から下に折れ曲がる。

問5　下線部（5）に関して、最も適切なものを以下のうちから1つ選び、マーク解答用紙の所定欄にマークせよ。

1　所得が減少すると、平均貯蓄性向は減少し、最終的にゼロに近づいていく。

2　所得が増加すると、平均貯蓄性向は増加し、最終的に限界貯蓄性向に近づいていく。

3　所得が減少すると、平均貯蓄性向は増加し、最終的に限界消費性向に近づいていく。

4　所得が増加すると、平均貯蓄性向は増加し、最終的に平均消費性向に近づいていく。

5　所得が減少すると、平均貯蓄性向は減少し、最終的に限界貯蓄性向に近づいていく。

問6　問題文中にある消費関数の数値例として、c=0.8, $\underline{C}$=10, Y=300を考える。この場合、（イ）消費量と（ロ）平均消費性向を計算せよ。さらに、限界消費性向のみc=0.9に上昇する場合、（ハ）消費量と（ニ）平均消費性向を計算せよ。解答（数字）はそれぞれ記述解答用紙の所定欄に記入せよ。ただし、平均消費性向は約分した分数の形で解答せよ。

Ⅳ　次の文を読んで、あとの問いに答えよ。

産業革命を通じ資本主義が成立すると、労働者が、低賃金で長時間労働に従事するといった労働問題も生じるようになった。こうした問題は、法的には、賃金や労働時間などについて、当事者の合意に従い定められるという［ A ］の原則がもたらした帰結といいうるものであった。こうした問題への法的対応の1つは、(1)労働者が労働組合を結成し、団体交渉を通じて労働条件を取り決めることを積極的に保護・助成することであるが、第二次世界大戦前の日本では、労働組合法は未制定に終わった。法的対応のもう1つは、賃金や労働時間などの労働条件を規制する法律を制定することであり、日本では例えば1911年に年少者や女性の最長労働時間の制限等を行う［ B ］法が制定されるなど、一定の対応も見られたが、なお十分な保護とはいえなかった。

第二次世界大戦後には、日本国憲法において生存権や労働基本権の保障がなされるとともに、経済民主化の一環として労働基準法などのいわゆる労働三法が制定され、今日に至る労働法制の基礎が築かれた。働き方に関しては、高度経済成長期を通じ、(2)農業などの第一次産業における就業者割合が急速に低下する一方、第二次産業や第三次産業における就業者割合が上昇するという産業構造の変化の中、いわゆる終身雇用制などの日本的雇用慣行が普及していった。

女性の職場進出の進展など、働き手の多様化や雇用形態の多様化が進む中、1980年代以降になると、様々な労働立法の制定や改正が行われていくようになる。1985年における(3)男女雇用機会均等法の成立や労働者派遣法の制定は、そうした動きの一例である。1990年代半ば以降になると、バブル経済崩壊後の不景気の中、個別労働関係紛争が増加し、これを簡易迅速に解決するため、［ C ］制度が2006年から始まった。1990年代半ば以降にはまた、いわゆる非正規労働者の割合が急速に上昇し、その雇用の不安定性や、正社員との労働条件格差が問題視されるとともに、正社員についても、過労死問題に象徴されるような長時間労働の問題等が広く認識されるようになった。2018年の働き方改革関連法は、上記の問題等への対応の一環である。2000年代後半以降には、人口減少社会を迎える中で、働き手の確保のため、女性、高年齢者、障がい者、外国人など、様々な属性の労働者が適切に働くことができる環境の整備が重要な法的課題となっており、2015年に(4)女性活躍推進法が制定されるといった動きがみられる。

人々の働き方は、労働法制以外にも、(5)租税や(6)社会保障のあり方によって影響を受ける。所得税の配偶者控除等を受けることができる、ないしは国民年金の第三号被保険者にとどまることができる範囲で就労を調整するといった行動はこの一例である。働き方にまつわる問題をめぐっては、これらの法制度のあり方について考えることも大切である。

問1　空欄 A ～ C にそれぞれ入る適切な語句を記述解答用紙の所定欄に記入せよ。

問2　下線部（1）に関する以下の文のうち、最も不適切なものを1つ選び、マーク解答用紙の所定欄にマークせよ。

1　1919年に設立された国際労働機関（ＩＬＯ）は、結社の自由及び団結権の保護に関する条約などを通じ、加盟国における団結権や団体交渉権の保障を図っている。

2　アメリカでは、1935年のワグナー法で労働者の団結権と団体交渉権が保障されたが、争議権については1947年のタフト・ハートレー法で初めて保障された。

3　日本では、一般職の公務員については、団体交渉を求める権利は保障されているが、団体交渉が妥結しても労働協約（団体協約）の締結を求める権利は保障されていない。

4　日本の労働組合法の下では、使用者が、労働者が労働組合の組合員であることを理由に解雇などの不利益取扱いをすることは、不当労働行為として禁止されている。

問3　下線部（2）に関する以下の文のうち、最も適切なものを1つ選び、マーク解答用紙の所定欄にマークせよ。

1　第二次世界大戦後の経済民主化の一環として、不在地主・在村地主いずれについても貸付地のうち一定の広さを超える分を政府が強制的に買い上げ、小作農に安く売り渡す農地改革が行われた。

2　農地法により、株式会社による農地の取得は禁止されている。

3　1999年制定の食料・農業・農村基本法は、食料の安定供給の確保だけでなく、国土の保全・水源のかん養・自然環境の保全・良好な景観の形成などの農業の多面的機能の発揮をも理念としている。

4　米の生産過剰に対処するため、政府による米の生産調整政策（減反政策）が1970年から現在に至るまで実施されている。

問4　下線部（3）の法律は1985年に成立した後、1997年及び2006年の2度にわたり比較的大幅な改正が行われ現在に至っている。この法律の1985年に成立した時点での限界と考えられる点、1997年改正の主な内容、及び2006年改正の主な内容について、200字以内で記述解答用紙の所定欄に記述せよ。

問5　下線部（4）の法律の下、一定規模以上の事業主は、その事業における女性の職業生活における活躍に関する情報を定期的に公表することが義務づけられている。常時雇用する労働者の数が300人を超える事業主に関して、2022年7月の制度改正で新たに公表すべき情報として追加されたものを1つ選び、マーク解答用紙の所定欄にマークせよ。

1　労働者に占める女性労働者の割合

2　管理職に占める女性労働者の割合

3　男女の平均勤続年数の差異

4　男女別の育児休業取得率

5　男女の賃金の差異

問6　下線部（5）に関して、以下の文のうち、最も不適切なものを1つ選び、マーク解答用紙の所定欄にマークせよ。

1　日本国憲法の下では、あらたに租税を課したり、現行の租税を変更したりするためには、法律または法律の定める条件によることが必要とされている。

2　第二次世界大戦後、1949年及び1950年に出されたシャウプ勧告に従い、日本の税制は直接税を中心とするものへと改められた。

3　消費税には、所得の少ない者ほど、所得に占める税負担の割合が高くなるという逆進性がある。

4　日本においては、地球温暖化対策のため、二酸化炭素排出量に応じて課税する仕組みについては、検討がなされているものの、未だ導入されていない。

問7　下線部（6）に関して、現在の日本の社会保障制度に関する以下の文のうち、最も不適切なものを1つ選び、マーク解答用紙の所定欄にマークせよ。

1　介護保険制度の下では、満20歳以上の者すべてが被保険者とされている。

2　日本の公的年金制度は、全国民共通の国民年金（基礎年金）と、報酬比例の厚生年金の、いわゆる二階建ての制度となっている。

3　医療保険制度に関し、75歳以上の者については、被用者保険や国民健康保険ではなく、後期高齢者医療制度の被保険者とされている。

4　生活保護法に基づき、生活、教育、住宅、医療、介護、出産、生業、葬祭の8種類の扶助が行われている。

功したが、闘技的贈与もまた戦争を共同体間のポトラッチの中に効果的に留めることにより血で血を洗う殺戮に拡大するのを抑止している。

ニ　ウェストファリア条約は、戦争を権利上対等な主権国家間の局地戦に限定することにより絶滅戦に至る内戦の論理を予防するのに成功したが、闘技的贈与もまた共同体間の紛争を解決する平和的手段にポトラッチを用いることで暴力を抑止している。

ホ　ウェストファリア条約は、戦争を権利上対等な主権国家間の正規軍と非正規軍の戦闘に限定することにより内戦という枠の中に閉じ込めることに成功したが、闘技的贈与もまた闘争の主体を限定することにより財の戦争のエスカレートを抑止している。

問二十五　傍線部**5**「私たちはここから贈与のもう一つのモラル（第三のモラル）を引き出してもよいはずである」とあるが、筆者がそう述べるのは、贈与の第三のモラルの萌芽が第一のモラル、第二のモラルのうちにすでに存在しているからであると思われる。そうした第三のモラルとの関係に留意しつつ、贈与の第一のモラル、第二のモラルとはどのようなものかを**一二〇字**以上**一八〇字**以内で説明せよ（解答は記述解答用紙の**問二十五**の欄に楷書で記入すること。その際、句読点や括弧・記号などもそれぞれ一字分に数え、**必ず一マス用いること**）。

トラッチ的形態の「全体的給付の体系」の社会においては、財の贈与による威信の獲得が困難であるために固定化するのであり、しかも、この威信は気前の良さに反する以上、強権的な態度を敗者に取ることができないということ。

ホ　ポトラッチは、家族間、クラン間のヒエラルキーを確立する闘技的機能を有する一方で、このヒエラルキーはポトラッチ的形態の「全体的給付の体系」の社会においては、財の蓄積による威信の獲得が容易であるために固定化するのであり、しかも、この威信は気前の良さに反する以上、強権的な態度を敗者に取ることができないということ。

問二十四　傍線部**4**「ポトラッチに代表される闘技的贈与が、現実の戦争（殺し合い）の、文字通りの「代理物」であること」をカール・シュミットの「戦争の枠入れ」の議論との関連で説明したものとして最も適切なものを次の中から一つ選び、解答欄にマークせよ。

イ　ウェストファリア条約は、戦争を権利上対等な主権国家間の正規軍同士の戦闘に限定することにより戦争を枠の中に閉じ込めるのに成功したが、闘技的贈与もまたポトラッチの当事者を限定することにより社会全体の破滅を抑止している。

ロ　ウェストファリア条約は、戦争を権利上対等な主権国家間の正規軍同士の戦闘に限定することにより絶滅戦に至る内戦の論理を予防するのに成功したが、闘技的贈与もまた闘争の手段を財に限定することにより剥き出しの暴力を抑止している。

ハ　ウェストファリア条約は、戦争を内戦に限定することにより絶滅戦に至る全面戦争化の論理を予防するのに成交換体系である以上、ポトラッチのように財を贈り合い続けることで、社会的階層関係を作り出しうるということ。

ホ　贈与は、純粋に無償で示される善意という見かけのもと、実際は勝者と敗者を生み出す競合関係をそこに持ち込み、ポトラッチのように相手を常に支配し隷属させることを目指して、社会的階層関係を作り出しうるということ。

問二十三　傍線部**3**「階層化、序列化を生み出すメカニズムとしてのポトラッチが、生み出された階層構造に対してきわめて両義的な性格を有していること」の説明として最も適切なものを次の中から一つ選び、解答欄にマークせよ。

イ　ポトラッチは、社会の階層構造を形成する闘技的機能を有する一方で、優位の社会階層は、ポトラッチ的形態の「全体的給付の体系」の社会においては、財の蓄積による威信の獲得が困難であるために流動化するのであり、しかも、この威信は気前の良さに反する以上、強権的な態度を敗者に取ることができないということ。

ロ　ポトラッチは、社会的優位者を作り出す闘技的機能を有する一方で、この社会的優位者の立場は、ポトラッチ的形態の「全体的給付の体系」の社会においては、財の消費による威信の獲得が容易であるために流動化するのであり、しかも、この威信は気前の良さと結びつく以上、強権的な態度を敗者に取ることができないということ。

ハ　ポトラッチは、社会的階層関係を作り出す闘技的働きをする一方で、この社会的階層関係はポトラッチのような形態の「全体的給付の体系」の社会においては、財の蓄積による威信の獲得が困難であるために流動化するのであり、しかも、この威信は気前の良さと結びつく以上、強権的な態度を敗者に取ることができないということ。

ニ　ポトラッチは、家族間、クラン間のヒエラルキーを確立する闘技的働きをする一方で、このヒエラルキーはポ

ニ　モースが研究対象とした無償の贈与やサービスの交換に特徴づけられる「全体的給付の体系」の社会では、ビールの贈与に見られるように、ギフトは受け取り手に毒になりうるという物質的な根拠を与えるのみならず、物を贈る側と贈られる側を縛りつけることにより、贈る側は贈られる側にお返しをする義務を課すことができるから。

ホ　モースが研究対象とした無償の贈与やサービスの交換に特徴づけられる「全体的給付の体系」の社会の中でギフトが果たしているもっとも有益な機能とは、物質的危害を加える可能性よりも、人と人との紐帯の核心である財の交換やモノの流通を行うことにある以上、贈り物を受け取る側は喜びと同時に不快を感じずにはいられないから。

問二十二　傍線部2「この関係づけがすぐれて闘技的である」の説明として最も適切なものを次の中から一つ選び、解答欄にマークせよ。

イ　贈与は、純粋に無償で相手にモノを贈るという見かけのもと、相手を物理的に害する可能性を否定できない以上、集合的交換形態が示すように、財で相手を圧倒することで社会的階層関係を作り出しうるということ。

ロ　贈与は、贈り物を受け取った側が贈った側に贈り返すという返礼を超えて、贈り返すさいには必ず上乗せを必要とするので、双方が財を誇示して贈り合い続けることによって社会的階層関係を作り出しうるということ。

ハ　贈与は、受け取った相手がそのお返しをするという義務を相互に負う関係性を超えて、社会内の財の交換やモノの流通を際限なく行うことで互いの富を上乗せし続ける結果、社会的階層関係を作り出しうるということ。

ニ　贈与は、贈り物を受け取った相手が負債意識を払拭するために贈り返すさいに上乗せをすることが習慣化したらも、大規模な交易と恒常的な競技では対立し合う」。私たちはここから贈与のもう一つのモラル（第三のモラル）を引き出してもよいはずである。それは完全な融合、統合がもつ危険性と、完全な細分化、個人化がもつ危険性とを、ともに抑制しなければならないということである。

（山田広昭『可能なるアナキズム』による）

（注）クラン……氏族。

問二十一　傍線部1「ある一群の言語が、贈り物を表す語に対して、明らかに相手を害するものという意味を結びつけている本当の理由」の説明として最も適切なものを次の中から一つ選び、解答欄にマークせよ。

イ　モースが研究対象とした無償の贈与やサービスの交換に特徴づけられる「全体的給付の体系」の社会では、ビールの贈与に見られるように、ギフトは受け取り手に毒になりうるという物質的な根拠を与える以上に、物を贈る側と贈られる側を縛りつけることにより、贈る側は贈られる側に歓待の精神を示すことができるから。

ロ　人と物とが渾然一体となって絶え間なく循環する「全体的給付の体系」の社会の中でギフトが果たしているもっとも重要な機能とは、財そのものの交換やモノの流通それ自体ではなく、人と人とを結びつけることにあるため、贈り物を受け取る側は、贈る側に対する感謝の念を強要されるという不快を感じずにはいられないから。

ハ　人と物とが渾然一体となって絶え間なく循環する「全体的給付の体系」の社会の中でギフトが果たしているもっとも大事な機能とは、ビールの贈与に見られるように、物質的危害を加える可能性というよりも、財そのものの交換やモノの流通それ自体にあるため、贈り物を受け取る側は喜びと同時に不快を感じずにはいられないから。

　第二のモラルは、4ポトラッチに代表される闘技的贈与が、現実の戦争（殺し合い）の、文字通りの「代理物」であることにもとづく（「財の戦争」）。贈与を闘争の手段として用いることで、それが行っているのは、共同体間に不可避的に存在する葛藤や紛争が剥き出しの暴力へと、血で血を洗う殺戮へと転化しないように阻止することである。ここで思い出されるのは、カール・シュミットが『大地のノモス』で行っている、「戦争の枠入れ」という議論である。シュミットは、ヨーロッパは過去二百年の間（そしてこの二百年の間のみ）戦争を枠にはめることに成功したという。それは一七世紀中葉から始まる二百年であるが、この枠入れを可能にしたものは、長期にわたる陰惨な宗教的内戦に終止符を打ったウェストファリア条約（一六四八）による領土主権国家体制の確立である。シュミットの主張によれば、世界が領土主権国家によって分割されることの最大の利点は、戦争が少なくとも権利上対等な主権国家間の、しかも正規軍同士のそれへと限定されることにあり、それによって、内戦がしばしばそこに帰結するような絶滅戦へのエスカレートが押しとどめられることにある。シュミットのシニシズムは（彼はそれを真正の政治的感覚と見なすだろうが）戦争の廃絶の可能性を認めない。だからこそ、それを一つの枠の中に閉じ込めることが（そしてそれだけが現実的に可能であるがゆえに）重要なのである。

　しかし、闘技的贈与のメリットは、ただ単に剥き出しの暴力の抑止にあるだけではない。それはむしろ、存在している対立、葛藤を、そのまま社会的紐帯、連帯のための手段へと変化させることにある。モースはポトラッチが「暴力や誇示や敵対関係を生む」と書く。だが、そうしたぶつかり合いは実際にはポトラッチに先立ち、またポトラッチとは独立してすでにそれらの社会のあいだに存在している。闘技的贈与という実践は、むしろそのような敵対関係の存在を前提とし、それを利用する形で生み出されたと見るべきだろう。ポトラッチは社会形態学的な現象でもある、とモースは言う。「人々は親密な関係を取り結ぶが、そうしながらも互いによそ者どうしのままである。意志を疎通させ合いながのを返すことを互いに続けていけば、いずれは返すことができなくなる。あるいはまた、最初から相手が返すことができないほど多くのものを（たとえば饗宴の形で）贈ろうとすることになる。というのも、「クランは、それぞれがそれぞれの首長を代表として相互に結ばれ合うのだけれども、それ以上に相互に対抗し合う」からである。贈与を通じて表現されるこの恒常的な対抗関係は、競争の敗者を勝者に対して階層的に劣位におく。結果としてそうなるというより、この競合関係はそもそも、そうした社会的階層関係を作り出すことを、言い換えれば、家族間、クラン間のヒエラルキーを確立することを目標としているのである。

ここにはっきりと姿を現している贈与の非友好的な性格をどのように理解すべきだろうか。シルヴァン・ヅィミラは、そこからいわば二つのモラルを引き出している。第一のそれは、3階層化、序列化を生み出すメカニズムとしてのポトラッチが、生み出された階層構造に対してきわめて両義的な性格を有していることにもとづく。

闘技的贈与の機能は、今見たようにそれを通じて社会的優位者を作り出すことにあるが、それが一度きりではなく定期的に繰り返されることで、この社会の階層構造をつねに不安定なものにする。すなわち、ポトラッチと階級社会との関係は次のようなものになる。地位の高低による階層構造はポトラッチが存在するための条件をなすが、ポトラッチはこの階層の成員が固定される（階層が一方向的に絶えず強化される）ことを妨げる、言い換えれば、そこに可逆性、流動性を導入するのである。富による階層構造は、ポトラッチが富を絶えず吐き出すよう強いるがゆえに、そのたびごとに解消される（つまり、ポトラッチによる威信の獲得と物質的財の蓄積とは両立しない）。しかも勝者が得る威信は、その「気前の良さ」によるものであるために、敗者に対しても自らの度量の広さを示さなければならない。勝者は敗者に対して支配権を得るが、その支配権は相手に隷属を強いるような形で行使することはできない。それは自らが得た威信の理由（自らの優越性の根拠）である「気前の良さ」に抵触するからである。

2 はこの関係づけがすぐれて闘技的であるという点にある。

　モースによれば、贈与の体系を構成しているのは以下の三つの義務である。「贈り物をする義務」「それを受け取る義務」「それにお返しをする義務」。このうち、体系の根幹をなしているのは第三の義務、すなわち「お返しをする義務」である。この義務の存在なしには、贈与は体系を構成することはできず、単発的な行為の連鎖を生むだけである（言い換えれば、この第三の義務こそが贈与を一つの「交換体系」たらしめている。だからこそモースは贈与についての自らの研究を「プレゼントにお返しをする義務についての研究」と呼ぶのである）。この義務の特徴は、それがもらったものと同じもの（等しい価値を持つもの）を返すことにはとどまらないということにある。少なくとも、モースが集団的交換における「ひときわ注目すべき形態」と見なした形態においてはそうである。アメリカ北西部とメラネシアの諸部族のあいだに広く分布している問題の形態は、民族誌学者たちによって一般に「ポトラッチ」と呼ばれてきた。この形態は以下の二点によって特徴づけられる。

> 実際のところそこでは、ありとあらゆる種類の給付が山のように取り交わされるのであるけれども、そのはじまりはというと、ほとんどすべての場合、プレゼントを純粋に無償で贈与するという装いをまとっていること、にもかかわらず、その贈与の恩恵に浴した人には、もらったものと等価のものに、さらに何かを上乗せしてお返しすることが義務づけられるようになること。これが第一の特徴である。したがって、およそどんな取引でも蕩尽と真の濫費の様相を呈することになる。

第二の特徴は、いわば第一の特徴の論理的帰結として現れるその際だった闘技性である。もらったものより多くのもルの贈与であったことを想起するなら、もはや謎ではなくなる、とモースは言う。というのも、これらの社会では、「贈与はもっぱら飲み物をみんなで一緒に飲むとか、酒宴を奢るとか、お返しの酒宴を開くとかいったかたちでなされるわけだけれども、こうしたときほど、贈り物が善意にもとづくのか悪意にもとづくのかの見きわめがつかなくなる場合はほかにない」からだ。たしかに、たいていの場合、それらは無害な飲み物にすぎない。しかし、「それが毒になりうる可能性はつねにある」。この可能性は、贈り物の受け取り手が感じるある種の不安に、物質的なともいえる根拠を与えており、たしかに対立する二つの意味の共存をわかりやすく説明している。しかし、1ある一群の言語が、贈り物を表す語に対して、明らかに相手を害するものという意味を結びつけている本当の理由は、じつはそれよりももう少し深いところに、すなわちモースが贈与のもっとも本質的な機能と見なしていたもののうちに潜んでいる。

彼が研究対象とした社会においては、人と物とが渾然一体となって絶え間なく循環しているが、その循環を生み出しているのは、通常、クラン(注)同士、家族同士、個人同士のあいだに取り交わされる無償の贈与やサービスの交換である。これがモースによって「全体的給付の体系」と呼ばれるものである。だが、そこで贈与が果たしているもっとも大切な機能は、財そのものの交換や、モノの流通それ自体ではない。それは「人と人を結びつけること」である。「贈り物を受け取るということ、さらには何であれ物を受け取るということは、呪術的にも宗教的にも、倫理的にも法的にも、物を贈る側と贈られる側とにある縛りを課し、両者を結びつける」。贈り物は理由なく受け取りを拒むことはできないし、受け取った贈り物になんのお返しもしないでいることもできない。モースによれば、それこそが贈り物を受け取ることに対して私たちが今日でも依然として喜びと同時に不快を感じずにはいられない理由である。贈与についてのモースの考察は、この「不快」感と分かちがたく結びついている。

しかし「社会主義者」モースにとって、人々が互いに関係づけられること自体が否定の対象になることはない。問題その人が新たな世界を受け入れていく土台を作ることにつながっている。

(四)　次の文章を読んで、あとの問いに答えよ。

モースの『贈与論』が描き出す世界が、「贈与のモラル」という言葉がややもすればそうした印象を与えるようなナイーヴなものでも平和なものでもないということは、この著作を一読すれば明らかである。その意味では、彼が『贈与論』に集約される一連の研究を、giftという語が持つ二つの相反する意味についての文献学的考察によって始めていることを思い出しておくことは重要である。「ギフト、ギフト」と題されているこの論文は、同じ一つの単語のカンマをはさんだ繰り返し（しかし、はたしてそれは同じ単語の繰り返しなのだろうか、それとも一方はドイツ語、もう一方は英語、あるいはまたオランダ語なのだろうか）によってすでに十分に象徴的であるが、次のように書き出されている。

さまざまなゲルマン語系の言語で、ギフト（gift）という一つの単語が「贈り物」という意味と「毒」という意味と、二つの意味を分岐してもつようになった。この二つの意味は非常に隔絶しているように見えるため、どのようにして一方の意味から他方の意味へと遷移が生じたのか、また、この二つの意味にはどのような共通の源泉があるのか、語源学者たちは理解に苦しんでいる。

相反する二つの意味のこの謎めいた共存は、古代ゲルマン系社会における給付の典型が飲み物の贈与、とりわけビーえる世界」で生きる意味を感じとれるようになるから。

ハ　分析を通じて「客観化」された「世界」とは異なる生の現実を見出すためには、親しい人の「魂」と出会い、語り合えたこと自体に感謝する姿勢が不可欠だから。

ニ　他者のなにげない言葉に秘められていた「深い意味」に気づく経験を通じて、共同体の中で人々が寄り添い、支えあって生きることの大切さを確認することができるから。

ホ　かつては宗教家たちが行っていた死者の「魂」との交流を身近なものとすることで、「『すがた』としての世界」が存在することの「神秘」を実感できるようになるから。

問二十　問題文の内容と合致するものを次の中から一つ選び、解答欄にマークせよ。

イ　目に見える世界にしか関心を持たない人々は、互いの「からだ」に潜む内なる「魂」の存在に気づくことができないため、死者の悲しみと時間をかけて向き合うことの意味を忘れてしまう。

ロ　親しい人との離別は決定的な喪失として意識されるが、その経験を新たな他者との対話を始めていくきっかけに変えることができれば、その人は回復に向けた一歩を踏み出したことになる。

ハ　グリーフケアの専門家に求められるのは、当事者の悲しみに粘り強く寄り添い、その人と死者との関係に適切なことばを与えることを通じて、日常への復帰をそっと後押しすることである。

ニ　『星の王子さま』の物語が重要なのは、さまざまな別れを経験し、現実の厳しさをよく知る「大人」たちの方が、先入観なしにこの世界と向き合うことができると教えてくれるからである。

ホ　死別の悲しみはすぐに癒えるものではないが、当事者が囚われている死者の「すがた」を相対化することは、

問十八　傍線部**3**「「還流する対話」の仕組み」とあるが、なぜそのような「仕組み」が求められるのか。その理由として最も適切なものを次の中から一つ選び、解答欄にマークせよ。

イ　当事者と支援者とが対話を重ねていく中で、死者に対する一方的な意味づけが行われることを避けるためには、さまざまな経験を知るケアの専門家の話を聴くことが重要だから。

ロ　専門家ではない他者による死者の「すがた」についての語りを共に聴く経験は、当事者の「こころ」の負担を軽減し、当事者が知らなかった死者の像をよみがえらせることにつながるから。

ハ　死者に対する強い思いに囚われている当事者にとっては、直接「死」をめぐって語り合うことよりも、同様の悩みを抱えた人々と共に過ごす時間そのものが心の安らぎをもたらすから。

ニ　死別の悲しみとは直接かかわらない話題に触れることがかえって、それぞれの当事者の中に埋もれていた記憶を引き出し、死者との向き合い方を再考するきっかけとなり得るから。

ホ　それぞれの当事者が死者と過ごした思い出を改めてことばで表現し、広く社会に向けて発信していくことで、死別の悲しみが自分だけの問題ではないと実感できるようになるから。

問十九　傍線部**4**「多くの人にとっての「等身大のスピリチュアリティ」なのではないだろうか」とあるが、「等身大のスピリチュアリティ」が重要である理由として最も適切なものを次の中から一つ選び、解答欄にマークせよ。

イ　「目に見え、からだに感じられる世界」の中にひそむ死者の「魂」と語らうためには、人々が共に祈ることを通じて、死者への呼びかけを続けることが必要だから。

ロ　日々の暮らしの中で経験される出来事をささやかな奇跡と受けとめる感性を大切にすることで、「この目に見適切なものを次の中から一つ選び、解答欄にマークせよ。

イ　社会の近代化が進んだ結果、日々の暮らしの中で生者が死者と対話的にかかわることの重要性が見失われてしまった、ということ。

ロ　死をめぐる判断が医療に委ねられたことで、人々が他者の死と向き合う経験が、家族という単位に分断されてしまった、ということ。

ハ　人々の生活空間から「死」が排除されたことで、日常的に死者を想起し、悲しみを新たにできる場所が失われてしまった、ということ。

ニ　人間の生死が情報として管理されるようになった結果、親しい他者の死を悼むことの大切さが理解されにくくなってしまった、ということ。

ホ　近年になって巨大な災害や事故が頻発した結果、従来型の慰霊や追悼の儀式では死別の悲しみを癒すことができなくなってしまった、ということ。

問十七　空欄 c にあてはまる語句として最も適切なものを次の中から一つ選び、解答欄にマークせよ。

イ　意味のイデオロギー

ロ　第三者のジレンマ

ハ　悲しみのレトリック

ニ　対話のパラドクス

ホ　当事者のエゴイズム

ロ 「私たち」は、他者の死の悲しみを乗り越えるために、目に見える「からだ」を通して向き合ってきたその人のかけがえのない「魂」と、それまでとは異なるやり方で出会い直そうとしてきた、ということ。

ハ 「私たち」は、他者の死がもたらす心の空白を埋め合わせるために、それぞれの文化的な慣習にもとづく葬送の儀礼を通じて、死者たちの「魂」を具体的な像として表現しようとしてきた、ということ。

ニ 「私たち」は、他者の死の衝撃から立ち直るために、「こころある存在」としての死者の「すがた」と向き合ってきた経験を土台として、それまでとは異なる他者の「魂」を見つけ出そうとしてきた、ということ。

ホ 「私たち」は、他者の「からだ」から生命が失われていく現実と向き合うために、これまで目にしてきた他者の「すがた」の背後に、自らの鏡像ではない他者の「魂」の真実を探りあてようとしてきた、ということ。

問十五 空欄 a ・ b にあてはまる語句の組み合わせとして最も適切なものを次の中から一つ選び、解答欄にマークせよ。

イ a たしかに　b さらに
ロ a けれども　b ゆえに
ハ a もちろん　b しかし
ニ a あるいは　b つまり
ホ a そもそも　b ただし

問十六 傍線部2「そのような「具体的な場」が貧しくなっている」とあるが、どういうことか。その説明として最もを排除する必要もないが、しかしそれを条件とする必要もない。むしろ、この世に溢れていながら気づかれることのない小さな神秘、偶然の出会いにこころを寄せながら歩むことこそが、4多くの人にとっての「等身大のスピリチュアリティ」なのではないだろうか。

「還流する対話の場」は、小さな神秘を言葉のなかで共に拾い集めながら、それを真の意味での「spiritus＝生命の息」として賦活させ共有する営みと言えるだろう。かつて宗教家や熟達した専門家の手に委ねられていたスピリチュアルケアは、今やその裾野を広げ、人が寄り添い、互いに言葉や眼差しを交わしあいながら、支えあって生きる共同性のかたちへと刷新されつつある。そして専門家に求められるものも、求心的なケアの技術のみならず、拡散してゆく悲しみを拾い集め、それを「生きる力」へ還流させるような場の構築力へと広がっていると考えるべきだろう。

（﨑川修『他者と沈黙　ウィトゲンシュタインからケアの哲学へ』による）

（注）グリーフケア……ここは、大切な他者との死別による悲嘆にかかわるケアのこと。

問十三　傍線部**A**・**B**にあてはまる**漢字二字**を、それぞれ記述解答用紙の**問十三**の欄に楷書で記入せよ。

問十四　傍線部**1**「私たちは、その影をよすがとしつつ、新たな他者の「すがた」を再建しようとしてきた」の説明として最も適切なものを次の中から一つ選び、解答欄にマークせよ。

イ　「私たち」は、死者となった他者の「からだ」と触れ合うことができないという現実を乗り越えるために、自分の「こころ」の中にかつてと同じ他者の「魂」を作り直そうとしてきた、ということ。

　こうした活動は、拡散してゆくケアへの志向性を拾い集め、ゆっくりと対話へと還流させ、そしてまた日常へそれを浸透させようとする営みである。それは「向かいあう対話」に比べれば、あたかも地殻の移動のようにゆっくりとした対流であるが、悲しみにある人を「回復」へとせき立てず、その代わりに新しい時間の質のようなもので、支えてくれるだろう。閉じた空間ではなく、伸び広がってゆく世界の中で、距離のうちにふと死者の「すがた」を見いだすことができれば、死者は「こころ」と「からだ」の緊張から抜け出して自由に羽ばたいてゆく。

　グリーフケアにおける「スピリチュアルケア」は、死者の魂を「目にみえないもの」として語るだけでは十分とは言えない。本当はそれを「目に見え、からだに感じられる世界」のうちに「すがた」として再発見できるように、援助するものでなくてはならないはずなのである。ただし、ここでの「目に見える世界」とは、私たちが日常において「見ている」と思わされてきた世界、すなわち客観化され、比較計量されて道具的に管理される対象の寄せ集めなのではなく、ありのままに今与えられている「すがた」としての世界の全体のことである。『星の王子さま』が「子どもの純粋なこころ」を取り戻すことを勧めているのだとすれば、そのような世界の「すがた」に出会う姿勢、という意味においてであるだろう。しかしここでも注意しなくてはならないのは、そこに深い意味が生まれるのは、さまざまな喪失や悲嘆を経験し、夢や空想を見失ってきた「大人」であるからこそ、ということである。「だけど、目ではなにも見えないよ。こころでさがさないとね」(『星の王子さま』)と、王子がみずからの口を通じて「ぼく」に語りかけたとき、王子はもはや「子ども」ではなく、バラへの愛に目覚め、こころの痛みを身にしみて味わった一人の「青年」の「魂」において、世界と響きあっていたのである。

　「魂」に出会うこと、スピリチュアルな世界観に生きることは、決してこの目に見える世界を「超えた」ものや、そこに「秘匿されたもの」としての神秘にツウギョウすることとイコールではない。もちろんいわゆる宗教的な神秘体験じている悲しみや無力感を癒すために、その当事者の「魂」に働きかけ、そこに「意味」への指向性を与えてゆくことは、苦悩する「生」への雄弁な肯定であると同時に、「死者の魂」について口をつぐみ、援助者という「すがた」に重ねるような自我を頑に再構築しようとする試みに、すり替えられかねないとも危惧される。

この「 C 」から抜け出すために必要なのは、上述のような入れ子式の二者関係ではなく、グループの活動の中に開かれた3「還流する対話」の仕組みであろう。依存症などの自助グループ活動やナラティヴ・アプローチの方法でも、専門家と呼ばれるような指導的立場の介入を避けて、当事者の語りや、当事者どうしの分かち合いが重視されてきた。しかし、グリーフケアにおいては、自助グループの活動においても講演会や勉強会などにその活動の重心が置かれ、それを基点とした相互交流の場が築かれてきたように思われる。その理由はさまざまあろうが、おそらく当事者同士の「語りあい」だけでは、二者関係におけるケアとは別の意味で、「死者」が言葉の対流にうまく乗ることができず、結果としてまた「こころ」の中に淀んでしまうからなのではないだろうか。どうしてもテーマが「死別」そのものになってしまうと、語りの色合いが単調になってしまうし、それぞれの「死者」への思いが拮抗しあって身動きの取れない状況が生まれ、結果としてその思いが「こころ」の中に錨をおろしたままになってしまうだろう。だから、むしろテーマは多様であったほうがよく、多少の距離をもって「共に聴く」さまざまな話題を媒介として、その中で自然なかたちで「死者」への思いが再発見され、語り出されるほうが、結果としてその人それぞれの死者の「すがた」との再会をサポートすることが可能となるのではないだろうか。こうしたグループには「関心があれば誰でも参加できる」という自由さがある。特別な喪失体験がなくとも、援助者やその活動に興味を持つ人、講師の話を聴きたい人などが混じり合い、それぞれに世界を豊かに広げてゆく場にもなるだろう。興味深いことに、近年ではそうしたグループが互いに連携し、社会に向けて自分たちの苦しみや問いかけを発信しながら、活動の輪を広げている。

て管理され処理される現代の社会装置において、死者は私たちの「明るい生活空間」からは「ないもの」として取り除かれてしまう。死者は「からだ」を奪われた抽象的な「こころ」として、生ける個人の「こころ」に密封されてしまうのである。

グリーフケア(注)は、そうした死者を解放し、その「すがた」を世界の中へと呼び戻して共有しようとする営みであるべきだろう。そのためには、世界の側に「箱」となるような「具体的な場」を紡ぎ出してゆかねばならないだろう。ただ、結果として喪失の当事者が、自分の「こころ」の中にそのひとの「すがた」をおさめてそれを語らずとも安寧な日々を過ごせれば、それはそれでよいのだし、従来型の葬祭や墓所、仏壇のようなかたちを通じて死者と対話できれば、それ以上のものを求める必要もないだろう。問題となるのは、そのような対話の場所へと休らうことの難しい複雑な悲嘆の事例であり、また死別そのものの事情はとりわけ複雑でないものの、それをおさめる場所を見失っていたり、そこに違和感を持ったりしている事例である。そして現代においては、後者のような事例が見過ごせないほどに増えているのではないだろうか。

さて、そのような「具体的な場」とはどのようなものか。まずもってそれは、死者の「すがた」を「こころ」という密閉空間から呼び起こすことのできる場、でなくてはならない。それを媒介するものはやはり「言葉」による表現、すなわち「語り」ということになろう。しかしすでに指摘したように、当事者に一対のかたちで援助者が向き合い、その語りを受け止める方法には、一定の効果とともに特有の限界と困難が付随する。死者という「第三者」を含んだいわば「三角関係」の中で、一対の「対話者」が濃密な関係にあれば、かならずそこから一人が疎外されてしまう可能性があるのだ。自己を語れば死者が沈黙し、死者を語れば自己が見失われる。その葛藤を援助者は受け止めなくてはならないが、堂々巡りの葛藤を前に、どうしても出口へ急ぎ、何らかの指示的なアプローチに頼りたくなるだろう。当事者が感死別という経験において、私たちは否応なしにその他者が「すがた」としてあったことを思い知らされる。しかもそれは皮肉なことに、その「すがた」が破られ、いわば「からだ」であることが暴き出される、という仕方において、告げ知らされるのである。もちろん死者も、例えば遺体というような「すがた」において現れているのであるが、しかしそこでは生ける者どうしとしての「すがた」と異なり、生きた「呼応性」が見失われてしまう。触れることが、触れられることであり、見つめることが見つめられることであるような相即性の糸が弛緩し、またその「すがた」は痛ましく、生きている私の「鏡像」としてはあまりに虚ろなものに見えるかもしれない。

だが、死者はそのまま「すがた」を滅ぼしてしまうわけではない。確かにそれは生前のように触れあい、見つめあい、語りあう「からだ」ではない。しかしながら、私たちはそのように変わってしまう死者の「からだ」を捨ててしまうのではなく、その文化に応じた丁重さで弔うだろう。そこには一貫して消えることなく、しかし形をかえながら、その「からだ」の影が繋がっている。そして私たちは、1その影をよすがとしつつ、新たな他者の「すがた」を再建しようとしてきたのではないだろうか。

その新たな「すがた」は、決して「からだのないこころ」のような、抽象化された精神作用のようなものではない。　a　、生前の「からだ」と同じような全体を保ち、私の「からだ」と呼応することはありえない。　b　、何らかの意味で「からだ」でありつつ「こころ」であるような、具体的な場において、それは「魂」として私と応じあう存在になる。

だが、私たちの生きるこの時代においては、2そのような「具体的な場」が貧しくなっている。死が医療に取り囲まれ、日常から分離されるようになるまで、死はいつでも生の傍らにあり、死者は生者の周囲に存在した。慰霊や追悼は廻る歳月に組み込まれたリズムであり、祈りは日常の仕草に他ならなかった。しかし、生者も死者も厳密な情報／事物としきたら、日々寝る間を惜しんで暗記に努めたものだった。

ト 蔵書楼のある廬山は遊覧に出かけたいと願いながら果たせずにいた場所であるから、暇さえできれば出かけていって、まだ読んだことのない書物を読み尽くしたい。

(三) 次の文章を読んで、あとの問いに答えよ。

他者の「すがた」に接するとき、私はそこに「こころを隠したからだ」を見るのではなく、「こころある存在」そのものと出会っている。この出会いの可能性にひらかれた存在の仕方こそ、「魂」と呼ぶべきものなのである。ウィトゲンシュタインはそうした「すがた」としての「魂」を、次のような美しい言葉で表現していた。

人間のからだは、人間の魂の最良の像である。(『探究』)

考えてみれば、私たちは日々互いの「からだ」を映しあいながら暮らしているにもかかわらず、そこに「魂」としての「すがた」が現れていたことに気がつかない。背が高いとかピアノが巧いなどという「目に見える」からだに気を取られて、「こころで見る」その人の存在そのものの重さを見過ごしてしまう。そして、その相手が失われたときに慌てて、その「すがた」を探し求め、魂に向きあおうとする。『星の王子さま』のキツネもそんな私たちのアイマイ(A)な「魂に対する態度」を、戒めていたのである。

て珍重するばかりで中身を読まなくなったことの弊害を、この蔵書楼を訪れた人々に気づかせたい。

ニ　昔の君子が著した書を理解するのがいかに難しいかを気づかせ、今の学問する人々のようにろくに書も開かず分かったふりをしていることがいかにいい加減であるかを、将来この文を読んだ人々に知らしめたい。

ホ　昔の君子は書物の中でしか出会えず、その思想に触れることが難しい対象なのに、今の学問に志す人々は書物があっても読まないので、古に学ぶという学問で最も大切なことを実行できなくなっていることを、若者に気づかせたい。

問十二　本文の内容に**合致しない**ものを次の中から**二つ**選び、解答欄にマークせよ。

イ　象牙や犀の角等の貴重品は人の目や耳を楽しませてくれるものだが、実用には不向きなところがある。

ロ　科挙及第を目指す者たちは書物が簡単に手に入る気安さから、かえって勉強そっちのけで世俗の四方山話にうつつを抜かしている。

ハ　今の世では、諸子百家でさえ日々沢山の印刷本が出回り、そのため書物を手に入れることが昔と比較にならないくらい容易になった。

ニ　秦漢より後、紙が普及し、漢字の字画も簡便になり、書き手も多くなり、書物は増えつづけたが、学問する人は書物を軽く扱うようになった。

ホ　金石・草木・糸麻等の物は、使いつづければ消耗し、やがてはなくなってしまうものだが、実用に向いているのみならず、目や耳をも十分楽しませてくれる。

ヘ　一昔前の儒者は、『史記』や『漢書』のような基本的書物ですら、容易には手に入れられず、幸運にも入手で一つ選び、解答欄にマークせよ。

イ　なきをもとめてえざるものは、これしよなりや。

ロ　もとめなくえざるものは、おもふにしよなるか。

ハ　えざることなきをもとむるものは、ただしよのみ。

ニ　もとめてえざることなきものは、ただしよのみなるか。

ホ　えざるものをなからしめんともとむれば、これしよならんや。

問十　傍線**2**「当倍蓰於昔人」は、「昔の人々よりきっと倍から五倍に増えているに違いない」という意味である。この意味に沿うように、記述解答用紙の**問十**の文に**返り点のみを記入せよ**。振り仮名・送り仮名は付けないこと。

当　倍‐蓰　於　昔　人

問十一　傍線**3**「使来者……可惜也」の内容として、最も適切なものを次の中から一つ選び、解答欄にマークせよ。

イ　昔の君子が手にすることの難しかった書物を今の学問する人々はたやすく手に入れているのに全く読むことをせず、ひたすら蔵書の数量を誇示するばかりであることを、蔵書家の人々に知らしめたい。

ロ　昔の君子は書物を手に入れて読むのがとても困難であったのに対し、今の学問に志す人々は書物を簡単に手に入れられるのにしっかり読まず、それがいかに残念なことであるかを将来の人々に理解させたい。

ハ　昔の君子は新しい書物を入手することが難しく、今の学問する人々はたやすく書物を入手できるのに手で触っ余既ニ衰ヘ且ツ病ミ、無シレ所レ用ヒラルル二於世一ニ。惟ダ得テ二数年之閑一ヲ、尽ク読ミ二其ノ所レ未ダレル見之書一ヲ、而モ盧山固ヨリ所ノ二願ヒテレ游ブヲ一而不ルレ得者ナレバ、蓋シ将ニレ老イント焉ここニ。尽ク発キテ二公択之蔵一ヲ、拾ヒ二其ノ余棄一ヲ以テ自ラ補ハバ、庶カランレ有ルニレ益スルコト乎。而シテ公択求メテ二余ノ文一ヲ以テ為スレ記ト。乃チ為シテ二一言一ヲ、3使三来者知二昔之君子見レ書之難一、而今之学者有レ書而不レ読為レ可レ惜也。

（蘇軾「李氏山房蔵書記」による）

注　象犀……象牙と犀の角。　怪珍……珍しくて貴重の意。　六材……弓を作るのに必要な六種類の材料。
摹刻……翻刻・印刷すること。　倍蓰……倍から五倍に増える意。
盧山……長江の中流域にある山の名で景勝地として知られる。この文の主題である李氏山房（蔵書楼）が建っている場所。
公択……作者の知人で盧山に蔵書楼を建てた李常（公択は字）のこと。

問八　空欄 **A** に入る二字の語として、最も適切なものを次の中から一つ選び、解答欄にマークせよ。

イ　才分　　**ロ**　用取　　**ハ**　弊竭　　**ニ**　適用　　**ホ**　耳目

問九　傍線**1**「求無不獲者、惟書乎」の書き下し文（ただし全文ひらがな表記）として、最も適切なものを次の中から

（二）次の文章を読んで、あとの問いに答えよ（設問の都合上、返り点・送り仮名を省いた箇所がある）。

象犀・珠玉・怪珍之物、有悦於人之耳目而不適於用。金石・草木・糸麻・五穀・六材、有適於用。而用之則弊、取之則竭。悦於人之耳目而適於用、用之而不弊、取之而不竭、賢不肖之所得、各因其才、仁智之所見、各随其分、［A］不同、而1求無不獲者、惟書乎。

自秦漢以来、作者益衆、紙与字画日趨於簡便、而書益多、世莫不有。然学者益以苟簡、何哉。余猶及見老儒先生。自言其少時、欲求史記・漢書而不可得。幸而得之、皆手自書、日夜誦読、惟恐不及。近歳市人転相摹刻、諸子百家之書、日伝万紙、学者之於書、多且易致如此。其文詞学術2当倍蓰於昔人。而後生科挙之士、皆束書不観、游談無根、此又何也。

の中から一つ選び、解答欄にマークせよ。

イ　顕基が世の無常を感知している者だと知っていたからこそ、女も彼に対して思いをかけたのだろうか
ロ　生きることのきびしさ、むなしさが心にしみるように、仏は二人の心にすきま風を吹かせたのだろうか
ハ　現世のむなしさに気づいた者たちの心にも伝わるように、季節の移ろいを示す秋風が吹き出すのだろうか
ニ　無常に気づくことのできない女の心にも分かるようにと、顕基は女と距離をとるようになったのだろうか
ホ　世のはかなさに袂を濡らすような女性だと分かっていたために、顕基は女性の面倒をみるようになったのだろうか

問七　この文章の内容に合致するものを、次の中から**二つ**選び、解答欄にマークせよ。

イ　女は一晩を過ごした船の持ち主が顕基であると知って、船の主から得た金品を、そのまま置いて船を去った。
ロ　女は船を去る際に髪を切り、まわりの者に金品をあたえて母親の四十九日の仏事をまかせ、そのまま出家した。
ハ　女が故郷にもどった後、女の家はどんどん貧しくなり、母親の死後は物忌みを言い訳に従者たちもいなくなった。
ニ　女は顕基のもとを離れて故郷に帰り、母親に今後の生活を支えることを約した後、ひたすら念仏を唱えつづけた。
ホ　世のつらさに恨みをつのらせる生き方は間違っており、顕基と別れた後、仏道に目覚めた女の生き方はすばらしい。
ヘ　顕基は女に未練があり、船の者から船での一件を聞いて、女に金品五十ではなく、百与えるべきであったのにと悔いた。

はないかと考えたから。

問四　傍線部**2**「親の孝養は今日なんし果てつ」について、女がこのように考えたのはなぜか。その理由として最も適切なものを次の中から一つ選び、解答欄にマークせよ。

イ　その日、四十九日を迎えたことで、死んだ母親の法要にも一区切りつくと考えたから。

ロ　故郷にずっととどまって法事を続けたことで、死んだ母親の供養も果たせたと考えたから。

ハ　一晩船に居座ったことで、自分を捨てた顕基を恨んでいた母の想いを果たせたと考えたから。

ニ　船の中で一晩中念仏をとなえたことで、最期まで面倒をみるという母親との約束を守れたと考えたから。

ホ　家族の不遇の原因であった顕基の船の者から金品を得たことで、母への親孝行が完遂できたと考えたから。

問五　傍線部**3**「あぢきなし、よしなし」の解釈として最も適切なものを次の中から一つ選び、解答欄にマークせよ。

イ　味わい深い、悪くない

ロ　むなしい、無益なことだ

ハ　つらい、対処のしようがない

ニ　不満がない、心配する理由がない

ホ　うまくいかない、生きる甲斐がない

問六　傍線部**4**「驚かれぬ袂にも染めかしとて、秋風も吹き初めけるやらん」の表す内容として、最も適切なものを次

問二 空欄 A に入る語句として、最も適切なものを次の中から一つ選び、解答欄にマークせよ。

イ かなはぬ
ロ かなはん
ハ かなふべき
ニ かなふなる
ホ かなひぬる

問三 傍線部**1**「いかでか乗せ奉らん。さは知ろしめしたりや」について、船の主がこのように発言したのはなぜか。その理由として最も適切なものを次の中から一つ選び、解答欄にマークせよ。

イ 金も払わない者が船に乗ることを認められないということを、相手が了解していないのではないかと考えたから。
ロ 貴族の所有の船に卑しい者を連れた人間を乗せられるはずがないことを、相手が自覚していないのではないかと考えたから。
ハ 乗ろうとしている船の所有者が相手の昔の愛人であった顕基であることを、相手が認識していないのではないかと考えたから。
ニ 船の所有者の顕基が許可しないかぎり、船に乗せるわけにはいかないが、相手のことを顕基が承知しているわけがないと考えたから。
ホ 荷物を積んだ船に、盗みをしかねない貧しい人間を乗せられるはずがないことを、相手が理解していないので

（注1）積り来る～鐘の音……七日ごとに時の経過を知らせる鐘の音。
（注2）まことのもの……ここでは金品を指す。
（注3）あまさへ……「あまつさへ」に同じ。

問一 傍線部a「つれなく」、傍線部b「うるせし」の指す内容として最も適切なものをそれぞれ次の中から一つ選び、解答欄にマークせよ。

a「つれなく」

イ 不愛想に
ロ 不本意にも
ハ 退屈そうに
ニ 人目を気にせず
ホ 平然とした様子で

b「うるせし」

イ 計算高くけちくさい
ロ 騒々しく口うるさい
ハ 信心深く教養がある
ニ 頭がよくたしなみがある
ホ 些細なことを一々気にする

けるなるべし。さて、この船の主、驚きて、「これは、それがしが候ふ船なり。1いかでか乗せ奉らん。さは知ろしめしたりや」といひければ、「知りたるなり。などてかは苦しかるべき」とて乗りぬ。さて、翌朝、(注2)まことのもの五十取らせたりけり。この女、帰るとて、「2親の孝養は今日なんし果てつ」とて、髪を切りて、うち置きて出でぬ。

さて、その日の仏事どもして、日ごろありつる者どもに分かち取らせなどして、我が身はやがてその日出家して、静かなる所占めて、いみじく行なひ侍りける。

さて、この船の者、京に上りて、「かうかうの事侍りし」と中納言にいひければ、「さればよ、bうるせしと見し者は、なほうるせかりけるものかな。あはれ少なく取らせたりけるものかな。同じくは百取らせよな」とて、涙ぐみ聞こえられける。

さやうの遊び人となりぬれば、さるべき前の世の事にて、いかなれども恥はみてこそ侍るを、「3あぢきなし、よしなし」と思ひ定めけん事、類なく侍るべし。人に忘らるる人はみな、恨みにまた恨みを重ねつつ、罪になほ罪を添ふる事にて侍るを、ひたすら思ひ忘れて、憂き世を遁るる中だちとしけんこと、いといみじう覚え侍り。妙なりと見し人の、恨みの心に耐へずして、恐ろしき名をとどめたる事は、あがりてもあまた聞こゆるに、(注3)あまさへ、世を厭ふしるべとせん事は、なほ類なかるべし。

中納言は、いみじき往生人におはしけると、往生伝にも侍るめれば、さるべき事にて、4驚かれぬ袂にも染めかしとて、秋風も吹き初めけるやらん、とまで覚ゆ。

（慶政『閑居友』による）

国語

（九〇分）

（一）次の文章を読んで、あとの問いに答えよ。

中比(なかごろ)の事にや、中納言顕基、室の遊び人を思ひていみじくいひかはして侍りけるが、いかなる事かありけん、かれがれになりゆきて、もとの室の泊りへなん返し送りける。

この女、母なりける者にいふやう、「これへもまうで来まじく侍りつれども、その生きておはせんほどは、いかでかと思ひて、a つれなく、再び故郷へなん向き侍りぬるなり。これにはありとも、さきざきのやうなる振舞は、今はし侍るまじきなり。その心をえ給へ」とて、ふつと外出(とい)でもせず、つねには心を澄まして念仏をぞ申しける。親もしばしこそは諫めけれ、後にはとかくいふことなし。かかるほどに、日に添へて家のさまいふかひなくなりゆきけり。されども、驚く気色もさらになし。

さるほどに、母、病して死ぬ。（注1）積り来る七日ごとに、うち驚かす鐘の音もえ　A　ほどになんありければ、常にはさめざめと泣き居るよりほかの事なし。まれまれ付きたる者も、忌みにことよせて、いづちやらん行き散りぬ。

かくて四十九日もすでに明日になりにけり。その夕方、物あまた積みたる船なん侍りける。この女、あやしのものひとり具して、この船に乗りぬ。この船は、中納言のもとに下ざまに使はれける者の、ゐなかに遣られたりけるが、上り

2022年度

問題編

■一般選抜

▶試験科目・配点

教　科	科　目	配　点
外国語	「コミュニケーション英語Ⅰ・Ⅱ・Ⅲ，英語表現Ⅰ・Ⅱ」，ドイツ語，フランス語，中国語のうちから１科目選択	60点
地歴・公民・数学	日本史Ｂ，世界史Ｂ，政治・経済，「数学Ⅰ・Ⅱ・Ａ・Ｂ」のうちから１科目選択	40点
国　語	国語総合，現代文Ｂ，古典Ｂ	50点

▶備　考

- ドイツ語・フランス語・中国語を選択する場合は，大学入学共通テストの当該科目〈省略〉を受験すること。共通テスト外国語得点（配点200点）を一般選抜外国語得点（配点60点）に調整して利用する。
- 数学を選択する場合は，大学入学共通テストの「数学Ⅰ・数学Ａ」「数学Ⅱ・数学Ｂ」両方の科目〈省略〉を受験すること。両科目の合計得点（配点200点）を一般選抜地歴・公民または数学の得点（配点40点）に調整して利用する。

(90分)

READING/GRAMMAR SECTION

All answers must be indicated on the MARK SHEET.

I **Read the passage, written by a contemporary black woman who grew up in the American South, and answer the questions below.**

Unlike home, where much of my social world was filtered through my mother's preference for African American history and culture, at school I learned that nothing was more beautiful than blond.

We watched the musical *Grease* in a high school English class. In the final scene, when Sandy, played by Olivia Newton-John, shows up at the carnival in shiny skin-tight pants, all the black kids giggled: "She looks funny!" "There's so much space between her legs!" A white boy too tall to be in the tenth grade reared back and shouted, "My hot damn, Miss Newton-John!" I remember the scene so clearly, because that was when I got it. A whole other culture of desirability had been playing out just above and beyond my awareness, while my mostly black and Latino friends traded jokes at gapped thighs and flat behinds. And when the teacher, a middle-aged white woman, looked at the too-tall boy, she smiled at him and rolled her eyes, acknowledging his sexual appreciation of Sandy as normal if unmannerly. He smiled back and kind of shrugged as if to say, "I just can't help myself." The teacher and the too-tall boy were <u>in cahoots</u>. Sandy, that strange creature, was *beautiful*.

Middle school starts to bring out the racial segregation of even the most utopian integrated schools. The white kids were your school friends, never your home friends. You took the advanced math classes together but you would not be on the lake with them over the weekend. We took that as normal. When we were together, politely sociable in classrooms and hallways, I learned what was beautiful. By high school, I knew that I was not it.

All girls in high school have self-esteem issues, and most girls compare themselves to unattainable, unrealistic physical ideals. That is not what I am talking about. That is the violence of gender that happens to all of us in slightly different ways. I am talking about a kind of capital. It is not just the preferences of a too-tall boy, but **the way authority validates his preferences as normal**. I had high school boyfriends. I had a social circle. But I had also gathered that there was something powerful about blondness, fitness, flatness, and gaps between thighs. That was beauty. And while few young women in high school could say they felt like they lived up to beauty, only the non-white girls could never be beautiful. That is because beauty isn't actually what you look like; beauty is **the preferences that reproduce the existing social order**. What is beautiful is whatever will keep weekend lake parties safe from strange darker people.

When white feminists show how beauty standards over time have changed, from the "curvier" Marilyn Monroe to the skeletal Twiggy to the synthetic-athletic Pamela Anderson, their archetypes belie beauty's true function: whiteness. Whiteness exists as a response to blackness. Whiteness is a violent sociocultural regime that always seeks to dictate who is black by carefully defining who is officially white. It would stand to reason that beauty's ultimate function is to exclude blackness. That beauty also violently conditions white women and precludes the existence of gender nonconforming people is a bonus. Some of the white girls I went to high school with may not have been beautiful. But, should power need them to be, social, economic, and political forces could make those girls beautiful by reshaping social norms. As long as the beautiful people are white, what is beautiful at any given time can be renegotiated without redistributing capital from white to non-white people.

We have yet to flesh out a theory of desirability in black feminist theory or politics. That Lupita N'yongo, a dark-skinned Kenyan-Mexican actress, was chosen as *People* magazine's "Most Beautiful Woman" in 2014 does not invalidate the reality for many dark-skinned black women any more than Mark Zuckerberg making a billion dollars as a college dropout invalidates the value of college for millions. Indeed, any system of oppression must allow **exceptions to validate itself as meritorious**. How else will those who are oppressed by the system internalize their own oppression? This is what I did not yet understand when I was watching Ms. Newton-John: I was not beautiful and could never — no matter what was in fashion to serve the interests of capital and power — become beautiful. That was the theory trapped in my bones when I left for my mecca, an HBCU.*

My first night as a college freshman at my HBCU, I ordered a pizza. The young man who delivered it stared at me too long before he handed the pizza over. I snapped and grabbed my pizza. As I did, he muttered something about my phone number. I would date him off and on for a decade. As I walked back into the lobby of my dorm, I turned just as the pizza guy caught the eye of our dorm supervisor, an older black man. The man gave him a look like the one the teacher had once given the too-tall boy overtaken by Olivia Newton-John's spandexed thighs. **I was Sandy!**

At this institution, I could be a kind of beautiful: normal, normative, and taken for granted as desirable. It is one of the many reasons that I loved my HBCU. Not because I got a few phone numbers or had a few boyfriends, but because I wasn't being defined by a standard of beauty that, by definition, could not include someone who looked like me.

[Adapted from Tressie McMillian Cottom, *Thick: And Other Essays* (2019).]

*HBCU: "historically black colleges and universities," whose student bodies are predominantly African American.

(1) **Choose the ONE way to complete each of the following sentences that is CORRECT according to the passage.**

1 The author

A enjoyed the cultural gap between her home life and her school life.

B felt alienated from the standards of beauty that were set in her school.

C found herself socially isolated at school because of her radical worldview.

D held some sympathy toward the boy who let his emotion burst out.

E valued the notion of beauty as symbolized by Olivia Newton-John.

2 The oppressive nature of beauty and gender

A exclusively affects blacks and other minorities.

B helps maintain the status quo.

C idealizes gender non-conformity.

D makes white women define their own beauty.

E turns blackness into a forced norm.

3 Capital in this passage includes

A authority.　B money.　C status.

D all of the above.　E none of the above.

4 To "make people beautiful" and to "become beautiful" as argued here means that

A blacks can develop their own sense of beauty that is free of white biases.

B even someone like Mark Zuckerberg is now considered attractive because he is wealthy.

C some people can newly gain beauty status for external reasons, but not everyone.

D whether a person is beautiful or not depends on ability, not appearance.

E young people can grow into beauty as they mature, just as the author did.

5 Whiteness

A can be ambiguous about itself.

B exists to enhance blackness.

C is the antithesis of beauty.

D lets blackness speak for itself.

E reinforces beauty and vice versa.

6 At her HBCU, the author found an environment that

A allowed her to enjoy rights that only white people have.

B defined attractiveness in a way that was agreeable to everyone.

C did not necessarily consider whiteness as a condition for beauty.

D for the first time gave her the companionship that she had always wanted.

E made her truly regret her blackness.

7 The definition of desirability is

A apart from the exercise of power.

B dependent on social context.

C fixed across different situations.

D not a problem for white people.

E troublesome in high school but less so in college.

(2) **Choose the BEST answer for each of the following about the words in bold.**

1 Which of these is an example of "the way authority validates [certain] preferences as normal"?

A how black and Latino students made fun of Sandy

B how honest the too-tall boy's reaction to Olivia Newton-John seemed

C the author's suspicion toward blond as the height of beauty

D the tenth-grade English teacher's reaction to the boy

E the way high school separated students socially by race

2 Which of these is LEAST connected to "the preferences that reproduce the existing social order"?

A blondness, fitness, flatness, and gaps between thighs

B Marilyn Monroe, Twiggy, and Pamela Anderson

C the author's mother's taste for African American culture

D the Sandy character in *Grease*

E the too-tall boy in English class

3 Which of these serves as an "exception to validate [a system of oppression] as meritorious"?

A Lupita N'yongo

B Olivia Newton-John

C the author

D weekend socials at the lake

E white feminists

4 The line "I was Sandy!" expresses the author's realization that she had become

A a beneficiary of racial stereotype.

B a victim of unwanted male attention.

C a woman of true inner beauty.

D an icon of attraction among white men.

E an object of communally-appreciated desire.

(3) **Choose the ONE sentence that BEST summarizes the main argument in the passage.**

A Educational spaces, like high schools and HBCUs, should confront the problem of idealized beauty among youths, and can do so by first resolving racial tension within the community.

B How Americans understand beauty reflects both personal preference and social discrimination, which is why it is important to ensure that everyone has a say in deciding what counts as beautiful.

C Notions of beauty and desirability are closely linked to racial dynamics, and physical ideals that may seem universal and natural are, in fact, designed to manipulate society in unfair ways.

D Since the author's experience shows how standards of desire differ by race, we ought to insist that "black is beautiful" even as the rest of society continues to worship blonds and white bodies.

E The United States is a country that has long neglected the way blacks suffer from self-esteem problems about their physical appearance because it gives whites too much authority in defining attractiveness.

(4) **Choose the BEST way to complete each of these sentences about how the underlined words are used in the passage.**

1 Here "in cahoots" means

A clearly guilty. B equally ignorant.
C of similar personality. D on the same side.
E secretly in conflict.

2 Here "unattainable" means

A unachievable. B unbelievable.
C uncomfortable. D unsuitable.
E unsustainable.

3 Here "belie" means

A idealize. B mask.
C repeat. D simplify.
E undermine.

4 Here "off and on" means

A heart and soul. B now and then.

C through and through. D tooth and nail.

E tried and true.

5 Here “taken for granted” means

A assumed to be. B easily available.

C given for free. D newly considered.

E seldom accepted.

II Read the passage and answer the questions below.

“Birdbrain,” “silly goose,” “dumb as a dodo” — epithets like these reflect a widespread popular opinion that birds (except perhaps owls) aren't very bright. David Sibley disagrees. In *What It's Like to Be a Bird*, he writes, “Crows and parrots perform as well as dogs in tests of reasoning and learning.” Jennifer Ackerman reports in *The Bird Way* that New Caledonian crows can assemble compound tools out of more than one element; children cannot do this until at least the age of five, she writes. Sibley describes an experiment in which ravens retrieved a piece of food floating halfway down a glass tube by dropping small stones into the tube until the water raised it to the top. He thought these birds had the problem-solving ability of a five-to-seven-year-old child. Sibley came to believe while writing *What It's Like to Be a Bird* that “a bird's experience is far richer, more complex, and more ‘thoughtful’ than I'd imagined .... Birds are making decisions all the time.”

A generation ago the pioneers of research into bird behavior assumed that it was largely innate. The Dutch-born Oxford biologist and ornithologist Nikolaas Tinbergen shared a Nobel Prize in 1973 for his work on animal behavior and communication, in the course of which he discovered that infant herring gulls get their parents to feed them by pecking at a red spot on the adult's yellow bill. His co-winner Konrad Lorenz studied the phenomenon of imprinting: an infant animal becomes attached to the first thing it sees, which is normally its mother, and thus associates with its own kind. The geese that Lorenz raised personally were imprinted on him and followed him around his Austrian estate.

Today, Ackerman reports, research into bird behavior has swung strongly toward exploring conscious thought processes. This enterprise may be suspected of anthropomorphism — the projection onto animals of our own thoughts and feelings. Ackerman is alert to this danger and prefers to speak of "cognition" rather than the more human-sounding "intelligence." Avian brain structures and neural connections are organized differently from ours, and birds' experiences also differ, she writes, though they may be rich in their own way.

Birds' sensory organs, [1], work differently from those of humans. Inevitably, birds inhabit a world of sights, sounds, and smells unlike ours. Bird vision exceeds ours in several respects: its power at a distance, its speed in resolving detail, its lateral breadth (in most cases), and its perception of a broader spectrum of colors. Notably, birds can see ultraviolet light. Some birds that look plain to us probably shine and sparkle to other birds. Birds can also detect the earth's magnetic field, a sense that humans lack entirely.

Birds can hear a wider range of sounds than humans, and hearing plays an outsized part in their lives. Although it may be a stretch to claim analogies to human language, as Ackerman does, birds communicate very actively by calls and songs. The two [2]. Calls are short signals used year-round that can transmit socially important information: not merely the approach of a dangerous predator, for example, but what kind of a predator it is — snake, hawk, cat, human. Birdsong contains more elaborate messages, usually related to breeding. They have various other functions: claiming territory, warning away rival males, and even, as sentimental humans imagine, convincing a female of the singer's advantages.

Birdsong involves both innate and learned elements. The urge to sing seems to be innate in songbirds, for those raised in captivity try to sing upon reaching sexual maturity. Having never heard a male of their species sing, however, they produce babble rather than the appropriate song. As nestlings they learn specific songs from adult males, including their father, who sings nearby. The males of other species also sing nearby, of course, but some innate template prevents nestlings from learning their songs. A window of readiness in the development of the young avian brain seems to enable this particular form of learning, just as a window favorable to language learning exists in the development of human children.

Nest-building is [3] avian activity in which inherited and learned behaviors mingle. Nest-building, like birdsong, appears even in birds reared in captivity and in isolation and so is likely an innate capacity. Construction techniques must also be innate, for each bird's nest closely resembles others made by the same species. The selection of a site, however, must involve a more conscious choice. For example, a bird whose nest fails in one location usually tries a different, though species-specific, place.

Tool-using in birds arouses particular interest. The clever New Caledonian crow makes picks out of plant parts with which to extract otherwise <u>inaccessible</u> food. In captivity these birds bend wire into hooks for the same purpose. The woodpecker finch of the Galapagos Islands uses cactus spines similarly. A green heron has been filmed luring fish with a piece of bread. When the bread starts to float away, the bird realigns it. A fish nibbles and is seized.

Memory is another competence in which some birds surpass humans. The champions here are jays and other members of the crow family that store food for later use. Clark's nutcracker, a member of the crow family native to the mountains of the western United States, can hide over 30,000 seeds and recall their precise locations many months later. These birds not only can locate their food caches but also conceal them from rivals, and they know to retrieve first those likely to spoil.

Elephants and dolphins recognize themselves in a mirror, displaying a sense of self rare outside of human beings. If an experimenter places a stain on their bodies that they detect in a mirror, they attempt to remove it. Captive magpies with stickers placed on their feathers removed them once they saw them in a mirror. So far, magpies are the only birds shown to have this capacity.

Birds can recognize individual humans. Dr. Kevin McGowan of Cornell University, whose study of common crows required invading their nests and placing numbered and colored leg bands on their young, was thereafter singled out by the crows for angry attacks. Dr. John Marzluff of the University of Washington, an authority on birds' adaptation to urban environments, found that some crows even give gifts to people who regularly feed them.

[Adapted from Robert O. Paxton, "Intrepid Navigators," *New York Review of Books* (February 25, 2021).]

(1) **Choose the ONE way to complete each of the following sentences that is CORRECT according to the passage.**

1 Research that was awarded the Nobel Prize in 1973

A discovered that although birds' brains, neural connections, and experiences are similar to ours, birds' lives are not as rich as ours.

B proposed the phenomenon of imprinting and investigated the idea that birds were born knowing most of what they needed to know.

C showed that birds could be tricked into believing that their mother was a human being and that this stopped them from interacting with other birds.

D was based on the assumption that birds' actions were learned from other birds rather than inherited from their parents.

E was conducted by Tinbergen and Lorenz who showed that it was possible to imprint birds in much the same way as we print birds digitally today.

2 Some birds

A already know how to build nests when they are born, though they are careful not to choose the same location as birds from the same species.

B are at least as intelligent as dogs, because they are capable of building tools made from more than one element.

C are capable of recognizing human beings and of responding to the way that humans treat them.

D learn how to sing from other birds in their environment, such as their fathers and males of other species.

E when young are able to see themselves in a window, much like human children between the ages of five and seven.

3 The author of this passage

A agrees with a researcher who argues that bird calls and birdsong play the same part in birds' lives as language does in human life.

B discusses two new studies of birds, both of which argue that — just as several popular sayings suggest — birds are cleverer than human beings have tended to believe.

C explains anthropomorphism as the projection onto animals of human thoughts and feelings and how one researcher is careful not to fall into this trap.

D quotes one researcher who has come to believe that birds are incapable of logical reasoning and decision making.

E refers to studies of birds from places including the Galapagos Islands, New Caledonia, Sweden, and the western United States.

(2) **Choose the FOUR statements that are NOT true according to the passage. You may NOT choose more than FOUR statements.**

A Among the several ways that birds' sensory organs are superior to humans are their ability to see a wider range of colors and to detect the earth's magnetic field.

B Birds reared in captivity are unable to build nests, because they have never learned how to do so from another member of their species.

C Birdsong has a variety of different functions, including warning other birds of the approach of a predator and informing them of the type of predator.

D Experiments have shown that magpies are unusual among birds because they can recognize themselves in a mirror.

E If songbirds are raised in an environment in which they cannot hear males of their species sing, they are unable to create meaningful songs when they become adults.

F People have long thought that birds were not very clever, but recent research has demonstrated that they are at least as intelligent as elephants and dolphins.

G Ravens presented with a tube containing food floating in water were able to work out how to make the food rise to the top of the tube.

H Some birds are able to remember the locations of food caches for long periods of time and can even recall with some accuracy which seeds should be eaten before they go bad.

I The ability of some birds to use tools in order to extract food is interesting to other birds, who often copy their behavior.

(3) **Choose the ONE phrase that best fits each of the blanks from [1] to [3] in the passage.**

1 A as a result B in other words
C nevertheless D on that account
E too

2 A are not the same

B　baffle humans completely

C　function just as human language does

D　have been used to support anthropomorphic arguments

E　warn others of danger

3　A　an alternative to　　B　another complex

C　a language-based　　D　a more straightforward

E　not a part of

(4) **Choose the BEST way to complete each of these sentences about how the underlined words are used in the passage.**

1　Here "stretch" means

A　demanding.　　B　elasticity.

C　exaggeration.　　D　pitch.

E　straight.

2　Here "inaccessible" means

A　difficult to be digested.　　B　forbidden.

C　incomprehensible.　　D　irresistible.

E　unable to be reached.

3　Here "singled out" means

A　carefully selected.　　B　criticized by humans.

C　divorced from others.　　D　isolated from their young.

E　punished by all.

(5) **Find the vowel with the strongest stress in each of these words, as used in the passage. Choose the ONE which is pronounced DIFFERENTLY in each group of five.**

1　A　cognition　　B　decisions　　C　epithets

D　richer　　E　stickers

2　A　breadth　　B　nestlings　　C　predator

D　prefers　　E　sensory

3　A　grouped　　B　process　　C　prove

D　removed　　E　rude

III Choose the BEST item from the box with which to fill the blanks in the passage below. You may use each item only ONCE.

A at	B by	C down	D in	E on
F out	G over	H under	I without	

It was the first time she had driven [1] Europe, and she was nervous about driving [2] the right. She enjoyed the view as she drove [3] the street until she heard the sound of thunder behind her. Driven [4] fear, she accelerated and tried to drive [5] of the area as quickly as possible. She had never driven [6] such speed before! After around twenty kilometers, she was stopped by the police, who gave her a ticket for driving [7] the speed limit by thirty kilometers per hour.

IV Choose the ONE way to make each of these sentences INCORRECT.

1 I (　　) hiking in the mountains.

A am not about to go　B can't stand
C do not care for　D prefer to not
E would rather not go

2 I am (　　) of repeating the same procedure every day.

A capable　B fond　C keen
D sick　E tired

3 The teacher had to (　　) the answer several times.

A check　B explain　C repeat
D tell　E write

4 They (　　) the development of the program.

A accelerated　B accepted　C accommodated
D accomplished　E accounted

5 Would you ( ) me a letter of recommendation?

A be kind enough to write B be willing to write

C do me a favor for writing D please consider writing

E mind writing

V **Choose the underlined section in each sentence below that is INCORRECT. If the choices in the sentences are ALL correct, choose E.**

1 Just as there is more than one reason (A) to save a forest (B), there is more than one benefit (C) to protecting the ocean (D).

E ALL CORRECT

2 My father has come back from Myanmar yesterday (A) after being told that (B) the political situation there was growing (C) more and more unstable by the day (D).

E ALL CORRECT

3 Smiling warmly, the stranger turned as if to speak to me (A), but I, lacking the courage to respond (B), kept on to walking (C), thus spoiling his friendly gesture (D).

E ALL CORRECT

4 Why are you concern yourself (A) with all the gossiping (B) when you know full well that (C) there is no basis for any of that nonsense (D)?

E ALL CORRECT

WRITING SECTION

VI **Use ALL the words and phrases provided in the underlined sections to complete the sentences to fit the context of the passage. Change the order and capitalize as necessary, but do NOT change the form of the words. Do NOT include words that are not provided.**

In an increasingly hot and crowded world, clean water is becoming a precious commodity. (accessing / fresh / global / have / of / population / problems / the / two-thirds / water / will) by 2025, and removing salt and contaminants from the oceans and groundwater is one way to slake humanity's thirst. Today's large desalination plants, though, cost millions of dollars to build. Most use reverse osmosis, which forces seawater through salt-blocking membranes. (accounts / electricity / for / half / of / required / the / to / up) a plant's expenses, and the process leaves behind a supersalty, chemical-laced soup that can harm local ecosystems.

[Adapted from "Solar Water," *Scientific American* (February 2021).]

VII **In a paragraph in English, explain what message you can read from the picture below.**

（解答欄：約18.5cm×9行）

著作権の都合上，省略。

[Picture available at https://www.pinterest.com/pin/7951736821515008/

■日本史■

（60分）

I　次の文を読み，後の問に答えなさい。

明治維新で一世一元の制が定まるまでは，天皇の代替わり以外にも，様々な理由で改元がおこなわれた。708年，［　A　］国から銅が献上されると，朝廷は年号を和銅と改め，<u>銭貨を発行した</u>[a]。717年の［　B　］への改元は，元正天皇が［　C　］国に行幸した際に汲んだ泉の水を称賛したことが理由である。このように<u>古代の律令国家体制</u>[b]においては，祥瑞と呼ばれる縁起の良い出来事を理由とした改元が少なくない。

しかし，10世紀に入ると祥瑞による改元は見られなくなり，災異と呼ばれる縁起の悪い出来事を理由とした改元が多くを占めるようになる。例えば938年に承平から天慶に改められた理由は，地震や兵乱であった。<u>この時期に相次いだ兵乱</u>[c]は，武士の時代の到来を予感させるものでもあった。

中世になり武士の政治力が高まる中で，年号の制定に強いこだわりを見せた天皇に後醍醐天皇がいる。<u>延喜・天暦の治</u>[d]を理想として鎌倉幕府を滅ぼした後醍醐天皇は，後漢の光武帝にならって年号を建武と定めた。

年号の使用は，時々の政治情勢を反映することもある。鎌倉幕府を樹立した源頼朝は，もともと平氏が実権を握る朝廷と対立していた。そのため，平氏が擁立した<u>安徳天皇</u>[e]のもとで定められた養和や寿永という年号を当初は用いず，平氏が都落ちし賊軍に転落する頃まで，治承を使い続けたのである。

南北朝の動乱の一時期，九州では，北朝を擁立した室町幕府の［　D　］と，南朝方の［　E　］に加え，幕府から離反した［　F　］による三つ巴の争いが発生した。そのため，この時期の九州では3つの年号が併存する事態が生じている。南北朝の動乱が終結したのちも，室町幕府と鎌倉府との間ではしばしば対立が生じた。のちに永享の乱で自害に追い込まれた［　G　］は，室町幕府の影響下で定められた永享を用いず，それまでの正長を使い続けた。

そもそも朝廷が正式に定めていない，民間で独自に用いられた年号も存在している。公年号に対して私年号と呼ばれるが，特に室町時代から戦国時代の東国(f)では，弥勒や福徳など複数の事例が知られている。その多くは石製の供養塔や経典の奥書などに記される。中世の私年号には，救いや安らぎを希求する民衆(g)の思いが込められていたのかもしれない。

〔問〕

1　空欄A・B・Cに入る語の組み合わせとして，正しいものはどれか。1つ選び，マーク解答用紙の該当記号をマークしなさい。

あ　A―伊予　B―養老　C―出雲

い　A―武蔵　B―大宝　C―出雲

う　A―武蔵　B―養老　C―美濃

え　A―下野　B―養老　C―美濃

お　A―下野　B―大宝　C―出雲

2　下線**a**に関して，この銭貨の名称は何か。漢字で記述解答用紙に記入しなさい。

3　下線**b**に関して，国司の命令により，年間60日を限度に地方での労役に従事する正丁に課された税は何か。漢字で記述解答用紙に記入しなさい。

4　下線**c**に関して，平将門の乱を鎮圧した人物として，正しいものはどれか。2つ選び，マーク解答用紙の該当記号をマークしなさい。

あ　源経基　　い　藤原隆家　　う　源満仲

え　藤原秀郷　　お　平貞盛

5　下線**d**に関する記述として，誤っているものはどれか。1つ選び，マーク解答用紙の該当記号をマークしなさい。

あ　村上天皇の治世に，乾元大宝が発行された。

い　紀友則らにより，古今和歌集が編纂された。

う　醍醐天皇の治世に，班田の実施が命じられた。

え　藤原時平らにより，類聚三代格が編纂された。

お　菅原道真らにより，日本三代実録が編纂された。

6　下線**e**に関する記述として，正しいものはどれか。2つ選び，マーク解答用紙の該当記号をマークしなさい。

あ　安徳天皇は平清盛と後白河法皇の孫にあたる。

い　安徳天皇が即位すると，平清盛は後白河法皇を幽閉した。

う　安徳天皇が即位すると，後白河法皇の子である以仁王が挙兵した。

え　安徳天皇が即位した翌年，養和への改元と福原京への遷都が断行された。

お　安徳天皇にかわって後鳥羽天皇が即位すると，寿永から文治へ改元された。

7　空欄D・E・Fに入る語の組み合わせとして，正しいものはどれか。1つ選び，マーク解答用紙の該当記号をマークしなさい。

あ　D―九州探題　E―懐良親王　F―足利直冬

い　D―九州探題　E―護良親王　F―足利直冬

う　D―鎮西奉行　E―護良親王　F―今川了俊

え　D―鎮西奉行　E―懐良親王　F―足利直冬

お　D―九州探題　E―懐良親王　F―今川了俊

8　空欄Gに入る人物は誰か。漢字で記述解答用紙に記入しなさい。

9　下線**f**に関連して，応仁・文明の乱の頃，東国を遍歴し，のちに『水無瀬三吟百韻』や『新撰菟玖波集』を編んだ連歌師は誰か。漢字で記述解答用紙に記入しなさい。

10　下線**g**に関連して，中世における民衆の信仰や生活について述べた文として，正しいものはどれか。1つ選び，マーク解答用紙の該当記号をマークしなさい。

あ　律宗の叡尊と貞慶は，奈良と鎌倉を拠点に貧民の救済や病人の療養に取り組んだ。

い　一遍は踊念仏と風流とを結びつけて盆踊りを考案し，民衆に念仏往生の教えを広めた。

う　気候が寒冷でしばしば飢饉に襲われた鎌倉時代，食糧増産のための二毛作が全国に普及した。

え　南無妙法蓮華経と唱えることで救われるとする日蓮の教えは，地方の貧農を中心に広まった。

お　院政期に作られた『信貴山縁起絵巻』や『扇面古写経』には，庶民の風俗が描き込まれている。

II 次の文を読み，後の問に答えなさい。

17世紀初頭の日本は，初代将軍徳川家康の意向も反映し，諸外国との交流や貿易には積極的であった。(a) しかし，幕藩体制が固まるにつれて，幕府はキリスト教(b)の禁教政策や貿易の統制を理由に外国との往来や貿易に大きな制限を加えていき，その後約200年にわたって，日本はいわゆる鎖国(c)と呼ばれた状態に置かれた。かかる中でも外交上の関係を継続していたのが，オランダや朝鮮(d)，そして琉球王国である。

佐敷［ A ］から［ B ］王となった尚巴志は，1429年に分立していた地方勢力の統一を果たして琉球王国をつくり上げ，王国の都として首里の本格的な整備にも着手した。日本・朝鮮・中国・東南アジアの結節点にある琉球は，明の海禁政策のもと中継貿易の重要な拠点となり，これ以降繁栄を遂げていく。しかし1609年に薩摩の侵攻を受け，以後は中国との外交関係を維持しつつ，薩摩の監督の下で幕府との関係も保つこととなった。(e) 国王の代替わりごとに即位を感謝する［ C ］使，将軍の代替わりごとにそれを奉祝する［ D ］使をそれぞれ幕府に派遣したのは，その端的な現れである。この琉球使節の「江戸上り」に際しては，異国風の服装を用いさせる等，あくまでも「異国人」としての将軍への入貢という体裁が重視されていた。

こうした複雑な両属関係に置かれつつも，琉球王国は独自の文化を育んでいった。日本もまた，琉球を介して様々な影響を受けている。その一つが，琉球出身の儒学者である程順則が中国より持ち帰って紹介した『六諭衍義』(f)で，その後寺子屋等で広く用いられ，教育上大きな役割を果たしている。やがて明治維新を迎えると，琉球王国は琉球藩(g)として日本に組み込まれていく。1879年の沖縄県設置(h)は，長きにわたって続いた王国の終焉であった。

〔問〕

1 下線**a**に関連する記述として誤っているものを1つ選び，マーク解答用紙の該当記号をマークしなさい。

あ 肥前の平戸にはオランダ商館に続き，オランダに先立って東インド会社を設立したイギリスの商館も開設され，貿易に従事した。

い　家康は，サン＝フェリペ号事件以来途絶えていたスペインとの通交復活に乗り出し，田中勝介（勝助）をノビスパンに派遣した。

う　支倉常長を正使とする慶長遣欧使節は，伊達政宗の命を受けてノビスパン・スペイン・イタリアに赴き，通商を求めた。

え　1604 年に設けられた糸割符制度では，当初長崎・堺・大坂の特定商人らに糸割符仲間をつくらせて輸入生糸を一括購入させた。

お　朱印状を与えられた商人たちは，ルソン・アユタヤ・プノンペン等に渡り，各地に日本町が形成された。

2　下線 **b** に関連する下記の記述①～⑤を，年代順に正しく並べている選択肢は，あ～おのうちのどれか。正しいものを 1 つ選び，マーク解答用紙の該当記号をマークしなさい。

①　イエズス会と対立するフランシスコ会の宣教師・信徒 26 人が処刑された。

②　高山右近ら 300 人余りが，家族とともにマニラやマカオに追放された。

③　長崎立山において，宣教師・信徒ら 55 人が処刑された。

④　宣教師ヴァリニャーニが，帰国する天正遣欧使節団とともに来日した。

⑤　バテレン追放令が出され，宣教師の国外追放が命ぜられた。

あ　⑤→④→①→②→③

い　④→①→⑤→③→②

う　④→③→②→①→⑤

え　⑤→①→④→③→②

お　④→⑤→②→①→③

3　下線 **c** は，あるドイツ人医師が著した著書からの和訳に由来する言葉である。この翻訳者の人名を，漢字 4 字で記述解答用紙に記入しなさい。

4　下線 **d** に関連する記述として正しいものはどれか。1 つ選び，マーク解答用紙の該当記号をマークしなさい。

あ　木下順庵門下の儒学者である雨森芳洲は，中国語や朝鮮語にも通じており，朝鮮との外交も担っていた。

い　朝鮮から来日した使節は，初回のみ回答兼刷還使とも呼ばれ，文禄・慶長の役の捕虜返還も目的としていた。

う　対馬藩主の宗氏は，幕府と朝鮮との間で結ばれた己酉約条を仲介したことで，対朝鮮貿易を独占する特権を与えられた。

え　江戸時代，朝鮮では新たに釜山と漢城に倭館が置かれ，使節の接待や貿易の舞台となっていた。

お　1825年の異国船打払令を受けて易地聘礼の措置が取られ，朝鮮通信使はそれまでの江戸ではなく対馬で迎えられることとなった。

5　空欄A・Bに入る語の組み合わせとして正しいものはどれか。1つ選び，マーク解答用紙の該当記号をマークしなさい。

あ　A－按司　B－南山　　い　A－親方　B－南山

う　A－按司　B－中山　　え　A－摂政　B－北山

お　A－親方　B－中山

6　下線**e**に関連する記述として正しいものはどれか。2つ選び，マーク解答用紙の該当記号をマークしなさい。

あ　島津義久は，琉球漂流民の送還に謝意を示さなかったことを口実として，琉球へ侵攻した。

い　薩摩藩は，琉球にも石高制を導入し，農村支配を確立させた上，尚氏を沖縄本島ならびに周辺諸島9万石弱の王位につかせた。

う　同じ時期，蝦夷では，松前氏がシャクシャインの戦いでの勝利によってアイヌとの交易独占権を保障され，藩制を敷いていた。

え　島津による侵攻の後，琉球から中国王朝には進貢船を派遣し，中国からは冊封使が来琉した。

お　17世紀以降，琉球は中国に向けた俵物貿易の窓口ともされ，幕府・薩摩それぞれによる役所が設けられていた。

7　空欄C・Dに入る語を，それぞれ漢字2字で記述解答用紙に記入しなさい。

8　下線**f**を平易に解説し，その幅広い受容の素地となった『六諭衍義大意』は，荻生徂徠と同様，八代将軍徳川吉宗に取り立てられた儒学者によって著された。この著者の人名を，漢字3字で記述解答用紙に記入しなさい。

9　下線**g**の藩王を務めた人物の名を，漢字2字で記述解答用紙に記入しなさい。

10　下線**h**に関連する記述として誤っているものを1つ選び，マーク解答用紙の該当記号をマークしなさい。

あ　1876年に那覇で生まれた伊波普猷は，琉球の古代歌謡集である「おもろさうし」の研究に取り組み，沖縄における民族学の基礎を築いた。

い　琉球漂流民殺害事件において，清国が台湾現地住民による殺傷行為に責任を負わないとしたため，1874年に明治政府は台湾に出兵した。

う　宗主権を主張する清国は沖縄県の設置に強く抗議したため，アメリカからは，先島諸島を分離して清国領とする調停案も出されていた。

え　沖縄県庁職員であった謝花昇は，「琉球王」の異名を取った奈良原繁県知事と対立して辞任し，沖縄での民権運動を推し進めた。

お　沖縄県の設置以降，沖縄本島では琉球以来の慣習や諸制度が一斉に廃止され，社会が大きく変化する一因をなした。

※問10については，選択肢の記述に不適切な部分があったため，解答の有無・内容にかかわらず，受験生全員に得点を与える措置を取ったことが大学から公表されている。

III

次の資料は，ある人物の日記の同じ年の出来事に関する記述（一部表記を変更）からの抜粋である。これを読み，後の問に答えなさい。

【資料】

①　四月二日（水）

此頃，西郷隆盛[a]は未だ生存し居り，露国皇太子の軍艦に乗り込み来たりしよし，専ら風説す。

②　五月六日（水）

［　A　］君，大審院[b]長にならるるよし。

③　五月十一日（月）

夜十時，新聞号外来る。露国皇太子殿下，大津にて，狂人巡査津田三蔵と云う者の為めに，剣にて切り付けられ給い，御横額へ三寸程の御重傷をおい給いしよし[c]，其筋より宮内省，内務省へ電報ありしとの事，実に思いがけざる一大変報なり。〔中略〕露国皇太子殿下には，御遭難後一先ず県庁へ御出，五時三十分，京都新常盤ホテルへ御帰りになりしよし。〔中略〕天皇陛下には明六時十分の汽車にて，京都へ御見舞の為め行幸のよし。

④　五月十二日（火）

[B] 君は，昨夜御遭難事件にて，枢密院多忙にて，徹夜せしよし。

⑤　五月二十一日（木）

旦那様朝お出まし。今日 [C] 総理大臣官宅へ，大学教授十名の総代として，木下，富井両氏と共にお出，御面会なされしよし。七時頃後御帰宅。

今度凶漢津田三蔵の裁判に付，内閣に於ては，日本皇族に対し奉つる大罪にならい，刑罰を定めんとの議あるに付，右は違法の事なれば，法学者は只傍看すべからずとて，今日，旦那様始三人，総理大臣へ忠告に行かれたりし由。d同大臣は，よろこんで右の忠告を容れしよし。

日本皇族に対する罪にならうは，一寸尤もの様なれ共，法律上明文無きに，e憲法を附会するは，将来害を残すべき一大事のよし。さりとて並の謀殺未遂犯に処する訳にも行かざるべければ，寧ろ既往に遡るとも，緊急勅令を発して刑罰を定める方よろしきとの事なり。

⑥　五月二十六日（火）

昼頃，大津出，[A] 氏より大至急の書状来りしゆえ，大学へさし上げる。津田事件は中々むずかしくなるべき様子のよし。

⑦　五月二十七日（水）

夜 [A] 君より電信。「カチヲセイスルニイタレリ，アンシンアレ」と申越せり。

⑧　五月二十八日（木）

津田三蔵の処刑は，いよいよ謀殺未遂犯を以て論ぜられ，無期徒刑に処せらるる。f司法権独立の為に祝すべき事なりとぞ。

〔問〕

1　下線**a**の人物を首領とする士族反乱が鎮圧された後に生じた出来事として，正しいものはどれか。1つ選び，マーク解答用紙の該当記号をマークしなさい。

あ　江藤新平が佐賀の不平士族に迎えられ，政府に対して反乱をおこした。

い　立志社が国会開設を求める意見書を天皇に提出しようとしたが，政府に却下された。

う　板垣退助らが，有司専制の弊害を批判し，民撰議院設立の建白書を左院に提出した。

え　農民が，徴兵制度や学制に基づく小学校の設置による負担の増加などに不満を持って一揆を起こした。

お　政府が集会条例を定めて政社の活動を制限した。

2　空欄［A］に該当する人物は誰か。その姓名を漢字で記述解答用紙に記入しなさい。

3　下線**b**の機関に関する記述として，正しいものはどれか。1つ選び，マーク解答用紙の該当記号をマークしなさい。

あ　大審院は，三権分立を定める大日本帝国憲法の施行によって設置された。

い　大審院は，在野の大隈重信らが参加した大阪会議の結果，設立された。

う　大審院は，漸次立憲政体樹立の詔を受けて，元老院や地方官会議とともに設立された。

え　大審院は，三大事件建白運動の結果，設立された。

お　大審院は，日本国憲按という憲法草案を完成させた。

4　空欄［B］の人物は，【資料】の当時，兼任枢密院書記官を務めていた法学者である。同年に発表した論文が，民法典論争の象徴的位置づけを占めたことで知られている。その姓名を漢字で記述解答用紙に記入しなさい。

5　空欄［C］に該当する人物は誰か。その姓名を漢字で記述解答用紙に記入しなさい。

6　下線**c**の事件が生じた時に施行されていなかった法典はどれか。2つ選び，マーク解答用紙の該当記号をマークしなさい。

あ　大日本帝国憲法　　い　民　法　　う　刑　法

え　商　法　　お　治罪法

7　下線**c**について。この事件の責任をとり辞任した外相は誰か。その姓名を漢字で記述解答用紙に記入しなさい。

8　下線**d**について。当時の政府は外交関係に苦慮して，【資料】にいう忠告の内容とは異なる立場をとった。当時の日露関係の説明として正しいものを１つ選び，マーク解答用紙の該当記号をマークしなさい。

あ　ロシアは，フランスおよびドイツと共に遼東半島の返還を日本に要求していた。

い　ロシアは，日清戦争によって清国の弱体を知り，遼東半島の旅順および大連を租借した。

う　ロシアは，シベリア鉄道を計画して東アジア進出を図り，これを警戒するイギリスが日本に相互対等を原則とする条約改正に応じるきっかけを作った。

え　ロシアは，日英同盟の成立後も満州に駐兵を続けており，日本政府が対露交渉を行っていた。

お　ロシアは，米国大統領の斡旋により，アメリカのポーツマスで日本と講和条約を締結した。

9　下線 **e** に関する記述として誤っているものはどれか。１つ選び，マーク解答用紙の該当記号をマークしなさい。

あ　この憲法はこの事件の前年に施行されていた。

い　この憲法の制定に際して，伊藤博文らがヨーロッパに派遣され調査をおこなった。

う　この憲法の草案は，天皇臨席のもとに枢密院で審議された。

え　この憲法の公布と同時に皇室典範も制定された。

お　この憲法は太政官制のもとで公布された。

10　下線 **f** に関する記述として正しいものはどれか。１つ選び，マーク解答用紙の該当記号をマークしなさい。

あ　この事件で司法権の独立が守られたことが，憲法制定のはずみとなった。

い　大審院は，この事件で大逆罪を外国の皇族に適用せず，司法権の独立を守った。

う　司法権の独立とは，地方の裁判所でも，大審院長の意見に従う体系的な裁判が行われることを意味する。

え　この事件で司法権の独立が内外に示されたことがはずみとなり，翌年には，領事裁判権の撤廃を内容とする日英通商航海条約が調印された。

お　司法権の独立が問題となったこの事件の判決に抗議したロシアは，

その後も領事裁判権の撤廃を内容とする条約の調印を拒んだ。

Ⅳ

次は，1970年代以降の，日本と，アメリカ（米国）・中国の関係に関する記述である。この文を読み，後の問に答えなさい。

(1) アメリカ及びソビエト連邦の2大国に代表される両陣営が対立していた体制では，日本はその地理的な位置だけでも，アメリカにとって存在意義があった。しかし，1972年以来米中関係の改善が進展し[a]，79年には米中の国交が樹立されたことにより，極東アジア地域に関してアメリカはやや安心感をもつようになった。さらに1989年の冷戦終結宣言及びその後のソ連邦の崩壊により，極東の緊張は一時弱まった。

もっとも，その後の中華人民共和国の経済的・軍事的台頭と南シナ海での基地建設などにより，アメリカにとっては，中国の南シナ海，台湾等に対する政策にどう対処するか，北朝鮮の核問題にどう対処するか，の2点が極東における重要な懸念事項になり，様相は大きく変化している。

(2) 日本と中華人民共和国も，[b]1972年以来，関係を改善させ，[c]78年には日中平和友好条約が締結された。1979年，[d]対中ODA（政府開発援助）としての円借款が開始され，80年代には，日中関係全体においてODAは突出した役割を果たしたが，90年代半ば以降，ODAを巡る摩擦が顕在化した。対中ODAは，2018年度には新規採択が終了した。対中ODAの総額は3兆6000億円以上に上った。一方，2010年には，尖閣諸島沖での中国漁船衝突事件が起き，時の日本政府はその対応等を批判され，支持率が急落した。尖閣諸島をめぐる両国の緊張状態はその後も継続している。中国の国内総生産（GDP）は，同年に日本を抜いて世界第2位になった。

(3) 日米間には，経済的には貿易摩擦問題が一貫して存在した。摩擦の対象となった日本からの輸出品は，1960年代には繊維など軽工業製品が中心であったが，70年代には，付加価値の高い分野へと及んでいった。アメリカは，1970年代に，日本に内需拡大と［ A ］などの輸出規制，市場開放を求め，日本側では，（当時の）通商産業省の指導の下で，［ A ］などの輸出量の自主規制を行った。

1980年代には円高の影響もあって，日本の対米貿易黒字が増大し，アメリカの世論の中には，日本に対して［B］論などが出るようになってきた。アメリカの不満が日本に特に向けられたのは，日米安全保障条約が存在したことが関連していた。アメリカは，従来の要求に加え，農産物などの輸入自由化を要求し続けた。日本政府は，1988 年には牛肉とオレンジの輸入自由化を認め，91 年に実施した。1993 年には米（こめ）市場の部分的開放も決定した。

さらに，アメリカは，1989 年から始まった［C］で，自由な貿易・投資を阻む日本経済の参入障壁の撤廃を強く求めた。1990 年代には，金融・流通分野を中心に日本政府は市場開放，規制緩和を急速に進めるとともに，日本社会の伝統的慣行をも変更することになった。

〔問〕

1　下線 **a** に関して，この年に訪中して両国間の共同声明を出したアメリカの大統領は誰か。記述解答用紙に記入しなさい。

2　次に掲げるのは，下線 **b** の年に出された日中共同声明に関連する記述である。誤っているものを１つ選び，マーク解答用紙の該当記号をマークしなさい。

あ　この声明を発表した日本側の代表は田中角栄首相であった。

い　この声明では，日本は，戦争を通じて中国国民に重大な損害を与えたことについての責任を痛感し，深く反省するとした。

う　この声明では，両国間の不正常な状態を終了するという表現をとった。

え　この声明では，中華人民共和国政府を唯一の合法政府とするとされた。

お　この声明には，中国側の対日賠償請求権に関する記述はなかった。

3　次は，下線 **b** の前後それぞれ数年間に起きた出来事を挙げたものである。出来事の起きた年について，時期の早いものから順に並べた組み合わせとして正しいものを１つ選び，マーク解答用紙の該当記号をマークしなさい。

⑴　日本の国民総生産（GNP）が世界第２位となった。

⑵　ワシントンのスミソニアン博物館で 10 か国蔵相会議が開かれ，スミソニアン体制が成立した。

(3)　ベトナム和平協定が成立し，ベトナム戦争が終結した。

(4)　高度経済成長のひずみに悩む中で，東京都では美濃部亮吉が知事に当選した。

(5)　第1次石油危機後の政府の金融引締め政策の結果，スタグフレーションが起き，戦後初のマイナス成長となった。

あ　(4)　(1)　(2)　(3)　(5)　　い　(1)　(4)　(2)　(5)　(3)

う　(1)　(2)　(4)　(5)　(3)　　え　(1)　(4)　(3)　(2)　(5)

お　(4)　(1)　(2)　(5)　(3)

4　下線**c**の条約を締結した際の日本の総理大臣の姓名を記述解答用紙に記入しなさい。

5　下線**c**の条約の締結が遅れた理由として適切なものを1つ選び，マーク解答用紙の該当記号をマークしなさい。

あ　中国側の対日賠償請求権の扱いに関する決断が遅れた。

い　日本側の台湾との日華平和条約廃棄の手続が遅れた。

う　中国側はソ連が覇権国家であることを条約上認めることを要求したが，日本はそのままの形で条約に規定することに同意しなかった。

え　中国側はアメリカが覇権国家であることを条約上認めることを要求したが，日本は条約に規定することに同意しなかった。

お　日本側が，条約上日本の戦争責任を認めることに躊躇した。

6　下線**d**を開始した際の日本の総理大臣の姓名を記述解答用紙に記入しなさい。

7　下線**d**に関して誤っているものを1つ選び，マーク解答用紙の該当記号をマークしなさい。

あ　日本政府は対中ODAを，中国を国際システムに組み込み，予測可能，交流可能な国にするために用いる戦略を持っていた。

い　対中ODA開始にあたり，日本側は，中国の対日賠償請求権の扱いとの関係については言及しなかった。

う　日本の開発途上国に対するODA供与額が初めて世界最大規模となったのは，1990年代である。

え　対中ODAは，日本の対中技術移転及び直接投資環境の改善のために用いられた。

お　1989年の天安門事件の後，日本政府は対中円借款を一時凍結したが，１年後に再開した。

8　空欄Aに該当する製品として適切なものを２つ選び，マーク解答用紙の該当記号をマークしなさい。

あ　鉄　鋼　　い　医薬品　　う　船　舶
え　建設機械　　お　自動車

9　空欄Bに該当する語を記述解答用紙に記入しなさい。

10　空欄Cに該当する語を漢字で記述解答用紙に記入しなさい。

世界史

（60分）

I 次の文章を読み，設問1～9についてそれぞれ解答を一つ選んで，その記号をマーク解答用紙の所定欄にマークしなさい。

中華人民共和国は，人口の多数を占める漢民族（漢族）と，いわゆる民族識別工作によって認められた55の少数民族からなる多民族国家であると説明される。民族集団は，歴史的に，あるいはときに人為的に構築されたものであることを前提としつつも，たとえば，主に四川省に居住するチャン（羌）族は，史書にあらわれる羌の末裔であるとされ，11世紀に西夏（大夏）をうちたてたタングートも，一般的には羌の系譜に連なる集団であると考えられている[a]。また，ミャオ（苗）族は，貴州省など，中国南部に多く居住し，同系統の言語や類似する習慣をもつ人々は，国境を越えて，現在のラオス，ベトナム，タイ，ミャンマー（ビルマ）[b]にもいる。さらに，多様な台湾原住民を包括的に指して使われることがある高山族は，大陸側に居住している人口は少ないものの，台湾[c]を中国本土と一体の領土と考える立場もあって，55の少数民族の一つとして扱われる。

さらに，かつては中国の古代文明として黄河文明のみが挙げられ，いわゆる中原を中心とした歴史が語られることがあったが，調査・研究の進展によって，中国の多元性[d]が強調されるようになって久しい。しかし，一方で，こうした多元性・多民族性を認めつつも，現代中国では，それらを統合するナショナル・アイデンティティとして，「中華民族」という概念が構想され，盛んに用いられてもいる。すなわち，中華人民共和国は「統一された多民族国家」であり，かつ各民族が共同して組織した「多元一体構造の民族共同体」であるという主張である。

そもそも中国では，おそらく農耕と遊牧という生業の差異がおおもとにあって，のちには儒教や文字などによって基礎づけられる社会秩序や文化が及ぶ範囲としての中華と，その周縁に位置づけられる夷狄とを区別する，いわゆる華夷秩序（中華思想）という概念が形成されていった。たとえば，春秋時代には，周王を尊び，夷狄を討ち払うという意味で尊王攘夷を唱え，会盟をとおして他の諸侯に号令をかけることができた有力諸侯が，（　あ　）と呼ばれた。

華夷秩序にもとづく対外関係は必然的に対等なものではなく，周辺国による朝貢というかたちをとることになり，それは中国を中心とする国際秩序の形成に大きな影響を与えた。一方，中華は必ずしも地縁・血縁などにもとづく民族的な実体ではなく，現代の用語を使うならば「文明」かそうではないかという，社会・文化の有り様にもとづく概念であった。したがって，中華的な社会秩序や文化を受け入れ，一定の条件を満たせば，夷狄出身でも中華の担い手となり得たのであり，それは漢民族以外によってうちたてられた王朝による中国支配[e]を可能にしたとも理解される。

ところが，清朝末期の18世紀末から19世紀に，欧米諸国が中国への進出を本格化させていく[f]と，それらに抗し得る，より内向きの統合原理が，華夷秩序に代わって模索されていくことになる。たとえば，漢民族による民族運動という性格も持つ太平天国[g]に関心を抱いていた孫文は，駆除韃虜・恢復中華を唱えて漢民族国家の再興を目指したが，辛亥革命によって中華民国が成立すると，諸民族を漢民族へ同化する思想を内包しつつも，清朝によって形成された版図の分裂を避けるべく，漢・（　い　）・蒙・回・蔵の「五族共和」を提唱するに至った。一方，変法派の梁啓超などによって，「中華民族」という語も，少しずつ意味を変えながら使用されるようになる。こうして，「多元一体構造の民族共同体」としての「中華民族」という概念が，国家としての中国の諸民族を統合する原理として，徐々に創出されていくのである。

設問1　下線部**a**に関連し，西夏（大夏）に関して述べた以下の文のうち，適切なものはどれか。

① 宋の西北辺境にいたタングートは，周辺の吐蕃などを破り，やがて李世民が皇帝を称して西夏（大夏）を興した。

② 西夏（大夏）では仏教が盛んであり，漢字の構造にならった西夏文字を用いて，多くの仏典が翻訳された。

③ 澶淵の盟では，宋が西夏（大夏）に対し臣下の礼をとることになり，かつ宋から西夏（大夏）に毎年絹・銀・茶を贈ることが約された。

④　西夏（大夏）は，中国と西方とを結ぶ通商路の要をおさえて栄えたが，元のフビライによって滅ぼされた。

設問2　下線部**b**に関連し，東南アジア諸国の歴史に関して述べた以下の文のうち，明白な誤りを含むものはどれか。

①　ラオスでは，フランスの植民地支配からの独立後に勃発した内戦に，ラオス愛国戦線（パテト＝ラオ）が勝利し，ラオス人民民主共和国が成立した。

②　ベトナム和平協定が成立し，アメリカ軍の撤退が実現されたのち，南ベトナム（ベトナム共和国）軍と南ベトナム民族解放戦線は南北ベトナムを統一し，ベトナム社会主義共和国が成立した。

③　タイでは，19世紀後半から20世紀初頭にかけて，ラタナコーシン朝のチュラロンコン（ラーマ5世）が近代化に努め，またイギリスとフランスの緩衝地帯という国際環境を利用し，植民地化を回避した。

④　イギリスの植民地支配下におかれていたビルマ（ミャンマー）では，タキン党のアウン＝サンの指導下でイギリスとの交渉がまとめられ，独立協定が結ばれた。

設問3　下線部**c**に関連し，台湾の歴史に関して述べた以下の文のうち，適切なものはどれか。

①　オランダ人がマカオに居住権を得た一方で，ポルトガル人は台湾を占領して拠点を築き，日本と中国との間で行われた銀と生糸の貿易を担って大きな利益を上げた。

②　鄭成功は台湾を占領し，清朝に抵抗したが，康熙帝は厳しい海禁政策で鄭氏の財源を絶ち，鄭氏を降伏させて台湾を領土とした。

③　国際連合では，中華民国が安全保障理事会の常任理事国であったが，共産党との抗争に敗れた国民党の蔣介石が台湾に逃れた年に，その代表権は中華人民共和国へと移った。

④　本省人の李登輝は，反国民党勢力を結集して民進党を結党し，台湾生まれの人物としてはじめて総統に就任した。

設問4　下線部**d**に関連し，中国の多元性に関して述べた以下の文のうち，明白な誤りを含むものはどれか。

①　黄河中流域では，彩文土器（彩陶）を特色とする竜山文化が栄えた。

②　長江下流域では，河姆渡遺跡に代表されるように，稲作を基盤とす

る社会が成立した。

③ 四川盆地には，独特の青銅器で知られる三星堆文化が存在していた。

④ 戦国時代に使用された青銅貨幣には，地域によって多様なかたちがあった。

設問5 空欄（ あ ）に入る語として最も適切なものはどれか。

① 天 子 ② 皇 帝 ③ 大 夫 ④ 覇 者

設問6 下線部**e**に関連し，漢民族以外によってたてられた王朝に関して述べた以下の文のうち，明白な誤りを含むものはどれか。

① 遼（契丹）は，燕雲十六州を獲得して華北の一部も支配し，北面官が契丹人などを，州県制にもとづき南面官が漢人などを統治する二重統治体制を敷いた。

② 華北にも侵入して宋の都であった開封を占領した金では，部族制にもとづく猛安・謀克という軍事・行政組織があった一方で，州県制も用いられた。

③ 元では，中国の伝統的な官僚制度を採用したが，中央政府の中枢はモンゴル人で占められ，また色目人と総称される中央アジア・西アジア出身の人々が財務官僚として重用され，元代を通じて科挙は行われなかった。

④ 清では，内閣など明の官制がほぼ受け継がれた一方で，軍制においては，漢人で組織する緑営のほかに，ヌルハチが創始した八旗という軍事・行政組織があった。

設問7 下線部**f**に関連し，欧米諸国の中国進出に関して述べた以下の文のうち，明白な誤りを含むものはどれか。

① イギリスから派遣されたマカートニーは，乾隆帝との謁見は許されたものの，自由貿易の要求は認められず，ついで派遣されたアマーストは三跪九叩頭の礼を拒み，皇帝に謁見することもできなかった。

② フランスのナポレオン3世は，フランス人宣教師が清朝の役人に殺害された事件を口実に，アロー戦争ではイギリスと連合して参戦した。

③ ロシアは，東シベリア総督のムラヴィヨフのもとで清朝への圧力を強め，アイグン条約を結んで黒竜江（アムール川）以北を領有し，さらに北京条約で沿海州を獲得し，ウラジヴォストーク港を開いた。

④ アメリカ合衆国は，アヘン戦争後に清朝と黄埔条約を結び，さらに

19世紀末には，国務長官ジョン＝ヘイが門戸開放と機会均等を清朝に求め，その領土の分割・獲得を進めた。

設問8 下線部**g**に関連し，太平天国に関して述べた以下の文のうち，明白な誤りを含むものはどれか。

① 太平天国は，客家出身の洪秀全が組織したキリスト教的宗教結社である拝上帝会が中心となって樹立された政権で，南京を占領して天京と改称し，首都とした。

② 太平天国の乱の時代には，ときに太平天国と呼応しつつ展開した捻軍による反乱や，同化政策などに反発して起こったミャオ族による反乱も生じた。

③ 太平天国では，弁髪や纏足が廃止され，また男女の区別なく土地を分配し，余剰生産物は国庫に納めるという天朝田畝制度が広く実施された。

④ 太平天国の鎮圧にあたっては，曾国藩の湘軍，李鴻章の淮軍に代表される郷勇と，イギリスの軍人ゴードンに率いられた常勝軍が貢献した。

設問9 空欄（ い ）に入る漢字一字として最も適切なものはどれか。

① 洋 ② 越 ③ 韓 ④ 満

II

次の文章を読み，以下の問いに答えなさい。解答はマーク解答用紙の所定欄にマークしなさい。

11世紀における封建社会の安定は，西ヨーロッパに農業生産の増大をもたらし，その結果，余剰生産物の取引が活発となり，古代世界の崩壊以来衰退していた商業が復活した。この経済的復興は，封建領主や教会に対する新たな勢力としての都市の発展を促した。紀元前1世紀頃からローマと接触していたゲルマン人①が，西ローマ帝国の滅亡前後に繰り返した大移動の影響もあって，古来栄えたイタリアの諸都市もいったんは荒廃したが，中世中期には経済発展とともに復興の時代を迎えた。

北イタリアでは海港都市が地中海商業圏での遠隔地貿易を通じて他にさきがけて繁栄した。②ヴェネツィアは将来の隆盛の礎となる東地中海の商業特権をビザンツ帝国（東ローマ帝国）から10世紀末頃に獲得している。かつてローマの植民市でその海軍の拠点であったピサは，西ローマ帝国の滅亡後も海運に従事して海軍力を蓄え，③11 世紀半ばにはイスラーム勢力が支配するシチリアのパレルモを攻撃し，④第 1 回十字軍に際しては東地中海におびただしい数の艦船を派遣して周辺各地に貿易拠点を確保した。ジェノヴァは，これらの都市と同じく東地中海で交易を展開するとともに，西地中海の開拓にも乗り出して 12 世紀にはフランスのプロヴァンスやラングドックに商館を置き，さらには定期市で有名な（　⑤　）にも進出して 13 世紀まで続くこの地方の繁栄に寄与した。当時のフランスにおけるイタリア商人の活動の足跡は，今でもいくつかの都市の街路の名称として残っている。

12 世紀になると，北イタリアでは都市国家の制度が開花する。諸都市は封建領主である司教の支配を排除して自治都市（コムーネ）となっていった。北イタリアの⑥中世都市は，複数の執政官や 1 名の長官をトップとする固有の行政機構を備え，さらには周辺の農村地域（コンタード）にも勢力を拡大してひとつの独立国家の様相を呈した。都市国家の間では抗争が頻発し，こうした状況は，都市に対して徴税などを通じた中央集権的支配を及ぼそうとする神聖ローマ皇帝の介入を招いたが，特に，フリードリヒ 1 世のイタリア政策に対しては，1165 年のヴェローナ都市同盟のようにいくつかの都市が連合して自治権を防衛する動きが各地で生じ，これはやがて北イタリアの多数の都市を結集する（　⑦　）同盟の成立につながった。一方で，⑧自己の権威の強化を図るローマ教皇は皇帝のイタリア支配に抵抗するために諸都市との連携を模索した。

また，⑨都市の復興を背景に始められたイタリアにおける教会建設運動は 12 世紀に本格化し，小アーケード列と小柱からなる装飾は他の地域の教会建築にも影響を与えた。自治都市の内部でその市政を掌握する有力家系が形成されると，それらは都市の教養人の学問・芸術活動を保護するようになり，イタリア＝ルネサンスの発展を支えることとなった。

設問 1　下線部①に関連して，ゲルマン人について正しい内容の文章を以下のア～エから一つ選びなさい。

ア　ゲルマン人の慣習である恩貸地制度は封建的主従関係の起源の一つとなった。

イ　カロリング家のシャルル 2 世の死後，フランク王国は三つに分割された。

ウ　トイトブルク森でアルミニウス率いるゲルマン人がローマ軍を壊滅させた後，アウグストゥスはライン川以東の征服を断念した。

エ　西ローマ帝国を滅ぼしたゲルマン人傭兵隊長オドアケルは，その後ランゴバルド人によって倒された。

設問2　下線部②に関連して，東地中海地域について明白な誤りを含む文章を以下のア〜エから一つ選びなさい。

ア　7世紀以降，ビザンツ帝国ではラテン語に代わりギリシア語が公用語として用いられるようになった。

イ　10世紀初めに北アフリカにおこったファーティマ朝は，アッバース朝に対抗してスルタンの称号を用いた。

ウ　11世紀前半におこったセルジューク朝は，アナトリアやシリアの沿岸地帯にも進出した。

エ　11世紀末以降，ビザンツ帝国ではプロノイア制がしかれ，軍役の見返りとして貴族に領地が与えられるようになった。

設問3　下線部③に関連して，シチリア島の歴史について明白な誤りを含む文章を以下のア〜エから一つ選びなさい。

ア　前8世紀にはギリシアのコリントス（コリント）の植民市としてシラクサが建設された。

イ　前3世紀には第1回ポエニ戦争の後にローマの最初の属州とされた。

ウ　6世紀にビザンツ帝国の領土となる以前は，西ゴート王国の支配下にあった。

エ　12世紀にはノルマン系のルッジェーロ2世により両シチリア王国が建てられた。

設問4　下線部④に関連して，十字軍について正しい内容の文章を以下のア〜エから一つ選びなさい。

ア　第1回十字軍は1099年にイェルサレムを占領してイスラエル王国を建てた。

イ　第2回十字軍はフランス国王フィリップ2世と神聖ローマ皇帝コンラート3世によって率いられたが，大きな成果を挙げることはできなかった。

ウ　第3回十字軍はアイユーブ朝のサラディンから聖地を奪回すること

に成功した。

エ 第4回十字軍はコンスタンティノープルを占領し，ラテン帝国を建てた。

設問5 （ ⑤ ）に入る最も適切な語を以下のア〜エから一つ選びなさい。

ア アルザス　　イ フランドル
ウ シャンパーニュ　　エ ブルターニュ

設問6 下線部⑥に関連して，中世都市に関して生じた事象について明白な誤りを含む文章を以下のア〜エから一つ選びなさい。

ア 皇帝から特許状を得て成立したドイツの自由都市（帝国都市）も，諸侯との関係ではその封建的支配に服した。

イ 北ドイツ諸都市によるハンザ同盟は共同で武力を用いるほど強力になり，17世紀まで存続した。

ウ ミラノ，フィレンツェなどイタリアの内陸都市は毛織物産業や金融業で栄えた。

エ 自治都市の市政を独占していた商人ギルドに対抗して，手工業者は職種別の同職ギルド（ツンフト）を形成し市政への参加を図った。

設問7 （ ⑦ ）に入る最も適切な語を以下のア〜エから一つ選びなさい。

ア カルマル　　イ ロンバルディア
ウ ヘラス　　エ シュマルカルデン

設問8 下線部⑧に関連して，教皇について明白な誤りを含む文章を以下のア〜エから一つ選びなさい。

ア ボニファティウス8世は教皇権の絶対性を主張したが，フィリップ4世にとらえられた。

イ レオ10世は喜捨などの善行を積めば罪が赦されると説明して，教会の建築資金を調達するために贖宥状（免罪符）を売り出した。

ウ インノケンティウス3世はイギリスのジョン王と争った後，これを破門した。

エ 北イタリア諸都市の内部では教皇党（ギベリン）が形成され，皇帝党（ゲルフ）と対立することとなった。

設問9 下線部⑨に関連して，ヨーロッパの教会建築について明白な誤りを含む文章を以下のア～エから一つ選びなさい。

ア フランス南部モワサックのサン＝ピエール修道院付属教会は，厚い石壁と小さな窓を特徴とするロマネスク様式で建築された。

イ ピサ大聖堂は，ドームとモザイク壁画を特色とするビザンツ様式で建立された教会として有名である。

ウ シャルトル大聖堂は，高くそびえる尖塔，ステンドグラスで飾られた大きな窓を特徴とするゴシック様式の典型である。

エ ローマのサン＝ピエトロ大聖堂は，古代ローマ時代に建立され，その後，大ドームを有するルネサンス様式で再建された。

III

次の文章を読み，以下の問いに答えなさい。解答はマーク解答用紙の所定欄にマークしなさい。

オランダ・ベルギー・ルクセンブルク（ベネルクス3国）と北フランスの一部を含む地域は，一般的に「低地地方」を意味する「ネーデルラント」と呼ばれ，現在のオランダの正式名称は，「ネーデルラント王国」である。北海に面するこの地域は，古くはケルト系のベルガエ人などの居住地となっていたが，紀元前1世紀にカエサルのガリア遠征により制圧され，長らくローマの支配を受けた。この時期に，オランダはローマとゲルマン人が対峙する最前線ともなり，ゲルマン系のバターフ（バタヴィア）人は，紀元68年の①ローマ皇帝ネロの死に乗じて，ローマ支配にたいして抵抗運動をおこした。ゲルマン人の大移動によってローマ支配が終わり，つぎにこの低地地方へ勢力を拡大したのはゲルマン系のフランク王国である。その後9世紀に，この地方は②ノルマン人の侵攻に脅かされたが，11世紀以降は，神聖ローマ帝国の領域に組み込まれ，海上貿易や毛織物産業で栄えた。

14世紀後半以降，低地地方はフランス王家の分家として独立を強めた［ A ］の支配下に入り，フィリップ善良公の時代に統治は最盛期を迎えた。しかし，これを継いだシャルル突進公の死によって支配はおわり，低地地方は，その後の婚姻関係を通して，事実上ハプスブルク家の領地となった。1543年，低地地方の諸州のほぼ統一を完成させたのは，現在のベルギー・ヘント（ゲント）生まれの神聖ローマ皇帝カール5世（スペイン王カルロス1世）であった。カール5世の時代に，オランダにも宗教改革の運動が押し寄せ，社会的動揺の原因となった。これを継いだ③フェリペ2世は，支配下のネーデルラントへカトリックを強制しようとしたため，1568年に，スペインに対する反乱が始まった。カトリックの多かったネーデルラント南部10州は親スペインの［　B　］同盟を結成して支配下にとどまったが，一方で，新教徒の多かったネーデルラント北部7州は，総督オラニエ公ウィレム（オレンジ公ウィリアム）のもとにさらに独立運動を進め，1581年にネーデルラント連邦共和国として独立を宣言した。オランダの語源は，この共和国のなかで最も有力な州「ホラント」に由来する。

18世紀末，オラニエ家の総督とレヘント（都市為政者層）とが結びついた共和国の政治支配体制にたいして，「パトリオッテン」（愛国者派）とよばれる中産階級・民衆派の抵抗運動が広がった。この運動は，④1787年のプロイセン軍の介入によってとん挫したが，⑤1789年から始まるフランス革命の影響によって，ふたたび勢いを盛り返した。1795年，フランス軍の援助を受けたパトリオッテンがついに政権を奪取し，オランダは古代に倣って「バターフ（バタヴィア）共和国」となった。しかし，この共和国はフランスの従属国となっていき，⑥1806年フランス皇帝ナポレオン1世は，これを弟ルイ＝ボナパルト国王の「オランダ王国」とし，さらに1810年にはフランス帝国に併合させた。ナポレオンの失脚後，1815年，オランダは元総督の息子を国王ウィレム1世とする立憲君主制の国家として再出発した。

設問1　下線部①に関連して，ローマ皇帝ネロはキリスト教徒を処刑したことで知られるが，帝政期ローマの宗教や信仰について述べたものとして，適切なものを一つ選びなさい。

1　ローマの宗教は古来より一神教であり，皇帝のみを神とする皇帝崇拝儀礼が帝政期には強化された。

2　4世紀後半のローマ皇帝ユリアヌスは，異教徒排斥を推し進め，キリスト教優遇政策を実施した。

3　431年のエフェソス公会議で，イエスの神性と人性を分離するネストリウス派の主張は異端とされた。

4　マニが，ゾロアスター教・仏教を融合させて創始したマニ教は，火や光を崇拝するので拝火教とよばれ，ローマにも伝えられた。

設問2　下線部②に関連して，ヨーロッパにおけるノルマン人の侵攻にかかわる事件や出来事が，古いものから順番に並べられているものは，次の1～4の中のどれか。適切なものを一つ選びなさい。

1　イングランド＝デーン朝の成立　→　ノヴゴロド国の建国　→　キエフ公国の建国　→　イングランド＝ノルマン朝の成立

2　ノヴゴロド国の建国　→　キエフ公国の建国　→　イングランド＝デーン朝の成立　→　イングランド＝ノルマン朝の成立

3　イングランド＝ノルマン朝の成立　→　イングランド＝デーン朝の成立　→　ノヴゴロド国の建国　→　キエフ公国の建国

4　キエフ公国の建国　→　ノヴゴロド国の建国　→　イングランド＝ノルマン朝の成立　→　イングランド＝デーン朝の成立

設問3　下線部③に関連して，フェリペ2世について述べた次の1～4の説明の中から適切なものを一つ選びなさい。

1　フェリペ2世はスペイン王と神聖ローマ皇帝を兼ね，とくにスペイン王国は最盛期を迎えた。

2　フェリペ2世，フランス王アンリ2世，イギリス女王エリザベス1世を中心に，イタリア戦争の講和条約であるカトー＝カンブレジ条約が締結された。

3　フェリペ2世が編成したスペイン艦隊は，1571年にジブラルタル沖レパントの海戦でオスマン帝国の海軍を破った。

4　フェリペ2世の在位時に，ペルーに派遣されたピサロは，インカ帝国を滅亡させた。

設問4　下線部④に関連して，この時に軍隊を派遣したプロイセン国王は次の1～4の誰か。あてはまるものを一つ選びなさい。

1　フリードリヒ＝ヴィルヘルム1世

2　ヴィルヘルム1世

3　ヨーゼフ2世

4　フリードリヒ＝ヴィルヘルム2世

設問5　下線部⑤に関連して，フランス革命の1789年の動きについて述べた次の1～4の説明の中から適切なものを一つ選びなさい。

1　ルイ16世は，テュルゴー・ネッケルらの重商主義者に財政改革を行わせたが，特権身分の抵抗にあったため，1661年以来開かれていなかった三部会を招集した。

2　第三身分の代表は，球戯場の誓いで，自分たちの集会を立法議会と宣言して，憲法制定までは解散しないことを誓った。

3　1789年8月に，封建的特権の廃止宣言がだされ，封建地代・領主裁判権・市町村への十分の一税が無償で廃止された。

4　1789年10月にパリの民衆が，女性を先頭にしてヴェルサイユに行進して直接に窮状を訴え，王家や議会はパリに移った。

設問6　下線部⑥に関連して，次の1～4の組み合わせの中で，1806年以降ナポレオン1世がおこなった政策や軍事行動の組み合わせとして，正しいものを一つ選びなさい。

1　大陸封鎖令　—　ライン同盟の結成　—　ティルジット条約

2　フランス銀行の設立　—　ナポレオン法典の公布　—　公教育一般法の制定

3　ライプツィヒの戦い　—　国民投票の実施　—　トラファルガーの海戦

4　アミアンの和約　—　宗教協約（コンコルダート）　—　アウステルリッツの戦い

設問7　［A］に入る適切な語を次の1～4の中から一つ選びなさい。

1　アンジュー伯　　2　ブルゴーニュ公

3　ロレーヌ公　　4　プロヴァンス伯

設問8　［B］に入る適切な語を次の1～4の中から一つ選びなさい。

1　アラス　　2　ロッテルダム

3　ユトレヒト　　4　ライデン

Ⅳ

次の文章を読み，以下の問いに答えなさい。解答はマーク解答用紙の所定欄にマークしなさい。

第二次世界大戦後，アメリカ合衆国のトルーマン大統領は，ソ連・共産主義勢力の拡大に対抗するため，ギリシア，トルコに対する援助を約束するトルーマン=ドクトリンを発表した。その後，国務長官マーシャルがヨーロッパの経済復興援助をうたったマーシャル=プランを提唱した。西欧諸国はヨーロッパ経済協力機構（OEEC）を設立して援助を受け入れたが，ソ連や東欧諸国はこの経済復興政策に参加しなかった。ソ連はマーシャル=プランに対抗して，東欧6カ国にフランスとイタリアの共産党を加えてコミンフォルム（共産党情報局）を組織した[a]。こうしてアメリカとソ連，そしてアメリカを支持する西欧諸国とソ連の影響力のもとにおかれた東欧諸国が鋭く対立しあう状態が生まれた。この軍事衝突を伴わない対立，緊張状態は「冷戦」[b]と呼ばれた。第二次世界大戦後に顕在化した「冷戦」は，1959年にソ連のフルシチョフがアメリカを訪問し[c]アイゼンハワー大統領と会談するなど，「雪どけ」を示す状況も見られたが，1989年まで続くことになる。

経済復興が進む西欧諸国では，経済の相互協力や統一市場の形成など，地域統合をめざす動きが活発化した。フランス，西ドイツ，イタリア，ベネルクス3国は，フランスのシューマン外相の提案を受けて石炭・鉄鋼資源の共同管理をめざすヨーロッパ石炭鉄鋼共同体（ECSC）を発足させると，1957年には，全経済分野を対象とするローマ条約を締結し，1958年にヨーロッパ経済共同体（EEC）とヨーロッパ原子力共同体（EURATOM）を発足させた。EECの諸国はめざましい経済成長をとげたが，なかでも西ドイツは奇跡といわれる経済復興を達成した[d]。一方，西ドイツとともにヨーロッパ統合の中心となったフランスでは，アルジェリアの独立運動に直面して政局が動揺した[e]。

1960年代には，ベトナム戦争に対する反戦運動が世界各地に広まった。アメリカ国内では多くの若者が反戦運動に参加し，黒人を差別する法律の撤廃を求める公民権運動[f]もさかんになった。1970年代[g]になると，カーター大統領が人権の擁護を外交の中心に据える人権外交を唱え，諸国の民主化を後押しした。また，先進国では戦後の経済発展が進むにつれて，大気や河川，土壌などの環境汚染が指摘されるようになった。環境問題への対応は地球規模の課題となり，1992年に［ h ］で開催された「環境と開発に関する国連会議」では，「持続可能な発展」という理念が示された。

設問1　下線部aに関連して，ソ連とは異なる自立的な路線を選択したために1948年にコミンフォルムを除名された国はどれか。次の中から一つ選びなさい。

イ　ブルガリア　　　ロ　ルーマニア

ハ　チェコスロヴァキア　　ニ　ユーゴスラヴィア

設問 2　下線部 **b** に関連した出来事について述べた次の文章のうち，明白な誤りを含むものはどれか。次の中から一つ選びなさい。

イ　アメリカはフィリピンと相互防衛条約を結び，オーストラリア，ニュージーランドとは太平洋安全保障条約（ANZUS）を締結した。

ロ　トルコ，イラク，イギリス，パキスタン，イランによって結成された中東条約機構（METO）は，イランが脱退して中央条約機構（CENTO）と改称した。

ハ　インドなど南アジア，東南アジア諸国の首脳によってセイロン（スリランカ）でコロンボ会議が開かれた後，インドネシアで開催されたアジア＝アフリカ会議で平和十原則が採択された。

ニ　ユーゴスラヴィアのティトーらの主導によってベオグラードで第 1 回非同盟諸国首脳会議が開催され，ガーナのエンクルマ（ンクルマ）らが参加した。

設問 3　下線部 **c** に関連して，この年よりも前に生じた事象について述べた次の文章のうち，明白な誤りを含むものはどれか。次の中から一つ選びなさい。

イ　エジプトのナセル大統領がスエズ運河の国有化を宣言すると，イギリスとフランスはイスラエルとともにエジプトに侵攻した。

ロ　ハンガリーの首相ナジ＝イムレがワルシャワ条約機構からの脱退を表明した。

ハ　オーストリアが，アメリカ，イギリス，フランス，ソ連と国家条約を結び，中立国として独立を回復した。

ニ　核兵器廃絶を訴える科学者らによってカナダでパグウォッシュ会議が開かれた後，広島で第 1 回原水爆禁止世界大会が開催された。

設問 4　下線部 **d** に関連して，第二次世界大戦後のドイツについて述べた次の文章のうち，明白な誤りを含むものはどれか。次の中から一つ選びなさい。

イ　ナチスの指導者らが裁かれた国際軍事裁判はソ連の管理区域であるニュルンベルクでおこなわれた。

ロ　ボンを首都として成立した西ドイツは，キリスト教民主同盟のアデナウアー首相のもとでパリ協定によって主権を回復し，NATO に加盟した。

ハ　社会民主党のブラント首相はソ連や東欧諸国との関係改善をはかる東方外交をおこなった。

ニ　東ドイツでホネカー政権が崩壊し，西ベルリンの周囲に築かれていたベルリンの壁が開放されると，西ドイツが東ドイツを事実上吸収するかたちで東西ドイツの統一が実現した。

設問 5　下線部 **e** に関連して，フランスによるアフリカの植民地化に関する出来事を年代順に正しく並べたものはどれか。次の中から一つ選びなさい。

イ　チュニジア保護国化　⇒　ファショダ事件　⇒　モロッコ保護国化

ロ　チュニジア保護国化　⇒　モロッコ保護国化　⇒　ファショダ事件

ハ　ファショダ事件　⇒　モロッコ保護国化　⇒　チュニジア保護国化

ニ　ファショダ事件　⇒　チュニジア保護国化　⇒　モロッコ保護国化

設問 6　下線部 **f** に関連して，1964 年に公民権法が成立したときのアメリカ合衆国大統領を次のイ～ニの中から一つ選びなさい。

イ　ケネディ　　ロ　ジョンソン

ハ　ニクソン　　ニ　フォード

設問 7　下線部 **g** に関連して，1970 年代に生じた事象について述べた次の文章のうち，明白な誤りを含むものはどれか。次の中から一つ選びなさい。

イ　東パキスタンがインドの支持を得てバングラデシュとして独立した。

ロ　チリでは，選挙により成立したアジェンデ政権がピノチェトを中心とする軍部のクーデタによって倒された。

ハ　エジプトのムバラク大統領は，アメリカの仲介でイスラエルと和平交渉をおこない，エジプト＝イスラエル平和条約に調印した。

ニ　イランで国王パフレヴィー 2 世の統治に対して革命が勃発し，ホメイニを最高指導者とするイラン＝イスラーム共和国が成立した。

設問 8　［ h ］に入る最も適切な語を次のイ～ニの中から一つ選びなさい。

イ　ストックホルム　　ロ　京　都

ハ　リオデジャネイロ　　ニ　コペンハーゲン

V 6 世紀から 10 世紀末にかけての北アジアおよび中央アジアのトルコ系民族集団の興亡と移動について，下記の語句をすべて用いて 250 字以上 300 字以内で説明しなさい。なお，句読点，数字は 1 字に数え，指定の語句には必ず下線を付しなさい。

唐の建国　　安史の乱　　キルギス
パミール高原　　イスラーム王朝

政治・経済

（60 分）

I　次の文を読んで，あとの問いに答えよ。

日本国憲法の人権規定においては，自由権の保障に最も多くの規定が設けられている。この自由権は，通常，精神的自由権，経済的自由権，(1)人身（身体）の自由という 3 つの類型に分類される。

そのうち精神的自由権は，個人の内心の自由を保障することを出発点としている。日本国憲法の中では，精神的自由権についての諸規定の先頭として，第 19 条に思想・良心の自由が定められている。(2)大日本帝国憲法には，思想・良心の自由を直接保障する規定は存在しなかった。実際においても，国体の変革や［ A ］制の否認を目的とした運動や結社を取り締まるために 1925 年に制定された［ B ］法などを通じて，思想弾圧が行われた。

そのような歴史への反省から，日本国憲法第 19 条では，個人が内心においていかなる考えを抱こうとも，公権力からの介入を受けないことが保障されている。この保障には，各人の精神作用は，それ自体では他人の権利や利益を侵害したり，社会の秩序を乱したりすることはないという前提がある。その点で，思想・良心の自由は，(3)公共の福祉を理由とした制限を受けることのない人権であるといえる。ところが，(4)日本国憲法の下でも，思想・良心の自由に関するそのような建て前が守られているのか，様々な裁判を通じて問題が提起されてきた。

個人の内心の自由に対する保障は，第 20 条に定められる信教の自由にも関係する。特定の宗教を信仰するのかしないのか，そもそも何も宗教を信仰したくないのかといった問題は，個人の内心における精神作用と密接な関連を有するからである。したがって，第 20 条は，個人の内心における信仰の自由を第一に保障している。さらに，第 20 条の中には，布教や宗教上の儀式などを行う自由や，宗教団体の任意の結成や自律的な運営を意味する［　C　］の自由の保障も含まれている。(5)これらの自由は他者の権利と衝突する可能性があり，その場合には，他者の権利を尊重する観点から，信教の自由が制約されることも考えられる。

また，第 20 条は，信教の自由の保障に加えて，政教分離原則を宣言している。ただし，政治や公権力と宗教との分離それ自体が多くの国民にとって望ましい制度であったとしても，分離に違反する状況が生じているのかどうかを判断することは，実際には容易ではない。政治や公権力が少しでも宗教と関わる場面があったならば，それはすべて政教分離原則違反であると評価することが，必ずしも適切とはいえないからである。具体例としては，神道の儀式に則って行われた市立体育館の起工式への公金支出，神社への市有地の無償提供，(6)首相・閣僚による靖国神社への公式参拝などを挙げることができる。(7)それらの問題において，日本の裁判所は，政教分離原則違反の有無をめぐって微妙な判断を迫られてきたのである。

問 1　空欄［　A　］～［　C　］にそれぞれ入る適切な語句を記述解答用紙の所定欄に記入せよ。

問 2　下線部(1)に関して，人身（身体）の自由を直接保障する原則として最も不適切なものを 1 つ選び，マーク解答用紙の所定欄にマークせよ。

1　法定手続の保障　　2　罪刑法定主義

3　弁護人依頼権の保障　　4　無罪推定の原則

5　刑事補償請求権の保障

問 3　下線部(2)に関する説明として最も適切なものを 1 つ選び，マーク解答用紙の所定欄にマークせよ。

1　この憲法は，君主に大きな権力を認めていたプロイセン憲法を参考に，民定憲法として制定された。

2　この憲法の下でも帝国議会，内閣，裁判所が設置されていたため，実質的に三権分立は実現されていた。

3　この憲法の下で事実上国政を支配していたのは，帝国議会や内閣ではなく，元老院と呼ばれる天皇の諮問機関であった。

4　陸海軍の統帥などの天皇大権については，帝国議会の承認がなくても，天皇はそれを行使することができた。

5　裁判所には，司法権の独立が認められていたため，憲法に違反する法律を無効にする権限が与えられていた。

問4 下線部(3)に関して，公共の福祉の概念の中には，社会国家的公共の福祉が含まれると一般に説明される。この社会国家的公共の福祉に基づく人権の制約に該当する例として最も適切なものを1つ選び，マーク解答用紙の所定欄にマークせよ。

1 他人の名誉を傷つける表現行為を処罰する。

2 18歳未満の青少年に対する有害図書の販売を禁止する。

3 大規模ショッピングセンターの開設を規制する。

4 飲食店の開業について，保健所の許可を求める。

5 酒類製造販売業について免許制を採用する。

問5 下線部(4)に関して，思想・良心の自由の保障が問題となった訴訟における最高裁判所の判示内容に照らし最も適切な文を1つ選び，マーク解答用紙の所定欄にマークせよ。

1 憲法の諸規定が私人相互の関係を直接規律するかどうかは，各条文の規定内容に応じて異なる。思想・良心の自由の保障は，その重要性に鑑み，私人相互の関係を直接規律する。

2 企業がもつ労働者の雇い入れの自由は，その重要度の点で思想・良心の自由に劣後する。

3 学校生活における生徒の行動といえども，本人の思想・信条を反映したものである場合があるため，生徒の特定の行動を内申書に記載することは，教師による思想・信条に基づく評価となり，日本国憲法第19条に違反する。

4 公立学校における卒業式などの式典の中で君が代の斉唱を行う際，式典に参加する教諭に対して起立斉唱を校長が命じても，式典の円滑な進行などの観点から，校長による命令には必要性や合理性が認められるため，日本国憲法第19条に違反するとはいえない。

5 1999年の国旗・国歌法制定により，君が代は日本の国歌となったため，公立学校における卒業式などの式典の中で君が代を起立斉唱することは，生徒や児童にとって法律上の義務となっている。

問6 下線部(5)に示される「これらの自由」に対する制約の例として最も不適切なものを1つ選び，マーク解答用紙の所定欄にマークせよ。

1 ある寺院の僧侶が，信者に悪い霊がとりついているとして，加持祈祷を行う中でその信者の背中を叩くなどの暴行を加えたところ，その信者がケガをしてしまったために，傷害罪の容疑で逮捕された。

2　ある教会の牧師が，教会の中に逃げ込んできた犯罪者に対し，すぐには警察に通報せずに，宗教上の教えを説くことによって反省を促し，2日後，警察に任意出頭させたところ，犯罪者をかくまったとして逮捕された。

3　ある宗教団体の信者が，異なる宗派の寺院に文化財としての価値を認め，鑑賞目的でそこを訪問したところ，市によって新設された歴史的社寺保存協力税なる名目の金額を本来の拝観料に上乗せして支払うことを強いられた。

4　公立中学に就学しているある宗教団体の信者が，自分が所属する宗教団体の行事に参加することを理由に授業を欠席したところ，その欠席を指導要録の中に記載された。

5　公立高校に就学しているある宗教団体の信者が，体育の授業の中で実施される柔道の実技について，宗教上の教えに基づき履修を拒否したところ，体育の単位認定を受けられず留年することを余儀なくされた。

問7　下線部(6)に関して，日本の首相や閣僚による靖国神社公式参拝が，政教分離原則をめぐる問題とは別に，特に諸外国から批判を受けてきた理由は何か。10文字以内で記述解答用紙の所定欄に記入せよ。

問8　下線部(7)に関して，政教分離原則が問題となった訴訟における最高裁判所の判示内容に照らし最も適切な文を1つ選び，マーク解答用紙の所定欄にマークせよ。

1　政教分離原則は，その一内容として，公権力が特定の宗教団体を優遇することを禁止するものであるため，特定の宗教団体に対して特別の不利益を課すことは，この原則に反しない。

2　日本国憲法第20条第3項では，国とその機関による宗教教育が禁止されているが，私立学校も，公立学校と同様に公教育の担い手であるため，同条同項の適用を受ける。

3　神道の儀式に則って行われた地鎮祭について，その実施自体への公金支出は政教分離原則違反とならないが，儀式を主宰する神官への謝礼としての公金支出は違反となる。

4　靖国神社に玉串料を奉納するための公金支出は，社会的儀礼とはいえないため，その目的において宗教的意義をもち，政教分離原則に違反する。

5　神社への市有地の無償提供は，特定の宗教に対する特別の便益提供に他ならないため，いわゆる目的効果基準に照らして政教分離原則に違反する。

Ⅱ　次の文を読んで，あとの問いに答えよ。

法は，道徳や慣習と並んで，人間の行動や社会生活を規律する社会規範の一つである。(1)「法の支配」とは，法によって国家権力の行使を規律し，各人の自由や権利の保障を確保しようとする考え方である。13世紀イギリスの法律家［　A　］の言葉「国王といえども神と法のもとにある」は，「法の支配」の考え方を明確に示すものであり，権利請願（1628年）の起草に関わったエドワード＝クックはその言葉を引用して，［　B　］を信奉する国王ジェームズ1世による専断的な権力行使を批判したのであった。

国家権力による人権侵害を防ぐため，とりわけ，少数者の人権保障を確保するために役立つのが，違憲審査権である。(2)日本国憲法81条は，裁判所に違憲審査権を付与しており，違憲審査権は「法の支配」を実現するための重要な制度として理解できる。ただし，日本の裁判所は従来，この権限の行使に消極的であったという評価が一般的であり，違憲審査の活性化は，「法の支配」を実現するという観点からも，重要な課題になっている。

「法の支配」を実現する上で重要な役割を果たす国家機関は，司法権を行使する裁判所である。しかし，裁判所や裁判官が，他の国家機関から政治的圧力を受けると，法に基づく公正な判断をすることが困難になる。「法の支配」を実現するため，司法権の独立を確保する必要がある。大日本帝国憲法の下では，大津事件（1891年）のように注目すべき事例もあるが，司法権の独立の保障は不十分であった。そこで，(3)日本国憲法は，司法権の独立を確保するための各種の規定を設けたが，実際には，司法権の独立が問題となった事件が何度か起きている。

裁判は，私人間の権利義務に関する争いを処理する民事裁判と，罪を犯した者に対して刑罰を科すための手続である刑事裁判に大別される。刑事裁判は，検察官が被疑者を訴えることにより開始される。起訴するか否かの判断は原則として，検察官に委ねられているが，被害者の申立てなどにより，検察官の不起訴処分などの適否を審査する［ C ］が設置されている。

(4)刑事裁判において重要なことは，無実の人が被告にされたり，有罪判決を受けて処罰される事態，すなわち，冤罪の発生を防ぐことである。過去の冤罪事件では，無実の人が捜査段階で自白をしている場合があり，「本当に無実なら，自白しないはず」という思い込みの危険性を示している。「疑わしきは被告人の利益に」という基本原則に従って，刑事裁判を行うことが大切である。

欧米諸国では，(5)陪審制や参審制のように，一般国民が直接参加し，市民の良識を刑事裁判に反映させる制度が実施されてきた。日本でも，司法制度改革の一環として，一般国民が刑事裁判に参加する裁判員制度が導入され，2009 年から裁判員裁判が実施されている。(6)裁判員制度は国民の間に定着し，刑事裁判の改善にも役立っているが，その一方で，様々な課題も議論されている。

問 1　空欄［ A ］～［ C ］にそれぞれ入る適切な語句を記述解答用紙の所定欄に記入せよ。

問 2　下線部(1)に関する説明として，最も不適切なものを 1 つ選び，マーク解答用紙の所定欄にマークせよ。

1　「法の支配」という場合の「法」は，法律のような成文法だけではなく，裁判所の判決の累積によって成立する判例法も含むので，「法の支配」には，不文法に基づくものも存在することになる。

2　法は，国家と国民の関係を規律する公法と，国民相互の関係を規律する私法に分類できるが，公法だけではなく，私法も，「法の支配」を確立する上で重要な役割を果たす。

3　違憲審査権は「法の支配」を実現するために必要不可欠であり，イギリスでも名誉革命の成果として，裁判所に違憲審査権が付与された。

4　19 世紀ドイツで発展した「法治主義」は，議会が制定する法律の根拠さえあれば，いかなる人権制約も可能であるとする形式的な考え方であった。

5　アメリカ合衆国は厳格な権力分立を採用しているが，憲法自体は違憲審査権を明文では定めておらず，裁判所は判例によって確立された違憲審査権を行使している。

問3　下線部(2)に関する説明として，不適切と思われるものの組み合わせを下記の1～5の中から1つ選び，マーク解答用紙の所定欄にマークせよ。

ア　裁判所の違憲審査権は，法律だけでなく，命令・規則または処分などの国のあらゆる行為に及ぶが，国会で審議中の法律案には及ばない。

イ　違憲審査権は，最高裁判所だけではなく，高等裁判所・地方裁判所・家庭裁判所も行使できるが，比較的軽微な民事事件や刑事事件を簡便・迅速に処理する簡易裁判所には，違憲審査権が付与されていない。

ウ　最高裁は，婚外子の遺産相続分を嫡出子の半分とする民法の規定を違憲としたが，女性のみに6ヶ月間の再婚禁止期間を定める民法の規定は合憲と判断した。

エ　裁判所の違憲審査権は，高度に政治的な国家行為に対しては原則及ばないとする統治行為の理論は，衆議院の解散や日米安保条約の合憲性が問題となった事件において，最高裁が採用したものである。

オ　最高裁がある法律の条文を憲法違反と判断した場合，その条文は当該事件について無効となるが，国会が問題の条文を改正・廃止しないかぎり，条文自体は存続する。

1　イとウ　　2　イとオ　　3　ウとエ
4　アとウ　　5　アとエ

問4　下線部(3)に関する説明として，適切と思われるものの組み合わせを下記の1～5の中から1つ選び，マーク解答用紙の所定欄にマークせよ。

ア　司法権の独立は，他の国家機関からの裁判所の独立の意味であり，裁判所内部の上下関係によって実際に裁判を担当する裁判官に政治的圧力がかかったとしても，司法権の独立の問題には当たらない。

イ　司法権の独立を確保するため，最高裁判所が裁判所の内部規則や訴訟手続を自律的に定める権限（規則制定権）を憲法は保障しているが，最高裁判所がこの権限を下級裁判所に委任することは認められない。

ウ　衆議院や参議院が国政調査権を行使して，裁判所の下した判決の量刑の当否を調査しても，いったん下された判決の内容が変わるわけではないので，司法権の独立は問題にならない。

エ　司法権の独立を確保するため，憲法は特別裁判所の禁止を定めているが，知的財産権のように高度に専門的・技術的な法律問題を専門的に扱う裁判所を設置しても，司法裁判所の系列に属していれば，憲法に違反しない。

オ　司法権の独立を確保するためには裁判官の身分保障が重要であることから，憲法は，裁判官の報酬を在任中は減額できないと定めている。

1　アとイ　　2　ウとオ　　3　エとオ
4　イとエ　　5　アとオ

問5　下線部(4)に関する説明として，最も不適切なものを1つ選び，マーク解答用紙の所定欄にマークせよ。

1　自らの費用で弁護人をつけられない被告人に国の費用でつける弁護人のことを国選弁護人と呼ぶが，法的知識に乏しい被疑者が捜査段階で虚偽の自白をしてしまうことを防ぐため，被疑者に対する国選弁護人制度の創設が立法上の課題となっている。

2　判決が確定した事件について，再び裁判をすることを許さない原則のことを，一事不再理の原則というが，確定した有罪判決を新しい証拠に基づいて見直すための裁判は許される。

3　冤罪を防ぐためには取り調べの可視化が重要であり，日本でも2016年の刑事訴訟法改正によって，一部の事件について取り調べの全過程の録音・録画が義務付けられたが，その対象が限定されているため，自白偏重の捜査姿勢を改める契機となるのかを疑問視する意見もある。

4　裁判官の発給する令状がなければ，被疑者を逮捕したり，住居の捜索や証拠物件の押収をすることは許されないが，現行犯の場合は，令状がなくとも逮捕・捜索・押収をすることが認められる。

5　捜査段階の拷問や脅迫による自白はもちろん，不当に長く抑留・拘禁された後の自白も，刑事裁判において被告人に対して不利な証拠として用いることはできない。

問6　下線部(5)に関して，日本の裁判員制度は，陪審制と参審制のどちらに近いといえるのかについて，二つの制度の差異を踏まえて，250字以内で記述解答用紙の所定欄に記述せよ。

問7　下線部(6)に関する説明として，不適切と思われるものの組み合わせを下記の1～5の中から1つ選び，マーク解答用紙の所定欄にマークせよ。

ア　裁判員制度の目的は，国民が直接裁判に参加し，一般市民の良識を刑事裁判に反映させることで，冤罪を防止することにある。

イ　裁判員は18歳以上で選挙権のある人の中から抽選で選ばれるが，裁判官・検察官・弁護士や法律学の教授など，法律の専門家は裁判員になることができない。

ウ　裁判員裁判は，死刑や無期懲役など重い刑罰の対象となる犯罪について，第一審の刑事裁判においてのみ行われる。

エ　裁判員裁判で無罪判決が出された場合，検察官は無罪判決を不服として上訴することは許されない。

オ　裁判員は殺人事件の事実認定にも関わるため，遺体の写真や悲鳴が入った録音テープなどによってショックを受ける人もいるので，裁判員の精神的ケアの必要性も議論されている。

1　ウとエ　　2　アとエ　　3　イとウ
4　イとオ　　5　アとウ

III　次の文を読んで，あとの問に答えよ。

我々は市場取引により多種多様な財を消費し(1)，豊かな日常生活を営んでいる。通常の財の取引であれば，市場に任せておけば，取引点は価格調整メカニズムにより均衡に収れんし(2)，買い手が欲する需要量と売り手が生産する供給量は一致し，効率的な資源配分が実現する。

図

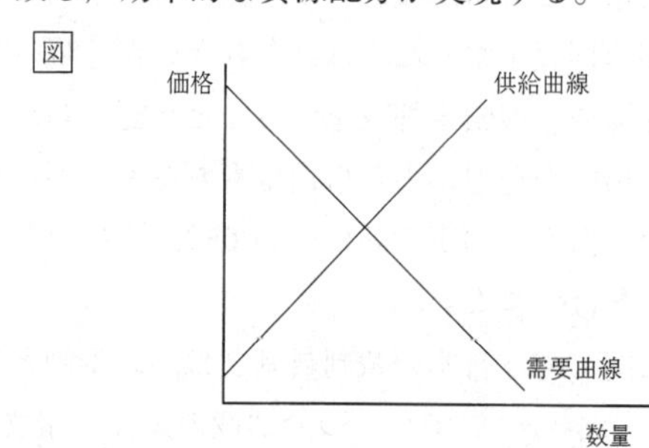

しかし，財によっては完全競争市場においても，効率的な配分が実現しないこともある。市場に外部性がある場合，市場取引の結果，均衡価格に反映されない負，あるいは，正の効果が発生する。外部性により負の効果が発生する場合，外部不経済（負の外部性）と呼び，正の効果が発生する場合，外部経済（正の外部性）と呼ぶ。外部性がない場合，追加的な１単位の財消費から得られる価値（限界便益）は需要曲線と一致し，追加的な１単位の財生産に必要な価値（限界費用）は供給曲線と一致する。(3)消費に正の外部性がある場合，その財の真の限界便益は買い手の私的な限界便益より高くなり，その差が限界外部便益となる。例えば，［　A　］は消費する人数が増加するにしたがって，その消費者全体の便益が人数に比例する以上に増加し，各買い手の得られる限界便益は私的な限界便益より高くなる傾向がある。このような場合，自由な市場取引のもとでも，各買い手が限界外部便益を意識しないことにより，(4)均衡点と真の限界便益を反映した社会的に最適な取引点に，ずれが生じてしまう。

公共財も正の外部性を発生させる。さらに，公共財はだれでも同時に消費できるという非競合性と，だれの消費も排除できない非排除性をもち，競合性と排除性をもつ通常の私的財の対極とされる。［　B　］などがその例である。市場取引では，自分が購入しなくても，他の人が購入すれば，その購入された財にタダ乗りできるため，社会的に最適な取引量は実現できなくなる。(5)伝染病のワクチンは接種する人の疾病確率を下げ，疾病の重篤化を防ぐ傾向があり，典型的な公共財である。ただし，新しい疾病用のワクチンの場合，接種により各個人が被る副反応の情報や長期的な健康被害の可能性に関する知見が不足しており，各自が正しい費用と便益を認識できないことも大きな問題となっている。

問1　空欄［　A　］と［　B　］にそれぞれ入る最も適切な語句を以下のうちから各１つ選び，マーク解答用紙の所定欄にマークせよ。

空欄A

1　100円ショップの陶器の皿

2　国内産の電気炊飯器

3　同じOS（Operating System）のパソコン

4　高級ブランド品のバッグ

5　有名チェーン店のハンバーガー

空欄B

1　人気のあるテーマパーク

2　出入り自由で，混んでいない公園

3　連休中で渋滞している高速道路

4　疾病治療のための入院

5　一流ホテルのレストランでの食事

問2　下線部(1)に関して，市場取引でない例として最も適切なものを以下のうちから1つ選び，マーク解答用紙の所定欄にマークせよ。

1　自宅でトイレを洗浄する際，水道水を使う。

2　朝登校するため，バスで通学する。

3　友達からある授業のノートを借りる代わりに，別の授業のノートを友達に貸す。

4　学期始めに理容室で散髪する。

5　昼休みに友達と夏休みの予定について話し合う。

問3　下線部(2)に関する説明として，最も適切なものを以下のうちから1つ選び，マーク解答用紙の所定欄にマークせよ。

1　価格が均衡価格より高いとき，超過需要が発生し，価格が均衡価格まで下落する。

2　価格が均衡価格より高いとき，超過供給が発生し，価格が均衡価格まで下落する。

3　価格が均衡価格より低いとき，超過需要が発生し，価格が均衡価格まで下落する。

4　価格が均衡価格より低いとき，超過供給が発生し，価格が均衡価格まで上昇する。

5　価格が均衡価格より低いとき，超過供給が発生し，価格が均衡価格まで下落する。

問4　下線部(3)に関して，消費に正の外部性がある場合，最も適切なものを以下のうちから1つ選び，マーク解答用紙の所定欄にマークせよ。

1　真の限界便益を表す曲線は，需要曲線が上にシフトした形となる。

2　真の限界便益を表す曲線は，需要曲線が下にシフトした形となる。

3　真の限界費用を表す曲線は，需要曲線が上にシフトした形となる。

4　真の限界便益を表す曲線は，供給曲線が下にシフトした形となる。

5　真の限界費用を表す曲線は，供給曲線が上にシフトした形となる。

問5　下線部(4)に関して，価格をP，数量をQとし，需要曲線をP＝－Q＋420，供給曲線をP＝Q＋20という式で表す。限界外部便益が20のとき，完全競争での均衡量と均衡価格，および，社会的に最適な取引点での取引量と取引価格を計算して，その解答（数字）をそれぞれ記述解答用紙の所定欄に記入せよ。

問6　下線部(5)に関して，公共財としての伝染病ワクチンの説明として，最も不適切なものを以下のうちから1つ選び，マーク解答用紙の所定欄にマークせよ。

1　社会全体としては，ワクチンを接種する人が増えれば増えるほど，疾病の流行が抑えられるので，真の限界便益は各個人の私的な便益より高くなる。

2　各個人は自分が接種しなくても，他の人が接種すればするほど，自分はかかりにくくなるため，自分は接種することなく，他の人の接種にタダ乗りする可能性がある。

3　自由な市場取引では，十分な社会免疫を期待することはできない。

4　新しい疾病のワクチン生産は少数の企業・国に限定される傾向があるため，談合的な価格形成を防ぐ必要がある。

5　政府は補助金を出す，さらに，無料で提供するなどして，社会的に望ましい量の取引を実現すべきである。

Ⅳ　次の文を読んで，あとの問いに答えよ。

過去に自給自足を営んでいた人間は，より豊かな生活を求めて，限られた資源を効率よく活用しようと，複数の人間が分業し，それぞれの生産物を持ち寄って交換する，［ A ］による経済活動へと移行した。物々交換にはじまり，やがて貨幣を仲立ちとする交換がなされるようになり，資本主義経済の基礎が形成されていった。

今日，世界の多くの国がこの資本主義経済を採用しており，生産者には自由競争の下，経済活動を行い，利潤を追求する自由が保障されている。食品被害や薬害，悪質商法(1)等に代表される消費者問題(2)は，このような生産者や販売者の利潤追求が行き過ぎた結果，消費者の利益が著しく害されるような事態が生じた場合に顕在化してきた。とくに 20 世紀以降，大量生産，大量消費社会を迎え，流通が近代化した国々では，いかなる消費者政策を展開していくかが以前にも増して重要な課題となった。

このような問題意識の下，1962 年，当時アメリカ大統領であった［ B ］は特別教書において「消費者の権利宣言」を行った。これを皮切りに，ヨーロッパにおいては，1975 年，欧州理事会が消費者の権利を確認し，消費者政策の目標を策定する予備計画を採択した。また，国際的な消費者団体である国際消費者機構も 1982 年に「消費者の８つの権利と消費者の５つの責任」を定めるなど，世界的に消費者の権利の重要性を確認する機運が高まっていった。日本に目を転じると，1968 年，前述の「消費者の権利宣言」に影響を受けた［ C ］法が制定された。この法律は，消費者の利益の擁護と増進に関する国や地方公共団体，事業者が果たすべき責務を明らかにし，国民の消費生活の安定と向上を確保することを目的としたが，(3)2004 年の改正の際，新しい理念が追加されたことに伴い，消費者基本法へと名称が変更された。

このように契約当事者の一方である消費者の権利をことさらに強調する態度は，近代市民社会の成立とともに確立された(4)契約自由の原則の修正を求めるものである。この原則は，人が，国家からの干渉を受けることなく，自己の責任で自由に権利を行使することを認める。したがって，契約自由の原則を貫徹するのであれば，欠陥のある商品や不当に高額なサービスを購入する契約を結んだとしても，消費者の自由な意思に基づく限り，その責任は本人が引き受けなければならない，ということになる。しかしながら，契約当事者が常に対等な立場にあるとは限らない。事業者と消費者が契約する際には，両者が有する情報の質や量，交渉力に圧倒的な格差があり，消費者に不利な交渉が行われるおそれがある。そこで，契約自由の原則は修正され，(5)消費者を守るためのさまざまな方策が用意されている。

このような契約当事者間の格差は，事業者と消費者との間に限ってみられるものではなく，雇用者と労働者あるいは大企業と中小企業といった，経済的強者と経済的弱者との間に生じうる。そこで，(6)労働基準法や労働契約法によって労働者の保護が図られたり，(7)独占禁止法によって公正な取引の確保が図られ，市場メカニズムが正しく機能するような働きかけがなされたりしている。

問1　空欄 A ～ C に入る適切な語句を，それぞれ記述解答用紙の所定欄に記入せよ。

問2　下線部(1)に関して，日本における悪質商法の規制に関する説明として，最も不適切なものを1つ選び，マーク解答用紙の所定欄にマークせよ。

1　注文をしていないにもかかわらず，商品を一方的に送り付け，代金を請求する商法をネガティブ・オプションという。

2　現在，事業者が消費者の自宅を訪問して，商品や権利を販売する行為は，訪問販売法によって種々の規制がなされている。

3「自然保護活動のために10万円を出資し会員となった者には，新規会員を増やすごとに報酬を支払う」として出資を募る行為は，法律で一切禁止されている。

4　キャッチセールスにあい，年会費100万円のタレント養成所に入会する契約をしてしまったが，未成年者が親の同意を得ないでした契約であったので，取り消すことができた。

5　近年，原野商法の被害者やその相続人に対して，持て余している土地を高値で買い取るかわりに新たに土地を購入させる業者が現れ，二次被害のトラブルが増加している。

問3　下線部(2)に関する説明として，最も適切なものを1つ選び，マーク解答用紙の所定欄にマークせよ。

1　戦後，国内において数多くの消費者問題が明るみに出たが，特に食の安全が脅かされた事件として，森永ヒ素ミルク事件，カネミ油症事件，サリドマイド事件が有名である。

2　オンラインゲームなどで有料のガチャを通じて特定の組み合わせを揃えることができた消費者に特別なアイテムを提供する，いわゆる「コンプガチャ」というしくみは，きわめて悪質であるものの違法とまではいえない。

3　1980年代半ばに発生した薬害エイズ事件において，HIVに感染した患者らは，国と製薬会社を相手に民事訴訟を提起し和解が成立したが，刑法に該当する罪が存在しなかったため刑事訴追はなされなかった。

4　1948年に不良マッチ追放運動をきっかけに設立された日本生活協同組合連合会は，日本の消費者団体のさきがけであり，地域の消費者の権利擁護や利益維持のために，有害・欠陥商品の摘発等の消費者運動を行う組織である。

5　消費者問題が生じた場合，立法による事後的救済では必ずしも十分に消費者の利益を守ることができないことから，消費者団体は，直接の被害者でなくとも，事業者に対して不当な行為をやめさせる裁判を提起することが認められている。

問4　下線部(3)に関して，改正法に新たに置かれた理念として，消費者の権利尊重のほかにどのようなものがあげられるか，10文字以内で記述解答用紙の所定欄に記述せよ。

問5　下線部(4)に関して，通常，契約自由の原則としてあげられる4つの原則に含まれないものを，以下のうちから1つ選び，マーク解答用紙の所定欄にマークせよ。

1　締結の自由　　2　方式の自由

3　破棄の自由　　4　相手方選択の自由

問6　下線部(5)に関する説明として，最も適切なものを1つ選び，マーク解答用紙の所定欄にマークせよ。

1　消費者契約法には，契約後，一定期間内であれば無条件に消費者からの一方的な契約の解除を認めるクーリング・オフ制度の規定がある。

2　クーリング・オフ制度は，訪問販売や通信販売において，消費者が代金を支払った後でも契約を解除できる仕組みであるが，割賦販売には適用がない。

3　ヒーターの購入直後，電源が入らないという不具合が見つかっただけでは，製造者に対して製造物責任法に基づく損害賠償請求を行うことはできない。

4　事業者が，サービス利用規約に「当社の措置により利用者に損害が生じても，当社は一切損害を賠償しない」とする条項を設けても消費者契約法上は問題がない。

5　貸金業法の改正によってグレーゾーン金利が撤廃され，貸金業者は，より自由に金利を設定することができるようになり，借り入れを希望する消費者の選択肢が増えた。

問7　下線部(6)に関して，労働者の保護についての以下の文のうち，最も適切なものを1つ選び，マーク解答用紙の所定欄にマークせよ。

1　就業規則の内容を充足しない条件を定める労働契約は，その部分について無効となる。

2　労働契約とは，労働組合と使用者が賃金や労働時間などの労働条件について締結する合意のことである。

3　使用者は，妊娠中の労働者の心身を保護するため，労働者の意思を確認するまでもなく，軽易業務へ転換させることができる。

4　労働時間等の働き方はできるだけ労働者の裁量にゆだねた方がよいため，使用者は職種を問わず裁量労働制を導入することができる。

5　2018年の労働基準法の改正によって，労働者の意思や能力ではどうすることもできない年齢という条件で異なる取扱いをする定年制は，原則禁止となった。

問8　下線部(7)に関して，独占禁止法についての以下の文のうち，不適切と思われるものの組み合わせを下記の1～5の中から1つ選び，マーク解答用紙の所定欄にマークせよ。

ア　1997年の独占禁止法の改正により，従来禁止されていた持株会社の設立が，原則解禁された。

イ　公正取引委員会は，独占禁止法の目的を達成するために設置された行政機関であり，内閣府に属する。

ウ　独占禁止法は，業者の私的独占や不当な取引制限を禁止しており，これに違反した企業に対しては企業分割や課徴金等の制裁が課される。

エ　コンツェルンとは，親会社が様々な産業分野の子会社を株式保有や役員の派遣を通じて支配する形態の独占であり，独占禁止法によって禁止されている。

オ　一般にカルテルは禁止されているが，不況時の共倒れを防ぐための不況カルテルは例外的に認められており，リーマン・ショックの際も多くの申請があり，認可された。

1　アとイ　　2　アとオ　　3　イとウ

4　ウとエ　　5　エとオ

ホ　自己同一性の根拠とするため他者の存在を自己の反対物として限定し、他者を社会的に抑圧してしまうのではなく、抑圧され不可視化された自己と他者との共通点を具体的に見出すことで、新たな自他関係の可能性を構築することが重要だから。

問二十四　傍線部4「他者と共に生きようとすること」とあるが、それはどういうことか、またそれによって何が期待されるか。本文中で区別されている「他者」と〈他者〉を用いて、一二〇字以上一八〇字以内で説明せよ（解答は記述解答用紙の問二十四の欄に楷書で記入すること。その際、句読点や括弧・記号なども それぞれ一字分に数え、必ず一マス用いること）。

ハ　近代世界の成立に主要な役割を果たしたのは西洋であり、現代世界の暴力や貧困、差別などの問題は西洋的価値と近代的主体の解体なしにはあり得ない以上、西洋の対比的存在として位置づけられてきた東洋を思考の基盤とすることが二分法的枠組だけでなく西洋自体の変革にも不可欠だということ。

ニ　ひとりひとりの主体性にも織り込まれているヨーロッパ中心の近代史観に基づく権力関係の再生産から自己を解放するには、ヨーロッパの他者というアジアを前提とするのではなく、グローバルな舞台からアジアを捉え直すことでヨーロッパを客体化するという視点の転換が重要な契機となるということ。

ホ　アジアとヨーロッパという区別は実体として非歴史的に存在するのではなく、異種混淆的な出会いを通じてヨーロッパの覇権的地位とともに構築されたものであり、その異種混淆性がもつ潜在力を再認識することで、アジアは従来の関係性を覆し全く別の主体を模索するための足場となり得るということ。

問二十三　傍線部3「「可能性としての他者」に注意深くあらねばならない」とあるが、それはなぜか。その説明として最も適切なものを次の中から一つ選び、解答欄にマークせよ。

イ　主権的主体としての自己を支えるために他者を否定性に閉じ込めてしまうのではなく、具体的な他者の情動や指向を尊重しその生に接近することでより直接的な他者理解や共感が可能となるような自己変容に自らを開くことが重要だから。

ロ　自己のネガティブな側面を他者に転嫁することで自己の優位性を捏造し支配関係を維持するという営みから脱し、他者の視点から自己の世界をいまいちど捉え直すことで自己の情動や感覚を再構成することが重要だから。

ハ　他者の存在を自己の鏡像とすることで他者を単なる客体の位置に固定してしまうのではなく、特異で固有の身体を持つ他者に出会いその生を追体験する機会を得ることで、世界の多元化の可能性を追求することが重要だから。

ニ　支配的主体との差異化を通じてあらかじめ固定された枠組のなかで他者を認識することから距離をとり、異なる身体を持ち異なる世界を生きる異質なものとの出会いによって、世界の別の在りようを学ぶことが重要だから。

弁する政治家を支持することを通じて政治の世界に対立構造を持ち込み、非対称的権力関係を反転させようとした。

問二十一　本文で論じられる「方法としての主体」の説明として最も適切なものを次の中から一つ選び、解答欄にマークせよ。

イ　「異質なるもの」として差異づけられた他者と、その差異づけを支えている支配的主体としての自らの位置づけを直視し、自己批判を介することで、豊饒な異質性の一部として自己を肯定しようとする運動・過程。

ロ　これまでの歴史のなかで築き上げられてきた非対称的権力関係それ自体に働きかけ脱構築するために、まず自らの異質性を引き受け、それを政治的主張の根拠とすることで主体と客体を反転させるような運動・過程。

ハ　自己の特殊性を、統治者と被統治者の不平等な関係における政治的交渉の資源として活用することで、深い多元性を打ち立てるための新たな主体性を獲得し、より対等な自他関係を切り拓こうとする運動・過程。

ニ　人間の多様性・異質性のもつ豊饒さを発見するため、支配―被支配を前提とした既存の植民地的枠組を放棄し、過去に囚われない新たな自己を発見することで本当の意味での他者に出会うことを模索する運動・過程。

ホ　権力関係は外在的なだけでなくひとりひとりの主体性にも内在し得るものであると認識し、その関係を克服するためにその一部をなしている自分自身をまず変え、自他関係の新たな可能性を開こうとする運動・過程。

問二十二　傍線部2「方法としてのアジア」の説明として最も適切なものを次の中から一つ選び、解答欄にマークせよ。

イ　近代の形成において決定的な要素であったはずの異種混淆性の意義を振り返り、その過程に根差した潜在的可能性に働きかけることで新たな主体構築へと自己を開くためには、支配的主体としての西洋とその客体としての東洋という歴史性を捨て去る必要があるということ。

ロ　西洋を中心に置く近代的価値観に照らしてアジアは遅れた存在として位置づけられてきたが、そのような与えられた価値に抵抗するのではなく、西洋的価値をも含み込むようなより普遍的な価値の可能性をアジアの歴史に見出すことで世界の認識枠組を刷新し得るということ。

（田辺明生「グローバル市民社会」による）

問二十　傍線部1「多様なる人びとが差異を相互尊重しつつ、その差異づけを越えてお互いに交渉し、理解し、変容する機会を設けること」とあるが、その具体的実践例として著者の主張に最も沿うものを次の中から一つ選び、解答欄にマークせよ。

イ　人事考課に際して、同等の評価を受けた者が複数いる場合には女性を優先して昇進させる方針を打ち出した会社において、この方針に疑問を抱いた数名の従業員が、この方針の妥当性を問い直すことを通じて両性というジェンダー・セクシュアリティの固定観念そのものを議論する場の設置を会社に要請し、これへの参加を同僚に呼び掛けた。

ロ　西欧近代が創出した人権の理念は、西欧社会の中でもなお確立されているわけではなく、不断に追求されるべき規範性と普遍的妥当力を持つという認識のもとに、学生たちが、アジア世界に属する日本においても西欧との歴史的経路の違いや文化的政治的相違を克服して、人権を尊重し確立する主体を形成すべく、人権ＮＧＯを立ち上げた。

ハ　「外国人入店お断り」という注意書きを出している飲食店を目にした地元住民が、人・物・サービスの自由な移動を核とするグローバル市場化の動向と逆行するものとしてこれを問題視し、平等な経済主体同士という「方法としての主体」を立ち上げ、日本人の内なる差別意識の払拭を通じて、自由な市場取引関係を確立すべきだと商店街に訴えた。

ニ　政治的課題の優先度を経済成長に置くか、環境保護に置くかで対立する政治家が、二〇五〇年までに温室効果ガスの排出を全体としてゼロにしないと、その後どのような温暖化対策を講じても手遅れとなる、という科学的知見を共有することにより、政治的立場の差異を尊重しつつもそれを乗り越えて、超党派の気候変動対策連盟を結成した。

ホ　政・官・財界のリーダーとして社会を教導するエリート層が、彼らの社会的地位を資産として次世代へ相続することによりその支配構造を再生産しようとする中で、これに批判的な非エリート層が、自分たちの欲求を分かり易く代ただ問題は、他者をどのような存在としてみるかである。

西洋の主権的主体を可能にしたのは、自己の反対物として措定された「他者」の存在であったことを前に指摘した。そうした「他者」は、自己ではないものとして否定的に固定化されたものである。それに対して、「可能性としての他者」とは、自己の反対物ではなく、自己もそうであったかもしれない、しかし自己とは異なる、別様の存在者なのである。そうした〈他者〉は、現存の枠組における主体でも客体でもない。具体的な何者であるより先に、世界における可能なパースペクティブを示すもの、つまり「ひとつの可能世界の表現」なのである。

ここでいうパースペクティブとは、精神に属するものではなく、身体に属するものである。ヴィヴェイロス・デ・カストロが指摘するごとく、「すべての存在者は、世界を同じ仕方でみている。変化するのは、それがみている世界なのである」。ここには、一つの自然をさまざまに異なるように解釈する「多文化主義」ではなく、多様なる身体に応じた多様なる自然が現れる「多自然主義」がある。〈他者〉は、自己とは別様の身体――ハビトゥスを構成するある情動の束――をもつ。何を食べ、どこに住み、どのようにコミュニケートし、何に喜びを感じるかといった情動や指向において、〈他者〉の身体は特異・固有である。民族、宗教、ジェンダー、セクシュアリティとは、さまざまな身体の差異を表現しようとするカテゴリーである。こうした異なる身体をもつ〈他者〉の前に現れる世界は別様である。それぞれの身体の経験する情動や感覚、つまり生きる世界が異なるからだ。このような意味で、〈他者〉は、この世界の潜在的可能性が一つのかたちをとって現れたものなのである。

こうした〈他者〉に出会うことを通じて、わたしたちは、生の別様の可能性の存在を学ぶことができる。そこにわたしたちの世界はより多元化し、豊饒化する。ただし、こうした〈他者〉は、自己の有する既存の意味枠組の内部では理解不可能であることに十分に注意しなければならない。わたしたちがなすべきことは、「他者を説明することではなく、わたしたちの世界を多元化することである」。それは、他者を解釈することでも、他者のように思考することでもなく、他者の他者性を尊重しつつ、4他者と共に生きようとすることによって可能となる。

ヨーロッパはそうした異種混淆的な過程のなかから、アジアやアフリカを他者化することによって、主権的主体としての自己を構築したのであった。よって、ヨーロッパとアジアという二項対立的枠組を突き崩し、巻き返すことは、グローバル近代の異種混淆性に内包された潜在的可能性に立ち戻り、そこから新たな主体構築の可能性を輝かしめることである。「方法としてのアジア」の独自性は、それが、支配的な主体から与えられた「異質なるもの」としての客体的位置づけをあえて主体構築の場として引き受けること、そして、そこから自他の関係性自体に働きかけることによって、常に自己変容を含んだ運動あるいは動態そのものとしてあることではなかろうか。

*

こうした自己変容のための「方法としての主体」を立ち上げることは、「ヨーロッパとアジア」という文脈だけではなく、「男性と女性」「エリートとサバルタン」「白人と黒人」などの、さまざまな権力的二分法の解体と主体の再構築において有用であろう。これらの二分法的枠組も、帝国的・植民地的な支配構造と深く結びついたものであることはいうまでもない。

例えば「女性」という「方法としての主体」を立ち上げることは、「女性」というカテゴリーを実体化することではなく、むしろ「女性」という方法によって「男性」を巻き返し、包み直すことで、「男性と女性」というジェンダー・セクシュアリティの枠組そのものを解体し、人間の性的な異種混淆性を十分に認識したうえでの、より普遍的な人間理解と、自らの固有性に立った主体構築を可能にすることである。その過程においては、女性というカテゴリー内の多種多様性に目を向けるだけでなく、自他の関係性への働きかけを通じた自己変容が可能となり、「方法としての女性」を通じた自己認識と主体構築はより豊饒化するであろう。同じことは、「エリートとサバルタン」という階層的枠組、また「白人と黒人」といった人種的枠組において、「方法としてのサバルタン」や「方法としての黒人」を立ち上げる際にいえる。

こうした「方法としての主体」を立ち上げる際には、[3]「可能性としての他者」に注意深くあらねばならない。自己構築・自己変容の過程は、常に自他の関係性の再編を基盤とするのであり、そのために他者の存在は決定的に重要である。

ただしその可能性は、チャタジーのいうような「要求の政治」——自らの特殊性にもとづいて国家に政治的要求をすること——にとどまるものではない。主体を「方法として」立ち上げることの意味は、それを権益分配の受け皿とすることではなく、権力主体とその統治の客体という植民地的二項対立のあり方自体を揺るがすことにある。別言すればそれは、非対称的権力関係によって分断された自己と他者の〈あいだ〉に存在する潜在的なオルタナティブの可能性を顕わにしていくことである。それこそが、非対称的権力関係を再生産することなく、本当の意味で他者に出会うことであり、二分法に還元されえないような異質性のもつ豊饒さを発見することである。畢竟、権力関係は、外在的なものであるだけでなく、ひとりひとりの主体性そのものに内在的に潜むものである。自らの内なる帝国と植民地主義を揺るがし、自己変容するためにこそ、「方法としての主体」を立ち上げることは必要なのである。

ポスト・ポストコロニアル世界における「方法としての主体」の重要なカテゴリーの一つとして、2「方法としてのアジア」は理解できるだろう。近代的理念の実現を全きものとするためには、ヨーロッパがアジア・アフリカに対して一方向的な支配を押し付けるということではだめだ。といって、西洋の侵略に対して、東洋が抵抗するという、従来あったような図式も成り立たない。竹内好は、「西洋をもう一度東洋によって包み直す、逆に西洋自身をこちらから変革する、この文化的な巻返し、あるいは価値の上の巻返しによって普遍性をつくり出す」ことを提言する。いうまでもなく「アジア」は、「ヨーロッパ」の他者として恣意的に切り取られた単位であり、そこに何か実体として独自なものがあるわけではない。しかし、アジアを「方法として」立ち上げたうえで、ヨーロッパを「包み直す」こと、そして「巻き返す」ことは、「ヨーロッパとアジア」という二分法的枠組を崩しつつ、その双方を含みこんだような、より豊饒で普遍的なる新たな関係性の位相に至ろうとすることである。そのような意味で、「方法として」のアジアは、同時に自らの「主体形成の過程として」ある。

近代の形成においてヨーロッパが主導的な役割を果たしたとしても、世界史的近代はヨーロッパが自律的につくったものではない。近代はグローバルな舞台においてつくられたのであり、それを可能にしたのは異種混淆的な出会いである。

この問題を検討するにあたって着目すべきは、市民権に、人間の同一性にもとづく平等だけではなく、人間の差異にもとづく多様性をとりいれようとする「差異づけられた市民権」という考え方である。ここで実践的に大切なのは、1多様なる人びとが差異を相互尊重しつつ、その差異づけを越えてお互いに交渉し、理解し、変容する機会を設けることであろう。つまり真に重要なのは、差異づけられた主体を通じて、他者と出会うことなのである。こうした他者との出会いこそが、差異づけを、権力的統治の道具ではなく、深い多元性を獲得するための社会的資源へと転換するために求められる。

こうした可能性を考えるために、ここでは「方法としての主体」を立ち上げ、「可能性としての他者」に出会うことを提起したい。これこそが現代世界において有意義な「関係性の政治」を可能にする作法であると考えるからである。

現在のポスト・ポストコロニアル時代に、支配的な市民主体から差異づけられた「異質なるもの」としての位置づけをあえて引き受け、「方法としての主体」を立ち上げることにはどのような意味があるのだろうか。その意義は、ヨーロッパ・都市・ブルジョワ・男性・キリスト教徒を中心とする帝国的・植民地的な支配構造を脱構築し、新たな関係性と主体性を打ち立てることである。ただしこれはあらかじめ定められた目的を達成するための手段ではなく、あくまで、自己が自己のおかれた関係性に働きかけていく開かれた過程であることには注意しなければならない。目的を達成することではなく、自己のあり方そして自他の関係性が生成変化していくことこそが重要である。いいかえれば、「方法としての主体」は、常に自己変容を含んだ運動あるいは過程そのものとしてある。

「異質なるもの」として名指された受動的な位置づけは、自らが選び取ったものではない。しかし、そもそも（ポスト）帝国的・植民地的な状況において、主権的な市民的主体の構築でさえ、人種・階級・ジェンダー・宗教等を通じた非対称的権力関係によって支えられていたのである。現状の支配関係のなかで与えられたカテゴリーをとりあえず引き受け、「方法としての主体」に反転することによって、その立ち位置から、そうしたカテゴリーのおかれた主客の関係性自体に働きかけていくことが可能になる。これは例えば、植民地インドにおいて、権力から与えられたカーストや宗教にかかる諸カテゴリーが、「統治される人びとの政治」の基盤となっていったようにである。

イ　「使える」というのは、何かの役に立つこと、働くことを意味するが、日常の道具が「部品」として使用目的以外の用途では使われないのに対して、美術や芸術の現場で制作されるモノの用途は、いつも未知の地平に開かれている。

ロ　「器用仕事」というのは、転用と借用によって使用の仕方をずらすことであり、単に目的によって手段が決定されるだけではなくて、さまざまな手段の思いがけない組み合わせから新たな目的が創出されるということもあり得る。

ハ　何かを使うことができるというのは、「主体の能力」でもなければ「客体の機能」でもなく、両者があいまってはじめて可能になるという意味で、主体と客体が融合した状態をつくりだせる環境を準備できるということである。

ニ　現代人の「無能力」とは、生産と流通のシステムに全面的に依存せざるを得なくなった結果、たとえ転用や借用でやりくりして部品を調達できたとしても、以前に比べてモノを造る技術や精度が劣るようになったことである。

ホ　熟練や熟達というのは、しばしば「腕が上がった」というように「技」が十分に練り上げられることを指しているが、今日ではむしろ一つ一つの「技」は多少未熟であっても、多方面に対応できる能力が必要とされている。

四

次の文章を読んで、あとの問いに答えよ。

人間の生き方とは、畢竟、ほかの人や生物やモノといかなる関係性をもつかということであろう。そこではまず個人があって関係をつくるのではなく、まず関係性のネットワークがある。人間主体は関係性のネットワークのなかの結節点としてあり、その自他の関係性に応じて、その主体のあり方も変化する。現代社会の課題には巨視的にみれば、貧困・差別・紛争・暴力といった社会問題と、資源エネルギー問題や地球温暖化といった環境問題の二つがあるが、それらはつきつめればそれぞれ人と人そして人とモノの関係性の問題である。そして、こうした問題を解決するためのよりよき関係性の探究は、社会経済と技術そして政治の問題である。このなかで、個々のセクシュアリティから地球環境までを含み込んだ、グローカルな「関係性の政治」をいかに活力に満ちた効果的なものとできるかが問われている。

ニ　医者に相談したならば、ちょうど医者が命じてくれたであろうような仕方で、ひとはそれと知らずに健康を恢復(かいふく)することがある。

ホ　熟練や伎倆(ぎりょう)は個人の身についているけれども、技術はむしろ公共的、客観的に、何か個人的なものを越えて存在している。

問十八　空欄 4 に入る文章として最も適切なものを次の中から一つ選び、解答欄にマークせよ。

イ　何かをするために器官を使うに先だって、何かを使うなかでそれを担う器官がそれとして生成する。「わたし」は能力のあらかじめの所有者ではなく、使用のくり返しのなかで、使用の「主体」としてたえず自己構成してきたのだ。

ロ　何かをするためにこそ器官は使用されるのであって、何かを使うなかでそれを担う器官が生成するということではない。「わたし」は能力のあらかじめの所有者として、どのように使用されるかにかかわらず、使用の「主体」としてたえず自己構成してきたのだ。

ハ　何かをするために器官を使うのでも、何かを使うなかでそれを担う器官が生成するのでもない。「わたし」は能力の由来に無知な所有者として、ただそれを使用することによってのみ、使用の「主体」としてたえず自己構成してきたのだ。

ニ　何かをするために器官を使うこともあれば、何かを使うなかでそれを担う器官が生成することもある。「わたし」は偶然に与えられた能力のあらかじめの所有者として、それを限られた機会に有効に使用することにより、使用の「主体」としてたえず自己構成してきたのだ。

ホ　何かをするために器官を使うことも、何かを使うなかでそれを担う器官が生成することも、「わたし」を「主体」とした考え方であることに変わりはない。「わたし」は能力の所有者ではなく、器官とその機能そのものに促されて自己構成してきたにすぎないのだ。

問十九　本文の内容と合致するものを次の中から一つ選び、解答欄にマークせよ。

段活用動詞であるが、その語幹に「〜（エ段）る」をつけた形、すなわち「使える」のような形で可能を表す。このような形の動詞は可能動詞と呼ばれ下一段活用となっているが、仮定形はない。一方、上二段活用の動詞である「用いる」の場合、「用いれる」のような「らぬき」の形が使われることもあるが、本来は、「用いられる」のように未然形に助動詞「られる」をつけて可能を表す。

問十五　本文中には、次の一文が脱落している。入るべき最も適切な箇所を本文中の【　イ　】〜【　ホ　】の中から一つ選び、解答欄にマークせよ。

「使える」とは、そういう意味では一つの《状態》をこそ意味する。

問十六　空欄 2 に入る語句として最も適切なものを次の中から一つ選び、解答欄にマークせよ。

イ　使用の委譲
ロ　使用の過剰
ハ　使用の向上
ニ　使用の市場
ホ　使用の返上

問十七　空欄 3 に入る文として最も適切なものを次の中から一つ選び、解答欄にマークせよ。

イ　技術は万人の所有に属すべきものではあるが、しかし実際には、今日ひとりの人間があらゆる部門の技術家であるというようなことは、ほとんど不可能事となっている。
ロ　使用ということにしても、私たちはこれを機械の操作というようなことから、簡単に考えてしまったのであるが、しかしこのような使用が果して使用の全部であろうか。
ハ　物指（ものさし）や秤（はかり）で計ることは誰でもできるけれども、目分量や手加減でちょうどその量を当てることは、そう誰にでもできることではない。

熟練、熟達というふうに、「技」が十分に練れていること、それをひとはよく「腕が上がった」と言う。ここで重要なのは、そういう一事の極めではない。そういう一事への収斂（しゅうれん）ではなくて、むしろブリコラージュ、持ち合わせのものでやる拡散やずらしである。ユウズウ[B]無碍（むげ）な転用・借用であり、やりくりである。じっさい、田中の言うように、「あまりに身につき過ぎた技能」は「特殊な環境にのみ適当する肉体的特徴」と同様――数千年間の厳しい氷河時代の寒さに耐えたマンモスが、次の温暖化の時代に死滅したのは、「マンモスが特殊な状態に順応し過ぎて、過度に特殊化されてしまっていたからである」――、「かえって取り返しのつかない弱点となる場合がある」。重要なのはだから、状況へのしなやかな対応であり、そのためのモノの使い方の工夫であろう。その意味で、〝リンキ応変[A]〟こそ生き延びる技法の肝だと言ってよい。

4

リンキ応変[A]、ユウズウ[B]の利く、モノの使用、他者の使用、状況の使用。こういう使用にあっては、使用する者のその存在が、まずはよく使用されねばならない。が、このとき、主体たるわたしにとって身体は道具でも手段でもない。さらに、わたしとわたしが使うモノとの関係は道具的な関係ではない。ここでは、器官と機能との関係を逆転させる必要がある。

（鷲田清一『つかふ　使用論ノート』による）

（注1）ほつけている……「ほどけている」「ほつれている」の意味。

問十三　傍線部A（三箇所）・B（二箇所）にあてはまる漢字二字を、それぞれ記述解答用紙の問十三の欄に楷書で記入せよ。

問十四　傍線部1「使える」を文法的に説明した次の文章には二箇所誤りがある。イ～ホの中から二つ選び、解答欄にマークせよ。

「使う」と「用いる」は似た意味だが、現代の共通語で考えた場合、文法的には可能の形が違う。「使う」の場合、五[イ]

「使える」とは、このように、「何かを使うことができる」という意味で「主体の能力」としてあることでもなければ、「部品としてふさわしい」という意味で「客体(モノ)の機能」としてあることでもない。あえて主体と客体という言葉でいえば、主体と環境との関係を首尾よくマネージできるようモノや他者を適切に配置できているということである。【 ニ 】現代人はしばしばみずからの「無能力」を時代の徴候とみなしているが、この「無能力」は「できることが減った」という意味ではなく、「使える」という《状態》をみずからの手で準備し、保持する力量が衰えてきているということではないだろうか。何をするにも生産と流通のシステムに全面的に依存せざるをえず、モノを作るにも部品を「買う」というかたちで調達しないと何も始まらないといった状況、要は、みずからの手で「使える」モノの環境を組み立て、ときに転用や借用でやりくりするという、そういう力量の低下ということではないだろうか。この「使える」という《状態》を確保しておかなければ、「わたし」たちの存在そのものが消費されるだけの痩せ細った姿へといずれ転落するほかないだろう。

とすると、ブリコラージュを「器用仕事」と訳したことには存外深い意味が含まれていたのかもしれない。「器用」というのは、A リンキ応変、どんな場面でもそれに最適なかたちで対処し、まるで軽業のように、状況を（見た目は）容易(たやす)く切り抜けることができるということであろう。目の前の状況とその変容によく耳を凝らし、それを濃(こま)やかに触診し、さらに微細なところまでよく問診しつつ、それを手厚く看る（ケアする）こと。しかもそれをなんのお膳立てもなく、ただ持ち合わせのものをよく調べ、うまく転用や借用もしながら、なんとか状況が課してくる問題に解決をもたらすこと。「これは使える」「彼／彼女は使える」と言うときには、状況に適切に対処するための準備がほぼできているということ、何かを始める条件がほぼ整っているということ、もうその待機状態にいるということを言外に表しているのではないだろうか。【 ホ 】

古代ギリシャ哲学の碩学、田中美知太郎は、『善と必然との間に』（一九五二年）に収められた論考「技術」のなかでこんなふうに言う。——「[3]」。それは、テクノロジーのように万人共有のマニュアルにしたがって学習できることではなく、「自得」するほかないものだと。

適合するかどうかで決まる。これが実用的な道具である。このような道具には、使用目的以外の用途は求められないし、そこから引き出せもしない。それらはシステムの「部品」として「使える」にすぎない。

しかし「使える」には、じつはそれとは別の側面がある。たんに機能主義的ではない道具や材料の使用の仕方である。「部品」としての利用可能性に対する《 2 》とでもいうべきものである。このシステムないしは工程で使えるというだけでなく、このシステムないしは工程以外でも使えるということである。【 ロ 】

「これ、何かに使える」とひとはよく口にする。レヴィ＝ストロースの言っていたあの ça peut toujours servir、つまり「まだなにかの役に立つ」である。生産工程のようなテクノロジカルな装置においてではなく、日常生活では、あるいはなんらかの美術制作では、モノは「これ、まだ（あるいはいつか）使えるんじゃないか」といったまなざしで眺められる。とりわけ後者の美術制作では、「これを使うとこんなものも作れるんじゃないか」といったふうに、モノを見つめながら、未知の目的を手さぐりするということが往々にして起こる。「何かに使える」の「何」はいつも未知の地平に開かれているのである。【 ハ 】日本語の「役」には、「全体の中で自分が分担している仕事・労役」とか、「公用のための徴用、あるいはその代わりに貨幣で納める税」といった意味があるが、「使える・役に立つ・有用である」(useful) かどうかを決するのはたしかに「全体」であるにしても、その「全体」はいつもどこかでほつけている（注1）のであって、閉じたもの、つまりは一義的に完結したものではないということである。

いや、そもそも「部品」としては不完全、不都合なところがあっても、まだ別の何かに使えるとして用いるのが、レヴィ＝ストロースのいうあの「器用仕事（ブリコラージュ）」なのであった。ぴったり合うものがなくてもどうにかするのが「器用仕事」というものだ。「器用仕事」の要となるのは転用と借用（見立て）であった。それは、使用の仕方をずらせることで、《目的―手段》の一義的な連鎖をみずから外すということである。別の用途に転用するというのは、つまり、《目的―手段》の関係を複義的にしてゆくということである。さらには目的が手段を規定するだけではなく、意表をつく手段の組み合わせが未知の目的を構築してゆくということである。

解答欄にマークせよ。

イ　りふとく、すでにこれをげきせしむ。
ロ　りふとく、やみてこれをはげます。
ハ　り、えずしてすでにこれをようす。
ニ　り、これをげきすることをやみえず。
ホ　り、やむをえずしてこれをむかふ。

問十一　傍線部D「名不虚得。宜以見恵」の意味として最も適切なものを次の中から一つ選び、解答欄にマークせよ。

イ　「不得」と名付けるだけあって、腹黒いところがなく、気前よくものをくれる。
ロ　名は「不虚」であるが、心に嘘がない人柄で、よい意見を出してくれる。
ハ　巷の評判にたがわぬ方なので、どうかこの人をわたしに譲ってください。
ニ　巷では名声を手にしなければむなしいので、何でもよい知恵を出してください。
ホ　世俗的名声は手にしてもむなしいので、虚栄にふりまわされないでほしい。

問十二　傍線部E「紅粉」とあるが、この詩におけるこの語の意味に最も近い漢字一字を本文の中から抜き出して、記述解答用紙の問十二の欄に楷書で記入せよ。

三

次の文章を読んで、あとの問いに答えよ。

「使える」[1]というのは、役に立つこと、働くことである。【　イ　】しかしそれはモノに備わる機能ではない。工業技術の場合なら、何を作るかという目的がまずはあり、それを実現するための手段として、道具や材料がある。そのときこれらの道具や材料が使えるかどうかは、生産の仕組みが決定する。手段としての適性が、生産のシステム、生産の工程に、

朗吟シテ而起チテ曰ク、

華堂今日綺筵開ク

誰カ喚ビ二分司御史ヲ一來タラシムル

忽チ發シテ二狂言ヲ一驚カシム二滿座ヲ一

二行ノE紅粉一時ニ迴ル

氣意閑逸、傍ニ若シレ無キガレ人。

（計有功『唐詩紀事』巻五十六「杜牧」による）

問八　傍線部A「之」が指すものとして最も適切なものを次の中から一つ選び、解答欄にマークせよ。

イ　御史　　ロ　司徒　　ハ　朝客　　ニ　名士　　ホ　座客

問九　傍線部B「達意」とあるが、誰のどのような「意」を、誰に達せしむるのか、最も適切なものを次の中から一つ選び、解答欄にマークせよ。

イ　李愿が閑居していることを、杜牧に達せしむること。

ロ　李愿が洛陽の名士に別れを告げたことを、杜牧に達せしむること。

ハ　洛中の諸名士が李愿の宴会に参加したいという意向を、杜牧に達せしむること。

ニ　杜牧が李愿の催す宴会に参加したいという意向を、李愿に達せしむること。

ホ　杜牧が杯になみなみついだ酒を三杯飲むという意向を、李愿に達せしむること。

問十　傍線部C「李不得已邀之」の書き下し文（全文ひらがな書きとする）として最も適切なものを次の中から一つ選び、

導いてくれるのは。

問六　空欄 e に入る語として最も適切なものを次の中から一つ選び、解答欄にマークせよ。

イ　くるし　ロ　たのし　ハ　つらし
ニ　にくし　ホ　むなし　ヘ　やさし

問七　空欄 1 ～ 4 にはA「高倉院」・B「太皇太后宮」いずれかが入る。その組み合わせとして最も適切なものを次の中から一つ選び、解答欄にマークせよ。

イ　1 A　2 B　3 A　4 B
ロ　1 B　2 A　3 B　4 A
ハ　1 A　2 B　3 B　4 A
ニ　1 B　2 A　3 A　4 B
ホ　1 A　2 A　3 A　4 B
ヘ　1 B　2 B　3 B　4 A

二

中国唐代の詩人杜牧に関する次の文章を読んで、あとの問いに答えよ（設問の都合上、返り点・送り仮名を省いた箇所がある）。

牧為リシトキ㆓御史㆒、分㆓務ス洛陽ニ㆒。時ニ李司徒愿罷メテ㆑鎮ヲ閑居ス。聲妓豪侈ナリ。洛中ノ名士咸(ことごとク)謁ス㆑A之ニ。李高㆓會ス朝客ヲ㆒。以テ㆓杜ノ持スルヲ㆑憲ヲ、不㆓敢ヘテ邀致セ㆒。杜遣シメ㆓座客ヲシテ　B達セ㆑意ヲ、願フ㆑預カランコトヲ㆓斯ノ會ニ㆒。C李不得已邀之。杜獨㆓坐ス南行ニ㆒。瞪目注視シテ、引ク㆓滿三巵ヲ㆒。問ウテ㆑李ニ云フ、「聞ク㆑有ルヲ㆓紫雲ナル者㆒、孰レカ是ナル。」李指モテ示ス㆑之ヲ。杜凝睇スルコト良久(やや)シウシテ曰ク、D「名不虚得。宜以見惠。」李俯シテ而笑フ。諸妓モ亦回ラシテ㆑首ヲ破顔ス。杜又自ラ飲シ㆓三爵ヲ㆒、た。

ニ　私の方がまず出家して仏道に入るはずでしたが、あなたを先に行かせて後を追うことになろうとは思いませんでした。

ホ　私が先に出家してあなたを止めるはずでしたが、あなたを後に残して行くことになろうとは思いもよりませんでした。

ヘ　私の方がまず出家して仏道に入るはずでしたが、あなたが先に行って私を誘ってくれようとは思いもしませんでした。

問五　(乙)の歌は、作者小侍従のどのような心情を詠んだものか。最も適切なものを次の中から一つ選び、解答欄にマークせよ。

イ　あなたの出家に遅れまいと約束して、あなたを待っていましたのに、いったい誰でしょうか、私を安らかな仏道に導いてくれるのは。

ロ　私の出家に遅れまいと約束なさって、待っていてくださいましたが、あなたのせいですよ、私の出家がこんなに遅くなりましたのは。

ハ　あなたの出家に遅れまいと約束して、あなたを待っていましたのに、私のためですね、こんなにあなたを待たせてしまいましたのは。

ニ　私の出家に遅れまいと約束なさって、待っていてくださいましたが、私のためですね、こんなにあなたを待たせてしまいましたのは。

ホ　あなたの出家に遅れまいと約束して、あなたを待っていましたのに、あなたのせいですよ、私の出家がこんなに遅くなりましたのは。

ヘ　私の出家に遅れまいと約束なさって、待っていてくださいましたが、いったい誰でしょうか、私を安らかな仏道に

問一　空欄 a ・ b に入る語の文法的説明として最も適切なものを次の中から一つずつ選び、それぞれの解答欄にマークせよ。

イ　過去の助動詞「き」の終止形
ロ　打消しの助動詞「ず」の連体形
ハ　完了の助動詞「つ」の未然形
ニ　推量の助動詞「む」の已然形
ホ　完了の助動詞「り」の連体形
ヘ　尊敬の助動詞「る」の未然形

問二　空欄 c に入る語として最も適切なものを次の中から一つ選び、解答欄にマークせよ。

イ　て　ロ　で　ハ　ど　ニ　に　ホ　ば　ヘ　を

問三　空欄 d に入る語として最も適切なものを次の中から一つ選び、解答欄にマークせよ。

イ　ありあけ　ロ　きさらぎ　ハ　しもふり
ニ　まつよひ　ホ　まよなか　ヘ　ゆみはり

問四　（甲）の歌は、作者頼政のどのような心情を詠んだものか。最も適切なものを次の中から一つ選び、解答欄にマークせよ。

イ　私が先に出家してあなたを止めるはずでしたが、あなたが先に行って私を誘ってくれようとは思いもしませんでした。
ロ　私の方がまず出家して仏道に入るはずでしたが、あなたを後に残して行くことになろうとは思いもよりませんでした。
ハ　私が先に出家してあなたを止めるはずでしたが、あなたを先に行かせて後を追うことになろうとは思いませんでし

と申し送りける返事に、小侍従、

すむ甲斐もなくて雲居に［ d ］の月はなにとか入るもしられん

この尼になりける時、頼政卿、

（甲）われぞまづ出づべき道に先だててしたふべしとは思はざりしを

返し、小侍従、

（乙）おくれじと契りしことを待つほどにやすらふ道も誰ゆゑにそは

この頼政卿の歌は、玉葉集にも出でたり。

千載集に心経[注5]のこころをよめる、小侍従、

色にのみそめし心のくやしきを［ e ］と説ける法のうれしさ

この歌は尼になりて、八幡にこもりて後の歌なるべし。

この余の代々の撰集に、小侍従とある歌の中に、なほこの小侍従の歌あるべけれども、考ふるところなければ、ことごとく［ 1 ］の小侍従一人の歌となりたり。まことに［ 2 ］の小侍従の不幸といふべし。治承[注6]に待宵にふけ行くの歌[注7]をよみて、待宵の小侍従と称せられしより、世に［ 3 ］の小侍従の名のみ高くなりて、［ 4 ］の小侍従の名を知る人なくなりしとなるべし。

（土肥経平『春湊浪話』による）

（注1）歌集などに収録された歌の作者を検索するための書物。
（注2）・（注3）それぞれ勅撰和歌集の一。
（注4）石清水八幡宮（男山八幡宮）のこと。
（注5）般若心経のこと。
（注6）平安時代末期の年号。
（注7）「待つよひにふけゆく鐘の声きけばあかぬ別れの鳥は物かは」（新古今和歌集　恋三）

国語

（九〇分）

一　次の文章を読んで、あとの問いに答えよ。

同じ時に小侍従といふ歌よみの女房二人あり。高倉院の小侍従と太皇太后宮の小侍従となり。千載集には小侍従といふて、太皇太后宮の小侍従と分てり。この小侍従とばかりある、すなはち高倉院の小侍従なり。その後の撰集には小侍従とのみありて、二人を混じ出だされし。それを請けて作者部類(注1)に、太皇太后宮の小侍従と出でて、高倉院の小侍従の歌も一所にかぞへ入れられたり。

今按(あん)ずるに、高倉院の小侍従といふは源三位頼政卿に通じたる人にて、頼政家集に贈答の歌多く見えたり。新後撰(注2)に、二月の廿日あまりのころ、大内(おほうち)の花見せよと小侍従申しければ、いまだひらけぬ枝につけてつかはしける。従三位頼政、

思ひやれ君がためにと待つ花の咲きもはて　a　にいそぐ心を

返し、小侍従、

逢ふことをいそがざりせば咲きやらぬ花をばしばし待ちもし　b　まし

これも家集に出でたる歌なり。

玉葉集(注3)に、高倉院の御時、内にさぶらひけるが、さまかへて八幡(やはた)(注4)にこもりぬと聞いて、刑部卿頼輔がもとより、

君はさは雨夜の月か雲居より人にしられ　c　山に入りぬる

2021年度

問題編

■一般選抜

問題編

▶試験科目・配点

教　科	科　目	配 点
外 国 語	「コミュニケーション英語Ⅰ・Ⅱ・Ⅲ，英語表現Ⅰ・Ⅱ」，ドイツ語，フランス語，中国語のうちから１科目選択	60点
地歴・公民・数学	日本史Ｂ，世界史Ｂ，政治・経済，「数学Ⅰ・Ⅱ・Ａ・Ｂ」のうちから１科目選択	40点
国　語	国語総合，現代文Ｂ，古典Ｂ	50点

▶備　考

- ドイツ語・フランス語・中国語を選択する場合は，大学入学共通テストの当該科目〈省略〉を受験すること。共通テスト外国語得点（配点200点）を一般選抜外国語得点（配点60点）に調整して利用する。
- 数学を選択する場合は，大学入学共通テストの「数学Ⅰ・数学Ａ」「数学Ⅱ・数学Ｂ」両方の科目〈省略〉を受験すること。両科目の合計得点（配点200点）を一般選抜地歴・公民または数学の得点（配点40点）に調整して利用する。

(90 分)

READING/GRAMMAR SECTION

All answers must be indicated on the MARK SHEET.

I Read the passage and answer the questions below.

It was late in 2015, and things were at an impasse. Some four years earlier, Taiwan's finance ministry had decided to legalize online sales of alcohol. To help it shape the new rules, the ministry had kicked off talks with alcohol merchants, e-commerce platforms, and social groups worried that online sales would make it easy for children to buy liquor. But since then they had all been <u>talking past each other</u>. The regulation had gotten nowhere.

That was when a group of government officials and activists decided to take the question to a new online discussion platform called "vTaiwan." Starting in early March 2016, about 450 citizens went to the vTaiwan site, proposed solutions, and voted on them.

Within a matter of weeks, they had formulated a set of recommendations. Online alcohol sales would be limited to a handful of e-commerce platforms and distributors; transactions would be by credit card only; and purchases would be collected at convenience stores, making it nearly impossible for a child to surreptitiously get hold of booze. By late April the government had incorporated the suggestions into a draft bill that it sent to parliament.

The deadlock "resolved itself almost immediately," says Colin Megill, the CEO and cofounder of "Pol.is," one of the open-source digital platforms vTaiwan uses to host discussion. "The opposing sides had never had a chance to actually interact with each other's ideas.

When they did, it became apparent that both sides were basically willing to give the opposing side what it wanted."

Three years after its founding, vTaiwan hasn't exactly taken Taiwanese politics by storm. It has been used to debate only a couple of dozen bills, and the government isn't required to heed the outcomes of those debates. But the system has proved useful in finding consensus on deadlocked issues such as the alcohol sales law, and its methods are now being applied to a larger consultation platform, called "Join," that's being tried out in some local government settings. The question now is whether it can be used to settle bigger policy questions at a broader level—and whether it could be a model for other countries.

Taiwan might not seem like the most obvious place for a pioneering exercise in digital democracy. The island held its first direct presidential election only in 1996, after a century marked first by Japanese colonial rule and then by Chinese Nationalist martial law. But that oppressive past has also meant the Taiwanese have a history of taking to the streets to push back against <u>heavy-handed</u> government. In Taiwan's democratic era, it was a protest four years ago that planted the seed for this innovative political experiment.

The vTaiwan platform is a product of the 2014 Sunflower Movement, led by students and activists, which derailed an attempt by the Taiwan government to push through a trade agreement with China, which claims Taiwan as its territory. For more than three weeks the protesters occupied government buildings over the deal, which they felt would give China too much leverage over the Taiwanese economy.

In the aftermath, the Taiwan government invited Sunflower activists to create a platform through which it might better communicate with Taiwan's youth. A Taiwanese civic tech community known as g0v (pronounced "Gov Zero"), which had played a leading role in the Sunflower protests, built vTaiwan in 2015 and still runs it. The platform enables citizens, civil-society organizations, experts, and elected representatives to discuss proposed laws via its website, as well as in face-to-face meetings and hackathons. Its goal is to help policymakers make decisions that gain legitimacy through consultation.

"I would say vTaiwan is about civil society learning the functions of the government and, to a degree, collaborating," says Audrey Tang, Taiwan's digital minister. Tang, a famed hacker who helped the thousands of Sunflower protesters build and maintain their internal communications network, was appointed by the current president, Tsai Ing-wen, who won the 2016 election on a pledge of government transparency.

What makes vTaiwan unique is its use of Pol.is. Pol.is, created by Megill and others in Seattle after the events of the Occupy Wall Street and the Arab Spring movements in 2011, lets anyone with an account post comments for debate and also upvote or downvote other people's comments. That may sound much like any other online forum, but two things make Pol.is unusual. The first is that you cannot reply to comments. "If people can propose their ideas and comments but they cannot reply to each other, then it drastically reduces the motivation for <u>trolls</u> to troll," Tang says. The second is that it uses the upvotes and downvotes to generate a kind of map of all the participants in the debate, clustering together people who have voted similarly. Although there may be hundreds or thousands of separate comments, like-minded groups rapidly emerge in this voting map, showing where there are divides and where there is consensus. People then naturally try to draft comments that will win votes from both sides of a divide, gradually eliminating the gaps. "The visualization is very, very helpful," Tang says. "If you show people the face of the crowd, and if you take away the reply button, then people stop wasting time on the divisive statements."

In one of vTaiwan's early successes, for example, the topic at issue was how to regulate the ride-hailing company Uber, which had — as in many places around the world — run into fierce opposition from local taxi drivers. As new people joined the online debate, they were shown and asked to vote on comments that ranged from calls to ban Uber or subject it to strict regulation, to calls to let the market decide, to more general statements such as "I think that Uber is a business model that can create flexible jobs."

Within a few days, the voting had <u>coalesced</u> to define two groups, one pro-Uber and one, about twice as large, anti-Uber. But then the magic happened: as the groups sought to attract more supporters, their members started posting comments on matters that everyone could agree were important, such as rider safety and liability insurance. Gradually, they refined them to garner more votes. The end result was a set of seven comments that enjoyed almost universal approval, containing such recommendations as "The government should set up a fair regulatory regime," "Private passenger vehicles should be registered," and "It should be permissible for a for-hire driver to join multiple fleets and platforms." The divide between pro- and anti-Uber camps had been replaced by consensus on how to create a level playing field for Uber and the taxi firms, protect consumers, and create more competition. Tang herself took those suggestions into face-to-face talks with Uber, the taxi drivers, and experts, which led the government to adopt new regulations along the lines vTaiwan had produced.

vTaiwan's website boasts that as of August 2018, it had been used in 26 cases, with 80 percent resulting in "decisive government action." As well as inspiring regulations for Uber and for online alcohol sales, it has led to an act that creates a space for small-scale technological experiments within Taiwan's otherwise tightly regulated financial system.

That the government isn't required to heed discussions on vTaiwan is the system's biggest shortcoming. vTaiwan is one of dozens of participatory governance projects around the world listed on CrowdLaw, a site run by the Governance Lab at New York University. Most of them, says Beth Noveck, the lab's director, suffer from the same problem: they're not binding on governments, which means it's also hard for them to gain credibility with citizens. Still, she says, Taiwan's experiment is "a step in the right direction." It's "far more institutionalized" than what's been seen elsewhere, she adds.

"Digital-economy issues are to be deliberated in an open, multistakeholder process that the government has the duty to support," Tang says. But what "support" means — how much weight lawmakers or the government will have to give to vTaiwan's deliberations — is still up in the air.

[Adapted from Chris Horton, "The Simple but Ingenious System Taiwan Uses to Crowdsource Its Laws," *MIT Technology Review* (August 21, 2018).]

(1) **Choose the ONE way to complete each of the following sentences that is CORRECT according to the passage.**

1 vTaiwan

A had an influence on students in Taiwan who later formed a protest against the trade agreement between China and Taiwan.

B has been used to debate more than twenty bills, not all of which were passed by the government.

C influenced Chinese activists who later relocated their government to Taiwan.

D lets participants choose to read only comments written by those whose ideas are not of the opposing side.

E requires that the result of the debates reflect to some degree government policy.

2 The Sunflower Movement

A refers to the student movement that resulted in the

Nationalist government's relocation to Taiwan.

B was a consequence of the government's strict regulation of students' heavy usage of the Internet.

C was driven by students who saw the proposed 2014 trade deal between China and Taiwan as disadvantageous.

D was marked by three weeks of protests during which government buildings were destroyed.

E was triggered by the government's interference with student exchange between China and Taiwan.

3 The vTaiwan platform

A gave rise to a regulation banning Uber services in Taiwan to protect local taxi drivers.

B generated concerns from insurance companies for ignoring safety issues of Uber services.

C provided opportunities to discuss safety issues related to Uber services.

D provoked criticism from local taxi drivers for siding with Uber services.

E triggered laws to protect part-time workers with national social security insurance.

4 Pol.is is a forum

A on which participants comment on each others' posts about social issues.

B on which participants post opinions and vote on what others posted.

C that influenced the Occupy Wall Street and Arab Spring movements in 2011.

D where participants are usually divided into two camps according to their voting tendencies.

E where participants generally discourage each other from voting in order to avoid being placed on the voting map.

(2) **Choose the FOUR statements that are NOT true according to the passage. You may NOT choose more than FOUR statements.**

A A Taiwanese community named g0v started vTaiwan to promote discussion between people from different backgrounds and to exchange ideas on policies.

B According to Colin Megill, people are willing to bend their opinions to accommodate the opposing side.

C Audrey Tang supported the Sunflower Movement, which was led by students and activists.

D Pol.is is a forum that was created by Colin Megill and others in the United States around a decade ago.

E The discussion on the vTaiwan forum prevented Taiwan's Ministry of Finance from legalizing online sales of alcohol.

F The first presidential election in Taiwan was the result of the Sunflower Movement.

G The g0v community had a significant influence on the Arab Spring movement.

H Uber services have been banned because of the discussions which took place on vTaiwan.

I vTaiwan uses the Pol.is open-source discussion platform.

(3) **Which ONE of the following sentences BEST summarizes the main point of the passage?**

A A small political movement by students may result in the overthrow of a government.

B A Taiwanese digital platform called vTaiwan reflects Taiwan's history with Japanese rule in the 20th century followed by Nationalist martial law.

C The operation of vTaiwan has shown that communication between individuals with opposing ideas helps people find common ground on important issues.

D The Sunflower Movement has succeeded in securing a channel through which activists' ideas are guaranteed to be heeded by the government.

E vTaiwan divides its community into several smaller communities within which each individual feels uncomfortable because everyone else has different values.

(4) **Choose the BEST way to complete each of these sentences about how the underlined words are used in the passage.**

1 Here "talking past each other" means

A criticizing each other's pasts.

B failing to listen to one another.

C mistreating one another.

D speaking behind their back.

E speaking ill of each other.

2 Here "heavy-handed" means

A arrogant. B controlling. C corrupted.

D slow-moving. E unfair.

3 Here "trolls" means

A agitators. B animals. C comments.

D ghosts. E politicians.

4 Here "coalesced" means

A converged. B created. C divided.

D eliminated. E summarized.

II Read the passage and answer the questions below.

① Sports administration attracts attention only when things go wrong. A school sports day takes quite a bit of organizing; anything bigger, and the complications grow exponentially. Events such as Wimbledon or the World Cup are mechanisms of extraordinary complexity, in which most of the moving parts are human, and these events are, in their way, heroic feats of administration, bureaucracy, and human-management — and all that effort just goes to set the stage for the real action. The whole point of all this work is to go unnoticed. Being a sports administrator is a bit like being a spy, in that attracting attention is by definition a sign that something has gone amiss.

② The case of Caster Semenya has seen the administration of athletics go about as wrong as it possibly can. Semenya is the South African woman who won the 800 meters World Championships in Berlin in August 2009 at the age of 18, having improved her personal best by startling margins: in the final of the 800 meters African Junior Championships a few weeks previously, she did so by four seconds. The body which administers athletics, the International Association of Athletics Federations (IAAF), responded by making Semenya take a gender test, a fact which was immediately and unforgivably leaked to the world's press, causing planet-wide interest, speculation, and scandal. Another wave of scandal hit when the specific test results were leaked: they allegedly showed that Semenya had both male and female sexual characteristics, and an unusually high level of testosterone. The news caused justified outrage in South Africa, where the sports minister, Makhenkesi Stofile, said that if the IAAF were to ban Semenya, "it would be the third world war." It then emerged that Athletics South Africa had performed gender tests on Semenya before she competed in Berlin.

③ Hard cases make bad law. Gender tests were briefly a routine feature of international athletics, but now they are only ordered in specific instances, because they are both complicated to do — involving endocrinology, gynecology, and internal medicine — and complicated in their philosophical consequences. There was a happily naïve period in the late 1960s and 1970s, when it seemed as if gender testing was a straightforward issue, involving Soviet bloc athletes who were either men pretending to be women, or women whose coaches had made them take so many illegal hormones that they were turning into men. For example, a pair of Soviet sisters, Irina and Tamara Press, set 26 world records in the early 1960s, but didn't show up for sex testing when it was first introduced in 1966, and were never seen again. Photos of large, impossibly muscular and hairy Soviet bloc athletes were a routine feature of the sports pages. The high spot / low spot of this historical moment came at the 1976 Olympics in Montreal, when every single female athlete except Princess Anne was subjected to a sex test which involved nothing more complicated than a grope. If the test was too demeaning for Princess Anne, it should have been too demeaning for all. In the face of the great Soviet hairy women offensive, however, that's not how the International Olympic Committee chose to see it.

④ Subsequent years saw the process of gender testing become more sophisticated. This was the point at which things became truly complicated, because the tests showed an unexpectedly large number of female athletes had naturally high levels of male hormones and quite a few had the male Y chromosome. The athletes in question had no idea, and the effect of "failing" a sex test in this way was often highly traumatic. Furthermore, it was always and only female athletes who went through this experience; there hasn't been a single instance of a male athlete turning out to be partly female. (Although as many men have inter-gender characteristics as do women, it's the male hormones, especially testosterone, which are useful in sports.) As a result, the IAAF stopped performing compulsory sex tests in 1992, and the IOC, the body that runs the Olympics, followed their example in 1999. The fact that the question of blurred gender distinctions is, in the athletics world, so well known, makes the IAAF all the more <u>culpable</u> in the Caster Semenya case.

⑤ Usually, women's sex chromosomes are XX and men's are XY. It is not, however, the chromosomes which directly control gender; the determining factor is the hormones which the chromosomes, taken together, instruct the body to make. In some cases, there is a discrepancy between the chromosomes and the body's hormone kit; in particular, some women are chromosomally XY, but also produce a hormone which blocks the operation of the male hormones. They are women, but with a Y chromosome. Women affected with this condition are tall and lean and often very striking looking. Many of these women become actresses and models.

⑥ The XY condition is rare, but not that rare: one case in 15,000. That means that there are four thousand of these women in the U.K. alone. Globally there are 400,000. Since encountering this fact, I find I look at fashion photography in which the women don't look like anyone I've ever seen in real life in a new light. A speaker at the Liberal Democratic Party conference raised the issue of making magazines carry a sticker indicating when photographs have been digitally manipulated, to prevent young women from being oppressed by an unachievable idea of physical perfection. But what about the idea that the physical ideal they are sometimes being invited to admire is chromosomally XY? And that's just the specific case of this particular condition, which is Swyer syndrome, or XY gonadal dysgenesis. More general conditions involving gender abnormality affect one in three thousand people — which, globally, is two million people. There are more human beings who are in some degree intersex than there are Botswanans. I'm not sure what conclusion one should reach, other than that the lives of people with intersex conditions might be easier if this fact were more widely known, and that Ms. Semenya has been very harshly treated.

[Adapted from John Lanchester, "Caster Semenya," *London Review of Books* (October 8, 2009).]

(1) **Choose the best way to complete the following sentences about Paragraphs ① to ⑥.**

1 In Paragraph ① the writer mainly

2 In Paragraph ② the writer mainly

3 In Paragraph ③ the writer mainly

4 In Paragraph ④ the writer mainly

5 In Paragraph ⑤ the writer mainly

6 In Paragraph ⑥ the writer mainly

A argues that gender testing in the modern athletic world is so sophisticated that it accurately identifies the athletes who are illegally injected with testosterone to improve their performance.

B complains that sports administration is not properly appreciated even though it often involves extremely complicated work.

C criticizes the IOC for forcing a South African female athlete to undergo a gender test after she won the 800 meters World Championships.

D describes the complexity of gender testing, which made the sports associations stop carrying out compulsory gender tests.

E explains the relationship between chromosomes and gender distinctions, and the effects different patterns of chromosomes have on women.

F illustrates how the number of women with XY chromosomes is increasing, which makes more women tall and lean in modern society.

G outlines the history of gender testing by explaining how it was conducted in the late 1960s and how it was more widely used in the 1970s.

H points out the fact that women with intersex conditions are more common than we think and argues for the importance of making this more widely recognized.

I proposes that the IAAF should improve gender testing with more advanced medical technology, so that it can distinguish intersex from illegal hormone use.

J states that although administrative jobs to organize sports events are normally done behind the scenes, they will suddenly attract attention when things go wrong.

K tells us the way athletic associations decided to impose gender tests on a South African athlete and the controversy caused by the tests.

(2) **Choose the ONE way to complete each of the sentences that is CORRECT according to the passage.**

1 Caster Semenya

A admitted that she had a hormone injection, which caused an unusually high level of testosterone in her blood.

B criticized the IAAF and Athletics South Africa for performing gender tests before the World Championships in Berlin.

C refused to take a gender test after she won the 800 meters World Championships in Berlin.

D set her personal best both in the African Junior Championships and in the World Championships in the same year.

E was disappointed that the IAAF failed to protect her privacy and openly announced the result of the gender test.

2 Gender tests

A are still compulsory for the Olympic Games.

B often fail to identify men's intersex characteristics.

C revealed that more women have the Y chromosome than previously thought.

D were developed in the late 1960s to prevent female athletes from taking illegal hormones.

E were so humiliating that some female athletes refused to take them at the 1976 Montreal Olympics.

3 Women with XY chromosomes

A are more numerous than previously thought.

B are more widely found than women with XX chromosomes.

C have been routinely banned from the Olympic Games.

D number 15,000 in the U.K alone.

E reach about two million people globally.

(3) **Choose the ONE sentence that BEST summarizes the author's main argument in the passage.**

A At the moment, sports organizations including the IAAF fail to accommodate athletes with intersex characteristics, so it is time for them to establish a system where everyone can participate in competitions regardless of their genetic traits.

B History tells us that it is always sexual minorities who suffer from prejudice in many areas of society, which makes us realize that even modern sports organizations such as the IAAF treat them unfairly.

C Scientific evidence shows that the male and female gender distinction is far more clear-cut than previously thought, and society should appreciate the talents and appearance of people with intersex characteristics more.

D Since there are so many people with intersex traits in society, we should acknowledge this third gender and build a society where they can take advantage of their physical features in such areas as fashion and athletics.

E The story of Caster Semenya and the issues surrounding gender testing suggest that we know little about intersex and that such ignorance makes the lives of those with intersex characteristics harder.

(4) **Choose the BEST way to complete each of these sentences about how the underlined words are used in the passage.**

1 Here "margins" means

A actions. B efforts. C gaps.

D　performances.　E　strides.

2　Here "speculation" means

A　admiration.　B　criticism.　C　devastation.

D　guesswork.　E　investment.

3　Here "culpable" means

A　acceptable.　B　disappointing.　C　guilty.

D　sensational.　E　surprising.

(5) **Find the vowel with the strongest stress in each of these words, as used in the passage. Choose the ONE which is pronounced DIFFERENTLY in each group of five.**

1　A　administrator　B　characteristics　C　complicated

D　manipulated　E　sophisticated

2　A　bureaucracy　B　compulsory　C　conference

D　consequences　E　photography

3　A　allegedly　B　complexity　C　exponentially

D　immediately　E　mechanisms

III

Choose the BEST item from the box with which to fill the blanks in the passage below. You may use each item only ONCE.

A　above	B　against	C　around	D　down
E　for	F　in	G　off	H　out
I　over	J　through	K　under	L　up

She was just introverted, but her brother told her that people thought of her as being arrogant. He also said her behavior was turning people (1) and alienating them, so she needed to turn things (2). She was ready to turn (3) a new leaf and decided to be more sociable instead of always turning (4) invitations to parties. When her best friend organized a housewarming party, she turned (5), to everyone's surprise. As it turned (6), they made her feel welcome, but the more closely she observed people, the more she realized how easily people turned (7) each other. This made her very uncomfortable, and she ended up wishing she had stayed home and turned (8) early with a good book.

IV **Choose the underlined section in each text below that is INCORRECT. If the choices in the sentences are ALL correct, choose E.**

(1) All players are in agreement that (A) the main reason for the game was a disaster was (B) the absence of their star player (C) who had been taken off the team without any notice (D).

E ALL CORRECT

(2) At a job fair a fortnight ago, (A) in response to a question asked by more than a few people, (B) he stated in no uncertain terms that (C) he felt good education needed to get into his line of work (D).

E ALL CORRECT

(3) Faced with this catastrophe, (A) the people had no choice but to depend on (B) those who were willing (C) to contribute to stop this situation (D).

E ALL CORRECT

(4) Had we visited the town (A) prior to the economic boom, (B) we could have bought this about ten dollars (C) instead of paying an arm and a (D)

leg for it.

E ALL CORRECT

(5) It is most unfortunate that (A) the company continued to set up hurdles one after another (B) and it made her so difficult to seek a promotion (C) that it drove her to hand in her resignation (D).

E ALL CORRECT

(6) Keen to press ahead with the rehearsals, (A) the actors are ready to replace the director (B) or even carry on without one (C) if necessary (D).

E ALL CORRECT

V Choose the BEST item from the box with which to fill the blanks in the passage below.

In the last two decades, precision telescopes have [1] us to see into the bright light of distant stars and detect the presence of planets. In 1995, astronomers discovered a planet orbiting a sun-like star about fifty light-years from Earth. For the first time in human [2], we knew for sure that ours is not the only solar system. The planet they found is huge, more than a hundred [3] the size of Earth. Yet, it orbits astonishingly [4] to its parent star. Its atmosphere is a scorching 1,300 degrees Celsius. Whipping around its star every four Earth days, the planet [5] everything we thought we knew about solar systems.

〔Adapted from "Undiscovered Worlds," *Secrets of the Universe*, https://www.youtube.com/watch?v=nRxiRZeGpK4〕

1 A allowed B committed C destined
D revealed E taken

出典追記：Undiscovered Worlds

2	A	being	B	century	C	eternity
	D	history	E	race		
3	A	amount	B	percent	C	thousand
	D	times	E	years		
4	A	alive	B	close	C	immune
	D	prone	E	superior		
5	A	counted	B	defied	C	organized
	D	possessed	E	surprised		

WRITING SECTION

All answers must be written in English in the space provided on the ANSWER SHEET.

VI **Use ALL the words and phrases provided in the underlined sections to complete the sentences to fit the context of the passage. Change the order as necessary. You may NOT change the form of the words. You may NOT include words that are not provided.**

For many, the ocean is a place apart, a vast wilderness extending beyond our physical and psychological horizons, at once alien and indifferent, fascinating and compelling, and about which we know very little. But consider these facts: the ocean covers seventy-one percent of the Earth's surface; the ocean is a central element in the recycling and purification of fresh water; the ocean provides forty percent of the world's protein, especially in developing nations; (1) <u>are / dependent / for / livelihood / million / more / ocean / on / people / than / the / their / 200</u>; sixty-five percent of the world's population lives within a hundred miles of an ocean coast. The (2) <u>essential / human / is / is / ocean / reality / survival / that / the / to</u>, a primary source of food, water, climate, and community—immediate, universal, and undeniable. In short, the ocean is the determinant ecology in which we live—the sea connects all things.

[Adapted from Peter Neill, *The Once and Future Ocean* (2015).]

Ⅶ Write a paragraph in English explaining what this image means to you.

(解答欄：約 18.5 cm × 9 行)

[Picture available at https://pin.it/1gDzOMo

Guy Billout, Two Gardens

日本史

（60 分）

I　次の文を読み，後の問に答えなさい。

古代の律令体制において，朝廷は支配領域に畿内・七道と呼ばれる行政区を設定した。畿内とは五畿とも呼ばれ，都とその周辺の五カ国[a]であり，いわば首都圏ともいうべきエリアである。一方，五畿に含まれない地方の諸国[b]が七道に分けられた。七道とは朝廷が敷設した七つの主要幹線道路であり，これに沿う形で全国が七つのエリアに区分けされたのである。古代国家にとって，道路網の整備と地方支配の展開とは表裏一体[c]なのであった。

各国が七道のいずれに属するかはおおむね固定されていたが，全く変更がなかったわけではない。例えば武蔵国は，771 年[d]に国司からの申請を受けて A 道から東海道へと変更された。もともと，A 道の上野国から繋がっていたが，東海道の B 国の方が近いことを理由に国司が帰属の変更を朝廷に求め，これが認められたのである。

B 国の鎌倉に幕府が誕生する[e]と，政治的にも経済的にも発展を遂げていった鎌倉[f]と京都とを結ぶ東海道は列島の大動脈となり，多くの人が行き交うことになった。ただし，鎌倉時代に鎌倉と京都の間を旅した人の紀行文[g]を読むと，古代の東海道とはルートに異同がうかがえる。平安時代には，京都のある山城国から近江国へ出たあと，伊勢国を経由して尾張国[h]へと至っていた。ところが，鎌倉時代になると，近江国から律令体制では A 道とされている美濃国を経由して尾張国へと向かう場合が圧倒的に多い。近江国から尾張国へ出るには山を越える必要があるが，伊勢廻りより美濃廻りの方が峠の道が険しくなかった[i]ことが，ルートに変化が生じた一因として考えられる。

〔問〕

1　下線 **a** に関連して，平安～鎌倉時代に熊野詣の沿道として町場の形成が進み，室町時代以降は海外貿易の拠点として繁栄した，摂津・河内・和泉三カ国の境界部に位置する都市の名は何か。漢字で記述解答用紙に記入しなさい。

2 下線**b**に関連する記述として，正しいものはどれか。1つ選び，マーク解答用紙の該当記号をマークしなさい。

あ 日本海に面する出雲国には，新羅や渤海の侵攻に備え水城が築かれた。

い 西海道の南端に位置する薩摩国には，「遠の朝廷」と称された大宰府が置かれた。

う 讃岐国で生まれた空海は，唐の長安に渡り密教を学んだ。

え 出羽国と接する越後国には，対蝦夷政策の拠点として胆沢城が設置された。

お 安芸国の国司となった藤原純友は，海賊をひきいて反乱を起こした。

3 下線**c**に関して，各地の国府を結ぶ官道に，約16kmごとに設けられた施設を何というか。漢字2字で記述解答用紙に記入しなさい。

4 下線**d**に関して，当時の天皇は光仁天皇である。この天皇の在位中の出来事として，正しいものはどれか。1つ選び，マーク解答用紙の該当記号をマークしなさい。

あ 藤原仲麻呂が，恵美押勝の名を与えられた。

い 個々の法令を集成して，弘仁格式が編纂された。

う 疫病が流行し，藤原武智麻呂ら四兄弟が死亡した。

え 農地の開発を奨励するため，墾田永年私財法が制定された。

お 蝦夷の豪族である伊治呰麻呂が，大規模な反乱を起こした。

5 空欄Ａ・Ｂに入る語の組み合わせとして，正しいものはどれか。1つ選び，マーク解答用紙の該当記号をマークしなさい。

あ Ａ－東山 Ｂ－相模　　い Ａ－東山 Ｂ－安房

う Ａ－北陸 Ｂ－相模　　え Ａ－北陸 Ｂ－下総

お Ａ－東山 Ｂ－下総

6 下線**e**に関して，鎌倉幕府の成立過程を述べた文として，正しいものはどれか。2つ選び，マーク解答用紙の該当記号をマークしなさい。

あ 1180年，源頼朝は鎌倉に入ると，政務を行うため政所を設置した。

い 1183年，源頼朝の従兄弟にあたる義仲が京都に迫ると，平氏は都落ちに追い込まれた。

う　1185 年，源頼朝は自ら出陣して，壇ノ浦で平氏を滅亡させた。

え　1189 年，源頼朝は逃亡した源義経をかくまったことを口実に，奥州藤原氏を攻め滅ぼした。

お　1192 年，源頼朝は上洛して後白河法皇と会談し，征夷大将軍に任じられた。

7　下線 **f** に関連して，北条泰時が執権の時代に，港湾を整備する目的から，勧進聖の往阿弥陀仏によって鎌倉の海浜部に築かれた人工島は何か。漢字で記述解答用紙に記入しなさい。

8　下線 **g** に関連して，『十六夜日記』の作者は誰か。漢字で記述解答用紙に記入しなさい。

9　下線 **h** の中世の状況について述べた文として，正しいものはどれか。1つ選び，マーク解答用紙の該当記号をマークしなさい。

あ　道元が禅宗の道場として，永平寺を開いた。

い　窯業が盛んで，瀬戸焼や常滑焼の生産地であった。

う　守護の山名氏清が，将軍足利義満により討伐された。

え　民衆の自治が発達し，今堀や菅浦などの惣村が生まれた。

お　『一遍上人絵伝』に描かれていることで有名な，福岡の市があった。

10　下線 **i** に関連して，近江国から伊勢国と美濃国へ入った場所には，それぞれ律令体制下において関が設置されていた。その関の名称の組み合わせとして，正しいものはどれか。1つ選び，マーク解答用紙の該当記号をマークしなさい。

あ　伊勢国—足柄関　美濃国—逢坂関

い　伊勢国—不破関　美濃国—鈴鹿関

う　伊勢国—愛発関　美濃国—足柄関

え　伊勢国—鈴鹿関　美濃国—不破関

お　伊勢国—逢坂関　美濃国—愛発関

II　次の文を読み，後の問に答えなさい。

一揆という言葉は，「支配者への抵抗・闘争などを目的とした農民の武装蜂起」を想起させるが，元来は，「道・方法を同じくすること」「心を同じくしてまとまること」を意味する。

この原義が示すような，心を同じくする人々が誓願を立てて形成する集団aは，鎌倉時代にもすでにみられた。しかし，こうした組織体を「一揆」とよぶ例がみられるのは，南北朝時代以降である。国人一揆の際に構成員間で交わされた一揆契状は，一揆の構成員内部に，ある種の法が成立していたbことを示している。これに対して，室町時代に多くみられた土一揆cは，多くは徳政dという目的を共同していたが，構成員間において明確な法をもたなかったといわれる。

いわゆる百姓一揆に目を転じると，[A]の体制下では，刀狩令によって所持を禁じられた武器をもたず，鍬・鎌などの農具を携えるにとどまり，一揆が暴力に及ぶことはなかった。しかし，近世に入ると一揆の様相は次第に変わりe，村の代表者が上級領主に直訴するものf，さらには，私欲を追求する豪農・豪商の家を打ちこわすに及ぶものgがみられるようになったといわれる。「支配者への抵抗・闘争」としての一揆hというイメージは，これをもとに定着したとみられ，明治期以降における民衆蜂起iにも「一揆」と称されたものが少なくない。

〔問〕

1　下線**a**について。一揆にあたって誓願を立てる際には，起請文を作成し，それを焼いた灰を構成員が回し飲むといった儀礼が行われた。このような儀礼を何というか。その名称を漢字で記述解答用紙に記入しなさい。

2　下線**b**に関する叙述として，誤っているものはどれか。2つ選び，マーク解答用紙の該当記号をマークしなさい。

あ　国一揆は，争乱から地域の秩序を防衛することを目的として結成された。

い　山城の国一揆は，国人による一揆であり，土民がこれに関与することはなかった。

う　国人が結ぶ一揆契状は，構成員間の平等を旨として交わされた。

え　中世の寺院は，仏法の護持を目的として一揆を結んだ。

お　一向一揆は厳格な掟をもち，それによって名目的にも守護を立てない自治を実現した。

3　下線 **c** の時期には，［X］正長の徳政一揆，［Y］嘉吉の徳政一揆が相次いで起こっている。その前後に起きた出来事を古い順に並べたものとして，正しいものはどれか。マーク解答用紙の該当記号をマークしなさい。

①　将軍の命により，幕府に反抗する鎌倉公方足利持氏が討伐された。

②　赤松満祐が将軍足利義教を殺害した。

③　守護赤松氏による支配に反抗して，播磨の土一揆が起きた。

あ　③—［X］—②—①—［Y］

い　［X］—③—①—②—［Y］

う　③—［X］—①—②—［Y］

え　［X］—③—①—［Y］—②

お　③—［X］—①—［Y］—②

4　下線 **d** について。正長の徳政一揆の様子を伝え，「日本開闢以来，土民蜂起是れ初め也」と記録したことで知られる年代記は何か。その名称を漢字で記述解答用紙に記入しなさい。

5　空欄Aには，豊臣秀吉が諸国の戦国大名に対して下した，戦闘を停止し，領地の確定を秀吉に委任することを内容とする命令が入る。その名称を漢字で記述解答用紙に記入しなさい。

6　下線 **e** について。中世と近世における一揆の特徴を述べた説明として，正しいものはどれか。2つ選び，マーク解答用紙の該当記号をマークしなさい。

あ　中世における農民の一揆は，惣を母体として結成され，近世に続く自治の伝統を築いた。

い　中世・近世のいずれにおいても，一揆は，武力によらず，権力者との合意によって終結するのが通常であった。

う　江戸幕府の成立以降の一揆においては，中世にみられた村ぐるみの逃散はみられなくなった。

え　傘連判状は，一揆の首謀者を隠すための手段として，17 世紀以降の百姓一揆において初めてみられるようになった。

お　19 世紀の百姓一揆には，百姓だけでなく，無宿者が参加した例もみられた。

7　下線 **f** について。正式の手続によらず，より上級の役所に請願を立てる行為は何とよばれたか。その名称を漢字 2 字で記述解答用紙に記入しなさい。

8　下線 **g** について。浅間山の噴火や冷害を原因とし，江戸や大坂における大規模な打ちこわしを誘発した飢饉は何か。その名称を漢字で記述解答用紙に記入しなさい。

9　下線 **h** について述べた説明として，誤っているものはどれか。1 つ選び，マーク解答用紙の該当記号をマークしなさい。

あ　江戸時代における百姓一揆は，藩政改革や世直しを主な目的とし，3000 件以上が確認されている。

い　17 世紀末には各地に惣百姓一揆がみられるようになり，大規模なものは藩領全域にまで及んだ。

う　1836 年には，幕領である三河加茂郡でも，約 240 カ村が参加する大規模な世直し一揆が起きた。

え　大塩の乱は多くの共鳴者を見出し，生田万の乱をはじめ，貧民救済を目的とする蜂起を各地に誘発した。

お　1866 年に武蔵国一帯で起きた世直し一揆は，新政府が旧来同様に厳しい年貢を課したことに起因する。

10　下線 **i** について述べた説明として，誤っているものはどれか。1 つ選び，マーク解答用紙の該当記号をマークしなさい。

あ　血税一揆とは，高額な地租の徴収に反対する農民を担い手として起こった一揆の総称である。

い　政府は，地租改正反対の動きに遭って地租率を 0.5%引き下げた際，農民の蜂起が士族の反乱と結びつくことを警戒していた。

う　解放令に対しては，被差別部落民を差別してきた民衆がこれに反対する一揆を起こした。

え　明治期における農民一揆は，入会地の官有化が進められたことに対する不満も一因となっていた。

お　米騒動は，シベリア出兵を見込んだ米の投機的買占めに起因して生じ，寺内正毅内閣の総辞職をもたらした。

Ⅲ

次の文は，大野哲弥『通信の世紀―情報技術と国家戦略の150年史』（新潮選書刊），武田晴人編『日本の情報通信産業史』（高橋清美「２つの世界」）からの抜粋である（中略，句読点の追加など，一部に修正がされている）。これを読んで，後の問に答えなさい。

1　1872 年１月 17 日，使節団[a]が最初の寄港地，サンフランシスコから長崎県令（知事）あてに打った英文の電報がグレートノーザン電信会社長崎局に到着した。この電報はサンフランシスコからアメリカ大陸を横断し，大西洋ケーブルで英国を経由，さらに欧州大陸，アジアを経て，地球の４分の３にあたる３万キロ以上を回って長崎に届いた。使節団が打った電報は，サンフランシスコから長崎までほぼ１日で届いているが，長崎から東京まで実に 10 日もの時間を要している[b]。

2　日露戦争[c]において日本海軍は，海底ケーブル敷設，無線利用など情報戦を積極的に展開した。中でも日本海海戦[d]で用いられた「タタタタ　モ 203」という無線電報は有名である。これは，仮装巡洋艦信濃丸が打った「敵の第二艦隊見ゆ，地点 203」を示す暗号である。略符号を使って，信濃丸は対馬に停泊していた巡洋艦厳島を中継して，朝鮮半島南部の鎮海湾で待機していた戦艦三笠に「敵艦見ゆ」を伝えることができたのである。

3　電話に関する施設の拡充計画がスタートした 1937 年度は，100 万もの電話加入申込需要があったが，「電話の戦時特例」ならびに「電報の戦時特例」によって，一般民需向けの拡充は中断された。1938 年「電話加入申込に関する件」公布は，軍事上または国家総動員[e]上必要と認めたものにかぎり受理開通するものである。日本は，防衛関係の需要増加を可能とするため，一般の公衆通信の利用に制限を加え，防衛通信網を建設していった。

4　日本の歴史上で，もっとも議論された電報は，日米開戦[f]時，外務省本省がワシントン DC の日本大使館に打った「対米最終覚書」であろう。「対米最終覚書」（第 902 号電）は長文であったため，14 分割して打電されていた。日本大使館[g]には 13 本目まで通告の前日に届いていたが，14 本目だけは当日の朝に着いた。

〔問〕

1　下線**a**に関する記述のうち，正しいものはどれか。2つ選び，マーク解答用紙の該当記号をマークしなさい。

あ　使節団には，木戸孝允，大久保利通，山口尚芳，板垣退助らが加わった。

い　安政の諸条約は，1870年から改正交渉ができることになっていた。

う　不平等条約改正の予備交渉を本格的に行った。

え　記録係の久米邦武が『特命全権大使米欧回覧実記』を編纂した。

お　政府部内で強まっていた征韓論は，使節団一行の帰国後，強い反対にあった。

2　下線**a**の使節団には，5人の女子留学生が含まれていた。そのうち，帰国後，社会事業や女子教育の発展に尽力するとともに，鹿鳴館で社交界の中心として活躍した者は誰か。その姓名を漢字で記述解答用紙に記入しなさい。

3　下線**a**の使節団の帰国後，1876年からのアメリカとの関税自主権回復の交渉は，ほぼ成功したが，イギリス，ドイツなどの反対で無効となった。その当時の外務卿は誰か。その姓名を漢字で記述解答用紙に記入しなさい。

4　下線**b**に関連する記述のうち，誤っているものはどれか。2つ選び，マーク解答用紙の該当記号をマークしなさい。

あ　国内で初めての電信線は，東京・横浜間に架設された。

い　電信線は，1874年には長崎と宇都宮まで延ばされた。

う　長崎と上海の間の海底電線は，1871年に開通していた。

え　飛脚にかわる官営の郵便制度を建議したのは，岩崎弥太郎であった。

お　日本は，1877年に万国郵便連合条約に加盟した。

5　下線**c**の戦争終結のために結ばれた講和条約に関する記述として，誤っているものはどれか。1つ選び，マーク解答用紙の該当記号をマークしなさい。

あ　ロシアは，韓国に対する日本の指導・監督権を全面的に認めた。

い　ロシアは，旅順・大連の租借権，長春以南の鉄道とその付属の利権を日本に譲渡した。

う　ロシアは，北緯50度以南の千島列島を譲渡した。

え　日本側の首席全権・小村寿太郎とロシア側首席全権ヴィッテが条約に調印した。

お　日ロ両国とも戦争継続が困難となったため，セオドア・ローズベルト米大統領が講和会議をあっせんした。

6　下線**d**と同じ年に起こった出来事でないものはどれか。1つ選び，マーク解答用紙の該当記号をマークしなさい。

あ　政府は，第2次日英同盟協約を結び，韓国保護国化を承認させた。

い　政府は，第2次日韓協約を結び，漢城に統監府を置いた。

う　三民主義を唱える孫文が東京で中国同盟会を結成した。

え　政府は，経済的・軍事的な必要から，主要な私鉄を買収するため，鉄道国有法を公布した。

お　ポーツマス条約に反対する国民大会が日比谷公園で開かれ，条約破棄を叫んで暴動化した。

7　下線**e**に関連して，国家総動員法に関する記述として，正しいものはどれか。1つ選び，マーク解答用紙の該当記号をマークしなさい。

あ　同法案を提出したのは，第2次近衛文麿内閣であった。

い　社会大衆党は，社会主義への途に反するものとして同法案に反対した。

う　政府は，この法律によって新聞紙その他の出版物の掲載を制限することはできなかった。

え　1939年には，この法律にもとづく国民徴用令によって，国民が軍需産業に動員されるようになった。

お　政府は，1940年7月7日に七七禁令を施行して，生活必需品の価格統制と配給制を導入した。

8　下線**e**に関連して，物資動員計画を作成し，軍需品を優先的に生産するなど，「経済の参謀本部」と呼ばれた機関を何というか。その名称を漢字で記述解答用紙に記入しなさい。

9　下線**f**に関連する記述のうち，正しいものはどれか。2つ選び，マーク解答用紙の該当記号をマークしなさい。

あ　1941年11月の日米交渉で，アメリカ側は日本軍の中国・仏印からの全面的無条件撤退を提案した。

い　開戦時の首相・陸相・内相である東条英機は，木戸幸一によって推挙された。

う　日本陸軍は，同じ12月8日にオランダ領マレー半島を奇襲攻撃した。

え　日本軍が東南アジアのほとんど全域を制圧するのに開戦から1年以上を要した。

お　第2次世界大戦の開始後，日系アメリカ人のみならず，ドイツ系，イタリア系のアメリカ人も強制収容所に収容された。

10　下線**g**に関して，駐米大使として日米交渉を行った人物は誰か。その姓名を漢字で記述解答用紙に記入しなさい。

Ⅳ　次の文を読み，後の問に答えなさい。

円とドルの為替レートは，日本の経済成長に大きな影響を与え続けてきた。終戦後の1949年に1ドル＝［X］円に固定された為替レートは，1960年代後半からアメリカの国際収支が著しく悪化したために変更を強いられることになる。

1971年8月にニクソン大統領は，主としてドル防衛を目的に新経済政策[a]を発表し，日本などの国際収支黒字国に対して，大幅な為替レートの切り上げを要求した。これを第2次ニクソン＝ショックという。このとき日本は固定相場制を維持しようとしたが，結局，他国に追随するかたちで変動相場制に移行した。これは，ドルを基軸通貨とする［ A ］体制が根底から揺らいだことを意味する。

1971年12月に，先進10カ国の蔵相がワシントンに集まり協議した結果，固定相場制が復活することになり，1ドル＝［Y］円になった。これを［ B ］体制という。しかし，1973年[b]にはドル不安が再燃し，同年2月に変動相場制に移行することになった。これ以降，為替相場は円高で推移することになる。

1980年代に入ると，日本の貿易収支に占める対米黒字が大幅に増加して，貿易摩擦が深刻化してくる。当時のアメリカは，レーガン大統領の高金利・ドル高政策のため［ C ］赤字と貿易赤字という双子の赤字を抱えており，日本に対して，内需拡大と自動車・鉄鋼などの輸出規制，市場開放を求めてきた。

そして，1985年9月にニューヨークのプラザホテルにおいて，先進5カ国の蔵相・中央銀行総裁会議が開かれ[c]，ドルを引き下げて，円などを切り上げることが決定された。この会議に，日本からは［ D ］蔵相が参加した。日本以外の参加国は，アメリカ，フランス，イギリス，［ E ］である。翌年の1986年には，1ドル＝［Z］円台にまで円高が加速し，輸出産業を中心に不況が深刻化するが，1987年半ばから内需に主導されて景気は回復する[d]。この内需景気は地価や株価の暴騰へとつながり，後にバブル経済と呼ばれることになる。

〔問〕

1　下線**a**の内容として正しいものを1つ選び，マーク解答用紙の該当記号をマークしなさい。

あ　賃金の増額

い　所得税の増税

う　輸出課徴金

え　政府資金を投入した大規模な公共事業

お　金とドルとの交換停止

2　空欄Aに入る名称を記述解答用紙に記入しなさい。

3　空欄Bに入る名称を記述解答用紙に記入しなさい。

4　下線**b**について，1973年の出来事として正しいものを2つ選び，マーク解答用紙の該当記号をマークしなさい。

あ　日中共同声明が発表された。

い　第4次中東戦争が勃発した。

う　環境庁が発足した。

え　戦後初のマイナス成長となった。

お　江崎玲於奈がノーベル物理学賞を受賞した。

5　空欄Cに入る語を漢字2字で記述解答用紙に記入しなさい。

6　下線**c**について，当時の首相の在任期に行われた施策として誤っているものを1つ選び，マーク解答用紙の該当記号をマークしなさい。

あ　防衛費の増額

い　電電公社の民営化

う　総務省の発足

え　国鉄の分割民営化

お　日米韓関係の緊密化

7　下線 **c** の会議を機に，円とともに対ドル相場が著しく上昇した空欄E国の通貨の名称を記述解答用紙に記入しなさい。

8　空欄Dに入る人物の姓名を漢字で記述解答用紙に記入しなさい。

9　下線 **d** の頃の経済状況として誤っているものを１つ選び，マーク解答用紙の該当記号をマークしなさい。

あ　コンピュータと通信機器を利用した生産・流通・販売のネットワーク化が進んだ。

い　就業人口に占める第一次産業の比重は激減して１割を割り込んだ。

う　重化学工業では積極的な設備投資が控えられた。

え　第三次産業の比重が増加し，経済のサービス化が進んだ。

お　コンビニエンスストアが急成長した。

10　問題文にある［X］～［Z］までの組み合わせのうち正しいものを下記から１つ選び，マーク解答用紙の該当記号をマークしなさい。

あ　［X］360　［Y］306　［Z］280

い　［X］360　［Y］308　［Z］280

う　［X］330　［Y］306　［Z］280

え　［X］360　［Y］308　［Z］160

お　［X］330　［Y］306　［Z］160

世界史

（60分）

I 中国の歴史における宗教・思想に関して述べたA～Cの文章を読み，設問1～9について解答を一つ選んで，その記号をマーク解答用紙の所定欄にマークしなさい。

A　中国においては，様々な宗教・思想が生み出される一方で，外来の宗教も大きな影響を及ぼしてきた。こうした宗教・思想は，ときに皇帝の権力やその支配体制と密接に結びつき[a]，また，民衆の反乱においては，しばしばその紐帯ともなった。

儒教・道教・仏教は，あわせて「三教」と称される。このうち，その宗教性については議論があるものの，儒教は，時代によって様々な変遷をたどりながら，日本や朝鮮半島においても受容されていった[b]。一方，外来の宗教である仏教は，西域などを経由して1世紀頃にはすでに中国に伝来していたと考えられており，とくに4世紀以降，西域出身の僧に加え，求法のためにインドに赴いた漢人僧の活動[c]によって定着していくと，隋・唐の時代には，天台宗や禅宗，密教や浄土教といった多様な宗派・教えが生み出された。儒教が，君親への礼拝を重視しないことや出家制度について仏教を激しく非難したように，「三教」の間では，魏晋南北朝から隋・唐の時代にかけてたびたび論争がおこったが，それは相互に影響を与えることにもつながったのである。

設問1　下線部**a**に関連し，中国における皇帝権力や支配体制と宗教・思想の関わりについて述べた以下の文のうち，明白な誤りを含むものはどれか。

① 秦から前漢まで，国家を統治する理念として法家思想が重要であったが，後漢の光武帝の時代に董仲舒が提案して五経博士がおかれると，以後，儒教が国家の正統的教学と位置づけられていった。

② 五胡十六国のひとつである北魏では，華北を統一した太武帝が，道教教団を組織した寇謙之を尊信し，道教に帰依した。

③ 元のフビライは，チベット仏教サキャ派の高僧で，国師（帝師）として厚遇したパスパを用いて，チベット文字を基にした新しい文字を創案させた。

④ 満州という呼称は，女真が信仰していた文殊菩薩（マンジュシリ）に由来するとされ，また清の歴代皇帝は，支配下においたモンゴルやチベットとの共通の信仰として，チベット仏教を保護した。

※設問１については，解答の有無・内容にかかわらず，受験生全員に得点を与えることとしたと大学から発表があった。

設問２ 下線部 **b** に関連し，儒教（儒学）について述べた以下の文のうち，適切なものはどれか。

① 春秋時代の人物である孔子は，『春秋』を執筆したとされ，それはのちに『大学』『中庸』『論語』とともに四書の一つと位置づけられた。

② 後漢の鄭玄などによって確立された考証学は，儒教の経典の字句解釈を精緻に行い，注釈をつけるもので，唐代には，孔穎達らが官撰注釈書である『五経正義』を編纂した。

③ 宋代には，理気二元論や大義名分論を説く朱子学が朱熹によって創始され，周敦頤によって大成されたそれは日本でも受容された。

④ 朝鮮（王朝）においては，官僚の大部分を占めるようになった両班が，儒教の理論闘争，学派争いという形をとりつつ政治的に争う一方，「小中華」の意識から儒教の儀礼がより厳格に守られるようになった。

設問３ 下線部 **c** に関連し，中国で活動した仏僧について述べた以下の文のうち，明白な誤りを含むものはどれか。

① 亀茲（クチャ）出身とされ，江南における布教で活躍した仏図澄は，大乗仏教の経典を大量に漢訳し，後世にのこした。

② 東晋の法顕は，西域経由でグプタ朝のインドに至り，スリランカ（セイロン島）を経て帰国し，旅行記である『仏国記』を著した。

③ 陸路でインドに赴き，長安に戻った後に大乗仏教の経典の翻訳につとめた玄奘は，伝説化されて『西遊記』の題材ともなった。

④ 義浄は，海路でインドに赴き，帰路の途中に滞在したシュリーヴィジャヤにおいて，『南海寄帰内法伝』を著した。

B　唐の時代には，ゾロアスター教，ネストリウス派キリスト教，マニ教という西方起源の 3 つの宗教が，長安を中心に隆盛した。「三夷教」とも称されるこれらの宗教は，9 世紀半ばに行われた「会昌の廃仏」において，仏教とともに弾圧され，衰退した。しかし，のちに明教や喫菜事魔などと呼ばれた信仰や集団の中には，マニ教の系譜に位置づけられるものがあったと言われている。弥勒下生信仰と結びついて拡大し，元末に起きた紅巾の乱では反乱軍の紐帯の一つとなったとされる（　あ　）などとともに，やがて明教も禁止・弾圧の対象となっていった。

一方，「三夷教」とは別に，西方起源で中国に伝わったものとしてイスラーム教がある。$_{\text{d}}$イスラーム教は 7 世紀前半に成立した後，勢力を大きく拡大していき，さらにはムスリム（イスラーム教徒）商人の交易活動によっても広く伝播した。中国にも多くのムスリムが渡来し，在来の漢族にもイスラーム教が広まった。

元代には，ムスリムが官僚として多く登用された。たとえば中央アジア出身のアフマドは，フビライの時代に財務官僚として税制度を整備し，また同じく中央アジア出身でチンギス＝ハンからフビライに至る 5 代に仕えたサイイド＝アジャッルは，フビライの時代には雲南の統治・開発などを担った。なお，$_{\text{e}}$明代の 15 世紀前半に，南海諸国遠征の大船団を率いた鄭和は，このサイイド＝アジャッルの子孫である。この遠征によって，$_{\text{f}}$諸国による明への朝貢が促されることにもなった。

設問 4　空欄（　あ　）に入る語として最も適切なものはどれか。

①　黄帽派　　②　白蓮教

③　太平道　　④　拝上帝会

設問 5　下線部 **d** に関連し，イスラーム世界の拡大について述べた以下の文のうち，明白な誤りを含むものはどれか。

①　ムハンマドの子孫を指導者とする正統カリフの時代に，イスラーム共同体（ウンマ）は，シリアとエジプトをビザンツ帝国から奪い，またササン朝を滅ぼした。

②　ムアーウィヤにはじまるウマイヤ朝は，北アフリカからイベリア半島に進出して西ゴート王国を滅ぼしたが，トゥール・ポワティエ間の戦いでフランク王国軍に敗れた。

③ マリ王国からソンガイ王国にかけての時代に，サハラ縦断交易で栄えたトンブクトゥは，西アフリカにおけるイスラームの文化・学術の中心地ともなった。

④ ティムールの子孫であるバーブルは，カーブルを拠点とし，パーニーパットの戦いでロディー朝を破ってムガル帝国を建国した。

設問 6 下線部 **e** に関連し，分隊を含めた鄭和の船団が到達したとされる次の都市のうち，最も西に位置するのはどこか。

① カリカット ② パレンバン

③ ホルムズ ④ マリンディ

設問 7 下線部 **f** に関連し，明への朝貢国について述べた以下の文のうち，適切なものはどれか。

① 明へ朝貢していたオイラトは，アルタン＝ハンのときに強大となり，朝貢の回数や規模の制限への不満を一因として明と争うと，正統帝を土木堡で捕らえ，北京を包囲するに至った。

② マレー半島のマラッカ王国は，鄭和の遠征の拠点となったことをきっかけに大きく発展し，明と朝貢関係を結んだほか，東南アジアのイスラーム化の拠点ともなったが，16 世紀初めにポルトガルに占領された。

③ 中山王による統一によって成立した琉球（王国）は，明に朝貢したが，17 世紀初めに薩摩の島津氏に制圧され，明に代わった清との朝貢関係は途絶えた。

④ 15 世紀前半に明軍を退け，ベトナムの独立を回復して成立した陳朝は，明と朝貢関係を結び，その制度を取り入れて支配体制を強化し，チャンパー勢力を圧迫した。

C フランチェスコ修道会士のモンテ＝コルヴィノは，13 世紀末に大都に至り，そこで中国で初めてカトリックの教会を建設し，多くの信者を得た。しかし，中国ではしばらくして宣教師の来訪が途絶え，カトリック信者は自然消滅したとされる。

16 世紀になると，あらためて多くの宣教師が東アジアへと到来するようになった。その先駆けと中心はイエズス会士たち(g)の活動であり，彼らは中国の伝統文化を尊重し，儒教とキリスト教の一致を強調して布教するとともに，明朝・清朝の宮廷と関わり合いながら，ヨーロッパの科学知識の紹介を通じて信頼を獲得していった。しかし，その現地適応主義は，17 世紀以降，フランチェスコ修道会やドミニコ修道会による批判を招き，いわゆる典礼問題が生じることにもなる。さらに 19 世紀になると，プロテスタントの宣教師，ロバート＝モリソンが中国での伝道活動を始めた。

設問 8　下線部 **g** に関連し，イエズス会やイエズス会士について述べた以下の文のうち，明白な誤りを含むものはどれか。

① イグナティウス＝ロヨラらによって 16 世紀前半に創設され，各地に多くの学校を設立するなどしたイエズス会の活動は，対抗宗教改革（反宗教改革）の原動力となった。

② イエズス会の創設メンバーであるフランシスコ＝ザビエルは，中国での布教を目指したが，実現できないまま病没した。

③ イエズス会士のラス＝カサスは，アシエンダ制の不当性を訴え，またインディオの惨状に関して，『インディアスの破壊に関する簡潔な報告』を著した。

④ イエズス会の活動により，中国の社会や文化がヨーロッパに紹介され，それはシノワズリ流行の一因となるとともに，啓蒙思想にも影響を与えた。

設問 9　下線部 **h** に関連し，中国に到来したイエズス会士の事績について述べた以下の文のうち，明白な誤りを含むものはどれか。

① マテオ＝リッチは，漢訳表記の世界地図である「坤輿万国全図」を作製し，これは日本にも伝えられた。

② アダム＝シャールは，徐光啓らによる暦法書である『崇禎暦書』の編纂に携わった。

③ フェルビーストは，鄭成功らによって起こされた三藩の乱の際，大砲を鋳造し，その鎮圧に貢献した。

④ ブーヴェは，実測による「皇輿全覧図」の作製に従事し，また『康熙帝伝』を著した。

II

次の文章を読み，以下の問いに答えなさい。解答はマーク解答用紙の所定欄にマークしなさい。

これまで人はさまざまな暦法を考案してきた。すでに古代メソポタミアで，月の満ち欠けに周期があることが理解され，それに基づく太陰暦が成立した。この暦法を最初に採用したのは<u>シュメール人</u>①とされる。さらに，月の満ち欠けと太陽の運行を組み合わせる太陰太陽暦も採用された。

ローマも，当初は太陰暦を用いていたが，伝承によれば<u>王政期</u>②に4年に1度閏月を挿入する太陰太陽暦を採用した。しかし，<u>前1世紀前半</u>③には実際の季節と暦とが数ヶ月もずれてしまったので，カエサルが太陽暦（いわゆるユリウス暦）を導入した。ところが，カエサルの死後，ユリウス暦の運用に間違いが生じたため，アウグストゥスはこれを改正した。これを讃えて，8月はアウグストゥスの名前に因んで呼ばれた。

イスラームでは，『コーラン』のなかでの月の数に基づき完全な太陰暦が採用され，<u>622年</u>④が紀元元年とされた。<u>アッバース朝</u>⑤第7代カリフであるマームーンは，バグダードに「知恵の館」（バイト＝アルヒクマ）を設けた。そこではギリシア語文献が組織的にアラビア語に翻訳され，アラブの哲学・科学が大きく発展した。それには天文学も含まれる。この機関を代表する代数学者で数学書『アルジャブラ』を著した（ ⑥ ）は天文学でも成果を上げた。彼の業績はラテン語に翻訳され，ヨーロッパ世界の天文学の発展に大きな影響を与えた。

イスラーム科学の影響を受け13世紀に活躍したイギリスの自然科学者・スコラ学者である（ ⑦ ）は，ユリウス暦の欠点を教皇に指摘し，その改正を求めたが，実現しなかった。ユリウス暦は1582年にグレゴリウス13世によって改訂された。カトリック諸国は数年のうちにこの暦を採用したが，<u>プロテスタント</u>⑧諸国はカトリックが定めた暦として当初は採用しなかった。しかし，徐々に採用され，最終的には，1753年にスウェーデンがグレゴリウス暦に移行して，すべてのプロテスタント諸国がグレゴリウス暦を用いることになった。

他方，反キリスト教の立場からグレゴリウス暦を否定する暦法も現れた。フランス革命に際し制定・施行された革命暦（共和暦）である。これは1792年9月22日（共和政樹立の日）を第1年第1日とし，1週は10日，1日は10時間，1時間は100分等々というように十進化時間を用いた。

けれども，1806 年 1 月，⑨ナポレオンによりグレゴリウス暦が復活した。

設問 1　下線部①のシュメール人について，最も適切な内容の文章を以下のア～エから一つ選びなさい。

ア　セム語族系の民族で，メソポタミア南部地域に最初の都市文明を築いた。

イ　この民族が作った文字である楔形文字は，19 世紀にドイツ人グローテフェントとイギリス人ヴェントリスによって解読された。

ウ　この民族最後の王朝であるウル第 3 王朝の創始者ウルナンムが発布したとされる法典は，現存する最古の法典である。

エ　バビロン第 1 王朝を建てたアッカド人によって征服された。

設問 2　下線部②のローマ王政期について，明白な誤りを含む文章を以下のア～エから一つ選びなさい。

ア　伝承によれば，ローマは初代の王ロムルスによって建国されたとされる。

イ　エトルリア人との交易を求め中部イタリア地域に進出したギリシア人が，王に就任し重装歩兵戦術を伝えた。

ウ　共和政期に重要な組織だった元老院や民会は王政期にも存在した。

エ　前 6 世紀末に，王政から共和政となり，定員 2 名任期 1 年のコンスル職がおかれた。

設問 3　下線部③に関し，前 1 世紀前半に生じた事象について，最も適切な内容の文章を以下のア～エから一つ選びなさい。

ア　スラがディクタトルに就任して独裁を行い，元老院の権威を失墜させた。

イ　ローマ市民権を求めイタリア半島のローマ同盟市が反乱を起こしたが，ポンペイウスによって鎮圧された。

ウ　剣闘士（剣奴）スパルタクスが反乱を起こし，クラッススとの戦闘で死亡した。

エ　キケロが『ローマ建国史（ローマ建国以来の歴史)』を著し，王政成立以降のローマの歴史を考察して，王政・貴族政・民主政の長所を備えた混合政体を理想の政体とした。

設問 4　下線部④について，この年に生じた事象として最も適切な内容の文章を以下のア～エから一つ選びなさい。

ア　ムハンマドがメッカ郊外の洞窟で神の啓示を体験した。

イ　ムハンマドがメッカからメディナへ移住した。

ウ　ムハンマドがメッカに無血入城し，カーバをイスラーム教の聖殿とした。

エ　ムハンマドが大巡礼を終えてまもなくメディナで死亡した。

設問5　下線部⑤のアッバース朝について，明白な誤りを含む文章を以下のア～エから一つ選びなさい。

ア　ムハンマドの父方の叔父アル＝アッバースの子孫が，初代カリフとなりウマイヤ朝を倒した。

イ　第2代カリフであるマンスールは，バグダードを建設し首都とした。

ウ　アッバース朝の支配体制はアラブ帝国と呼ばれ，アラブ人が免税特権などを持ち他の民族を支配した。

エ　第5代カリフであるハールーン＝アッラシードの治世下で最盛期を迎えたが，彼の死後，その勢力は次第に縮小した。

設問6　（　⑥　）に入る最も適切な人名を以下のア～エから一つ選びなさい。

ア　フワーリズミー　　イ　ウマル＝ハイヤーム

ウ　イブン＝シーナー　　エ　イブン＝ルシュド

設問7　（　⑦　）に入る最も適切な人名を以下のア～エから一つ選びなさい。

ア　アンセルムス　　イ　トマス＝アクィナス

ウ　ウィリアム＝オブ＝オッカム　　エ　ロジャー＝ベーコン

設問8　下線部⑧のプロテスタントについて，明白な誤りを含む文章を以下のア～エから一つ選びなさい。

ア「プロテスタント」という呼称は，神聖ローマ帝国皇帝カール5世がいったん認めた信教の自由を取り消したことに対し，ルター派諸侯が「抗議文」を提出したことに由来する。

イ　ツヴィングリは，ジュネーヴで活動を始め，「万人祭司説」を唱えたが，カトリックとの戦闘で死亡した。

ウ　ネーデルラントの北部7州は，オラニエ公ウィレム（オレンジ公ウィリアム）のもとにカトリックの支配に抵抗し，ネーデルラント連邦共和国の独立を宣言した。

エ　ユグノーの指導者であるブルボン家のアンリは新旧両教徒の宥和を目指したが，サンバルテルミの虐殺が生じ，多数のユグノーがカトリック教徒に殺害された。

設問9　下線部⑨のナポレオンについて，明白な誤りを含む文章を以下のア〜エから一つ選びなさい。

ア　イタリア派遣軍司令官としてオーストリア軍を破ったことで，フランスとオーストリアは講和条約を結び，第1回対仏大同盟は崩壊した。

イ　オスマン帝国領エジプトへの軍事遠征に際して，神聖文字（ヒエログリフ）解読の手がかりとなったロゼッタ＝ストーンが発見された。

ウ　第2回対仏大同盟により国民の支持を失った統領政府を，革命暦8年ブリュメール18日に倒し，フランス革命の終結をもたらした。

エ　私有財産の不可侵，法の前の平等，契約の自由などの近代市民社会の法の諸原理を内容とするナポレオン法典（フランス民法典）を制定した。

III

次の文章を読み，以下の問いに答えなさい。解答はマーク解答用紙の所定欄にマークしなさい。

ヨーロッパの北西に位置するアイルランド島は，中石器時代の遺物や新石器時代の巨石記念物の遺跡が数多く残存しており，先史時代から多くの民族や文化が交錯する場であった。①まずヨーロッパ大陸の先住民族とされるケルト人が，紀元前600年以降，この地に到達したといわれる。ヨーロッパのケルト人は，都市国家ローマの発展やゲルマン民族の進出におされて大陸の北西へと移動したが，アイルランドへは前3世紀頃から本格的に移住を進めた。ケルト人によって②鉄器文化がもたらされ，またローマ帝国の侵略を逃れたこともあって，アイルランドではケルト特有の文化や社会が形成された。その後5世紀前半に聖パトリックが，アイルランドに到来して③教会や修道院制度の整備を進め，独自のキリスト教文化を根づかせた。一方で，アングロ＝サクソン人も進出しはじめ，9世紀からは北欧のノルマン人（ヴァイキング）が侵略し，政治的な動乱の時代となった。12世紀頃，アイルランドの諸王国は，イングランドのプランタジネット朝の創始者である［　A　］の支配下に入ったが，不安定な政治状況は続いた。

16世紀前半，イングランド国王ヘンリ8世時代の宗教改革により，アイルランドとイングランドの政治的・宗教的な対立は激化し，17世紀半ばのピューリタン革命期には，クロムウェルによってアイルランドへの征服活動がなされた。④ アイルランドは名誉革命期にも政争の舞台となったが，その後1801年に，イングランドによる併合を受け，大ブリテン＝アイルランド連合王国に組み込まれた。1820年代には，オコンネルらアイルランド人の運動の結果，カトリック教徒解放法が成立した。また，1840年代半ばに，アイルランドではジャガイモ大飢饉がおこり，多くの移民がアメリカ合衆国にわたった。⑤ 1880年代のグラッドストン時代に，アイルランド自治法案が提出されたにもかかわらず，議会を通過せず，アイルランドをめぐる多くの問題は未解決のまま残された。

1914年に，ようやくアイルランド自治法が成立したものの，イギリス人の多い北アイルランドでの反対もあり，実施が延期された。1922年に，アイルランドは，北部の［　B　］を除いてアイルランド自由国としてイギリスの自治領となり，その後，その他の自治領とともにイギリス連邦という独立した国家の緩やかな結合体を構成した。しかし，アイルランドは1937年に新憲法を制定して国名をエールとし，1949年には国名をアイルランドとした。アイルランドは1955年に国際連合に，1973年にはEC（ヨーロッパ共同体）にそれぞれ加盟した。⑥ 1988年のベルファスト合意により，アイルランドは北アイルランドの領有権を放棄した。

設問1　下線部①に関連して，ケルト人やケルト人の移動について述べたものとして，誤りを含むものを一つ選びなさい。

1　ケルト人はインド＝ヨーロッパ語系の民族で，現在のオーストリアやドイツ南部，スイスなどを拠点にしながらヨーロッパに勢力を拡大した。

2　カエサルの『ガリア戦記』には，ローマとケルト人との戦いが記述されている。

3　ケルト人は，今日のイギリスのウェールズ・スコットランドおよびフランスのブルターニュ半島にも移動した。

4　アルフレッド大王はケルト人の英雄であり，アングロ＝サクソン族の侵入を撃退した。

設問2　下線部②に関連して，インド＝ヨーロッパ語系の民族で，早くから鉄器を使用し馬と戦車を駆使して，前17世紀半ば頃，アナトリアに強力な国家を建設した民族は次の1～4のどれか。あてはまるものを一つ選びなさい。

1　カルデア　　2　ヒッタイト
3　ヒクソス　　4　カッシート

設問3　下線部③に関連して，教会や修道院制度について述べた次の1～4の説明の中から適切なものを一つ選びなさい。

1　ローマ教会は西ヨーロッパに勢力を拡大し，とくにローマの司教は殉教者パウロを初代教皇（法王）として，後継者の権威を高めた。
2　ベネディクトゥスは，9世紀前半，イタリアのモンテ＝カシノにベネディクト修道会を開いた。
3　ベネディクト修道会は，「清貧・純潔・服従」の戒律を基本理念とし，「祈り，働け」をモットーとした。
4　イタリアに創設されたシトー修道会は，10世紀以降の大開墾運動の中心となった。

設問4　下線部④に関連して，ヘンリ8世時代からピューリタン革命期について述べた次の1～4の説明の中から適切なものを一つ選びなさい。

1　ヘンリ8世は，1534年に統一法を初めて制定し，これによりイギリス国王を首長とするイギリス国教会が成立した。
2　メアリ1世は，熱心な国教徒として，カトリックを弾圧した。
3　1603年に，アイルランド出身のスチュアート家が王位を継ぎ，国王ジェームズ1世は王権神授説を主張した。
4　クロムウェルは議会から長老派を追放し，1649年に共和政をうちたて，重商主義的な通商政策を推進するために，1651年に航海法を制定した。

設問5　下線部⑤に関連して，1830年代～1840年代のアメリカ合衆国で起きた事件について，古いものから順番に並べられているものは，次の1～4の中のどれか。正しいものを一つ選びなさい。

1　先住民強制移住法の制定　→　カリフォルニアでゴールドラッシュが起きた。→　オレゴンの併合　→　カリフォルニアの獲得
2　オレゴンの併合　→　先住民強制移住法の制定　→　カリフォルニ

アでゴールドラッシュが起きた。 → カリフォルニアの獲得

3 先住民強制移住法の制定 → オレゴンの併合 → カリフォルニアの獲得 → カリフォルニアでゴールドラッシュが起きた。

4 カリフォルニアの獲得 → 先住民強制移住法の制定 → オレゴンの併合 → カリフォルニアでゴールドラッシュが起きた。

設問6 下線部⑥に関連して，次の1～4の国々の組み合わせの中で，1973年末時点でEC（ヨーロッパ共同体）に加盟している国々の組み合わせとして，正しいものを一つ選びなさい。

1 イタリア ― オランダ ― イギリス

2 ベルギー ― スペイン ― ルクセンブルク

3 オーストリア ― スウェーデン ― フィンランド

4 ハンガリー ― デンマーク ― ポーランド

設問7 [A] に入る適切な語を次の1～4の中から一つ選びなさい。

1 エドワード1世　2 ヘンリ2世

3 ヘンリ3世　4 ウィリアム1世

設問8 [B] に入る適切な語を次の1～4の中から一つ選びなさい。

1 ダブリン　2 ギエンヌ

3 ヘースティングズ　4 アルスター

Ⅳ

次の文章を読み，以下の問いに答えなさい。解答はマーク解答用紙の所定欄にマークしなさい。

日清戦争[a]における清朝の敗北は，清朝の弱体ぶりを暴露し，列強による中国の利権獲得競争はいっそう進展していくこととなる。列強は各地域と経済的に結びつくだけでなく，政治的にも露骨に租借地の獲得や勢力圏画定のような形で中国への侵略を強化した[b]。

そうした中，公羊学派の康有為，梁啓超らは，日清戦争敗北の反省から洋務運動[c]の限界性を批判し，日本の明治維新にならい立憲君主制の樹立を目指す変法運動[d]を始めた。これと時期をほぼ同じくして，宗教的武術結社である義和団が山東省で蜂起し，「扶清滅洋」を唱えてその勢力を拡大していった。義和団が北京に入ると，清朝の保守派はこれに同調して列強に宣戦布告した。これに対し，日本・ロシアを中心に，イギリス・アメリカ・ドイツ・フランス・オーストリア・イタリアが8カ国共同出兵を行い，

義和団を鎮圧し，北京を占領した。敗れた清朝は，列強と北京議定書（辛丑和約）[e]を調印した。

義和団事件で敗北した清朝は，光緒新政を行い，中央集権的な近代国家建設をめざす多方面にわたる改革を進めた[f]。一方，海外では華僑や留学生を中心に，漢人による清朝の打倒をめざす革命運動が盛んになっていた。そうした中，［ A ］が，1894 年にハワイで［ B ］を創立し，1905 年には東京で革命諸団体を結集して中国同盟会を組織した。

清朝が幹線鉄道の国有化を宣言し，外国からの借款を得ようとしたのに対し，民族資本家や地方有力者がこれに猛反対し，四川では暴動がおこった。暴動鎮圧を命じられた湖北新軍の革命派が武昌で蜂起し，辛亥革命が始まった[g]。

設問 1　下線部 **a** に関連した出来事について述べた次の文章のうち，明白な誤りを含むものはどれか。次の中から一つ選びなさい。

イ　清朝海軍の主力だった北洋艦隊は，敗れて壊滅した。

ロ　甲午農民戦争（東学の乱）が起こると，日清ともに出兵した。

ハ　戦争に勝利した日本は，清との間で東清鉄道の一部の利権を得る下関条約を結んだ。

ニ　壬午軍乱に乗じて一時的に政権についた大院君に対し，清軍が介入して反乱を鎮圧し，その干渉を強めた。

設問 2　下線部 **b** に関連して，1905 年以後の列強の勢力圏に関する組み合わせとして正しいものはどれか。次の中から一つ選びなさい。

イ　大連・旅順――ロシア，膠州湾――ドイツ，厦門――フランス

ロ　台湾――日本，マカオ――フランス，香港島――イギリス

ハ　広州湾――フランス，マカオ――ポルトガル，大連・旅順――日本

ニ　膠州湾――イギリス，奉天――日本，威海衛――フランス

設問 3　下線部 **c** について述べた次の文章のうち，明白な誤りを含むものはどれか。次の中から一つ選びなさい。

イ　この運動は，曾国藩・李鴻章・左宗棠らを中心として進められた。

ロ　この運動は，中国の伝統的な道徳倫理を根本としながら政治体制の抜本的改革をめざした。

ハ　この運動では，兵器工場や紡績工場・汽船会社の設立，電信網の整

備などが進められた。

ニ　この運動は，清の内外情勢が安定するようになった同治の中興期に行われた。

設問4　下線部**d**について述べた次の文章のうち，正しいものはどれか。次の中から一つ選びなさい。

イ　変法派は宣統帝を動かし，戊戌の変法を推進したが，西太后ら保守派がクーデタ（戊戌の政変）を起こしたため，変法運動は失敗に終わった。

ロ　康有為は，老子を制度改革者として位置づけ，老子の権威を利用して変法を主張した。

ハ　梁啓超は，その類いまれな文章力で変法の宣伝活動に活躍したが，その後，清朝政府によって処刑された。

ニ　変法運動の一環として創設された京師大学堂は，後に北京大学と改称され，新文化運動や五・四運動の中心となった。

設問5　下線部**e**の内容について述べた次の文章のうち，正しいものはどれか。次の中から一つ選びなさい。

イ　清は，上海・寧波・福州・厦門・広州を自由貿易港として開放した。

ロ　清は，4億5千万両の膨大な賠償金の支払い，外国軍隊の北京駐屯を認めた。

ハ　清は，外国使節の北京常駐，キリスト教布教の自由を認めた。

ニ　清は，領事裁判権，協定関税制を認めた。

設問6　下線部**f**について述べた次の文章のうち，明白な誤りを含むものはどれか。次の中から一つ選びなさい。

イ　清朝政府は，改革を求める中央と地方の意見を取り入れてこの改革を進め，地方の有力者や民衆の広範な支持を集め，大きな成果をあげた。

ロ　日本にならった学校教育制度が開始され，科挙もついに廃止された。

ハ　中央政府には，総理各国事務衙門に代わる新しい外務部が設置された。

ニ　憲法大綱を公布し，国会開設を公約した。

設問7　［　A　］，［　B　］に入る語の組み合わせとして正しいものはどれか。次の中から一つ選びなさい。

イ　A　李大釗　　B　興中会
ロ　A　蔣介石　　B　華興会
ハ　A　孫文　　B　興中会
ニ　A　魯迅　　B　華興会

設問8　下線部gの後に起きた出来事を年代順に正しく並べたものはどれか。次の中から一つ選びなさい。

イ　中国共産党の結成　⇒　中華民国の建国　⇒　南京国民政府の成立
ロ　南京国民政府の成立　⇒　中国共産党の結成　⇒　中華民国の建国
ハ　中華民国の建国　⇒　南京国民政府の成立　⇒　中国共産党の結成
ニ　中華民国の建国　⇒　中国共産党の結成　⇒　南京国民政府の成立

V

1701年から1763年にかけて，フランスおよびオーストリアに対するイギリスの対外的立場はどのように変遷したか，下記の語句をすべて用いて250字以上300字以内で説明しなさい。なお，句読点，数字は1字に数え，指定の語句には必ず下線を付しなさい。

スペイン　　プロイセン　　外交革命
フレンチ＝インディアン戦争

政治・経済

（60 分）

I 次の文を読んで，あとの問いに答えよ。

社会は刻々と変化しており，憲法を制定した後も，公害・環境問題の深刻化や情報化社会の進展に対応して，新しい人権を保障する必要性が生ずる。(1)環境権，プライバシー権，知る権利などが，新しい人権の代表例である。

20 世紀に入って，マスメディアが発達し，ジャーナリズムが大衆化すると，著名人に対するしつような取材活動や私生活の暴露が問題とされるようになり，「私生活に干渉されない権利」としてのプライバシー権を保障することの意義が，広く認められるようになった。(2)日本国憲法の下でも，いくつかの裁判を通じて，プライバシー権の内容や保障の程度が明らかにされてきた。また，情報化社会の進展により，個人情報が政府や企業によって大量に収集・管理・利用されるようになると，プライバシーを保護するためには，(3)自己に関する情報をコントロールする権利の保障が必要となる。

情報技術の急速な発展も，新たな問題を提起している。住民の氏名・生年月日・性別・住所をコンピュータで管理し，行政機関の間でこれらの情報のやり取りを可能にした［　A　］は，プライバシー侵害の危険があるとして裁判でも争われた。また，検索サービス事業者に対して，自らに対するインターネット上のプライバシー侵害情報などを，検索結果から削除することを請求できる［　B　］の保障を求める声も高まっている。

福祉国家の成立によって政府の役割が増大し，多くの情報が集中するようになると，国民が政府の活動を主権者として監視し，民主主義をよりよく実現するためには，国や地方公共団体が保有する情報の公開を求める権利，すなわち，(4)知る権利の保障が必要であると考えられるようになった。また，マスメディアが発達し，大量の情報を一方的に流すようになると，情報の「送り手」であり，大きな社会的影響力をもつマスメディアと，広く社会に情報を発信する力に乏しく，情報の「受け手」の地位に置かれた一般市民との間の分離という問題が生じた。そこで，(5)記事への反論や意見広告など，一般市民がマスメディアに対して自らの意見を発表する機会の提供を求める権利（アクセス権）の保障を求める議論も現れた。

第二次世界大戦で人類が経験した戦争の悲惨さやファシズムによる人権抑圧を教訓として，人権保障を一国の問題とするのではなく，(6)人権を国際的に保障しようとする動きも強まってきた。国際連合は世界人権宣言（1948年）や国際人権規約（1966年）を採択し，国際的に保障されるべき人権の水準を示すことで，人権保障の国際化を進めた。国際人権規約は，経済的・社会的及び文化的権利に関する国際規約（A規約）と，市民的及び政治的権利に関する国際規約（B規約）の2つからなっている。国際連合は女子差別撤廃条約（1979年）など，個別的な人権の国際的保障も進めており，日本政府は1985年にこの条約を批准する際，職場での女性差別を禁止する［ C ］を成立させるなどして国内法を整備した。

問1 空欄［ A ］～［ C ］にそれぞれ入る適切な語句を記述解答用紙の所定欄に記入せよ。

問2 下線部(1)に関する説明として，適切と思われるものの組み合わせを下記の1～5の中から1つ選び，マーク解答用紙の所定欄にマークせよ。

ア 新しい人権を，法律によっても侵害されない基本的人権として保障するためには，憲法改正が必要である。

イ 人間らしい生活の保障を政府に求める権利（生存権）や，一定の個人的な事柄についてみずから決定できる権利（自己決定権）も，新しい人権の例として理解されている。

ウ 人々が戦争や恐怖から解放され，平和のうちに生存する権利（平和的生存権）も，新しい人権の例として理解されている。

エ 新しい人権を保障するためには，具体的な法律を制定するのが有効であるが，法律の制定を待たずに，裁判所が新しい人権の保障を認めることができる。

オ 最高裁判所は，地域住民の協力の下で維持されてきた良好な景観を開発行為から保護する権利（景観権）を，新しい人権として認めた。

1 アとイ　2 アとウ　3 イとオ
4 ウとエ　5 エとオ

問3 下線部(2)に関する説明として最も適切なものを1つ選び，マーク解答用紙の所定欄にマークせよ。

1 私事の範囲の広狭は人によって異なるので，プライバシー侵害を主張する当事者の考え方に従って，プライバシー権の範囲を確定すべきである。

2 プライバシーを保護するため，表現の自由を制約することも認められるが，プライバシー侵害の記述を含む小説などの出版を差し止めることまでは認められない。

3 過去に新聞記事などによって広く知れわたった犯罪事実であっても，時間の経過によって，プライバシー権の保障の範囲とされる場合がある。

4 国会議員は公的存在であり，主権者である国民の監視の対象であるから，その家族は別として，国会議員本人についてはプライバシー侵害の問題は生じない。

5 実在の人物をモデルとして書かれた小説の中に，登場人物のプライバシー侵害に当たる記述があるとしても，小説はあくまでもフィクションなので，プライバシー侵害の問題は生じない。

問4 下線部(3)に関する説明として最も不適切なものを1つ選び，マーク解答用紙の所定欄にマークせよ。

1 国や地方公共団体に対して保有情報の閲覧・訂正などを請求する権利としての自己情報コントロール権は，プライバシー権とは法的性格を異にするが，プライバシー権の一内容として理解されている。

2 会場警備の観点から必要性が認められるとしても，講演会の参加者が主催者に対して提供した氏名や住所などの情報を，本人の承諾なしに警察に提供することは，自己情報コントロール権の侵害となる。

3 「行政機関の保有する個人情報の保護に関する法律」は，行政機関に対して，本人からの情報の開示・訂正・利用停止等の請求に応じる義務を課している。

4 「個人情報の保護に関する法律」（個人情報保護法）は当初，個人情報を取り扱う事業者について，本人からの情報の開示や訂正に応じる義務を定めていたが，利用停止の請求に応じる義務は定めていなかった。

5　2015年の個人情報保護法の改正によって，個人が特定されないよう加工した個人情報については，本人の同意がなくても，第三者への提供が可能となった。

問5　下線部(4)に関する説明として最も適切なものを1つ選び，マーク解答用紙の所定欄にマークせよ。

1　報道の自由は国民の知る権利に奉仕するものなので，機密情報を扱う国家公務員に対して新聞記者が根気強く取材をして機密情報を聞き出すことは，正当な取材活動として許される。

2　国民の間で情報公開の要求が高まると，国は1999年に情報公開法を制定し，その後，地方公共団体においても，情報公開条例を制定する動きが広がった。

3　情報公開制度は，国民の知る権利を実現するために必要不可欠な制度であることから，情報公開法も「国民の知る権利」を明文で定めて，その趣旨を明らかにしている。

4　情報公開法の下で行政文書の開示を請求する場合，請求者は公開を求めるにつき，何らかの権利や一定の利害関係があることを示す必要がある。

5　2013年に成立した特定秘密保護法の下で「特定秘密」に指定できるのは，防衛，外交，スパイ活動の防止の3分野である。

問6　下線部(5)に関して，アクセス権を保障することの意義と，それを保障した場合の問題点について，250字以内で記述解答用紙の所定欄に記述せよ。

問7　下線部(6)に関する説明として，不適切と思われるものの組み合わせを下記の1～5の中から1つ選び，マーク解答用紙の所定欄にマークせよ。

ア　世界人権宣言の前文は，理念の宣言にとどまり，法的拘束力はないが，迫害からの庇護や拷問の禁止などを定める個別の条文の中には，関係国を法的に拘束するものもある。

イ　A規約は，労働者の権利や社会保障の権利の保障を締約国に対して求めており，外国人に対しても，国民と同等の権利を保障することが必要とされる。

ウ　B 規約には，人権侵害を受けた個人が人権委員会に救済を申し立てることを認めた選択議定書があるが，日本は現在も，選択議定書については批准していない。

エ　条約の一部に拘束されないという意思表示を留保というが，日本は国際人権規約の批准にあたり，公休日の報酬の支払いと中・高等教育の無償化の2点のみ留保した。

オ　主な人権条約のうち，日本は，難民条約や障害者権利条約を批准しているが，ジェノサイド条約や死刑廃止条約は批准していない。

1　イとオ　　2　ウとオ　　3　アとウ
4　イとエ　　5　アとエ

Ⅱ　次の文を読んで，あとの問いに答えよ。

国家の権力を憲法によって制限することで個人の権利と自由を守ろうとする考え方を［A］という。［A］は特に近代市民革命以降に発展してきたものであり，私的・社会的領域と公的・政治的領域とを区別しつつ個人の自由と政治での決定を両立させようとする思想と深く結びついてきた。

憲法によって国家権力は分配される。日本国憲法でいえば，立法権，行政権，司法権の三権が，それぞれ国会，内閣，裁判所に与えられている。三権の内容も憲法で定められることから，憲法は国家権力を授権し同時に制限する法だということがわかるだろう。1789 年のいわゆる［B］第16 条は，権利の保障がなされず，権力の分立が規定されていない社会は，憲法を持つものではない，と述べる。権力分立こそは，(1)三権間に相互の抑制と均衡を働かせることで，国家の強大化と，それによる個人の権利や自由への侵害を防ぐための英知である。(2)日本では議院内閣制が採用されており，大統領制と比較すれば，権力分立の程度は相対的に緩やかであるが，立法権と行政権の融合関係を前提とする制度であることから，内閣に過度な権力が集中してしまう危険もある。

［A］のもとで，国民は，第一に，憲法を制定する権力を有した主権者であり，第二に，私的領域において自由を享受する私人である。そして，

通常の政治は民主主義によって行われる。(3)リンカーンの有名なフレーズにも示されるように，民主主義の基本は，みんなのことはみんなで決めるということである。国という大きな単位になると，全員の直接参加は困難であるから，選挙で選ばれた代表者による間接民主主義が採用される。つまり，みんなのことはみんなの代表者によって決める，ということである。こうして国民は，第三に，公的領域においては代表者を選出する有権者として現れることになる。

もっとも，［ A ］と民主主義の関係は必ずしも簡単ではない。［ A ］は個人の権利・自由の保障に究極の価値を置くものであるのに対して，民主主義は単純化すれば最終的に多数決で何でも決められる，つまり権利・自由を奪うこともできるというものだからである。そう考えると，(4)違憲立法審査制度は抑制と均衡の一つの手段であるばかりではなく，民主主義の行き過ぎに対して［ A ］の側から歯止めをかけるものだと理解することもできるだろう。

歴史を振り返れば，民主主義は逸脱と暴走を繰り返してきた。「権力は腐敗する」という箴言には真理が含まれているのだ。もっとも民主主義には腐敗防止のメカニズムも内蔵されている。その一つが(5)政権交代である。今日の勝者が明日の敗者となる可能性があるからこそ，本来，権力者は好き勝手に振舞うのを控え，緊張感をもって政権運営にいそしむはず，なのである。(6)それゆえに，選挙には，単に代表者を選ぶという以上の大きな意義があることになる。実効的な選挙と健全な民主主義の実現のためには，普段から，第四の権力とも呼ばれてきたマスコミが権力監視機能を果たすことが不可欠であろう。(7)さらに，現在はソーシャルメディアの影響力も格段に増してきている。有権者としての国民に一層の賢慮が求められる時代になったといえるかもしれない。

問1　空欄［ A ］，［ B ］にそれぞれ入る適切な語句を記述解答用紙の所定欄に記入せよ。

問2　下線部(1)について，日本国憲法の定める抑制と均衡に関する以下の文のうち，最も不適切なものを１つ選び，マーク解答用紙の所定欄にマークせよ。

1　司法権の独立のために裁判官の身分はあつく保障されているが，国会の設置する弾劾裁判所によるならば裁判官を罷免することができる。

2　内閣は，衆議院において内閣不信任決議案が可決された場合には総辞職する代わりに衆議院を解散することができるが，否決された場合にはできない。

3　内閣は最高裁判所長官の指名および裁判官の任命を行うが，被指名者および被任命者の側は辞退することもできる。

4　内閣は，参議院において内閣総理大臣問責決議案が可決された場合であっても，衆議院を解散することができる。

問3　下線部(2)に関する以下の文のうち，最も不適切なものを1つ選び，マーク解答用紙の所定欄にマークせよ。

1　議院内閣制のもとでは，内閣は国会の多数派である与党に支えられるため，野党が，内閣の行政に対する実質的なチェックを行うことになる。

2　大統領制のもとでは，議会の多数派政党と大統領の所属政党が異なることがあるものの，日本の議院内閣制において，国会と内閣総理大臣について同様のことは生じない。

3　議院内閣制であれ大統領制であれ，政党の形態としての二大政党制，多党制との間に論理的な結びつきはない。

4　日本の議院内閣制のもとでは内閣が法案を提出するのは一般的であるのに対して，アメリカの大統領制においてはそもそも大統領に法案提出権が認められていない。

問4　下線部(3)について，民主主義の原理を端的に示しているとされるこのフレーズを記述解答用紙の所定欄に日本語で記述せよ。

問5　下線部(4)に関して，最高裁判所が過去に違憲立法審査権に基づいて行った以下の憲法判断のうち，最も適切なものを1つ選び，マーク解答用紙の所定欄にマークせよ。

1　日本国外に在住する国民が国政選挙において選挙権を行使することを一部制限していた当時の公職選挙法について，情報伝達の困難さをふまえるとやむを得ない制限であり憲法違反ではないとした。

2　日本人男性と外国人女性との間に生まれた子に関して，両親の婚姻の有無により国籍取得に関して区別を設ける国籍法について，合理的な理由のない差別を設けるものであり憲法違反であるとした。

3　女性にのみ 6 か月の再婚禁止期間を設ける民法の規定について，医療や科学技術の発達により父子関係を確定できるようになったことから一切の制限が憲法違反であるとした。

4　夫婦同姓制度を定める民法の規定について，条文上は夫または妻の氏を称するとしており形式的に差別はないものの，大多数の人々が夫の氏を選択している現状は不平等といわざるを得ず憲法違反であるとした。

問 6　下線部(5)に関連して，日本の戦後政治史を説明する以下の文のうち，最も不適切なものを 1 つ選び，マーク解答用紙の所定欄にマークせよ。

1　55 年体制とは，1955 年の，左右社会党の再統一による日本社会党と，保守合同による自由民主党の発足に始まる，両党の対立構図であり，時期によって若干の変動はあるものの，勢力はほぼ拮抗していた。

2　55 年体制は 1993 年の細川護熙非自民連立内閣の成立により終焉したとみることができるが，与党内部の路線対立から同内閣は短命に終わり，自由民主党は翌年には日本社会党および新党さきがけと連立を組むことで政権に復帰した。

3　2009 年には自由民主党が総選挙で第一党から転落し，自由民主党から民主党への戦後政治史上初の本格的な政権交代が実現した。

4　2012 年の総選挙で勝利した自由民主党は，再び政権を奪還し，翌年の参議院議員選挙においても圧勝したことにより，いわゆるねじれ国会は解消されることになった。

問 7　下線部(6)にあるとおり選挙には重要な意義があるにもかかわらず，様々な問題のあることも指摘されてきた。その問題について述べた以下の文のうち，最も不適切なものを 1 つ選び，マーク解答用紙の所定欄にマークせよ。

1　投票率は全体としてみれば低落傾向にあり，有権者の政治的無関心がうかがえるのに加えて，地方自治体の選挙などでは立候補者のなり手がいないために無投票当選となる例すらも見られる。

2　2015 年の公職選挙法改正により 70 年ぶりに選挙権年齢が満 18 歳以上に引き下げられたが，投票権を行使するための前提条件ともいえる政治教育はまだ十分に整っていない。

3　2013 年の公職選挙法改正によりインターネットを用いた選挙運動

が解禁されたのに伴い，長年にわたる事前運動や戸別訪問，文書図画の頒布に対する厳しい法規制がようやく撤廃されつつある。

4　世襲候補者は，後援会という地盤，前職ないし現職者たる親の知名度という看板，そして親の資金力という鞄のいわゆる三バンで有利な立場にあるため，その点で劣る新人候補者が当選するのは困難なことが多い。

問 8　下線部(7)に関して，ソーシャルメディアの特徴のうち，民主政治の活性化のために克服すべき課題と考えられるものを 2 つ，記述解答用紙の所定欄に記述せよ。

Ⅲ　次の文を読んで，あとの問いに答えよ。

一般的に，経済活動の大きさはGDP（国内総生産）(1)によって測定される。世界の経済規模を米ドル表示で比較すると，上位 4 か国はアメリカ，中国，日本，ドイツの順となっている。このうち，2019 年の日本の GDP はおおよそ 550 兆円である。生産面からみた GDP，分配面からみた GDP，支出面からみた GDP(2)は事後的に必ず一致するという恒等関係が成り立ち，これを「三面等価の原則」という。なお，GDP は，国民福祉の指標や幸福の度合いを示すものでないことに注意しなければならない。経済規模が拡大するほど，環境破壊，交通渋滞などの社会問題が顕在化することが常だからである。

経済成長率は前年あるいは前期に対する GDP の変化率によって示される。経済成長を分析する場合には，物価の動きを含む名目経済成長率と物価の変動を取り除いた実質経済成長率(3)に分けることが必要である。たとえば，生産水準が前年と同じであっても物価が 3 %上昇すれば，名目 GDP も 3 %増加することになる。したがって，生産水準の動向を把握するためには，物価の変動を取り除くことが望ましいわけである。

1990 年代初頭のバブル崩壊以後，いわゆる「失われた 20 年」の中で，アジア通貨危機，リーマンショックなどが日本の実質経済成長率を鈍化させる要因となった。このような長期的な景気低迷の中，政府の役割は「景気の安定」をはかることである。不況下において，政府は財政(4)という手段を用いて雇用の拡大など景気の安定を実現しようとする。ケインズ（J.M.

Keynes）の有効需要の原理(5)によれば，景気の調整には裁量的な財政政策を発動すべきであるとされる。

バブル崩壊以後，物価は下落を続け，デフレの傾向を示してきた。これに対して，デフレからの脱却をはかり，物価の安定を目標とする日本銀行は，2020 年秋現在「長短金利操作付き量的・質的金融緩和」を採用し，継続的に金融緩和政策を発動している。その１つの手段として，市中銀行が日本銀行に保有する［ A ］の一部にマイナス金利を適用することがあげられる。これによって，市中銀行にとっては日本銀行に預金をしておくよりも，市中に貸し出すことが有利になると考えられる。また，［ B ］が安定的に対前年比上昇率２％になるまでマネタリーベースの拡大(6)を続けることも明らかにしている。理論上，マネタリーベースが拡大すると，市中銀行から企業などへの貸出が増え，続いて企業などから市中銀行への預金が増えるという貸出と預金の繰り返しによって信用創造(7)が生じ，貨幣量（マネーストック）が増加することになる。

問１　空欄［ A ］，［ B ］にそれぞれ入る適切な語句を記述解答用紙の所定欄に記入せよ。

問２　下線部(1)について，次の問いに答えよ。

(1)　次の仮設例①～③における付加価値の総計はいくらになるか。適切な数字を記述解答用紙の所定欄に記入せよ。

①　農家は中間投入を一切必要とせずにミカン 300 万円を生産し，そのうち 100 万円分を消費者に販売し，残りの 200 万円分を飲料メーカーに販売した。

②　飲料メーカーは仕入れた 200 万円分のミカンのみを使い，ミカンジュース 400 万円を生産した。

③　スーパーマーケットは飲料メーカーからミカンジュース 400 万円分を仕入れ，そのすべてを 600 万円で消費者に販売した。

(2)　GDP の測定に関して，最も適切なものを以下のうちから１つ選び，マーク解答用紙の所定欄にマークせよ。

1　日本人の音楽家がアメリカで演奏活動を行い，それによって稼得した所得は日本の GDP に計上される。

2　各生産段階における中間生産物の総計は最終生産物の総額と等し

くなる。

3　GDPの測定は市場で取引された財・サービスが対象になるが，農家が生産した農作物を自家で消費した場合，それもGDPに計上される。

4　ストックは，ある時点における存在量と定義され，GDPはストックの概念でとらえられる。

5　中古品や土地の取引は所有権の移転を意味し，GDPに計上される。

問3　下線部(2)について，GDI（国内総所得）およびGDE（国内総支出）を表す正しい恒等式の組み合わせを下記の1～4の中から1つ選び，マーク解答用紙の所定欄にマークせよ。

ア　GDI＝雇用者報酬＋営業余剰・混合所得＋固定資本減耗＋(間接税－補助金)

イ　GDI＝雇用者報酬＋営業余剰・混合所得＋固定資本減耗－(間接税－補助金)

ウ　GDE＝民間最終消費支出＋政府最終消費支出＋国内総資本形成＋財貨・サービスの純輸出

エ　GDE＝民間最終消費支出＋政府最終消費支出＋国内総資本形成－財貨・サービスの純輸出

1　アとウ　　2　アとエ　　3　イとウ　　4　イとエ

問4　下線部(3)に関連した記述として，最も適切なものを以下のうちから1つ選び，マーク解答用紙の所定欄にマークせよ。

1　「GDPデフレーター＝$\dfrac{\text{実質GDP}}{\text{名目GDP}}\times 100$」が成り立つ。

2　「実質経済成長率＝名目経済成長率＋物価上昇率」が成り立つ。

3　基準時点からみてデフレが加速すると，名目経済成長率は実質経済成長率を上回る。

4　実質GDPは，その時々の市場価格で測定した生産額を表すものである。

5　物価の上昇と景気後退が同時に生じる現象をスタグフレーションという。

問5　下線部(4)について，財政そのものに景気を自動的に安定させる機能が内包されているという考えがある。これに関する説明として最も適切なものを以下のうちから１つ選び，マーク解答用紙の所定欄にマークせよ。

1 政府による公共投資の拡大は，乗数効果を通じてGDPを押し上げる。

2 政府による国債発行は，資金需要の増加を通じて利子率を押し上げ，民間投資を減退させる。

3 累進課税制度は，不況期においては実質的な減税の効果を発揮する。

4 好況期には失業者に対する給付が増加し，消費の拡大を下支えする。

5 歳入と歳出を見直し，財政再建を通じてプライマリーバランスの改善をはかる。

問6 下線部(5)について，有効需要の原理の考え方として最も適切なものを以下のうちから１つ選び，マーク解答用紙の所定欄にマークせよ。

1 「神の見えざる手」が働き，市場では価格調整メカニズムを通じて常に完全雇用が実現すると考える。

2 経済規模は需要の大きさによって決まり，自発的失業が発生するのは需要規模が小さいからであると考える。

3 経済規模は供給サイドから決まり，供給みずから需要を創り出すと考える。

4 物価や賃金は下方に硬直的であり，市場に任せておいては失業が解消されないと考える。

5 規制緩和を通じて「小さな政府」を実現し，新たな需要を創出することが必要であると考える。

問7 下線部(6)について，現在，日本銀行がマネタリーベースを拡大させるために採用している方法はどれか。最も適切なものを以下のうちから１つ選び，マーク解答用紙の所定欄にマークせよ。

1 公定歩合の引き上げ　　2 公定歩合の引き下げ

3 売りオペレーション　　4 買いオペレーション

5 預金準備率の引き上げ

問8 下線部(7)について，次の仮設の信用創造を考える。なお，預金準備率は10％で，銀行は預金準備以外をすべて貸し出し，貸し出された資金はすべて銀行に預金されると想定する。

① 企業 1 が A 銀行に 500 万円の預金を行った。
② A 銀行は 50 万円を預金準備として保有し，450 万円を企業 2 に貸し出した。
③ 企業 2 は 450 万円を支払いにあて，代金を受け取った企業 3 は 450 万円を B 銀行に預金した。
④ B 銀行は 45 万円を預金準備として保有し，405 万円を企業 4 に貸し出した。
⑤ 企業 4 は 405 万円を支払いにあて，代金を受け取った企業 5 は 405 万円を C 銀行に預金した。

これ以降も，上記と同様の市中銀行の貸出と企業の預金の過程が繰り返されると，最終的に預金総額と貸出総額はそれぞれいくらになるか。最も適切なものの組み合わせを以下のうちから 1 つ選び，マーク解答用紙の所定欄にマークせよ。

1　預金総額：4500 万円　　貸出総額：4500 万円
2　預金総額：5000 万円　　貸出総額：4500 万円
3　預金総額：5000 万円　　貸出総額：5000 万円
4　預金総額：5500 万円　　貸出総額：5000 万円
5　預金総額：5500 万円　　貸出総額：5500 万円

Ⅳ　次の文を読んで，あとの問いに答えよ。

1944 年 7 月に締結されたブレトン＝ウッズ協定は，第二次世界大戦後の国際経済体制の基本的な枠組みを構築するものとなった。この協定の下，国際通貨基金（IMF）と国際復興開発銀行（IBRD）という 2 つの国際組織が設立された。IMF の下で，国際的な為替の安定と為替制限の撤廃への取組が，IBRD の下で，戦後復興と経済開発援助のための努力がなされてきた。

しかし，国際経済体制のもう一つの柱である貿易の自由化を担う国際組織としての国際貿易機構（ITO）の設立は実現しなかった。これを受けて，暫定的な体制として，関税及び貿易に関する一般協定（GATT）が締結された。GATT の下，(1)自由かつ無差別な貿易体制の実現のための多角的貿易交渉が行われた。特に，1986年から1994年の［　A　］の成果として，鉱工業製品や農林水産物(2)といったモノの貿易の自由化だけでなく，新たな分野の貿易の自由化についての協定(3)の締結を第一にあげることができる。［　A　］のもう一つの主要な成果は，1994年に採択されたマラケシュ協定による世界貿易機関（WTO）の設立である。WTOは，国際組織として，貿易の一層の自由化を目指しており，強い強制力を持った紛争処理機関も設置された。

WTOの下，モノの貿易の一層の自由化だけでなく，投資，労働者の保護，環境問題等，貿易の自由化に関連する多様な論点についての交渉を行う［　B　］が，2001年に始まった。しかし，［　B　］は，2011年以降，事実上，交渉が停止した状態にある。また，小委員会（パネル）と上級委員会の2段階の紛争処理制度(4)がWTOの重要な特色の一つであるものの，2019年12月の段階で，本来7名の委員によって構成される上級委員会の委員のうち，6名の任命が行われていない状態となり，事実上機能停止に陥った。

WTOの機能の行き詰まりと対照的に，著しい進展がみられるのが，二国間や複数の国家間の自由貿易協定（FTA）や経済連携協定（EPA）(5)である。環太平洋パートナーシップに関する包括的及び先進的な協定（TPP11）や日・EU経済連携協定，カナダ・EU包括的経済貿易協定（CETA）のように，多数の国が当事国となるいわゆるメガFTA/EPAと呼ばれる協定も見られるようになっている。こうした協定は，地域主義的な経済関係を構築しようとするものであり，比較的利害が一致する限定的な数の国が交渉に参加するため，合意が得られやすいので，WTOよりも一層進んだ貿易の自由化や，経済関係の連携に関する規定が置かれるようになっている。他方，多角的な貿易の自由化体制に反発し，保護主義的な政策(6)をとる国が見られるようになっていることも無視できない現象である。第二次世界大戦後，国際社会が目指してきた多角的な自由貿易体制の下でのグローバル化した国際経済体制は，地域主義や保護主義の挑戦を受けて，今後どのような方向に向かうのだろうか。

問1　空欄［　A　］，［　B　］にそれぞれ入る適切な語句を記述解答用紙の所定欄に記入せよ。

問2　下線部(1)に関して，GATTやWTOの下での自由かつ無差別な貿易体制の実現のための措置に関連する以下の文のうち，最も不適切なものを1つ選び，マーク解答用紙の所定欄にマークせよ。

1　GATTやWTOの下では，最恵国待遇を認める規定が置かれている。しかし，途上国の経済発展には特別な配慮がなされるべきであり，先進国は，一般特恵関税制度を設け，途上国からの輸入品について，特別に関税を引下げることが認められている。

2　自由な貿易の実現のためには，関税を引下げるだけでなく，輸入数量制限，許可制度，検査制度，輸出補助金のような非関税障壁の撤廃も必要である。

3　自由貿易体制の実現のために，関税の引下げ又は撤廃が重要な措置であるが，外国製品が不当に廉価に輸入され，国内産業が脅かされることを防ぐために，反ダンピング措置をとることは可能である。

4　GATTやWTOの下では，効率的な国際分業体制が目指されており，各国が価格の面で国際競争力を持つ製品を生産することが必要である。従って，緊急輸入制限のような国内産業の保護のための措置は認められない。

問3　下線部(2)に関して，農林水産物の貿易の自由化に関する以下の文のうち，最も適切なものを1つ選び，マーク解答用紙の所定欄にマークせよ。

1　輸入された食品の安全性を確保することはいずれの国にとっても重要なので，自由貿易の阻害要因となっても，一定限度は許容されるとの理由で，TPP11は，当事国が自国独自の食品の安全基準を満たしていないとして輸入制限を行うことを認めている。

2　日本は，1993年，GATTにおける交渉の結果，コメについて，6年間の関税化の猶予とともに，ミニマムアクセスを受け入れた。コメの関税化が開始された1999年以降もミニマムアクセスは継続している。

3　日本の食料自給率は主要先進国の中でも比較的高い水準にあるので，今後の農林水産物の輸入の一層の自由化の中で，市場原理を活かした農業政策を進めていくことが必要である。

4　TPP11では，農林水産物についてすべての品目の関税を撤廃することが求められており，当事国は，条約発効後10年間で関税を撤廃する義務を負うことになる。

問4　下線部(3)に関して，1994年に，モノの貿易の自由化に加えて，協定が締結された新たな分野を2つ，記述解答用紙の所定欄に記入せよ。

問5　下線部(4)に関して，WTOの紛争解決制度の特色を説明した以下の文のうち，最も不適切なものを1つ選び，マーク解答用紙の所定欄にマークせよ。

1　WTOの加盟国は，他の加盟国の措置がWTO協定に違反すると考える場合でも，自国独自の判断で一方的な措置をとってはならないとされている。加盟国がWTO協定の下での紛争解決手続に従わずに一方的な措置をとることは，WTO協定違反である。

2　WTOの紛争解決制度では，小委員会（パネル）の設置やその報告の採択などの意思決定に，ネガティブコンセンサス方式が採用されており，GATTの時代よりも意思決定が行われやすくなった。

3　WTOの上級委員会は，小委員会（パネル）の法的な認定及び結論を支持したり，修正又は取消しをしたりすることができる。この制度は，GATTの制度でも存在した上訴制度を強化したものである。

4　小委員会（パネル）又は上級委員会の勧告に従わない加盟国に対して，他方の加盟国は，代償を求めることができ，一定の期間の間に代償についての合意が達成されない場合は，その加盟国は，紛争解決機関の承認を得て対抗措置をとることが可能である。

問6　下線部(5)に関して，FTA又はEPAに関する以下の文のうち，最も不適切なものを1つ選び，マーク解答用紙の所定欄にマークせよ。

1　日本は，長くWTOを中心とした政策をとってきたが，2002年，シンガポールとの間で初めてのEPAを締結した。それ以降，多くのASEAN諸国と二国間のEPAを締結してきており，さらに，2008年には，ASEANと日本の間のEPAも締結された。

2　2019年に発効した日・EU経済連携協定によって巨大な自由貿易圏が構築されており，大きな経済的効果が期待されているが，農林水産物の輸入関税の撤廃が日本の国内の農林水産業に大きな影響を与えることも懸念されている。

3　米国のトランプ政権は，米国が当事国となっているFTA等の経済関係の条約についての再交渉を関係国に要求した。日米自由貿易協定は 2020 年 1 月 1 日に発効したが，北米自由貿易協定（NAFTA）の再交渉は 2020 年 10 月の時点でも決着していない。

4 東アジアとアジア太平洋地域では，すでに発効済みの二国間の協定や TPP11 に加えて，ASEAN + 8 や APEC 全体の FTA 等，多様な枠組みで協定の締結のための交渉が行われている。

問 7 下線部(6)に関して，空欄 ア ， イ にそれぞれ入る適切な語句を記述解答用紙の所定欄に記入せよ。

リカードが生きた時代の英国は，産業革命によって，先進的な工業国となっており，自由貿易によって，工業製品を輸出することが英国の国益にかなうものであった。彼は ア に基づき，自由貿易を主張した。これに対し，当時農業国であったドイツのリストは，発展の遅れた国にとって， イ の保護のために，輸入品に関税をかけたり，輸入制限を課したりするなどの保護貿易政策が必要であると主張した。

その社会に特有の文化において育まれる「衝動」があり、そうした「衝動」が認識活動の根本で働くという意味で、認識は歴史的次元を伴っているということ。

ホ　人間社会には「衝動」の母なる大地があり、それが文化として成り立つ中で認識活動も可能となり、言葉が生まれ、その社会に特有の思考法が醸成されてくる以上、そうした「衝動」や思考法に支えられているという意味で、認識は歴史的次元を伴っているということ。

問二十五　傍線部5「喪失感それ自体が却て認識すべき世界を深く拡大し、認識の活動を一層推し進める」とはどういうことか。筆者の考える「認識」と「実践」の関係に留意して、一二〇字以上一八〇字以内で説明せよ。（解答は記述解答用紙の問二十五の欄に楷書で記入すること。その際、句読点や括弧・記号などもそれぞれ一字分に数え、必ず一マス用いること。）

ハ　認識が、諸範疇のせめぎ合いの「力の場」における客観的で冷然たる思考の働きであったとしても、それが実践性を具備するものであればあるほど、対立しあう社会的利害のせめぎあいを解剖する内実を持たざるを得ず、「願い」「愛情」「不安」といった「衝動」を排除することはできない、ということ。

ニ　認識が、専門に特化した領域において検査を実施する場合であっても、それが全体を包み込むスケールを持つものであればあるほど、「願い」「愛情」「不安」といった「衝動」が強く作用し、一方における冷徹な客観的思考と、他方における情緒的な「衝動」が切り離し難い一体性を生み出す、ということ。

ホ　認識が、専門的に分化した領域における実証的検査に従事するのではなく、諸範疇のせめぎ合いの「力の場」において、すべての範疇間の対立を調整しようとする思考の働きであったとしても、思考の主体が人間である以上、「願い」「愛情」「不安」といった「衝動」から自由ではありえない、ということ。

問二十四　傍線部4「そこから認識を発生させ、そこにおいて認識の活動を生き生きと支えている縦の社会文化的根源が「歴史」なのである」の説明として最も適切なものを次の中から一つ選び、解答欄にマークせよ。

イ　認識活動の根源にはその認識を行なう者の属する社会や文化があり、その社会や文化の中で培われてきた思考法によって「衝動」が徐々に認識の地盤に変えられていったという意味で、認識は歴史的次元を伴っているということ。

ロ　認識活動の核には「衝動の地盤」があり、その「衝動の地盤」を言語化するものとして成立した思考法の伝統があり、その両者が結びついて文化となっていくだけに、そうした文化と切り離しえないという意味で、認識は歴史的次元を伴っているということ。

ハ　人間社会にはそれぞれの文化があり、そうした文化は「衝動」の母なる大地であるだけでなく、その社会の伝統的な思考を作り上げる以上、人間の行なう認識活動もそうした文化の枠組みを超えることはできないという意味で、認識は歴史的次元を伴っているということ。

ニ　人間社会においては、それぞれの社会の中で形成されてきた理論的伝統によって思考の基礎が築かれるが、さらににより、「衝動」の大地と、思考法の土台としての理論的伝統と、それらの複合体から根こぎにされたという喪失感の中で、逆説的な「衝動の地盤」が生じ、これがかつての地盤にとらわれることのない自由で創造的な実践を生み出し、包括的な認識を導くことになった、ということ。

ニ　行為を通じて社会を変革しようとする実践は、認識の裏付けを必要とするが、実践の対象構造を経済あるいは政治構造といった単一の領域に還元し、そこから実践を鼓舞するわかりやすい認識を提供するのではなく、たとえ理解が困難なほど高度に複雑化された理論であっても、実践を正しく導くことのできる認識を提供することこそが、認識に従事する者の誠実な態度だ、ということ。

ホ　行為を通じて社会を変革しようとする実践は、変革対象である社会の構造に関する認識を必要とするが、実践がそうした認識の力を欠く場合、最終的には一貫した展望を持たない無責任なものになってしまう。そこで認識に際しては、常に実践を念頭に置き実践への熱意を持ち続け、変革に直接役立つ理論を提供することが、実践性を保証する誠実な態度だ、ということ。

問二十三　傍線部3「認識が、部分検査ではなくて、諸範疇のせめぎ合う「力の場」の解剖であり、そこに自らの実践性の保証が懸かった包括的なものであればある程、それは情熱やもろもろの「衝動」から切り離し難いものとなる」の説明として最も適切なものを次の中から一つ選び、解答欄にマークせよ。

イ　認識が、諸範疇のせめぎ合う「力の場」において、部分ではなく全体を規定する力を持った一つの根源的範疇を導出する、冷然たる思考の働きであればあるほど、その根源性は、「願い」「愛情」「不安」といった「衝動」の複合体に水源をもつので、両者は切り離せない、ということ。

ロ　認識が、専門的に分化した領域における実証的分析に従事するのではなく、相対峙する諸範疇の関係を徹底的に、包括的に考え抜こうとするものであればあるほど、その背後では、「願い」「愛情」「不安」といった「衝動」が認識の源泉として強く作用しているのであり、両者は切り離せない、ということ。

ハ　たとえ他の人と同じように行動したとしても、亡命先ではそうした行動に対する感覚や経験の裏づけがないために、どうしても不自然なところが残ってしまい、そうした不自然さを無視してすますことも払拭することもできないまま、疎外感を覚えるということ。

ニ　たとえ他の人と同じように行動したとしても、亡命者として異文化の中にあるということは自由を制限されることを意味し、いくら自然に振舞っているつもりでもどこか意図的に見えてしまうため、自分の真意が伝わらない相手を前にして窮してしまうということ。

ホ　たとえ他の人と同じように行動したとしても、亡命者の場合、結局は亡命先の社会の人々に許容されて存在しているという負い目の感覚が消え去ることはなく、そのために自分の孤独感を率直に表現できず、意思疎通に失敗して孤立を深めざるをえないということ。

問二十二　傍線部2「認識こそが最も誠実な実践である時、実践性を保証するものは認識への誠実な徹底以外にはないことになる」の説明として最も適切なものを次の中から一つ選び、解答欄にマークせよ。

イ　行為を通じて社会を変革しようとする実践は、変革対象に関する認識を必要とするが、実践から疎外された者にとっては、あらゆる理論的営為と批判的に対峙する中で、主観か客観か、個別か普遍か、内在か外在か等、諸範疇のいずれか一方に、真理を帰着させる安易な還元主義を排し、相対立する諸範疇間の内的構造を包括的に把握する認識に従事すること自体が実践性を持つのだ、ということ。

ロ　行為を通じて社会を変革しようとする実践は、変革対象に関する認識が提供する行動指針に従って遂行されねばならないが、亡命生活を余儀なくされている状況にあっては、他者の厄介にならなければ生活すらなり立たない中で、実践に関与することは極めて困難であるため、変革対象の社会構造に関する認識に徹することにより実践へ寄与することが誠実な態度に他ならない、ということ。

ハ　行為を通じて社会を変革しようとする実践は、「衝動」の母なる大地に突き動かされてこそ成就するが、亡命生活な理解の仕方が在るとすればそういう態度は私の好むところではない。現にアドルノはそういう用語を受け入れることなく「認識の歴史的次元」と呼ぶことによって今述べた重層的なるものの意味を深々と掘り当てようとしているのではないか。そうする時に始めて喪失感それ自体が却て認識すべき世界を深く拡大し、認識の活動を一層推し進めるのである。逆説的な「衝動の地盤」がここに更（あらた）めて発生する筈である。その新たな「地盤」はもはや直接的な母なる大地ではなくてむしろそれの喪失感を逆に「地盤」とし直すところの、すばらしく力動的な「地盤」なのである。認識者の土壇場の健全さが此処にある。かつてガリレオ・ガリレイが地動説の発見に際して「これからは勇気をもって宙ぶらりんで生きるんだ」ともし本当に言ったのだとしたら、それに類する相似形の——規模こそ少々小さいが——内的経験がこの時のアドルノになかったとは言えない。亡命生活の精神的「結晶」と先に言った事象はその芯について言うならばこの事を言う。それと比較する時「文化的境界」を口にしながら技術に乗って簡単にそれを「乗り越えて歩く」幸福な文化的拡大主義がいかに平面的な思考であるか思い半ばに過ぎる筈である。

（藤田省三『精神史的考察』による）

問二十一　傍線部1「彼は、触覚の働かない、物指しの違うその異文化の中で常に全ゆる場所で全ての事柄についてヘマを仕出かす以外に生きる道はないのである」の説明として最も適切なものを次の中から一つ選び、解答欄にマークせよ。

イ　たとえ他の人と同じように行動したとしても、そもそも亡命先の社会においては生活全般の中で長さや重さの衡かり方が違うなど、基準が異なるため、自分としては正しく振舞っていても、正しいとは認識してもらえず失敗を繰り返すということ。

ロ　たとえ他の人と同じように行動したとしても、各個人の感覚のあり方はその人が育ってきた文化の中で形成されるため、特に触覚のような微妙な感覚の働かせ方が必要になる領域においては、どうしても異文化の中ではずれが生じて途惑ってしまうということ。

　亡命生活の中で生ずる「母国語」喪失の問題もそれ自体として問題化するのではなくて今述べた「衝動」の母なる大地の喪失と分かち難く結びついて出て来るもの――もっと言えばその構成分子の一環として出て来るもの――に他ならない。言語それ自体が認識活動における特別かつ独立の実態なのではない。この点への顧慮は多少とも大切であろう。その顧慮を欠くと、言葉をそれ自体として取り出してその意味で独立化して考察する言語学の折角の有益な業績も無分別に振り廻されて言語実体化の弊害をもたらすことになりかねないであろうし、又しばしば見られるように亡命生活の問題を言葉の問題だけに還元して了（しま）おうとする態度もそこに現われることであろう。「外国語ベラベラの認識力ゼロ」という人種が群生する現象の中に隠されているのも、こうした衝動の大地と言葉との間の不可分の有機性に対する無感覚である、と言ってよいであろう。たしかに言葉は認識活動の中においても衝動の根っ子にだけ関係しているものではない。一般性を獲得した抽象的認識の最終的表現形式においても言葉は同じような重要さをもって働いている。けれどもにもかかわらず、それ自体で完結している独立の実体なのではない。だから、「認識」に生きる者が異文化の中に異物として亡命生活を送る時生ずる言語障害は単なる外国語習得上の問題なのではない。第一アドルノたちにとってアメリカ語の習得などは――私たちとは違って――何程のことでもなかった筈である。其処で起こる「母国語を剝奪された」という感じは、認識活動の動力源としての「衝動」の大地と、思考法の土台としての理論的伝統と、それらの複合体から根こぎにされたという感覚の言語平面における現われに他ならない。問題はどこまでも、「衝動の地盤」と絡み合った「母国語」文化から追放されてあるという事の中に在った。そうしてアドルノは思考法の伝統のみならずこの「衝動」の地盤をも含めて「認識の歴史的次元」と呼んだのであった。そこでは「歴史」は唯の時間系列における過去なのではない。4そこから認識を発生させ、そこにおいて認識の活動を生き生きと支えている縦の社会文化的根源が「歴史」なのである。純粋に過去のものもむろん含まれるであろう。しかしその場合にも私たちの認識活動に対して今述べたような「地盤」としての働きを持っているものが「歴史」なのである。彼らがアメリカでの亡命生活の中でいやという程感じ取ったものはその「認識の歴史的次元」の喪失感であった。もし、それを指して、彼らが乗り越え得なかった「文化的障壁」という風に呼んで澄ましているよう的「実践」を抽き出して来る態度とは違って、彼らは、そういう相互的にせめぎ合う「力の場」の真なる姿を突き止めようとして一つ一つのものに対しては全て批判的に吟味する理論上の訓練を行なって来たのであった。そしてそれこそが、カント的な「限界の指摘」を中心とする批判理論を超えた二十世紀的「批判の理論」としての新しい「社会哲学」の誕生なのであった。

その彼らにとって異文化の中での異物としての生活は何を意味せざるをえないであろうか。先程見た亡命生活そのものの持つ一連の問題の他に、彼らの包括的な「認識活動」にとって最も重要な動力源が切除されるという危機に彼らは遭遇しなければならなくなるのであった。3認識が、部分検査ではなくて、諸範疇のせめぎ合う「力の場」の解剖であり、そこに自らの実践性の保証が懸かった包括的なものであればある程、それは情熱やもろもろの「衝動」から切り離し難いものとなる、というそのことは例えばヘーゲルにおける「激情」と「理性」の結びつきを想起しただけで十分分かる筈である。そうしてその点ではアドルノたちはヘーゲル的思考系列に属していた。アドルノの言葉で言えば「客観化」という冷然たる思考の働きでさえも、それは「衝動によって養われている」のであった。すなわち一般的に言えば、「認識がそこから動力を引き出している」水源地は様々な「願い」やら「愛情」やら色々な「不安」やらの「衝動」の中に在るのだ。例えば――とアドルノは言う――、「記憶」という一つの対象化された思考の素材的形態にしても、それは「消滅していくものを何とかして繋ぎとめようとする愛情の念」と切り離すことの出来ないものなのである。そのものが滅び去っていくことへの不安、そのものが留まって居てくれることを望む願いがその際の「愛情」の中には含まれている。そういう動的な精神的要素が「記憶」という思考の材料倉庫の如き静的な精神形式の底にさえ宿っているのである。こうした「衝動」の複合体が全ゆる思惟形式の根っ子において働いている。そして自分を育成した文化（生活様式）は同時にそういう「衝動」の母なる大地に他ならない。そこから切り離されて、全てのものが全き他者であるような条件の中に置かれたとき衝動の複合体は極度に単純化される。取り引きとか交渉とかの元となる利害衝動や与えられる同情への単純な謝意や社交道徳上の思いやり等々へと縮小するであろう。

んでいるような余裕は彼には与えられていない。そしてそのヘマばかり仕出かす存在としての彼が生きていけるのは、他ならぬその異文化の許容量のお蔭なのである。その場合には通常その異文化社会の中の配慮ある者が個人的仲介者として現われていることであろう。異文化の「お蔭」はその時人格的体現の形においても現われる。負い目は社会的空気の許容量に対してと個人的配慮の恩義に対してと二つの層で働かざるをえない。こうして自分の文化から切り離された亡命者の孤独は、決して孤独それ自体に閉じ籠もって自足的に完結することを許されず、否応なしに違和感に満ちた他者の御厄介にならなければならないような、そういう孤独なのである。かくて孤独は自らを癒やす閑と場所を持たないで毎日違和感の中で拡大再生産され、したがって違和感の方も又毎日毎日新しい種を得て蓄積されていくことになる。しょっちゅう繰り返す自分のヘマは屈辱感を堪え難く増大させ、許容と恩恵によって辛うじて暮らせるところから来る負い目の感覚は最小限の矜持まで完膚ない程に打ち砕きかねないであろう。

　どんな亡命者も異文化の中で異物として生きる以上今述べた関連を否応なく経験するであろうが、しかしアドルノや彼の仲間達はその経験を直接経験の中にだけとどめて置いてはならない者であった。彼らは「認識」に生きる者であり、しかも彼らの「認識」たるやそれが彼らにとって殆ど唯一の誠実な「プラクシス（実践）」である程にまで包括的な意味を持つものであった。[2]認識こそが最も誠実な実践である時、実践性を保証するものは認識への誠実な徹底以外にはないことになる。その意味で彼らは普通に言われる意味とは逆の意味で――すなわち実践への熱意を認識へと注入し尽す者という意味で――全き実践的学者であった。そういう者でありうるためにこそ彼らは、ワイマール時代以来、伝統的な形而上学的哲学のすべてに批判的態度をとり、深く取り入れたマルクス主義に対してさえも批判的吟味の眼を働かせ、自らの理論を含めた全ての文化諸形式に対して批判的対話を行ないながら、「真理」がそこにだけ現われるであろうと考えられた、諸範疇の相せめぎ合う「力の場」――「個別性」と「一般性」、「主観的なるもの」と「客観的なるもの」、「内在すること」と「外在すること」、「理解」と「批評」、「限界」と「越境」等々が格闘し合う「力の場」に迫って、その内的構造を明かにしようと努力して来たのである。全てを何か一つのものに吸収還元して簡単な「実践綱領」を作りそこから熱中

四

以下に示すのは、ドイツの思想家テオドール・アドルノ（一九〇三—一九六九）がナチに祖国を追われ、亡命先のアメリカで『ミニマ・モラリア』を執筆していた一九四四年が、アドルノ自身にとって「ただならぬ結晶」の時期だったとする筆者・藤田省三の文章の一節である。これを読んで、あとの問いに答えよ。

亡命生活という生活形式は一般的に言って私たち日本人の経験の中にありにくいものであるが、そこに発生する根本的な問題は、要するに、異文化の真只中で負い目を負った異物として生活するということにある。自分を自分として育成した文化から離れてそれとは全く異った文化の中で、したがってほぼ完全な孤独の中で、しかも独力では何一つ出来ない環境において——すなわち自分自身の持っている生活・文化・行動の諸能力からさえも孤独である環境の中で——、異文化の世話になることによってやっと生物学的に暮らすことが出来るという生活状況が亡命生活の中心に存在する。

ここで異文化というのはもちろん芸術や学問などという文化の蒸溜物を指して言っているのではない。そうではなくてアドルノの一句を借りれば生活の「度量衡」に関することなのである。単に言語が違うとか食い物が違うとか地理をよく知らないとか社会組織や制度の細部について無知であるとか、総じて言えばそういう生活に不便をもたらすものだけが異文化の異文化たる所以ではない。生活全体の中に滲みわたっている感度の高い「衡(は)かり」がまるで違うのが異文化なのである。だから、言葉がいくら分かっていても、交通機関にどれだけ精通していても、社会の諸制度についてどれほど十分に知っていても、そもそも自由な生活というものの持つ円滑さにとって必須であるところの或る触覚を欠いているのであって、そのため水を失った魚と同じくすべてについて自然さを欠かないわけにはいかない。同じ事をしても微妙なタイミングがずれていてそのため人工的で作為的な行動様式を呈せざるをえない。というような全体的に異質感を生じさせるものが異文化なのである。観光客や留学生ならばその異質感が却て珍らしさの源泉ともなり、自分の社会的根の持つ重苦しさからの解放感の素ともなるのであるけれども亡命者にとってはそうではない。1彼は、触覚の働かない、物指しの違うその異文化の中で常に全(あら)ゆる場所で全ての事柄についてヘマを仕出かす以外に生きる道はないのである。そのヘマを自ら慰

ハ　近代文明との戦いに敗れ去っていく「オールド・ベン」の姿を見つめる「サム・ファーザーズ」の哀しみを描くことで、自然に対する畏れと謙虚さを忘却していく人間の姿を告発しようとした、ということ。

ニ　少年「アイク」の視点から、森を切り開き、自然と共に生きる世界を作り上げてきた先駆者たちの労苦を描くことで、近代化の中で失われてしまった人間の本質を読者に想起させようとした、ということ。

ホ　少年「アイク」が、「森の掟」を知る存在としての「サム・ファーザーズ」の死を受けとめていくさまを描くことで、野生の中で生きる術を決定的に失った人間の悲劇が象徴的に表現された、ということ。

問二十　問題文の構成や表現の説明として最も適切なものを次の中から一つ選び、解答欄にマークせよ。

イ　文章の前半部では、自然環境に関する一般的な理解を否定する根拠として、筆者の経験を踏まえた発見がていねいに説明されている。

ロ　筆者の実体験に触れた前半部を、フォークナーの作品を論じた後半部で批判することにより、文学を手がかりとする思考の現代的意義を強調している。

ハ　文章の後半部では、筆者が自分の問題意識に見合った言葉を模索する中で、表現を工夫しながら思考を深めていくさまを確認することができる。

ニ　個々の段落どうしの論理的な整合性よりも、文学的な想像力の広がりの方を優先することで、読者の内的な感覚に働きかける文体となっている。

ホ　文章全体を通じて、過去の人々が動物に託して述べてきた思想がたどり直されることで、読者に現代文明の危機の深さを印象づけようとしている。

存在だと考えられてきた。

ハ　自然と共に生きていた人々は、熊という存在を媒介としながら、厳しい環境の中で生き抜くための知恵と心構えを、自分たちなりに学びとってきた。

ニ　近年になって、山間部の奥地にまで人間の開発の手が伸びたことで、熊たちは本来の生息地を奪われ、人里近くにまで出没するようになった。

ホ　餌を求めて里山に現われる熊と人間が不用意に接触する機会が増えたことで、熊は、人間を脅かす危険な動物と見なされるようになった。

問十八　空欄 b と空欄 c にあてはまる語の組み合わせとして最も適切なものを次の中から一つ選び、解答欄にマークせよ。

イ　b　動物　c　資源

ロ　b　標的　c　負債

ハ　b　文明　c　精神

ニ　b　獲物　c　遺産

ホ　b　大地　c　記憶

問十九　傍線部4「フォークナーが「熊」で描こうとした真のもの」とあるが、筆者の考えの説明として最も適切なものを次の中から一つ選び、解答欄にマークせよ。

イ　少年「アイク」が、「サム・ファーザーズ」の教えに従い、たった一人で「オールド・ベン」に立ち向かっていく様子を描くことで、人間にとっての真の勇気とは何かを伝えようとした、ということ。

ロ　不死身の大熊「オールド・ベン」を、他ならぬ自らの手で葬り去ろうと決意していた「サム・ファーザーズ」の無念を描くことで、人間と動物との間にも深い交感が可能だと示そうとした、ということ。

ロ　目の前を立ち去っていく「野生の熊」の姿に驚きながらも、自分の中の深いところに、文明化する以前の人間の生の痕跡があることを実感し、言い知れぬ喜びがこみ上げてきた、ということ。

ハ　かつては信仰の対象ともなっていた「野生の熊」の存在を身近に感じたことで、森の中で生きていたころに培った根源的な感覚が呼び起こされ、満ち足りた思いを感じていた、ということ。

ニ　恐れることなく人間を見つめ返す「野生の熊」のふてぶてしさにたじろぎながらも、その「熊」に立ち向かうために、身体の内奥から湧き出る勇気と生命力を感じ取っていた、ということ。

ホ　人里離れた奥深い山中をわがもの顔に闊歩する「野生の熊」の荒々しい様子に心を打たれ、自然と一体化した暮しを取りもどすことの意義を実感することができた、ということ。

問十六　空欄 a にあてはまる語句として最も適切なものを次の中から一つ選び、解答欄にマークせよ。

イ　野生動物との深い共棲の関係

ロ　都市と農村との住み分けの関係

ハ　森のもたらす恩恵に依存する関係

ニ　自然を一方的に搾取する関係

ホ　信仰と文化との調和的な関係

問十七　傍線部3「熊を害獣として、あるいは危険生物として撃退するような発想は、人間という存在の本質をも否定してしまうことにつながりかねない」とあるが、本文における人間と熊との関係の説明として適切でないものを次の中から二つ選び、解答欄にマークせよ。

イ　かつて野生の熊たちは、その威厳に満ちたありようから、「森の主」として、人間を含む生き物たちの前に君臨し、恐れられた存在だった。

ロ　森の奥深くで生きる熊たちは、めったに人前に姿を現わさないことで、人知を超えた自然の神秘的な力を象徴するこの破壊の歴史を、インディアンと黒人という虐げられた者たちが持つ深い叡知を通じて、自らの内面においてすでに抱きとっていたのでした。フォークナーが「熊」で描こうとした真のものは、この、無垢の心の深層において見ぬかれ、抱きとめられた「野生」の掟の、残照ともいうべき輝きでした。

（今福龍太『宮沢賢治　デクノボーの叡知』による）

（注1）ウィリアム・フォークナー（一八九七―一九六二）……アメリカの小説家。
（注2）ミシシッピ・デルタ……アメリカのミシシッピ川下流の地域。
（注3）教養小説……主人公の成長や人間形成を主題とした小説。

問十三　傍線部A・Bにあてはまる漢字二字を、それぞれ記述解答用紙の問十三の欄に楷書で記入せよ。

問十四　傍線部1「釘付けになった」とあるが、ここでの意味とほぼ同じ意味となる語句を次の中から一つ選び、解答欄にマークせよ。

イ　胆を冷やした
ロ　目を奪われた
ハ　足がすくんだ
ニ　腰を抜かした
ホ　胸に刻んだ

問十五　傍線部2「不思議な昂ぶりのような感覚」の説明として最も適切なものを次の中から一つ選び、解答欄にマークせよ。

イ　人間の社会から遠く離れ、森や大地の恵みと共に生きる「野生の熊」たちの姿を目の当たりにしたことで、自分もそうありたいというあこがれの気持ちをかき立てられた、ということ。

す。

熊が死ぬと人も死ぬ。それはつまり、原生林の掟の中で生きる生命すべてが、連続した一つの命脈によってつながっていることを示唆しています。人間一人一人の資質としての謙虚さや勇敢さといったものもまた、そうした自他融合のなかの高次の理法を知ることのなかから生まれるものであって、決して個人的な所有物ではないこと。知らず知らず人間中心主義に染まった道徳観念を打ち立ててしまった私たちにたいし、サム・ファーザーズの最後の教えは、アイクの啓示を通じて、一つの大きな発見を与えてくれるのです。

フォークナーは、「熊」という物語が、この太古からの自然の摂理、この「森の掟」についての物語にほかならないことを、こんなふうに暗示的に書いています。

男たち——白人でも、黒人でも、赤色インディアンでもないただの男たち、忍耐する意志と剛毅さをもち、生きながらえる謙譲さと術(うで)をもった猟師たちについての話、そして、その話に並べられて浮き彫りにされる犬や熊や鹿の話——荒野(あらの)によって荒野のなかに秩序づけられ強いられながら、いっさいの悔恨をも無効にし、いかなる慈悲をも受けつけぬ、大昔からの和らげるすべとてない規律に従って、大昔からの休む暇もない争いに従っているけものたちの話だ（……）

（フォークナー「熊」『フォークナー全集　16　行け、モーセ』大橋健三郎訳、冨山房、一九七三、二一三—二一四頁）

フォークナー特有の、晦渋(かいじゅう)で含みある語りとはいえ、こうした部分には、巨大な野生の熊、すなわち斧と鋤と銃とを持った人間による近代の搾取的な論理にいまだからめとられない、大森林よりもさらに大きな存在、すなわち「古(いにしえ)の野生」そのものの不可侵にして深遠な存在が、暗示されています。しかし処女林は犯され、原生の森もまた「時代錯誤」というべき人間たちの長年にわたる所業によって侵略されつづけ、野生の熊は「破砕と破壊の回廊」（フォークナー）のなかを凶暴な獣として駆け抜けるほかなかったのです。アイク少年は、少年であるからこそ、いまだ自覚的には知りえないのか。熊は私たちに何を語りつづけてきたのか。熊から人は何を学んできたのか。これらの問いは、いまこそ考えてみるに足る[B]カキュウの問いであるように私には思われます。人間が、おのれの自然的存在の根源について思考しようとしたときに現われるものが熊であったとすれば、[3]熊を害獣として、あるいは危険生物として撃退するような発想は、人間という存在の本質をも否定してしまうことにつながりかねないからです。

ウィリアム・フォークナー(注1)に「熊」という小説があります。この作品は一読すると、一九世紀の後半、ミシシッピ・デルタ(注2)の周囲に広がる野生の森に畏怖の念とともに入り込んで熊や鹿を狩る入植者たちをめぐる、陰翳（えい）ある美しい狩猟物語に見えます。けれど、主人公の少年アイクに狩猟の技を教えるインディアンの血が混じった老黒人サム・ファーザーズの叡知ある姿が、特別にきわだった印象を残します。彼はいったい何者なのか？　そして、彼らが仕留めようとしている「オールド・ベン」と名づけられた不死身の大熊とは、動物以上のなにかもっと大きなものを象徴しているのではないか？　読者はきっとすぐに、フォークナーが仕掛けた物語の細部の謎めいた綾（あや）が、錯綜（そう）した糸のように絡みはじめるのを感じることでしょう。これは、狩猟を通じて行われる一人の若者の精神形成を描いた、謙虚さと勇気の獲得をめぐる「教養小説（ビルドゥングスロマン）」(注3)の姿をとっていますが、ほんとうは野生動物と人間とのあいだの深い交感と厳格な掟をめぐる哲学的な主題を持った作品なのではないか？　この見えざる自然の理法に従おうとするかのように、主人公アイクは、銃も持たず、すべての道具を捨てて身ひとつでオールド・ベンに挑むことで、この幻の熊とはじめて出遭うことができます。そして不思議なことに、その深い交感の地平において、銃を持たない人間を大熊は決して襲わないのです。

森の掟を知り尽くしたサム・ファーザーズの教えのもとで、「［ b ］」を撃つことではなく、過去から伝えられた自然という大いなる「［ c ］」を受けとめようとするアイク。こうして少年は、近代的な搾取者としての猟師であることから離れ、より深い自然との融合の場へと参入していくのです。けれども入植者たちはついに、不死身に見えたオールド・ベンを仕留めることに成功します。そして大熊の死を見とどけたとき、森の叡知とともに生きてきた偉大な狩人サム・ファーザーズもまた、自らの命脈がつきたことを悟り、熊を仕留めた無鉄砲な混血児ブーンに、彼自身の命を絶たせるので斜面に大きなアメリカグマ（ブラック・ベア）が二頭、いきなり出現してこちらをじっと凝視しました。車を道端に停め、おそるおそる外に出たのですが、自らのテリトリーを睥睨（へいげい）する原生の森の主のようなその姿の勇壮さに[1]釘付けになったことをよく覚えています。もう一度は北海道、旧夕張炭鉱の廃坑が点在する奥まった山道を歩いていたときです。夏草が生い茂る藪（やぶ）のなかからガサゴソと音がした方を見ると、それは子連れのヒグマで、このときは立ち去ってゆく後ろ姿だけが見えたのですが、それでもあたりの空気が生々しく香り立つような野生の気配を感じ、しばらくのあいだ言葉が出ませんでした。その瞬間の感情は、恐ろしい獣への畏怖というよりは、むしろ[2]不思議な昂（たか）ぶりのような感覚というべきでしょうか。そのとき私の身体は、自らが失ってしまった「野生」との繋がりを深い記憶の底からさぐりだし、かつてありえた森羅万象との「一体化」の夢を、熊に託していたのかもしれません。自然のもっとも奥深くに生息して人間社会との接触を避けつづけてきた熊は、世俗の言葉では説明できない、人間の本源的な感覚意識の重要な部分に触れてくる、特別の喚起力をもった生き物なのです。

近年、人里に現われる熊の数が増え、人と熊との遭遇は決して珍しい出来事ではなくなりました。野生生物の生息域である奥山と人間が往き来してきた里山との関係が大きく変わったことが、一つの原因だといわれています。冬眠前に多くの食物を摂取したい熊にとって、放置された里山の薪炭林（しんたんりん）が豊富に落とすクヌギやコナラの実が格好の餌になっているようなのです。炭焼きや伐採など里山を生業の場としていた人間たちが消え、人の気配がなくなった中山間地域（平野の外縁部から山間地にかけての領域）に警戒心を解いた熊が出入りするようになっているのです。そうした場所にキノコ採りなどで人が入れば、熊と遭遇する確率は高まります。襲われて死亡する事故も起こっています。こうして熊は、いまや人間社会にとっての「害獣」として認識されるようにさえなってしまいました。［　a　］を持続してきた人類の長い歴史が、いま大きな転換期にあることはまちがいないでしょう。

しかし、熊という存在が人間に向けて発していた精妙なメッセージ、そこから人間がくみとってきた深い叡（えい）知までをも私たちが捨て去ることはできません。広域的な環境を分け合って生きてきた熊とは、人間にとってどのような存在だった

ハ　否が応でも燕の翼に取り憑いて、薄情な夫に恨みを伝えたい。
ニ　しっかりと燕の翼に託して、薄情な夫のもとに手紙を届けたい。
ホ　ぜひとも燕の翼を借りて、薄情な夫へ自分の涙を送り付けたい。

問十二　傍線部E「後文士張説伝二其事一、而好事者写レ之。」とあるが、「其の事を伝へ」「之を写す」と記されるほどに興味をもたれた理由として最も適切と考えられるものを次の中から一つ選び、解答欄にマークせよ。

イ　古く漢の武帝の使節として匈奴に捕らわれた蘇武にまつわる「雁書」の話題に似て、燕は機転を利かせ、家族の困窮を薄情な夫に知らせて、即座に帰郷させたから。
ロ　古く漢の武帝の使節として匈奴に捕らわれた蘇武にまつわる「雁書」の話題に似て、燕が妻の思いを吐露した詩を届けて、いぶかる夫に向かって熱心に返歌を促したから。
ハ　古く漢の武帝の使節として匈奴に捕らわれた蘇武にまつわる「雁書」の話題に似て、帰らぬ夫への不平不満を綴った書を燕が届けたことで、妻の積年の思いが解消されたから。
ニ　古く漢の武帝の使節として匈奴に捕らわれた蘇武にまつわる「雁書」の話題に似て、燕が妻の頼み通りに夫のもとへ飛んで行き、涙ながらに帰郷を訴え、夫婦を再会させたから。
ホ　古く漢の武帝の使節として匈奴に捕らわれた蘇武にまつわる「雁書」の話題に似て、燕が夫のもとへ飛んで行き、妻の託した言葉を伝え、夫婦の再会に重要な役割を果たしたから。

三

次の文章を読んで、あとの問いに答えよ。

野生の熊に出くわしたことがあるでしょうか？　私は二度ほどあります。一度はカナダのブリティッシュ・コロンビア州の東のはずれ、初秋の色づきはじめたグリフィン山麓のキョウコクの道を車で走っていたときのことで、谷の反対側の

（王仁裕『開元天宝遺事』による）

注　郭行先……人名。紹蘭……郭行先の娘の名。任宗……人名。湘中……現在の湖南省に相当する地域。
長吁……「吁」は、なげくの意。燕子……燕の意。允……ゆるす。重湖……「湘中」にある湖。
荊州……現在の湖北省に相当する地域。張説……人名。

問八　二つの空欄 A に入る漢字一字として、最も適切なものを次の中から一つ選び、解答欄にマークせよ。
イ　綿　ロ　簡　ハ　音　ニ　息　ホ　竹

問九　傍線部B「欲憑爾付書、投於我婿。」とあるが、紹蘭が特に「爾」を選んだのはなぜか。その理由として最も適切な箇所を問題文の中から抜き出し、その初めの漢字二字を記述解答用紙の問九の欄に記入せよ。

問十　傍線部C「爾若相允、当泊我懐中。」の書き下し文（全文ひらがな書きとする）として最も適切なものを次の中から一つ選び、解答欄にマークせよ。
イ　なんぢあひゆるすにしかば、がくわいのうちにとまるにあてん。
ロ　なんぢもしあひゆるさば、まさにわがくわいちゆうにとまるべし。
ハ　なんぢあひゆるすがごとくんば、わがくわいのうちにあたりとまれ。
ニ　なんぢのごときものあひゆるし、わがくわいちゆうにあててとまらん。
ホ　なんぢわかくしてあひゆるされば、まさにがくわいのうちにとまるべし。

問十一　傍線部D「殷勤憑燕翼、寄与薄情夫。」の意味として最も適切なものを次の中から一つ選び、解答欄にマークせよ。
イ　ひたすら燕の翼を頼りにして、薄情な夫の消息を知りたい。
ロ　何とか燕の翼にすがって、薄情な夫をわが手に取り戻したい。

問七　本文の内容と合致するものを次の中から一つ選び、解答欄にマークせよ。

イ　右大臣実雄の姫君は、帝よりも年上で、帝にはほかに好きな女性もいたので、二人の仲はよくなかった。

ロ　右大臣実雄の姫君は、中納言公宗の心中を察していたが、父の命であるのでどうしようもなかった。

ハ　右大臣実雄の姫君は、ほかの女性たちと争って女御となることに、強い不安を抱いていた。

ニ　右大臣実雄は、中納言公宗の悩む様子を垣間見て、どうしたものかと憂いていた。

ホ　右大臣実雄は、姫君が実は中納言公宗に好意を持っていることを知っていた。

二

次の文章を読んで、あとの問いに答えよ（設問の都合上、返り点・送り仮名を省いた箇所がある）。

長安豪民郭行先、有女子紹蘭。適巨商任宗、為賈於湘中。数年不帰、復 A 信不達。紹蘭目睹堂中有双燕戯於梁間。蘭長吁而語於燕曰、「我聞燕子自海東来、往復必経由於湘中。我婿離家、不帰数歳、蔑有 A 耗。生死存亡、弗可知也。B欲憑爾付書、投於我婿。」言訖涙下。燕子飛鳴上下、似有所諾。蘭復問曰、「C爾若相允、当泊我懐中。」燕遂飛於膝上。蘭遂吟詩一首云、「我婿去重湖、臨窓泣血書。D殷勤憑燕翼、寄与薄情夫。」蘭遂小書其字、繋於足上。燕遂飛鳴而去。任宗時在荊州。忽見一燕飛鳴於頭上。宗訝視之、燕遂泊於肩上。見有一小封書。繋在足上。宗解而視之、乃妻所寄之詩。宗感而泣下。燕復飛鳴而去。宗次年帰、首出詩示蘭。E後文士張説伝其事、而好事者写之。

にマークせよ。

イ　心の動揺を抑えて、入内の準備を進められた。
ロ　心の動揺を抑えて、姫君と合奏するための支度をされた。
ハ　心の動揺を抑えて、気持ちが外に表れないように用心された。
ニ　胸騒ぎが鎮まることを願い、入内後には幸福を得るようにと願われた。
ホ　胸騒ぎが鎮まることを願い、素晴らしい入内の儀式となるよう指示をされた。

問五　傍線部3「つれなくもてなし給ふ」、5「忍びはつべき心ちし給はぬ」の主語として最も適切なものをそれぞれ次の中から一つ選び、解答欄にマークせよ（同一のものを選択してもよい）。

イ　帝
ロ　姫宮
ハ　右大臣実雄
ニ　中納言公宗
ホ　右大臣実雄の姫君

問六　傍線部4「よろしきをだに、人の親はいかがは見なす」の解釈として最も適切なものを次の中から一つ選び、解答欄にマークせよ。

イ　世間並みの娘でさえ、親はよい方だと思いがちである。
ロ　良家の娘でさえ、親は将来の心配が絶えないものである。
ハ　良家の娘でさえ、他人の親からあら捜しをされるものである。
ニ　性格のよい娘でさえ、親はその美しさをも気に掛けるのである。
ホ　世間並みの娘でさえ、他人の親から見ればうらやましいのである。

問一　傍線部1「さるは」の指す内容として最も適切なものを次の中から一つ選び、解答欄にマークせよ。

イ　右大臣実雄が、娘ではなく、あえて入道殿の孫の姫君を女御に立てた猛々しい心。
ロ　右大臣実雄が、入道殿の気持ちを知りながら、あえて娘を女御に立てた猛々しい心。
ハ　右大臣実雄が、院の気持ちを知りながら、あえて娘を女御に立てた猛々しい心。
ニ　中納言公宗が、父の意に反して、入道殿の孫の姫君を恋い慕う心。
ホ　中納言公宗が、自分の妹である姫君をひそかに恋い慕う心。

問二　傍線部a「げに惜しかりぬべき」の品詞の構成として最も適切なものを次の中から一つ選び、解答欄にマークせよ。

イ　接続詞・形容詞・助動詞・助動詞・助動詞
ロ　副詞・助詞・動詞・助動詞・助動詞
ハ　感嘆詞・助詞・動詞・助動詞・助動詞
ニ　接続詞・形容詞・動詞・助動詞・助動詞
ホ　副詞・形容詞・助動詞・助動詞

問三　傍線部b「奉り」、傍線部c「給ふ」、傍線部d「給ふ」の敬意の対象として最も適切なものをそれぞれ次の中から一つ選び、解答欄にマークせよ（同一のものを選択してもよい）。

イ　入道殿
ロ　入道殿の孫の姫君
ハ　右大臣実雄
ニ　中納言公宗
ホ　右大臣実雄の姫君

問四　傍線部2「騒ぐ御胸を念じつつ、用意を加へ給へり」の解釈として最も適切なものを次の中から一つ選び、解答欄几帳おしやりて、わざとなく拍子うちならして、御琴ひかせ[b]奉り[c]給ふ。折しも中納言参り給へり。「こち」とのたまへば、うちかしこまりて、御簾の内にさぶらひ[d]給ふさまかたち、この君しもぞ又いとめでたく、あくまでしめやかに心の底のゆかしう、そぞろに心づかひせらるるやうにて、こまやかになまめかしう、すみたるさまして、あてに美し。いとどもてしづめて、[2]騒ぐ御胸を念じつつ、用意を加へ給へり。

笛少し吹きならし給へば、雲ゐにすみのぼりて、いとおもしろし。御琴の音ほのかにらうたげなる、かきあはせの程、なかなか聞きもとめられず、涙うきぬべきを、[3]つれなくもてなし給ふ。撫子の露もさながらきらめきたる小袿（こうちぎ）に、御髪はこぼれかかりて、少し傾きかかり給へるかたはら目、まめやかに光を放つとはかかるをや、と見え給ふ。[4]よろしきをだに、人の親はいかがは見なす。ましてかくたぐひなき御有様どもなめれば、よにしらぬ心の闇にまどひ給ふも、ことわりなるべし。

十月二十二日参り給ふ儀式、これもいとめでたし。出車（いだしぐるま）（注2）十両、一の車左は大宮殿、二位中将基輔の女とぞ聞えし。二の左は春日、三位中将実平の女。右は新大納言、この新大納言は為家の女とかや聞えし。それよりも下、ましてくだくだしければむつかし。御雑仕、青柳・梅が枝・高砂・貫川といひし、この貫川を、御門忍びて御覧じて、姫宮一所出でものし給ひき。その姫宮は、末に近衛関白家基の北の政所になり給ひにき。よろづのことよりも、女御の御様かたちのめでたくおはしませば、上も思ほしつきにたり。女は十六にぞなり給ふ。御門は十二の御年なれど、いとおとなしくおよすけ給へれば、めやすき御ほどなりけり。かの下くゆる心ちにも、いと嬉しきものから、心は心として、胸のみ苦しさまされば、[5]忍びはつべき心ちし給はぬぞ、つひにいかになり給はんと、いとほしき。程なく后立ちありしかば、大臣心ゆきて思さるること限りなし。

（『増鏡』による）

（注1）天皇にまだ女御のいない場合、臨時に選ばれて大嘗会の禊（みそぎ）に奉仕する女官。
（注2）女房たちが簾の下から衣の袖口や裾を出して乗っている車。

国語

（九〇分）

一

次の文章を読んで、あとの問いに答えよ。

この入道殿の御弟に、そのころ右大臣実雄と聞ゆる、姫君あまた持ち給へる中に、すぐれたるをらうたきものに思しかしづく。今上の女御代（にょうごだい）（注1）にいで給ふべきを、やがてそのついで、文応元年入内あるべく思しおきてたり。院にも御気色たまはり給ふ。入道殿の御孫の姫君も参り給ふべき聞えはあれど、さしもやはとおしたち給ふ。いとたけき御心なるべし。

この姫君の御兄あまたものし給ふ中のこのかみにて、中納言公宗と聞ゆる、いかなる御心かありけん、下たくけぶりにくゆりわび給ふぞ、いとほしかりける。[1]さるは、いとあるまじきことと思ひはなつにしも、したがはぬ心の苦しさ、おきふし、葦のねなきがちにて、御いそぎの近づくにつけても、我かの気色にてのみほれ過ぐし給ふを、大臣は又いかさまにかと苦しう思す。

初秋風けしきだちて、艶ある夕暮に、大臣渡り給ひて見給へば、姫君、薄色に女郎花などひき重ねて、几帳に少しはづれてゐ給へるさまかたち、常よりもいふよしなくあてに匂ひみちて、らうたく見え給ふ。御髪いとこちたく、五重の扇とかやを広げたらんさまして、少し色なる方にぞ見え給へど、筋こまやかに額より裾までまよふすぢなく美し。ただ人には[a]げに惜しかりぬべき人がらにぞおはする。

////////////////////// · memo · //////////////////////

2020年度

問題編

■一般入試

▶試験科目・配点

教　科	科　　目	配　点
外 国 語	「コミュニケーション英語Ⅰ・Ⅱ・Ⅲ，英語表現Ⅰ・Ⅱ」，ドイツ語，フランス語，中国語のうちから１科目選択	60 点
地歴・公民・数学	日本史Ｂ，世界史Ｂ，政治・経済，「数学Ⅰ・Ⅱ・Ａ・Ｂ」のうちから１科目選択	40 点
国　　語	国語総合，現代文Ｂ，古典Ｂ	50 点

▶備　考

- ドイツ語・フランス語・中国語を選択する場合は，大学入試センター試験の当該科目〈省略〉を受験すること。センター試験外国語得点（配点 200 点）を一般入試外国語得点（配点 60 点）に調整して利用する。
- 数学を選択する場合は，大学入試センター試験の「数学Ⅰ・数学Ａ」「数学Ⅱ・数学Ｂ」両方の科目〈省略〉を受験すること。両科目の合計配点（200 点）を一般入試地歴・公民または数学の配点（40 点）に調整して利用する。

(90分)

READING/GRAMMAR SECTION

All answers must be indicated on the MARK SHEET.

I Read the passage and answer the questions below.

① I have a memory of the first time I realized I was black. It was when, at seven or eight, I was walking home from school with neighborhood kids on the last day of the school year — the whole summer in front of us — and I learned that we "black" kids could not swim at the pool in our area park, except on Wednesday afternoons. And then on those summer Wednesdays, with our swimming suits wrapped tightly in our towels, we filed out of our neighborhood toward the pool in the white neighborhood. It was a strange weekly pilgrimage. It marked the racial order of the time and place — the Chicago metropolitan area, also known as Chicagoland, in the 1950s and early 1960s. The implications of this order for my life seemed massive — a life of swimming only on Wednesday afternoons? Why? I next found out that we black kids could not go to the roller-skating rink, except on Thursday nights. We could be regular people but only in the middle of the week? These segregations were hard to ignore. And mistakes were costly, as when, at thirteen, after arriving at six in the morning, I waited all day to be hired as a caddy at a golf course, only to be told at the end of the day that they did not hire Negroes. I did not know what being black meant, but I was getting the idea that it was a big deal.

② With decades of hindsight, I now think I know what was going on. I was recognizing nothing less than a condition of life — most importantly, a condition of life tied to my race, to my being black in that time and place. The condition was simple enough: *if* I went to the pool on Wednesday afternoons *then* I got in; *if* I went to the pool any other time, *then* I did not get in. To my seven- or eight-year-old self, this was a bad condition of life. But the condition itself was not the worst of it. For example, had my parents imposed it on me for not taking out the garbage, I would not have been so upset. What got me was that it was imposed on me because I was black. There was nothing I could do about that, and if being black was reason enough to restrict my swimming, then what else would happen because of it?

③ In an interview many years later, a college student would describe for me an experience that took a similar form. He was one of only two whites in an African-American political science class. He, too, described a condition of life: if he said something that revealed an ignorance of African-American experience, or a confusion about how to think about it, then he could well be seen as racially insensitive; if he said nothing in class, then he could largely escape the suspicion of his fellow students. His condition, like my swimming pool condition, made him feel his racial identity, his whiteness, in that time and place — something he had not thought much about before.

④ When I encountered my swimming pool restriction, it mystified me. Where did it come from? Conditions of life tied to identity like that still mystify me. But now I have a working idea about where they come from. They come from the way a society, at a given time, is organized around an identity like race. That organization reflects the history of a place, as well as the ongoing individual and group competition for opportunity and the good life. The way Chicagoland was organized around race in the late 1950s and early 1960s — the rigid housing segregation, the school segregation, the employment discrimination, and so on — meant that black people in that time and place had many restrictive conditions of life tied to their identity, perhaps the least of which was the Wednesday afternoon swimming restriction that so worried my seven- or eight-year-old self.

⑤ Generally speaking, contingencies are circumstances you have to deal with in order to get what you want or need in a situation. In the Chicagoland of my youth, in order to go swimming I had to restrict my pool going to Wednesday afternoons. That is a contingency. In his African-American political science class, my interviewee had the added pressure that his ignorance could cause him serious disapproval. That, too, is a contingency. What makes both contingencies identity contingencies is that the people involved had to deal with them because they had a particular social identity in the situation. Other people in the situation did not have to deal with them. These identity contingencies affect our lives, in the broader society, and in some of society's most <u>tenacious</u> problems.

⑥ We live in an individualistic society. We do not like to think that conditions tied to our social identities have much say in our lives. When barriers arise, we are supposed to march through the storm, picking ourselves up by our bootstraps. But by imposing on us certain conditions of life, our social identities can strongly affect things as important as our performances in the classroom and on standardized tests, our memory capacity, our athletic performance, the pressure we feel to prove ourselves, even the comfort level we have with people of different groups — all things we typically think of as being determined by individual talents, motivations, and preferences. Ignoring the social reality — allowing our <u>creed</u> of individualism, for example, to push it into the shadows — is costly, to our own personal success and development, to the quality of life in an identity-diverse society and world, and to our ability to fix some of the bad ways that identity still influences the distribution of outcomes in society.

[Adapted from Claude M. Steele, *Whistling Vivaldi* (2010).]

(1) **Choose the best way to complete the following sentences about Paragraphs ① to ⑥.**

1 In Paragraph ① the writer mainly

2 In Paragraph ② the writer mainly

3 In Paragraph ③ the writer mainly

4 In Paragraph ④ the writer mainly

5 In Paragraph ⑤ the writer mainly

6 In Paragraph ⑥ the writer mainly

A argues that because there were so many conditions of life tied to the racial identity of a black child in the 1950s and 1960s, he used to blame society.

B celebrates individualism, which unlike identity contingencies, effects personal success and leads to a more diverse society.

C complains that decades of discrimination have conditioned black children not to question their situation.

D defines identity contingencies and ties them to problems people face in society.

E describes a white college student who was inhibited from speaking in a political science class because everyone's comments were so racially charged.

F details how awareness about segregation policies first began to incite social unrest.

G discusses how being racially in the minority in a college class made a student aware of his racial identity and dictated the way he behaved.

H explains that the restrictions he experienced during his childhood were forced upon him for no fault of his own.

I identifies contingencies as restrictions or pressures that need to be removed so that people will no longer have to deal with them.

J maintains the need to take social identity into account as an important factor in considering how to reach personal goals as well as to build a better society.

K reminisces about experiences from his childhood that made him aware of his racial identity.

L suggests that restrictions placed upon an individual because of the person's identity reflect the way that society is organized.

(2) **Choose FOUR statements that are NOT true according to the passage. You may NOT choose more than FOUR statements.**

A Becoming aware of one's racial identity by experiencing pressure or restrictions does not happen exclusively to a particular racial group.

B Being black influenced where one lived, where one studied, and what job one got in mid-twentieth century Chicagoland.

C It is not only one's personal characteristics, but also the conditions of life, that determine how one functions in society.

D The author had to pay an expensive penalty fee in the past for trying to get a job at a golf course.

E The author realized how racially insensitive the college student taking a class on African-American political science was.

F The author was not yet a teenager when he started to become aware of his racial identity.

G The swimming pool the author used as a child was not located in a white neighborhood, so he was free to use it on Wednesdays.

H While obstacles arise in life, individualism is the key to overcome them and survive the difficult conditions society creates.

(3) **Which ONE of the following sentences BEST describes the main point the author is making?**

A Racial segregation was a condition of life for black children in

Chicagoland in the 1950s and the 1960s and awakened in the author a sense of what it means to be black.

B Segregation and racial stereotyping, which are forms of identity contingencies, are detrimental to creating a society based on individualism.

C The answer to ending racial discrimination lies in combating stereotypes and challenging the constraints placed upon our identity by upholding the principles of individualism.

D Those who believe themselves to be in the majority can easily find themselves to be in the minority and subject to discrimination.

E To make possible a world in which individuals can aim to reach their full potential, it is important to realize that restrictions and pressures are placed on certain social identities.

(4) **Choose the BEST way to complete each of these sentences about how the underlined words are used in the passage.**

1 Here "got" means

A confused. B convinced. C irritated.
D trapped. E understood.

2 Here "given" means

A offered. B restricted. C specific.
D tentative. E understood.

3 Here "tenacious" means

A complex. B persistent. C recent.
D unusual. E widespread.

4 Here "creed" means

A belief. B dependence. C doubt.
D fear. E protection.

II Read the passage and answer the questions below.

The railways at the time were strongly associated with the merchants, manufacturers, and urban capitalists of the booming industrial towns in north Lancashire, such as Manchester and Liverpool, whose capital overwhelmingly financed the main early rail lines. The railway companies themselves represented an unprecedented scale of private capital investment — in 1844, for instance, it cost an average of £33,000 per mile, from initial surveying and parliamentary approval through final construction, to build new railway track. The massive and centralized companies that resulted from such investment became forerunners for the emergence of modern corporate business practices. The railways were a leading driver in industrialization, urbanization, the circulation of commodities, and the development of modern securities exchange markets, and over the course of the nineteenth century they encompassed an increasingly monumental share of the total economy and workforce in Victorian Britain. From the mid-nineteenth through the early twentieth century, railways were by far the largest corporations, in terms of capital as well as number of employees, in both Britain and the United States.

Beyond their sheer economic scale, however, the railways also became for contemporaries powerful symbols of the Victorian "spirit of the age," with its sense of modernity, progress, and restless becoming. Reactions were ambivalent. The majority of commentators celebrated them as an avatar of the "glorious prospect" of modern technology, extending human power over nature while allowing commerce and communications to take place with unprecedented speed, regularity, and efficiency. Railways as such were often [1] as triumphal agents of English nationalism and empire. Others, however, saw in them the darker sides of modern capitalism, threatening the general invasion and corruption of the countryside by the city and its commercial values. The weblike spread of the rail lines through the traditional English countryside became a symbol for the overall infiltration of modernity throughout English life and values. Railway construction often required massive engineering, erecting magnificent bridges, tunnels, and viaducts and carving ugly, denuded scars through mountains and hills, leaving raw wounds on the landscape. These wounds healed quickly, revegetating in a matter of a few decades, and in time railways became comfortably integrated within the fabric of rural life, as their environmental impact proved to be relatively benign (especially compared to the twentieth-century automobile). But in the 1840s, the railways' damage to traditional landscapes was starkly visible, a clear sign of the aesthetic and cultural costs of modernity.

The railways represented not only industrial progress but also the new class of capitalists driving that progress. Harold Perkin describes these men in *The Age of the Railway* as "visionary, energetic, self-reliant individuals, scornful of difficulties, ruthless with rivals and opponents, moving what they considered prejudice and reaction as they moved mountains of earth and rock to smooth the road to the future ... [,] typical representatives of the bustling, go-getting, self-confident, Victorian capitalist middle class." They represented, in short, everything the landed class feared and despised — a "rash assault" of speculators and capitalists on the traditional English countryside and the social order it supported. Railways, with their revolutionary new right of compulsory land purchase, threatened the sanctity of private property, cut up agricultural fields, and spoiled the landscape amenities of aristocratic manors, parks, and gardens. Railways also made agricultural labor more mobile, increasing wages and threatening the countryside's existing structures of social authority. For these reasons, many large landowners strongly opposed them. But the equation is more complicated than this, for these same landowners frequently used opposition in order to force extra concessions out of the railways — higher prices for land, extra planted screens or structurally unnecessary tunnels to hide the railway from view on their estates, favorable location of rail stations and sidings on their agricultural land, and in some cases even the right to stop trains along the tracks by prior request for boarding. Moreover, although the overwhelming majority of early investment money came from the capitalist middle class, large landowners increasingly began to invest their own money in railways as well after the railway mania of the 1840s subsided, and by 1870 they had become a fixture on railways boards, leading the way for the landed class's integration into the modern corporate world of big business. The railways also brought considerable social and economic benefits to the countryside, enabling the agricultural boom of Victorian "high farming" from the 1840s through the 1870s by allowing rapid transport of vegetables, meat, and dairy products to the cities. By the 1840s rail lines had demonstrated their huge economic advantage to landowners, both in creating markets for goods and in raising the value of land (by as much as ten to twenty times in the suburbs of large towns), and most landowners wanted them on their estates — although not running through their landscape park or beneath their manor window.

In short, by the mid-1840s the tide of the railways as the spearhead of modernization and industrialization throughout Britain seemed irresistible. Yet by 1844 serious doubts had also begun to emerge about how far the nation was willing to go, in allowing railways to destroy antiquities and sites of national cultural heritage. English poet William Wordsworth's 1844 campaign, which should be understood as part of this wider movement, was the first public protest against the railways specifically on behalf of landscape aesthetics, and like other early protests it focused on cultural rather than ecological preservation. It was not a campaign against the railways per se, but an attempt to keep them in their proper place, by not allowing modernization and industrialization to [2] over the aesthetic and cultural sphere. Wordsworth's environmental protest, as he foresaw, did not succeed in keeping the railways out of the Lake District, but it did establish a precedent for protecting the area, as well as a pattern of rhetoric in which future environmental campaigns would be fought.

[Adapted from Scott Hess, *William Wordsworth and the Ecology of Authorship* (2012).]

(1) **Choose the ONE way to complete each of the following sentences that is CORRECT according to the passage.**

1 The railways

A brought economic benefits to the countryside by delivering agricultural produce and workforce to the farms.

B created a divide among people's opinions on the impact of technology and commercialism on rural areas.

C developed rapidly during the nineteenth century with huge investments from the government.

D were unanimously extolled as triumphant results of the British Empire and regarded with much national pride.

E which were in the hands of the middle class represented something solely to be feared and resented for the landed class.

2 Wordsworth

A believed that railways had no place in Victorian Britain because they were not part of the national cultural heritage.

B is known in posterity for his environmental activism which stopped the railways from reaching the Lake District.

C led a campaign to resist urban intrusion on nature based on the belief that the countryside held aesthetic value.

D opposed environmentalism through his focus on the protection of the countryside.

E protested against the railways because he thought they were technologically problematic.

3 In Victorian Britain

A railway corporations were financially successful and large-scaled unlike in the United States.

B the development of commerce and technology dictated the national policies including huge investment in the railways.

C the landed class were losing their social and economic power over decisions such as where to create railway stations.

D the "spirit of the age" meant change that was fueled by progress and modernity, most notably symbolized in the railways.

E there was a short-lived environmental movement to protect the countryside and its national heritage.

4 The Victorian middle class

A can be characterized as being energetic but reluctant to invest in the railways.

B held high moral standards on environmental issues and became the pioneer of environmentalism.

C started to invest in the railways, following the example of the landed class.

D supported the development of the railways in order to protect the environment.

E were active players in the industrial progress that took place in nineteenth-century England.

(2) **Choose the FOUR statements that are NOT true according to the passage. You may NOT choose more than FOUR statements.**

A According to Harold Perkin, the new emerging capitalists can be characterized by their sheer energy and boldness.

B By the mid-nineteenth century, resisting modernization and industrialization was seen to be increasingly difficult.

C From the mid-nineteenth century to the early twentieth

century, railways were the biggest enterprise in Britain.

D In the 1840s, railway construction had little impact on the traditional rural landscapes.

E The landed class initially did not regard the railways favorably as they were seen to mar their property.

F The landowners came to use their opposition against railways to their advantage by drawing concessions out of them.

G The national rail lines were financed by resourceful London merchants and bankers whose interests were in the development of the country.

H The railway companies were sponsored by public funds that sought to enhance the interest of the rural communities.

I Wordsworth praised the railways as an example of modern technology that allowed humans to control nature.

(3) **Choose the ONE sentence that BEST summarizes the author's main argument in the passage.**

A It is essential to understand the social and economic background of Victorian England, especially the technological advancement and the emergence of the new capitalistic class associated with the railways, to appreciate Wordsworth's poetry as an articulation of environmental concerns.

B It is possible to see the Victorian railways as the forerunner of modern corporate business practices as they acquired land from private investors such as merchants, manufacturers, and urban capitalists and grew to become the largest corporations in Britain and in the United States.

C Railways had a huge impact on Victorian society with their economic scale and their symbolism of modernity and progress, but as Wordsworth sought to protest in vain, their advancement came with an environmental cost that left the English countryside altered and impaired aesthetically.

D The rise of the middle class was supported by the traditional landed class that became more powerful through the railways which were being enthusiastically imposed upon the English countryside.

E Wordsworth figures as the first individual to engage in anti-government protest, and his activities in the Lake District should be understood in the context of environmentalism in nineteenth-century England, against the backdrop of modernization and industrialization.

(4) **Choose the ONE expression that best fits each of blanks [1] and [2] in the passage.**

1 A denounced B forced C praised
D sustained E vilified

2 A dominate B intrude C provide
D transfer E vex

(5) **Find the vowel with the strongest stress in each of these words, as used in the passage. Choose the ONE which is pronounced DIFFERENTLY in each group of five.**

1 A commentators B commerce C commodities
D economic E modernity

2 A decades B estates C revegetating
D threatened E unprecedented

3 A bustling B encompassed C monumental
D suburbs E tunnels

III

Examine the table below. Complete the analysis by filling in each blank with the best word(s).

Average Number of Jobs Held by Individuals between Ages 18 and 50 in the U.S.

	Total	During Ages 18-24	During Ages 25-34	During Ages 35-44	During Ages 45-50
Total	11.9	5.5	4.5	2.9	1.7
Men	12.1	5.7	4.7	2.9	1.7
Women	11.6	5.3	4.2	2.9	1.7

[Source: U.S. Department of Labor, Bureau of Labor Statistics (2017).]

Overall, individuals held an average of 11.9 jobs between ages 18 and 50, with (1) of these jobs held before age 25, when they held an average of 5.5 jobs. The average (2) 4.5 jobs from ages 25 to 34 and to 2.9 jobs from ages 35 to 44. Individuals held an average of just 1.7 jobs (3) the age of 44.

Men held an average of 12.1 jobs and women held 11.6 jobs from age 18 to age 50. Men held 5.7 jobs from ages 18 to 24, (4) 1.7 jobs from ages 45 to 50. The reduction in the average number of jobs held across all age groups was (5) for women.

It can be said that men are somewhat more likely to switch jobs than women when they are both younger, (6) the difference disappears after their mid-30s.

1 A almost all B an average C nearly half
D three-quarters E two-thirds

2 A bottomed at B fell to C peaked at
D raised to E spiked to

3 A at B during C in
D past E until

4 A compared with B down from
C on the other hand D resulting in
E rising to

5 A flatter B identical C opposite
D similar E unseen

6 A but B despite C for instance

D so is E thus

IV

Choose the BEST item from the box with which to fill the blanks in the passage below. You may use each item only ONCE.

A by	B from	C in	D of	E on
F over	G since	H to	I with	

Eye contact is an essential element [1] effective public speaking and good communication in general. Eye contact does not mean looking [2] the tops of your listeners' heads. It means actually "touching" their eyes [3] yours. Maintaining good eye contact makes your listeners feel that you are speaking directly [4] them. Good eye contact also makes a better impression [5] your listeners. It shows that you are full of confidence and conviction. It gives your listeners more faith both [6] you and your message.

V

Choose the ONE way to make each of the following sentences INCORRECT grammatically. If none of the choices make the sentence incorrect, choose F.

1 Rules are often (   ).

A abolished B amended C broken
D ignored E misused F ALL CORRECT

2 Some people are particularly good at identifying and (   ) assumptions.

A challenging B defying C disagreeing
D questioning E verifying F ALL CORRECT

3 There are many ways to turn a failure into a (   ).

A chance B prosperity C success
D triumph E victory F ALL CORRECT

VI **Choose the underlined section in each text below that is INCORRECT. If the choices in the sentences are ALL CORRECT, choose E.**

1 Being of a practical mind-set, (A) the students think it useless to study theory (B) until they realize (C) that the theories influence on practice. (D)

E ALL CORRECT

2 Ever since she quit her job last year (A) due to serious health problems (B) that required her to be hospitalized, (C) she has not had a chance to contact with anyone. (D)

E ALL CORRECT

3 Had it not been (A) for your sound advice, (B) I would have made (C) the same mistake time and again. (D)

E ALL CORRECT

4 Taking a leisurely stroll along the beach (A) is perfect to enjoy (B) a relaxing day away (C) from the daily grind. (D)

E ALL CORRECT

WRITING SECTION

All answers must be written in English in the space provided on the ANSWER SHEET.

VII **Use ALL the words and phrases provided in the underlined sections to complete the sentences to fit the context of the passage. Change the order as necessary. You may NOT change the form of the words. You may NOT include words that are not provided.**

The [1] climate / complex / human history / in / is / shaping / role of, and climate historians often debate the degree to which climate should be assigned a deterministic role. It always [2] dominate / interacts with / our traditional approach / that / the social, political, and economic factors / to history, but some climate upheavals seem from circumstantial evidence to be extremely significant, even dominant, factors in shaping public moods and attitudes immediately before political upheavals.

[Adapted from Al Gore, *Earth in the Balance* (2007).]

VIII

Think about the meaning of the picture below and explain your thoughts in a paragraph in English.

(解答欄：約 18.5 cm×9 行)

[Picture available at http://www.cartoonistgroup.com/store/add.php?iid=125697
Gary Varvel's Editorial Cartoons
— *Child Comics and Cartoons / The Cartoonist Group.*

日本史

（60分）

I 次の文を読み，後の問に答えなさい。

10世紀前半，律令制が解体期を迎えたことを示す承平・天慶の乱が地方豪族によって起こされた。これらは共にほかの地方豪族によって平定されたが，武士の実力を知った国衙や朝廷，中央貴族らは，彼らを登用して国内の治安を維持するようになった。その後，奥州での後三年合戦の結果，［ A ］を棟梁とする源氏の大武士団が形成されたが，この頃，中央政界では，時の摂政・関白を外戚としない［ B ］天皇により，国政の改革が進められた（a）。その後，白河天皇は，［ B ］天皇の政策を受け継ぎ，摂関家の勢力を抑えつつ，院政を開始し，畿内・近国の武士を取り込み，院の御所を警護する武士を組織して（b）院の権力を強化した。その後も，増強する寺社の武力や各地の反乱・海賊に対抗して，朝廷や院が武家の棟梁を用いたので，武家の棟梁の中央政界への進出は一層進んだ。

院政が続く中，保元の乱，さらに平治の乱が発生した（c）。平治の乱の後，後白河上皇を武力で支えた平氏は政界において全盛を迎えるようになった。平氏政権は，知行国や荘園に経済的基盤をおいていた点で，貴族的な性格を残しているが，畿内から九州までの西国一体の武士との主従関係をもとにした武士団を権力基盤としている点では，武家政権としての鎌倉幕府の先駆けであったともいえる。

1180年から1185年にかけて，地方の武士団を中心として，平氏打倒を目指す内乱が展開されることになるが，これは単に源氏による平氏打倒の戦いだったわけでなく，国司（d）や荘園領主による支配に対して不満を募らせていた各地の在地領主が，新たに，公領や荘園での自らの所領の支配権を強化・拡大しようとする意図が大きな原動力となっていたのである。

源頼朝は，1185年（e），国ごとに守護，地頭をおくことを後白河法皇に公認させ（f），これをもとに鎌倉幕府の武家政権としての全国的支配が成立した

が，幕府がおいた守護・地頭に対して，公家政権のもとにある国司や荘園領主の力も依然として残っていた。(g)

〔問〕

1　空欄Aに入る人名を漢字で記述解答用紙に記入しなさい。

2　空欄Bに入る語を漢字で記述解答用紙に記入しなさい。

3　空欄Bの天皇が1069年に発令したものは何か。記述解答用紙に記入しなさい。

4　下線aのために打ち出された政策に関連する記述として誤っているものを1つ選び，マーク解答用紙の該当記号をマークしなさい。

あ　1045年以降に新たにたてられた荘園は認めなかった。

い　1045年以前にたてられた証拠文書の不明な荘園は停止したが，摂関家のみは例外とした。

う　この政策の実施にあたり，大江匡房らを登用した。

え　政府に記録荘園券契所を設置して，荘園領主から文書を提出させて審査した。

お　宣旨枡と呼ばれる公定の枡を制定し，度量衡を統一した。

5　下線bについて。後に後鳥羽上皇のときに新設されたものを何というか。記述解答用紙に記入しなさい。

6　下線cの2つの乱に関する記述として，誤っているものを1つ選び，マーク解答用紙の該当記号をマークしなさい。

あ　保元の乱も平治の乱も，貴族内部の対立のために武士が利用されたものであった。

い　保元の乱は，鳥羽法皇が死去したことをきっかけに発生した。

う　保元の乱では，崇徳上皇は藤原頼長と結んだ。

え　平治の乱では，源義朝は藤原信頼と結んだ。

お　平治の乱の後，平清盛が軍事・警察権を独占するに至った。

7　下線dについて。国司遙任の場合の代官を何というか。漢字で記述解答用紙に記入しなさい。

8　下線eの時期より少し前に，後白河法皇が，源頼朝政権の公家政権への要求に部分的に応え，東国の荘園・公領の支配秩序の回復権限と，東国の土地問題の解決に必要な権限を与えた宣旨を何というか。記述解答用紙に記入しなさい。

9 下線**f**に関する記述として，誤っているものを1つ選び，マーク解答用紙の該当記号をマークしなさい。

あ 地頭は平氏政権のときにも部分的に設置されていたが，源頼朝は，その職務を明確化するとともに，任免権を幕府の手に収めた。

い 地頭はもともと現地を指す言葉であったが，平安末期から荘園を管理する荘官の職名の1つとなった。

う 地頭の設置に対する公家や寺社の抵抗は少なく，これにより，源頼朝は，朝廷や貴族・寺社の支配下にある諸国や荘園に幕府の勢力を浸透させることになった。

え 守護・地頭の設置は，源義経追討を理由に，1185年に大江広元が源頼朝に提案したものとされる。

お 地頭の任務には，年貢の徴収・納入，土地の管理及び治安維持があった。

10 下線**g**の鎌倉幕府と公家政権の関係についての記述として，誤っているものを1つ選び，マーク解答用紙の該当記号をマークしなさい。

あ 鎌倉幕府は東国に基盤を置く政権であるのに対し，公家政権は西国に基盤を置く政権であった。

い 鎌倉幕府は，軍事・警察権をもつ守護と地頭を地方に置くことによって成立した軍事的政権であったのに対し，公家政権は，地方行政官にあたる国司の行政事務に基づいた全国的な統治権をもつ政権であった。

う 源頼朝は京都守護を置くとともに，以前から親交のあった源通親を信任し，朝廷と幕府の関係の円滑化を図ったが，1196年，源通親は失脚し，その後，京都における幕府の勢力は減退した。

え 1221年に承久の乱が起こり，公家政権が敗北を喫した結果，北条氏による執権政治が確立し，朝廷監視のため，六波羅探題がおかれた。また，武士勢力による荘園の侵略が激化した。

お 鎌倉幕府5代執権北条時頼は，後嵯峨上皇の皇子を6代将軍に迎えた。これを皇族将軍といい，この後，幕府滅亡まで続いた。

Ⅱ　次の文を読み，後の問に答えなさい。

為政者は既存の制度の不備を認識し，それに対する「改革」を試みようとする。歴史上もしばしば行われてきたこのような「改革」には，時として知識人も関与し，社会はもとより学問や文化にも様々な影響を及ぼした。江戸時代に行われた代表的なものとしては，徳川吉宗による［　A　］の改革，松平定信による［　B　］の改革，水野忠邦による［　C　］の改革が挙げられる。

[a]5代将軍徳川綱吉以来の側近政治への不満も高まっていた中で，徳川の宗家以外から将軍の座に就いた[b]8代将軍徳川吉宗は，有能な人材を多く登用・活用し，[c]学者等にも諮問を行いつつ改革に着手した。対象は財政再建を軸として[d]江戸の都市政策や法・裁判制度に及び，その後の範とされたが，多発する一揆など，同時に改革の困難さにも直面することとなった。

松平定信は，経済活動の活性化に活路を見出そうとした田沼意次の失脚後，天明のうちこわしを契機として老中の座に就いた。とりわけ18世紀半ば以降の社会の大きな変容の中，幕府の財政基盤の復旧に努めるとともに貧困対策を重視し，人足寄場の設置や飢饉対策などを進める一方，[e]学問や文化の在り方にも積極的に介入した。改革は中途で挫折したが，その詳細は[f]定信自身が書き残した自叙伝からも知ることが出来る。

同じく老中を務めた水野忠邦は，[g]12代将軍徳川家慶の下で本格的に改革に着手した。前の両改革にならい「復古」を掲げての財政緊縮や綱紀粛正，また幕府の威信強化に取り組んだが，[h]「内憂外患」という言葉に象徴される状況の中で難航し，上知令実施の失敗により忠邦は失脚して，[i]かえって幕府権力の弱体化に拍車がかかることとなった。

〔問〕

1　空欄A・B・Cの元号の期間には様々な出来事が起きたが，以下の選択肢のうち，すべてこのいずれかの期間に起きた出来事を挙げているものはどれか。1つ選び，マーク解答用紙の該当記号をマークしなさい。

あ　『華夷通商考』の刊行，近藤重蔵の蝦夷地調査，大塩の乱の勃発

い　間宮林蔵の樺太調査，『古事記伝』完成，プチャーチンの長崎来航

う　シドッチへの尋問，クナシリ・メナシの蜂起，ゴローウニン事件

え　印旛沼の干拓，『ハルマ和解』刊行，郡内一揆の勃発

お　『解体新書』刊行，尊号事件，ビッドルの浦賀来航

2　下線 **a** について，この時期に間部詮房とともに将軍を補佐した人物に，『読史余論』『折たく柴の記』等の著作のある儒学者がいる。この人物が関わった施策として当てはまらないものを2つ選び，マーク解答用紙の該当記号をマークしなさい。

あ　閑院宮家の創設　　い　末期養子の禁緩和

う　朝鮮使節待遇の変更　　え　海舶互市新例の発令

お　南鐐二朱銀の発行

3　下線 **b** に当てはまらない人物を1つ選び，マーク解答用紙の該当記号をマークしなさい。

あ　荻原重秀　　い　大岡忠相　　う　田中丘隅

え　室鳩巣　　お　野呂元丈

4　下線 **c** について，政治・経済にも強い関心を持ち，意見書を出した儒学者の一人が荻生徂徠である。彼の弟子で『経済録』を著し，経世論の発展に寄与したとされる人名を，漢字4字で記述解答用紙に記入しなさい。

5　下線 **d** に関連する記述として正しいものはどれか。1つ選び，マーク解答用紙の該当記号をマークしなさい。

あ　消防制度を強化するために，これまでの町火消に加えて新たに定火消が設置された。

い　幕初以来の法令を類別に集大成した「御触書寛保集成」が編纂され，幕府事業として引き継がれた。

う　幕府の成文法典である「公事方御定書」が制定されたことにより，以後裁判はこれにのみ依拠して行われることとなった。

え　かぶき者対策を主たる目的として，厳しい風俗取締や芝居小屋の移転が行われた。

お　評定所門前に目安箱が設置され，その投書を契機に江戸町会所が設けられた。

6　下線 **e** に関連する記述として正しいものはどれか。2つ選び，マーク解答用紙の該当記号をマークしなさい。

あ　朱子学が正学とされ，昌平坂学問所において学問吟味が実施された。

い　柴野栗山，中井竹山，尾藤二洲らが儒官として登用された。

う　農学・医学などの実用的な学問が奨励され，『農業全書』や『大和本草』などの著作が生まれた。

え　出版統制令により黄表紙や人情本が取り締まりの対象となり，為永春水らが処罰された。

お　林子平の『三国通覧図説』や『海国兵談』が発禁とされた。

7　下線**f**の書名を，漢字4字で記述解答用紙に記入しなさい。

8　下線**g**の在位中には，幕府の対外政策を批判した洋学者たちが弾圧される事件が起きた。その対象とされた知識人の勉強会の名称を，漢字3字で記述解答用紙に記入しなさい。

9　下線**h**に関連して書かれたもののうち，御三家の立場から幕政改革を要求する意見書として将軍家慶に提出された書名はどれか。正しいものを1つ選び，マーク解答用紙の該当記号をマークしなさい。

あ　戊戌夢物語　　い　草茅危言　　う　戊戌封事

え　慎機論　　お　経世秘策

10　下線**i**について，幕府権力からの自立を求め，諸大名にも藩政改革の機運が高まった。この動向に関する説明として正しいものを1つ選び，マーク解答用紙の該当記号をマークしなさい。

あ　細川重賢は19世紀初頭に堀平太左衛門の補佐を受けて治水・殖産興業等に取り組み，藩校時習館を興した。

い　鍋島直正は均田制を実施し，本百姓体制の再建を図ったが，他の多くの藩で見られるような藩営専売制は導入しなかった。

う　毛利敬親は村田清風を登用して財政改革を行うと同時に，藩校明徳館を創立して教育にも努めた。

え　松平慶永は財政難打開のために積極的な藩営貿易を展開し，橋本左内，横井小楠らを招いて改革を推進した。

お　島津重豪は下級武士であった調所広郷を登用し，殖産興業を推進して洋式紡績工場を含む集成館を設置した。

III 次の史料は，ある雑誌に掲載された評論（一部表記を変更）からの抜粋である。これを読み，後の問に答えなさい。

① 1914年11月15日

アジア大陸に領土を拡張すべからず，満州[a]もよろしく早きにおよんでこれを放棄すべし，（中略）さらに新たに中国山東省[b]の一角に領土を獲得するごときは，害悪に害悪を重ね，危険に危険を加うるもの，断じて反対せざるを得ざる所なり。（中略）我が日本は深く中国人に恐れられ，排斥を蒙り，さらに米国には危険視せられ，盟邦の英人にすら大に猜疑せらる。しかるに，今もしドイツを中国の山東より駆逐せよ，ただそれだけにても，日本の中国に於ける満州割拠は，著しく目立つべきに，その上，さらに［ A ］を根拠として，山東の地に，領土的経営を行わば，その結果は果して如何。中国における我が国の侵入はいよいよ明白となりて，世界列強の視聴を聳動すべきは言を待たず。

② 1919年5月15日

およそいかなる民族といえども，他民族の属国たることを愉快とする如き事実は古来ほとんどない。（中略）衷心から日本の属国たるを喜ぶ朝鮮人は恐らく一人もなかろう。故に朝鮮人は結局その独立を回復するまで，我が統治に対して反抗を継続する[c]は勿論，しかも朝鮮人の知識の発達，自覚の増進に比例して，その反抗はいよいよ強烈を加うるに相違ない。

③ 1919年8月15日

条約の上からは確かに我が国の主張の正しい問題で，中国に騒がれ[d]，米国の議会で散々な侮辱を与えられ，それでも何の抗弁も抵抗も出来ずして，かえって此方から詫状を出した。（中略）日本のためにこの取極めを支持してやろうという同情を有するものは一もない。全くの孤立だ。（中略）吾輩は好んで自国を悪く言いたくはないが，実際公平に見て，日本ほど公明正大の気の欠けたる国はない，自由平等の精神の乏しき国はない，換言すれば官僚的，軍閥的，非民主的の国はない。少なくも英米仏［ B ］等の諸国に比し，これらの点において我が国は遥かに下等な国である。これでそもそも五大国[e]の一に加わろうなどということが間違いである。その間違いを犯したので，たちまち四方から袋叩きに遇い，惨めな様に蹴落された。けれどもこれは決して日本国民が悪いのではない。日本の国格をかくのごとく下劣にしたものは，実に元老，軍閥，官僚，財閥の特権階級である。

④　1921年7月30日・8月6日・8月13日

朝鮮・台湾[f]・樺太[g]も棄てる覚悟をしろ，中国や，シベリヤに対する干渉[h]は，勿論やめろ。(中略）他国を侵略する意図もなし，また他国から侵略せらるる虞れもないならば，警察以上の兵力は，海陸ともに，絶対に用はない。(中略）我が国が大日本主義を棄つることは，何らの不利を我が国に醸さない，否ただに不利を醸さないのみならず，かえって大なる利益を，我に与うるものなるを断言する。朝鮮・台湾・樺太・満州という如き，わずかばかりの土地を棄つることにより広大なる中国の全土を我が友とし，進んで東洋の全体，否，世界の弱小国全体を我が道徳的支持者とすることは，いかばかりの利益であるか計り知れない。(中略）驕慢なる一，二の国が，いかに大なる軍備を擁するとも，自由解放の世界的盟主として，背後に東洋ないし全世界の心からの支持を有する我が国は，断じてその戦いに破るることはない。

〔問〕

1　下線**a**に関連する記述として正しいものはどれか。2つ選び，マーク解答用紙の該当記号をマークしなさい。

あ　日本は日露戦争に勝利して，ロシアから旅順・大連を租借した。

い　日本はこの地域全体を統治する機関として，関東都督府を設置した。

う　日本は半官半民の鉄道会社を大連に設立し，大陸進出の足場とした。

え　日露戦争後，この地域への関心を強めるアメリカと日本の関係は悪化した。

お　この地域の勢力関係を調整するため日露両国が締結した協約は，ロシア革命後も存続した。

2　下線**b**に関連する記述として誤っているものはどれか。2つ選び，マーク解答用紙の該当記号をマークしなさい。

あ　北清事変後のドイツによる膠州湾租借を発端に，列強の中国分割が本格化した。

い　第一次世界大戦期，日本はドイツ権益の継承をめぐって山東問題を引き起こした。

う　ヴェルサイユ条約によって，日本は山東半島の旧ドイツ権益の継承が認められた。

え　ワシントン会議の九カ国条約により，日本は山東半島の旧ドイツ権益を中国に返還した。

お　北伐に際し，田中義一内閣は三度にわたって山東半島に出兵した。

3　空欄Aに該当する地名を漢字2字で記述解答用紙に記入しなさい。

4　下線**c**に関連する記述として誤っているものはどれか。1つ選び，マーク解答用紙の該当記号をマークしなさい。

あ　東京在住の朝鮮人学生が発表した独立宣言書が独立運動の発端となった。

い　ソウルの公園で独立宣言が読み上げられ，独立を求める運動が朝鮮全土に広がった。

う　寺内内閣のもと，朝鮮総督府は軍隊・警察を動員して独立運動をきびしく弾圧した。

え　新たに朝鮮総督となった斎藤実のもと，憲兵警察の廃止など，統治方針が改められた。

お　独立をめざす人々は，上海に大韓民国臨時政府を樹立するなどして運動を継続した。

5　下線**d**に関する記述として誤っているものはどれか。1つ選び，マーク解答用紙の該当記号をマークしなさい。

あ　パリ講和会議の決定に対して中国全土に抗議運動が広がった。

い　抗議運動は，北京の学生たちの集会と街頭運動からはじまった。

う　北京の抗議運動は，外国公使館や政府高官邸にまで及んだ。

え　日本商品に対する不買運動が中国の各地で展開された。

お　中国政府がヴェルサイユ条約に調印したため，抗議運動はいっそう高揚した。

6　空欄Bに該当する下線**e**の国名をカタカナで記述解答用紙に記入しなさい。

7　下線**f**に関連する記述として誤っているものはどれか。1つ選び，マーク解答用紙の該当記号をマークしなさい。

あ　台湾は日清戦争の結果，下関条約により清から日本に割譲された。

い　台湾を領有するため，日本は軍隊を派遣して台湾民主国を崩壊させた。

う　台湾総督には一貫して陸海軍の大将・中将が任命された。

え　台湾製糖会社や台湾銀行の設立により産業の振興がはかられた。

お　日本の支配に対し，台湾の民衆はたびたび反日武装蜂起をおこした。

8　下線 **g** に関連する記述として誤っているものはどれか。1つ選び，マーク解答用紙の該当記号をマークしなさい。

あ　樺太・千島交換条約で，日本は樺太に関するすべての権利をロシアにゆずった。

い　日露戦争の際の講和条約で，北緯 50 度以南の樺太がロシアから日本に割譲された。

う　ヤルタ会談の際に結ばれた秘密協定で，ソ連への南樺太の返還が取り決められた。

え　対日参戦したソ連は，満州・朝鮮への侵攻とあわせて，樺太を占領し，軍政をしいた。

お　ソ連がサンフランシスコ平和条約に調印しなかったため，日本の南樺太放棄は取り決められなかった。

9　下線 **h** に関する記述として誤っているものはどれか。1つ選び，マーク解答用紙の該当記号をマークしなさい。

あ　イギリス・フランスなどの連合国が共同出兵をうながした。

い　チェコスロヴァキア軍救援を名目として，日本は派兵した。

う　アメリカの提唱をうけて，寺内内閣が派兵を決定した。

え　第一次世界大戦中に列国は撤兵したが，日本は駐兵を続けた。

お　パルチザンのはげしい抵抗にあい，日本は甚大な被害を受けた。

10　この史料の筆者は，第二次世界大戦後，ある政党の党首となり，内閣を組織した。その政党の正式名称を記述解答用紙に記入しなさい。

IV　次の文を読み，後の問に答えなさい。

1945 年 9 月 15 日，文部省はポツダム宣言の受諾[a]と「終戦詔書」を受けて，「新日本建設の教育方針」を出して，自前の「新教育」論を打ち出した。その中身は「国体護持の一念」と「教育施策の一掃」を二つの柱とし，「訂正削除すべき部分を指示」するという教科書の「墨塗り」も始まった。

東久邇宮内閣の「一億総懺悔」「国体護持」路線に沿う「改革」であった。

一方，米国政府は 9 月 22 日，日本占領の目的を記した「降伏後における米国の初期対日方針」を明らかにした。その狙いは，日本が再び米国や世界の脅威とならないようにするため，日本の「非軍事化・民主化」を徹底するというものだった。マッカーサー元帥の連合国軍最高司令官総司令部（GHQ/SCAP）は，日本の国家・社会のさまざまな領域における改革を実施していく。日本の占領は直接軍政ではなく，GHQ の指令を日本政府が実施するという［ A ］の方式がとられたから，占領軍の政策[b]は日本政府の命令（「ポツダム勅令」，日本国憲法施行後は「ポツダム政令」）の形をとって実施された。

10 月 4 日，政治や宗教の自由に対する制限の撤廃を求める［ B ］が出された。そこに内相罷免の要求もあったため，東久邇宮内閣は総辞職する。10 月 11 日，マッカーサーは後継の［ C ］首相に対して，口頭で改革の要請を行った。これは，五大改革指令[c]と呼ばれている。

教育改革について，GHQ のなかでは民間情報教育局（CIE）が担当した。10 月 22 日の「日本の教育制度に対する管理政策」を皮切りに，12 月末までに計 4 本の教育指令[d]が発せられ，学校教育の分野から軍国主義・超国家主義的傾向を排除して，基本的人権の思想に合致した教育と教育実践を強力に方向づけていった。このような指令を出した GHQ の意図について，本格的改革を容易にするために日本側に衝撃を与える狙いがあったとされている。

だが，一国の教育を根本的に変えるためには，米国流の教育モデルをそのまま移植するのではなく，日本の教育をめぐるさまざまな事情や社会的背景などの専門的な検討が必要となる。そこで，GHQ は米本国に教育使節団の派遣を要請し，日本側にはこれを迎えて協議するための委員会の設置を指示した。安倍能成文部大臣は委員の人選を進め，［ D ］を委員長とする学者・教育関係者など 29 名からなる日本側教育家委員会（後の教育刷新委員会）が発足した。1946 年 3 月 5 日，ジョージ・ストッダード（ニューヨーク州教育長官）以下 27 名が来日した。［ D ］の委員会は使節団に協力し，専門的見地から教育改革を建議していった。使節団は，日本の教育の目的や内容，教育行政など広範囲にわたって詳細な勧告を行い，その後の教育改革は使節団報告書（ 3 月 30 日付）の方向で行われることになるが，そこには［ D ］らの主張も反映していたとされている。

報告書の教育観は，「教育における自由」と「教育の機会均等」を軸とする民主主義の原理に貫かれていた。そして，中央集権的な画一的教育をやめること，教育行政を担う文部省の権限の縮小を目的として，都道府県と市町村に公選制の教育委員会を設置することなどを勧告した。公教育での男女別学から男女共学への移行や，小学校6年，中学校3年と，義務教育課程を9年間に延長するとともに，高校3年，大学4年を加えた「六・三・三・四制」も定められた。新制中学が発足する前日，1947年3月31日，日本の新教育制度の法的根拠となる教育基本法(e)が公布・施行された。そこには戦後の教育改革のさまざまな成果が織り込まれていた。

〔問〕

1　下線**a**の宣言が対日条件として挙げている項目として，正しくないものを1つ選び，マーク解答用紙の該当記号をマークしなさい。

あ　日本国の主権の本州，北海道，九州及び四国のみへの限定

い　日本軍隊の武装解除

う　戦争犯罪人の処罰

え　言論，宗教及び思想の自由並びに基本的人権の尊重

お　日本国民の自由な意思に基づく政府の樹立

2　空欄Aに入る適当な語を，漢字4字で記述解答用紙に記入しなさい。

3　下線**b**に関連して，日本占領政策を決定する最高機関として1946年2月26日に発足し，米，英，ソ，中の四大国のほか最終的に13カ国によって構成される機関のことを何というか。漢字で記述解答用紙に記入しなさい。

4　空欄Bに入る適当な語を，漢字で記述解答用紙に記入しなさい。

5　空欄Cにあてはまる首相の姓名を，漢字で記述解答用紙に記入しなさい。

6　下線**c**に関連して，「五大改革指令」に直接含まれていないものは次のうちどれか。1つ選び，マーク解答用紙の該当記号をマークしなさい。

あ　参政権を与えて日本の女性を解放すること

い　経済制度を民主化して，独占的産業支配を是正すること

う　秘密警察などを廃止すること

え　寄生地主制を除去して，安定した自作農経営を創設すること

お　労働組合の組織を奨励すること

7　下線**d**に関連して，この時期の教育指令の内容として明らかに誤っているものを1つ選び，マーク解答用紙の該当記号をマークしなさい。

あ　極端な国家主義思想を持つ者の教職からの排除

い　修身・日本歴史・地理の旧来の教科書による授業の停止

う　教育の政治的中立性を確保するための教員の勤務評定の実施

え　「大東亜戦争」，「八紘一宇」という用語の使用禁止

お　『国体の本義』，『臣民の道』の頒布禁止

8　空欄Dには，当時の東京帝国大学総長で，後の講和期において，「全面講和」を唱えて吉田茂首相と対立した人物が入る。その姓名を，漢字で記述解答用紙に記入しなさい。

9　下線**e**の法律について，その制定当時にはなかったものを1つ選び，マーク解答用紙の該当記号をマークしなさい。

あ　国民はひとしく，その能力に応じた教育を受ける機会を与えられる。

い　国民はその保護する子女に9年の普通教育を受けさせる義務を負う。

う　教育は，我が国と郷土を愛する態度を養うことを目標として行われる。

え　教育上，男女の共学が認められる。

お　教育は「不当な支配」に服することなく，国民全体に直接責任を負って行われる。

10　1948年6月19日，衆議院においてその排除が決議され，参議院においてその失効確認が決議された，戦前の教育の指導原理を示す文書を何というか。漢字で記述解答用紙に記入しなさい。

世界史

（60分）

I　次の文章を読み，設問1～9についてそれぞれ解答を一つ選んで，その記号をマーク解答用紙の所定欄にマークしなさい。

近年，曹操[a]の墓が同定され，史書に残る遺令通り，当時の上流層の墓としては薄葬であったことが確認された。この事例のように，古墓の発掘によって，史書の内容が確認されたり，新たな事実が明らかにされたりすることがある。たとえば，1970年代に発掘された前漢時代の馬王堆漢墓からは，文字を記すための媒体として竹簡・木簡に加え，（　あ　）を用いて記された多様な史料が発見され，そこにはすでに失われ現代に伝わっていなかった文書も含まれていた。また，同じく前漢時代の銀雀山漢墓群からは，『孫子』[b]の竹簡写本がみつかり，その成立過程について新たな知見が得られた。

一方，殷墟近郊では，地中深く掘られて造営された歴代殷王の墓が発掘されている。殷に続く周（西周）の王墓の様相は不明瞭であるが，春秋・戦国時代に墳丘が確認される古墓の事例が増加し，秦の始皇帝によって格段に規模の大きな陵（始皇帝陵）の造営が始められた。こうして，王朝滅亡時の混乱の影響を受けた皇帝[c]や，「塚」を備えた陵墓を造らず，墓所も秘密とされてきた大モンゴル国（モンゴル帝国）[d]の伝統を受け継いだ元朝の皇帝のような例外はあるものの，中国歴代皇帝の陵墓の多くは，目に見える形で大規模に造営されることになったのである。たとえば，西安の北には，高宗とその妃であった（　い　）の合葬墓である乾陵など，唐の歴代皇帝の陵墓が点在し，唐十八陵と総称されている。また，明朝・清朝の歴代皇帝などの墓は，「明・清朝の皇帝陵墓群」として世界遺産にも登録されている。こうした陵墓は，皇帝の権威や権力を後世に伝え，その後継者による支配を正当化するモニュメントでもあったと言えよう。

もちろん，そうしたモニュメントとして機能したのは，陵墓だけではない。たとえば，その造営初期において，間接的にインドの仏教文化[e]の影響が認められる雲崗石窟では，洛陽に遷都する前の北魏の歴代皇帝の姿を模したとされる石仏が造られた。これは，「皇帝即如来」という北魏の仏教思想の一端を示している。

近現代においても，過去の権力者のモニュメントを利用しようとする事例がある。たとえば，内モンゴル自治区のウランホト市には「成吉思汗廟」，同じくオルドス市には「成吉思汗陵」が存在する。前者は，満州国[f]の統治下で建設されたものであり，後者は，チンギス＝ハンをまつってきた移動式の天幕（オルド）を改めて，1950 年代に中国共産党が固定施設として建築したものである。また，中華人民共和国の指導者たちのうち，周恩来や鄧小平の遺骸は散骨されたが，毛沢東の遺体は，華国鋒が主導して天安門広場にある毛主席紀念堂に安置され，現在も公開されている[g]。

設問 1　下線部 **a** に関連し，「曹操」について述べた以下の文のうち，正しいものはどれか。

①　曹操は，太平道の信徒を中心とする紅巾の乱を経て，各地に割拠する群雄の一人となった。

②　曹操は，華北で大きな勢力を築いたが，赤壁の戦いでは孫権・劉備の連合軍に敗れた。

③　曹操は，後漢の最後の皇帝から禅譲され，魏の初代皇帝となった。

④　曹操は，使者を送ってきた邪馬台国の卑弥呼に対し，「親魏倭王」の金印と銅鏡を下賜した。

設問 2　空欄（　あ　）に入る語句として，最も適切なものはどれか。

①　パピルス　　②　粘土板

③　絹布（帛）　　④　羊皮紙

設問 3　下線部 **b** に関連し，現代に伝わる『孫子』の内容について述べた文として，最も適切なものはどれか。

①　『孫子』では，戦いにおける情報分析の重要性が指摘され，また戦わずして勝つことが最上だとされている。

②　『孫子』では，易姓革命が主張され，徳を備えた有力者が武力によって支配者を討つ放伐が正当化されている。

③　『孫子』には，著者とその弟子たちが防衛戦術の専門家集団を形成し，依頼に応じて各地の守城戦に参加したことが記されている。

④　『孫子』では，性悪説の立場から戦争は不可避であるとされ，徳目のうち，とくに「礼」の必要性が主張されている。

設問4　下線部**c**に関連し，王朝の滅亡に関わる皇帝について述べた以下の文のうち，正しいものはどれか。

①　王莽は，殷代を理想として復古主義的な政策を強行し，赤眉の乱を招いた。

②　煬帝は，江南と華北を結ぶ大運河建設に力を入れる一方で，積極的な外征を行ったが，高句麗遠征に失敗した。

③　徽宗は，靖康の変の際に皇帝に在位したまま金に連行され，その地で没した。

④　万暦帝は，張居正を用いて財政再建に努めたが，長じると政務を顧みず黄巣の乱を招いた。

設問5　下線部**d**に関連し，「大モンゴル国（モンゴル帝国）」について述べた以下の文のうち，明白な誤りを含むものはどれか。

①　オゴタイは，金を滅ぼし，またカラコルムに都城を築かせた。

②　バトゥは，ヨーロッパ遠征軍を率いて，キエフ公国を服属させた。

③　フラグは，西アジアへ遠征し，バグダードを攻略してウマイヤ朝を滅ぼした。

④　ハイドゥは，大ハーン（皇帝）に即位したフビライに従わずに，中央アジアで半ば自立した。

設問6　空欄（　い　）に入る適切な人物名はどれか。

①　閔妃　　②　楊貴妃

③　西太后　　④　則天武后

設問7　下線部**e**に関連し，「インドの仏教文化」について述べた以下の文のうち，明白な誤りを含むものはどれか。

①　ガウタマ＝シッダールタ（ブッダ）の遺骨を納めたとされるストゥーパが，各地に造営された。

②　アショーカ王は，仏教の教えを広めて統治に生かすために各地で仏像を製作させた。

③　アジャンター石窟寺院群の仏教絵画の影響は，焼損した法隆寺金堂壁画にも認められる。

④　ナーランダー僧院は，仏教の教学の中心となり，唐の僧である玄奘

や義浄も学んだ。

設問8　下線部fに関連し，「満州国」について述べた以下の文のうち，明白な誤りを含むものはどれか。

①　関東軍は，柳条湖で鉄道を爆破し，それを中国側の仕業として軍事行動を拡大し，中国東北部のほぼ全域を占領した。

②　辛亥革命によって退位していた溥儀は，満州国の執政として迎えられ，さらに満州国皇帝となった。

③　リットン調査団の報告を受けた国際連盟は，日本の軍事行動を自衛権の発動であるとは認めず，満州国の不承認を決議したため，日本は国際連盟を脱退した。

④　ノモンハン事件では，満州国とソ連との国境地帯をめぐって日本軍とソ連軍が衝突したが，のちに日ソ中立条約によって，満州国の領土保全が定められた。

設問9　下線部gに関連し，「中華人民共和国の指導者たち」について述べた以下の文のうち，明白な誤りを含むものはどれか。

①　毛沢東は，長征の過程で中国共産党での指導的立場を強化し，中華人民共和国の初代国家主席となったが，「大躍進」運動を進めて失敗した。

②　華国鋒は，「四つの現代化」を標榜するとともに，『毛沢東語録』を編纂して毛沢東思想・毛沢東崇拝の拡大を図った。

③　周恩来は，インド首相のネルーとの会談で「平和五原則」を確認し，これはアジア＝アフリカ会議における「平和十原則」に影響を与えた。

④　鄧小平は，改革・開放政策をすすめ，また香港返還をイギリスのサッチャー首相と合意した。

II

次の文章を読み，以下の問いに答えなさい。解答はマーク解答用紙の所定欄にマークしなさい。

キリスト教は属州ユダヤとしてローマに支配されていたパレスチナ①の地に生まれた。イエスはローマの支配に苦しむ民衆に神の救済を説いた。彼の処刑後，イエスとその活動にたいする信仰が生まれ，教団が形成された。その教えはパレスチナを越えてローマ帝国各地に広まった②。しかし，ローマ在来の宗教との軋轢からローマの一般民衆はキリスト教に反感を抱き，それは例えばタキトゥスの（ ③ ）にも示されている。

けれども，この段階ではローマ皇帝が積極的にキリスト教を弾圧することはなかった。例えば，④五賢帝の一人トラヤヌス帝が『博物誌』を著した（ ⑤ ）の甥に宛てた書簡では，国家の役人がキリスト教徒を捜し出すことはない，と述べられている。問題は，死後に神となるローマ皇帝が存命中から神に擬せられて崇拝されるローマ皇帝崇拝と一神教であるキリスト教の教義との相克だった。とりわけ，2世紀後半にローマ帝国の衰退の兆候が現れると，皇帝を含めた神々に帝国の安寧を願う一般民衆とそれにしたがわないキリスト教徒の対立が顕著になった。しかし，⑥ササン朝等の外部からの侵攻が激しくなった230年代には，帝国の存立を祈ってローマ古来の神々と共にキリストの像も皇帝の宮殿の祭壇に建てられていたと伝わる。

235年から始まる軍人皇帝時代にローマ帝国の国力は地に落ち，その回復に向けて帝国はローマ古来の神々への供犠を命じたが，キリスト教徒はこれを拒否した。こうして，帝国の積極的なキリスト教弾圧が始まる。最も苛烈で長期の弾圧は⑦ディオクレティアヌス帝の統治下で生じた。けれども，それは帝国による最後のキリスト教弾圧となった。

313年，⑧コンスタンティヌス帝はミラノ勅令を発しキリスト教を公認した。やがて，ローマ皇帝とりわけコンスタンティヌス帝はキリスト教神学でキリストに準じる位置を与えられた。こうして，キリスト教の教義とローマ皇帝崇拝の矛盾が除かれた。キリスト教は4世紀前半には実質的なローマ国教となった。そして，⑨キリスト教の正統教義の決定に帝国も大きく関わり，ついにテオドシウス帝の下でキリスト教は正式にローマ国教となった。

設問1 下線部①のパレスチナについて，明白な誤りを含む文章を以下のア～エから一つ選びなさい。

ア 古くはカナーンと呼ばれ，パレスチナという名称はペリシテ人に由来する。

イ ヘブライ人はこの地に前1000年頃にイスラエル王国を建設したが，前920年頃にイスラエル王国とユダ王国に分裂した。

ウ イスラエル王国とユダ王国を滅ぼした新バビロニアによってユダヤ

人はパレスチナからの移住を強制され，パレスチナは新バビロニアの支配に服した。

エ　アケメネス（アカイメネス）朝がパレスチナの支配を実現すると，アケメネス（アカイメネス）朝はパレスチナへのユダヤ人の帰還を許した。

設問2　下線部②に関連して，初期キリスト教の伝道活動について明白な誤りを含む文章を以下のア～エから一つ選びなさい。

ア　イエスが福音を伝えるために選んだ弟子を使徒といい，その一人であるユダがイエスを裏切り敵対者に引き渡した。

イ　使徒の伝道活動を記す『使徒行伝』がイエスの存命中に編纂された。

ウ　ペテロは十二使徒の筆頭としてイエスの処刑後にもキリスト教の教義の普及に大きな役割を果たした。

エ　パウロはローマ市民権を持つパリサイ派のユダヤ教徒だったが，回心してキリスト教徒になり，使徒の一人に加えられた。

設問3　（　③　）に入る適切な作品名を以下のア～エから一つ選びなさい。

ア　『国家論』　　イ　『年代記』

ウ　『対比列伝』　　エ　『地理誌』

設問4　下線部④の五賢帝について，正しい内容の文章を以下のア～エから一つ選びなさい。

ア　ネルウァ帝から，ハドリアヌス帝，トラヤヌス帝，アントニヌス＝ピウス帝，マルクス＝アウレリウス＝アントニヌス帝へと続く5人の皇帝が統治した時代を五賢帝時代という。

イ　ハドリアヌス帝はローマ帝国の最大領土を実現し，ブリタニアに長城を築いた。

ウ　トラヤヌス帝は初の属州出身の皇帝で，ダキアを属州とし，メソポタミアの征服に一時は成功した。

エ　マルクス＝アウレリウス＝アントニヌス帝はエピクロス派の哲学者で『自省録』を著し，『後漢書』では大秦王安敦とされている。

設問5　（　⑤　）に入る適切な人名を以下のア～エから一つ選びなさい。

ア　オウィディウス　　イ　セネカ

ウ　ホラティウス　　エ　プリニウス

設問6　下線部⑥のササン朝について，明白な誤りを含む文章を以下のア～エから一つ選びなさい。

ア　アルダシール1世がアルサケス朝パルティアを破り，クテシフォンを都として建国した。

イ　ササン朝第2代の王シャープール1世はローマ皇帝ウァレリアヌスを戦闘で破り捕虜とした。

ウ　ホスロー1世はササン朝の最盛期を実現し，東ローマ皇帝ユスティニアヌス1世と戦った。

エ　ササン朝美術は日本にも伝わり，法隆寺蔵の漆胡瓶がその代表である。

設問7　下線部⑦のディオクレティアヌス帝について，正しい内容の文章を以下のア～エから一つ選びなさい。

ア　軍人皇帝時代の混乱を収拾するために共和政的な権威の復興に努めた。

イ　広大な帝国の統治のために四帝分治制（テトラルキア）を導入し，二人の正帝と二人の副帝で帝国を分担して統治した。

ウ　官僚制を実現するための税収入増加をめざして，帝国に居住するすべての自由人にローマ市民権を付与した。

エ　産業の育成に努め，内陸アジアから養蚕技術を導入した。

設問8　下線部⑧のコンスタンティヌス帝について，明白な誤りを含む文章を以下のア～エから一つ選びなさい。

ア　ディオクレティアヌス帝退位後に生じた混乱を収拾して帝国を再統一し，324年に単独皇帝となった。

イ　税収入の確保を目的としてコロヌスの移動を禁じる法令を発した。

ウ　ローマ古来の神々をまつる神殿が多数あるローマを離れ，ビザンティウムをコンスタンティノープルと改名し，帝国の新しい首都とした。

エ　ソリドゥス金貨（ノミスマ）を鋳造して交易の安定化を図ったが，この貨幣はコンスタンティヌス帝の死後には用いられなくなった。

設問9　下線部⑨に関連して，異端とされた教義について正しい内容の文章を以下のア～エから一つ選びなさい。

ア　アリウス派はニケーア公会議で異端とされ，アリウス派を復興しようとしたユリアヌス帝は「背教者」と呼ばれた。

イ　アリウス派は，東ゴート，西ゴート，ヴァンダルなどのゲルマン諸部族に伝播し，中世南フランスではアルビジョワ派と呼ばれた。

ウ　エフェソス公会議やカルケドン公会議で異端とされたネストリウス派は，中国に伝わり祆教と呼ばれた。

エ　カルケドン公会議で異端とされた単性論は，今日でもコプト教会，シリア正教会等で信奉されている。

III

次の文章を読み，以下の問いに答えなさい。解答はマーク解答用紙の所定欄にマークしなさい。

4世紀後半の西ヨーロッパでは，一般的にゲルマン人の大移動と呼ばれる現象が始まっていたが，北ヨーロッパのスカンディナヴィア半島やユトランド半島にも，ゲルマン人の一派が住んでいた。彼らは北方に住んでいたのでノルマン（北方）人と呼ばれ，①8世紀後半から商業や海賊・略奪行為を目的として活発にヨーロッパ各地に進出し始めた。ヴァイキングと総称され恐れられた彼らは，独特な軽船のヴァイキング船を操り，ヨーロッパの河川や沿岸部を侵略した。ノルマン人は9世紀後半にセーヌ川中流域を侵略し，これを防衛したパリ伯ウードの家系が，10世紀末に［A］朝を創始した。一方，②10世紀初めにノルマン人の首長が率いた一派は，北フランスに上陸しノルマンディー公国を建て，ここから分かれた一派は，12世紀前半に南イタリアとシチリア島を侵略した。また大ブリテン中・南部でもノルマン人の侵入に悩まされた。さらに，別のノルマン人の一派はドニエプル川流域のスラヴ人地域に進出して，ノヴゴロド国やキエフ公国を建設した。彼らは，③ビザンツ帝国と接触を重ね，西ヨーロッパとは異質な社会を形成し，10世紀末ごろには，多数派であるスラヴ人に同化していった。

11世紀ごろには，スカンディナヴィア・ユトランド半島にいたノルマン諸部族は統合され，ノルウェー・スウェーデン・デンマークの3王国が成立し，キリスト教の布教などをとおして，しだいに西ヨーロッパ世界に組み入れられていった。④14世紀末，デンマーク女王のもとで北欧3国がカルマル同盟を結び，同君連合の王国が成立して北欧が一大勢力となった。その後，この3王国は対立と抗争を繰り返したが，1523年にスウェーデンがグスタヴ1世の下で独立し，絶対王政の軍事国家として発展した。17

世紀前期にスウェーデン国王となったグスタフ＝アドルフは，ヨーロッパの覇権とバルト海の制海権を狙って，⑤三十年戦争に大きく介入し，「バルト帝国」と呼ばれる支配権を確立させた。17 世紀末に，このスウェーデンで，年少の［ B ］が王位につくと，ロシアのピョートル 1 世は，⑥ポーランド・デンマークと同盟して，スウェーデンと北方戦争を起こした。この戦争は当初スウェーデンが優勢であったものの，ロシアは態勢を立て直して，最終的に大勝利を遂げた。ロシアはバルト海の覇権を獲得し，北欧・東欧における大国の地位を固め，バルト海沿岸に建設されたサンクト＝ペテルブルクを新たな首都として，ヨーロッパの強国に発展していった。

設問 1　下線部①に関連して，次の 1 〜 4 の説明の中から，8 世紀後半の出来事として誤りを含むものを一つ選びなさい。

1　ピピンがフランク王国のメロヴィング朝を廃して，カロリング朝を建てた。

2　イスラームのアッバース朝では，ハールーン＝アッラシードが即位した。

3　トレドを都とする西ゴート王国が滅亡した。

4　イベリア半島に，イスラームの後ウマイヤ朝が成立した。

設問 2　下線部②に関連して，このノルマンディー公国を建国した人物は誰か。次の 1 〜 4 から一人を選びなさい。

1　リューリク　　2　エグバート

3　アラリック　　4　ロロ

設問 3　下線部③に関連して，ビザンツ帝国について述べた次の 1 〜 4 の説明の中から正しいものを一つ選びなさい。

1　ビザンツ帝国では，7 世紀以降，公用語としてラテン語が用いられ，西欧のラテン的・ローマ＝カトリック的文化との融合が図られた。

2　ビザンツ帝国では，7 世紀以降，帝国をいくつかの軍管区に分割し，その司令官に軍事・行政権を与える軍管区制（テマ制）がしかれた。

3　10 世紀末，ウラディミル 1 世は，周辺諸民族と戦って，ビザンツ帝国の領土を拡大した。

4　オスマン帝国のセリム 1 世は 1453 年にコンスタンティノープルを陥落させ，これによってビザンツ帝国は滅亡した。

設問4　下線部④に関連して，デンマークやカルマル同盟について述べた次の1～4の説明の中から明白な誤りを含むものを一つ選びなさい。

1　ユトランド半島一帯のノルマン人はデーン人と呼ばれ，デンマーク王国を形成した。

2　11世紀に，デンマーク王のクヌート（カヌート）がイングランドを征服し，新たな王朝を建てた。

3　カルマル同盟は，デンマーク女王マルグレーテが主導して，デンマークのカルマルで結成された。

4　カルマル同盟は，リューベックを盟主とするハンザ同盟と，北ヨーロッパの商業上の利益をめぐって争った。

設問5　下線部⑤に関連して，三十年戦争について述べた次の1～4の説明の中から正しいものを一つ選びなさい。

1　ハプスブルク家がカトリック信仰を強制したのに対して，ベーメン（ボヘミア）の新教徒が反乱をおこしたことで，三十年戦争が始まった。

2　傭兵隊長ヴァレンシュタインは，新教徒側に立って，デンマークやスウェーデンの旧教徒軍と戦った。

3　和平会議がオランダのウェストファリアで開催され，これによりヨーロッパの近代的な主権国家体制が成立したとされている。

4　カトリックのフランスは，リシュリューの指導のもとで，旧教徒側に立って戦い，アルザスとロレーヌを獲得した。

設問6　下線部⑥に関連して，ポーランドについて述べた次の1～4の説明の中から誤りを含むものを一つ選びなさい。

1　ポーランド国王カジミェシュ（カシミール）は大王と称され，ドイツ騎士団の入植やユダヤ人の移住を奨励し，経済を発展させた。

2　14世紀後半に，リトアニア大公国とポーランド王国による同君連合王国として，リトアニア＝ポーランド王国が成立した。

3　16世紀後半に，ポーランドではヤゲウォ（ヤゲロー）朝が成立し，選挙王政が導入された。

4　ポーランドの軍人コシューシコ（コシチューシコ）は，アメリカの独立戦争に参加した。

設問7　［　A　］に入る適切な語を次の1～4の中から一つ選びなさい。

1　シュタウフェン　　2　カペー
3　ヴァロワ　　4　テューダー

設問8　[B] に入る適切な語を次の1～4の中から一つ選びなさい。

1　カール4世　　2　ヨーゼフ2世
3　フリードリヒ1世　　4　カール12世

Ⅳ

次の文章を読み，以下の問いに答えなさい。解答はマーク解答用紙の所定欄にマークしなさい。

産業革命[a]による工業化は，人々の生活条件に大きな変化をもたらした。イギリスでは，都市への人口集中の結果，マンチェスターやリヴァプールといった商工業都市が発達した。大規模な工場で働く労働者は，安い賃金で雇われ，不衛生な環境のもとで長時間の労働を強いられることが多かった。また，大気や水の汚染が深刻化し，コレラや結核などの病気が流行した。都市化が進行した19世紀のヨーロッパ諸国では，このように深刻な労働問題，社会問題が発生し，その解決をめざす社会主義思想が誕生した。

社会主義の動きは，資本主義の弊害を批判して，理想社会を構想する試みとなってあらわれた。その例として，イギリスの工場経営者オーウェンやアメリカ独立戦争に義勇兵として参加したフランスの [b] の思想が挙げられる。また，ドイツ生まれのマルクスは友人エンゲルスと協力して『共産党宣言』を発表し，万国の労働者の団結による社会主義の実現を説いて，以後の社会主義運動[c]に大きな影響を与えた。

アジアに目を向けると，ロシア革命[d]後，中国にもマルクス主義が紹介された。1921年には中国共産党が結成され，第一次世界大戦[e]の時期に [A] で雑誌『新青年』を刊行した [B] がその指導者となった。また，外モンゴルでは1924年にソ連の影響のもと，社会主義を掲げるモンゴル人民共和国が成立した。

第二次世界大戦中，ソ連は，軍事力によってナチス＝ドイツの支配[f]から多くの東欧諸国を解放し，戦後，ハンガリー，ルーマニア，ブルガリア，ポーランドに共産党を中核とする連立政権をつくるなどして影響下に組み入れた。また，ソ連に頼らず自力でナチス＝ドイツの支配を打破したユーゴスラヴィアやアルバニア[g]は，大戦中に抵抗運動を行っていた共産党を中心に社会主義国家を樹立した。

設問1 下線部**a**に関連して，産業革命期の技術革新に関する出来事について述べた次の文章のうち，正しいものはどれか。次の中から一つ選びなさい。

イ 1730年代にニューコメンが蒸気機関を実用化した。

ロ 1760年代にカートライトが力織機を発明した。

ハ 1770年代にクロンプトンがミュール紡績機を発明した。

ニ 1820年代にフルトンが蒸気船を実用化した。

設問2 [**b**] に入る最も適切な語を次の中から一つ選びなさい。

イ フーリエ　　ロ ルイ＝ブラン

ハ プルードン　　ニ サン＝シモン

設問3 下線部**c**に関連して，『共産党宣言』の発表以後の社会主義運動に関する出来事について述べた次の文章のうち，明白な誤りを含むものはどれか。次の中から一つ選びなさい。

イ パリに各国の労働運動組織が集まり，第2インターナショナルが結成された。

ロ マルクス主義者のプレハーノフやバクーニンによってロシア社会民主労働党が結成された。

ハ ローザ＝ルクセンブルクとカール＝リープクネヒトを指導者とするスパルタクス団を中心に，ドイツ共産党が結成された。

ニ ドイツ社会主義労働者党は，社会主義者鎮圧法の廃止後，ドイツ社会民主党と改称して勢力をのばした。

設問4 下線部**d**に関連して，ロシア革命に関する出来事について述べた次の文章のうち，明白な誤りを含むものはどれか。次の中から一つ選びなさい。

イ 首都ペトログラードでパンと平和を求める民衆の大規模なデモやストライキがおこると，兵士もこれに加わり，各地で労働者・兵士がソヴィエトを結成した。

ロ 皇帝ニコライ2世が退位してロマノフ朝が倒れ，帝政は崩壊した。

ハ 亡命先のスイスから帰国したレーニンが四月テーゼを発表した。

ニ メンシェヴィキが武装蜂起して，社会革命党のケレンスキーを首相とする臨時政府を打倒した。

設問5 下線部**e**に関連して，第一次世界大戦中の中立国にあてはまらないものはどれか。次の中から一つ選びなさい。

イ スペイン　　ロ ポルトガル

ハ デンマーク　　ニ ノルウェー

設問6 [A], [B] に入る語の組み合わせとして正しいものを次の中から一つ選びなさい。

イ A 上海　B 陳独秀

ロ A 上海　B 胡適

ハ A 北京　B 陳独秀

ニ A 北京　B 胡適

設問7 下線部 **f** に関連して，ナチス＝ドイツの支配に関する出来事を年代順に正しく並べたものを一つ選びなさい。

イ ロカルノ条約破棄 ⇒ ザール編入 ⇒ オーストリア併合

ロ ロカルノ条約破棄 ⇒ オーストリア併合 ⇒ ザール編入

ハ ザール編入 ⇒ オーストリア併合 ⇒ ロカルノ条約破棄

ニ ザール編入 ⇒ ロカルノ条約破棄 ⇒ オーストリア併合

設問8 下線部 **g** に関連して，1939年にアルバニアを併合した国を次の中から一つ選びなさい。

イ イタリア　　ロ ギリシア

ハ トルコ　　ニ ユーゴスラヴィア

V

メキシコの独立達成後から20世紀末までの間，メキシコとアメリカ合衆国との関係はどのように変遷してきたか，以下の語句をすべて用いて，250字以上300字以内で説明しなさい。なお，句読点，数字は1字に数え，指定の語句には必ず下線を付しなさい。

テキサス併合　メキシコ革命　キューバ革命
北米自由貿易協定

政治・経済

（60 分）

I　次の文を読んで，あとの問いに答えよ。

憲法第 21 条第 1 項は「言論，出版その他一切の表現の自由は，これを保障する」と規定する。(1)政府が法律等を通じて表現活動を規制することもあるが，(2)憲法が表現の自由を保障している以上，政府にはそうした規制の正当化が求められる。言い換えれば，どのような公共の利益を実現するためにそうした規制が必要なのかを説明しなければならない。

正当化が十分になされているか否かについては，裁判所による［　A　］が行われる。そこでは，表現の自由をはじめとする精神的自由が規制されている場合，他の自由，たとえば(3)経済的自由が規制されている場合に比べて，裁判所は正当化の成否をより立ち入って，厳格に判断すべきだという考え方が受け入れられている。［　B　］といわれる考え方である。とくに表現の自由に関して，表現の自由には［　C　］地位が認められるといわれる。こうした考え方をなぜ受け入れるべきかに関する説明の一つは，次のようなものである。

日本を含めて近代立憲主義に立脚する諸国家では，国民によって選挙される議会が法律を制定し，国の組織や権力行使のあり方を定める。そうした法律の中には，多くの人々が賛同する正当なものもあれば，国民の権利や利益を不当に制約するものもある。議会の制定する法律は，マスメディアを含めた世論の吟味を受け，その評価は，数年ごとに行われる国政選挙を通じて，議会の構成に反映される。この民主的な政治過程が良好に機能している限り，不当な法律は次第に除去されていく。［　A　］権を行使する(4)裁判所も，原則としては，民主的な政治過程の結論を見守っていれば足りる。

しかし，表現の自由が不当に制約されると，この民主的な政治過程の働き自体が損なわれる。(5)政治過程の働きを損なう法律は，政治過程に任せたままでは除去されることは期待できない。したがってそのときは，この政治過程から独立した立場にある裁判所が積極的に正当化の成否を判断し，民主政治の機能不全を起こしかねない法律を無効とし取り除く必要がある。(6)国政選挙において地域ごとの選出議席の配分に偏りがあるために，一票の較差がもたらされている場合も，裁判所は積極的に介入してその是正を求める必要がある。

こうした裁判所の活動の結果，民主的な政治過程の正常な機能が回復し維持されることになる。この説明は，国民主権の憲法の下で裁判所による［　A　］が果たすべき役割を明確にすることにも役立つ。

問1　空欄［　A　］～［　C　］にそれぞれ入る適切な語句を記述解答用紙の所定欄に記入せよ。

問2　下線部(1)の実際の例として最も不適切と思われるものを下記の1～5の中から1つ選び，マーク解答用紙の所定欄にマークせよ。

1　日本を非難する外国の大使館の建物に生卵を投げつける行為を罰する。

2　特定の政党を宣伝するポスターを他人の家の壁に勝手に貼る行為を罰する。

3　公道でデモ行進する際に道路一杯に広がって交通を麻痺させる行為を罰する。

4　内閣総理大臣を誹謗中傷する行為を一般市民を誹謗中傷する行為より重く罰する。

5　中学生の裸体の写真を撮ってインターネット上に公開する行為を罰する。

問3　下線部(2)に関連して，表現の自由を保障するために憲法が明文で定めていることとして最も適切なものを下記の1～5の中から1つ選び，マーク解答用紙の所定欄にマークせよ。

1　国及びその機関による宗教的活動の禁止

2　選挙における投票の秘密

3　国民の知る権利の保障

4　性別による差別の禁止

5　検閲の禁止

問 4　下線部(3)の実際の例として最も不適切と思われるものを下記の 1 ～ 5 の中から 1 つ選び，マーク解答用紙の所定欄にマークせよ。

1　街の景観を保つために，マンションなどの建物の高さを一定以下に制限する。

2　他人の訴訟を代理するには，司法試験に合格して弁護士資格を備えることを求める。

3　ダム湖に水没する予定の土地を，損失を補償するかわりに強制的に収用する。

4　私立病院の新設にあたって，その選挙区選出の国会議員に政治献金するよう求める。

5　競争関係にある企業間で価格協定を締結することを禁止する。

問 5　下線部(4)に関連して，民主的な政治過程が良好に機能している限り，裁判所に政治過程の結論の積極的な是正を求めるべきでない理由として，最も適切なものを下記の 1 ～ 5 の中から 1 つ選び，マーク解答用紙の所定欄にマークせよ。

1　裁判官は内閣によって任命されるので，政治過程の結論を否定的に評価すると内閣から政治的圧力を受けるおそれがあるため

2　裁判官は世間の常識にうといので，国民の選良である見識ある議員の審議の結果に口をさしはさむべきではないため

3　裁判官自身も選挙での投票等を通じて民主的な政治過程に参加しており，その結論が不当であったとしても，責任は自分たちにもあるため

4　報酬を含めて身分や待遇を厚く保障されている裁判官が法律の当否について判断を示すと，世間のそしりや妬みを受けやすいため

5　民主的な政治体制の下では，国民によって選任されていない裁判官は，民主的な政治過程の結論に敬意を払うべきであるため

問 6　下線部(5)に関連して，憲法上の権利にかかわる法律であって，民主的な政治過程の働きを通じては除去されにくいものの例として，適切と思われるものの組み合わせを下記の 1 ～ 5 の中から 1 つ選び，マーク解答用紙の回答欄にマークせよ。

ア　国内の空港を利用して旅行する人すべてから高額の空港利用税を徴収する制度

イ　平穏に社会生活をおくっている定住外国人を国外に退去させる制度

ウ　先住民族の独自の文化を維持・振興するために財政的に支援する制度

エ　政権与党の政策を批判的に報道するメディアに放送局の免許を与えない制度

オ　すべての国民に番号を付けて各人の所得を綿密・正確に把握する制度

1　アとウ　　2　イとエ　　3　ウとオ

4　エとア　　5　オとイ

問7　下線部(6)に関連して，国政選挙において地域ごとの選出議席の配分に偏りがある場合，なぜ裁判所の積極的な介入が求められるのか。その理由を 150 字以内で記述解答用紙の所定欄に記述せよ。

Ⅱ　次の文を読んで，あとの問いに答えよ。

国会議員には，日本国憲法上，３つの特権ないし特典が保障されている。すなわち，［　A　］受領権（第 49 条），不逮捕特権（第 50 条），免責特権(1)（第 51 条）の保障である。

一般に憲法とは，国家権力を制限するための基本的ルールを定めたものと説明される。その憲法が，国家権力の一部を成す国会の権限(2)を定めることにとどまらず，国会議員に対して上記の特権ないし特典を保障しているのはなぜだろうか。不逮捕特権に関していえば，日本国憲法第 50 条において，国会議員は国会の会期(3)中，原則として逮捕されないと定められている。一般国民の場合，刑法等に定められた罪を犯せば逮捕されることは，当然ありうる。したがって，不逮捕特権は，国民が当然に負うその負担を国会議員に対しては免除できるという，いわば特別扱いを認めるものである。

そのような特別扱いが憲法の一内容として正当化されてきたのは，近代ヨーロッパにおいて立憲主義が確立され，議会制度が定着するに至る段階以前の議会と国王権力との関係を背景としている。立憲主義が確立される以前のヨーロッパにおいて，国民を支配する権力をもつ国王からすれば，(4)議会は，国民の意思を代表するという名目の下に国王の権力を制限しようとする，あるいは国王が元々もっていた権力を自分のものにしようとする，極めて厄介な存在であった。したがって，議会の議員は，国王権力によって政治的理由に基づき不当逮捕される危険に晒されていた。ヨーロッパ諸国における立憲主義の確立後，かかる危険から議員の身体を保護し，議員の政治活動に対する障害を除去することをもって，議会の円滑な活動を可能にする必要性から，議員の不逮捕特権が憲法の中に明記されるに至ったのである。

このように，議員の不逮捕特権は，(5)議会が国民代表機関であるということを前提に，逮捕権限が濫用される危険性に対処し，議員個人ないし議会全体の円滑な職務遂行や権限行使を確保することを本来の目的として保障されるものである。したがって，その本来の目的から逸脱した不逮捕特権の保障は正当化されないと考えるべきである。実際，(6)日本の国会法の中では，不逮捕特権の保障に対する例外が定められている。

以上のような歴史的背景をもった不逮捕特権の保障を現代国家においても維持すべきか，疑問も提起されている。日本国憲法第33条では，逮捕についての［B］主義が定められている。これは逮捕という刑事手続が裁判所の関与を通じて慎重に進められることを意味しており，そうである以上，議員に対して政治的理由に基づく不当逮捕が行われるおそれは少ないのではないかと考えることもできる。もちろん，日本国憲法第33条によって，議員に対する不当逮捕の可能性がゼロになることが保証されるわけではない。しかし，近代以降，世界の少なからぬ地域において立憲主義が確立・定着し，それに伴い(7)行政権の組織・運営が民主化されてきた過程に鑑みると，現代における議員の不逮捕特権の重要度は低減してきているということができるのではないか。

問1　空欄［A］，［B］にそれぞれ入る適切な語句を記述解答用紙の所定欄に記入せよ。

問2　下線部(1)に関する説明として最も適切なものを1つ選び，マーク解答用紙の所定欄にマークせよ。

1　この特権は，演説・討論・表決に関して国会議員の責任が議院の外で問われないことを保障するものであり，各議院が国会議員を懲罰の対象とすることを妨げるものではない。

2　この特権における免責の内容は，演説・討論・表決を理由として国会議員の刑事上の責任を問うことは許されないということであり，損害賠償責任等の民事上の責任を国会議員に対して問うことの禁止を含むものではない。

3　この特権により免責の対象となるのは，議院内で国会議員が行った演説・討論・表決であり，地方公聴会における発言など，議院の外で国会議員の活動として行われた演説などは免責の対象とはならない。

4　この特権により国会議員が免責されるのは，演説・討論・表決の内容が国会議員の権利や利益に関わる場合であり，国民の権利や利益に関わる演説・討論・表決については，この特権の保障は及ばない。

問3　下線部(2)に関する説明として最も不適切なものを1つ選び，マーク解答用紙の所定欄にマークせよ。

1　国会の各議院に提出された法律案が法律となるためには，原則として両議院での可決が必要である。

2　国会の各議院は，国政調査権を有しているため，裁判所が下した判決の当否を判断するための調査を行うことができる。

3　国会は，裁判官の罷免の可否を決定する弾劾裁判所を設置することができるが，裁判官を弾劾裁判所に訴追するか否かを決定することも，国会の権限に属する。

4　国会は，各議院の総議員の3分の2以上の賛成で，憲法改正を発議することができる。

問4　下線部(3)に関して，次の問いに答えよ。

(i)　日本国憲法において毎年1回の召集が定められている国会を何というか。記述解答用紙の所定欄に記入せよ。

(ii)　内閣が必要と認めたとき，または，いずれかの議院の総議員の4分の1以上の要求があったときに召集される国会を何というか。記述解答用紙の所定欄に記入せよ。

問5　下線部(4)に示される，ヨーロッパにおける議会制度の確立過程からの影響を受け，日本国憲法において国会の立法手続により規律されることになっている事項の組み合わせを1～6の中から1つ選び，マーク解答用紙の所定欄にマークせよ。

ア　皇室典範の内容

イ　国の交戦権が行使されるための要件

ウ　国会議員の任期

エ　租税の賦課

1　アとイ　2　アとウ　3　アとエ

4　イとウ　5　イとエ　6　ウとエ

問6　下線部(5)に関して，日本国憲法上，国会が国民代表機関であるということについての説明として最も適切なものを１つ選び，マーク解答用紙の所定欄にマークせよ。

1　国会は，他の国家機関に指揮・命令することができるという意味で，国権を統括する地位にある。

2　国会は，他の国家機関の関与を必要とすることなく，単独で法律を制定することができる。

3　国会議員は，自分を選出した選挙区の有権者の利害をできるだけ国政に反映させるべきである。

4　国会議員は，国民全体の福利に適合した統一的な国家意思の形成をめざすべきである。

問7　下線部(6)に関して，不逮捕特権の例外の趣旨に即した事例として最も不適切なものを１つ選び，マーク解答用紙の所定欄にマークせよ。

1　国会外において飲酒により酩酊した議員が，衆人環視の中で他人に暴行を加えたため，現行犯逮捕された。

2　国会内において議員が，委員会の審議中に，自分が反対する法律案の採決に入ろうとする委員長に詰め寄り，委員長ともみ合いになったため，内閣総理大臣から出動要請を受けた警察官に逮捕された。

3　収賄の容疑をかけられた議員について，所属議院が，国会の会期中に，その容疑に十分な理由があると判断し，当該議員の逮捕を認めた。

4　収賄の容疑をかけられた議員について，所属議院が，国会の会期中に，ある委員会の審議に当該議員が出席する必要があることを理由に，当該議員の逮捕を認めなかった。

問8　下線部(7)に関して，日本国憲法において行政権の組織・運営が民主化されていることについての説明として最も不適切なものを１つ選び，マーク解答用紙の所定欄にマークせよ。

1　天皇は，憲法が定める国事行為のみを行い，国政に関する権能をもたない。

2 内閣は，行政権の行使について，国会に対し連帯責任を負う。

3 内閣総理大臣は，国会議員の中から国会の議決で指名される。

4 内閣が国会に法律案を提出するに際しては，内閣法制局による審査を経なければならない。

Ⅲ 次の文を読んで，あとの問いに答えよ。

現代の経済は「混合経済」とよばれ，民間部門と公的部門が併存し，市場経済を基本にしながらも，必要に応じて政府が市場に介入することで経済の円滑化がはかられている。

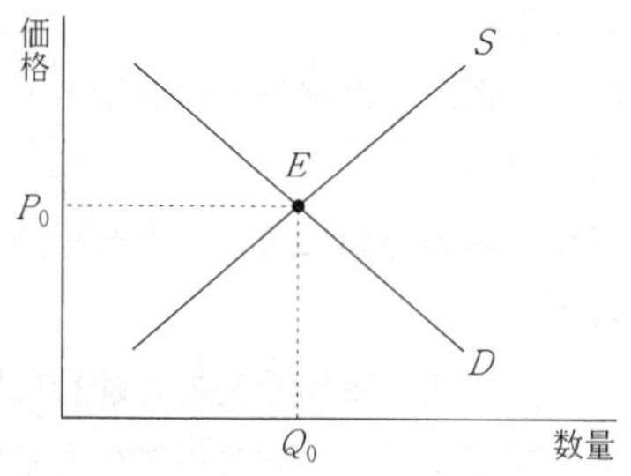

経済学では，(1)完全競争市場において A の効率性が実現すると考える。たとえば，上図では，需要曲線 D と供給曲線 S の交点 E において市場は均衡し，Q_0 の生産水準のもとで A は効率化する。生産水準が Q_0 より多くても少なくても A は非効率になる。同じ図において，(2)何らかの要因によって需要曲線や供給曲線がシフトすれば市場均衡も変化する。当然のことながら，(3)規制や課税などの政府による介入も市場に影響を与える。

ところで，市場はつねに万能というわけではない。実際に，ほとんどの市場は(4)不完全競争市場である。ある経済主体の活動が第三者に影響をおよぼし，外部経済や外部不経済が生じることもある。また，(5)公共財の供給を市場に委ねた場合，その供給量は最適な水準以下になってしまう。これらは「市場の失敗」とよばれ，A が非効率な状態を改善するために，政府には課税や補助金などを用いて市場への積極的な介入が要請されることがある。

加えて，市場において所得分配の［B］が実現するとはかぎらない。基本的には人びとがどれだけ生産に貢献したかによって所得が分配される。しかし，ときには社会が容認できないような所得格差や貧富の差(6)が生じる。同時に社会的弱者の存在も忘れてはならない。政府は税や補助金などを用いて所得再分配を行っている。

問１　空欄［A］，［B］にそれぞれ入る適切な語句を記述解答用紙の所定欄に記入せよ。

問２　下線部(1)に関して，完全競争市場の説明として最も不適切なものを以下のうちから１つ選び，マーク解答用紙の所定欄にマークせよ。

1　小規模の消費者が多数存在する。

2　小規模の生産者が多数存在する。

3　同質財が取引される。

4　一物一価が成立する。

5　個々の経済主体はプライス・メイカーになる。

問３　下線部(2)に関して，需要曲線と供給曲線のシフトの説明として最も適切なものを以下のうちから１つ選び，マーク解答用紙の所定欄にマークせよ。

1　人びとが，財の価格が上昇することを予想すると，当該財への需要は減少し，需要曲線は左方にシフトする。

2　互いに競合関係にある他財の価格が下落すると，当該財の需要は増加し，需要曲線は右方にシフトする。

3　互いに補完関係にある他財の価格が上昇すると，当該財の需要は増加し，需要曲線は右方にシフトする。

4　賃金の上昇や円安に伴う原油価格の上昇など生産費用が高騰すれば，供給曲線は左方にシフトする。

5　新たな生産技術の開発，既存の生産技術の改良など技術進歩が生じれば，供給曲線は左方にシフトする。

問４　下線部(3)に関して，文中の図にもとづく記述として最も適切なものを以下のうちから１つ選び，マーク解答用紙の所定欄にマークせよ。

1　農産物の価格支持政策のように，政府が P_0 より高い価格水準で下限規制を行う場合，市場には慢性的な超過需要が発生し，取引量は

Q_0より多くなる。

2　公共料金が騰貴することを防ぐために，政府がP_0より低い価格水準で上限規制を行う場合，市場には慢性的な超過供給が発生し，取引量はQ_0より少なくなる。

3　市場への参入を規制するために，政府がQ_0より少ない水準に生産量を抑制した場合，市場における取引価格はP_0より高くなる。

4　政府が生産者に対して財1単位あたり一定額の物品税を課す場合，供給曲線は物品税分だけ上方にシフトし，税抜き価格はP_0で不変であるが，市場価格はP_0より高くなる。

5　政府が財1単位あたり一定額の生産補助金を交付する場合，供給曲線は補助金分だけ上方にシフトし，市場価格はP_0より高くなる。

問5　下線部(4)に関して，不完全競争市場に関連する説明として最も適切なものを以下のうちから1つ選び，マーク解答用紙の所定欄にマークせよ。

1　ビールや自動車などは寡占市場にあたり，ごく少数の企業がプライス・テイカーとして行動する。

2　下請法は独占禁止法を補完するものと位置づけられ，下請事業者の保護などを目的とする。

3　固定費用が巨額になる電力・ガス・鉄道などの公益事業は費用逓増産業として知られ，生産拡大にともなって単価が逓増する特徴をもち，自然独占の状態に陥る。

4　公正取引委員会および証券取引等監視委員会は，独占禁止法を運用する目的で設置された行政委員会である。

5　規制緩和の流れを受けて，独占禁止法では，持株会社の設立を解禁するとともに，再販売価格維持が認められてきた書籍や新聞などの特例扱いを廃止した。

問6　下線部(5)に関して，その理由を100字以内で記述解答用紙の所定欄に記入せよ。

問7　下線部(6)に関して，次の問いに答えよ。

(i)　所得分布をもとに所得格差や貧富の差を示す指標として用いられるものはどれか。最も適切なものを以下のうちから1つ選び，マーク解答用紙の所定欄にマークせよ。

1　エンゲル係数　　2　ジニ係数
3　需要の所得弾力性　　4　ハーフィンダール指数
5　マーシャルの k

(ii)　政府は国民に最低限の生活水準を保障すべきであるという考え方がある。この考え方にあたる最も適切なものを以下のうちから1つ選び，マーク解答用紙の所定欄にマークせよ。

1　インカム・ゲイン　　2　ナショナル・インカム
3　ナショナル・ミニマム　　4　ノーマライゼーション
5　ミニマム・アクセス

Ⅳ　次の文を読んで，あとの問いに答えよ。

日本では，少子高齢化が進み，人口減少の局面に入っている。少子化の指標となる［　A　］が1.4を超えたあたりで推移している一方，高齢化の指標となる［　B　］歳以上の老年人口の割合は，既に25％を超えており，2065年には38.4％にもなると推計されている。同年には人口が9000万人を割り込むことが予想されている中で，どのような対応が求められるのだろうか。

少子高齢社会や人口減少社会の本格的な到来は，日本の社会保障制度(1)に大きな影響を及ぼすと考えられている。社会保障は，金銭やサービスなどを給付する仕組みであり，給付を行うためには財源が必要である。すなわち，社会保障は，基本的に誰かが財源を負担することによってこそ成り立つ仕組みといえる。そうしたなかで，これまでの日本の社会保障は，年金(2)・医療・介護に象徴されるように，どちらかといえば高齢者を対象とした給付に偏った構造であった。しかしながら，人口の少子化や高齢化は，租税(3)や社会保険料による負担の主な担い手となる現役世代と，高齢者世代との数的なバランスの変化をもたらす。そして，従来のように高齢者に偏った給付構造のままでは，相対的に高齢者世代の割合が大きくなることで，将来にわたって持続可能な社会保障制度(4)を維持できないのではないかという課題が提起されるに至ったのである。

人口減少社会を乗り切るための施策のひとつとして考えられるのが，社会を支える側，すなわち働き手の拡大である。この点に関しては，女性や高齢者の雇用拡大などが議論されている。

このうち，女性の働き方に着目すると，日本の女性の年齢別労働力率の特徴として指摘されてきたのが，[C]であった。近年，改善されてきたとはいえ，まだ30歳代を底に，労働力率がいったん下がる傾向がみられる。雇用面における(5)男女の平等取扱いを徹底する必要があることはいうまでもないとしても，それにとどまらず，社会的に「イクメン」が話題になったように，(6)ワーク・ライフ・バランスの視点を踏まえて，男性も女性も子育てに参加できるような社会をめざす必要がある。

日本の高齢者は，国際的にみても就労意欲が高いといわれている。意欲のある元気な高齢者が働きやすい雇用環境を整備することは，所得税や社会保険料の負担の面から，社会を支える側を増やすことになると同時に，高齢者自身の生きがいにもつながるだろう。

このほか，働き手を増やすための対応策として，(7)外国人労働者の受け入れなども重要な課題となりつつある。

問1　空欄[A]～[C]に入る適切な語句または数字を，それぞれ記述解答用紙の所定欄に記入せよ。

問2　下線部(1)に関して，日本の社会保障制度のあゆみについての以下の文のうち，最も不適切なものを1つ選び，マーク解答用紙の所定欄にマークせよ。

1　1958年国民健康保険法改正により，いわゆる国民皆保険が実現した。

2　1959年国民年金法制定により，いわゆる国民皆年金が実現した。

3　1985年国民年金法改正により，全国民共通の厚生年金の仕組みが導入された。

4　1997年介護保険法制定により，公的介護保険制度が実現した。

5　2008年後期高齢者医療制度実施により，75歳以上の者は同制度に組み入れられた。

問3　下線部(2)に関して，年金制度の財政を支える仕組みについての以下の文のうち，最も不適切なものを1つ選び，マーク解答用紙の所定欄にマークせよ。

1　積立方式の下では，自らが納めた積立金に運用利益を加えて老後に給付を受けるので，少子高齢化が進んでも現役世代の負担に影響の少ない仕組みといえる。

2　積立方式の下では，インフレが進行しても給付原資の価値が目減りしにくいので，インフレに対応しやすい仕組みといえる。

3　賦課方式の下では，現役世代が納めた保険料が，現在の高齢者への給付にあてられる。

4　賦課方式の下では，給与水準の変化に対応しやすく，給与価値の変化を反映しやすい仕組みといえる。

問4　下線部(3)に関して，租税の意義や役割についての以下の文のうち，最も不適切なものを1つ選び，マーク解答用紙の所定欄にマークせよ。

1　日本の所得税は，累進課税となっており，課税対象となる額が大きいほど高い税率となる。

2　日本は第二次世界大戦後に，シャウプ勧告に基づく税制改革により，所得税を中心とした税制をとった。

3　所得税，法人税は国税に含まれるのに対し，住民税，固定資産税は，地方税に含まれる。

4　直接税と間接税の比率を直間比率といい，日本では近年，間接税の割合のほうが高くなっている。

問5　下線部(4)に関して，財政面で社会保障の持続可能性を高めることに資する施策についての以下の文のうち，最も不適切なものを1つ選び，マーク解答用紙の所定欄にマークせよ。

1　患者の医療機関窓口での一部負担金を引き上げる。

2　公的年金の保険料率を，毎年段階的に引き下げる。

3　公的年金受給者の年金額を，平均寿命の伸びに合わせて毎年徐々に引き下げる。

4　薬の効き目（薬効）が同じであれば，安価な薬剤のみを医療保険の適用対象とする。

5　介護の必要度の低い高齢者への介護サービスを，介護保険の適用対象からはずす。

問6　下線部(5)に関して，男女の働き方についての以下の文のうち，最も不適切なものを1つ選び，マーク解答用紙の所定欄にマークせよ。

1　1985年に成立した男女雇用機会均等法により，事業主に対し，定年・退職・解雇について女性に対する差別的取扱いを禁止した。

2　1997 年の男女雇用機会均等法改正により，事業主に対し，募集・採用，配置・昇進について，それまで努力義務にすぎなかった男性との差別を禁止した。

3　1997 年の労働基準法改正により，女子保護規定につき，時間外労働の上限規制や，休日労働に関する規制を廃止する一方，深夜業は，保健衛生業などを除き，原則禁止とした。

4　2006 年の男女雇用機会均等法改正により，事業主に対し，妊娠や出産を理由とした不利益取扱いを禁止した。

5　2015 年に成立した女性活躍推進法は，従業員 300 人を超える企業に女性の活躍推進に向けた行動計画の策定及び公表を義務付けた。

問 7　下線部(6)に関して，子育てについての以下の文のうち，最も不適切なものを 1 つ選び，マーク解答用紙の所定欄にマークせよ。

1　育児・介護休業法では，原則として子どもが 1 歳になるまで，保育所に入れない場合は子どもが 2 歳になるまで，育児休業を取得できる。

2　労働基準法では，原則として出産予定日前 6 週間，出産後 8 週間の産前産後休業の取得を保障している。

3　育児・介護休業法では，パート・派遣社員の育児・介護休業の取得は認められておらず，正社員にのみ認められる。

4　雇用保険法では，育児休業期間中，休業前賃金の一定割合を給付する仕組みとして，育児休業給付金を設けている。

問 8　下線部(7)に関して，2018 年の出入国管理及び難民認定法改正により創設された新たな在留資格を，記述解答用紙の所定欄に記入せよ。

ハ　語るとき、ひとは、設定済みの記号体系である言語が事物を指し示すことで生じている意味（サンス）に立脚するしかないわけだが、時代とともに言葉と意味の関係も変化してくるため、そうした用語法の変化がもたらす新しい出来事に応じて言葉の使い方を見直し、言葉そのものを根本から変えていくことで、自分が知らなかった世界の見方ができるようになるということ。

ニ　語るとき、ひとは、すでに存在する概念的言語の枠組に従い、そうした概念的言語によってもたらされる、事物と一対一の関係にある動かし難い意味を確認することから出発するわけだが、そうした意味自体が、新しい事態との出会いのなかでつねに少しずつ解体と作りなおしを経てきているわけであり、新たな変化に向けて積極的に意味を開いていき、世界の見方そのものも新しいものにするということ。

ホ　語るとき、ひとは、既成の概念的言語をパズルのように組み合わせ、思考を組み立てていくしかないわけだが、事物そのものを指し示さず、そのイメージを示すにすぎない言葉をいくら集めても、事物自体の真の意味に到達しない以上、新しい出来事が生じれば言葉と意味の落差はさらに大きくなるため、設定済みの意味を解放し、言葉に新しい可能性をもたらすことで、世界の見方そのものも新しくするということ。

問二十五　傍線部5「そのような「現場」」とあるが、著者が論じる「概念的言語」と「声」の関係に留意しつつ、「そのような「現場」」とはどのようなものであるかを一二〇字以上一八〇字以内で説明せよ。（解答は記述解答用紙の問二十五の欄に楷書で記述すること。その際、句読点や括弧・記号などもそれぞれ一字分に数え、必ず一マス用いること。）

とを発見させてくれたりはしないということ。

ニ 一般には、一から自分で思考を組み立てずとも、既成の言語表現を学び、それを手本にして正しく組み合わせていくなかで、思考がおのずと形成されてくると思いがちだが、そうではなく、設定済みの言語体系を使用する以前に、まずしっかりと自分の思考を構築するという作業に挑戦し、そのなかで自分にとってそれまで未知であったことがらを発見するのが真の思考だということ。

ホ 一般には、記号体系として成立している言語に含まれるさまざまな表現を学び、それを組み合わせて論理的に構築することで、自分の考えを意味のある形にしていくことが思考だと見なされがちだが、そうではなく、言葉にしていく過程でむしろそうした論理的構築が見直され、言葉そのものも変わっていかざるを得なくなるなかで、何かを発見させてくれるのが真の思考であるということ。

問二十四 傍線部４「語るとは、従来の言語によって動かし難い事物の一般名詞として規定されている意味（サンス）を、新しい出来事のために解放し、新しい世界の見方をもたらそうとすることである」の説明として最も適切なものを次の中から一つ選び、解答欄にマークせよ。

イ 語るとき、ひとは、これまでに確立されてきた概念的言語において事物のイメージを指し示す語をまずは用いるしかないわけだが、そうした言語では対応できない新しい経験や感覚に出会うたびに、体系としての言語の正しさの基準はたえず見直され、言葉を語るという実践のなかで改変されて、語る者にとっても予想外の世界の見え方がもたらされるということ。

ロ 語るとき、ひとは、交換貨幣のごとき言語を用いざるを得ず、一つひとつの事物に対応する一般名詞を前にした場合のように、その言葉の意味を踏まえて事物について論じるわけだが、日進月歩する世界のなかで生まれてくる新しい事物が氾濫するなかで、旧来の意味の体系から解放される必要があり、そうすることで、新しい世界を見る目が養われてくるということ。

言語を成立させるということ。

ニ　言葉による儀礼的な表現は、話し手の感情を伴わないものになりがちだが、あえてそうした形式性にとどまり、かつて自然の叫びであったときのなごりとして声が聞き手に情緒的な反応を引き起こすのを押さえ込むことで、言葉の概念的側面を重視するということ。

ホ　言葉による儀礼的な表現は、相手の権力を表面的に尊重するだけの偽善的な態度表明のように見えるが、相手の軽蔑の声を事前に防ぎ、支配する側と支配される側に二分されるのを避けるために、ときに過剰にも思える装飾をほどこす概念的言語に属するということ。

問二十三　傍線部3「そうした振舞こそ、「それは思考ではない」といわれ、思考と呼ぶべきものが別にあることを気づかせてくれる」の説明として最も適切なものを次の中から一つ選び、解答欄にマークせよ。

イ　一般には、ひとは思考するという面倒な作業に最初から従事するわけではなく、まずは言葉と向き合うことから始め、言葉をパズルのように整合的に組み合わせることで思考をした気になりがちだが、そうではなく、言葉と向き合う以前に自分自身と向き合い、自分自身に未知のものであったなにものかを発見することが真の思考であるということ。

ロ　一般には、ひとが真の思考に慣れていない場合、言語表現を暗記して、その整合的な組み合わせから論理性を構築することを思考と見なしてすますことが多くなりがちだが、そうではなく、たとえまだ明確な輪郭をもたず、非論理的な部分を含んでいても、思想の萌芽を声にして発していくことで、従来の発想とは異なる新しい発見が得られるということ。

ハ　一般には、ひとは抽象的なことがらを徹底的に思考することに慣れておらず、習得した言語表現を論理的に組み合わせ、自分の思考に近い内容を具体的な言葉に変換することを思考だと見なしがちだが、そうではなく、思考する言葉を声として発することが重要であり、声にしないかぎり、思考は依然として曖昧なままで、自分が知らなかったこ記号＝しるしとして機能し、聞き手になんらかの感情をもたらすということ。

ハ 概念的言語は、声によって表現されることで、知覚を明確化し、事物の認識を助けるように思われているが、言葉の旧い起源を引きずる声は、イメージの空間において認識を可能にするだけでなく、現実の空間において感情の記号＝しるしとなり、聞き手に話し手の好意や悪意などを読み取らせるということ。

ニ 概念的言語は、それだけでは抽象的な記号にすぎないものの、声を伴うことで具体的に事物を指し示すことができるようになるわけだが、その実、声という概念にとっての一種の不純物がまざることで、事物のイメージを形成する空間からはみ出て、偽りの現実を聞き手に想像させる記号＝しるしになるということ。

ホ 概念的言語が事物のイメージを産出するのに対し、概念的言語をもたらす声の方は、欲望を原動力とし、欲望の対象となる事物そのものを指し示すと一般には理解されているが、声もやはり記号＝しるしであり、事物そのものではないため、欲望がもたらす幻想にほかならない事物のイメージを聞き手に与えるということ。

問二十二 傍線部2「そうした言葉の儀式が保証しようとしているのは、言葉から始原の声を祓うことである」の説明として最も適切なものを次の中から一つ選び、解答欄にマークせよ。

イ 言葉による儀礼的な表現は、一般には話し手の感情を伴わない形式的なものだと思われがちだが、過剰な言い回しを回避して話者の心情を表明することで、言語以前の表現のなごりともいえる装飾性を捨て、言葉の概念的側面に寄り添うということ。

ロ 言葉による儀礼的な表現は、その精密な形式性ゆえに話し手の誠実さをおおいかくしてしまいがちだが、欲望の実現をめざし、自分が権力者であることを示すために発せられる声をはぐらかし、そうした声に抵抗する概念的言語に向かうということ。

ハ 言葉による儀礼的な表現は、始原的な世界における声の美徳の豊饒さをそこなうものではあるが、それは始原の声をろ過することにもつながり、言葉の過剰な装飾性と表裏一体となった声が担う感情の表出から抜け出して、概念的思考が出発する理由が、むしろ言葉のなかに存在する。わたしの思考があって言語とどう関わるかが問題なのではない。解体されたり作りなおされたりするのは、言語ばかりではなく、〈わたし〉自身もなのである。思考は、そのような「現場」で起こる。

（船木亨『いかにして思考するべきか？』による）

（注1）チャールズ・スティーブンスン（一九〇八―一九七九）。アメリカの哲学者。
（注2）デイヴィッド・ヒューム（一七一一―一七七六）。イギリスの哲学者。
（注3）ジェレミ・ベンタム（一七四八―一八三二）。イギリスの哲学者・経済学者。「ベンサム」とも表記する。
（注4）モーリス・メルロ＝ポンティ（一九〇八―一九六一）。フランスの哲学者。
（注5）ステファヌ・マラルメ（一八四二―一八九八）。フランスの詩人。その思索的エッセー「詩の危機」のなかに、「思考を交換するためならば、何も言わずに貨幣をおいたり取ったりするだけで用は足りるだろう」とある。
（注6）フェルディナン・ド・ソシュール（一八五七―一九一三）。スイスの言語学者。
（注7）「どの花束にもないもの」という言葉は、マラルメのやはり「詩の危機」のなかにある次の有名な一節から取られている。「私が『花』と言うとき、私の声は、はっきりとした輪郭を何ひとつ残すことなく忘れられてしまう。だが、それと同時に、現実のどんな花束にもない、におやかな、花の観念そのものが、音楽的に立ちのぼる。」

問二十一　傍線部1「概念的言語をもたらす声は、事物を指示すると解されていながらも、記号＝しるしとしては、事物とは違うものを想像させる」の説明として最も適切なものを次の中から一つ選び、解答欄にマークせよ。

イ　概念的言語は、事物の代わりに事物のイメージを産出しつつ、事物を指し示すが、その概念的言語をもたらす声は、言語の概念を物理的な音に変換する役目を担っており、従って、概念と表裏一体の関係になって記号＝しるしを形成し、聞き手に事物のイメージを具体的に思い描かせるということ。

ロ　概念的言語は、事物の存在そのものを示すわけではなく、言葉によって事物のイメージを喚起させるのだが、その概念的言語を言葉の受け手に届ける声は、もともとは仕草などと同じ現象で、喜びや悲しみと結びつくという意味でいしは刺激的な用語法が普及していくからであるが、――それは現代の国語イデオロギーとマジョリティの用語法への世代的ないし集団的反発でもあり――、他方では、語るべきことがあるのに、既存の言語がその表現を供給できないからである。

語るべきこととは、「思考された何ものか」（パスカル）のことである。4語るとは、従来の言語によって動かし難い事物の一般名詞として規定されている意味（サンス）を、新しい出来事のために解放し、新しい世界の見方をもたらそうとすることである。それが、メルロ＝ポンティのいう「創造的用法」である。

> 「逆に、本当の言葉は、ついには「どの花束にもないもの(注7)」を現前させ、事物のなかに囚われているサンスを解放するという意味作用をするものであって、その言葉は普通名詞にはならないのだから、経験的用法からすると沈黙でしかないのである。」（『シーニュ』「間接的言語と沈黙の声」）

メルロ＝ポンティは、そうした言葉を「沈黙の声」と呼んだ。それが声であるということは、つまり、かれはデカルトやヒュームとは異なって、その声を発するものが、直感や想像のような言語以前の思考であるとはみなしてはいなかったということである。言葉以前の思考があったとしても、そしてそれがいまなお言葉のしたで働いているとしても、言葉のあとで思考は変質し、言葉を語る実践のなかで特別な思考に生まれかわる。かれは「わたしの内面も言葉でざわめいている」と述べているが、声として言葉の方が先立っており、人間と成ったものには言葉抜きの思考はもはや不可能である。

> 「語ることと分かることとは、思考を前提していないというばかりではなく、もっと本質的な資格において、思考の基礎として、現実の一人の他人や可能な多くの他人、また推定的な形ではすべての他人によって自分が解体されたり作りなおされたりするという能力を前提している。」（『世界の散文』「表現の科学と表現の経験」）

言語は一般に、設定済みの記号の体系であって、ひとは思考を意味させるように、そこから語や文を構成するとみなされる。数式や暗号や法律は、確かにそのように使用される。しかし、それらは言語によって可能にされている仕組であって、言語そのものを可能にしている仕組ではない。ソシュール(注6)が「通時態」という概念で示したように、言語はたえず変遷しつつあって、どの語や文も例外的な使用をされるのが常であるのだから、それではどうやって意味作用が成りたつか理解できなくなってしまう。言葉のうえでの真偽は、二義的なことである。言葉が語られるということは、主体が存在して思考して、それが記号の体系を使用して文を構成することであるという発想を変えなければならない。

もし語るということが、言語の体系を使用することであるとしたら、言葉が語られるその都度にその正しい使用かどうかがチェックされていることになるが、だれもその正しさの真の基準をもってはいない。言葉が通じたと思われただけで合格とされる。とすれば、全体的に見れば、実態としては、言葉が語られている社会のいずこにおいても、それぞれに基準は、語られるごとに、たえず作りなおされているのである。

むしろ、こういうべきであろう。言語が存続するのは、ひとびとが語ることで、——それを維持するからではなく——、それを改変し続けるからなのである。波打ち際の浜辺の砂の紋様のように、たえず作りなおされているかぎりにおいて、時間を超えた恒常的な言語の体系があたかも存在しているかのように見えるのであるが、その恒常性を調べることのできる権限と能力をもつひとは、だれひとりとして存在しない。恒常性のようなものがあるとするのは、便宜にすぎない。辞書や文法書はあるにしても、語られる以前に存在する「言語の体系」なるものは存在しない。

言語は、現に一定数のひとびとが語りあい続けているというかぎりでしか存在しないものなのである。だから、正確には、記号の体系が「存在」するのではなく、その言葉の一つひとつにおいて、——自転車が倒れず進んでいくように——、言語が「解体されては作りなおされている」というべきであろうし、「基準に合致する」ではなくて、語るという具体的な行動をよく見れば、「基準からはずれる」という現象こそが「意味している」という現象なのである。

では、どのようにして言語は改変されるのか。一方では、それはおしゃべりのなかで省略や新奇さのように安楽な、ななわれても、不誠実が感じられても、軽蔑を感じさせられるよりはましであろう。

＊

真に思考する言葉とはどのようなことか。それは声としてよい言葉を語ること――それが思考することである。では、「よい言葉」とはどのような言葉か。それは耳に心地よい言葉ではなく、――「言葉を大切にしよう」ではすまない――、何ごとかを発見させてくれる言葉である。ひとは、その言葉を発することで、自分が知らなかったことを発見する、そのような言葉を探して生きているから思考する。

とはいえ、しばしば思考は言語表現と混同されてしまう。ひとは思考の煩わしさを避け、言語表現を暗記することに努め、パズルのようにして問いに対する答えを差しだそうとする。ところが、[3]そうした振舞こそ、「それは思考ではない」といわれ、思考と呼ぶべきものが別にあることを気づかせてくれる。

真に問い、そして思考した結果を求めるひとびとにとっては、その差異は容易に気づき得るものである。だが、本当にそのような意味での思考があり得るのか、それが言語表現から区別できるのか、あるいは言語表現の差異として区別できるのか。

現代の哲学者、メルロ＝ポンティ（注4）は、言語の経験的用法と創造的用法とを区別して、前者は後者の結果でしかないと論じていた。

> 「言語が意味作用をもつのは、思考をコピーする代わりに、思考によって解体されては作りなおされるときである。それは、足跡が身体の運動と努力を意味するようにして、そのサンス（意味）をもたらす。言語の、すでに作られている経験的用法と創造的用法とを区別せよ。前者は他方の結果でしかあり得ない。経験的言語――つまり設定済みの記号の適宜喚問――という意味での言葉こそ、真正の言語からすると言葉ではない。それは、マラルメ（注5）が述べていたように、わたしの手に黙って置かれる使用済みの貨幣である。」（『シーニュ』「間接的言語と沈黙の声」）

能なのかと問うべきであろう——そのひとの知性が乏しいと非難するだけではすまないのである。

スティーブンスン(注1)のいうように（『倫理と言語』）、言葉には情緒が伴うと説明するのでも不十分である。伴うのではなく、文の内容と関係なく転換されるのであり、言葉というものが「分析」できるような一通りのものではないからこそ、そうしたことが起こるのだからである。

声は、事物のイメージの空間にではなく、始原的記号の生きている現実の空間に対応している。声の威力のなかに、ひとを脅かす喧嘩の際の顔つきのようにして、ひとを脅えさせたり怒らせたりするものがある。そうした威力を行使するのがヘイトスピーチ（暴言）なのである。概念的に捉えればとるに足らない言葉であっても、ひとを脅えさせたり怒らせたりすることができるのである。

ヒューム(注2)は、それを、言語は粗雑であって、過剰に一般化してしまい、対象とは関係ないさまざまな印象を巻き込むからだと説明していた。だが、ヘイトスピーチ（暴言）は、そのように、言語が「誤解」させるから生まれるわけではない。概念的言語のしたに、軽蔑の感情が隠されているからこそ生まれてくる。

ベンタム(注3)は、言葉の始原に、欲望と権力とがあると説明していた。とりわけ「権力の欲望」があって、それは、始原的世界における声の美徳の豊穣さを概念的言語が奪い去った残滓なのである。言葉によって欲望が実現されるとき、それを発する側に権力があるわけだが、権力は自分が権力であることを、あるいは自分が支配される側でないことを確かめるためだけにでも言葉を発する。それが、軽蔑の声である。こうした言葉づかいに抵抗しようとするひとは、怒りを感じないではいないだろう。

ヒュームが示唆していたと思うのだが、むしろ、こうしたことを避けるためにこそ、概念的言語が発達したといえなくもない。言葉の過剰な装飾のいいまわしやその精密な順序の手続き——本末転倒といわざるを得ないが、ひとはその手続きがなされていないだけで怒りをもつほどなのである。挨拶したり、穏当ないい方をしたり、面子を尊重する表現を使ったり、2そうした言葉の儀式が保証しようとしているのは、言葉から始原の声を祓(はら)うことである。それによって、利害が損理性的なひとどうしではあり得ないはずなのだが、言葉づかいを巡る争いが、起こる。というのも、どういう言葉がどのような場面で語られたかが、その言葉が何を表現しているかよりも重大だということがあるからである。

言葉のうえでは、そのひとの意思や事実についての主題に移行して、それが自分の利害に反したり、礼儀に反したりしていると議論されるのだが、言葉づかいに怒るひとは、――無意識という機械仕掛の概念までもちだして解明するまでもない――、ただその言葉に怒る。言語という記号の二重性は、起源を挟んで、概念と声のあいだにある。

否定すること、侮辱すること、差別すること、無視すること――口げんかにおいて出現するこうした言葉の暴力は、語の概念的意味を用いながらも、真偽に無関係な威力をもつ。だれかから「バカ」といわれたら、自分ははたしてバカであるかどうかとか、相手は自分がバカかどうか判定できる能力や資格をもっているかどうかとか、ひとは考えるまでもなく怒るのである。

1 概念的言語をもたらす声は、事物を指示すると解されていながらも、記号＝しるしとしては、事物とは違うものを想像させる。暴言（ヘイトスピーチ）は、概念的言語を使用しなければ相手を侮辱することもできないわけであるが、しかし事物のイメージの空間には対応しなくてもかまわないのが当然の、奇妙な言葉づかいなのである。だからこそ、それに対して真偽をあきらかにしようとする論理的な反論をしたとしても、まったく役に立たないのである。

ヘイトスピーチ（暴言）の一番の特徴は、何といわれたかという内容よりも、悪意を読み取ることができるという点にある。言葉の内容に悪意が表現されているのではない。声自体が悪意である。悪意のある言葉に対する怒りをもつことができるのは、まさに言葉がその旧い起源をいまなお保持しているからであり、それは概念的意味をしか説明しない言語論には説明できないものなのである。

理性主義者たちは、言葉を理性的に使わないひとを教え導こうとし、あるいは冷笑し、概念が整合的である自分たちの言葉だけが真の言語であると、うかつにも思い込んでいる。だが、言葉の起源を考えるなら、そうした発想は、概念的言語以降に生じてきた言葉づかいの倫理によるにほかならない。かれらはむしろ、なぜ言葉にヘイトスピーチ（暴言）が可

ホ 「鹿おどし構造」が入る。竹筒に少しずつ水を落とし、溜まった水の重みで上下が反転する鹿おどしのように、長い歴史的連鎖のなかで、蓄積され停滞していた設計や機械が一気に革新されることがあるから。

問二十 著者は本文中で道具と機械についてどのように理解しているか。その説明として最も適切なものを次の中から一つ選び、解答欄にマークせよ。

イ 一般に道具は単純で機械は複雑だと思われているが、実は道具のほうが複雑でさまざまな用途にも適合し、機械は単一の目的にしか使用できないという点で、人間の手作業とも親和性の高い道具の存在が今日において見直される必要がある。

ロ 道具の改良から産みだされた機械は、単一の目的に奉仕する設計の思想を貫徹させたが、それは人間が自己という観念を発見する過程とも不可分で、結果として近代における人間の強い自意識や身体性へのこだわりを育む土壌となった。

ハ 道具はあくまでも人間の身体と素材との対話や抵抗から生まれ、またその過程で常に身体が問い返されることになるが、設計図どおりに造りだされるとともに製品を設計図どおりに造りだす機械からは、人間の身体性が排除されている。

ニ 設計図にしたがって単一の目的に奉仕する機械は、道具のもっていた汎用性を減らして個別の用途に特化することに専ら力を注いできたが、時代の進展と複雑化のなかで、多様な要求を満たすための飛躍的な革新が求められている。

ホ 人間は古くから道具を使いこなして改良を重ねてきたが、その改良の極致が機械であって、いまや機械は世界の設計者であり、純粋な観念によって完璧にこの世界を創造する過去の超越神を想起させるような存在になっている。

四

次の文章を読んで、あとの問いに答えよ。

イ 目的を絶対化し、その目的のために手段を完全に服従させることを要求する思想。

ロ 計画と成果とが何一つ違わず、誤差が限りなく無になるように目指し続ける思想。

ハ 人間の関与と機械の自律との二重の計画性を担保し、常に安全性を貫徹する思想。

ニ 身体的な経験や蓄積よりも、かくあるべしという観念によって貫かれている思想。

ホ 素材の汎用性を削ぎ落とし、規格を画一化しつつ普遍的なものに洗練させる思想。

問十八 傍線部b「演繹」とあるが、その説明として最も適切なものを次の中から一つ選び、解答欄にマークせよ。

イ 相違を明らかにするために二つ以上の事物を比べること。

ロ いくつかの類似点をもとにして他の事を推しはかること。

ハ 個々の具体的事実から一般的な命題や法則を導き出すこと。

ニ 一般的原理から論理的に個々の事実や命題を引き出すこと。

ホ 種々の事柄の関係を統一的に説明するために仮説を立てること。

問十九 空欄 3 に入る語句と、その説明として最も適切なものを次の中から一つ選び、解答欄にマークせよ。

イ 「水車構造」が入る。川から引き込んだ水を動力として回転し続け、製粉や精米などをおこなう水車のように、長い歴史的連鎖のなかで、設計や機械は絶えず進歩し革新され続けているから。

ロ 「間歇泉（かんけつせん）構造」が入る。一定の時間を隔てて、周期的に熱湯や水蒸気を噴出する間歇泉のように、長い歴史的連鎖のなかで、革新的な設計や機械は一定の周期によって何度も登場してくるものだから。

ハ 「水琴窟（すいきんくつ）構造」が入る。地中に埋めた甕（かめ）に水滴が落ち、共鳴して響く音を楽しむ水琴窟のように、長い歴史的連鎖のなかで、表面にはあらわれてこない設計や機械にこそ真の革新性が秘められているから。

ニ 「釣瓶（つるべ）構造」が入る。滑車の力を利用して、底の深い井戸水を汲み上げる釣瓶のように、長い歴史的連鎖のなかで、過去の埋もれた遺産を掘り起こして光を当てる設計や機械が革新性を産みだすものだから。

問十三 傍線部A・Bに当てはまる漢字二字を、それぞれ記述解答用紙の問十三の欄に楷書で記入せよ。

問十四 本文中には、次の一文が脱落している。いずれかの段落の末尾に入るが、最も適切な箇所を空欄【 イ 】～【 ホ 】の中から一つ選び、解答欄にマークせよ。

蒸気機関からガソリン・エンジンへの転換は、石油革命ともいうべきパラダイム転換を必要としたのであった。

問十五 著者は本文と異なる箇所で、次のように述べている。

人類学者レオ・フロベニウスの報告に触発された私は、彼の用語を借りて、二つの世界観を「世界開豁（かいかつ）」「世界閉塞」の思想と呼び、それぞれに対応する身体を「する身体」と「ある身体」と名づけておいた。世界を無限に開かれた可能性として信じ、たえずみずからを拡張しようと試みる人間の一面と、世界を限界だらけの閉じられた場所として受けいれ、そのなかで自分自身の内部に立て籠もろうとする一面とを対比したのだった。

これを踏まえて、空欄 1 に入る最も適切なものを次の中から一つ選び、解答欄にマークせよ。

イ 「する身体」ではなく、むしろ「ある身体」の側に見いだされる
ロ 「ある身体」ではなく、むしろ「する身体」の側に見いだされる
ハ 「する身体」の側にも、また「ある身体」の側にも見いだされる
ニ 「ある身体」の側にも、また「する身体」の側にも見いだされない
ホ 「ある身体」と「する身体」との、混合ないし融合として見いだされる

問十六 空欄 2 に入る語句として最も適切なものを次の中から一つ選び、解答欄にマークせよ。

イ 少なくとも　ロ いいかえれば　ハ 逆にいえば　ニ しかし　ホ おそらく

問十七 傍線部a「設計の思想」とあるが、ここでいう「設計の思想」にあてはまらないものを次の中から二つ選び、解答欄にマークせよ。

が流動する体験の過去に位置することであった。

ここまで見てきたところ、紙に描かれた設計図にはまだ複数のアスペクトがあるが、考えられた設計そのものにはアスペクトは一つしかないはずである。もし設計の要求について複数の見方があるとすれば、共同作業は混乱するどころかまったく成立しない。また機械が身体にたいして反作用を与えず、目的の変更を求めないということは、それを使う身体が作業に巻き込まれる程度が低いということと同義語である。残るは第三の観念が過去の存在だという点であるが、これこそ機械と設計からただちにb演繹（えんえき）される特性だろう。【　ハ　】

あまりにも自明の事実だが、すべての設計は身体の作業に先立って与えられ、機械もまたそれを使う作業の以前に完成している。作業する身体の流れにとって、両者はつねに過去にあってそれ自体は変わることなく、しかし現在の身体の流れを勢いづけている。生産のような現実行動はつねに目的の設定から始まるから、それに従う現実行動は既定の過去をめざして進行するというのが正確なのである。

もとよりすべての現実行動は行動の長い歴史的連鎖のなかにあって、設計も機械もその長大な流れに打ちこまれた拍節にすぎない。設計も機械もそれを生みだした行動の産物であり、それ自体が変わらないということも、より大きな流れの一時的な堰（せ）き止めと見るべきだろう。生産の歴史にもBズイショに確実に［ 3 ］が働いていて、機械と設計はその水受けの役割を果たして、ときには産業革命のような飛躍ももたらしたのであった。【　ニ　】

ついでながら歴史的連鎖といえば、神話もまたつねに過去を語っていたことを忘れてはなるまい。祖先神であれ創造神であれ、すべての超越者は現実世界に先立って遠い過去にあった。やがて宗教が高度化して神話が神学化するにつれて、神は世界の設計者であり被造物の歴史の以前にあるという思想が一般的になった。おそらく超越神は人類が最初に知った純粋な観念の一つだろうが、それは過去にしかありえない存在だったのである。【　ホ　】

（山崎正和『リズムの哲学ノート』による）

作が身体による事物の加工であるかぎり、計画と成果のあいだの誤差を無にすることは不可能である。だがそれでも設計[a]の思想はあくまで計画の完全支配をめざすのであって、文明の歴史を顧みれば、人間が機械を発明したのはまさにこの計画の支配の貫徹のためであったと見られる。【　イ　】

機械の第一の特性は、それが人間の身体に素材の抵抗、作業の反作用を伝えないことであった。道具は作業の困難に遭うと、身体にたいして目的の再調整を求めるが、機械はそれ自体が壊れるまで、与えられた目的の実現に直進する。機械製造の画一性、機械製品の規格化は、機械の持つこのグチョク[A]さの結果だといえる。けだし機械は製品を設計図どおりに造りあげるために、それ自体が設計図に従って忠実に造りだされており、いわばこの二重の計画性が設計の支配の貫徹を保証しているのである。

だが機械の発明、いいかえれば設計の支配の貫徹とは、別の面から見れば道具の改良の極致であり、道具の持つアスペクトの徹底した削減の産物にほかならない。道具はどれほど洗練されてもなお複数のアスペクトを残しており、その結果として意図された目的以外のために使うことができる。釘を打つ金槌は鉄塊一般のアスペクトを残していて、武器として使うこともできれば、文鎮として使うこともできる。これにたいして機械の物質としてのアスペクトは、道具とは次元を異にして数が少ないのがめだつはずである。

機械は洗練されるにつれて汎用性を減らすのが常であって、じつはこれこそ、機械そのものが設計図に従って造られるということの意味である。逆にいえば汎用性を減らすことが機械設計の任務であって、自動車と芝刈り機のエンジンの互換性をなくすことが発明家の仕事だといえる。ちなみに道具と機械の違いを反映してか、道具の改良は算術的に進行するが、機械の改良はしばしば指数関数的に発展する。【　ロ　】

さて、機械の発明による設計の思想の貫徹は、まぎれもなくそのまま観念の発見の過程であり、観念的な思考の定着の過程にほかならなかったことを、注意しておきたい。再確認しておけば観念の特性は三つあって、第一にはそれが単一のアスペクトしか持たないこと、第二にはそれにたいする身体の巻き込まれの程度が最少であること、そして第三にはそれた。

ニ　魏徴は、玉をうまく削ることができる良工として太宗に仕えたことから、唐の国内には財宝があふれることになった。

ホ　太宗は、魏徴を卿相に任命して思い通りの政治を行わせたが、かえって煩瑣(はんさ)な規則を定められ困惑することになった。

三

次の文章を読んで、あとの問いに答えよ。

奇を衒(てら)うように響くかもしれないが、近代産業の中核というべき機械の根源、すなわち機械文明に不可欠な設計の思想も、じつは萌芽は［ 1 ］といえそうである。先史の巨大石造建築は生活の安全や快適のためではなく、世界洞窟のなかで人間が自己の卑小さを感じ、世界の外にある巨大な力に祈るために造られたと考えられている。そして旧著『装飾とデザイン』にも書いたことだが、メンヒルやドルメン、ストーン・ヘンジのような巨石建造物は、部族社会の協同作業なしには建設できない。だとすれば当然、部族をまとめるための事前の計画、大まかであれ設計が不可欠だったと推定できるはずである。

この設計は絵に描かれることはなかったかもしれないが、少なくとも言葉によって表現され、その意味で最低限の観念性を帯びていたことは疑いない。そしていったんこの設計図が部族の合意のもとに成立すると、それは観念の本性からして事物と行動の外部に立つことになる。［ 2 ］それは身体と道具の相互影響の外部に立ち、身体にはね返るいかなる道具や素材の抵抗をも排除するように命令する。本来の手仕事においては、手段の抵抗が目的の変更や微調整を許すのが常だったが、設計図は目的を絶対化して、手段の完全な服従を原理的に要求するのである。

もちろんこれも原理的な話であって、現実の工作活動において成果が完璧に設計図に従うということはありえない。工

問九　傍線部Bは「ただ残念なことには封徳彝にこの状態を見させることができないことである」という意味である。この意味に沿うように、記述解答用紙の問九の白文に返り点のみを記入せよ。振り仮名・送り仮名は付けないこと。

問十　空欄 C に入る語として最も適切なものを次の中から一つ選び、解答欄にマークせよ。

イ　結束
ロ　強欲
ハ　大国
ニ　徳治
ホ　破滅

問十一　傍線部D「不敢貪天之功」の意味として最も適切なものを次の中から一つ選び、解答欄にマークせよ。

イ　どうして天子の功績を私のものとしてむさぼることがありましょうか
ロ　あえて臣下が天意を無視したとしても国家の滅亡などありましょうか
ハ　なんで天下の歴世の功臣の業績を私がうばうことなどありましょうか
ニ　どうして封徳彝の反対する政策に私が賛成することがありましょうか
ホ　あえて私が天帝らの功績をまずしいものとすることがありましょうか

問十二　本文の内容と合致するものを次の中から一つ選び、解答欄にマークせよ。

イ　玉がいくら優れていたとしても、瓦礫の間にあって、良工に気付いてもらえなかったなら宝石となることもなかった。
ロ　太宗に長所は一つもなかったが、魏徴の切磋琢磨により、美しい后妃をめとり戦争を避けて国を治めることができた。
ハ　太宗は、魏徴が仁義をもって取り決めを行い、道徳をもって人としての道を示してくれたことに対しほめいたわっ

二

次の文章は、唐の太宗の言行を記した『貞観政要』の一節である。この文章を読んで、あとの問いに答えよ（設問の都合上、返り点・送り仮名を省いた箇所がある）。

A使我不動干戈、数年之間、遂至於此、皆魏徴(注1)之力也。顧謂徴曰、玉雖有美質、在於石間、不値良工琢磨、与瓦礫不別。若遇良工、即為万代之宝。朕雖無美質、為公所切磋。労公約朕以仁義、弘朕以道徳、使朕功業至此。公亦足為良工爾。B唯恨不得使封徳彝(注2)見之。徴再拝謝曰、匈奴［C］、海内康寧、自是陛下盛徳所加、実非群下之力。臣但喜身逢明世。D不敢貪天之功。太宗曰、朕能任卿、卿称所委、其功独在朕乎。卿何煩飾譲。

（呉兢『貞観政要』による）

（注1）魏徴・（注2）封徳彝……太宗の臣下の人名。

問八　傍線部A「使我不動干戈、数年之間、遂至於此」の意味として最も適切なものを次の中から一つ選び、解答欄にマークせよ。

イ　太宗が軍隊を出動させることなく、数年の間に、かえって匈奴と緊張が生じて戦闘状態となってしまったのは
ロ　魏徴が武器を用いなかったため、数年の間に、唐と匈奴の間に暫定的な平和状態が生まれることになったのは
ハ　封徳彝が死んでから後も軍隊を動かさなかったため、数年の間に、攻め続けられ領土が縮小してしまったのは
ニ　太宗に武器を用いさせることもなく、数年の間に、ついにこのように平和な状態を保たせることができたのは
ホ　魏徴が自ら軍隊を出動させなかったために、数年の間に、平和な状態が破壊されることになってしまったのは

ニ　収穫のときを待つ小さな田に育った稲であれば、秋の到来を強く期待するということもあるだろうから。
ホ　飽きることなく秋が必ずやってくることを確信する者のみが、収穫を手にすることができるはずだから。

問五　傍線部4「さぶらふ」が敬意の対象とする人物は誰か。同じ段落において傍線を付したイ～ホの動詞の中から、その人物を主語とするものを一つ選び、解答欄にマークせよ。

問六　「おとど」は三人の女性の和歌ＡＢＣをどのように評価したか。最も適切なものを次の中から一つ選び、解答欄にマークせよ。

イ　身分の高さに正比例して、ＡＢＣの順序でよい評価を与えることができると考えた。
ロ　身分の高さとは反比例して、ＣＢＡの順によい評価を与えることができると考えた。
ハ　和歌を書く紙の選択や筆跡にも注意が払われ、ＡＢＣとも優劣がつけ難いと考えた。
ニ　題に対する巧みな取り扱いという点では、ＣがＡＢより一段と優れていると考えた。
ホ　時間を置かず詠んだ点は評価できるが、ＡＢＣそれぞれ表現に問題があると考えた。

問七　「法印」は三人の女性の和歌ＡＢＣをどのように評価したか。最も適切なものを次の中から一つ選び、解答欄にマークせよ。

イ　Ａは無常観を基調とした内容で素晴らしいが、Ｂは余計な表現、Ｃは露骨な表現があって見劣りする。
ロ　ＡＢとも無難にまとめられてはいるが、Ｃは作者の歌人としての力量が顕著に見られて品格がある。
ハ　Ａは現代風、Ｂも必然的な表現で、いずれも水準の作だが、Ｃはそれらより一段劣る作品である。
ニ　Ａは素材の伝統的な扱い方から逸脱しており、ＢＣもそれぞれ格調の高い作とするのは難しい。
ホ　ＡＢＣのいずれにも良い点と悪い点とがあるので、出来栄えの優劣を判断することが難しい。

ハ 四月

ニ 五月

ホ 六月

問二 傍線部1「なる」の文法的説明として最も適切なものを次の中から一つ選び、解答欄にマークせよ。

イ 形容動詞の活用語尾

ロ 断定の助動詞の終止形

ハ 断定の助動詞の連体形

ニ 伝聞・推定の助動詞の終止形

ホ 伝聞・推定の助動詞の連体形

問三 傍線部2「さすがに、にくからず」の意味として最も適切なものを次の中から一つ選び、解答欄にマークせよ。

イ いかにも、可愛らしい

ロ そのままでは、見苦しい

ハ 何といっても、そつがない

ニ とても刺激的で、素晴らしい

ホ そうはいっても、美しくもない

問四 「おとど」が傍線部3「秋待つ小田ならむには、さてもありなん」と思った理由として最も適切なものを次の中から一つ選び、解答欄にマークせよ。

イ 秋になるのを待っていても、小さな田では収量が望めないため、喜びを口に出すこともないだろうから。

ロ 小さな田の持ち主は、秋を迎える折節には、さまざまな作業を行なう必要が生じてくるものであるから。

ハ 信頼するに足るのは、秋が近づくにつれて変化する小さな田の味わいを解する風流な人に限られるから。

り。手はいとおほどかにて、これも同じ色の薄様にすさび書きたる、さすがに、にくからず。

山吹の花は一重も飽かれねど重なる光ことにもあるかな　〔和歌C〕

おとど御覧じて、「いづれもいづれも口疾くこそは。さはいへど、心ゆかぬふしどもの多かるや。右近が桜にも思ひ増したるは、愛でず悔いてやあらむ。監のおもとが『深き頼み』といへる、秋待つ小田ならむには、さてもありなん、ふさはしともおぼえぬにや。『重なる光』とあるは、一重よりは飽かずとにやあらむ」と思ほしめぐらしたまふほどに、この道の博士、なにがしの法印、御宿直にとて参れり。おとど待ちとりたまひて、「この歌の心々いかに」とのたまふに、法印繰り返しうち見つつ言へらく、「世の中の移ろひ行くなるは、いともあさましきものにて、いにしへこそ、花ぐはし桜とも愛ではべりしか、今は山吹の花にのみ心寄せはべるめれば、『いはぬ色にはしかじ』とこそ続けさぶらひけめ。さて、思ほしめさせたまへや。『深き頼み』も、などかは無くてさぶらふべき。大輔のおもとが『重なる光』とあるは、いとあらはにて、何となく本性も見え知られて、ひときざみ品おくれてなむおぼえはべる」と申すに、おとどは何事とも聞き分きたまはずやおはすらむ、「まろはねぶたくなりぬ」とて、ものに寄り伏したまへりとぞ。

（黒川真頼『山吹物語』による）

（注1）八重山吹……山吹はバラ科の落葉低木で、黄色い花を付ける。花は一重咲きが一般的だが、八重咲きもある。
（注2）薄様……薄く漉いた雁皮紙。女性が和歌を書く際に用いられた。
（注3）いはぬ色・（注4）ものいはぬ色……黄色。クチナシ（口無し）の実で染めるので、このように表現した。

問一　この文章に描かれている時節は、太陰暦（旧暦）で言えば何月頃の出来事であったと考えられるか。最も適切なものを次の中から一つ選び、解答欄にマークせよ。

イ　二月
ロ　三月

国語

（九〇分）

一 次の文章を読んで、あとの問いに答えよ。

春の長雨の晴れわたりたる夕暮れ、御前もいと人少なにて、よろづものしめやかなるに、おろしこめたる所々開けわたしたれば、庭の遣り水の音の聞こゆ<u>なる</u>[1]は、常よりことに水かさの増さりたるなるべし。桜は名残り無きころにて、水際に咲き広ごりたる八重山吹[注1]の、えもいはぬ色なるに、露の光添はりたる夕映えのほど、ことに見どころ多かなるを、「一枝折りて参れ」とのたまふに、近くさぶらふ童承りて、ことに咲き乱れたるを、しろがねの瓶にさして奉りぬ。おとどいみじう興ぜさせたまひて、「この花を題にて、思ふ心を」と、のたまひ出でたるに、御前にさぶらふ然べきかぎり、承りぬとて退きぬ。

右近といへるは、なま上達部のむすめにて、何事の遊びにも心ききてうち振る舞ふ古人なり。やがて口疾く御前に持て出でぬ。藤重ねの薄様[注2]に、墨つきほのかなるも、例のことと見たまふに、

くはしてふ桜もあれど山吹のいはぬ色にはしかじとぞ思ふ[注3]〔和歌A〕

監のおもとといへるは、えせ受領のむすめなり。山吹の薄様に、手はいとなよびかにて、

ものいはぬ色[注4]なりながら山吹に深き頼みはある世なりけり〔和歌B〕

大輔のおもとといへるは、親は下臈なれど、家豊かに富めりければ、なにがしが取り子にて、おとどには参らせたるな

////////////////// · memo · //////////////////

////////////////////// · **memo** · //////////////////////

//////////////////// · memo · ////////////////////

//////////////////// · memo · ////////////////////

/////////////////// · memo · ///////////////////

/////////////////// ・memo・ ///////////////////

教学社　刊行一覧

2025年版　大学赤本シリーズ

374大学556点
全都道府県を網羅

国公立大学（都道府県順）

全国の書店で取り扱っています。店頭にない場合は，お取り寄せができます。

1 北海道大学（文系－前期日程）
2 北海道大学（理系－前期日程） 医
3 北海道大学（後期日程）
4 旭川医科大学（医学部〈医学科〉） 医
5 小樽商科大学
6 帯広畜産大学
7 北海道教育大学
8 室蘭工業大学／北見工業大学
9 釧路公立大学
10 公立千歳科学技術大学
11 公立はこだて未来大学 総推
12 札幌医科大学（医学部） 医
13 弘前大学 医
14 岩手大学
15 岩手県立大学・盛岡短期大学部・宮古短期大学部
16 東北大学（文系－前期日程）
17 東北大学（理系－前期日程） 医
18 東北大学（後期日程）
19 宮城教育大学
20 宮城大学
21 秋田大学 医
22 秋田県立大学
23 国際教養大学 総推
24 山形大学 医
25 福島大学
26 会津大学
27 福島県立医科大学（医・保健科学部） 医
28 茨城大学（文系）
29 茨城大学（理系）
30 筑波大学（推薦入試） 医 総推
31 筑波大学（文系－前期日程）
32 筑波大学（理系－前期日程） 医
33 筑波大学（後期日程）
34 宇都宮大学
35 群馬大学 医
36 群馬県立女子大学
37 高崎経済大学
38 前橋工科大学
39 埼玉大学（文系）
40 埼玉大学（理系）
41 千葉大学（文系－前期日程）
42 千葉大学（理系－前期日程） 医
43 千葉大学（後期日程） 医
44 東京大学（文科） DL
45 東京大学（理科） DL 医
46 お茶の水女子大学
47 電気通信大学
48 東京外国語大学 DL
49 東京海洋大学
50 東京科学大学（旧 東京工業大学）
51 東京科学大学（旧 東京医科歯科大学） 医
52 東京学芸大学
53 東京藝術大学
54 東京農工大学
55 一橋大学（前期日程）
56 一橋大学（後期日程）
57 東京都立大学（文系）
58 東京都立大学（理系）
59 横浜国立大学（文系）
60 横浜国立大学（理系）
61 横浜市立大学（国際教養・国際商・理・データサイエンス・医〈看護〉学部）
62 横浜市立大学（医学部〈医学科〉） 医
63 新潟大学（人文・教育〈文系〉・法・経済科・医〈看護〉・創生学部）
64 新潟大学（教育〈理系〉・理・医〈看護を除く〉・歯・工・農学部） 医
65 新潟県立大学
66 富山大学（文系）
67 富山大学（理系） 医
68 富山県立大学
69 金沢大学（文系）
70 金沢大学（理系） 医
71 福井大学（教育・医〈看護〉・工・国際地域学部）
72 福井大学（医学部〈医学科〉） 医
73 福井県立大学
74 山梨大学（教育・医〈看護〉・工・生命環境学部）
75 山梨大学（医学部〈医学科〉） 医
76 都留文科大学
77 信州大学（文系－前期日程）
78 信州大学（理系－前期日程） 医
79 信州大学（後期日程）
80 公立諏訪東京理科大学 総推
81 岐阜大学（前期日程） 医
82 岐阜大学（後期日程）
83 岐阜薬科大学
84 静岡大学（前期日程）
85 静岡大学（後期日程）
86 浜松医科大学（医学部〈医学科〉） 医
87 静岡県立大学
88 静岡文化芸術大学
89 名古屋大学（文系）
90 名古屋大学（理系） 医
91 愛知教育大学
92 名古屋工業大学
93 愛知県立大学
94 名古屋市立大学（経済・人文社会・芸術工・看護・総合生命理・データサイエンス学部）
95 名古屋市立大学（医学部〈医学科〉） 医
96 名古屋市立大学（薬学部）
97 三重大学（人文・教育・医〈看護〉学部）
98 三重大学（医〈医〉・工・生物資源学部） 医
99 滋賀大学
100 滋賀医科大学（医学部〈医学科〉） 医
101 滋賀県立大学
102 京都大学（文系）
103 京都大学（理系） 医
104 京都教育大学
105 京都工芸繊維大学
106 京都府立大学
107 京都府立医科大学（医学部〈医学科〉） 医
108 大阪大学（文系） DL
109 大阪大学（理系） 医
110 大阪教育大学
111 大阪公立大学（現代システム科学域〈文系〉・文・法・経済・商・看護・生活科〈居住環境・人間福祉〉学部－前期日程）
112 大阪公立大学（現代システム科学域〈理系〉・理・工・農・獣医・医・生活科〈食栄養〉学部－前期日程） 医
113 大阪公立大学（中期日程）
114 大阪公立大学（後期日程）
115 神戸大学（文系－前期日程）
116 神戸大学（理系－前期日程） 医
117 神戸大学（後期日程）
118 神戸市外国語大学 DL
119 兵庫県立大学（国際商経・社会情報科・看護学部）
120 兵庫県立大学（工・理・環境人間学部）
121 奈良教育大学／奈良県立大学
122 奈良女子大学
123 奈良県立医科大学（医学部〈医学科〉） 医
124 和歌山大学
125 和歌山県立医科大学（医・薬学部） 医
126 鳥取大学 医
127 公立鳥取環境大学
128 島根大学 医
129 岡山大学（文系）
130 岡山大学（理系） 医
131 岡山県立大学
132 広島大学（文系－前期日程）
133 広島大学（理系－前期日程） 医
134 広島大学（後期日程）
135 尾道市立大学 総推
136 県立広島大学
137 広島市立大学
138 福山市立大学 総推
139 山口大学（人文・教育〈文系〉・経済・医〈看護〉・国際総合科学部）
140 山口大学（教育〈理系〉・理・医〈看護を除く〉・工・農・共同獣医学部） 医
141 山陽小野田市立山口東京理科大学 総推
142 下関市立大学／山口県立大学
143 周南公立大学 新 総推
144 徳島大学 医
145 香川大学 医
146 愛媛大学 医
147 高知大学 医
148 高知工科大学
149 九州大学（文系－前期日程）
150 九州大学（理系－前期日程） 医
151 九州大学（後期日程）
152 九州工業大学
153 福岡教育大学
154 北九州市立大学
155 九州歯科大学
156 福岡県立大学／福岡女子大学
157 佐賀大学 医
158 長崎大学（多文化社会・教育〈文系〉・経済・医〈保健〉・環境科〈文系〉学部）
159 長崎大学（教育〈理系〉・医〈医〉・歯・薬・情報データ科・工・環境科〈理系〉・水産学部） 医
160 長崎県立大学 総推
161 熊本大学（文・教育・法・医〈看護〉学部・情報融合学環〈文系型〉）
162 熊本大学（理・医〈看護を除く〉・薬・工学部・情報融合学環〈理系型〉） 医
163 熊本県立大学
164 大分大学（教育・経済・医〈看護〉・理工・福祉健康科学部）
165 大分大学（医学部〈医・先進医療科学科〉） 医
166 宮崎大学（教育・医〈看護〉・工・農・地域資源創成学部）
167 宮崎大学（医学部〈医学科〉） 医
168 鹿児島大学（文系）
169 鹿児島大学（理系） 医
170 琉球大学 医

2025年版　大学赤本シリーズ

国公立大学 その他

171 〔国公立大〕医学部医学科 総合型選抜・学校推薦型選抜※ 医 総推
172 看護・医療系大学〈国公立 東日本〉※
173 看護・医療系大学〈国公立 中日本〉※
174 看護・医療系大学〈国公立 西日本〉※
175 海上保安大学校／気象大学校
176 航空保安大学校
177 国立看護大学校
178 防衛大学校 総推
179 防衛医科大学校(医学科) 医
180 防衛医科大学校(看護学科)

※No.171～174の収載大学は赤本ウェブサイト(http://akahon.net/)でご確認ください。

私立大学①

北海道の大学(50音順)

201 札幌大学
202 札幌学院大学
203 北星学園大学
204 北海学園大学
205 北海道医療大学
206 北海道科学大学
207 北海道武蔵女子大学・短期大学
208 酪農学園大学(獣医学群〈獣医学類〉)

東北の大学(50音順)

209 岩手医科大学(医・歯・薬学部) 医
210 仙台大学 総推
211 東北医科薬科大学(医・薬学部) 医
212 東北学院大学
213 東北工業大学
214 東北福祉大学
215 宮城学院女子大学 総推

関東の大学(50音順)

あ行(関東の大学)

216 青山学院大学(法・国際政治経済学部－個別学部日程)
217 青山学院大学(経済学部－個別学部日程)
218 青山学院大学(経営学部－個別学部日程)
219 青山学院大学(文・教育人間科学部－個別学部日程)
220 青山学院大学(総合文化政策・社会情報・地球社会共生・コミュニティ人間科学部－個別学部日程)
221 青山学院大学(理工学部－個別学部日程)
222 青山学院大学(全学部日程)
223 麻布大学(獣医、生命・環境科学部)
224 亜細亜大学
226 桜美林大学
227 大妻女子大学・短期大学部

か行(関東の大学)

228 学習院大学(法学部－コア試験)
229 学習院大学(経済学部－コア試験)
230 学習院大学(文学部－コア試験)
231 学習院大学(国際社会科学部－コア試験)
232 学習院大学(理学部－コア試験)
233 学習院女子大学
234 神奈川大学(給費生試験)
235 神奈川大学(一般入試)
236 神奈川工科大学
237 鎌倉女子大学・短期大学部
238 川村学園女子大学
239 神田外語大学
240 関東学院大学
241 北里大学(理学部)
242 北里大学(医学部) 医
243 北里大学(薬学部)
244 北里大学(看護・医療衛生学部)
245 北里大学(未来工・獣医・海洋生命科学部)
246 共立女子大学・短期大学
247 杏林大学(医学部) 医
248 杏林大学(保健学部)
249 群馬医療福祉大学・短期大学部
250 群馬パース大学 総推
251 慶應義塾大学(法学部)
252 慶應義塾大学(経済学部)
253 慶應義塾大学(商学部)
254 慶應義塾大学(文学部) 総推
255 慶應義塾大学(総合政策学部)
256 慶應義塾大学(環境情報学部)
257 慶應義塾大学(理工学部)
258 慶應義塾大学(医学部) 医
259 慶應義塾大学(薬学部)
260 慶應義塾大学(看護医療学部)
261 工学院大学
262 國學院大學
263 国際医療福祉大学 医
264 国際基督教大学
265 国士舘大学
266 駒澤大学(一般選抜T方式・S方式)
267 駒澤大学(全学部統一日程選抜)

さ行(関東の大学)

268 埼玉医科大学(医学部) 医
269 相模女子大学・短期大学部
270 産業能率大学
271 自治医科大学(医学部) 医
272 自治医科大学(看護学部)／東京慈恵会医科大学(医学部〈看護学科〉)
273 実践女子大学 総推
274 芝浦工業大学(前期日程)
275 芝浦工業大学(全学統一日程・後期日程)
276 十文字学園女子大学
277 淑徳大学
278 順天堂大学(医学部) 医
279 順天堂大学(スポーツ健康科・医療看護・保健看護・国際教養・保健医療・医療科・健康データサイエンス・薬学部) 総推
280 上智大学(神・文・総合人間科学部)
281 上智大学(法・経済学部)
282 上智大学(外国語・総合グローバル学部)
283 上智大学(理工学部)
284 上智大学(TEAPスコア利用方式)
285 湘南工科大学
286 昭和大学(医学部) 医
287 昭和大学(歯・薬・保健医療学部)
288 昭和女子大学
289 昭和薬科大学
290 女子栄養大学・短期大学部 総推
291 白百合女子大学
292 成蹊大学(法学部－A方式)
293 成蹊大学(経済・経営学部－A方式)
294 成蹊大学(文学部－A方式)
295 成蹊大学(理工学部－A方式)
296 成蹊大学(E方式・G方式・P方式)
297 成城大学(経済・社会イノベーション学部－A方式)
298 成城大学(文芸・法学部－A方式)
299 成城大学(S方式〈全学部統一選抜〉)
300 聖心女子大学
301 清泉女子大学
303 聖マリアンナ医科大学 医
304 聖路加国際大学(看護学部)
305 専修大学(スカラシップ・全国入試)
306 専修大学(前期入試〈学部個別入試〉)
307 専修大学(前期入試〈全学部入試・スカラシップ入試〉)

た行(関東の大学)

308 大正大学
309 大東文化大学
310 高崎健康福祉大学
311 拓殖大学
312 玉川大学
313 多摩美術大学
314 千葉工業大学
315 中央大学(法学部－学部別選抜)
316 中央大学(経済学部－学部別選抜)
317 中央大学(商学部－学部別選抜)
318 中央大学(文学部－学部別選抜)
319 中央大学(総合政策学部－学部別選抜)
320 中央大学(国際経営・国際情報学部－学部別選抜)
321 中央大学(理工学部－学部別選抜)
322 中央大学(5学部共通選抜)
323 中央学院大学
324 津田塾大学
325 帝京大学(薬・経済・法・文・外国語・教育・理工・医療技術・福岡医療技術学部)
326 帝京大学(医学部) 医
327 帝京科学大学 総推
328 帝京平成大学 総推
329 東海大学(医〈医〉学部を除く－一般選抜)
330 東海大学(文系・理系学部統一選抜)
331 東海大学(医学部〈医学科〉) 医
332 東京医科大学(医学部〈医学科〉) 医
333 東京家政大学・短期大学部 総推
334 東京経済大学
335 東京工科大学
336 東京工芸大学
337 東京国際大学
338 東京歯科大学
339 東京慈恵会医科大学(医学部〈医学科〉) 医
340 東京情報大学
341 東京女子大学
342 東京女子医科大学(医学部) 医
343 東京電機大学
344 東京都市大学
345 東京農業大学
346 東京薬科大学(薬学部) 総推
347 東京薬科大学(生命科学部) 総推
348 東京理科大学(理学部〈第一部〉－B方式)
349 東京理科大学(創域理工学部－B方式・S方式)
350 東京理科大学(工学部－B方式)
351 東京理科大学(先進工学部－B方式)
352 東京理科大学(薬学部－B方式)
353 東京理科大学(経営学部－B方式)
354 東京理科大学(C方式、グローバル方式、理学部〈第二部〉－B方式)
355 東邦大学(医学部) 医
356 東邦大学(薬学部)

2025年版　大学赤本シリーズ

私立大学②

357 東邦大学（理・看護・健康科学部）
358 東洋大学（文・経済・経営・法・社会・国際・国際観光学部）
359 東洋大学（情報連携・福祉社会デザイン・健康スポーツ科・理工・総合情報・生命科・食環境科学部）
360 東洋大学（英語〈3日程×3カ年〉）
361 東洋大学（国語〈3日程×3カ年〉）
362 東洋大学（日本史・世界史〈2日程×3カ年〉）
363 東洋英和女学院大学
364 常磐大学・短期大学 総推
365 獨協大学
366 獨協医科大学（医学部） 医

な行（関東の大学）

367 二松学舎大学
368 日本大学（法学部）
369 日本大学（経済学部）
370 日本大学（商学部）
371 日本大学（文理学部〈文系〉）
372 日本大学（文理学部〈理系〉）
373 日本大学（芸術学部〈専門試験併用型〉）
374 日本大学（国際関係学部）
375 日本大学（危機管理・スポーツ科学部）
376 日本大学（理工学部）
377 日本大学（生産工・工学部）
378 日本大学（生物資源科学部）
379 日本大学（医学部） 医
380 日本大学（歯・松戸歯学部）
381 日本大学（薬学部）
382 日本大学（N全学統一方式−医・芸術〈専門試験併用型〉学部を除く）
383 日本医科大学 医
384 日本工業大学
385 日本歯科大学
386 日本社会事業大学 総推
387 日本獣医生命科学大学
388 日本女子大学
389 日本体育大学

は行（関東の大学）

390 白鷗大学（学業特待選抜・一般選抜）
391 フェリス女学院大学
392 文教大学
393 法政大学（法〈I日程〉・文〈II日程〉・経営〈II日程〉学部−A方式）
394 法政大学（法〈II日程〉・国際文化・キャリアデザイン学部−A方式）
395 法政大学（文〈I日程〉・経営〈I日程〉・人間環境・グローバル教養学部−A方式）
396 法政大学（経済〈I日程〉・社会〈I日程〉・現代福祉学部−A方式）
397 法政大学（経済〈II日程〉・社会〈II日程〉・スポーツ健康学部−A方式）
398 法政大学（情報科・デザイン工・理工・生命科学部−A方式）
399 法政大学（T日程〈統一日程〉・英語外部試験利用入試）
400 星薬科大学 総推

ま行（関東の大学）

401 武蔵大学
402 武蔵野大学
403 武蔵野美術大学
404 明海大学
405 明治大学（法学部−学部別入試）
406 明治大学（政治経済学部−学部別入試）
407 明治大学（商学部−学部別入試）
408 明治大学（経営学部−学部別入試）
409 明治大学（文学部−学部別入試）
410 明治大学（国際日本学部−学部別入試）
411 明治大学（情報コミュニケーション学部−学部別入試）
412 明治大学（理工学部−学部別入試）
413 明治大学（総合数理学部−学部別入試）
414 明治大学（農学部−学部別入試）
415 明治大学（全学部統一入試）
416 明治学院大学（A日程）
417 明治学院大学（全学部日程）
418 明治薬科大学 総推
419 明星大学
420 目白大学・短期大学部

ら・わ行（関東の大学）

421 立教大学（文系学部−一般入試〈大学独自の英語を課さない日程〉）
422 立教大学（国語〈3日程×3カ年〉）
423 立教大学（日本史・世界史〈2日程×3カ年〉）
424 立教大学（文学部−一般入試〈大学独自の英語を課す日程〉）
425 立教大学（理学部−一般入試）
426 立正大学
427 早稲田大学（法学部）
428 早稲田大学（政治経済学部）
429 早稲田大学（商学部）
430 早稲田大学（社会科学部）
431 早稲田大学（文学部）
432 早稲田大学（文化構想学部）
433 早稲田大学（教育学部〈文科系〉）
434 早稲田大学（教育学部〈理科系〉）
435 早稲田大学（人間科・スポーツ科学部）
436 早稲田大学（国際教養学部）
437 早稲田大学（基幹理工・創造理工・先進理工学部）
438 和洋女子大学 総推

中部の大学（50音順）

439 愛知大学
440 愛知医科大学（医学部） 医
441 愛知学院大学・短期大学部
442 愛知工業大学 総推
443 愛知淑徳大学
444 朝日大学 総推
445 金沢医科大学（医学部） 医
446 金沢工業大学
447 岐阜聖徳学園大学 総推
448 金城学院大学
449 至学館大学 総推
450 静岡理工科大学
451 椙山女学園大学
452 大同大学
453 中京大学
454 中部大学
455 名古屋外国語大学 総推
456 名古屋学院大学 総推
457 名古屋学芸大学 総推
458 名古屋女子大学 総推
459 南山大学（外国語〈英米〉・法・総合政策・国際教養学部）
460 南山大学（人文・外国語〈英米を除く〉・経済・経営・理工学部）
461 新潟国際情報大学
462 日本福祉大学
463 福井工業大学
464 藤田医科大学（医学部） 医
465 藤田医科大学（医療科・保健衛生学部）
466 名城大学（法・経営・経済・外国語・人間・都市情報学部）
467 名城大学（情報工・理工・農・薬学部）
468 山梨学院大学

近畿の大学（50音順）

469 追手門学院大学 総推
470 大阪医科薬科大学（医学部） 医
471 大阪医科薬科大学（薬学部） 総推
472 大阪学院大学 総推
473 大阪経済大学 総推
474 大阪経済法科大学 総推
475 大阪工業大学 総推
476 大阪国際大学・短期大学部 総推
477 大阪産業大学 総推
478 大阪歯科大学（歯学部）
479 大阪商業大学 総推
480 大阪成蹊大学・短期大学 総推
481 大谷大学 総推
482 大手前大学・短期大学 総推
483 関西大学（文系）
484 関西大学（理系）
485 関西大学（英語〈3日程×3カ年〉）
486 関西大学（国語〈3日程×3カ年〉）
487 関西大学（日本史・世界史・文系数学〈3日程×3カ年〉）
488 関西医科大学（医学部） 医
489 関西医療大学 総推
490 関西外国語大学・短期大学部 総推
491 関西学院大学（文・法・商・人間福祉・総合政策学部−学部個別日程）
492 関西学院大学（神・社会・経済・国際・教育学部−学部個別日程）
493 関西学院大学（全学部日程〈文系型〉）
494 関西学院大学（全学部日程〈理系型〉）
495 関西学院大学（共通テスト併用日程〈数学〉・英数日程）
496 関西学院大学（英語〈3日程×3カ年〉） 新
497 関西学院大学（国語〈3日程×3カ年〉） 新
498 関西学院大学（日本史・世界史・文系数学〈3日程×3カ年〉） 新
499 畿央大学 総推
500 京都外国語大学・短期大学 総推
502 京都産業大学（公募推薦入試） 総推
503 京都産業大学（一般選抜入試〈前期日程〉）
504 京都女子大学 総推
505 京都先端科学大学 総推
506 京都橘大学 総推
507 京都ノートルダム女子大学 総推
508 京都薬科大学 総推
509 近畿大学・短期大学部（医学部を除く−推薦入試） 総推
510 近畿大学・短期大学部（医学部を除く−一般入試前期）
511 近畿大学（英語〈医学部を除く3日程×3カ年〉）
512 近畿大学（理系数学〈医学部を除く3日程×3カ年〉）
513 近畿大学（国語〈医学部を除く3日程×3カ年〉）
514 近畿大学（医学部−推薦入試・一般入試前期） 医 総推
515 近畿大学・短期大学部（一般入試後期） 医
516 皇學館大学 総推
517 甲南大学 総推
518 甲南女子大学（学校推薦型選抜） 新 総推
519 神戸学院大学 総推
520 神戸国際大学 総推
521 神戸女学院大学 総推
522 神戸女子大学・短期大学 総推
523 神戸薬科大学 総推
524 四天王寺大学・短期大学部 総推
525 摂南大学（公募制推薦入試） 総推
526 摂南大学（一般選抜前期日程）
527 帝塚山学院大学 総推
528 同志社大学（法、グローバル・コミュニケーション学部−学部個別日程）

いつも受験生のそばに―赤本

大学入試シリーズ+α
入試対策も共通テスト対策も赤本で

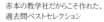

入試対策

赤本プラス

赤本プラスとは,**過去問演習の効果を最大にする**ためのシリーズです。「赤本」であぶり出された弱点を,赤本プラスで克服しましょう。

大学入試 すぐわかる**英文法** DL
大学入試 ひと目でわかる**英文読解**
大学入試 絶対できる**英語リスニング** DL
大学入試 すぐ書ける**自由英作文**
大学入試 ぐんぐん読める
英語長文(BASIC) DL
大学入試 ぐんぐん読める
英語長文(STANDARD) DL
大学入試 ぐんぐん読める
英語長文(ADVANCED) DL
大学入試 正しく書ける**英作文**
大学入試 最短でマスターする
数学I・II・III・A・B・C
大学入試 突破力を鍛える**最難関の数学**
大学入試 知らなきゃ解けない
古文常識・和歌
大学入試 ちゃんと身につく**物理**
大学入試 もっと身につく
物理問題集(①力学・波動)
大学入試 もっと身につく
物理問題集(②熱力学・電磁気・原子)

入試対策

英検®赤本シリーズ

英検®(実用英語技能検定)の対策書。
過去問集と参考書で万全の対策ができます。

▶過去問集(2024年度版)
英検®準1級過去問集 DL
英検®2級過去問集 DL
英検®準2級過去問集 DL
英検®3級過去問集 DL

▶参考書
竹岡の英検®準1級マスター DL
竹岡の英検®2級マスター CD DL
竹岡の英検®準2級マスター CD DL
竹岡の英検®3級マスター CD DL

CD リスニングCDつき　DL 音声無料配信
新 2024年新刊・改訂

入試対策

赤本プレミアム

赤本の教学社だからこそ作れた、
過去問ベストセレクション

東大数学プレミアム
東大現代文プレミアム
京大数学プレミアム〔改訂版〕
京大古典プレミアム

入試対策

赤本メディカルシリーズ

過去問を徹底的に研究し,独自の出題傾向をもつメディカル系の入試に役立つ内容を精選した実戦的なシリーズ。

〔国公立大〕医学部の英語〔3訂版〕
私立医大の英語〔長文読解編〕〔3訂版〕
私立医大の英語〔文法・語法編〕〔改訂版〕
医学部の実戦小論文〔3訂版〕
医歯薬系の英単語〔4訂版〕
医系小論文 最頻出論点20〔4訂版〕
医学部の面接〔4訂版〕

入試対策

体系シリーズ

国公立大二次・難関私大突破へ,自学自習に適したハイレベル問題集。

体系英語長文　体系世界史
体系英作文　体系物理〔第7版〕
体系現代文

入試対策

単行本

▶英語
Q&A即決英語勉強法
TEAP攻略問題集 CD
東大の英単語〔新装版〕
早慶上智の英単語〔改訂版〕

▶国語・小論文
著者に注目! 現代文問題集
ブレない小論文の書き方 樋口式ワークノート

▶レシピ集
奥薗壽子の赤本合格レシピ

入試対策　共通テスト対策

赤本手帳

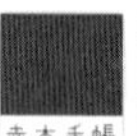

赤本手帳(2025年度受験用) プラムレッド
赤本手帳(2025年度受験用) インディゴブルー
赤本手帳(2025年度受験用) ナチュラルホワイト

入試対策

風呂で覚えるシリーズ

水をはじく特殊な紙を使用。いつでもどこでも読めるから,ちょっとした時間を有効に使える!

風呂で覚える英単語〔4訂新装版〕
風呂で覚える英熟語〔改訂新装版〕
風呂で覚える古文単語〔改訂新装版〕
風呂で覚える古文文法〔改訂新装版〕
風呂で覚える漢文〔改訂新装版〕
風呂で覚える日本史〔年代〕〔改訂新装版〕
風呂で覚える世界史〔年代〕〔改訂新装版〕
風呂で覚える倫理〔改訂版〕
風呂で覚える百人一首〔改訂版〕

共通テスト対策

満点のコツシリーズ

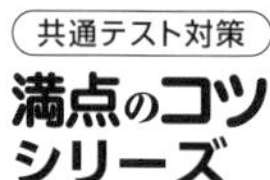

共通テストで満点を狙うための実戦的参考書。
重要度の増したリスニング対策は
「カリスマ講師」竹岡広信が一回読みにも
対応できるコツを伝授!

共通テスト英語〔リスニング〕
満点のコツ〔改訂版〕 新 DL
共通テスト古文 満点のコツ〔改訂版〕 新
共通テスト漢文 満点のコツ〔改訂版〕 新

入試対策　共通テスト対策

赤本ポケットシリーズ

▶共通テスト対策
共通テスト日本史〔文化史〕

▶系統別進路ガイド
デザイン系学科をめざすあなたへ

大学赤本シリーズ

別冊問題編

2025